KB210729

도서출판 대장간은
쇠를 달구어 연장을 만들듯이
생각을 다듬어 기독교 가치관을
바르게 세우는 곳입니다.

대장간이란 이름에는
사라져가는 복음의 능력을 되살리고,
낡은 것을 새롭게 풀무질하며, 잘못된 것을
바로 세우겠다는 의지가 담겨져 있습니다.

www.daejanggan.org

"이런 훌륭한 연구에 걸맞은 마땅한 말을 어떻게 찾아야 할지 잘 모르겠다. 『예수가 이끄는 삶』은 예수에 대해서, 기독교의 초기 시대에 대해서, 그리고 오늘날로 이어지는 관련성에 대해 알려져 있는 것들을 위엄 있게 통합한 것에 다름 아니다."

월터 윙크 Walter Wink
미국 평화재단에 소속되어 있으며 마틴 루터 킹 주니어 평화상 수상자이면서
상을 받은 저서 *Engaging the Powers and The Human Being*의 저자

"의미와 성취, 성공과 번영에 대한 숨겨진 공식을 찾는 책들은 이미 많이들 나와 있다. 『예수가 이끄는 삶』은 예수의 마음에 있는 단순한 비밀을 잃어버리지 않기 위해 우리가 모든 자기애적이고 자기중심적인 번영설교의 한가운데에 있다는 것을 반드시 알아야 한다고 일깨워 준다. 당신의 삶을 찾고자 한다면 당신의 삶을 거저 주어야 한다. 이것은 아주 귀중한 진주를 가까이에서 볼 수 있도록 하는 초대이며, 우리가 좇는 세상 속에 있는 모든 것은 버려야 한다."

쉐인 클레이본 Shane Claiborne
『믿음은 행동이 증명한다』『대통령 예수』의 저자

"예수를 닮아야 한다는 말은 많이 들어왔다. 난 『예수가 이끄는 삶』을 읽고서야 내가 예수를 닮지 않았다는 것을 알았다. 친구들과 더불어 이 신선한 책을 읽으면 성서에 나타나는 예수의 가르침들이 지금까지와는 다르게 다른 사람을 섬기고 사랑하라고 당신에게 감동을 줄 것이라 확신한다."

짐 위그너 Jim Wiegner
선교사, 미국침례교국제사역개발부 이사

『예수가 이끄는 삶』은 하나님에 대한 시각을 교정하고 고집스러운 자아를 변화시키며, 예수에게로, 그리고 예수 속으로 향하는 그의 여정 속에 있는 하딘의 삶 속에 있는 몸부림을 보여주고 있다. 그의 여정은 구속적 연대 속에서 연합되어 있는요17:20~24 하나님, 예수, 그리고 신자들을 우리가 이해하는데 도움을 주도록 넓은 영역의 성서적 학문을 아우르고 있다. 우리의 여정이 관대한 정통주의의 광활한 광경과는 다를 수는 있겠지만, 성서적, 역사적, 실천적인 기독교의 지혜가 녹아 있는 하딘의 통합을 듣는다면 독자들에게 유익할 것이다.

윌라드 스와틀리 Willard Swartley
메노나이트 성서신학교 명예교수이자
『동성애』, 『빛을 발하라』의 저자

몇 가지 생각과 통찰력, 실례들과 증거들을 가진 대부분의 유명하고 학구적인 책들과는 달리, 이 책은 불꽃놀이 같은 통찰력과 반짝임으로 눈이 부실 정도다. 공관복음, 바울, 요한과 교부신학과 해석의 자세한 수정을 우리에게 제공한다. 기독교의 이야기가 인간 세상인류학을 어떻게 솜씨 있게 드러내는지와 그것이 어떻게 정확히 감염되는 순간에보복 우아하게 치료적 자원용서을 배치하는지를 보여 주는 지라르의 '모방이론'의 힘을 설득력 있게 논증하고 있다. 하딘은 우리가 '죄'라고도 부르는 폭력의 전염에 맞서 지라르의 현실주의를 능수능란하게 배치하고 있다.

로버트 해머튼-켈리 Robert Hamerton-Kelly
이미타티오Imitatio Inc의 공동설립자이면서 스탠포드 대학의 명예교수이자,
*The Gospel and the Sacred and Sacred Violence*의 저자

기독교 신앙의 현실적이고 지적이며 평화적 시각을 갈구하는 독자를 위해 『예수가 이끄는 삶』 속의 특출한 가치가 여기 있다. 마이클 하딘은 성서를 '보복적 하나님으로 부터의 신성한 전보'로 생각하는 기독교인들을 직접 대면하며 더욱 설득력 있는 대안을 제안하고 있다. 하딘은 명료하고 당당하게 글을 쓰는 대중신학자이다. 어떤 이데올로기적으로 이끄는 '목적' 대신 예수를 중심에 놓음으로, 하딘은 은혜 속에서 신뢰하고 더 많은 시민사회들을 용서하는 비폭력적 길로 우리를 인도하고 있다.

존 팔 Jon Pahl
필라델피아의 루터란 신학교 교수이자 *Empire of Sacrifice*의 저자

마이클 하딘은 이 열정적이고 목양적이며 평화로운 책 속에서 간단한 질문을 던지고 있다. 복음서의 중심에 예수를 진정으로 둔다면 세상 속에서 우리의 삶의 의미는 무엇인가? 여기에 대한 하딘의 대답 역시 매우 간단하다. 그것은 화해와 치유의 혁명을 의미한다. 하딘은 독자가 정면으로 맞서야 한다고 도전하고 있다. 여기에 예수가 있다. 여기에 그의 메시지가 있다. 그리고 여기에 예수가 우리에게 원하는 것이 있다. 그것은 바로 예수 안에서 보이는 하나님의 자비를 반영하는 신뢰, 사랑에 응답하는 사랑, 생명이다."

테드 그림스루 Ted Grimsrud
이스턴 메노나이트 대학의 교수이자
*God's Healing Strategy and Embodying the Way of Jesus*의 저자

『예수가 이끄는 삶』은 많은 사람들에게 필요한 주목할만한 책이다. 하딘은 우리의 집단의식 배후에 항상 모호하게 자리 잡고 있는 세상이 깜짝 놀랄만한 생각들을 가져다 그것을 가장 중요한 위치에 둔다. 우리는 복음서 예수 이야기와 예수가 인간의 상황에 가져다주는 급진적인 새로운 것으로부터 시작하여 원칙적으로, 실천적으로 성서를 읽을 필요가 있다. 예수는 지금의 성서 해석자, 성서 직역가, 문헌비평가나 근본주의자의 생각과는 맞아 떨어지지 않으며, 이런 것들이 본문을 예수 자신보다 더욱 중요하게 만들어 결국 그의 가르침에서 혁명을 거세시키고 있다. 오히려 우리는, 구약에 있는 계시의 길들을 포함하여 구약으로부터 흘러나오는 인간됨과 모든 성서해석을 하는 우리의 방식에 예수가 비폭력 및 용서를 향해 변화하는 가능성을 가져다주고 있는 것을 보아야만 한다. 하딘은 우리 시대에 본질적인 기독교적 읽을거리를 마련해 주고 있으며, 이 책은 지금까지의 관습적인 해석학을 뒤집어 놓을 것이다."

토니 바틀렛 Tony Bartlett

*Cross Purposes and Virtually Christian*의 저자이자 Wood Hath Hope의 설립자

마이틀 하딘의 『예수가 이끄는 삶』은 기독교적 모험에 있어서 위대한 새로운 자료이다. 이 책은 범위에 있어서는 완전히 에큐메니컬적이고 자료에 있어서는 충분히 성서적이며, 하나님에 대한 열정 속에서 영광스럽게도 그리스도 중심적임과 동시에, 풍부하고 신선하며 기본적인 기독교 정통성을 우리가 회복할 수 있도록 르네 지라르Rene Girard의 사상의 영향을 입증하고 있다. 여기에 그 속에서부터 기독교를 다시 형성하는 위대한 패러다임 전환으로 계속 나아가는 또 다른 진전이 있다.

제임스 앨리슨 James Alison

가톨릭 사제이자 신학자이며, *Faith Beyond Resentment* 및 *The Joy of Being Wrong*의 저자

이 놀라운 책에서 마이클 하딘은 교회와 공식적인 신학이 예수를 길들였으며 성서의 골자를 빼내어 버렸다고 주장한다. 이 두 개를 모두 취하는 것은, 용인하기에는 너무 위험하고 강력한 것이었다. 자격과 철학적 외피들로 가득 채운 채, 예수와 성서는 세상의 폭력을 드러내는 것을 멈춰버렸다. 사실상 예수와 성서는 그 강력한 폭력을 지탱시키도록 요구받았다— 이 폭력은 예수와 성서가 드러내고 비판하고 부셔버려야 할 바로 것이었다. 이 책은, 심지어는 신학자들에 의해 침묵을 종용받는 것을 거부한 예수를 보여주며, 부정과 희생양 만들기의 희생자들에게 죽음의 표시를 찍는 것을 드러낼 모든 장막을 걷어 들이는 성서를 보여준다.

돈 필란 주니어 John E. Phelan, Jr
노스파크 신학교의 총장이자 학장

우리와 함께 자라온 기독교에 대해 만족스럽지 못하다고 생각하는 이들, 혹은 성서의 지식과 예수의 이야기가 분명한 사실로 받아들이거나 아니면 얼토당토않은 것으로 거부해야 하는 어리석은 미신의 집합체라고 생각하는 이들이 이 책을 읽어야 한다. 매력적인 대화체로, 마이클 하딘은 예수가 보복보다는 연민과 더욱 관련이 있다는 것을 보여주면서 예수를 보는 다양한 방식이 있음을 제시하고 있다. 『예수가 이끄는 삶』은 굉장히 지적이지만 쉽게 읽을 수 있으며 현대 세상과 관련된 방식으로 성서를 통해 우리 인간을 보는 새로운 방식을 나타내고 있다.

타일러 호스트 Tyler Horst
고등학교 3학년 학생, 필라델피아 랜캐스터

예수를 따르는 더욱 많은 사람들이 서구 기독교가 얼마나 서구특별히 미국 문화의 우상적 가치 속에 깊이 스며들어 있는지를 깨닫고 있다. 이렇게 포괄적이고 통찰력 있으며 학적이면서도 쉽게 읽을 수 있는 책을 통해, 마이클 하딘은 그리스도가 이끄는'목적이 이끄는'이 아닌 원래의 복음에 대한 분명하고 주목할 만한 시각을 보여주고 있으며, 그것이 어떻게 우리 시대의 수많은 기독교와 대조되고 있는지를 논증하고 있다. 이 종교는, 우리가 속한 이교도제국의 민족주의, 소비지상주의, 개인주의, 군국주의, 그리고 승리주의의 '기독교화된' 형태에 불과하다. 이것으로 인해 우리 대부분의 기독교는, 예수가 기초를 쌓으러 와서 '하나님의 통치'라고 부른, 겸손하고, 청지기 같으며 비폭력적이고 자기희생적인 운동과는 근본적으로 다른 것에 익숙해져 있다. 이미 가지고 있는 서구화된 복음을 완전히 벗어버려야 할 것으로 느끼는 모든 이들에게『예수가 이끄는 삶』은 '반드시 읽어야 하는' 책이다! 아울러 그런 복음에 무슨 문제가 있는지를 아직 알아채지 못하는 사람들에게는 더더욱 '반드시 읽어야 하는' 책이다!

그레고리 보이드 Gregory Boyd
우드랜드힐스 교회의 목사, 크리스투스 빅터 사역의 설립자,
『하나님 탓인가?』『복음주의 신학논쟁』『어느 무신론자의 편지』의 저자

〈 일러두기 〉
1. 원서의 주는 후주로 하였고, *로 표시한 주는 옮긴이 주로 각 쪽에 두었습니다.
2. 본문에 있는 5.2 혹은 4.3은 이 책에서 참고할 곳을 알립니다.
   예를 들어 5.2는 5장의 두번째 소제목입니다.

예수가 이끄는 삶

마이클 하딘

Copyright © 2015 Michael and Lorri Hardin

Original published in English under the title ;
   THE JESUS DRIVEN LIFE
      Published by JDL Press, Lancaster, PA 17602
All rights reserved.

Uesd and translated by the permissions of Michael and Lorri Hardin
Korea Edition Copyright © 2015, daejanggan Publisher. in Daejeon, South Korea

예수가 이끄는 삶

지은이   마이클 하딘
옮긴이   이 영 훈
초판발행 2015년 4월 6일

펴낸이   배용하
책임편집   배용하
본문디자인 윤순하
표지사진 MICHAEL RYU

등록   제364~2008~000013호
펴낸곳   도서출판 대장간
            www.daejanggan.org
등록한곳   대전광역시 동구 우암로 75~21
편집부   전화 (042) 673~7424
영업부   전화 (042) 673~7424전송 (042) 623~1424
분류   **기독교 | 신앙생활**

ISBN   978~89~7071~ 346~5   03230

이 책의 한국어 저작권은 저자와 독점 계약한 도서출판 대장간에 있습니다.
이 책은 저작권법에 의해 보호를 받는 출판물입니다.
기록된 형태의 허락 없이는 무단 전재와 복제를 금합니다.

 값 24,000원

차례

한국 독자에게

도서출판 대장간의 배용하 형제께서 나의 책 『예수가 이끄는 삶』을 출판한다는 것에 감사하며 영광으로 생각한다. 아울러 번역본을 살펴보고 좋은 번역임을 확인해 준 United Theology Seminary의 Andrew Sung Park^{박승호} 교수에게도 감사의 말을 전한다. 난 한국어로 말하고 쓸 줄 모르기 때문이다!

내가 한국의 교회생활에 대해 잘 모른다는 것을 인정할 수밖에 없다. 아마도 내가 아는 대부분이 정확하지 않을 것이다. 그렇지만, 한국에는 제노바의 종교개혁자 존 칼빈의 무수한 추종자가 있는 것으로 안다. 나 역시 개혁주의, 적어도 그것이 지닌 더욱 많은 사려 깊은 부분들에 애정이 있다. 그럼에도, 나는 칼빈과 칼빈주의를 통해 세상으로 전해진 신학적 틀의 상당 부분과 씨름해오고 있다. 내가 이 전통이 도전을 받아야 한다고 생각하는 것에는 많은 이유가 있으며, 나는 『예수가 이끄는 삶』에서 누누이 그렇게 하고 있다.

『예수가 이끄는 삶』은 미국의 기독교 태반이 우리의 은혜로우신 하나님의 복음과 예수의 메시지를 근본적으로 뒤엎는 방식을 목격하고 이에 대한 반응으로 미국이라는 정황에서 쓰인 것이다. 미국에서 기독교는 문화와 짝을 짓고 있다. 여기 미국의 기독교는 더, 더, 더욱 클수록 좋은 것이며, 개인 숭배의 확산은 여기서 그런 사역이 갖는 대단히 자기중심적인 특성에 대한 증거가 된다. 솔직히 만일 예수가 오늘날 미국에 온다면, 그가 기독교 교회 속에서 자신을 많이 알아볼 수 없으리라 보며, 또한 예수를 십자가에 못박는 데 가장 앞장서는 이들이 바로 그리스도인들일 것으로 생각한다.

아울러 난 그리스도인들을 예수를 따르는 이들로 변화시키고 변형시킬 복음과 성령의 힘을 믿는다. 나에게 있어 이것은 예수의 윤리와 그의 신학적 도전을 진지하게 받아들이고자 하는 것을 뜻한다. 나에게 있어 이것이 의미하는 바는 기꺼이 낡고 존경받는 사고방식들을 버리고 내 생각신학이 그분의 형상과 닮도록 더욱더 변화될 수 있게 하는 것이다. 나는 여러분도 이 책을 읽을 때 이런 도전을 경험할 수 있기를, 그리고 여러분의 모든 관계 속에서 날마다 더욱더 주 예수처럼 되는 기쁨을 발견하기를 바란다.

만약 여러분이 영어에 어려움이 없다면 아주 많은 무료 자료가 올려져 있는 내 웹사이트www.preachingpeace.org를 방문해도 좋다. 여기에서『예수가 이끄는 삶』속에 있는 신학에 더 살을 붙인 에세이, 비디오, 팟캐스트 등 많은 것을 접할 수 있다. 여러분은 지난 2년간 신학을 '가르치는' 내 페이스북을 방문하고 싶을 수도 있겠다. 언젠가 내가 한국에 갈 수 있게 되기를 바란다. 난 독자들과 만나 이야기하는 것을 좋아한다.
여러분에게 평화가 함께 하기를….

주후 2015년 마이클 하딘

추천서문

마이클 하딘Michael Hardin은 흥미로운 사람이다. 그를 어떤 범주에 넣기는 어려워도, 그를 알게 되는 건 별로 까다롭지 않다. 당신이 그를 만난다면 아마도 그가 유기농식품점을 운영한다거나 아니면 홈리스들을 돕는 비영리단체를 이끈다고 생각하지, 저명한 복음주의 신학교 졸업생이라고는 짐작하지 못할 것이다. 그것은 아마도 그가 말총머리에 샌들을 신고 있기 때문이거나 혹은 60~70년대의 반체제의 기운을 뚜렷하게 가지고 있기 때문일 것이다. 그가 고전적인 록 밴드인 '예스Yes'의 열혈 팬이면서 오랜 로큰롤 애호가라는 걸 알게 되어도 당신은 그리 놀라지 않을 것이다. 그렇지만 그가 오늘날 가장 중요한 신학적 이슈들 중 일부에 참여하고 있는 진지하고도 독립적인 학자라는 것을 알게 된다면 깜짝 놀랄 것이다.

마이클은 우리들 가운데 수많은 사람의 마음을 얻고 있는 관대한 정통주의의 전형을 보여준다. 그는 주류에 속하는 사람의 특징인 에큐메니컬 역사와 학문에 대한 민감성으로 복음주의의 열정과 행동주의를 결합한다.

『예수가 이끄는 삶』을 읽는 것은 마치 마이클과 여행을 함께 떠나는 것 같다. 길을 달려 나감에 따라 중요하고 심오한 대화에 빠져들지만, 강의실에 있다는 느낌이 아니라, 지혜로운 친구와 이야기하는 느낌을 받을 것이다.

『예수가 이끄는 삶』을 읽으면서 특별히 난 마이클이 누누이 되돌아가는 다섯 가지 주제에 매료되었다. 물론 제일 첫 번째는 예수이다. 헌신된 그리스도인으로서, 누군가가 내가 믿고 사랑하고 따르고자 하는 그분을 내가 더 잘 이해할 수 있도록 도울 때마다 내 마음은 사로잡혀 버린다. 장이 넘어갈 수록, 난 복음서들이 들려주는 이야기와 예수의 입에서 나오는 그 비유들, 그가 주는 가르침들, 그런 행동이나 상호작용에 대한 신선한 이해를 얻고 있었다. 이 주제만으로도 나는 독자로서 충분한 보상을 얻었다.

두 번째로, 나는 성서에 대한 마이클의 접근방식에 감사했다. 그가 창세기, 시편 혹은 바울의 저작들을 반영함에 있어 그는 내내 그 자리를 지키고 있는 것들을 지적한다. 하지만 나는 못 알아채고 있었다. 성서는 오랜 시간을 거치면서 정말로 끔찍한 몇몇의 일들을 정당화하는데 사용되어 왔으며, 그리하여 어떤 사람들은 성서가 어딘가에 있는 박물관 속에 전시되어 있어야 행복해 할 것이다. 하지만, 마이클은 우리에게 성서가 어떻게 평화로운 목적으로 사용될 수 있는지를 보여주고 있다.

세 번째로, 마이클은 특히나 중요하며 논쟁을 초래하는 신학적 이슈, 즉 속죄이론을 말하고 있다. 복음주의적 공동체들은 특히나 최근 속죄신학을 새로이 붙잡고 싸우고 있으며, 어떤 경우에는 이단 심문관의 분노를 가지기도 한다. 마이클은 왜 이런 주제가 중요한지를 가장 잘 이해하고 있으며, 우리가 믿는 것에 기반을 둘 뿐 아니라 우리가 어떻게 사는지에 기반을 둔 강력한 영향들을 가지는 그 이슈에 더욱 심층 있게 다가가도록 그 주제에 대한 신선한 접근방식을 가져다준다.

네 번째로, 마이클은 21세기의 기독교가 다른 세계종교와 함께 더욱 성숙하고 탄탄하며 윤리적으로 책임을 가지고 폭력과 평화구축의 신학을 발전시켜야 한다는 것을 깨닫고 있다. 우리의 조상들이 칼과 창으로 행해진 폭력을 하나님의 이름으로 합법화했다는 것과 최근 조상들이 총과 대포로 행하는 폭력을 정당화하고자 했다는 것은 다른 문제다. 하지만, 우리와 우리의 자녀들은 핵폭탄과 생물학 그리고 화학무기가 존재하는 세상, 그리고 아직까지 상상도 못할 테러리스트들이 이런 대량살상무기들을 손에 넣은 세상에서 살고 있다. 하나님과 폭력의 문제는 전례 없는 중요성을 가지고 있다.

영어나 아랍어로 표현할 때, "하나님"이란 단어는 21세기 지금까지 구원보다는 마치 위험한 무기이자 파괴의 근원처럼 보일 수 있다. 이것이 마이클이 이 문제를 가지고 정면으로 씨름한 이유이기도 하다. 그는 성서적 연구들 및 다른 분야의 연구들로부터 나온 수많은 자료들과 더불어, 르네 지라르 Rene Girard의 주요한 저작을 이 주제에 쏟아낸다. 다시 말하지만, 이 주제만으로도, 그 책은 독자의 시간과 노력을 보상하고 있다.

　마지막으로, 이 네 개의 주제는 하나님의 특성에 대한 우리의 시각에 문제를 제기한다. 우리가 믿는 하나님은 어떤 분인가? 하나님은 폭력적인가? 혹은 하나님이 어떤 이들에게는 선택적으로 폭력적이면서 다른 이들에게는 관대하신가? 혹은 잠시 동안 관대하시지만 결국에는 폭력적이신가, 아니면 그 반대인가? 하나님은 고통을 부여하시는가? 하나님은 누군가에게 고통을 부여해야만 용서하실 수 있는가? 자신의 적을 물리치시고 영원히 정죄하실 계획을 세우는 전사로 하나님을 보는 것이 가장 합당한 것인가, 아니면 모든 탕자들이 집으로 돌아와 환영받아야만 만족하실 평화의 하나님인가? 마이클은 용기 있게 이런 문제들을 대하면서 우리도 그렇게 하도록 도움을 준다.

　이 책을 읽을 때, 난 독자 여러분들이 예수, 성서, 속죄, 폭력, 그리고 하나님의 성품의 다섯 가지 주제를 마이클이 어떻게 다루는지 특별히 주의 깊게 보기를 바란다. 사실 이보다 더 중요한 주제는 없다. '예수가 이끄는 삶'을 사는 것을 추구하는 그리스도인뿐만 아니라 인류의 미래까지. 결국, 우리는 세계 인구의 절반 이상이 그리스도인과 무슬림 예수를 하나님의 아들이나 위대한 하나님의 예언자로 보는 지구에서 오늘 아침 깨어났으며, 똑같은 이 사람들이 폭력이나 보복적 폭력을 서로에게 반복적으로 행사하게끔 하는 구약의 구절들을 실천하고 있는 것이다. 만약 우리가 이런 낡은 폭력의 순환 속에서 좌절하기를 원하지 않는다면, 마이클 하딘 같은 사람들에게 귀를 기울여야 할 것이며, 『예수가 이끄는 삶』을 읽을 필요가 있다.

브라이언 D. 맥클라렌

서문

이 책은 다음의 서로 다른 두 책의 독자를 염두에 두고 쓰였다. 릭 워렌의 『목적이 이끄는 삶』와 윌리엄 영의 *The Shack*. 난 이 두 권의 저자와 독자들 모두와 더불어 어떤 친밀감을 나누고 있다. 이런 병렬의 요점은 서로서로를 상쇄하는 것처럼 보이지만 그렇지는 않으며, 오늘날 미국의 보수적 기독교 신학과 진보적인 기독교 신학 모두에게 가치는 있다. 나는 양쪽 사이의 중도 의 길^{via media}를 찾고자 하는 것이 아니라 제3의 길을 제시하고자 하는데, 그 길은 양쪽 전통이 가지고 있는 ^{내 시각에서} 최상의 통찰력들을 포함하는 새로 운 패러다임이다. 워렌의 독자들은 아마도 내가 더 이상 정통주의가 아니라 고 생각할지도 모르며, 반면 영의 독자들은 내가 너무 정통주의라고 볼 수도 있다. 이 책에서 난 그저 ^{브라이언 맥라렌}을 다르게 표현하기 위해 가장 관대한 방식으 로 정통주의를 다시 구성하고자 했다. 내가 보기에는 주류와 신생 공동체들 모두 안에 있는 대화들이 이를 필요로 한다. 기독교는 변화하고 있으며 우리 가 이를 막을 방법은 없다. 기독교가 변화하는 이유는 여러 세기 혹은 지난 천년 동안 우리에게 전해져 내려온 몇몇 신학적 패러다임들이 실제로는 먹 히지 않고 있으며 포기되고 있다고 드디어 인식되고 있기 때문이다.

『예수가 이끄는 삶』의 독자는 특별히 누구인가? 사실 독자들은 복합적이 다. 이 책의 글은 신학적 사건들에 관심을 기울이고 있지만, 아마도 별로 공 식적인 훈련은 받지 못한, 교양 있는 평신도를 위해 쓰여 졌다. 이 작업을 해 나가면서 난 최선을 다해 그런 것들을 설명하고자 했다. 그 외의 독자들은 각주를 통해 도움을 얻을 수 있을 것이다. 이들은 내가 하는 것을 왜 말하고

자 하는지에 대해 더 알고자 할 것이며, 바라건대, 또한 이렇게 발전해 나가는 주제들을 더욱 탐구하고자 할 것이다. 『예수가 이끄는 삶』은 지난 2천년 동안 교회생활을 주도해 온 것들에 대해 급진적으로 새로운 방식으로 생각할 것을 제안한다. 하지만, 이것은 새로운 것이 아니라 인간의 역사만큼이나 오래되었으며 나사렛 예수의 생각과 삶만큼이나 급진적이기도 하다.

제목에 대해 한마디 하자면, 릭 워렌 목사의 제목을 의도적으로 흉내 낸 것이다. 왜냐하면, 비록 제자가 A형 행동양식Type-A의 인격 경험이 되어야 한다고 해도, '목적'이 나를 뒤에서 밀어줘야만 한다는 가정에 만족하지 못했기 때문이다. 여기에는 문제를 제기할 만한 어떤 어거스틴/칼빈의 가정이 존재하고 있다. 나는 예수와 함께 여행하는, 우리의 안내자인 예수와 더불어 삶을 여행한다는 정중한 의미에서, '이끄는' 이라는 단어를 사용하고 있다. 나에게 있어 제자란 나란히 걷는 친구가 되는 것이다.요15:15

이 책은 2007~2009년의 주로 미국의 이야기들에서 나왔다. 내가 가는 곳마다 사람들은 더욱 많은 것을 물었다. 그래서 나에게 애원하고 간청하고 날 꼬드기는 사람들을 위해서 이 책이 있는 것이다. 내가 가진 희망이라면 미국에 사는 그리스도인들이 예수에게로 돌아가는 것이다. 그렇게 함으로, 우리는 아마도 더 이상 종말의 벼랑 끝이 아니라 새로운 모험의 지평선에 선 것을 알게 될 것이다.

글을 꼼꼼히 읽어 준 쥬디 요더Yudy Yoder, 로리 하딘Lorri Hardin, 그리고 존 스토너John Stoner에게 감사하는 바이다. 이들이 수백 개를 교정해 주는 바람에 책은 굉장히 나아졌다. 시간을 들여 책을 읽고 제안을 해 준 다른 독자들에게도 또한 감사를 표한다. 조나단과 브렌다 서더Jonathan and Brenda Sauder, 제임스 앨리슨James Alison, 토니 바틀렛Tony Bartlett과 월터 윙크.Walter Wink. 원고가 마무리되었을 때 굉장한 파티를 열어 준 밥과 수잔 허스트Bob and Susan Hurst에게도 깊은 감사를 전한다. 2008~2009년에 애크론 메노나이트 교회에서 이런 이야기에 참여해준 모두에게도, 대화하고 묻고 격려해 주어 고맙다는 말을 하고 싶다. 랜디스빌 메노나이트 교회의 월요일 밤 강의를 듣는 내 학생들은 계속 내게 영감을 불어넣어 주었다.

또한, 원고를 읽고 수많은 피드백을 남겨준 수십 명의 독자들에게도 감사 드린다. 이들은 의사, 농부, 관리자, 건축가, 십대와 노인, 고교생과 대학생, 목사와 교수, 그리고 여러 가지 다른 기독교적 배경과 진정한 삶의 발자취들을 가진 사람들이다. 『예수가 이끄는 삶』에 대한 이들의 열정은 고무적이고 전염성이 있다.

학교에 있는 내 친구들과 동료들에게는 부지런히 계속 노력해 달라는 말을 전한다. 난 더 광범위한 독자들을 갖도록 여러분들의 연구를 해석하기 위해 최선을 다하고 있다. 여러분들 가운데 어느 누구도 여러분의 일에 완전히 만족하지는 않을 것이라 믿지만, 내가 최선을 다하고 있고, 평신도 신학자로서 여러분과 같은 문제들을 헤쳐 나가고 있으며, 여러분들로부터 많은 것들을 배우고 있다는 사실에 위안을 받았으면 한다. 여러분의 책을 사랑한다!

특별하게는 월터와 준 윙크Walter and June Wink의 격려와 우정에 감사한다. 월터의 연구, 특별히 그가 참여하는 르네 지라르와 모방이론mimetic theory이 내게 유익한 영향을 주었다. 신약성서학자들은 그다지 월터가 지닌 격려와 함께 학제간의 융합을 보여주지는 않았으며 월터가 지불한 대가를 치르지도 않았다. 독자들에게는 그의 책 *Engaging the Powers*를 사서 읽을 것을 추천한다.

또한, 르네 지라르와 로버트 해머튼-켈리Robert Hamerton-Kelly, 피터 디엘 Peter Thiel, 린디 피쉬번Lindy Fishburne 및 이미타티오 사Imitatio Inc에 진심어린 감사를 전한다. 그들의 후원이 없었다면 이 프로젝트는 열매 맺지 못했을 것이다.

공식적으로는 내가 이 책의 저자가 되었지만, 따지자면 내 아내 로리Lorri는 공동저자였다. 나는 쓰고 아내는 편집하여서 내 엉망인 글을 읽을 만하게 만들어 냈다. 여기서 탐구한 다양한 성서적이고 신학적 주제들에 대해 우리는 많은 대화와 경험을 해 오고 있었다. 그녀가 없는 삶은 상상할 수도 없다. 그녀의 이야기는 내 이야기보다 훨씬 재미있는데, 아내는 실제로 『예수가 이끄는 삶』을 살기 때문이다. 난 그저 그녀 뒤에서 비틀거릴 뿐이다.

이 책이 모든 그리스도인들로 하여금, "삶과 죽음으로 순종하도록 우리가 부름을 받은 한 단어"바르멘 신앙선언로서, 완전한 인간이자 완전한 하나님인 예수를 다시 생각하게 하는 것이 나의 기도다. 하나님의 자비가 새로이 매일 아침에 있는 것에 감사한다. 대부분의 나라가 그런 것처럼, 난 시카고에서 지난 가을 군중폭력과 이로 인한 데리언 알버트Derrion Albert의 죽음에 충격을 받았다. 그런 촉망받는 생명이 아무 이유도 없이 완전히 사라지고 말았다. 난 데리언 알버트를 알지 못하지만 그의 죽음 속에서 어떤 면에서는 못 박히신 그리스도의 임재를 경험했다. 난 이 책을 그의 죽음을 기리며 그에게 헌정했다. 그런 폭력이 결코 다시는 우리가 사는 거리에서 일어나지 않도록 기도한다. 우리 시대에 부디 하나님의 평화가 임하기를.

2010 사순절에
필라델피아 랭커스터에서

제2판 서문

『예수가 이끄는 삶』 초판에 대한 독자들과 논평가들의 반응에 난 굉장히 기뻤다. 2판에서 더욱 개선될 수 있도록 나에게 의견을 공유해준 사람들에게도 감사한다. 특별히 히브리서에 대한 내 글이 재출간될 수 있어서 기쁘며 요한계시록에 대해 브래드 제르삭Brad Jersak이 쓴 챕터에 대해서도 감사하게 생각한다. 브래드와 나는 『하나님에게 시달린다고? 비폭력적 공감과 그리스도의 승리』Stricken by God? Nonviolent Identification and The Victory of Christ(Eerdmans 2007)를 공동으로 편집했으며 계속 공동으로 작업할 일을 찾고 있는 중이다. 난 그의 '합의의 신학'이 시몬 베유Simon Weil의 거장다운 책정이라는 것을 알았다. 그가 읽는 요한계시록은 이 책의 최고의 업적에 걸맞다.

히브리서의 글과 요한계시록에 관한 챕터의 판에 더하여 다른 자료들을 삽입하고서는 수정하고 몇 가지를 삭제하면서, 『예수가 이끄는 삶』이 마치 완전한 것처럼 느껴진다. 어떤 저명한 신학자는 그것을 마틴 루터의 1517 논문들과 견주기도 하여 난 몹시 놀랐다. 두 신학자들이 그것을 본회퍼의 『나를 따르라』Cost of Discipleship와 비교했을 때는 겸손해질 뿐이다. 『예수가 이끄는 삶』의 영향력이 이런 루터의 상징처럼 급진적이면서도 희망적이었으면 하고 바란다.

이 책이 2010년에 처음으로 출판되었을 때부터 지금의 『예수가 이끄는 삶』에 이르기 까지, 아내 롤리와 난 미국 주위를 돌고 나서 호주, 뉴질랜드, 캐나다와 영국으로 여행을 할 특권을 누려왔다. 난 항상 내 새 친구들, 그중에서도 캔버라에 위치한 세인트 마크 컬리지St Mark's College에서 내 학위논문

지도교수였던 스캇 코우델Scott Cowdell과 그의 동료인 데이빗 너빌David Neville
에게 감사할 것이다. 이들은 찰스 스터트 대학Charles Sturt University에서 내가
박사과정을 진행하고 있을 때 내 앞길을 마련해 주었다. '다음에 언급하는'
내 친구들에게도 특별한 인사를 전하고자 한다. 네이산 네틀턴Nathan Nettleton,
매튜 앤스테이 박사Dr. Matthew Anstey, 칼리 오스본Carly Osborne, 마크와 메리 허
스트Mark and Mary Hurst, 더그 수엘Doug Sewell, 브루스 해밀 박사Dr. Bruce Hamill,
롭 킬패트릭Rob Kilpatrick, 마크 바나드Mark Barnard, 스티븐 오그덴 박사Dr. Steve
Ogden, 톰 윌모트 주교Bishop Tom Wilmot, 재럿 맥케나와 테레사 리!Jarrod McKenna
and Teresa Lee 여러분들은 축복이었고 지금도 그렇다. 여러분들을 다시 방문하
길 손꼽아 기다린다.

나에게 지도와 조언, 우정을 베풀어 준 프리칭 피스Preaching Peace의 이사진
들에게도 마음속 깊은 감사를 표한다. 항상 내가 하는 일에 열정적인 후원
자가 되어 준 이미타티오 사의 린디 피셔번Lindy Fishburne에게 감사의 말을 하
지 않는다면 난 나태한 것이리라. 지라르의 모방이론연구를 심화하는 이미
타티오www.imitatio.org의 목표는 소중한 것이다.

내가 아크론 메노나이트 교회에 있는 친구들과 프리칭 피스Preaching Peace
사역의 다른 후원자들의 지속적인 후원을 받았음을 알리고자 한다. 『예수가
이끄는 삶』을 후원해 준 스티브와 캐런 한센Steve and Karen Hansen에게 특히 고
마움을 전한다. 이들이 없었더라면 르네 지라르의 혼합이론의 조명 속에서
평화신학의 패러다임을 발전시킬 수 없었을 것이다. 르네와 마사 지라르Rene
and Martha Girard의 삶에 대해 거의 매일 감사하는 바이다. 그들의 사랑과 후원,
우정이 없이 그리스도인의 삶에 대한 지속적인 통찰은 할 수 없었을 것이다.

내 에세이 "히브리서에서의 희생적 언어"를 재출판하도록 허락해 준 판
도라 출판사와, 요한계시록에 대한 브래드의 글에서 『예루살렘의 성문들은
결코 닫히지 않으리』 부분을 사용하도록 허락해 준 위프와 스탁Wipf & Stock에
게도 감사의 말을 전한다.

내 파트너이자 사랑이며, 친구이자 뮤즈muse인 로리가 나와 내 가족, 그리고 프리칭 피스를 위해 해 준 모든 것들에 대해 무한한 감사를 하는 바이다. 그녀는 나의 천사이다. 35년간 우정을 나누고 비전을 공유하며 긴 사랑으로 이어가 준 것에 대해 감사한다.

마지막으로, 초판 발행 이후 세 명의 귀한 친구들이 우리 곁을 떠나갔다. 월터 윙크Walter Wink는 2012년 5월에, 로버트 해머튼-켈리Robert Hamerton-Kelly와 리처드 칼슨Richard Carlson은 2013년 7월에 세상을 떠났다. 진정으로 난 그들을 그리워하고 있다. 그들의 영향력은 실제로 이 책 모든 페이지에 깃들어 있다. 그들의 기억을 축복하며.

2013년 8월
필라델피아 랭커스터

서론

　"오늘날 우리에게 예수 그리스도는 누구인가?" 이것은 1945년 게스타포에게 처형되기 1년 전, 테겔 감옥 한 켠에서 디트리히 본회퍼에게 떠오른 질문이다. 실제로 이 질문은 교회의 시작 때부터 교회가 직면한 것이자, 새로운 기독교 세대가 반드시 스스로 물어야 할 질문이기도 하다. 이 질문은 예수의 사역 속에서도 이미 존재한 것으로, 무리가 그를 왕으로 추대하고자 한 직후, 예수는 물러서서 그의 가장 가까운 추종자들에게 다음과 같이 물었다. "너희들은 나를 누구라 하느냐?"

　내 친구인 토니 바트렛Tony Bartlett은 다음과 같이 말한다. "제일가는 해석자로서, 예수는 인간 역사에 '놀랄 만큼 새로운' 어떤 것을 가져다주었으며, 당신으로 하여금 온전히 그에게만 집중하도록 '하기 위해' 왔다. 이것이 이루어진다면, 포스트모던의 혼란, 정전, 문화 속의 그리스도의 체제전복적인 임재, 신약성서 비평주의의 왁자지껄, 그리고 성서에 있는 최소한의 유대교와 예수의 핵심과 같은 모든 것들이 제자리를 찾게 된다." 우리가 오늘날 물어야 하는 질문은 다음과 같다. "우리가 예수를 가졌는가?" 혹은 우리가 우리의 신학 속에서 예수의 그릇된 초상을 대체시키고 있는가?

　19세기의 예수의 생애 연구사를 썼을 때, 자신의 연구는 여기저기 놓인 수많은 책무더기들로 이루어졌다고 알베르트 슈바이처Albert Schweitzer는 말하고 있다. 오늘날 현재의 광경 속에서 나타나는 다양하고 수많은 "예수의 삶"를 시도하고 따라가는 것은 엄청난 노력을 필요로 한다. 이것은 비단 학술적인 공동체 속에서 뿐만이 아니라 종파적인 기관이든 회중적인 수준에서든,

교회 속의 사례이기도 하다. 예수는 오늘날 수많은 얼굴을 가지고 있다.

이 책은 시장에 나와 있는 이러한 예수의 초상들의 과잉에 대한 헌정이다. 하지만 이 책은 독립적으로 다른 초상들과 공유된 심층적인 수많은 가정들에 질문을 제기하고 있다. 결국 슈바이처의 예수와 근본주의자들의 세대주의가 가진 예수 사이의 차이점은 실제로 무엇인가? 무엇이 라이마루스Reimarus 및 브랜든Brandon의 혁명자형 예수와 이들의 예수를 구별하게 하는가?[1] 이런 예수와 현재 미국 기독교의 승리자 예수의 차이는 무엇인가?

지난 세기 동안 예수 연구에 대한 상당한 공헌들이 있어 왔지만, 아쉽게도 그 중에서 지역교회의 수준까지 내려가는 연구는 드물었다. 목사들은 이런 임무에 필요한 복잡한 교육의 관계를 다룰 만한 여력이 없다. 이런 공백은 예수 세미나Jesus Seminar 회원들의 연구를 비롯하여 최근의 연구에서 다소 메꿔져 오긴 했지만, 여기에서 조차 이 그룹의 회원들에 의해 만들어진 예수의 초상들 사이에도 커다란 차이들이 존재하고 있다.

수년간 난 예수의 삶과 가르침을 연구하는데 몰입해 왔다. 정말로 어려운 점은 수많은 다른 주장들과 그런 주장들을 보증하는 방법들을 한데 모으려는 것이었다. 예수 조합 속에 참여하여 논쟁하는 대신, 화가가 작품을 만들기 위해 물감을 사용하는 것처럼, 난 그들의 연구를 사용하여 나의 예수 상을 채색해보기로 했다. 이런 작가들 중에서는 유대인과 그리스도인들이 있다. 때때로 그들과는 많은 차이점이 있었지만, 난 다음의 학자들에게서 많은 것을 배웠다. 사무엘 샌드밀Samuel Sandmel, 게자 베르메스Geza Vermes, 데이빗 블루서David Flusser, 하비 포크Harvey Falk, 샌더 구드하트Sandor Goodhart, 제이콥 뉴스너Jacob Neusner, 시본 베유Simon Veil, 그리고 요하킴 에레미야스Joachim Jeremias, 마틴 헹겔Martin Hengel, 월터 윙크Walter Wink, 마커스 보그Marcus Borg, 리처드 보컴Richard Bauckham, 라이트N.T. Wright, 브루스 칠턴Bruce Chilton, 제임스 찰스워스James Charlesworth, 레이먼드 슈바거Raymund Schwager 및 벤 위더링튼 3세Ben Witherington Ⅲ 뿐만 아니라 이전의 학자들인 맨슨T.W. Manson, 닐스 달

Nils Dahl, 오스카 쿨만Oscar Cullmann, 매튜 블랙Matthew Black, 구스타프 달만Gustaf Dalman, 존 로빈슨John A.T. Robinson, 건더 보른캄Gunther Brnkamm, 조지 엘든 래드 Geroge Eldon Ladd와 다드C.H. Dodd. 교황 베네딕트 16세가 구성한 예수의 초상에 대해서도 감사하는 바이다. 비록 다음의 학자들의 결론을 따르지는 못했지만 내가 많은 것을 배운 빚이 있음을 알지 못한다고 한다면 게으르고 무례한 것이 될 것이다. 그 학자들은 루돌프 불트만Rudolf Bultmann, 존 도미닉 크로산John Dominic Crossan, 로버트 펑크Robert Funk, 버튼 맥Burton Mack, 헬무트 퀘스터Helmut Keoster, 그리고 제임스 로빈슨James M. Robinson이다. 물론 더 많은 학자들의 이름이 여기에 포함되어야 했다. 월터 윙크Walter Wink는 나에게 "각주를 다 없애 버려요, 각주는 당신을 천국에 들여보내지 못합니다"라고 말하기도 했다. 각주를 그대로 두기로 했지만, 미주로 바꿔서 본문이 산만하지 않도록 했다.

나에게 완전한 영향을 준 아주 중요한 책이 하나 있다. 신학교 마지막 해인 1987년 10월을 회상해 보면, 레이문드 슈바거 신부가 쓴 『희생양이 꼭 있어야 하나?』*Must There Be Scapegoats?*를 구입했었다.[2] 그것은 내 강의의 주제를 바꾼 유일한 책이었다. 아쉽게도 2004년에 갑작스런 죽음을 맞이하기 전 슈바거 신부를 알 특권을 누렸던 사람들이라면, 여기서 쓰고 있는 그 책의 중요성이 어떤 것인지를 알 것이다. 이 책 속에 담긴 모든 것들은 다른 이들의 덕택이다.[3] 내가 최초의 발상을 했다고 주장하는 것이 아니라, 모방하면서 우리가 배워나가는 것을 잘 알고 있다는 뜻이다. 하지만 여기서 다른 이들의 통찰력을 함께 모아 놓은 방식은 최초의 발상이라고 믿는다.

나는 여기서 학문적인 가설을 증명하려는 것이 아니다. 학문적인 가설은 더욱 비평적인 접근을 필요로 할 것이다. 이 책은 건설적인 신학 작품을 의미하고 있다. 즉, 나만의 주관성으로 글을 쓴 초상의 채색인 것이다. 하지만 난 복음서에서 보여주는 예수에 대해 쓰고 있다. 예수와 복음서들의 관계를 기술하는 적절한 방식은 리처드 버리지Richard Burridge가 제안하고 있는데, 그는 몇몇 학자들이 복음서를 '역사적 예수'를 들여다 볼 수 있는 창문으로 보고 있다고 언급한다. 여기서 복음서 저자들, 공동체 및 신학은 실제 예수에 닿을 수 있는 우회도로가 된다. 그 관계를 보는 다른 시각은 복음서들이 창문이 아니라 거울에 가깝다고 주장하면서, 그 속에서 우리가 볼 수 있는 것은 우리 자신의 투영일 뿐 우리는 결코 저자에게 다가갈 수 없고 보는 것이다. 이런 딜레마에 대한 버리지의 해결방식은 복음서들을 스테인 글래스 stained glass처럼 보는 것이다. 그렇다. 스테인 글래스는 투시될 수 있지만 "스테인 글래스가 지닌 중요한 점은 글래스 속에 담긴 그림인 것이다."[4] 역사적 예수와 복음서의 예수 초상들은 모두 예수를 이해함에 있어 필수적인 것이다.[5] 하지만 더 필요한 것이 있다.

예수는 어떻게 알려져 있는가? 간결하면서도 단순한 답은 성령이 우리에게 알려 주신다는 것이다. 칼 바르트Karl Barth의 언어로, 하나님은 하나님 자신을 계시하신다. 즉, 우리는 개인적인 예수의 경험을 가진다는 것이다. 또한 우리는 복음서라고 부르는 예수에 관한 네 가지 이야기들을 가지고 있다. 성령이 예수에 대해 하시는 말씀은 우리가 거기서 찾는 것과 어울려야 한다. 우리가 공동체로 모일 때 예수가 알려진다는 것이 바로 그런 사례이다. 예배를 통해 우리는 우리와 함께 하시는 그의 존재를 알 수 있다. 마지막으로, "역사적 예수"의 연구로 알려져 있는 학문적 과목이 존재하고 있다.

18세기의 존 웨슬리John Wesley는 신학을 행하기 위해 네 가지 다른 자료들 성서, 이성, 전통과 경험을 사용해야 한다고 믿었다. 정사각형을 그려서 이 용어들을 각각 네 개의 모서리에 넣어 보자. 그러면 이런 범주들이 정의되어야 한다. 이성이 무엇인가? 경험은 무엇인가? 어떤 전통을 권위 있다고 인정해야 할 것인가? 성서정경을 구성하는 것에 대해 우리 모두는 동의하는가? 이들 각각은 초대 교회부터 지금에 이르기까지 논의되고 논쟁되어 왔다. 내가 하고자 하는 것은 이들을 "기독론화christologize"하는 것인데, 다시 말하면 각각의 것의 중심에 예수를 놓는 것이다. 그러면 정사각형에서 다음과 같이 적을 수 있게 된다.

성서 = 본문적 예수The Textual Jesus

이성 = "역사적 예수"The Historical Jesus

전통 = 교회적 예수The Ecclesial Jesus

경험 = 부활하신 예수The Risen Jesus

초대 교회의 입장에서 이들을 연대기적 순서로 놓으면 경험, 전통, 성서, 이성이 된다. 이들이 필수적으로 우리의 연대기적 틀은 아니다. 우리는 네 모서리 가운데 어떤 것을 통해서도 예수에게로 돌아오게 되며, 우리가 만나는 것은 예수이다. 하지만 만약 우리가 한쪽 모서리에만 머물러 있어서 다른 사람들을 배제하게 된다면 우리는 예수를 완전히 알지 못할 것이다. 왜냐하면 그는 우리의 경험, 우리의 전통, 성서, 그리고 우리의 학문적 담론에서만 나타나는 것이 아니기 때문이다. 네 개 모두가 맞물릴 때에 우리는 예수를 가장 잘 알 수 있다.

첫 번째는 부활하신 예수이다. 이것은 성령이 선물하심으로 우리 삶 속에 예수의 존재를 개인적으로 경험하게 되는 것이다.

두 번째는 교회적 예수이다. 이것은 우리 이전에 세상을 떠난 사람들의 가르침을 통해 우리가 알 수 있는 예수이자, 특별히 오늘날 예수 그리스도의 몸으로써 우리가 함께 모일 때에 알 수 있는 예수이다. 이것은 예수를 이해하는 것이 개인적일뿐이라는 것이 아니라 모든 이해가 대인 관계적이거나 상호 관계적이라는 것이다.

세 번째는 본문적 예수이다. 이것은 네 복음서들이 각각 예수의 초상을 다르게 그렸다는 것, 복음서 저자들이 기록할 때에 신학적 의제agenda들을 가지고 있었다는 것, 우리가 그 의제들을 분별할 수 있다는 것, 그리고 우리가 그것을 통해 그들이 어떻게 예수를 이해했는지를 배울 수 있다는 인식이다.

네 번째는 "역사적 예수"이다. 이것을 괄호로 인용표시한 이유는 소위 "역사적 예수"가 학문적 상상에서 나온 창조물이기 때문이다. 이것은 그의 문화와 환경의 컨텍스트 속에서 예수가 누구였는지를 분별하는 것이며, 예수가 언급한 것 가운데 어떤 것들이 역사적으로 신빙성이 있거나 진짜인지를 고려하는 것이다. 인용부호는 이런 예수의 변화하는 본성을 표시하고 있다. 우리가 제2성전 유대교와 그 속의 다양한 종파, 그리고 세계관 및 그 시대의 신학에 대해 우리가 더욱 배워갈수록 우리는 예수를 다르게 보게 된다.

이들 각각은 우리가 다방면에 걸쳐서 더욱 완전하게 예수를 보는 시각을 갖는데 도움을 준다. 어떤 한 가지면만 가지고는 충분하지 않다. 두 개나 세 개로도 마찬가지다. 어떤 이들은 우리에게 "역사적 예수"는 필요 없다고 하지만 여기서의 문제는, 그들이 말하는 예수가 인간됨을 잃고 특정한 공간과 시간과의 연결성도 잃어버린 예수라는 점이다. 이것은 기독교 영지주의의 한 형태이다. 어떤 학자들은 반면에, "역사적 예수"는 헛소리에 지나지 않다고 말하고자 하지만 그럴 경우 그들은 예수는 단지 이성을 초월해서 알 수 있다는 사실이라는 점을 놓치게 된다. 어떤 [소위] "역사적 예수"의 초상들은 순수하게 그를 알기 위해 "성령의 감동으로 된" 지식만을 주장하는 사람들이라는 의심을 받을 뿐이다.

네 가지 모두가 필수적이며 어떤 경우에서는 나머지 세 개를 제어하는 기능을 할 수 있다. 그렇다면 우리는 예수를 어떻게 아는가? 우리는 그를 함께 예배함으로, 함께 공부함으로, 함께 반성함으로, 그리고 함께 논증함으로 그를 안다. 우리는 더불어 그의 몸으로서 그를 안다. 한 가지 극단이나 다른 것에 초점을 맞추는 사람들은 결코 아름다움, 실재, 기쁨을 알지 못할 것이다. 이들은 바로 예수, 모든 창조의 주인, 모든 창조의 화해자, 그리고 모든 창조의 구원자이신 분이다.

내 친구 존 스토너John Stoner의 생각을 전해야겠다. "사고와 연민만을 대형화시키는 문화 속에서는 이것은 큰 책이다. 그런 의미에서 그것은 대부분의 사람이 가지 않은 곳으로 간다. 독자는 패러다임의 전환이 어떤 효과가 있다고 생각할 수밖에 없다." 나는 기독교가, 신약성서 저자들이 예수를 나눌 때 예수를 사실로 받아들인다는 패러다임 전환을 수용할 준비가 되어 있으며 또 수용하고자 한다는 자기이해 속의 어떤 점에 다다랐다고 본다. 이 책에서 난 되도록 성서를 많이 언급하고자 했는데, 그 이유는 궁극적으로 제안되고 있는 것은 미국 기독교의 핵심에 영향을 끼칠 수 있는 신학적 전환이기 때문이다. 만약 성서적이지 않다면혹은 그 지지자들이 주장한다면 미국 기독교는 아무 것도 아니다. 이런 사고방식은 싸우자는 것이 아니라, 성서와 예수의 삶을 해석하는 우리의 방식에 대해 진지한 대화를 한번 해보자는 것이다. 미국 기독교는 반드시 이 질문에 대답해야만 할 것이다. "너희들은 나를 누구라 하느냐?"

그는 수많은 기독교서점에서 판매된 승리자 백인 예수인가? 그는 미국을 횡단하는 동안 라디오에서 만날 수 있는 신성한 보복적 슈퍼영웅인가? 그는 경제적 부를 약속하며 하늘에 있는 억만장자인가? 그는 미국시민종교, 19세기 부흥운동, 그리고 무오한 성서 속의 무오한 신앙이 뒤섞인 위험한 칵테일과 함께 기독교 TV에서 팔리고 있는 전투적 예수인가? 예수를 어디서 찾을 수 있을까? 그는 우리의 종교적 열심의 희생자이며, 쫓겨나고, 종교제도에 묶이거나 교의적 엄밀함에 꽁꽁 얼어버린 것인가?

예수는 단순히 선한 도덕, 선한 시민, 그리고 선한 이상주의를 가져다주는 사람인가? 그를 자신의 임무로부터 떨어져 있는 상투적인 것들을 베풀어 주는 방황하는 현자로 찾아야 할 것인가? 그는 선하지만 실패한 사람이 아닌가? 만약 그의 가르침이 그를 살리지 못했다면그의 가르침이 예수를 죽게 했으므로 왜 오늘날 그 가르침에 신경을 쓰고 있는가? 그를 냉소주의 부류로 찾아야 할 것인가? 우리는 그를 고대와 현대를 통틀어 계몽된 신비한 영지주의적 구원자로 여겨야 할 것인가?

『실제 예수가 일어서는가?』*Will the Real Jesus Please Stand up?**가 우리에게 다가온 듯하다. 그것이 중요한 이유는 우리 모두가 같은 예수를 따르지 않는다는 것이 명백하기 때문이다. 왜 그런가? 나는 그런 철학적이고 신학적인 가정, 마련된 원칙들과 해석적 기준들이 우리로 하여금 우리 눈앞에 바로 놓여 있는 것들, 혹은 우리 눈앞에 있는 사람을 보지 못하게 한다는 것을 여러분께 보여주고자 한다.

이것은 나를 곧바로 중요한 신념, 즉 우리가 예수가 처한 컨텍스트에서 예수를 보지 않는다면 성서는 이해되지 않는다는 점으로 이끌고 있다. 기독교 교회들 속에서 성서적 문화에 대한 피상적인 접근은 존재하고 있다. 오래된 참고서적들은 여전히 기준이다. 그것들을 사용하는 사람들은 1950년대 이래로 고대 유대교그리고 기독교가 시련을 겪었다그리고 여전히 시련을 겪고 있다는 재평가를 완전히 이해하지 못하고 있다. 그들은 고고학적이고 본문적인 발견들이 고대 유대교연구의 부활에 영향을 주었다는 것을 모른다. 아마도 이런 새로운 연구를 가져온 가장 중요한 요소는 쇼아Shoah,** 나치 지배하의 유대인들의 대량학살 그리고 이후 특히 성서학자들 간의 유익한 유대교-기독교 사이의 대화가 성장한 것이다. 이런 새로운 해석의 핵심적인 결과는 우리가 예수의 문화 속의 그룹들을 다르게 이해함에 따라 우리는 예수를 다르게 이해한다는 점이다. 그들이 분명해질수록 예수도 분명해진다. 이것은 더 이상 예수와 그리스도인 대 유대교의 싸움이 아니다. 우리는 유대인 예수를 알도록 배워오고 있다.[6]

교회는 예수를 탈유대화시키는 경향이 있어 왔다. 이런 일이 일어나면 예수는 하나님이 보내셔서 죄로부터 우리를 구원하실 완벽한 희생으로만 이해된다. 그의 삶은 희생을 위한 준비라는 것만 강조된다. 강조점은 예수가 어떻게 우리의 제자됨을 위한 모델로서 살았는지에서, 예수가 어떻게 하나

---

*역주–윌리엄 레인 크레이그와 존 도미닉 크로산의 논쟁을 담은 책.
**역주–반유대주의를 일컫는 히브리어

님의 법을 완벽하게 지켜서 그가 완전하고 죄 없는 희생이 되었는지로 옮겨 간다. 탈유대화된 예수는 그의 시대에 살았던 사람들과 예수의 관계를 해석할 때 아주 핵심적인 렌즈를 없애버린다. 바울이 예수가 여자에게서 나고 율법 아래에서 난 것이라고 적절한 시기에 언급했을 때, 이것은 갈라디아서 4:4에서 매우 중요한 실마리를 우리에게 제공해 준다. 예수의 해석적인 배경은 수많은 율법의 해석적 전략들이자 그들이 어떻게 사람들 속에서 수행되었는지를 알려주는 것이다. 다른 사람들은 어떻게 율법을 해석했는가? 예수가 율법을 해석했을 때 도움이 된 것은 무엇이며, 그리고 어떻게 그의 해석을 실행했는가? 이것은 내가 30년이 넘도록 씨름해 온 문제의 중심이다.

교회에 있는 몇몇 사람이 복음서의 메시지를 잘못 해석하거나 그 가르침대로 살지 못하는 것과 복음서의 메시지를 어떻게 구분하는지를 내게 처음 가르쳐 준 사람은 칼 바르트Karl Barth였다. 이것은 항상 기독교 신학의 학문에 대한 희망을 나에게 주고 있다. 교회가 아무리 그것을 엉망진창으로 만들어 버리더라도 그 메시지는 어떻게든 이 세대에서 다음 세대로 전달되고 있다.

디트리히 본회퍼로부터 내가 배운 것은 위대한 신학적 문제들이 일상생활에 뒤따르는 것들이라는 것이다. 복음은 싸구려 은혜가 아니고, 영성과 윤리를 나누는 것이 아니며, 존재와 행동을 구분하는 것도 아니다. 복음이 값진 이유는 우리에게 "와서 죽으라"고 명령하기 때문이다. 본회퍼는 또한 아래로부터의 관점에서 어떻게 성서를 읽을 것인지를 내게 가르쳐 주었다. 이런 두 가지는 30년이 넘도록 내 주요한 신학적 '멘토들'이 되어 오고 있다.

자끄 엘륄Jacques Ellul는 나에게 현대 기술사회에 복음을 채찍이자 당근으로 적용하는 것의 중요성을 보여주었다. 그의 저서는 어떻게 르네 지라르가 서구 문명에 대한 복음의 영향들을 해석하는지 내가 이해할 수 있도록 길을 닦아 주었다. 그런 복음의 영향들이란 우리가 생각하고 관계하는 방식을 해체하고 재건하는 것이다. [7] 내가 이것을 언급하는 이유는 나의 목표가 해체와 재건을 동시에 진행하여 여러분들을 이끄는 것이기 때문이다. 또한 나는 디트리히 리츨Dietrich Ritschl을 따라서 "어떻게 성서본문을 현대의 상황에 관련시킬까하는 문제를, 반대로 어떻게 현대의 상황을 성서본문에 관련시킬까 하는 문제로 바꾸고자 한다."[8]

모든 오류가 정직하지만 잘못 이해한 질문으로 시작한다는 것을 보는 것도 중요하다. 우리가 우리의 현실을 해석하는 데 사용하는 보이지 않는 기준들의 크기나 깊이를 우리는 깨닫지 못한다. 만약 우리가 이런 근본적인 기준들 속에 가정되거나 전제되어 있는 생각들에 대해 묻지 않는다면, 우리의 신앙은 우리 스스로의 마음속에서 이런 가정들을 수용하고 말 것이다. 우리가 어디로부터 오는지 모르는 허무맹랑하고 이단적이며 검증되지 않은 가정들의 오류 속에 빠져들어 가면, 이렇게 잘못 자리 잡은 기초로 인해 대화를 위한 기회는 상실될 것이다.

동일한 철학적이고도 신학적 가정들 속에서부터 물을 수 있되, 각각의 세대마다 달리 던져지는 이 모든 질문들은 이해의 이런 가상좌표선 속에서 대답이 된다. 바뀐 것이 거의 없는 핵심은 정통주의 '우리 교부들의 신앙'으로 동일시되며, 우리는 꼭 예수의 계시라고는 볼 수 없는 전통에 묶여버린 하나님을 보게 된다. 우리가 보는 방식을 변화시켜야만 하고 그러기 위해서는 질문해야 한다.

아쉽게도 기독교는 환상vision을 잃었다. 새천년이 도래하면서, 기독교 신앙은 공식적으로 지식의 놀이터에서 환영받지 못하는 사람persona non grata이 되어버렸다. 현대 문화는 우리가 듣기로는 기독교 이후 시대이다. 하지만 기하급수적으로 복음과 미국문화 사이의 경계의 흔들림이 증가하고 있다. 교회가 문화와 동화되는 일이 많으며 미국 문화가 자신만의 내부적인 종교구조를 갖는 일들이 많아졌다.

지금 우리는 그것을 분명히 보고 있다

이것이 꼭 나쁜 것은 아니다. 왜냐하면 거부당하고 있는 것은 복음^{좋은 소}식 자체가 아니라 계급, 탐욕적이고 채울 수 없는 권력과 부와 지배욕 뿐 아니라 노예제도, 식민주의, 자본주의, 성전聖戰, 집단학살 및 홀로코스트를 포함하고 있는 복음의 해석이기 때문이다. 분명히 말해 거부되고 있는 것은 콘스탄틴적 기독교, 즉 종교와 정치, 하나님과 시저를 나란히 놓고 있는 것이다. 여성의 복종, 성전이나 십자군, 가난과 부정의 증가, 어떤 형태의 인종주의나 인종차별을 정당화시키는 성서해석은 모두 대대적으로 비판받으며 거부되고 있다. 하지만, 키에르케고르가 말했듯이 기독교국가에서 기독교가 거부당한 것처럼, 평화의 왕의 복음은 어둠 속에서 반짝이고 있다.9

미국 기독교, 특히 젊은이들 사이에서는 급진주의가 태동하기 시작했다. 필라델피아 주 필라델피아에서 쉐인 클레이본Shane Claiborne의 '단순한 길'The Simple Way, 혹은 일리노이 주 에바스톤에서의 레바 플레이스 펠로우십Reba Place Fellowship과 같은 급진적 영성이나 새 수도원운동을 생각할 수 있겠다. 더 흥미로우면서 조용히 성장하는 운동이 있다. 브라이언 맥클라렌이 말한 것처럼 "심오한 전환이 이뤄지고 있다." 그것은 종파적, 인종적 경계를 넘어선다. 세상에 있는 수만 명의 그룹들에게 던져질 질문은 다음과 같다. "예수를 따르는 것은 진정으로 무엇을 의미하는가?"

우리가 받는 새로운 질문들은 종교적 확실성의 상자 밖으로부터 던져진 것이다. 무오한 본문, 무오한 교회기관들과 회중들, 무오하거나 하늘로부터 내려온 확실한 해석들은 우리에게는 현실적이지 않다. 우리는 스스로 속이는 경향이 있다는 것을 알며, 우리의 형상 속에 우리의 모양대로 하나님을 만들고 있다. 현실 세계는 무오하지 않다. 현실 세계는 수많은 사건들, 돌발적인 사고들, 깜짝 놀랄만한 계시와 뜻밖의 일들로 가득하다. 심지어 양자역학에 대한 세상의 설명도 정의를 어떻게 내리느냐에 따라 우연성과 확률을 포함하고 있다. 우리가 근거들을 알고 있는 것처럼, 우리는 근거들을 넘어선 세상에서 살고 있다.

우리의 질문들은 성서의 해석을 중심으로 돌아가지만, 다음의 전제로 시작하고 있다: 예수를 이해하는 것에 있어서 중요한 요소는 그를 따르는 것이다. 맹종하거나 맹목적인 따름이 아니라 그가 말한 것이 의미하는 위험과, 만약 따르게 될 경우 세상에 빛과 치유를 가져다 줄 수 있는 영적인 길을 예수가 가졌다는 위험을 기꺼이 떠안고자 하는 것이다. 예수가 성서에 나오는 작은 꼬마아이들을 사랑하고 세상의 모든 꼬마아이를 사랑한다고 나는 믿으며, 그가 가난하고 도움이 필요한 자들을 돌보신다는 것을 믿고, 우리는 효과적으로 다른 모든 사람들을 섬길 방법들을 찾도록 부르심을 받았으며 그런 권한을 부여받았다고 믿는다.

또한, 우리는 지구의 울부짖음을 듣는다. 지구가 없다면 우리는 하나의 종족으로서 생존할 수 없다. 우리가 서로에게 그러는 것처럼, 우리는 지구를 벌거벗기고 욕보이고 죽이기까지 한다. 우리의 질문은 창조주를 이해하는 새로운 테두리로부터 창조로 옮기기 시작한다. 우리는 산타가 존재한다고 믿는 한 오래된 시계공의 이론을 믿는다. 제일 우선적이고 가장 중요한 것은, 하나님은 사랑이며 사랑은 예수 안에 성육신된 것이라고 나는 믿는다. 예수는 우리의 오해들로부터 우리를 자유롭게 하기 위해, 우리의 죄를 없애기 위해 자신의 삶을 나눴으며, 진정한 사람됨이란 무엇인지를 보여주는 가장 훌륭한 예가 되었다. 우리 인간을 표현하는 가장 최고의 방식은 예수의 이야기를 배움으로, 그리고 성령의 은혜로 말미암아, 가능한 한 많이 그러한 이야기에 참여하는 것이다. 네 복음서는 그리스도인이 사는 서술적 세상이다. 아울러, 한 명의 랍비가 율법에 대해 말할 때, 다른 모두는 주석을 단다.

이 책을 최대한 활용하기

비록 오랜 시간 동안 권좌에 올랐던 기독교사상ᄀ 상자의 안쪽을 갖고 있는 어떤 가정들에 더 이상 묶여 있지는 않지만, 이 책의 목적은 성서 전체가 어떻게 설교, 가르침, 교리교수 및 예배를 위해 유익하게 사용할 수 있는지를 발견하는 여정으로 여러분을 초대하기 위함이다. 친구들과 학생들은 내가 하는 연구에 큰 그림이 있는지 자주 묻곤 한다. 여러 해 동안 강의와 출판을 위한 글들뿐 아니라 내 웹사이트에 올릴 글을 쓰는 것에 난 만족해 왔다. 난 책 몇 권을 편집했고 이 최신의 작업을 목사들에게 가져다주었다. 『예수가 이끄는 삶』은 어떤 공식적 훈련을 받지 않았을 수도 있는, 기독교 신학과 성서에 관심이 있는 일반 사람들을 위해 쓰인 것이다.

『예수가 이끄는 삶』은 32주 공부를 염두에 두고 만들어졌다. 8개의 장에 각각 4개의 섹션이 들어가 있다. 한 자리에서 읽을 수도 있다. 하지만, 그렇게 하는 것은 별로 추천하고 싶지 않다. 시간을 들여서 흡수하고, 곰곰이 생각하고, 사색하며 말하고 토론하는 것이 좋다. 이 책을 보충하기 위한 DVD 시리즈들이 있는데 각 섹션 마다 30분짜리 이야기가 들어있다. 이 책과 DVD 시리즈는 공개판과 약 30% 정도 중복되어 있다. 이들은 서로를 충분히 보완하고 있다. 『예수가 이끄는 삶 DVD』는 www.preachingpeace.org 에서 구매가 가능하다.

1~3장은 하나님에 대해 우리가 아는 것들, 그의 가르침의 정점, 그리고 그의 가르침이 어떻게 인간의 폭력과 희생적 사고방식들의 문제를 아주 분명히 말하고 있는지, 우리가 지닌 해석학적 렌즈로 예수와 그의 정당한 자리를 다루고 있다.[10] 4장은 2~4세기에 이르는 동안 초대 교회가 좋든 나쁘든 어떻게 성서를 이해했는지를 보여주는데 초점을 맞추고 있다. 예수에서 초대 교회에 이르는 직선, 그리고 초대 교회에서 우리에게로 곧바로 이어지는 직선은 없다는 것을 아는 것이 중요하다. 그 선은 휘어졌으며 종종 끊기기도 했다. 우리는 여전히 초대 교회의 이점과 실수를 가지고 살아가고 있다. 핵심적인 논지는 우리가 되돌아가야만 한다는 것과 어떻게 다시금 성서를 읽어야 할지 예수에게서 배워야 한다는 것이다.

예수와 초기 기독교가 그를 어떻게 이해했는가를 논한 후, 난 인간의 조건을 이해하는 중요한 도구를 도입할 것인데, 그것이 바로 르네 지라르의 모방 현실주의다. 모방적 인류학의 가정은 성서적 인류학과 동일한 것으로, 숨이 멎을 것만 같고 "아하!"하는 순간으로 가득할 정도이다. 그리고 나선 유대 성서창세기, 욥기, 시편, 이사야 및 솔로몬의 지혜로부터 핵심 본문을 어떻게 해석하는지를 폭넓게 논의하도록 할 것이다.

이사야서는 예수가 가장 빈번하게 인용하거나 암시하는 유대교 정경이다. 난 토니 바틀렛Tony Bartlett[11]에게 감사해야 할 큰 빚을 졌는데, 제2이사야서에 대한 그의 성서연구의 축약판을 포함시켜도 좋다고 그가 허락해 주었기 때문이다. 그것은 일관성 있고 포괄적이면서 깊고 통찰력 있는 주석이다. 이 책은 이사야서에 대한 내 해석에 큰 영향을 주었다. 이 책에서 난 이사야서 53장에 대한 토니의 주석을 복제만 했을 뿐이다. 이 관점으로 이사야서에 대한 더욱 철저한 분석을 원하는 독자들은 www.preachingpeace.org에서 전문을 읽거나 내려 받을 수 있다. 이 책의 다른 부분보다 읽기 힘들긴 하지만, 이사야 53장에 대한 그 해석은 유대교와 기독교 '정경' 모두를 이해하는데 있어 아주 중요하다.

우리는 신약의 위대한 두 사상가, 즉 바울과 제4복음서의 저자와 함께 이런 해석의 틀을 사용하여 『예수가 이끄는 삶』을 결론지을 것이다. 이 수정된 2판은 또한 내가 1987년에 처음으로 쓰고 2000년에 출판을 위해서 수정한 히브리서에 관한 부록과 더불어 브래드 제르삭Brad Jersak이 쓴 요한계시록에 대한 장을 포함하고 있다. 이 책을 읽으면서 난 그리스도인들이 하나님이나 예수를 두려워할 필요를 느끼지 못한다는 것이 분명하다고 생각했으며, 더욱 확실하게는, 누구든지 다른 사람도 그러기를 바란다는 것이다. 난 대화로 말미암아 성패가 달려있는 핵심적 요점을 예상하고자 최선을 다할 것이다. 하지만 무엇보다 바라기는, 사람들이 종교적 현상유지에 만족하지 못할 때 이 책이 사람들로 하여금 질문을 던지도록 하며, 예수를 탐구하는데 동참하도록 격려하는 것이다. 예수는 진정으로 살아있고 진실한 길이기 때문이

다.요14:6

점과 함께 표시된 숫자들5.1은 이 책의 장과 섹션을 보여주는 것으로, 예를 들어 5.1은 "인간이 된다는 것은 무엇을 의미하는가?"를 나타내는 것이다. 콜론과 함께 표시된 숫자들은1:2 혹은 22:14 논의되고 있는 성서본문을 가리킨다.

가능한 한 거대인수자supercessionist의 언어로 말하는 것을 피하기 위해, 난 구약성서Old Testament, Older Testament, 유대교 성서Jewish Scriptures, 히브리 성서Hebrew Bible 그리고 유대교정경Jewish Canon을 서로 맞바꿀 수 있는 용어로 사용할 것이다. 율법서Torah는 창세기에서 신명기에 이르는 처음 다섯 권을 지칭하며, 맥락에 따라서는 유대교경전의 가르침의 총체를 지칭하는 말로 사용할 수도 있다.

신학적 자서전

나는 로만 가톨릭에서 자랐으며 바티칸 2차 공의회 이전과 이후의 교회를 겪었다. 난 미사를 사랑했다.멀리서나마 지금도 그렇다 18세 때 난 기독교 세대주의자 근본주의로 '거듭났다.' 다행히도 정말로 모든 맘과 정신을 다해 서로와 예수를 사랑하는 것을 추구하는 가족에 의해 가르침을 받았다. 난 새 스코필드 톰슨 체인 참조성경과 레이 스테드만Raystedman, 프란시스 쉐퍼Francis Schaeffer, 조시 맥도웰Josh McDowell과 워치만 니Watchman Nee 같은 저자의 책을 탐독했던 것을 기억한다. 조나단 에드워즈Jonathan Edwards와 존 오웬스John Owens 같은 청교도들은 내가 여행한 영역 속에 있었다.

하나님의 은혜로 난 도시 근교에 있는 아주 작은 성서학교에 다니기 시작했다. 교육자들은그들의 기억력에 축복이 있기를 제일 먼저 내가 비판적 사고를 하는 틀을 소개하는 대신 성서에 대해서 생각하도록 안내해 주었다. 그 시절에 발견의 기쁨을 마음껏 누리기도 하고 내 신학에 변화가 생겼을 때 구원을 잃었다고 생각하여 낙담하기도 했던 기억이 난다. 난 두 개의 세계에서 살기 시작했는데, 하나는 교회의 세상이고 다른 하나는 지성의 세계였으며, 이 두 가지는 더 이상 부합될 수 없었다. 성서에서 내가 본 것, 특별히 예수의 삶을 공부할 때와 기독교와 내 자신의 삶 속에서 살면서 내가 본 것은 완전히 다른 두 개의 것이었다. 한동안은 목사가 되고자 하기도 했고 이런 분열은 사역에서 멀어지도록 나를 쓰라리게 했다. 난 중년의 위기와 동시에 목회자의 탈진을 겪었다. 그들이 말한 것처럼 내 삶은 파국으로 치달았다.

이후 수년간 난 책들을 상자에 넣어서 다락방에 두었고 교회에도 나가지 않았다. 난 내 사랑, 신학과 교회를 포기했다. 내가 지금 쓰고 있는 것들은 "내 자신의 아픈 실패를 통해" 큰 대가를 지불하고 다른 이들에게 알려 주는 것이다. 하지만 천사 같은 아내 로리Lorri는 예수가 나를 용서한 모델을 택했다. 난 내 삶을, 잃은 것에 관해서가 아니라 얻은 것에 관해 바라보기 시작했다. 수확이 있다면, 조용한 방식으로 나에게 예수에게로 돌아가는 길을 보여준 아내만큼이나 하나님께서 적어도 선하시다는 것이었다. 내가 『예수가 이끄는 삶』을 집필했을 때는, 내가 그렇게 살기 때문이 아니라 내가 그렇게 산 것을 보아 왔기 때문이다. 교회에는 사도적 계승이라는 것이 있으며, 오직 그것만이 공식적인 것 이상이 된다. 누구라도 완전히 예수에게 팔려, 그를 완전하고도 진정한 인간이자, 하나님이 사랑하시는 분 그리고 하나님의 사랑 안에 거하시는 분 및 하나님이 그리도 사랑하시는 세상의 본보기로 예수를 선택할 때에 그런 계승이 일어난다.

2000년에 난 성공회 신부 제프 크란츠Jeff Krantz를 뜻하지 않게 만났는데, 그는 신학적 땅딸보Humpty-Dumpty인 나를 받아들여서, 내가 공부하여 배운 것들과 더불어 내 경험을 조각내도록 나를 도와주었다. 제프는 나와 함께 프리칭 피스Preaching Peace 웹사이트를 만드는데 시간을 할애했다. 신학에 다시금 내가 열정을 가지기 시작하는 동안, 난 로리와 내가 다시 교회에 참석할 시간이 오게 될지 궁금해졌다. 종교적이 되지 않으면서 가능한 모든 방식으로 예수를 진지하게 받아들이는 것 말고는 아무것도 하지 않는 교회를 우리가 찾을 수 있을까? 우리는 여전히 그런 여정에 있다.

2002년 가을에 프리칭 피스 웹사이트를 위해 글을 쓰기 시작한 것은 나의 특권이었다. 제프와 로리가 내 두 목발이 되어 주었다. 내가 스스로 내 신앙을 모두 포기했을 때조차 그들은 나를 신뢰했다. 그들은 내가 영적으로 건강해 지도록 사랑을 베풀었다. 예수가 여전히 살아 계시며 성령으로 이 땅에서 역사하신다는 것을 내가 보기 시작한 때가 그 무렵이다. 더 나아가, 난 그의 메신저로서 돌아와 그를 따르도록 부르시는 예수의 목소리를 들었다.

이런 치유의 과정이 시작된 지 10년이 지났다. 난 요즘에는 히스토릭 피스 교회Historic Peace Church, 특히 메노나이트의 영향 안에서 여행을 많이 했다. 하지만 난 이미 아나뱁티스트 전통과는 떨어진 평화적 입장을 나만의 방식으로 고수하고 있었다. '평화' 영향은 예전에 1970년대 후반에 팸과 필 플랜클린Pam and Phil Franklin과의 우정으로 시작했는데, 우리는 당시에 공원에서 예수운동이라 불리는 교회의 아름다운 한 부분을 나눴다. 오늘날 우리 친구 조나단Jonathan과 브렌다 사우더Brenda Sauder는 『예수가 이끄는 삶』과 같은 것에 대해 우리에게 영감을 준 사람들이다.

이 책을 쓸 때조차 난 여전히 시간이 지나면서 회복, 치유, 그리고 호전되는 과정 속에 있다. 그리하여, 내가 이 책에서 '당신'이라고 말할 때는, 지금 '당신'에게 말하고 있는 것이 바로 '나'이지만, 이 책에서 난 '당신'이 되고 있다. 아마도 나는 나 자신을 위해 이 책을 쓰고 있을 지도 모른다. 만약 그렇다면, 함께 대화하러 온 것을 환영하는 바이다.

1장 ◆ 그리스도인의 삶

1.1 예수로 시작하기

그리스도인들이 성서를 해석할 때 예수로 시작해야만 한다고 하는 것이 좀 새삼스러워 보일 수도 있겠다. 어떤 부류의 사람들 사이에서는, 성서의 일반적인 "평면적 시각"은 예수 대신 뭔가 다른 것이 성서의 해석학적 중심으로 자리매김해오고 있었다는 것을 우리가 알아야 한다고 요구하고 있다. 그것은 스스로를 예수라고 칭하지만 실제로는 그렇지 않다. 예수, 나사렛의 예수아는 어머니가 미리암이며, 뚜렷이 밝혀진 사역과 메시지를 가지고 왔지만 벽지를 계속 발라오고 채색을 반복한 나머지, 2천 년이 지난 오늘 우리는 더 이상 그를 알아볼 수 없게 되어 버렸다.

다른 부류의 사람들에게 있어 복음서들은 미덥지 못하며 우리는 예수를 알 수가 없다. 복음서의 이야기 배후에 있는 진정한 천재들은 초대 교회 속에 있는 사람들이라는 말이 있다. 우리가 받은 구전전승은 모호하게 정의된 데다가 역사적으로도 가현설적이며, 익명의 공동체에 의해 넘겨받았고, 예수가 복음서에서 말한 것들 가운데 상당수는 극적으로 변형되거나 만들어졌다. 이런 방식의 사고 속에서 예수에게도 역시 계속하여 벽지가 발라져 왔던 것이다. 예수를 대수학적 변수로 만들어 손으로 붙잡을 수 없게 해 버리는 이런 사고의 형태는 예수를 버려 왔다.[1] 하지만 이런 혼란스러움에도 불구하고, 예수를 알고 그의 유대인의 삶을 모델로 하여 자신들의 삶을 살아온 사람들이 있다는 것은 분명하다.

2세기 이래로, 교회는 자신의 부모인 유대교에서 손을 떼어 왔다. 바울이 보는 유대교와 이방인 세계와의 화해는 아직 실현되지 않았다. 난 나의 독자들 가운데 거의 100%가 유대인이 아닐 것이라고 추측할 수 있다. 그들은 이미 "그리스도인들"일 것이다. 아마도 그들은 앞에서 언급한 두 부류 가운데 하나에서 나옴직하다. 그들이 이 책을 읽는 이유는 예수를 찾기 때문이며, 단지 매주 제공되는 똑같은 낡은 음식이 아니라 예수를 이해하는 방법을 찾기 때문이다. 이런 많은 수의 체류자들은 막다른 길 속에 있는 순환도로를 빙빙 도는 듯한 느낌을 받고 있다. 불어로 여기에 맞는 단어를 찾는다면, 바로 권태*ennui*이다.

오늘날 권태가 신학과 교회를 붙들고 있는 데는 이유가 있다. 기독교는 근본이나 절대성 없는 세상의 일부인, 포스트모던이라는 사실을 지적하는 독자도 있을 것이다. 기독교국 가운데 몇몇이 이것으로 이전되었다. 대부분의 기독교국은 이미 이것을 인식하고 있다. 이런 권태가 존재하는 또 다른 이유는 기독교적 에큐메니컬 대화가 종교 간의 대화로 놀라울 만큼 대체되고 있기 때문이다. 우리 그리스도인은 정체성의 위기를 겪고 있다. 이런 권태에 맞설 혁명은 진실 되고 급진적인 방식으로 예수를 따르는 것에 참여하는 공동체들이 갑자기 나타나고 있다는 것에서 볼 수 있다. 이들은 예수를 필수적이고 새로우며 신선한 방식으로 보고 이해한다. 이런 예수는 진짜인 것 같다. 그는 플라스틱으로 만들어져 박스에 포장된 존재나 가짜가 아닌 것 같다.

예수는 유대인이었다. 이것은 논란의 여지가 없는 사실이다. 따라서 우리는 예수가 나고 자란 그 종교와 분리해서는 예수를 이해할 수 없다. 예수처럼 초대 그리스도인들도 모두 유대인이었다. 따라서 이런 특정한 사람들과 그들의 하나님의 이야기가 모체가 되는데, 이 모체가 우리로 하여금 예수를 이해할 수 없도록 한다. 아울러 정경문헌 속에 있는 그런 이야기를 그리스도인들은 구약이라고 부른다.[2]

히브리서의 저자[1:1~3]는 분명히 말한다. "하나님께서 옛날에는 예언자들을 시켜서, 여러 번에 걸쳐 여러 가지 방법으로 우리 조상들에게 말씀하셨으나, 이 마지막 날에는 아들을 시켜서 우리에게 말씀하셨습니다.표준새번역" 하나님이 '예전에' 말씀하신 방법과 예수 그리스도 속에서 '하나님이 말하시는' 방법 사이에는 분명한 차이가 있다. 요한복음은 또한 이런 차이를 공유하는데, 요한복음 1:1~18[8.1]에서 예수를 통해 오는 은혜와 진리는 모세를 통해 온 '가르침'율법과 대조되고 있다. 유사하게, 사도 바울은 고린도후서 3:7~18[7.1]에서 구약 속의 언약의 계시와 예수 안에서 시작된 언약을 대비시킨다.

이런 세 명의 저자들 모두에게는, 구약이 하늘로부터 직접 내려와, 완벽하게 영감 받았다는 가정은 결코 존재하지 않는다. 이것은 예수 시대의 유대교 속에 있는 어떤 전통들이 가지고 있던 율법의 시각이었으며, 사도적 증언과는 별 관계가 없었다. 오히려, 깜짝 놀랄만한 새로운 것이 예수 안에서 일어났었다는 분명한 자각이 있었다. 이런 새로운 것은, 아주 새롭고 다른 것으로, 그들의 모든 신학과 해석학적 좌표들 및 신성한 본문에 대한 완전히 새로운 재평가를 요구했다. 사도적 교회는 성서의 빛으로 예수를 읽기 전에 예수의 빛으로 성서를 읽었다.

누가는 예수의 부활 이후 그의 제자들 가운데 두 명과 함께 예수가 함께 길을 걸었다고 기록한다.눅24:13~33 예수는 어떻게 성서를 읽어야 할지를 설명하기 위해 그들과 성경공부를 해야만 했다. 이들은 성서를 무시하던 사람들이 아니었다. 그들에게 부족했던 것, 그리고 오늘날 성서에 관한 기독교적 해석에 있어서 종종 간과되고 있는 것은 구약을 어떻게 해석할 것인가 하는 문제다. 부활한 예수는 그들의 관심을 폭력의 문제로 돌리는 것부터 시작했다. 폭력이 무고한 희생자에게 행해졌다는 것은 성서를 해석하는 열쇠가 된다. 예수는 고통에 대한 문제, 특히 하나님의 기름부음을 받은 자의 고난에 대한 유대교 경전의 가능성을 그들에게 물음으로 시작했다.

자신의 고난과 죽음의 의미가 하나님으로부터 나온 어떤 응징이 아니라고 예수가 강조함으로 그들이 가장 놀랐으리라 본다. 그것은 그들이 이전에 가졌던 신학적 사고와 가정 모든 것을 붕괴시키는, 부활한 예수 속에서 하나님이 표현하시는 용서였던 것이다. 그들의 신학은 하나님이 만든 폭력적 혹은 보복적 반응을 답습했다. 하지만 그것은 결코 일어나지 않았으며, 대신 평화, 화해, 용서 그리고 사랑이 선포되었다! 사도행전에서의 초대 기독교 설교들은 2:22~39, 3:17~26 인간이 무리로 다른 인간을 죽이는 것을 반영하는데, 그는 부활의 힘으로 진정한 인간으로 인식되었다. 그리고 진정한 인간으로서 그는 신성으로 가득 차골2:9 예수는 우리의 죄를 용서한다. 이것은 구약을 거론할 때 신약의 궤도가 된다.

복음서 읽기

오늘날 기독교는 이런 관점, 즉 예수의 관점에서 성서를 읽는 법을 배울 필요가 있다. 신약에서 관점상의 특이점이 있는데, 특별히 복음전승이 그것으로, 특권을 가진 사회적 관점으로부터 성서해석을 시작하는 우리들이 쉽게 놓치는 부분이다. 우리는 더욱더 예수의 죽음이 지닌 가치를 단일하게 성서를 해석하는 자리에서 보고 있다. 성서와 문화에 대한 우리의 해석을 시작할, 십자가 모양의 중심이 있다. 그런 중심은 죄 없는 예수에게 인간들이 행한 폭력이며, 고난이자 십자가의 이야기이다. 그것은 우리가 보는 영화, 문학, 그리고 예술 속에 반영되어 있으며 19세기, 20세기의 위대한 철학자들 속에서도 발견할 수 있다. 폭력의 문제, 그 근원과 현상들 및 치유는 인간 문화와 공적인 토론의 가장 중요한 자리에 있다. 신문을 읽어 보라.

오늘날 종교와 문화 사이의 관계가 더욱 많이 노출될수록 기독교의 폭력적 역사가 더욱 분명히 드러나고 또한 추궁 받고 있다. 내 친구 토니 바트렛 Tony Bartlett은 현대 우리의 문화적 위기가 찾아오고 있는데, 그 이유는 폭력이 결국 진정으로 무엇인지, 즉 악마적이고 마귀적임이 나타나고 있기 때문이라고 짚어낸다. 이런 문화적 불안정을 초래하는 것은 예수 그리스도의 복음으로, 그것은 십자가에 못 박히고 부활한 주님의 관점이기 때문이다.

이 책의 후반부에서, 우리는 예수가 그 안에서 자란 종교, 유대교를 예수가 해체하고 있었다는 복음서들의 몇몇 구절들을 보게 될 것이다. 같은 방식으로, 복음은 폭력적 기독교를 또한 해체한다. 이전에 사회질서와 교회구조, 계급과 제도를 지탱하고 있던 우리 인간의 의식이 더 이상 시행되지 않음을 복음은 관통하고 있다.

복음서들을 읽을 때에, 난 동시에 여러 개의 렌즈들을 통해서 그들을 본다. 내가 받은 교육은 성서를 문학으로 읽어왔던 것이다. 양식, 편집, 전승, 수사, 문학 및 사회학적 비평들이 본문에 가져다 준 성과들에 모두에 감사한다. 하지만 복음서 연구는 가설들과 추측들이 많이 있는 영역으로, 정밀한 과학이 결코 아니다. 수백 개의 이슈들에 관한 중요한 논의들이 있다. 따라서 난 이런 다양한 과학적 추측들을 '보류된 상태'로 붙들고 있다.[3]

네 개의 정경 복음서들은 문헌이긴 하지만, 그저 단순히 중요한 문헌 이상의 것이다. 복음서들은 초대교회가 어떻게 네 가지 다른 컨텍스트에서 예수의 이야기를 하는지 우리에게 들려준다. 복음서들은 초대교회에 대해 우리에게 알려줄 수 있으며, 예수에 대해 그렇게 알려주고 있다. 예수를 그의 제자들로부터 분리하는 것은 가능하지도 않으며 바람직한 것도 아니다. 그는 자신을 따르는 이들을 통해 자신을 알리도록 했다. 이런 의미에서 과학적, 객관적, 역사적 예수와 같은 것은 있을 수 없으며, 오직 교회가 신실하게 증언하고 이것은 역사적인 것을 포함하고 있다 선포해 온 예수만이 존재할 뿐이다.

과거 수백 년 동안 모든 복음서 비평에 대해서 아쉬운 것 가운데 하나는, 그런 비평들이 복음서에서 예수를 지우고 이성주의자의 가방 뒤에 예수를 숨긴 것이다. 나의 여정 속에서 계속하여 성서읽기를 그만둔 사람들을 만났는데, 그 이유는 그들이 더 이상 성서를 믿지 않기 때문이었다. 그들에게 성서적 학문의 소위 '확실한 결과'가 원문 그대로 밀려오고 있다. 이런 결과들은 궁극적으로 성서 저자들이 편견을 가졌고, 그 저자들이 시키는 대로 썼으며

그들은 결코 신뢰할 수 없다는 것을 시사한다.[4]

아울러 내가 만난 사람들 가운데는 "예수 그리스도께서는 어제나 오늘이나 영원히 한결같으신 분이 [아니]십니다히13:8"인 양 그를 어떤 제도로 만들어 예수의 사람됨과 가르침을 평가절하하는 사람들도 있었다. 이런 사람들은 성서의 단어 하나하나가 하나님으로부터 왔으며, 그것이 언약이든 계시이든, 이성, 역사 혹은 심지어 '하나님'이든시험되지 않은 수많은 가방들 속에 당신이 넣을 수 있는 단어, 개념을 규정하는 해석학적 임무들 시작한다고 믿는다.

정리하면, 성서는 오늘날 보수적이든 진보적이든, 교회 속에서 잘못 사용되고 있다. 더 중요한 것은, 성서가 문화적 관습과 명령들을 정당화하기 위해 모든 종류의 사람들 속에서 사용되고 있다는 것이다. 성서는 더 이상 위험한 책이 아니다. 성서의 이야기는 더 이상 폭력에 근거한 문화에 도전하지 않는다. 성서는 고풍스러운 유물로 취급받거나, 더 나쁘게는 보복적인 신이 내린 신성한 전보 취급을 받기도 한다.

우리가 지금 신약으로 가지고 있는 본문을 기록한 초대 기독교 공동체들로 거슬러 올라가면, 그들은 성서의 영감과 권위에 대한 시각을 설교한 것이 아니라 예수를 설교했다는 것을 알게 된다. 예수 그의 삶, 죽음, 그리고 부활과 승천은 그들이 생각하고 가르침을 받은 모든 것의 시작이자 중간이면서 끝이었다.

초대 기독교의 찬양 속에서 예수가 중심이 됨을 볼 수도 있다.[5] 우리는 사도행전으로부터 초대 교회가 찬양하는 교회였음을 안다.행2:47 신약에 있는 많은 핵심 구절들이 못 박히시고 찬양받으신 주님을 가리키는데, 이 구절들은 단편들이거나 찬양시들이다. 골로새서 1:15~20, 요한복음 1:1~18[8.1], 빌립보서 2:5~11[7.4], 그리고 히브리서 1:1~3은 모두 그렇게 인식되어왔다.엡1:3~14는 찬양에 가깝다[6] 여기에 요한계시록의 찬양들은 말할 것도 없다.

각각의 찬송에서, 예수는 가장 중요하다. 마틴 루터는 다음과 같이 말했다. "가르치고 찬양하고, 설교하거나 예수를 말하는 것보다 더 마귀를 괴롭히는 것은 없다."[7] 오늘날 당신은 교회에 가서 예수의 이름을 듣기 전 20분이나 30분을 기다린다. 하나님에 대한 여러 가지 말이 있지만 예수에 대해서는 별로 얘기하지 않는다. 왜 이런 일이 있는 것일까? 예수는 특정하고, 하나님은 포괄적이기 때문이다. 포괄적인 하나님을 따르기는 쉽다. 당신이 좋아하는 어떤 전제들로도 하나님이란 용어를 채울 수 있기 때문이다. 하지만 예수를 따르기는 어렵다. 제자됨에 관해서, 혹은 그를 따름에 있어 수반되는 것들에 대해 그가 진지하게 가르치는 것을 받아들이기가 어렵기 때문이다. 칼 바르트는 기독교 신학이 일반적인 것으로 시작하기보다는 특수한 것으로 시작한다고 올바르게 보았다.[8] 기독교 신학은 인간 나사렛 예수로 시작하는 특수한 시작점을 가진다.

성서를 잘못 해석하기

수많은 신학이 지닌 주요한 결점은, 신학이 형이상학적 용어로 신성을 채우면서 하나님에 대한 추상적인 개념으로 시작한다는 것이다. 웨스트민스터 신앙고백[1647] 속에서 이런 예를 찾을 수 있는데, 역사 속에서 구원하시는 행위에 대해서가 아니라 형용사와 명사의 나열로 하나님을 묘사하고 있다.

> "살아 계시고 참되신 하나님은 오직 한 분만이 계신다. 그는 존재와 완전성에서 무한하시고, 가장 순결한 영으로서 볼 수 없고, 몸과 지체가 없으시며, 성정(性情)도 없으시고, 변치 않으시고, 광대하시고, 영원하시고, 측량할 수 없으시고, 전능하시고, 가장 거룩하시고, 가장 자유로우시고 가장 절대적이시다. 그는 모든 일을 자신의 변함 없으시고 가장 의로운 뜻의 계획을 따라 행하시되 자신의 영광을 위하여 하신다. 그는 가장 사랑이 많으시고, 은혜로우시며, 긍휼이 많으시고, 오래 참으시며, 인자와 진실이 많으시고, 죄악과 죄과(罪過)와 죄를 용서하시고, 자기를 부지런히 찾는 자들에게는 상을 주시는 이시다. 동시에 그의 심판은 가장 공의롭고 무서우며, 모든 죄를 미워하시고, 결단코 면

죄免罪하지 않으시는 분이시다."

하나님을 묘사함에 있어서, 예수 안에 있는 구체적이고, 최종적이며 권위 있는 하나님의 계시에 대해서는 아무런 언급이 없이, 하나님은 추상적인 분이 되었다. 그 웨스트민스터 고백이 그 영향력을 잃었던 세기를 생각하지 않도록, 릭 워렌Rick Warren은 자신의 베스트셀러 저서, 『목적이 이끄는 삶』에서 같은 것을 제시하고 있다.[9] 반면, 성서는 추상적인 인간과 관련하여 하나님을 추상적으로 시작하고 있지 않으며, 오히려 구체적인 인물 아브람과 함께 시작하여 구체적인 백성, 이스라엘, 그리고 최종적으로는 구체적인 인물 예수와 관련한 구체적인 하나님모든 것의 창조주으로 시작하고 있다.

지금 말하고 있는 것은 웨스트민스터에서 발췌한 앞의 인용문 모두가 옳지 않다는 것이 아니라 그것이 역사적이고 서사적인 성서의 궤도를 놓치고 있다는 것이다. 즉, 웨스트민스터는 어떻게 하나님께서 역사하시는지에 대한 이야기를 들려주지 않는다. 웨스트민스터는 하나님의 행동, 가장 주목할 만하게는 성육신의 행위, 예수의 삶, 죽음, 부활과 승천 속에 계시되어 있는 하나님의 존재를 보지 못한다.

예수에 대한 현대적인 연구의 핵심 관점 가운데 하나는, 성품과 행동 사이의 깊은 연관이 있다는 인식이다. 어떤 사람을 경험하는 것, 그들이 당신에게 어떻게 대하는 것은 그들을 아는 것이다. 우리는 그가 어떻게 행동하는가에 따라 예수가 누구인지 안다. 나아가, 초대 그리스도인들은 하나님이 예수 안에서 분명히 역사하시고 당신 스스로를 드러내신다는 것을 똑똑히 주장했다.[8.2]

그렇다면 구약성서가 하나님에 대해 단언하는 것과 우리가 예수의 가르침으로부터 하나님에 대해 하는 것 사이의 관계는 무엇인가? 이런 구분을 한 사람들은 비단 초대 교회에서의 많은 사람들만이 아니었다. 수많은 아나뱁티스트 지도자들에 의한 종교개혁의 시기에도 이런 구분은 다시 이루어졌으며, 구약에서의 하나님의 폭력과 예수의 비폭력성이 화해될 수 없다고 보는 사람들에 의한 계몽주의 속에서도 다시 행해졌다. 그럴 때마다 그들은 그 차이를 크게 과장했지만 그들의 본능은 옳았다. 그들은 하나님의 성품과 행위에 관한 모든 말들이 예수의 삶 속에 전적으로 계시된 하나님의 말과 동등하다는 것을 보여주는 성서의 어떤 시각도 거부했다.

지금은 성서를 보는 '평면적인' 시각으로 불리는 것을 다루는데 있어 중요한 발걸음을 우리가 내딛어야 하는 시점이다. 어떤 이들은 있는 그대로 예수가 하나님의 말씀요1:1이며 그리하여 성서는 하나님의 말씀이라 가르침을 받는다. 여러 곳에서 성서는 단순히 '말씀'으로 일컬어지고 있다. 이런 그리스도인들은, 예수가 있는 그대로 진정한 하나님이며 진정한 인간이라서 성서는 진정으로 신성하며 인간적이라고 말하면서, 니케아와 칼케돈의 기독론을 들먹인다. 이렇게 범주화함으로 성서는 이중적 실재를 나누고 있기 때문에 이런 범주들을 사용하는 것은 확실히 가능은 하다. 하지만 그들이 딛는 그 다음의 발걸음은 문제가 있다. 그들은 예수가 있는 그대로 죄가 없어 성서는 무오하다고 주장하는데, 즉, 성서의 인간적 측면은 영감에 있어 하나님에 의해 완전히 감독되었기 때문에 소위 오류나 모순들은 하나님께 기인한 것이 아니라는 것이다.[10] 본문들 간의 차이점이 나타나면, 우리는 한 본문이 다른 본문보다 우선하는 것이 아니라 모든 본문들이 조화를 이루어야 한다고 추정해야 한다.

이런 형태의 신학은 성서가 계시적이면서 하나님으로부터 온 계시라고 단언하고자 한다. 진보주의자들과는 달리, 보수주의자들은 정통주의 유대교가 토라를 사용하거나 무슬림이 쿰란을 사용하는 것처럼 신성한 메시지를 들으려고 성서로 간다. 해결책은 이런 계시의 위치나 자리를 정립하는데 있다. 보수주의자들에게 있어 계시는 말씀 그 자체이다. 하나님은 각각의 저자들에게 성서의 말씀을 주셨으며, 하나님이 완전하신 분이기에 성서도 완전하다. 이런 사고방식은 내가 이 책 구석구석에서 말하고 있는 것과 완전히 상충되는데, 즉 예수와 함께 계시의 과정 속에서 새로이 일어난 어떤 것이자, 예수는 인간에게 있어 최종적인 '하나님의 말씀'이라는 것이다.

살아있는 말씀인 예수를 기록된 말씀으로서의 성서와 동일시하거나 일치시키는 것은 사도 교회의 해석적 방향을 놓치는 것이다. 그것은 예수와 관련하여 성서를 보는 것이라기보다는 성서와 관련된 예수를 상대화하는 것이다. 뭐가 더 길고 짧은 지는 보수 교회들 속에서 예수의 가르침을 사실상 일축시키는지에 달려 있다. 보수교회들 속에서 유행한, 역사적의 시기를 구분하는 세대주의는 예수의 가르침을 그의 제한적 삶이나 하나님의 나라의 도래로 격하시킨다. 예수의 가르침은 그리하여 도덕화되거나 영적인 것이 되어 그들의 사회적, 혹은 지금 여기서의 효과를 침묵시킨다.

보수주의자들은 구약과의 관계 속에서 신약성서를 읽기 위한 대안적 방법을 만들어내는 것 외에는 달리 선택의 여지가 없다. 앞으로 나올 부분에서 우리가 보겠지만 이런 방법은 이교적 개념 속에서 주로 기초한 것이지만, 현재로서는 보수주의자들이 받아들이는 이런 방법이 진보주의자들에게 별로 할 말이 없는지를 묻는 것이 중요하다. 적어도, 보수주의자들은 성서가 우리에게 주실 말이 있다고 믿으며 성서로 돌아가고자 한다. 즉, 그들은 성서를 읽을 때 칼 바르트가 지적한 것처럼, 그들이 성서 속에 있는 기이한 신세계에 직면하고 있다는 것을 안다.

반면, 진보주의자들은 성서를 통해서 하나님을 듣는 방법을 버렸다. 물론 진보주의자들이 성서에서 영감을 발견하긴 하지만, 그것은 대개 '일반적 윤리'로 낮춰진 것이다. 어떤 진보주의적 그리스도인들은 행동주의자들이며 그들 스스로를 제국과 맞서는 예언자들이라고 생각한다. 난 그들 중 몇몇은 실제로 그렇다고 생각한다. 하지만 예수에 대한 그들의 이해는 보수주의자들이 그런 것만큼이나 너무도 자주, 미리 정해져 있다. 학적인 가설로 통하는 것들은, 전투적인 예수의 다양한 모습을 포함하여, 수많은 진보주의자들에 의해 '확인된 결과들'로 받아들여진다.[11]

21세기 기독교 사상의 "제3의 길"은 예수를 평화구현자, 의로운 화해자, 주님으로 인식함으로 시작해야만 한다. 다른 주님들이 밖에 많지만, 그의 이름을 가진 거짓 주님들은 그와는 아무런 상관이 없다. 우리는 초대 그리스도인들이 그랬던 것처럼, 하나님의 온전하고 최종적인 계시인 예수로 시작해야만 하며, 그렇지 않으면 우리는 예수로 끝나지 못하게 될 것이다.

1.2 가장 큰 계명The Great Commandment

종교, 특히 기독교에 대한 두드러진 사고들 가운데 하나는 그 종교들이 가진 수많은 징후들이다. 분열, 조각, 종파들은 수만 가지나 된다. 각각의 것은 기독교 신앙의 중심 혹은 핵심을 이루고 있는 것으로 서로 다른 이해들을 가지고 있다. 이 모든 것은 잘 알려져 있어 문서로 남길 필요는 없다. 예수 시절의 유대교는 아주 약간 달랐다. 다양한 그룹들이 있었으며, 그 그룹들 속에서도 그룹들이 있었는데 하나님의 의지를 알고 행하는 것에 대해서 서로 다른 이해를 보였다.[2,3] 기독교가 단일체가 아니듯, 유대교도 그랬다. 따라서 서기관이 예수에게 와서 가장 큰 계명이 무엇인지에 대해 예수의 의견을 청했을 때, 우리는 그가 간교함을 가지고 왔다고 볼 필요는 없다.[12] 이 이야기는 공관복음서 세 곳에서도 발견된다.막12:28~34, 마22:34~40, 그리고 눅10:25~37 우리는 누가의 본문을 이 논의를 위한 기초로 삼을 것이다.

누가복음에서 예수는 "내 이웃이 누구인가?"의 질문에 비유와, 교훈 mashal, 혹은 수수께끼로 답한다. 듣는 자에게는 이것이 퍼즐이다. 사마리아 사람들이 영웅일 리 없다. 이는 TV설교자와 성직자들이 다친 그리스도인을 그냥 지나쳤지만 이슬람 테러리스트가 멈춰서 그를 도왔다고 말하는 것과 같다. 이런 비유는 충격적인 가치를 가지며, 또 그래야 한다. 문제는 이 이야기가 너무도 잘 알려져서 무엇을 의미하는지를 우리가 잘 안다고 생각한다는 것이다!

예수 당시의 유대인들에게 있어서 하나님의 계명을 따르는 것은 구원을 얻는 것이 아니었다는 것을 아는 것이 중요하다. 복종은 율법의 멍에를 스스로에게 지우고 언약의 공동체 속에 참여한 [남자] 유대인에게 마땅히 주어진 것이었다. 복종은 천국으로 가는 길이 아니라, 유대 사람들 사이에서 구체화된 하나님의 역사하심을 증언하는 길이다.

따라서 우리는 지켜야 할 핵심계명이 무엇인지를 찾고자 했다는 것에 놀라지 않아야 한다. 결국 하루살이를 걸러내고 낙타를 삼키는 것을 선택한 사람은 없다. 예수의 반응은 네 가지 서로 연결된 부분이 있는데, 이들 모두는 본질적이다. 1) 신앙고백the Shema, 2) 하나님을 사랑하라는 명령, 그리고 3) 이웃을 사랑하라는 명령이다. 네 번째는 우리가 볼 것이지만 급진적인 것이다.

여기서 우리가 갖고 있는 것은 균형 잡힌 윤리적 영성이다. 다시 말하면, 영성은 모든 관계 속에서 살아가야 한다는 것을 인식하는 것이다. 이들 두 부분, 영성이나 하나님과의 관계 및 인간윤리나 다른 이들과의 관계는 하나이며 모두 동일한 것이다. 우리가 '다른 이들'에게 어떻게 행하는가는 우리가 하나님에 대해 어떻게 행하는가를 보여주는 것이며, 그 반대의 경우도 마찬가지다.

미국의 보수 기독교는 진보적 기독교를 비판해 왔는데, 가장 위대한 계명의 두 번째 부분에만 초점을 맞추고 있다는 이유에서였다. 진보적 기독교가 보수 기독교를 비판한 이유는 가장 위대한 계명의 첫 번째 부분에 초점을 맞추고 있으며 땅에서 선한 것이 아닌, 하늘에 속한 것만을 바라보고 있다는 것이다. 양자는 한 점에서 만난다. 예수를 진정으로 닮고자 하는 것은 내적으로 향하는 여정이나 외부로 향하는 여정으로 우리를 참여시킨다.

가장 큰 계명을 해석하기

예수의 길은 하나님이 한 분이라는 고백으로 시작한다. 이것은 우리가 두 개의 계명을 가진 것이 아니라, 하나님과 이웃이라는 두 개의 가장 중요한 관계에 대해서 표현하고 있는 하나의 명령이라는 사실을 우리에게 이미 말하고 있다. 하나님이 한 분이라는 고백은 또한 하나님은 이중적이지 않다는 것을 보여주기도 한다. 하나님은 음양, 선악, 테러와 사랑의 혼합물이 아니다. 하나님 자신은 한결같다. 우리의 신학이 가진 신들은 섞여져 있을 지라도, 하늘과 땅을 만드신 그 분은 살아 계시며, 우리가 사랑이라고 부르는 분이 되실 것이다. 왜냐하면 하나님은 사랑이기 때문이다.

하나님을 두려워 하는 사람은 또한 다른 이들을 두려워 한다. 어떤 이들은 구약이 다음과 같이 말한다고 언급한다. "주님을 경외하는 것은 지혜의 시작이다." 하지만 보복적 하나님만을 두려워할 따름이다. 더 나아가, 예수는 성육신된 하나님의 지혜6.4이며 "두려워 말라"고 말한다. 가장 큰 명령은 주님을 두려워하는 것이 아니라 주님을 사랑하는 것이며 "완전한 사랑은 두려움을 몰아낸다.요일4:18; 롬8:15 참조"

하나님을 사랑하라는 부름은 단순히 명령이나 금지에 동의하는 것이 아니며, 윤리적 신학을 촉진시키는 것과 동일시되는 것도 아니다. 이것은 두려움을 소개하는 것을 동일시로 역류시키는 것이다. 고후 3:6에서 바울과 히브리서의 저자8장과 10장가 새 언약에 대해 말할 때, 그 언약은 예수의 삶에서의 마지막 밤에 시작되었다는 것이며, 이들은 복종이 강요되거나 강압되거나 강제적인 것이 아니라는 것을 이해하고 있다. 사랑으로서 복종은 하나님이 그 자신을 우리에게 주신 것처럼 우리 자신을 기꺼이 하나님께 드리고자 하는 것이다.

하나님을 사랑하는 것은 우리의 이웃을 사랑하는 것과 마찬가지로 추상적인 범주가 아니다. 우리 대부분이 사랑이 무엇인지를 아는 이유는 누군가가 언젠가 혹은 다른 사람이 우리를 사랑하기 때문이다. 그렇기는 하지만 하나님이 우리를 먼저 사랑하셨으므로요일4:8 우리는 오직 하나님을 사랑한다. 만약 우리 이웃이나 친구가 조건이나 자격, 기대와 판단을 가지고 우리를 사랑해야만 한다면, 우리는 그것을 사랑이라 부를까? 그것은 분명코 하나님의 자유롭고 급진적으로 흘러넘치는 사랑이 아니다. 하나님이 야누스의 얼굴혹은 비극과 희극 속의 그리스 가면과 같이 두 얼굴을 지닌을 가지신 것이 아니라는 것을 우리가 알기에 우리의 복종에는 두려움이 없다는 것을 안다.[13]

하지만 복종으로서 우리가 하나님을 사랑하는 것은 외부적인 사고에 순응함으로 이루어지는 것이 아니다. 새 언약의 법은 "우리의 마음과 정신 속에 기록되었다."렘31:33 하지만 현실적으로 그리스도인들은 두 가지 형태의 외부적 법들을 나타낸다. 이런 법들은 교의적이거나 윤리적일 수 있다. 전자의 사례는 근본주의의 열 가지 핵심이다. 여기서 성서의 어떤 해석들은 불가침한 것으로 지켜진다. 근본주의가 가진 것 가운데 어떤 것이라도 믿지 않는 것은 배교로 여겨진다. 후자의 예는 외부적 표시로서의 '성스런 코드'가 기능하는 대부분의 어떤 분파그룹 속에서 발견될 수 있는데, 이를테면 구체제의 메노나이트와 아미시Amish에서 이것을 확실히 볼 수 있다. 어느 쪽이든, 내적인 '거듭남' 경험의 필수성 복종은 외부의 기준에 순응함으로 외부적으로 증명되거나 논증된다. 청교도 때는 그것을 경험적 운명예정설experiential predestinarianism이라고 불렀다.[14] 오늘날에는 도덕적 순응이라고도 불리지만, 어느 쪽이든 그것이 자기정당화라면 사랑은 아니다.

예수가 당시 있었던 문화적이고 종교적 관습들과 관례들과 맞지 않았다는 점은 복음서들이 분명히 증명해 준다. 예수가 안식법막2:23~27, 식사법kosher, 막7:1~23을 비판한 점, 그리고 율법에 대항하여 율법을 사용한 것막10:1~9, 그리고 산상수훈의 대조들은 말할 것도 없고마5:21~48, 율법을 포함하여 유대교 전통과 맞닥뜨렸을 때 예수는 모든 점에서 자신의 독립적인 해석을 내렸다.[15]

예수에게 있어 이런 하나님의 사랑은 '단지 율법을 지키는 것' 이상이다. 하나님을 사랑하는 것은 율법을 지키는 것이라고 예수가 해석했던 방식은 예수 자신의 삶 속에서 표현된다. 아울러 예수에게 있어 사랑은 증오, 분개, 그리고 보복을 기반으로 하는 희생호6:6, 제국, 그리고 문화적 종교를 포함한 모든 것을 이겨 냈다. 예수에게 있어서 하나님의 사랑은, 그의 시대 수많은 유대인들예를 들면 힐렐에게와 마찬가지로, 연민, 자비, 관대함과 용서로 표현 되고 있다. 지금 그들이 그러는 것처럼, 사람들은 서로를 돕는 것의 가치를 알고 있었다. 우리는 오직 중동지역의 문화 속에서 환대에 대해 강하게 강조 할 것을 상기할 필요가 있다.

하지만, 예수에게 있어 하나님을 사랑하는 것은 이웃을 사랑하는 것 그리고 다른 한 가지로 표현 된다. 그것은 생각하기에도 골치 아픈 것이다!

이웃은 과연 누구였는가? 악인이 이웃이었고 원수가 바로 이웃이었다. 하나님의 사랑은 우리 세상/공동체의 일원인 사람들, 그리고 우리와 사이가 좋지 않은 사람들 모두에 대한 이웃사랑으로 표현된다. 네 원수를 사랑하라! 예수는 다른 곳에서도 원수를 사랑하라고 가르쳤을까? 그는 확실히 마태복음 5:43~48을 포함하여 많은 경우에 그랬다. 바울은 또한 로마서 5:8에서 우리가 심지어 하나님과 원수되었다고 말하지 않았던가? 그리하여 예수를 보내어 우리에 대한 그의 사랑을 확증했다고 하시지 않았나? 원수를 사랑하는 것은 이웃을 사랑하는 것의 동전의 뒷면이다. 하나님의 사랑이 우리의 친구와 적을 사랑으로 완전히 나타났다고 하는 것이 현실이다. 그것은 모든 사람 속에 있는 하나님의 형상을 인식하고 있다. 사랑은 모든 것을 포괄한다. 사랑은 한계나 제한도 알지 못한다. 하나님을 사랑하라, 네 이웃을 사랑하라, 네 원수를 사랑하라. 이것이 가장 큰 계명이다.

이웃에 대한 이런 사랑은 무엇인가? 자끄 엘륄은 하나님이 세상을 사랑하셨다고 성서가 말하는 동안, 우리는 우리와 가까운 이웃을 사랑하도록 명령을 받았다고 지적한다. '세계적으로 사고하고 지역적으로 행동하라'는 슬로건은 이것을 반영한다. 하지만 이런 지구촌의 시대에, 우리의 이웃은 무려 지구상에서 7억 명 이상이나 된다. 예수에게 있어 하나님의 사랑은, '그다지 행복하지 못한' 사람들에 대한 연민으로 표현되는 이웃사랑으로 나타난다. 그것은 적극적으로 다른 이들의 죄를 용서하며 평화를 만드는 화해자이다. 이웃을 사랑하는 것으로 표현되는 하나님의 사랑은 또한 사람들의 생명의 원리들과 힘에 도전하며 그 위에 승리적으로 나타난다. 그것은 도덕적 권위를 지배하는 것이라기보다는 다친 자, 마음에 상처를 입은 자, 보답할 가망이 없는 자들을 섬기는 것이다. 예수는 이런 일들의 전부였으며 그의 세상 속에서 도덕적인 용의자들에게 더욱 전부가 되었다.

따라서 하나님을 사랑하는 것과 이웃 및 원수를 사랑하는 것은 예수의 인격체라는 기준을 갖는다. 하나님을 사랑하는 것은 예수가 사랑한 것처럼 사랑하는 것이다. 복음서들은 이에 대한 찬란한 증언이다. 오늘날, 도덕성, 거룩성, 원칙과 완전함의 이성적 개념들은 하나님을 사랑하는 것이 이웃을 사랑하라는 것처럼 표현하는 일반적인 담론을 지배하고 있다. 우리가 사용하는 더 나은 기준이 있다. 그리스도인들에게는 이런 기준이 율법이나 옳고 그름, 혹은 도덕이나 윤리의 추상적 개념이 아니라 예수라는 구체적인 사람인 것이다. 나중의 장에서 우리는 예수가 '사회적−종교적 코드'의 개념을 사용하여 어떻게 이런 종류의 율법주의적 사고에 도전하고 변화시켰는지를 보게 될 것이다. 지금 가장 큰 계명은, 예수의 관점에서, 하나님을 사랑하는 것이자 모든 인간들, 이웃과 원수를 사랑하는 것이라는 것을 확고히 하는 것이 중요하다.

예수의 해석학적 렌즈로서 가장 큰 계명

하지만, 위대한 가치를 지닌 더 흥미로운 관점이 있다. 누가복음에서의 모든 대화를 유도하는 것은 해석학적 방법의 질문이라는 것을 명심하자. 이런 대화에 있어서 성패가 달려 있는 것은 우리가 어떻게 유대교 경전을 해석하며 어떻게 그런 해석을 살아 내는가 하는 것이다. 정리하면, 우리에게는 해석학해석의 기술과 과학에 관한 대화가 있다.

우리가 마가복음을 볼 때, 이것은 더욱 확실하게 제자리로 돌아온다. 마가복음 12:34에서, 그 남자의 대답은 예수가 그에게 말하도록, 오직 그에게

만 말하도록 만든다. "당신은 하나님의 나라에서 멀지 않다." 그 남자의 대답은 하나님과 이웃사랑이 "다른 모든 번제와 제사보다 더 중요하다"는 것을 알고 있었다는 것이다. 그 남자는 종교, 희생적으로 가고 있는 종교와 떨어진 하나님의 시각을 보여주었다. 난 예수가 기뻐했으리라고 확신한다. 동일한 것을 보았던 이가 여기 있다. 거의 훌륭했다.

우리에게 확실한 실마리를 제공해 주는 것은 마태복음 22장으로, 보라! 가장 큰 계명은 해석학적 컨텍스트 속에 자리 잡고 있다. 이 경우에서는, 구약을 어떻게 해석하는지에 대한 것이다. 예수가 "모든 율법과 선지자들이 이 두 계명에 달려있다"고 했을 때, 마태는 이런 해석학해석의 방법이 예수 자신에 의해 분명하게 이루어졌다고 기록한다. 각 복음서는 이것을 다르게 표현하고 있긴 하지만, 복음서들은 가장 큰 계명과 율법의 해석 사이의 관계의 문제와 모두 연결되어 있다. 이것은 왜 중요한가?

우리는 하나님에 대해 우리가 믿는 관계 속에서 매일 우리의 나날들을 살아간다. 즉, 우리가 믿는 것과 우리가 사는 것 사이에는 직접적인 연관이 있다는 것이다. 예수가 지적하고 있는 것은 이런 문헌의 해석을 우리가 살아내는 것이다. 그것은 여러 가지 방법으로 살아갈 수 있으며 그래오고 있고, 또 여전히 그렇다! 예수에게는, 그에게 분명히 말하는 이런 문헌 속으로 들어가는 길이 있다. 예수가 성서를 읽거나 들을 때, 그는 그것을 해석하는 렌즈, 좌표, 방식을 가지고 있었다. 우리는 그의 백성들의 기록들을 그가 어떻게 해석하는지를 알고자 할 뿐만 아니라, 이런 성서를 해석함에 있어서 우리가 그를 어떻게 따라야 할지를 알고자 한다.

교회에 다니는 많은 사람들에게 있어 해석학은 계시나 언어의 범주에 들어간다. 이를 유익하게 논의하려면 더욱 많은 시간이 소비될 수도 있다. 하지만 그 시대의 다른 유대인처럼, 예수에게 있어서 언약적 복종은 모든 것이었으며, 예수는 가장 큰 계명의 이야기 속에서 복종이나 제자도 아래에 해석학을 포함시킨다. 16세기의 아나뱁티스트 가운데 하나인 한스 뎅크Hans Denck

는 그것을 다음과 같은 방식으로 두었다. "자신의 삶 속에서 예수를 따르지 않고서는 아무도 그리스도를 진실 되게 알 수 없다. 아울러 예수가 먼저 알지 않고서는 아무도 그를 따를 수 없다." 나는 오직 예수의 흐린 그늘만을 이성적으로, 논리적으로 혹은 과학적으로 알 수 있다고 말하는 것이다. 예수에 대한 급진적인 복종 속에서 예수를 가장 잘 알 수 있으며 완전히 알 수 있다. 이런 제자도는 성서를 해석하는 우리의 방법을 급진적으로 만들 뿐만 아니라 우리 인식론의 패러다임을 변화시키는데, 이 인식론은 우리가 사고하는 방식, 즉 우리가 아는 것을 우리가 어떻게 아는가 하는 것이다. 예수에게 복종하는 것은 구약을 해석하는 것에 우리가 능동적으로 뛰어드는 것이다.

예수는 그를 둘러싼 율법을 살아 내는 방식이 지나치게 많음을 보았다. 그 시대의 유대교는 다채롭게 꽃을 피워, 어떤 것은 다른 것들보다 아름다웠다. 그것은 그런 신앙을 사는 다양하고 수많은 방식과 더불어 매우 각양각색의 신앙적 전통이었다. 예수는 어떤 전승이든지 선택할 수 있었으며 제자가 되었다. 예수는 급진적인 설교자 침례 요한을 선택하여 아주 가까이 다가간다. 그러나 그럴 때조차, 나중에 우리가 보겠지만, 가장 큰 계명과 유대교 경전 사이의 관계를 이해하는 이런 방식은 이미 예수로 하여금 요한의 길과는 다른 길을 걷도록 했다.

1.1.에서 우리는 사도적 증언이 우리 속에 있는 하나님의 역사가 아니라 예수 속의 하나님의 역사에서 시작한다는 것을 보았다. 우리 속에 있는 하나님의 역사는 예수 속의 하나님의 역사로 인해서만 가능하다. 그것은 하나님의 주요한 역사이자 예수 속의 계시의 결과이다. 난 이런 초점이 그의 부활을 따르는 제자들에게 의도적으로 가르쳐졌다고 믿는다. 누가-행전과 제4복음서는 그러한 것들을 분명 암시하고 있다.눅24:13~25, 요20:19~23 그것은 엠마오로 가는 길 위에 있던 뜨거운 주제였다. 그것은 이런 신성한 문헌의 모음을 우리가 어떻게 해석할지에 관한 모든 것이다.

구약에 대한 기독론적그리스도 중심적 접근을 가져야 한다고 주장하는 사람들이 많다. 벤 위더링튼 3세[Ben Witherington Ⅲ]가 그랬던 것처럼, 그것이 '예수의 기록론'만 아니라면 그들이 옳으며 그렇게 주장할 수 있다. 그것은 예수와 상관없는 기독론이다. 만약, 복음서의 그 예수가 우리의 주요한 해석적 모체가 될 것이라면, 그리고 예수에게 있어서 세 가닥의 가장 큰 계명이 우리가 성서를 이해하는 렌즈라면, 그리고 만약 예수가 그런 해석을 어떻게 살아가야 할 지에 대한 살아 있는 사례가 된다면, 복음서의 예수같이 보이지 않는 것과 예수에 기인하지 않는 행동은 거짓 예수의 것, 즉 기독론이라 불리는 신학적 구조가 될 것이다.

제4복음서의 저자는 그것을 이렇게 말하고 있다. "나는 길이요, 진리요, 생명이다." 기독론과 관련시키는 것을 그만두고 예수와 관련시키는 것을 시작할 때가 오고 있다. 그러면 우리는 진정으로 하나님을, 서로를, 그리고 화해가 필요한 사람들을 사랑하는 방법을 알게 될 것이다.

1.3 예수의 아바[Abba]

하나님에 관한 예수의 가르침이 정말 다르며, 아주, 아주 급진적이라고 인식하는 것이 어려운 사람들이 있다. 왜냐하면 우리 대부분은 우리가 의미하는 하나님이란 용어를 안다고 생각하기 때문이다. 우리가 복음서로 올 때, 우리는 이미 믿는 하나님을 발견하며 우리가 안다고 생각하며 아울러 결과적으로 어떤 꽁꽁 묶인 좌표를 통해 본문을 듣게만 된다.

우리에게는 성부, 성자, 그리고 성령의 2천년 역사가 있다. 약 1870년대에서는, 가부장적 환영을 가지고 하나님을 유럽 중심의 남성으로 만들고자 했었다.[16] 아버지는 힘, 권력, 권위와 두려움의 용어가 되었다. 서구 기독교국의 하나님은 순전한 힘으로 인식되었다. 비유, 설교, 교리문답, 신조, 신학적 논쟁, 교리들은 모두 하나님이 원하시는 것은 무엇이든 할 수 있는 하나님의 무한하신 능력을 출발점으로 가졌는데, 그 이유는 하나님은 하나님이기 때문이다. 이것은 예수의 삶과 죽음 속에 계시된 하나님에 대한 부속물만으로서 진정한 것이 될 수 있다. 실제로는, 이상해보이긴 하지만, 하나님을 가장 잘 묘사하는 것은 힘이 아니라 무력함, 즉 십자가에서 죽어가는 하나님의 무력함이다.

개신교 그리스도인들은 오직 은혜와 오직 믿음을 발견한 루터를 칭송하며 이신칭의의 교리를 높게 떠받는다. 신학을 행할 때, 즉 루터의 핵심교리에서 놓친 것은, 예수의 죽음 속에서 하나님의 무력함으로 시작하는 것이다. 이것은 십자가의 신학으로 알려진 원리이다.[17] 이것은 만약 우리가 어느 곳에서든 하나님의 성품을 논할 때 죽으시는 예수를 제외한다면, 우리는 하나님의 성품이 계시되어 온 출발점을 잃게 될 것이라는 뜻이다. 이것은 신성로마제국의 영광스럽고 위대하며 능력으로 가득한 그리스도에 맞서는 루터의 위대한 항거였다.

개신교의 원리는 저항의 원리이다. 그것은 예수의 삶 속에서 발견되는 것 외에 하나님을 설명하려는 어떠한 시도에 대해서도 반대하는 것이다. 만약 예수가 용서하신다면 하나님이 그 보다 덜 하실 수 있을까? 만약 예수가 병든 자를 고친다면, 하나님이 그 보다 덜 하실까? 만약 예수가 영혼과 마음을 옥죄는 원리와 공국들에 맞선다면, 하나님이 덜하다고 할 수 있을까? 만약 예수와 하나님이 한 분이라면, 그리고 예수를 아는 것이 하나님을 아는 것이라면요.8:19, 예수와 같지 않은 어떤 하나님의 개념도 우상인 것이다.

그러면 이것은 성서를 해석함에 있어서 제3의 원리이다. 첫 번째는 그리스도인들이 자신들의 렌즈인 예수로 성서를 해석해야만 한다[1.1]. 두 번째로 예수는 사랑의 빛 안에서 자신들의 성서 해석을 살아 내었다[1.2]. 세 번째 원리는 하나님께서 예수의 삶, 죽음과 부활 속에서 사랑하시는 하나님으로 계시되었다는 것으로, 그의 심판은 자비에 기초하고 있으며 용서로 관대하게 누그러진다. 누가와 제4복음서 모두에서도, 예수가 운명할 때처럼 그는 하나님을 그의 아바Abba라고 부른다. 예수가 부르는 이 하나님은 누구인가?

예수의 아바는 두 얼굴이 아니다

예수가 하나님을 즐겨 지칭한 단어는 아바이다.[18] 그렇지만 우리가 아바가 무엇인지 안다고 생각하기 전에, 혹은 친아버지와 비교하는 비유를 사용하려 하기 전에, '아버지'에 대한 우리의 이해가 바뀌어야만 한다고 예수가 말하는 것을 우리는 주목해야 한다. 그는 누가복음 11:11~13에서 다음과 같이 말한다.

> "너희 가운데 아버지가 되어 가지고 아들이 생선을 달라고 하는데 생선 대신에 뱀을 줄 사람이 어디에 있으며, 달걀을 달라고 하는데 전갈을 줄 사람이 어디에 있겠느냐? 너희가 악할지라도, 너희 자녀에게 좋은 것을 줄 줄 알거든, 하물며 하늘에 계신 아버지께서야 구하는 사람에게 성령을 주시지 않겠느냐?"

예수는 하나님께서 독단적이지도 악하지도 않으시며, 독단적이며 악할 수 있는 우리 인간의 아버지가 최선을 다할 때조차, 모든 선한 것과 선한 것만을 주시는 하나님과는 비교할 수 없다고 말하고 있다. 더욱 중요한 것은 마태복음7:12 속에서, 하나님이 주신 이것이 '황금률'로 묶여져 있다는 것이다. 다른 사람들이 우리에게 하듯, 다른 사람들에게 하는 것은 용서, 평화, 화해와 치유를 지향하면서 사는 삶의 방식을 반영한다. 만약 이것이 하나님께서 우리에게 요구하시는 것이라면, 그리고 그렇게 함으로 우리가 예수를 따르는 것이라면, 성부 하나님에 대한 새로운 정의가 예수의 가르침 속에서 만들어 진다.

우리 시대에 '나쁜' 아버지들은 아이들을 학대하거나 살해한다고 빈번히 뉴스에 등장하는데, 하나님을 아버지로 부른다는 것은 어떤 이들에게 있어 무례한 것일 수 있다. 우리가 이미 본 것처럼, 가부장이 내포하고 있는 것은 많은 사람으로 하여금 하나님을 권력자로 보게 할 수 있다. 이 권력자는 절대적으로 복종해야만 하며 그렇지 않으면 엄청난 대가를 치러야 할 권위를 가진 사람이다. 하나님에 대한 용어, '아버지'는 감정적으로 학대를 당한 경험이 있는 사람들이나 폭력적인 아버지를 둔 이들에게는 극도로 혐오스런 함축을 전달할 수 있는 말이다. 어떤 이들은 '아버지'라는 용어를 없애고 하나님을 '어머니'로 부르는 것을 선호한다. 하지만 여기서조차, 모든 어머니가 동일한 것도 아니며, 아버지들처럼 어머니들에게도 같은 원리가 적용될 수 있어 하나님에 대한 직접적인 비유로서는 적합하지 못하다.

하나님을 아버지로 부를지 어머니로 부를지가 문제가 되는 것이 아니다. 중요한 것은 우리가 우리의 영적인 부모인 하나님이 우리와 같지 않다고 인정하고자 하는 것이다.[19] 우리가 최선을 다해 아이들을 사랑하고 돌보고 양육하는데, 하나님이 그분의 자녀들을 얼마나 더욱 사랑하고 돌보고 양육하실 것인가를 말하지 않고서는 우리는 우리의 부모관계의 비유를 적용할 수 없지 않은가?

앞서 예수가 이해한 것처럼, 하나님의 부성에 대해 우리가 생각할 자리로서 예수의 십자가로 시작해야 한다고 지적한 바 있다. 그렇게 함으로 우리는 기독교 사상 속의 가장 복잡한 문제들 가운데 하나와 직접 직면하게 된다. 그가 죽어갈 때 예수와 하나님의 관계는 무엇인가? 많은 사람들에게 있어, 하나님은 하늘에 계시며, 예수는 지상에서 죽음을 맞이하고, 또한 하나님이 자신의 진노와 분노를 예수에게 쏟아 부으신다. 하나님이 이렇게 해야만 하는 이유는 그분이 우리의 죄를 예수에게 두셨으며 하나님이 진노하심으로 죄를 다루시기 때문이다. 어떤 이들은 예수조차도 십자가에서 "나의 하나님, 나의 하나님, 어찌하여 나를 버리시나이까?"의 시편 22편을 인용할 때 이것을 믿었다고 지적한다. 만약 그가 우리의 죄로부터 등을 돌렸다면 하나님은 오직 예수만 버렸을 것이다. 논리가 그렇게 적용된다.

예수가 시편 22편을 인용하는 것은 복음서에서 유일한 경우로서, 예수는 하나님을 아버지라 부르지 않고 있으며, 그리하여 우리는 여기서 무슨 일이 벌어지고 있는지를 물어야만 한다. 우리 대부분은 시편 23편을 잘 알고 있으며 마음으로 그것을 암송할 것이다. 시편 23편은 괴로운 때에 우리에게 평안함을 가져다준다. 하지만 우리는 아마도 시편 22편에 대해서는 잘 모를 것이다.

시편 22편은 버려짐의 울부짖음이다. 그것은 부당한 송사와 박해받는 희생자가 되는 경험에 관한 것이다. 정리하면, 그것은 희생양이 되는 것에 대한 시이다.[20] 우리들 대다수는 이런 경험을 한 적이 있을 것인데, 우리가 알고 있던 것들이 사실이 아니었다는 루머를 만들어내는 어떤 그룹과 뜻을 같이 해 왔다. 우리가 스스로 설 때까지, 그리고 더 이상 그 그룹에 속하지 않을 때까지는 우리 친구들이 하나씩 우리에 맞서는 입장을 취했다. 이것은 무서운 경험이다.

예수가 시편 22편을 인용할 때는, 희생양을 만드는 공동체의 기능을 하는 사형집행인들의 기억을 상기시키고자 하는 것이다.[21] 만약 누군가 시편 23편의 "주님은 나의 목자"라는 첫 절을 인용한다면 우리 대부분은 그런 시편의 좋은 부분을 암송할 것이다. 시편 22편의 첫 구절을 인용함으로, 예수는 하나님께서 자신을 버렸다고 말하는 것이 아니라 그 시편의 전체 컨텍스트를 떠올리고 있는 것이다. 이것은 필수적으로 그런 사례가 아니라 십자가상에서 숨쉬기가 아주 힘들며, 확장된 대화들이 아주 고통스럽고 실제로 불가능한 것이라 생각할 수도 있다.[22]

하지만, 이것이 전부가 아니다. 시편 22편은 무고함을 풀어주는 정당성의 시이다. 마지막 부분에서 시편의 저자는 "하나님이 완전히 잘못된 것이 아니다"는 것과 "하나님이 자신의 얼굴을 숨기시지 않았다"는 것을 안다. 시편의 저자는 하나님이 결코 "괴로워하는 사람의 고통을 무시하거나 업신여기지 않는다"는 것을 안다. 궁극적으로 시편 22편은 희망의 울음이다. 십자가에서 시편 22편의 첫 구절을 표현한 예수의 울음을 들었던 유대인들은 버림받음의 의미뿐만이 아니라 희망의 의미를 들었는데, 그 이유는 그들이 시편을 알았기 때문이다! 이런 희망은 예수의 모든 고난 예고 속에 반영되어있으며 그는 성난 군중의 손에 넘겨져 고통을 받을 것을 알았다. 예수는 그의 상황 속에서 반대하는 모든 것들에도 불구하고 여전히 하나님께서 그의 무죄를 입증함으로 그를 구원하실 것을 믿었다. 시편 저자에게처럼, 예수에게 있어서 하나님은 분노의 신성에 크게 벗어나지 않았다. 화난 것은 군중이었으며, 이들은 무죄한 자의 희생을 필요로 했다. 하나님은 그런 희생자를 돌보시고 그와 함께 하신다.

못 박힌 예수가 시편 22편을 암송하는 마지막 요점은 신학적인 것이다. 문제를 일으키는 예수를 제거하는 것이 하나님을 위한 것이라고 믿은 군중과 유대교 지도자들과는 달리, 시편 22편을 사용하는 것은 하나님이 그리스도를 인간들이 희생시키는 것을 허락하지 않으신다는 입증이다. 하나님을 자신의 아들을 희생시키는 배우로 볼 수 없다. 오히려, 이런 희생적 죽음은 하나님이 거부하는 것이다. 따라서 하나님은 우리의 희생적 과정 속에서 '부재하시고' 또한 '계시지 않으신다.' 우리는 속죄의 부분인 3.3에서 이것에 대해 더 언급할 것이다.

지금까지 나는 아버지로서의 하나님에 대한 광범위한 이해에 대한 두 가지 주된 거부를 지나치지 않으려고 했다. 첫 번째는 하나님은 권력의 용어로 인식된다는 것이며 두 번째는 하나님이 예수에 대해 진노하셔서 그를 죽어가도록 하셨다는 것이다. 나는 또한 우리의 지배적인 신학전통 속에서 우리가 가져온 것들 외의 측면에서, 우리가 하나님을 이해하려면 예수의 십자가라고 시작함으로 예수와 하나님의 관계가 인식되어야만 한다고 제안했다.

그의 침례^{막1:9~11}에서 하나님이 예수에게 "너는 내 사랑하는 아들이다"라고 하셨을 때, 우리는 예수의 아바와 예수와의 관계가 변하지 않았다고 해선 안 된다. 만약 우리의 신학 속에서 의지할 수 있는 한 가지 불변성이 있다면, 그것은 하나님과 예수의 관계가 결코 변하지 않았다는 것이다. 십자가의 관점에서 삼위일체 하나님에 대한 기독교적 이해를 시작하는 것이 중요하다.

만약 하나님이 두 얼굴을 가졌다면, 만약 그가 예수의 침례와 변화산 사건에서 보이듯이, 양쪽의 예수를 다 사랑하시고 나중에 십자가의 시점에서 예수에게 진노하시는 것이라면, 우리가 하나님을 보는 시각은 이교적이고 따라서 우상적인 것이다. 이교의 신들은 선악을 모두 가진 인간적 성품들을 혼합하고 있다. 어떤 이들은 우리가 하나님의 사랑과 진노와 같은 것들 혹은 하나님의 자비와 거룩하심을 긴장 속에서 가지고 있어야 한다고 말한다. 만약 하나님께서 두 얼굴을 가지셨다면 이 말이 맞다. 야누스는 두 개의 얼굴을 가진 신이다. 하지만 아버지와 아들의 관계를 진정으로 이해하는 것은 어떤 긴장도 폐기하는 것이다. 만약 우리의 신이 긴장 속에 있다면 아마도 그는 심리치료사를 만나봐야 할 것이다!

심판과 지옥에 관한 예수

우리가 하나님에 대한 예수의 가르침을 서구 기독교국가의 형이상학적 신의 관점에서 물려받은 렌즈로 읽는다면, 거기서 두 얼굴을 가진 하나님을 볼 것이다. 하나님이란 용어는 가방과 같아서, 당신이 원하는 어떤 것으로 그 가방을 채울 수 있다. 형이상학적 신은 우리가 인식할 수 있는 가장 높은 신이다. 그리하여 우리가 하나님이 가장 위대한 선이라거나 가장 최고의 아름다움이라거나 가장 의로우신 분이라고 말하는 것이다. 우리가 알고 있는 가치의 범주들을 가져다 단순히 그것들을 획! 하며 n의 제곱을 해버린다! 이것은 그리스철학이 하는 것이며 나중에 우리가 보게 될 것으로4.3, 이런 사고방식은 하나님에 대한 기독교 교리에 무시무시한 영향을 가져다주었다. 만약 하나님이 단순히 기하급수적인 최고단계로 끌어올리는 최고의 기치라면, 하나님은 많은 신앙고백과 교리문답 속에서 찾을 수 있는 것 같은 형용사들로 나열되어 묘사될 수 있을 것이다. 하지만 만약 하나님이 우리가 생각하고 상상하는 것보다 더욱 다른 분이라면 어떻게 할 것인가?

하나님은 우리가 할 수 있는 최고의 사고들을 넘어선다. 하나님이 이사야에서 "내 길은 너희의 길과 다르며 내 생각은 너희 생각과 다르다"고 말씀하실 때[55:8], 그 이유는 하나님은 우리가 신성에 대해 인식하는 것과 같지 않기 때문이다. 게다가 이사야에서의 이 구절은 이성적으로 우리 위에 존재하시는 하나님에 대한 것이 아니라 우리의 죄를 이겨 버리는 하나님의 자비에 대한 것이다!

만약 우리가 죽음 이후의 삶에 대해 예수 당시의 여러 가지 형태의 유대교에게 설문조사를 한다면, 그들은 우리에게 뭐라고 할 것이라 생각하는가? 사두개인과 같은 그룹은 율법을 엄격하게 믿는 사람들이었다. 만약 율법이 말한다면 그것은 진리였다. 율법은 부활을 말하는 것이 아니어서 그들에게는 죽음 이후의 삶이 없었다. 예언자적 기록들은 여러 가지 혼합된 시각을 포함하고 있는데, 어떤 것들은 평화롭고 어떤 것들은 폭력적이다. 예수 당시의 그룹들은 마지막에 대한 시각, 종말론을 가지고 있었으며, 모두가 공통적으로 공유하는 것이 있었다. 그들은 모두 마지막 심판에 관한 처벌적이거나 보복적 장면을 가졌다. 복음서에서 나오는 분리주의자들[바리새파]이라 불리던 페루심perushim의 문헌에서도 적용된다. 보복적 종말론은 에세네 공동체 속에서도 엄연한 것이었다. 그것과 관련된 에녹문헌과 제사장 운동에서도 그것을 찾을 수 있다. 이런 종말론에서는, 미래가 암울하며 죽음은 무서워해야 하는 것이다. 대부분의 시나리오에서는 오직 몇 안 되는 의로운 자들만이 구원을 얻는다. 나머지는 불에 타고 만다.

하나님이 죄인들에게 진노하시며 자신을 거부하는 이들에게 벌을 내리실 것이라고 예수가 가르쳤다고 말하는 사람이 있는 것도 놀랍지 않다. 어떤 이들은 이것을 논증하기 위해 [3,4] 예수의 비유에 의지한다. 따라서 예를 들면 세입자들의 비유에서처럼, 비유 속에 등장하는 왕은 사자들을 학대하고 아들을 죽인 세입자들에게서 포도원을 빼앗아 버린다. 하지만 이 비유가 하나님이 세입자들을 벌하시거나 진노하신다는 것을 의미하는가? 이런 '심판의 비유들' 가운데 하나를 자세히 살펴보도록 하자.

마태복음 22:1~14는 자신의 아들을 위해 열리는 혼인잔치에 많은 이들을 초대한 왕에 대한 비유를 말하고 있다. 사람들이 전령들을 학대하고 죽이자 이에 격분한 왕이 그들의 도시를 파괴해 버린다. 우리가 먼저 생각하는 경향은 그 왕이 하나님을 비유한다는 것이다. 그 비유의 왕은 지나가는 사람들로 연회장을 채운다. 이것이 예수의 아바처럼 보이거나, 아니면 뭔가 다른 것들이 진행되고 있는 것인가?

우리가 쉽게 속는 이유는 그 비유가 "하나님의 나라는 마치"로 시작하므로 그 비유는 왕으로서의 하나님을 지칭한다고 생각하기 때문이다. 내가 보듯이 그 문제의 일부는 예수가 "하나님의 나라는 마치" 그리고 "하나님의 나라를 무엇에 비유할 수 있을까?"^{막4:26, 30}라고 말할 때 사용되는 단어들을 우리가 어떻게 번역하는가로 추적될 수 있다. 만약 우리가 "하나님의 나라를 무엇에 비유할까?" 혹은 "하나님의 나라는 마치"라는 구절을 번역한다면, 우리는 비유들, 유사성, 흡사성, 은유, a=b가 되는 어떤 것을 추정하면서 찾고 있는 것이다. 하지만 만약 우리가 이 구절을 "그 나라를 무엇과 비교할 수 있을까?" 그리고 "하나님의 나라는 ~와 비교될 수 있다"고 번역한다면, 우리는 유사성을 볼 수 있지만 또한 차이점도 볼 수 있도록 가능성을 열어 둘 것이다. 어떤 비유에서 그것은 하나님의 나라와 세상의 나라 사이의 대조이고, 어떤 비유에서는 그것이 유사성이다. 비유가 되는 부분들은 이런 차이점들을 발견하는 것이다.

이 비유에 등장하는 왕은 응징으로 경멸하는 세상의 왕과 같다. 이 왕은 반대를 용납하지 않는다. 사실상 이 왕은 마치 폭군과 같다. 현대 세계에서 이렇게 행동하는 정치적 인물은 UN 법정 앞에서 재판을 받는다. 사담 후세인도 이런 방식으로 사형에 처해졌다. 만약 그 왕이 하나님을 나타낸다면 우리가 이디 아민^{Idi Amin}이나 로버트 무가비^{Robert Mugabe} 혹은 조셉 스탈린^{Joseph Stalin}과 같은 인물들을 비난하는가? 만약 그 왕이 자신을 짜증스럽게 하는 사람들을 죽일 권한이 있다면, 우리는 왜 오늘날 자신들의 시민들을 죽이는 정치 지도자들이 정의롭지 않다고 생각한단 말인가?

비유에 등장하는 그 왕은 하나님이 아니다. 누가의 시각에서 보여주는 그 비유에서는눅14:15~23 그 왕이 그런 보복적 행위를 가지고 있고 있지 않다. 누가의 시각에서 보이는 그 비유에서는 "하나님의 나라는 마치"라는 도입적 공식이 없다. 그렇다면 이런 차이가 나는 이유는 무엇이며 그것이 실제로 중요한가? 초대 교회에서는 그 비유의 사용이 다르게 나타났다. 마태의 복음서는 비유에서 그 왕을 가혹한 임무수행자로 그려내어, 우리는 왜 마태는 자신의 초대에 응하지 않은 사람들이 살고 있던 도시를 파괴해버리는 왕에 대한 부분을 포함했는지 물어야 한다. 23 달란트 비유의 주인도 같은 방식으로 말할 수 있다.마25:14~29 이 비유들 속 모두에서, 마태는 왕과 주인의 비유의 끝을 자신을 거부했던 사람들을 내쫓아 "바깥 어두운데서 슬피 울며 이를 가는 일이 있을 것이라"며 맺는다. 마태의 비유 속에서의 그 '왕'은 세상적 지배자에 대한 비유이지 하나님은 아니다. 왕에 대한 마태의 비유들은 하나님의 통치Basilleia Theou가 생각했던 것보다 훨씬 근본적으로 다른 것이라고 주장함으로 체제전복적인 기능을 하고 있다.

이 비유들이 예수가 제시하는 구원으로의 초대라고 말하는 것은 아주 흔한 일이며, 부분적으로는 맞다. 놓치고 있는 것은 이런 비유들이 하나님을 믿으며 보복을 가하는 종교적이고 신실한 사람들을 다루고 있다는 사실이다. 예수를 거부함으로써, 비유들은 당신이 믿고 있는 그 신과 의사소통하는 방식이 된다. 24 당신은 두 얼굴을 가진 신으로 당신의 삶을 해석하게 될 것이며, 이것은 진저리나게 예수를 발굴하는 것이다. 우리는 이런 비유에 대한 수많은 설교들을 들어왔으며, 결국에는 구원의 메시지를 거부함으로 버림받은 사람들은 도덕적으로 부패하고 사회적으로 파산한 '죄인들'이다. 안쪽에 있는 우리들은 구원을 얻으며 바깥에 있는 사람들은 지옥에 떨어진다. 이 비유의 핵심은 거꾸로 되는 것이 오히려 맞다는 것이다. 바깥에 있는 사람들은 구원을 얻고, 진리를 가지고 구원을 받았다고 생각하지만 예수의

비폭력적인 메시지를 거부한 안쪽에 있는 사람들은 바깥에 처하게 될 것이다.[25]

이것은 왜 그럴까? 예수에게 있어 하나님은 포괄적인 분이며 마시멜로우 같이 영원히 불타오르는 악마 같은 불길에 휩싸이는 사람들에게 손을 내미시는 분이기 때문이다. 다른 사람들을 지옥에 넘기는 사람들은 결국에는 그들이 믿어 온 신을 얻게 될 것이다. 그리하여 그 비유는 그리스도인들이 천국에 가능 동안 죄인들이 지옥에 간다고 말하지는 않는다. 그와 정반대로, 마태의 컨텍스트 속에서의 비유는, 만약 당신이 그 왕과 같은 사람이라면, 그리고 학대나 살인으로 그 왕의 폭력에 참여한다면 당신은 바깥에서 안을 들여다보게 될 것이라고 단언하고 있다. 이 비유들은 하나님을 보는 우리의 시각을 전복시킨다.

어떤 이들은 예수가 지옥에 대해서 이야기한다고 지적한다. 그들이 말하는 바에 따르면, 예수는 신자들을 구원하고 믿지 않는 사람을 거부하여 지옥에 보낸다. 마가복음 9:42~48은 다음과 같이 말하고 있다.

> "또 나를 믿는, 이 작은 사람들 가운데서 하나라도 죄짓게 하는 사람은, 차라리 그 목에 연자맷돌을 달고 바다에 빠지는 편이 낫다. 네 손이 너를 죄짓게 하거든, 그것을 찍어 버려라. 네가 두 손을 가지고 지옥으로, 그 꺼지지 않는 불 속에 들어가는 것보다, 차라리 지체장애인으로 생명에 들어가는 것이 낫다. 네 발이 너를 죄짓게 하거든, 그것을 찍어 버려라. 네가 두 발을 가지고 지옥에 들어가는 것보다, 차라리 저는 발로 생명에 들어가는 것이 낫다. 또 네 눈이 너를 죄짓게 하거든, 그것을 빼어 버려라. 네가 두 눈을 가지고 지옥에 들어가는 것보다, 차라리 한 눈으로 하나님의 나라에 들어가는 것이 낫다."

슬프게도 어떤 이들은 이 본문을 문자 그대로 읽어서 손을 잘라 내거나 눈을 빼기도 한다. 그들은 예수를 그림퍼즐로 바꿔 놓는다. 영화 Saw에서 만약 누군가 그 본문을 문자적으로 읽지 않는다면 예수는 우리의 영원한 운명에 대해 우리가 살아 있는 동안 우리가 행하는 선택에 대해 이야기 하고 있었을 것이다. 그리하여 어떤 이들은 현세에서 거룩함을 선택하여 영혼의 더러움인 모든 죄악을 없애는 것이 올바른 선택이라고 말한다. 어림도 없는 소리다. 그 컨텍스트에 맞는 말이 아니므로 그 해석도 실제로는 만족스럽지 못하다. 다시 읽어보자. 복음서의 청중은 그 제자들이지만, 원래는 다른 종류의 사람을 향한 것이었다고 생각한다.[26]

이런 시각으로 난 예수의 삶 속에서 가능한 자리Sitz-im-Leben,*를 제시하고자 한다. 그런 언급은 어떤 독자들에게 a) 적용되며, 그리고 b) 내포독자가 어떻게 이해했을까? 손발을 잘라내기, 눈을 멀게 하기, 불구로 만들기가 그것으로, 스스로 불구가 되게 하는 것이다. 그럼 어떤 그룹이 불구로 만드는 생각을 혐오할 것인가? 성전에 거하는 제사장들이다. 만약 그들이 불구가 된다거나 혹은 그들이 어떤 방식으로든 흠이 생긴다면, 그들이 전임 제사장이든, 아니면 일주일에 두 번 성전일을 돕는 교대 시간제근무 제사장이든, 그들은 성전일을 할 수 없을 것이다.[27] 이런 사람들은, 모두 남자들로서, 스스로 불구가 되기는커녕 결코 불구가 되기를 바라지 않을 것이다.

예수는 다음과 같이 제사장들에게 말하고 있다. "너희들이 하는 것을 보아라. 너희는 이 성전에서 불구되지 않은 제사장으로 있을 수도 있고 하나님 나라에서 불구된 제사장으로 있을 수도 있지만, 양쪽 모두를 가질 수는 없다." 이런 해석은 내가 성전의 에피소드2.3를 어떻게 이해하는 지와 일치하고 있다. 예수는 이 언급 속에서 희생에 찬성하는 입장이 아니라 그 반대이다. 예수는 게헨나Gehenna와 성전의 희생절차를 연결시키고 있는데, 게헨나는 성전 가까이에 있는 힌놈계곡 속에 있는 쓰레기장이다. 그곳은 이교도의 인간 제사가 드려져 지금은 뼈무더기가 어울린다는 오명을 가진 곳이었다. 희생적 논리는 게헨나로 바로 이어진다. 이 사람들은 게헨나를 아는 사람들이었

---

* 역주-삶의 자리.

다. 그들 가운데 어떤 무리는 성전의 '쓰레기' 처리를 담당했을 지도 모른다. 예수는 그들에게 다음과 같이 말한다. "너희들은 게헨나가 얼마나 나쁜 것인지 알며 그것이 너희 신학 속에서 저주 받은 장소를 지칭하는 비유로 사용되는 것도 안다. 너희가 하는 것을 보라. 너희의 희생적 논리를 곧바로 지옥에게 연결시키거나 아니면 내버려 두고 하나님의 나라에 들어가라."[28]

지옥에 대해 예수가 말한 것은 다른 사람들이 낙인찍은 죄인들과 연결된 것이 아니라, 자신들이 거룩하고 의롭고 경건하다고 자처하는 사람들을 향하고 있다는 것을 보는 것이 중요하다. 만약 우리가 오직 다른 사람들을 지옥에 던져 넣는 하나님만을 경배한다면, 그 시간이 왔을 때 그 무리들 사이에서 우리들을 발견할 수 있음을 우리는 확신할 수 있다.

우리의 논의에서 중요한 것은 예수의 가르침 속에서 볼 수 있는 하나님의 성품이다. 예수 당시의 종교인들은 예수의 메시지를 거부했는데, 그 이유는 예수가 선언했던 하나님을 그들이 받아들일 수 없었기 때문이다. 만약 예수가 하나님이 보복적인 분이라고 가르침을 주었다면, 하나님은 악인들을 지옥에 보내실 것이고, 행악자들을 심판할 것이며, 그들은 예수의 메시지를 거부할 필요도 없을 것이다. 예수는 많은 사람들이 수백 년 동안이나 말해 왔던 하나님에 대하여 동일한 것을 말하고자 했을 것이다. 하지만 예수는 무언가 다른, 아주 다른 것을 말했으며 이것은 예수의 메시지를 듣는 사람들에게 위기감을 만들어 낼 것이다. 그들은 그들이 배웠던 것과 "항상 믿어 왔으며 모두가 어느 곳에서나 믿는 것"레린스의 빈센트, Vincent of Lerins을 믿거나, 아니면 예수가 선언했던, 은혜롭게 생명을 주시는 하나님을 믿을 수 있었다.

산상수훈에서마7:21~33, 예수를 따른다고 말하지만 그의 가르침은 따르지 않는 자들에게 경고가 주어진다. "나에게 주여, 주여 라고 하는 자가 다 천국에 들어가는 것은 아니다." 이런 경고는 스스로를 그리스도인들이라고 말하는 자들에게도 주어지며, 그들이 하는 것을 보라! 그들은 이적을 행하고 예언을 말하며 마귀를 쫓아내는데, 바로 이것은 예수의 사역이 가진 표시이기도 했다. 그들은 예수와 무척 닮았지만 예수는 그들을 거절했다. 왜일까? 그들은 설교 속에서 말하는 하나님이 동정어리고 용서하며 화해하는 분이라는 것을 보지 못했기 때문이다. 그들은 원한을 품고 관계를 파괴하며 보복을 주장하고 그들의 원수를 사랑하지 못한다. 차별하지 않으시는 하나님처럼 되지 않으면서^{마5:45}, 그들은 하나님이 완전하신 것^{마5:48}처럼 "완전하거나 온전하지" 못했다.

낮은 자의 하나님

그렇다면 완전하고, 차별하지 않으시고 다 포괄하시는 하나님은 어떤 분인가? 다시금, 자신들이 안쪽에 있다고 생각하지만 실제로는 그들의 판단으로 인해 밖에 있는 사람들에게 비유가 주어졌다는 것을 기억하면서 그 비유들로 돌아가도록 하자.

잘 알려진 바리새인과 세리의 비유로 시작해 보자.^{눅18:9~14} 이 작은 이야기^{vignette}의 힘을 알기 위해 다음의 두 가지 현대의 "번역"을 제시하고자 한다.

> "두 남자가 예배하러 교회에 갔다. 첫 번째 남자, 존경받는 장로는 기도하기를, '주여 난 저 많은 그리스도인들과 같지 않으며, 이 마약에 찌든 매춘업자와 같지 않음에 감사드립니다. 난 신실하게 교회, 성경공부와 교회 회의에 참석하고 있습니다. 난 내 총소득의 십일조를 드리며 매일 헌신하고 있습니다. 난 낙태를 반대하며 내 교회에 동성애를 결코 들이지 않을 것입니다.' 매춘업자가 뒷좌석에 앉아서 나직이 울며 기도하기를, '하나님, 저 같은 죄인에게 긍휼을 베푸소서.'"

> "두 여인이 예배하러 교회에 갔다. 첫 번째 여자는 협동 목사로서, 기도하기를 '주여 난 다른 목사들이나 유아살해자들과 같지 않음에 감사드립니다. 나

는 훌륭한 주석자로서, 교회 회원들과 함께 유익한 시간을 보내고 있으며 내 책임을 충실히 수행하고 있습니다. 난 시위에 참석하여 정의와 재활용을 이루기 위해 노력하고 있습니다.' 뒷좌석에 앉은 군인은 자신의 눈을 하늘로 향해 들고 그저 말하기를 '주여 나 같은 죄인에게 긍휼을 베푸소서.'"

보통 우리 눈으로는 그 장로나 목사에게 무엇이 문제인지를 찾아 내지 못할 것이지만, 우리의 관점에 따라서 그 매춘업자나 군인에 대해서는 비판할 것이 많으리라 본다. 그 비유를 다시 말하는 우리들 속에서도, 그것은 "압제하는" 매춘업자와 "아이를 죽이는" 군인들이 하나님께 올바르게 간다는 사실 속에 있다. 이것이 어떻게 가능한가? 분명히 그 장로와 목사에게는 잘못된 것이 없으며 그 매춘업자와 군인에게는 흠잡을 일이 많다. 예수는 하나님께 올바른 것으로 여겨지는 우리의 모든 관념들을 돌려 세우고 있다! 스스로를 안쪽에 있다고 생각하는 사람들은 바깥에 있으며, 바깥에 있어야 한다고 심판받는 사람들과 자신들의 상태를 뉘우치는 사람들은 안쪽에 있다.

이렇게 누가 안이고 누가 밖에 있는지의 문제는 하나님에 대한 예수의 가르침에 있어서 중요한 주제였다. 그 당시 예수와 함께 살았던, 그 당시 그 거룩함의 코드[2,3]로 인해 외면당했던 사람들예를 들면 세리와 창녀들과 더불어 '거룩한' 사람들에 의해 예수가 비판을 받는 경우가 자주 있었다. 대부분의 교회가 다 그런 것은 아니라고 해도 유사한 상황들이 만연하고 있다. 우리와 같지 않은 사람들, 우리가 맞서는 사람들, 선한 그리스도인이 무엇인지의 관념과 일치하지 않다고 우리가 생각하지 않는 사람들은 우리의 정체성들 형성한다. 하지만, 하나님은 우리 종교적인 사람들이 하는 방식으로 사람들을 쳐다보지 않으며 받아들이지 않는다.

누가복음 15장은 이 주제를 반복하는 세 가지 비유, 선한 목자, 부지런한 과부, 그리고 기다리시는 아버지를 기록하고 있다.[29] 이런 비유들의 컨텍스트는 정확하게는 배제된 사람들을 포함하는 예수가 일으킨 스캔들이다. 만약 예수가 하나님의 나라를 선포했다면, 그리고 그런 선언의 본질적은 측면이 사회적으로 받아들여지지 않던 사람들을 포함하는 것이라면, 이것은 우리나 다른 사람들이 속해 있어야 한다고 생각하는 그들만이 아니라 모든 이들을 위한 하나님의 관심을 예수가 반영한다는 것만을 의미한다. 우리를 축복함에 대해서는 하나님이 차별하지 않는다는 것이 마태5:45의 분명한 언급이다. 선하고 악한 사람들은 비슷하게 하나님의 은혜 속에서 자신들의 자리를 잡는다.

이런 은혜는 하나님을 가리키기 위해 예수가 사용한 아람어 '아바abba' 속에서 분명히 나타난다. 아바라는 용어는 친밀함과 동시에 존경을 반영한다. 아바는 '임마imma, 엄마'라는 단어와 더불어 아이가 처음으로 배우는 단어이다. 또한 아바는 마을에서 장로나 존경을 받는 자, 그리고 공경을 받는 사람을 가리킬 때 쓰는 용어다. 헬라어로 된 복음서들이 이 아람어를 포함하고 있다는 사실은 초대 교회의 유대교 컨텍스트 속뿐 아니라 이방인들의 컨텍스트 속에서도 사용되었음을 보여주고 있다. 예수가 사용했던 잘 알려진 몇몇 아람어들맘몬, 게헨나처럼, 아바는 예수 전승 속에서 그 자리를 지키고 있는데 그것이 예수 자신이 선호하는 것이었음이 분명하기 때문이다.

하나님이 아바라는 것은 이것을 의미한다. 하나님은 우리가 존경하고 듣고 따르는 분이시며, 또한 우리가 껴안고 무조건적으로 신뢰할 수 있고, 어린 아이처럼 우리의 모든 필요를 의지할 수 있는 분이다. 이것이 들판의 백합을 입히시고 새를 먹이시는마6:25~32 하나님에 대한 요점이다. 우리의 아바, 하나님은 힘이 아니라 양육의 언어로 예수의 가르침 속에 묘사되어 있다. 예수의 하나님은 플라톤과 그리스철학의 신이 아니다.[30] 예수의 하나님은 호황 때나 힘들 때나 언제고 예수가 의지할 수 있는 분이었다. 예수는 하나님이 잃어버린 자들, 짝 잃은 자들, 쫓겨난 자들, 거부당한 자들, 외로운 자들, 빈곤한 자들을 돌보실 것이라고 분명하게 믿었으며, 하나님이 부자들, 속물들, 남들을 배제시키는 자들 그리고 다른 사람들을 죽음보다 더 나뻔 운명에 처하게 한 사람들의 행동에는 비통해 하시는 분이다.

예수가 그랬듯이, 만약 우리가 하나님을 하늘 아버지 아바라고 부를 것이라면, 만약 성령이 우리 마음에 "아바, 아빠"라는 울음을 부어주신다면롬8:15, 갈4:6, 그분은 비단 그들 스스로를 의롭거나 거룩하다고 부르는 사람들뿐만 아니라, 마음속에 있는 모든 이들에게 최고로 관심을 기울이시는 분이다. 이것이 복음인 이유는, 우리 모두가 "하나님의 영광에 이르지 못하"기 때문이며롬3:23, 우리 가운데에는 "의로운 자가 없으되, 하나도 없"롬3:10기 때문이다. 우리가 하나님의 마음을 차지한다고 생각하면 속고 있는 것이지만, 우리가 스스로를 하나님의 자비 속으로 들어갈 때, 우리 아바의 팔은 활짝 열어 우리를 받아주시며, 다른 이들에게 그리 하시듯 우리를 안으신다. 우리 '아바' 하나님에 관한 한, 우리는 모두 '하늘 아버지의 자녀들'이다.[31]

1.4 하나님의 나라의 삶

지난 2천년이 넘도록 그리스도인이 되는 것이 무엇을 의미하는가에 대해서는 수없는 묘사들이 있어 왔다. 미국에서는 그리스도인이 된다는 것은 대개 어떤 유형의 '거듭남'의 경험 혹은 예수와의 개인적 관계를 의미한다. 그것은 종종 피해야 할 악의 목록과 심어야 할 덕의 목록을 포함한다. 그것은 세속주의처럼 극단적이 될 수도 있거나 혹은 모든 시민들이 "그리스도인"으로 사는 국가교회처럼 단조로울 수도 있다.

수많은 책들도 그리스도인이 되는 것이 무엇인지에 대해 기록하고 있다. 어떤 이들에게 그것은 신앙과 침례세례만큼이나 간소한 것이며, 어떤 이들에게는 옷 입는 것으로부터 음식과 성적인 금기에 이르는 모든 것들에 대해 교회의 권위를 완전하고 철저히 최대한 따르는 것이다. 이런 모든 경우에 있어서 기독교 그룹들은 세상과 타협을 하는 이들을 비난하며 자신들의 동료 그리스도인들에 맞서 스스로를 정의하고자 한다.

그것은 그렇게 복잡하지 않다. 그리스도인의 삶은 예수와 같다. 그것은 그리도 간단한 것이다. "예수라면 어떻게 할 것인가?"라는 어떤 지혜가 있다. 복음서에서 예수는 제자들이 더 복종해야 한다고 자신들의 제자들에게 말한 곳은 어디에도 없다는 것이 굉장히 중요하다. 심지어, 예수를 순종적인 유대인으로 그리는 경향이 있는, 마태복음에서도 유대교 경전 속에 있는 모든 명령들은 율법적으로 지켜져야 한다는 것을 단순히 암시하지 않는다. 어떤 이들은 마 5:17~20을 그런 식으로 해석하지만 이것은 그 본문을 잘못 읽는 것이다.

산상수훈을 해석하기

5:17~20에서 우리는 마태가 가져다주는 예수의 언급들을 본다. 많은 사람들이 이 본문을 율법어떤 이들에게는 구약에서의 모든 참됨을 의미한다이 언제나 유효할 것이라는 것을 보여준다고 말한다. 만약 이것이 그런 사례라면, 왜 예수가 성서에서 명령하고 있는 것과 그가 삶을 지배하는 것 사이의 분명한 대조를 계속 이뤄가고 있는지를 알아내는 것은 어려운 것이다. 또한 유대교 율법kosher과 안식법과 같이 이방 세계로부터 유대교를 구분해 주고 있는 가장 중요한 명령들 가운데 일부와 예수가 어떻게 그리고 왜 단절할 수 있었는지를 이해하는 것도 어렵다. 예수는 다음과 같이 말할 수도 있었다. "모든 율법을 지켜라" 혹은 "율법의 도덕적이고 영적인 요소를 지켜라" 그리고 "제의적이고 의식적인 것들은 무시하라." 하지만 그는 그러지 않았다.

산상수훈을 해석하는 데는 여러 가지 방법들이 있다.[32] 다른 좋은 방법들도 있겠지만, 단순화하기 위하여, 난 이들 방법들을 네 가지 주요한 범주로 나누고자 한다. 각 해석은 모두 장단점이 있다. 이런 네 가지 범주들은 율법주의적, 세대주의적, 학적, 그리고 이상주의적 범주이다. 이 네 가지를 간단히 살펴본 후, 난 우리의 현대 세상 속에서 더 의미가 통한다고 생각하며 마태복음의 의도와 더 가깝다고 보는 5번째의 범주를 제시할 것이다.

첫 번째는 문자적으로 혹은 율법적으로 예수가 의미한 산상수훈의 모든 것을 따라야 한다고 주장하는 사람들이다. 우리는 역사적 평화교회와 구질 서교회^{아미시 같은}의 어떤 보수적 전통을 제외하고는 이것을 더 이상 많이 볼 수 없다. 이런 식의 사고를 하면 산상수훈은 질문 없이 따라야 할, 시내 산에서 모세에게 주어진 율법의 질서에 관한 새 율법이다. 이런 훈계와 명령들을 이런 방식으로 해석한다면, 이들은 그리스도인들의 삶에 있어서 율법적 법칙이 된다. 단점은 산상수훈에서 발견되는 은혜와 축복, 즉 실제 사람들이 놓치고 있는 하나님의 동정적 품성과 다른 사람에 대한 관심이다. 장점은 이런 예수의 제자들이 진실한 순종이 가능할 뿐만 아니라 그리스도인의 신앙과 삶에 있어 본질적이라는 것을 믿었다는 것이다.

두 번째는 산상수훈 속에서 진정한 삶의 방식을 보는 사람들로서, 그런 방식은 이 세상을 위한 것이 아니라 다가 올 세상을 위한 것이다. 그것은 4번째 범주^{이상주의적}와 다소 공통적인 특성을 가지고 있다. 세대주의는 예수가 이스라엘에게 그 나라를 주었으며, 산상수훈 속에서 발견되는 삶의 방식이 그 나라의 일부로서 찾아온다고 하지만, 이스라엘이 예수의 제의를 거부했기 때문에 산상수훈은 하나님의 나라가 도래하는 때가 멀리 있는 미래로 격하된다. 이런 시각의 단점은 기독교적 화해^{peacemaking}, 예를 들면 원수를 사랑하는 것과 같은 본질적인 요소들이 더 이상 그리스도인들을 위한 삶의 방식으로 볼 수 없으며, 성서에 나와 있는 다른 구절들에 의해 수정되어야 한다는 것이다. 그러한 대조들^{"그것이 이렇게 말한다고 너희는 들었으나 나는 너희에게 말하노니"}이 만들어 내는 분명한 괴리가 침묵된다. 산상수훈을 이런 방식으로 이해함으로 얻을 수 있는 점은, 비록 그것이 나중의 시간과 연결이 된다고 해도, 예수의 가르침과 하나님의 나라 혹은 하나님의 통치 사이의 분명한 연결이 있다는 것이다.

산상수훈을 읽는 세 번째 방법은 학적인 문헌 속에서 찾을 수 있다. 여기서는 학자들이 산상수훈을 다양한 형태로 분석하고 마태가 어떻게 예수의 언급들로부터 산상수훈을 편집했는지를 보여준다. 이렇게 산상수훈을 읽는 방식의 단점은 앞서 언급한 두 가지 방식보다 더 어려움이 적긴 하지만, 어떤 말이 언급된 것인지를 가늠하기 위해서는 성서 연구에 있어서 전문가가 되어야 한다는 것이다. 이런 이유로 학계에서 쓰인 대부분의 것들은 설교단에서 좀처럼 찾아볼 수 없는 산상수훈에 대한 더 나은 이해를 하고자 한다. 이렇게 읽는 방식의 장점은 학자들이 산상수훈을 1세기 팔레스타인 컨텍스트로 돌려보냄으로서 조명될 수 있는 많은 것들, 그렇지만 낯선 세부내용들을 명확히 할 수 있다는 것이다.

산상수훈을 읽는 네 번째 방식은 아주 이상적이지만 그리 현실적이지는 못하게 산상수훈을 파악하는 것이다. 알버트 슈바이처Albert Schweitzer와 라인홀드 니버Reinhold Niebuhr와 같은 학자들은 산상수훈을 '불가능한 윤리'라고 부른다. 좋기는 하지만 복잡한 우리 세상에 있어서는 현실적이지도 않고 실천이 가능하지도 않다. 중세 시대에서는 산상수훈의 이상주의는 그런 식이어서 종교인들수도사와 수녀들과 성직자들만이 산상수훈을 따를 수 있도록 되어 있었다. 평신도는 면제되었는데, 실제로 평신도들의 매일매일의 노동과는 별로 상관이 없었다.

이상주의적 읽기가 취하는 또 다른 형태는 산상수훈의 '영화spiritualization'이다. 이상적으로, 그것은 우리가 모두 열망해야만 하는 것이지만 진지하게 여겨지는 것은 아니었다. 우리는 이런 방식의 사고를 마틴 루터Martin Luther와 여러 가지 현대 복음주의 혈통 속에서 발견할 수 있다.[33] 이런 해석의 단점은 두 번째 시각처럼, 예수의 가르침과 산상수훈 속에서 발견되는 유대교 경전들 사이의 괴리를 이원화하다는 것이다. 이런 시각의 장점은 산상수훈은 '다른 세상적' 특성을 가진다고 인식된다는 첫 번째와 두 번째 시각과 유사하게, 하나님의 나라와 천국의 향기를 맡지만, 그리스도인들로서 전형적으로 우리가 사는 방식과는 다르다는 것이다.

이런 각각 네 가지 시각은 시간과 장소에 따라 특정한 영향을 가진다. 율법주의, 이상주의 혹은 그냥 급진적 요구를 영화시켜버리는 함정 속으로 빠지지 않으면서 동시에 산상수훈을 진지하게 받아들일 방법이 있을까? 난 그런 방법이 있다고 보며 이것을 교리적 대안이라 부른다. 이것을 통해, 내가 의미하는 것은 산상수훈이 그리스도인의 삶이 무엇에 관한 것이며 어떻게 이루어져야 하는지를 묻고 있는 후보들을 위한 교육의 형태가 된다는 것이다.

기독교 교리문답으로서의 산상수훈

이런 시각을 바르게 보도록 우리에게 도움을 주는 문서가 있는데, 그것은 초대 교회가 디다케The Didache라고 부른, 어떤 부분에 영향을 준 초기 기독교 문헌의 단편이다.[34] 디다케는 우리가 가진 초기 기독교 교리문답서이다. 디다케는 필수적으로 기록된 것은 아님에도 1세기에 쓰여졌는데, 아마도 복음서들보다도 앞서서 기록되었던 것 같다. 디다케는 기독교 신앙으로 개종할 여지가 있는 사람들을 훈련했던 멘토들에게서 듣는 것처럼, 암송을 위해 쓰여 졌다. 고대 세계 속에서 수많은 가르침들이 그러했던 것처럼, 디다케는 듣는 것이었지 읽는 것은 아니었다.[35] 고대 세계에서는 책을 읽을 수 있는 능력이 아주 낮아서 그 당시 사람들은 우리가 요즘 가지고 있는 책들에 접근조차 할 수 없었다. 디다케는 수많은 시간 동안 수없이 반복하여 들려져서 개종자의 마음속에 깊이 각인되어 왔다.[36]

디다케와 마태의 산상수훈은 많은 유사성을 공유하여서 초기 학자들은 그들 사이에 문학적 연관성이 있을 것이라고 생각했으며, 심지어 몇몇 사람들은 문서 하나가 다른 하나로부터 빌려왔을 것이라고 말하기도 했다. 현재의 연구는, 실제로 양자 사이의 유사성들이 있긴 하지만 디다케와 마태복음이 모두 독립적으로 발생했다는 것을 보여준다.[37] 우리는 누가가 평지에서의 설교눅6:17~49뿐만 아니라 '교리문답 교육'판을 가지고 있다는 것을 또한 알 수 있다. 이 모든 세 개는 잠재적 개종자들을 교육시키기에 유용한 예수의 가르침 집약서가 우리에게 있다는 사실의 증거이다.

산상수훈과 같은 본문들은 잠재적 개종자들을 위한 것이었지 새로운 회심자들을 위한 것이 아니었다. 산상수훈 속에 포함되어 있는 상당수의 자료는 세례 이전의 디다케 속에서 발견된다는 사실이 이것을 보여주는데, 세례는 신앙의 공동체 속으로 들어오는 입회의식이었다. 분명히, 산상수훈 속에서 발견되는 그런 실천들은 '시도되었고' 그렇게 그리스도인이 되는 것을 열망하는 사람들은 그들이 마지막 결정을 내리기 전에 그들이 들어가고 있었다는 것을 알 수 있었다. 얼마나 잘 맞는지 탈의실에 들어가서 옷을 입어보는 사람처럼, 교리문답적 과정은 죽을 때 까지 그렇게 살 마지막 결정을 내리기 전에 잠재적 개종자들이 그리스도인의 삶을 '미리 겪어 보도록' 도움을 주는 방편이었다. 그것은 "대가를 지불하기"눅9:57~62와 관련이 있었다.

상상해 보라! 생활에 필요한 것을 채워 주시는 하나님 신뢰하기를 실천하는 것은, 분노를 버리기, 다른 뺨을 돌려 대기, 원수를 사랑하기, 욕설을 포기하기, 순결한 삶을 살기, 하나님을 신뢰하는 것을 실천하는 것은 어떤 사람이 그리스도에게 자신의 삶을 헌신한 이후가 아니라 이전에 배우는 것이다. 이것은 왜인가? 난 이런 가치와 행동들은 유대교나 이방 문화 속에서 흔히 발견되는 것들과는 결정적으로 다르기 때문이라고 믿는다. 그리스도인들은 달랐지만, 그들에 합류하기 위해서는, 이런 삶의 양식을 사는 법을 실제로 시험기간 동안 배우는 것이 필요했다는 것을 외부에서 볼 수 있었다.

우리가 다른 사람들이 "구원을 얻기"를 독려하며, 만약 그들이 운이 따른다면, 우리는 예수를 따르는 것이 무엇을 의미하는지를 그들에게 가르치는 오늘날과 이것이 얼마나 다른가. 초대 교회에게 있어서, 구원과 제자됨은 구분되는 것이 아니었으며, 사실상 기독교의 형성은 구원을 얻는 것의 전주였다. 그것은 그리스도의 몸으로 들어오는 세례였다! 어떤 이는 제자도가 구원이었다고 말할 수도 있다. 어떤 이는 천국에 가기 위해 예수를 영접하는 것이 아니라 여기, 그리고 지금 온전하고 치유된 삶을 살기 위해 예수를 영접한다!

앞서 언급한 것처럼, 각 사람은 어떤 형성의 기간을 견디는 기독교 공동체로 들어오고자 한다. 이 기간 동안 그들은 자신들에게 할당된 멘토mentor가 있었는데, 그 멘토는 그리스도인의 삶의 원리들을 배우도록, 어려움을 이겨내도록, 그들과 함께 기도하며 상담을 해 주는 사람이었다. 산상수훈에서 예수는 멘토의 모델이다. 우리가 하나님의 자녀가 되는 이런 새로운 길에 그와 함께 여행을 하듯, 그는 이런 삶을 먼저 살았으며 "그를 따르도록" 우리를 초대한다.

그렇다면 누군가가 그리스도인이 된다면 반드시 배워야 하는 것이 무엇인가?

하나님의 통치를 향한 급진적인 방향설정

먼저, 진정한 행복은 중심에 거하는 것으로 이루어지는 것이 아니라는 것을 배운다. '복있는'이나 '행복한' 마5:3ff으로 번역된 단어는 가장자리에 사는 사람들을 위해 사용된다. 오늘날에는 예수가 얼마나 우리 모두가 행복하고, 부유하고 잘 살기를 원하는지에 대해서 언급하기도 한다. 이것은 소위 번영복음이다. 하지만 그것에는 '복음'이 없다. 그것은 애플파이만큼이나 미국적이다. 그것은 '삶, 자유, 그리고 행복추구'에 관한 독립선언문 속에서 보장되어 있는 권리를 취하면서 이것이 바로 하나님이 우리에게 원하시는 것이라 말하고 있다.

하지만 그렇지 않다. 난 하나님이 우리가 가난하고 병들고 궁핍하게 되는 것을 원하신다고 말하지 않는다. 내가 의미하는 것은 우리가 가장자리에서 살 때, 우리가 예수를 따르기로 할 때, 우리의 가족, 친구와 공동체들은 우리를 하찮게 여길 수 있다는 것이다. 유독한 특성을 가진 관계들을 정리하고 우리가 사랑받고 돌보는 공동체의 삶으로 나누기 시작하는 것은 쉬운 일이 아니다. 우리를 둘러싼 사람들이 적을 무찌르기, 수단방법을 가리지 않는 태도를 중요하게 생각할 때, 우리는 다른 이들을 먼저 존중해 준다면, 우리는 바보같이 보일 것이다. 우리를 둘러싼 사람들이 우리를 공격하고 압제할 수도 있는 사람들을 우리가 미워해야 한다고 주장할 때, 우리는 다른 뺨을 돌려내는 것과 원수를 사랑하는 것을 배우고 있으며, 이런 우리는 다른 사람들의 눈에 정신지체로 보일 것이다. 우리의 가족과 친구들이 401K*, IRA**, CD***와 투자 펀드로 돈을 쌓아 둘 때, 우리는 가난한 자를 먹이고 우리 가운데에서 평화의 사역을 후원하도록 우리의 자원을 쏟을 것이며, 우리는 비판의 대상이 될 것이다. 예수는 "너희는 핍박을 받을 것이다"라고 여러 차례에 걸쳐 말한다. 이런 일이 일어날 때, 그리고 우리가 다른 사람들을 위해 헌신할 때, 우리가 가장 불쾌하고 악의를 품는 사람들과 화해하고자 할 때, 우리가 깊고 급진적인 방식으로 평화와 정의를 추구할 때, 우리가 다른 사람들의 아픔을 슬퍼할 때, 예수는 이것이, 바로 이것이야 말로, 하나님으로부터 축복을 받는 것이라고 말하고 있다. 이것이 진정한 행복이다.

초대 교회의 잠재적 개종자들이 자신들의 멘토에게 이렇게 말하는 것을 상상할 수 있는가? "이것이 얼마나 힘든지 아나요?" 멘토는 삶에 대한 그들의 생각을 바꿔놓음'누군가의 생각을 바꿔놓는다'는 것이 바로 회개가 의미하는 것이기 때문이다으로 수련기간을 환기시키고자하며, 그들은 처음으로 진정한 축복과 행복이 무엇인지 알게 될 것이다.

둘째로, 산상수훈은 우리가 신뢰하는 하나님이 우리를 돌보시는 삶으로 우리를 부른다. 언뜻 보기에 자명해 보이기는 하지만, 현실은 우리가 생각하는 것보다는 훨씬 더 어렵다. 2008년에 세계경제가 붕괴되었을 때, 실업이 증가하고 회사가 파산하거나 구제 금융을 받아야만 했고, 주식시장의 50%가 축소되었다는 뉴스에 붙들려 있으면서 우리는 이것이 대공황 이래로 우리가 보아 왔던 가장 최악의 경제 시나리오였다는 말을 들었다. 많은 사람들에게 이것은 세상의 끝과 같이 느껴졌을 것이다. 그리스도인들을 포함하여

---

* 미국의 퇴직 연금제
** 미국의 개인퇴직계좌
*** 양도성 예금증서

모든 사람이 걱정하기 시작했다.

예수는 제자들에게 "걱정하지 말라"^{마6:25ff}고 명하고 있다. 우리가 우리 삶의 환경을 통제하지 못한다고 느낄 때, 우리는 더 이상 우리 스스로에게 제공하지 못한다. 우리는 독립의 의미와 우리가 계획한 것을 상실했으며, 우리가 본 미래는 이제 잃어버린 것이 되었다. 그래서 우리는 염려하고 조바심을 내면서 손톱을 물어뜯게 된다. 우리가 왜 이래야 할까? 우리가 걱정하는 이유는 우리의 존재에 책임을 지는 것은 우리뿐이라고 생각하며, 우리를 사랑해 줄 이는 아무도 없다는 거대한 구도 속에 있기 때문이다.

하지만, 예수는 하나님이 우리를 사랑하시고 우리를 돌보아 주실 것이라고 주장한다. 하나님이 공중의 새들을 먹이신다는 사실이 바로 그 증거이다. 우리 지구에서의 삶은 수억 년간 지속되어 왔으며, 그 하나님은 단순히 불변하는 법칙에 따라 우주를 놓아두고 내버려 두시는, 멀리 있고 냉담한 분이 아니다. 생명이 유지되어 온 이유는, 우리가 가장 중요한 부분인 하나님의 선한 창조의 모든 것 안에 하나님이 개인적으로 관여하시기 때문이다. 우리는 '하나님의 형상'으로 지어진 사람들이다. 우리가 참새 두 마리 보다 더 가치 있지 않은가? 분명 우리는 그렇고, 예수에게 있어서는 이것이 핵심인 것이다.

우리 이웃 가운데에서는 새를 먹이는 사람들이 있다. 매일 난 새들이 잔치에 오는 것을 본다. 그들은 개똥지빠귀, 되새, 흉내지빠귀, 찌르레기, 산비둘기, 홍관조들과 수많은 작은 참새들이다. 하나님이 그들을 먹이시는 것을 난 매일 상기하고 있다. 하나님이 나를 먹이실 것인가 아닌가에 대해 걱정이 될 때마다, 하나님이 모든 생명을 돌보시며, 내가 혼자가 아니며, 예수의 하나님은 구두쇠가 아니시라는 것을 새들은 매일 일깨워 준다. 하지만 오늘날 음식이 없는 아프리카의 난민촌에 있는 사람들은 어떠한가? 내가 사는 공동체에 있는 노숙자는 어떤가? 하나님은 그들을 또한 돌보시지 않는가? 하나님은 그들을 돌보신다. 먹이통 속의 새들을 먹이는 것처럼, 그리고 내가 가난하고 어려움에 처한 사람들을 먹이도록 부름을 받은 교회의 회원으로서 하는 것처럼 말이다.

삶은 부를 축적하는 것이 아니라 부를 온 세상에 퍼뜨리는 것이다. 하나님은 창조물들을 먹이시려고 역사하실 수 있지만 우리 인간들을 사용하셔서 동료 인간들의 필요를 채우는 것을 보시기를 원하신다. 가난한 사람들은 우리가 비단 우리 자신뿐만 아니라 서로서로를 만날 의무를 가지고 있다는 것을 매일 일깨워 주는 사람들인 세상에 우리는 살고 있다. 이것을 위해서 우리는 예수처럼, 다음의 세 가지 것들을 피해야 한다. 그것은 편안함, 안전 그리고 보장이다.

예수처럼, 우리는 이런 세 가지 것들 때문에 하나님을 신뢰하고 있지는 않은지 시험을 받아야 할 것이다.마4:1~11 예수는 자신의 편안함이 보장될 시험을 받았을 때, 돌로 빵을 만들지 않았다. 우리가 '기분 좋게 해주는 음식 comfort food'이라고 부르는 데는 충분한 이유가 있다. 예수는 그가 자신의 아바에게 중요했다는 것을 알았으며 그렇기 때문에 배고픔을 달래기 위하여 자신의 필요를 채울 자신의 힘을 사용하는 것을 거절했다. 하나님이 예수를 위험으로부터 안전하게 지키실 것을 다짐받는 시험에 처했을 때, 예수는 하나님의 손을 구하는 것을 거절했다. 성전 꼭대기에서 자신의 몸을 던질 유혹은 성전은 하나님이 거하신다고 생각하는 곳이라는 점에서 중요한 의미가 있다. 예수는 하나님의 집 본거지 위에 있지만, 하나님이 자신을 안전하게 지키실 것이라는 것을 증명하기를 거부하고 있다.

온 세상의 왕이 될 권리를 제안 받았을 때, 예수는 어둠과 폭력의 왕자를 경배하는 것을 거부한다. 예수가 그리 했더라면, 스스로 폭력이 유지하는 안전의 원리가 되었을 것이다. 예수는 모든 것들을 통치할 힘을 움켜잡았을 것이며, 그리하여 계급의 정점에 스스로를 안전하게 지켰을 것이다. 감사하게도 평화를 만드는 그의 방식은 폭력적인 세상요16:33의 방식이 아니었다. 산상수훈에서 자신의 제자들에게 명하는 것을 살아내는 대신에 예수는 온전히 이런 방향으로 가는 것을 거부했다. 예수는 자신의 편안함, 안전함과 보장을 다른 이들을 위해 스스로를 주는 것 안에서 찾았으며 죽음으로부터 생명을 가져다주시는 자신의 아바의 돌봄과 옹호 속에서 찾았다.

세 번째로, 하나님의 나라의 방식은 우리가 어떻게 모든 이들을 변화시키는 지를 의미한다. 우리의 친구들뿐만이 아니라, 우리가 경멸하고 우리를 못 견뎌하는 사람들까지 포함하는 것이다. 사랑스럽지 않은 사람들을 사랑하는 것은 쉽지 않다. 우리가 공격을 받는다면 우리는 공격을 되돌려 줄 것이고, 우리가 위협을 받는다면 위협할 것이다. 우리의 자연스러운 입장은 방어적인 것이다. 이것은 개인적인 수준에서뿐만이 아니라 정치적인 수준에서도 그렇다. 누군가 당신을 공격하는 것은 항상 부당한 것이지만 당신이 다른 이들을 '공격'하는 것은 항상 옳다는 것을 알아챈 적이 있는가? 산상수훈은 같은 지시문 하에서 모든 방어들을 받아들이기 때문에 산상수훈이 말하고 있는 것은 이런 문제이다. 마태복음 5:21ff에서, 예수는 화를 내는 것은 살인과 같다고 말한다. 당신이 화가 날 때 할 수 있는 제일 첫 번째 것은 당신의 머릿속에 있는 이런 어리석은 대화를 하는 것이다. 그들은 이것을 말하고, 당신은 저것을 말하며, 그들은 반응할 것이고 또 당신도 그런 반응을 하게 될 것이다, 등등. 당신이 어떻게 항상 이 싸움을 이길 것인지를 주목하도록 하라.

예수는 그리스도인의 삶은 이런 정신적 싸움으로 된 것이 아니라고 말하고 있다. 대신 우리는 "화평케 하는 자들은 복이 있다"를 위하여 모든 방식으로 평화를 이루어야 한다. 그것 이상으로, 보복은 기독교적 실재의 측면이 아니다.5:38ff 일반적인 사람들이 아니라 그리스도인들이 괴롭힘을 당하거나 핍박을 받을 때, 그것을 '되돌려 주는' 것은 그리스도인들의 부름의 부분이 아니다. 기독교는 자신의 일원이 경쟁자의 손에서 고통을 받으면 다른 조직원들을 보내어 다른 갱을 붙잡는 갱이 아니다. 대신 우리는 '우리의 원수를 사랑하도록' 부르심을 받았다. 만약 소위 기독교인들의 미국이, 9/11이후 전쟁을 선포하는 대신에 용서를 했다면 이 세상은 오늘날 얼마나 바뀌었을까?

이 새로운 방식은 또한 우리가 성을 이해하는 방식과 연결이 된다. 내가 생각하기로, 간음과 이혼에 대한 예수의 가르침은 주로 남성들에게 주는 것이다. 왜냐하면 예수 당시에 남성들은 성계급의 최고 꼭대기에 올라 있었기 때문이다. 인터넷 포르노의 성장과 함께, 욕정을 거부하라는 예수의 분명한 외침은 그 당시에 그러했듯이 오늘날에도 말하고 있다. 포르노의 문제는 성적인 행동 자체가 아니라 그것을 보는 사람들의 마음속에서 일어나는 것이다. 남성과 여성에게 있어, 포르노를 탐닉하는 것은 아름다운 연인을 갖고, 그를 욕정의 대상으로 보며, '환상적인 연인'에 의해 자극을 받는 간접적인 방식이다. 우리는 스스로를 열망 받고 신으로 보며, 우리의 '연인'으로부터 즐거움을 얻거나 거부하는, 남들의 아첨을 받는 힘 있는 사람으로 본다. 성적인 판타지가 간음의 한 형태라는 것은 분명하다.

기독교 공동체 속에서의 이혼도 또한 금지된 것이다. 왜일까? 예수는 결혼조차 하지 않아서 이것에 대해 그리 현실적이지 않을 수 있지 않은가? 그리스도인 커플들 사이의 이혼은 용서가 한계에 달했다는 표시이다. 난 여기까지만 당신을 용서할 것이고 여기까지만 헌신하겠다. 하지만, 복음서에서 예수는 용서는 단일 사건이 아니라 '70번씩 7번'이라고 표현되는 것이라고 가르친다. 용서는 부정을 저지른 배우자를 용서하는 것은 하나님이 얼마나 우리를 용서하시는가의 신호인 것이다.[38]

만약 오늘날 이혼에 대해서 예외가 있다면, 난 이혼이 부정 때문이 아니라 학대 때문이라고 본다. 그리스도인 커플은 사랑으로 살아야 하지만 서로에게 상처를 주어선 안 되며 서로를 지배해선 안 되고, 성령 안에서의 진정한 평등주의 속에서 살아야 한다.^{갈3:27ff} '그리스도인' 남편이 아내를 학대할 때 혹은 이따금 아내가 남편을 학대할 때, 학대가 폭력이 되므로 성령은 그런 사람 속에서 역사하시지 않으며, 하나님의 영은 폭력적이지 않다. 그런 상황에서 내가 줄 수 있는 조언은, 학대받는 사람이 도망을 쳐서 학대하는 사람이 더 이상 죄를 짓는 여지를 주지 말라는 것이다.초대교회에서 순교를 하고자 하는 사람들에게 키프리언이 같은 조언을 주었다는 것을 기억할 것이다.

네 번째로, 산상수훈 속에서 우리는 제대로 실천되었을 때 더 성장할 수 있는 어떤 원칙들을 본다. 실천 그 자체로 중요한 것이 될 수 있다는 점에서 예수는 영적인 규율들에 대한 문제를 강조한다. 그런 문제는 자기이속을 차리는 것이 된다. 우리는 어떤 특정한 실천을 선호하는 사람들이 다른 사람들도 그것을 실천하도록 만들기 위해 노력을 많이 기울일 때 이것을 너무도 쉽게 볼 수 있다. 그들이 실제로 하고 있는 것은 그들이 하고 있는 것을 위한 외적인 타당성을 찾는 것이다.

나르시시즘과 기독교 제자도

마태복음 6:1~18은 영적인 방향에 있어서 주의 깊은 수정들을 제시하고 있다. 우리가 다른 이들의 종교적 실천을 흉내 내는 영적인 모방의 위험은 우리의 예배 주위에, 심지어 우리의 예배 속에 숨어 있다. 예수는 위험할 수 있는 세 가지 영역을 나열하고 있는데, 그것은 구제, 기도, 그리고 금식이나 회개다. 이들 각각의 경우에 있어서 '나쁜' 모방mimesis과 '좋은' 모방의 사례가 주어진다. 예수가 유대교 신앙을 비판한 사례는 없다. 각각의 경우, 비판받는 사람은 자신들의 신앙을 하나님이 아니라 다른 사람들과의 관계에서 표현하고 있다.

각각의 경우에, 실천된 행동은 집단으로부터 간청하는 반응을 위한 목적으로 행해지고 있다. 만약 신앙의 행위가 사람들로부터 긍정적인 반응을 이끌어내기 위한 것이었으며 실제로 그런 반응을 얻었다면, 그 목적이 이루어졌다고 예수가 지적한 대로, "그들은 자신들의 상을 이미 받았다." 하나님이 그들에게 은혜로우시지 않을 것이라는 것이 아니다. 그들이 자신들이 모르고 있던 것을 받지 못한다는 것이다.

그러므로 예수는 신앙의 실천이 아니라 종교의 실천을 비판하고 있다. 영성은 종교적 용어로 표현되며 관례는 하나님 보다는 다른 이들과 항상 직결되어 있을 것이다. 예수는 이런 사람들을 '위선자'라고 부른다. 우리는 '위선자'가 고대 세계에서 배우들에게 적용되는, 특별히 가면을 쓴 연극에 적용되는 것이라는 것을 알 것이다. '위선자'는 셉포리스Sepphoris,*와 가버나움을 주위로 한 드라마 상연으로 인해 예수와 친숙한 용어일 것이다.

진정으로 종교적인 사람, 그 배우위선자는 있는 그대로의 자신과 남들에게 보여 지는 자신 사이의 구분이 있는 사람이다. 이런 은유적 구분은 종교적 파열을 보여주는 것이자 실제로 우리를 완전하게 만드는 무능함을 보여주는 것이다. 스위스 심리학자 칼 융 만든 자아persona와 그림자shadow 사이의 구별이 여기서 도움이 될 것 같다. 우리의 자아는 우리가 인식되고자 하는 바람이며, 우리의 그림자는 우리에게는 잘 알려져 있지 않은 면이지만 다른 사람들은 알고 있는 부분이다. 우리가 아는 우리의 그림자, 다른 사람은 모르기를 바라는 면, 그리하여 우리는 대중 앞에서 '가면'을 쓰는데, 이런 일은 특히 신성한 예배의 드라마 속에 대중적으로 참여할 때에 벌어지곤 한다.

댄 비아Dan O. Via Jr.는 이렇게 언급한다.

> "만약 위선자가 의식적이고 냉소적으로 위선을 떨고 있다면, 그는 여전히 자아상과 현실 사이의 양분을 무의식적으로 가지고 있다는 책임을 가진다. 위선자는 다른 사람들을 속이려는 의도는 아니었을 수 있지만 내면과 외면 사이의 일체성과 부합성을 결여하고 있으며, 그런 결핍에도 책임이 있다. 왜냐하면 그는 스스로로부터 속사람의 진정한 본성을 숨기고 있기 때문이다."[39]

'다른 사람들 앞의 종교'로서의 신앙을 실천하는 것은 두 가지 목적을 가진다. 먼저 그것은 신성함과의 동일시를 보여주며 두 번째로, 종교적 실천이 비교되고 모방되는 계급적 구조를 만들어 낸다. 키에르케고르는 그런 위

---

* 갈릴리의 수도

험과 이런 실천의 공허함을 자신의 책에서 '이것이냐 저것이냐'라고 불렀다. 그것은 '남'과의 관계의 가식 속에서 '남'과의 관계에 대해 스스로를 결정하므로 내숭스러운 것이다.

스스로가 스스로에게 거짓말을 하는 것은 희생자에게 죄가 있다는 신화를 만드는 거짓말에 기초5.2, 6.1를 부여하는 데서 생겨난다. 따라서 우리의 개인적인 종교경험 속에서는, 우리가 검사, 판사, 희생자 및 사형집행인이 되는 데 우리는 이것을 우리의 양심이라 부른다. 그 과정에서 각각의 단계는 거짓된 것이고 거짓말임이 드러난다. 참회하고 기도하거나 기부를 할 때, 다른 사람들과 우리의 관계 속에서 아바와 우리와의 관계를 표현하는 것이 우리의 영성이다. 영성은 우리와 하나님의 관계를 남들에게 보여주는 방식이 아니다.

인정받고 싶어 하는 욕구는 신앙에 있어서 모든 세 가지 그릇된 시도들 속에서 분명히 나타난다. 먼저, 자선가는 자신이 좋은 사람이며 은인으로 보여 지고 알려지고자 한다. 둘째로, 예배자는 하나님께 신실한 것으로 인식되고자 한다. 셋째로, 참회하는 죄인은 자책하는 것을 알리고 싶어 한다.

이 모든 세 가지 사례 속에서 우리는 다수의 인간들과의 차별화 하려는 시도를 알 수 있다. 이 세 가지 경우에서, 이런 차별화는 실천자들을 신성하게 한다. 그들은 '하나님처럼' 알려지기를 원한다. 자선가는 흠모를 원하고 예배자는 존경을 원하며 죄인은 경의를 요구한다. 각각의 경우, 종교적인 실천가들은 스스로를 그들이 신성하다고 여기는 분과 동일시하고 있으며, 다시 말해 흠모와 존경과 경의를 표해줄 것을 갈망한다. 그들 스스로와 차별화시킴으로, 그들은 '하나님께 스스로를 헌신하'고 아울러 희생양을 만드는 체제 속의 임의적 제비뽑기 속에서 희생양으로 택해지지 않도록 만들어 버린다. 그런 희생양의 역할은 다른 이들에게 넘겨지고, 의심할 여지가 없이 하나님으로부터, 그 거룩함으로부터 떨어져 있는 자신들로 인해 그런 구별은 더욱 합당한 것이 된다.

예수는 우리가 영적인 원칙들"너희가 금식할 때, 너희가 기도할 때, 너희가 자선할 때…"을 실천할 것이라고 상정했다. 하지만 그것은 우리가 어떻게 그런 원칙들을 실천하는가의 문제이며, 그 제자는 인간관계 속에서 성장하기를 진정으로 갈망하며 실천하고 있다.

위선은 교회에서 다루기에는 위험한 주제이다. 위선은 거의 항상 비난적으로, 즉 사탄 같은 분위기로 경험된다. 만약 우리가 예수가 위선에 대해 언급한 것 말고 다른 모델을 사용한다면, 만약 우리가 존스 씨Mr. Jones나 스미스 여사Mrs. Smith 혹은 세인트 빌Saint Bill 또는 다른 사람을 화제로 꺼낸다면, 우리는 불가피하게 사람들을 종교적 실천으로 결말을 맺고 말 것이다. 그들은 비난을 느끼게 될 것이며 두려움으로 반응하게 될 것이다. 그리스도인들에게는, 어떻게 우리의 신앙을 살아낼 지에 대해 아는 문제에 대해서는 따라야 할 모델이 항상 하나뿐이다. 물의 침례에서 불의 침례에 이르기까지의 여정을 이끄시는 분은 하나이며, 항상 그가 그랬던 것처럼, 그는 여전히 하나님의 평화의 메시지를 가지고 온다.

마지막으로 우리는 다른 이들을 판단하는 것에 유의해야 한다.마7:1~5 어떤 사람이 선하거나 악하거나, 혹은 육의 그리스도인인가를 결정하는 것은 우리의 자리가 아니다. 우리는 그들의 입장에서 걸어 본 적이 없다. 비록 그들이 우리가 걷는 여정을 함께 걷지 않는다고 하더라도, 만약 우리가 그랬다면, 우리는 그들이 만든 위대한 걸음을 볼 수 있었을 것이다. 사실상 예수는 하나님 앞에서 판단할 열쇠를 제공하고 있으며, 그것은 해야 할 것과 하지 말 것으로 되어 있는 추상적인 것이 아니다. 당신이 하나님 앞에 선다면, 다른 이들을 판단할 때 당신이 사용했던 기준과 똑같은 것으로 판단을 당할 것이다. 만약 당신이 골무로 판단한다면, 하나님으로부터 나오는 양동이를 기대해선 안 된다.[40] 다른 사람에게 당신이 준 것을 하나님께로부터 받을 것이다. 이것이 바로 하나님의 나라가 역사하는 방식인 것이다!

하나님의 통치는 우리가 어떻게 묘사할 수 있는가? 예수는 그것을 어떻게 설명했었나? 그것은 우리가 아는 것들을 완전히 뒤집어 놓는 것 같다.[41] 하나님이 행하시는 방식은 우리 인간들이 행하는 방식을 전복시키는 것처럼 보인다. 하나님은 꾸준히 우리를 놀라게 하신다. 연합그리스도교회United Church of Christ의 슬로건을 빌리면, "하나님은 여전히 말씀하신다." 하지만 만약 우리가 하나님의 말씀을 똑바로 듣고 있다면, 그런 말씀은 우상숭배에 대한 심판과 용서에 대한 새로운 시작의 계시로서의 은혜로서 우리에게 다가온다. 성서에 대한 예수의 이해에 우리가 귀를 기울이는 것은 우리가 "당신의 이름, 품성, 계시를 다른 모든 신들에게서 구별되게 하시며" 즉, "주의 이름이 거룩히 여김을 받으옵시며"라고 기도하는 이유이다.

따라서 예수는 우리를 다음의 기도로 초대한다.[마6:9~13에 대한 저자의 번역]

> "아바, 당신의 특별하심을 드러내시고
>
> 당신의 은혜로우신 의지의 통치 속에서 안내하소서!
>
> 오늘 우리를 당신의 영광스러운 내일의 빵으로 먹이시고
>
> 오셔서, 우리가 다른 이들을 용서한 것처럼 우리에게 용서를 보이시고
>
> 마지막 시험에 우리를 두지 마시고
>
> 고소하는 자로부터 우리를 구원하시옵소서!
>
> 아멘."

2장 ◆ 성서를 읽는 예수의 방식

2.1 사랑하시는 하나님을 발견하기

우리는 현대 신학자들로부터 성서에 대해 이야기하는 것과 어떻게 성서를 사용하는지는 두 가지 서로 다른 것이 될 수 있음을, 그리고 성서를 어떻게 사용하느냐가 성서를 믿는 것을 실제로 보여주는 것임을 배울 수 있었다.[1] 예를 들면, 나는 많은 설교자들이 성서를 다이빙보드처럼 사용하여, 성서본문을 뒤로 한 채 성서를 인용한 후 사상의 수영장속으로 뛰어든다는 것을 알고 있다. 그들이 말하고 있는 것이 선하거나 옳을 수도 있으며 적절할 수도 있겠지만, 그것은 지금 논하고 있는 본문과의 연결성이 거의 없거나 혹은 전혀 없는 것이다. 내가 듣기로 다른 설교자들은 마치 자신들이 개구리를 해부하는 7학년 과학교실에 있는 것처럼 성서를 대하고 있다고 한다. 이들은 자신들이 싫어하는 것을 어떤 반감을 가지고 인식하고 있으며 그들 앞에 놓여 있는 것을 살펴보아야 할 과정에 대해서는 아주 비판적일 수 있다.

어떤 이들은 성서를 고등적인 시각에서 보는데, 이 입장은 성서가 하나님의 말씀이며 영감을 받아 오류가 없다는 것이지만, 실제로 그들이 사용하는 방식은 그들이 성서를 아주 진지하게 여기지 않는다는 것을 드러낸다. 이런 사람들은 컨텍스트를 무시하며, 컨텍스트가 없는 텍스트가 어떤 구실일 뿐이라는 점을 외면하거나, 내 호주 친구 맥케나Jarrod McKenna가 말한 것처럼, "컨텍스트 없는 텍스트는 사기이다." 이런 사람들을 나는 예전 맥도날드McDonald가 성서에 접근하는 방식이라고 부르는데, 여기에 절이 있고, 저기에도 절이 있으며 어디에나 절과 절이 있다는 식이다. 현대 근본주의자들의 설교는, 마치 설교자가 전달하고자 하는 점이 무엇이든 만들어주는 진주와 같은 '사슬' 속의 구절들을 엮은 끈과 같다.

그런 방식은 성서를 평면적으로 만들어 버리며, 당신은 그런 평면적인 성서를 가지고 모든 종류의 이상한 것들을 다 할 수 있다. 그것은 실리 퍼티silly putty*와 같다. 성서읽기를 블루레이 컬러와 보스Bose 서라운드 사운드 4D 기술이 집약된 대형 고화질 HDTV와 비교한다면, 평면적 성서읽기는 마치 입자가 거친 2D 흑백 무성영화와 같다. 그럼 당신은 어떤 것을 가지고 싶은가? 차가운 토스트 위에 발라진 오래된 버터인가, 아니면 먹을 것이 풍부한 잔치인가? 생명을 주고, 사려 깊으면서도 기쁨을 주는 성서읽기법이 있다. 성서가 어떻게 사용되는가는 성서를 믿는 것보다 훨씬 더 많은 것을 말하고 있다. 성서에 대해 어떤 것이 진실이라고 믿는 것은 많은 사람들이 아무리 소리를 외치더라도 그것을 진실하게 만들어 주지 않는다. 궁극적으로 문제가 되는 것은 성서가 당신의 삶 속에서 구현되는 방식이다. 다시 말해 당신의 삶이 어떻게 성서의 해석을 살아 내는가하는 것이다.

개신교 신자들은, 예수가 유대교 성서를 인용하기 때문에 그는 유대교 성서 전체의 권위를 받아들인 것이라고 종종 주장한다. 이런 주장을 하면서 그들은 성서의 권위에 대한 현대적 시각을 과거 속으로 들여온다. 이미 난 성서의 글들이 지닌 권위에 대한 수많은 다양한 시각이 존재하고 있었으며, 예수 당시의 모든 그룹들이 성서권위에 대한 같은 생각을 가진 것은 아니었다는 것을 이미 언급한 바 있다.[2] 신약성서 저자들과 예수가 성서를 인용하고 해석하는 방식은 자신들의 문화 속에 있는 어떤 패턴을 따랐다는 것도 또한 옳다. 예수 당시의 그룹들은 성서본문을 해석하기 위한 법칙이나 안내지침들을 가지고 있었다. 우리의 핵심이기도 하면서 잘 묻지 않고 있는 질문은 이것이다. 예수에게는 자신을 둘러싼 다른 이들과는 다른 자신만의 성서 사용법이 있었는가? 난 그렇다고 생각한다.

이 부분을 탐구하기 위한 핵심 구절은 자신의 고향인 나사렛의 회당에

---

* 찰흙처럼 자유로이 형태를 만들 수 있는 장난감

서 예수가 첫 설교를 한 장면인, 누가복음4:16-30에서 찾을 수 있다. 공정하게 말한다면, 많은 비판적인 학자들은 이 본문 곳곳에서 복음서 편집자의 손길을 보며, 많은 어구들이 전형적인 누가의 것이라고 언급하고 있다.[3] 그럼에도, 예수의 첫 번째 설교가 거의 예수를 죽음에 이르게 할 뻔한 것처럼, 난 이 본문에 깔려있는 진짜 이야기가 있다고 생각한다. 내가 보여주고자 하는 것처럼, 예수가 이 본문 속에서 성서를 어떻게 해석하는지와 우리가 1장에서 본 신학과 윤리학을 이해하는 그의 방식 사이에는 거대한 일치점이 있다.

누가복음 4장에서 예수는 침례를 받고 광야의 시험을 거친 이후 나사렛에 있는 자신의 고향으로 돌아온다. 그는 회당으로 들어가서 성서를 읽어달라는 요청을 받는다.[4] 예수 당시에 이것은 두 가지 형태였는데, 첫 번째는 갈릴리사람들이 이해할 수 없었던 히브리어 본문을 실제로 소리 내어 읽는 것이다.[5] 오늘날 교회에서 누군가가 헬라어로 된 신약성서를 읽는 것과 같을 것이다. 두 번째 역할은 탈굼주의자targumist로 알려진 번역가/해석자의 것이다. 이 사람은 두루마리에서 읽는 것이 아니라 팔레스타인 지역에서 흔히 사용되는 셈어인 아람어로 된 '기준' 번역탈굼을 암송하는 것이다.[6] 누가는 예수가 어떤 역할을 수행했는지에 대해서는 분명하게 말하고 있지 않는데, 아마도 두 가지 역할을 하나로 합쳤을 것이다.

그럼에도 누가에서는, 예수가 두루마리를 취해서 이사야서를 읽는다.

"주의 영이 내게 내리셨다.

주께서 내게 기름을 부으셔서

가난한 사람들에게 기쁜 소식을 전하게 하셨다.

주께서 나를 보내셔서 포로된 사람들에게 자유를,

눈먼 사람들에게 다시 보게 함을 선포하고

억눌린 사람들을 풀어주고

주의 은혜의 해를 선포하게 하셨다."

이후 예수는 두루마리를 말아서 시중드는 사람에게 건네주고 앉았다. 설교는 짧고 달콤했다. 예수는 다음과 같이 말했다. "이 성경말씀은 너희가 듣는 가운데서 오늘 이루어졌다." 다음에 따라 오는 것은 언뜻 보기에 이상하지만, 듣는 이들이 모두 예수의 말로 인해 기뻐한다. 하지만 예수는 오히려 여기에 냉소적으로 응수하며 그의 냉소를 정당화할 두 가지 예를 든다. 이때 군중들이 그를 밖으로 데리고 나가서 절벽에서 밀어 예수를 죽이려 한다.

이것은 정말 말이 되지 않는다. 어떤 해석자들은 예수가 곤경에 처하도록 한 것은 어떤 '신성한' 선포이며, 하나님은 그를 특별한 사람으로 기름 부으셨다고 주장한다. 하지만 이것이 그런 경우인가? 무슨 일이 일어나고 있는지 보기 위해, 우리는 그 본문의 세 가지 결정적이지만 서로 연결된 측면을 짚어야 한다. 첫째로는, 이사야서에서 실제로 있는 것과 예수가 인용한 본문을 비교하는 방식이며, 둘째로는 22절의 번역상의 문제, 그리고 셋째로는 왜 예수가 엘리야와 엘리사로부터 이런 구체적인 사례들을 사용했는가 하는 것이다.

이 본문을 가르칠 때 난 이사야서 61:1-2가 유대교에서 더욱 널리 알려진 본문들 가운데 하나였음을 지적한다. 그것은 랍비문헌뿐만 아니라 사해사본과 다른 글들에서도 인용된다. 터치다운을 한 이후 누군가가 맨 끝자리에서 "요한복음 3:16" 표지판을 들고 있는 풋볼게임을 본 적이 있는가? 만약 예수 시대에서 풋볼게임이 열렸다면 그 표지판은 "이사야 61:1-2"였을 것이다. 이 본문을 그리도 중요하게 만드는 것은 그것이 희년을 위한 성구집이었기 때문이다. 이 본문은 영적인 구속뿐만 아니라 정치적이고 경제적인 압제로부터의 자유를 향한 이스라엘의 희망을 표현한 것이었다. 이사야의 비전은 샬롬 중에 하나였으며, 삶의 모든 것에 있는 총체였다.

먼저 알아야 할 것은 예수가 모든 본문을 다 인용한 것이 아니라 아주 중요한 구절을 삭제하고 있다는 것이다. 그 부분은 바로 "우리 하나님의 진노의 날"이었다. 우리는 왜 그가 이렇게 했었는가라고 물을 수 있다. 어떤 이들은 지금이 은혜의 시대이므로 그 날은 종말의 시간에 찾아 올 것이므로 예수는 하나님의 진노에 대한 본문을 인용하는 것을 뒤로 미뤘다고 주장한다. 하지만 다른 곳에서는 예수가 이런 방식으로 성서 본문을 인용하는 곳이 없으며, 예수는 결코 하나님의 사역을 시간적 세대나 시기로 구분하지 않는다. 뭔가 다른 것이 여기로 오고 있는 것이다.

두 번째는 누가복음 4:22에서 제기되는 번역의 문제다. 대부분의 번역들이 군중이 예수로 인해 기뻐했다는 것을 보여준다. 이런 같은 회당의 청중들은 그리하여 다음과 같이 묻는다. "이는 요셉의 아들이 아닌가?" 우리가 재연해야 할 억양은 아마도 이런 것이다. "오, 얼마나 좋은 설교이며 예수는 얼마나 좋은 설교자가 되어 나타났단 말인가, 그의 아버지는 아주 자랑스러워 할 것이다!" 하지만 과연 이것이 그런 사례일까?

헬라어 본문은 아주 단순하며 흠정역King James은 이를 적절하게 이렇게 번역했다. "그리고 모든 이가 그를 증언했다." 흠정역에서의 이런 증언은 긍정적인 것도, 부정적인 것도 아니다. 그렇다면 왜 번역자들은 "모두가 예수를 칭찬했다"고 하는가? 번역자들은 구문적Syntactical 결정을 내려야만 했는데, 즉 그들은 "증언함"이 부정적인 것인지 혹은 긍정적인 것인지를 따져야만 한 것이다. 엄밀히 따지면 그들은 여격dative 대명사 "그에게"가 약점의 여격인지, 강점의 여격인지를 결정해야만 한다. 그 군중은 그의 약점을 증언하고 있는가, 아니면 강점을 증언하고 있는가? 만약 그것이 전자라면, 위의 "이는 요셉의 아들이 아닌가?"는 우리가 부여했던 뉘앙스가 말이 되며, 예수는 즉각 아무 이유도 없이 냉소적으로 나왔던 것이다. 하지만 만약 후자라면, 우리는 이 본문을 또한 다음과 같이 번역할 수 있다. "모두가 그의 설교를 폄하했다." 즉, 그들은 그가 말한 것을 좋아하지 않았던 것이다. 그렇다면 "이는 요셉의 아들이 아닌가?"라는 구절의 억양은 "예수가 우리 회당에 들어와 그런 말을 할 것이란 것을 누가 생각이나 했단 말인가"와 같이 표현되어야 한다. 이런 대안으로 본다면, 23절의 적절한 번역은 예수가 냉소적으

로 나온 것이 아니라 청중들의 부정성에 예수가 반응하는 것이 된다.[7]

세 번째 핵심은 이스라엘의 위대한 두 선지자, 엘리야와 엘리사를 예수가 인용한 두 가지 사례이다. 양쪽의 경우에서 예수는 하나님이 먹이고 치유할 이들 선지자들을 보내셨을 때는, 이스라엘의 영역 내부가 아니라 외부의 택하신 백성들 속에서 역사하신다고 언급한다. 예수가 이사야 본문을 인용했을 때 이들 선지자들이 한 것과 예수가 언급한 것 사이의 연결점은 무엇이며, 왜 군중은 그에게 화가 나서 그를 죽이려고 했을까?

예수가 이사야서 본문을 인용했을 때 우리는 앞서 그가 "우리 하나님의 진노의 날"이라는 구절을 인용하지 않았다는 것에 주목했다. 만약, 대중적인 견해대로, 희년의 약속의 일부가 하나님이 이스라엘의 압제자로부터 이스라엘을 구원하시고자 하는 것이었다면, 그리고 그런 기대가 하나님이 이스라엘의 압제자들을 처벌하시는 것이었다면, "우리 하나님의 진노의 날"이라는 구절은 이스라엘의 적들이 무너져 내려 이스라엘이 구원을 얻음을 바라고 희망하는 측면이 되었을 것이다. 정치적 구원은 이스라엘의 적들에게 하나님의 진노가 내려지는 측면으로 인식되었다. 이 구절을 삭제함으로, 예수는 희년에 이스라엘을 압제하는 모든 자들에게 내리는 하나님의 진노가 포함되어 있다는 가능성도 없애버렸다. 하나님의 말씀은 실로 "은혜로운 말씀"이었던 것이다.

엘리야와 엘리사의 두 가지 사례를 인용한 것은, 대중적인 신아에서는 하나님이 증오하시리라 생각되었던 사람들인 이방인 아웃사이더들 한 가운데에서 두 선지자가 치유의 기적을 행했다는 것을 말함으로 이런 진노에서 벗어난다는 예수의 생각을 정당화한다. 정리하면, 예수는 자신의 회당 청중들에게 다음과 같이 말하고 있는 것이다. "희년이 여기에 있으되, 너희들뿐만 아니라 너희가 미워하는 사람들에게도 이다. 사실 하나님은 이런 희년, 구제 및 구원의 메시지를 또한 너희를 압제하는 자들에게도 주신다." 이제 우리는 왜 그들이 예수에게 그리 화를 냈는지를 이해할 수 있다.

하지만, 이것으로부터 끄집어 낼 수 있는 더 심화된 암시가 하나 있다. 하나님의 진노에 대한 구절을 삭제함으로, 예수는 하나님의 교리로부터 보복적 폭력의 개념을 제거하고 있는 것이다. 예수는, 하나님이 너희들이 생각하는 것 같이, 너희를 사랑하고 너희를 미워하는 사람들에게 진노하시지 않는다고 사실상 말하고 있다. 오늘날 이런 문제를 가지고 있는 위대한 범퍼 스티커가 있다. 거기에는 다음과 같이 말하고 있다. "너희가 증오하는 그 사람들을 하나님께서 증오하신다고 생각하는 것이 편하지 않은가?" 이스라엘처럼, 우리 역시 하나님이 우리 편에 계셔서 우리에게 대항하는 혹은 우리와 다른 "이들"을 심판하신다고 믿고 싶어 한다. 예수는 그렇지 않았다. 그는 하나님이 의로운 자와 악한 자, 압제자들과 압제당한 자 사이의 구별을 하지 않는다고 보았으며 그들 모두 구원과 하나님의 축복이 필요하다고 보았다. 그는 이렇게 말했다. "하나님은 악한 사람에게나 선한 사람에게나, 똑같이 해를 떠오르게 하시고, 의로운 사람에게나 불의한 사람에게나, 똑같이 비를 내려 주시지 않는가?"마5:45, 8

예수와 함께 성서 읽기

아마도 이것은 이 책에서 내가 찾고자 하는 가장 중요한 요점일 수도 있겠다. 즉 예수처럼, 우리도 하나님의 "진노" 혹은 보복적 폭력을 이해하는 우리의 방식을 재구성하기 시작하는 것이 본질적이다.[9] 하나님이 비폭력적이거나 좀 더 낫다고 하는 것, 그리고 하나님이 보복적 폭력과 처벌의 순환 속에 들어가 계시지 않는다고 말한다면 의심할 여지없이 많은 이들은 잘못되었다는 느낌을 받을 것이다. 이 책을 읽는 어떤 이들은 분명히 이 책을 불태워버릴 준비를 할 것이다. 만약 그럴 것 같다면, 당신이 느끼는 것과 예수가 고향 회당에서 설교했었던 그 날에 그의 청중들이 느꼈던 것 사이에 무슨 차이가 있을까? 진노하시고 화를 내시고 보복하시며 징벌하시는 하나님을 잃는 것보다 어떤 이들을 더 괴롭게 하는 것은 없을 것이다. 그 이유는 하나님이 한쪽 편을 드신다고 믿고 싶기 때문이며, 하나님이 반드시 우리의 편을 드신다고 믿고 싶기 때문이다. 예수의 가르침 대부분도 이런 식의 사고를 전복시킨다. 한 사례는 누가복음 18:9-14[1,3]에서 발견되는 바리새인과 세리의 비유이다. 거기에서 의로운 것으로 여겨지는 것은 완전하고 전적으로 뒤엎어 생각하는 것이다!

사실상 만약 예수가 보복 없는 하나님이 무엇과 같은지를 물음으로써 자신의 사역을 시작했다면, 그리고 그가 자신의 사역을 이런 방식으로 행했다면, 그리고 그가 성서가 그런 것들을 이렇게 말한다고 해석했다면, 이런 질문이 발생한다. "우리도 같은 방식으로 우리의 성서를 해석함에 있어서 예수를 따라야하지 않을까?" 성서해석도 제자도의 한 부분인가?[5,4] 예수를 따르는 것이 그저 고결한 삶을 사는 것 이상을 포함하고 있는가? 그들이 마음속으로 하나님을 그리는 방식을 변화시키도록 사람들을 돕는 것과 관련이 있어야 하나? 그것은 백성으로 하여금 "생각을 바꾸라"고 요청하는 예수의 사례이기도 하다. 이것은 회개가 무엇인지, 즉 사물을 보는 방식이 바뀌는 것이다. 헬라어로는 *metanoia* 우리가 하나님의 성품을 보는 방식과 이해하는 방식을 바꿀 때, 다른 모든 것들도 변화되며 우리는 살아계시고 진실한 하나님에게로 되돌아간다. 히브리어로는 *shuv*

침례 요한의 제자들에게 대답하는 누가복음 7:18-23에서도 예수가 같은 일을 행하는 것을 우리가 볼 수 있다. 헤롯집안에 대해 설교했다는 이유로 헤롯은 요한을 감옥에 넣었다. 요한은 예수가 오실 이이신지를 모르고 죽고 싶지는 않았다. 요한의 생각에 이런 의심이 들게 한 것은 무엇일까? 요한의 제자들을 통해 예수가 한 대답으로 응답이 왔다. "너희가 보고 들은 것을 요한에게 가서 말하라." 예수는 이렇게 말하고 기적들을 나열한다. 예수는 "너희가 기적을 행하는 자를 보았으며 하나님이 나를 통해 위대한 일을 행하시는 것을 요한에게 말하라"고 언급한다. 요한은 이미 예수에 대한 이런 것들을 알고 있지 않았나? 물론 그는 알고 있었다. 치유자들은 드물었지만 예수 당시에는 드물지 않았다.[10] 그렇다면 예수가 진짜로 말하는 것은 무엇인가?

누가복음 7:22ff는 본문들의 선집으로서, 대부분 이사야에서 온 것일 뿐 아니라 엘리야와 엘리사의 기적이야기를 포함하고 있다.눈먼 자 이사야 61:1-2, 29:18, 35:5, 절름발이 35:6, 귀머거리 29:18, 35:5, 가난한 이 29:19, 죽은 자/한센병자 왕상 17:17-24와 왕하 5:1-27 이사야 본문은 모두 하나님의 진노에 대한 참조구절을 포함하고 있지만 예수는 이것들 가운데 어느 것도 인용하고 있지 않다. 누가복음 4장에서처럼, 중요한 것은 요한의 선언눅3:7-9의 중요한 측면이었던 하나님의 보복적 폭력이다. 앞선 다른 선지자들과 같이 요한은 하나님이 종말론적 진노를 가져오실 것이라 믿었다. 예수의 가르침 속에서는 그런 부분을 발견할 수가 없으며, 회당에서 예수의 청중들을 혼란케 한 것처럼, 이것이 바로 요한을 혼란스럽게 한 것이다. 예수는 요한의 제자들에게 전한 자신의 메시지를 통해서, 자신의 메시지가 하나님의 진노가 아니라 치유와 복음이라고 넌지시 말하고 있다. 즉, 예수는 자신이 이사야를 읽은 방식으로 요한도 초청하고 있는 것이다![11]

요한의 제자들에게 예수가 말한 마지막 말은 "나로 인해 넘어지지 않은 사람은 복이 있다"는 것이다. 이런 스캔들을 일으킨 것은 무엇인가? 백성들로 하여금 그의 메시지로 인해 넘어지게끔 예수가 말하고 행한 것이 무엇인가? 실마리는 누가복음 4장과 7장에 있다. 예수는 이스라엘을 구원하기 위해 이스라엘의 적들에게 하나님께서 진노를 쏟아 부으실 것이라는 생각을 자신의 메시지에 넣지 않았다.

안타깝게도, 대부분의 그리스도인들은 여전히 예수보다는 요한과 같이 생각하고 있다. 그리스도인들은 보복적인 하나님과 더불어 긴 시간을 살아 왔다. 우리는, 하나님이 완전하시며 따라서 하나님께서 그렇게 운명 지으신 사람들에게 징벌을 내리실 권한이 있다고 말한다. 우리는 하나님이 자신을 거부하는 모든 사람들 위에 의로운 분노를 가져오실 것이라고 말한다. 우리는 하나님이 하나님이시기 때문에, 하나님께서 원하시는 것을 하실 수 있다고 말한다. 이런 모든 논리는 예수의 하늘 아바의 품성에 대해 예수가 복음서에서 가르치는 것과는 이질적인 것이다. 예수는 추상적인 하나님 개념이나 플라톤의 형이상학으로 시작하는 것이 아니라, 그들의 도덕적 조건, 정치, 인종적 배경이나 사회적 혹은 경제적 상태와 상관없이 모든 이들을 사랑하시고 양육하시며 돌보시는 창조주 하나님으로 시작한다. 하나님은 모든 이들을 공평하고 비슷하게 돌보신다.

하나님의 품성과 사역으로부터 보복을 제거하면서, 예수는 인간 역사상 처음으로 새로운 길을 열어 우리를 초대한다. 슬프게도 이런 길을 발견한 사람은 거의 없으며, 교회 역사는 두 얼굴을 가진 하나님, 즉 자비로우면서 진노하시고, 사랑하면서 징벌하시는 하나님의 수백, 수천의 사례들로 가득하다. 어떤 이들은 이런 양쪽 면을 함께 붙잡아야 한다고 말한다. 예수는 그러지도 않았고 우리도 역시 그래선 안 된다. 신성함이 보복과는 다른 것임을 다시 생각하면서 예수를 따라야 할 때이다.

2.2 다윗의 메시아인가 혹은 인자인가?

하나님이 진노하실 수 있다고 성서본문이 말하긴 하지만, 예수는 그렇게 말하지 않았다는 것을 보는 것이야 말로 예수가 성서를 읽는 방식이 가진 결정적인 측면이라는 것을 우리는 알았다. 예수는 분명하게 원수를 사랑하라고 가르쳤다는 것을 안다.1.4, 마5:43ff, 눅6:27ff 이 부분에서 우리 앞에 놓인 질문은 이것이다. 예수는 자신의 사역과 부르심을 보복적인 것을 제외하는 것으로 이해했었나? 그것은 예수의 자기이해의 일부인가?

우리가 이것과 씨름하기 전에, 19세기에 만들어졌던 '예수의 진보적 삶'이 했었던 동일한 실수를 우리가 해선 안 된다는 것을 받아들여야 한다. 우리는 예수의 정신을 분석하는데 복음서들을 사용하고 싶지는 않다. 우리가 예수의 머릿속을 들여다 볼 수 있다고 해도, 복음서들은 단지 그런 종류의 정보를 우리에게 주고 있는 것은 아니다. 하지만 복음서들은 우리에게 충분한 정보를 주고 있으며, 그리하여 우리는 예수가 자신을 어떻게 인식했는지를 그럴싸하게 이해할 수 있다. 예수에 대해 연구한 여러 사람들 가운데에서 톰 라이트N.T. Wright와 위더링튼Ben Witherington Ⅲ의 연구가 가져다주는 큰 유익 가운데 하나가 바로 이것이다.

내가 십대였을 때 난 '거듭났'으며 침례교회에 출석하기 시작했다. 거기서 난 예수가 구약의 메시아적 약속들을 성취했다고 배웠다. 유대교는 메시아의 개념을 가지고 있었지만, 예수 시대의 유대인들은 그를 메시아로 받아들이지 않았으며 그를 십자가에 못 박았다고 들었다. 그러나 지난 30년이 넘는 동안 나는 이런 언급들이 하나도 옳지 않다는 것을 알게 되었다.

먼저, 유대교 경전에서는 분명히 드러난 메시아의 개념이 없다. 기름부음 받은 사람들, 즉 선지자들이 수행한 역할들, 제사장들과 왕들이 있을 뿐이다. 예수 시대의 유대교는 모든 유대인들이 어디서나 믿고 있던 단일 개념의 메시아는 없었다. 우리가 곧바로 돌아가야 할 그런 주제에 대해서는 다수의 의견이 있었다. 예수가 유대 국가의 왕으로서 자신의 몸을 바쳤다는 개념은 현대 기독교의 종말론적 상상의 허구이며, 현대 기독교 시오니스트들에게나 유용할 뿐, 다른 곳에서는 어림도 없다.

이런 옥의 티는 예수가 구약의 메시아적 예언을 성취했으며, 메시아로 받아들여질 수 있었으나 거부되었다는 두 번째 주장이다. 흔히 이런 형태의 사고는 예수가 거부된 이유가 그가 신성을 가졌기 때문이며, 유대교는 이를테면 그의 형이상학적 자격증명서를 받아들일 수 없었다고 말한다. 이것은 전혀 사실이 아니다.[12]

고대 유대교에서는 여러 가지의 메시아적 기대들이 존재하고 있었다. 유대교 경전들은 다니엘서 7:9-14에 나타나는 고대의 시절들과 연관된 '인자'와 같은 마지막 날의 몇몇 종말론적 인물들을 언급하고 있지만, 대부분은 하나님이 이스라엘의 마지막 구원과 건져내심 속에서 일어나고 있는 모든 주요한 대리자가 되시기를 기대하고 있다. 시편이나 솔로몬서, 혹은 에녹1서와 같은 문헌 속에서 하나님이 기름 부으신 인간 대리자의 개념을 우리가 보기 시작한 것은 예수 이전의 100년 속에서이다.[13]

그렇기는 하지만 메시아적 신앙은 시간이 지나면서 그룹에서 그룹으로 변화되었다. 메시아의 개념을 말하기보다, 우리는 메시아적 기대들을 말해야 한다. 쿰란 공동체에서처럼, 어떤 경우에는 제사장 같은 이, 왕 같은 이와 같이 두 개의 메시아적 인물들이 있을 수 있다. 사마리아인들은 유대 사람들과 같은 왕 같은 인물을 가지고 있지는 않았지만, 그들이 '타헵Taheb'이라고 불렀던 모세와 같은 선지자의 도래를 믿었다. 다른 이들은 여전히 위대한 전 사솔로몬 17-18의 시들을 기대하는 군사적 범주 속에서 메시아를 인식하고 있었다. 다른 사람들은 이런 다양한 시각들 가운데 일부를 혼합된 형태로 인식하고 있었다.

예수를 알아내기

이것을 보기 위한 핵심 본문은 마가복음 8:27-30이다. 예수는 팔레스타인 지방을 떠나 자신의 제자들과 함께 가이사랴 빌립보를 포함한 이방인들의 땅으로 들어갔다. 예수는 군중들이 자신을 누구라고 생각하는지에 관해, 즉 사람들이 자신을 어떻게 인식하는지에 대해 제자들에게 물었다. 만약 다양한 메시아적인 기대들이 있었다면 그들이 다양한 대답들을 하기 때문에, 제자들은 우리가 예상하는 대로 대답했다. 어떤 이들은 예수가 죽은 자들 가운데서 살아난 침례요한이라고 생각했고헤롯도 이렇게 생각했다, 다른 이들은 '주님의 위대하고 무시무시한 날'에 앞서 오시기로 한 엘리야말3:1-5라고 생각했다. 다른 이들은 여전히 이스라엘의 위대한 선지자 가운데 하나, 아마도 에녹과 같은 사람이라고 생각했다. 예수가 제자들에게 물었을 때 베드로의 대답은 예수가 메시아라는 것이다. 여기서의 핵심은 예수가 베드로에게 입을 다물고 조용히 하라고 한 것이다. 왜 예수는 그렇게 했을까?[14]

20세기의 오랜 시간동안 학자들은 이것을 '메시아 비밀'이라고 불렀다. 예수는 아마도 자신의 메시아적 정체성을 숨기고 싶어 했을 것이며, 결국 이 것은 예수를 기득권자들과의 문제에 휘말리게 하였고, 예수에게는 여전히 할 일이 있었다. 예수가 베드로를 곧바로 침묵시킨 이유는 베드로가 이스라 엘의 구원의 드라마 속에서 예수가 행하는 역할이 무엇인지 오해했기 때문 이라고 난 생각한다. 이는 얼마 지난 후 베드로가 예수의 고난당함을 거부했 을 때 예수가 그를 나무랐던 것에서 강조된다. 이런 오해는 베드로에게 있어 서 일회적 사건이 아니었으며, 마지막 사건도 아니었다. 베드로는 예수가 겟 세마네 동산에서 체포될 당시에^{막14:44, 요 18:10} 대제사장의 하인의 귀를 베면 서, 종말론적 '성전聖戰' 속의 첫 싸움을 시작하고자 했다. 베드로가 예수를 다른 무엇이라고 생각했든지 간에, 베드로는 예수가 그의 목적을 이루기 위 해서 폭력을 사용할 것이고, 폭력을 사용할 수 있었던 인물로 믿었다는 것이 분명하다.

고대 유대교 속에서 미미한 메시아적 전승은 메시아가 위대한 군사적 정 복자로서 다윗의 역할을 되찾는다는 것이었다. 그 메시아는 통합된 왕국을 가지고 예루살렘에서의 성전 프로젝트를 시작했으며, 이스라엘의 국경을 확장시켰다. 그는 이스라엘의 역사 속의 조지 워싱턴이었으며, 이 인물은 사 람들이 경의와 존경을 가지고 회상하는 사람이었다. 이스라엘의 다른 모든 왕은 다윗에 비교되었으며, 현재의 우리가 다른 미국의 대통령들을 조지 워 싱턴이나 아브라함 링컨과 비교하는 것과 같다. 간단히 말해, 다윗은 국가 적 회복과 자유^{희년}를 구할 때 사람이 희망을 갖게 되는 모든 것들을 대표하 는, 이상적인 상징의 인물이었던 것이다.

세대주의로 알려진 어떤 형태의 기독교 근본주의는 남겨진 자^{Left Behind} 시리즈에서 널리 대중화되었으며, 그런 정복하는 메시아의 초상을 선언한 다. 예수는 불타는 보복과 함께 다시 돌아오실 것이며, 할리우드 특수효과 서사시의 대학살 속에서 모든 하나님의 적들을 학살하기로 되어 있다. 이것이 바로 침례요한, 베드로, 그리고 대부분의 다른 제자들이 기대했던 메시아의 초상이라고 난 생각하고 있다. 예수가 침묵시킨 것은 이런 메시아의 그림이다. 왜냐하면 그런 메시아 상은 예수의 사역 범위와 맞지 않았기 때문이다. 정리하면, 베드로는 가이사랴 빌립보에서 잘못 생각했으며 예수는 베드로를 바로잡아야 했던 것이다. 같은 방식으로, 남겨진 자 시리즈의 추종자들도 이런 넌센스를 떠나야 할 시간이다! 찰스워스James Charlesworth가 말한 것처럼 그 문제의 진실은,

> "예수의 언급들은, 진짜 예수가 말한 것과 그가 했던 것으로 여겨지는 것 모두 포함하여, 이방인들, 즉 로마인들을 정복할 메시아의 도래에 관한 어떤 기대나 예언을 갖고 있지 않았다. 예수의 메시지는 확실히 묵시적이고 종말론적이었지만 메시아적인 것은 아니었다." [15]

어떻게 자신의 사역을 이해하는지에 대해서 예수가 할 필수적인 수정에 우리가 이르기 전에, 먼저 다른 본문 마가복음 12:35-37을 살펴보도록 하자. 여기서 예수는 비판이 아니라 다윗의 전사적 메시아 시각을 가지고 맞대응하고 있다. 메시아는 다윗의 자손이어야 한다는 상투적인 것으로 시작하면서, 예수는 시편 110:1또한 4.4를 보라을 어떻게 해석해야 할지 알고자 한다. 시편의 본문을 인용하기 전에 예수는 성령이 그 본문에 영감을 주었다고 주장한다. 어떤 이들은 예수가 이렇게 말했기 때문에 성령이 모든 성서에게 영감을 주었다는 것을 예수가 의미한다고 생각한다. 내가 보기에, 예수가 이것을 말한 이유는 율법학자들로 하여금 이것을 본문에서 벗어나서 마음대로 해석하지 못하게 하기 위해서이다. 예수는 그들에 맞서 성서를 보는 그들의 시각을 사용한다. 시편 110:1은 다음과 같이 말한다.

> "주께서 내 주께 말씀하시기를 '내가 네 원수를 네 발판이 되게 하기까지, 너

는 내 오른쪽에 앉아 있어라' 하셨습니다."

이 시편에서 처음의 '주'를 가리키는 것은 하나님이다. 그렇다면 두 번째 '주'는 누구를 가리키는가? 만약 다윗이 시편을 썼고 이 두 번째 사람을 '주'라고 가리켰다면, 이 사람은 다윗이 자신의 자손을 '주'라고 부르지는 않았을 것이므로 다윗의 아들이 될 수 없다고 예수는 주장하고 있다. 이것은 가부장제의 모든 계급적 양상에 맞서는 것이다. 만약 메시아라고 생각이 된다면 그것이 말이 되지 않으므로, 두 번째 '주'는 다윗의 자손이 될 수 없다. 예수가 내린 결론은 메시아가 다윗의 전사적 범주 속에서 이해되어서는 안 된다는 것이다.

이것은 예수가 다윗과 관련이 없다는 말인가? 마태복음의 저자는 여기서 말하고 있는 것과 모순되는 것처럼 보인다. 마태는 자신의 족보1:1-17를 게마트리아gematria*로 알려진 패턴으로 구성하고 있는데, 14명씩 3세대로 숫자를 구성하고 있다. 만약 당신이 다윗의 이름이 지닌 세 글자의 수치를 계산한다면, D+V+D** 즉 총 14가 나오게 된다.

마가와 누가와는 달리, 마태 식의 가이사랴 빌립보의 이야기16:13-20에서는, 제자들에게 자신이 누구로 생각하느냐고 물었을 때 베드로는 "당신은 메시아이며 살아계신 하나님입니다"라고 대답한다. 그런 후에 이런 고백은 하나님께로부터 나온 것이며 하나님나라에 들어갈 열쇠에 대한 언급으로 베드로를 축복하는 장면이 이어진다. 난 마태가 베드로의 두 가지 다른 고백을 하나로 만들었다고 본다. 하나는 예수가 대중적 기대를 안고 있는 메시아라고 말하는 것이며, 다른 하나는 예수가 살아 계신 하나님의 아들이라는 것이다. 마태복음에서 예수가 칭찬하고 있는 것은 후자로서, 메시아적 고백이었던 전자는 침묵을 강요당한다.마16:20 마가와 누가 속에서의 이해가 예수

---

*히브리어 알파벳이 지니는 수치를 계산하여 뜻을 풀어 성서를 해석하는 방법.
** David가 지닌 자음.

전승에 더 가깝다고 하지만, 그럼에도 불구하고 마태복음은 대중적 메사이의 범주 속에서 예수를 보아야 한다고 주장하고 있지 않다. 오히려, 그것은 대중적인 메시아 기대와는 차별화된 예수의 아들됨이 드러나는 계시인 것이다. 한 범주로서의 '메시아'는 이제 예수와 다윗이 아니라, 예수와 그의 하늘 아바와의 관련 속에서 이해되어야만 한다.

이것은 우리로 하여금 예수가 어떻게 자신의 사역과 역할을 잘못 이해한 베드로를 교정해 주었는지에 대해서 질문을 던지게 한다. 세 복음서 모두에서, 베드로의 고백 이후, 예수는 그때까지 복음서들 속에서 일어나지 않았던 새로운 시리즈의 가르침을 시작하는데, 바로 인자의 고난이다. 이제 '인자'의 개념은 다루기 가장 골치 아픈 문제들 가운데 하나이며, 학자들은 20세기에 이런 문제와 씨름해 왔다. 하지만 우리는 '인자'라는 구절로부터 예수가 자신의 영감을 끌어내고 있는 것에 매달려 있을 뿐이다. 많은 사람들은 그 용어의 배경이 다니엘서 7장과 9장에서 발견된다고 제시하며, 어떤 이들은 시편 8편, 어떤 이들은 에스겔서, 어떤 이들은 에녹1서에서 영향을 받았다고 주장한다. 여전히 다른 사람들은 그 용어가 아람어로 '나'를 말하는 방식이었다고 주장한다.

인자, 마지막 아담, 진정한 인간

단기적으로는, 선택해야만 한다는 것이 가능하지도 않고 바람직하지도 않다. 나는 예수가 자신이 인정받는 것 보다 훨씬 더 창조적이었으며, 현대 학자들도 알고 있는 모든 뉘앙스들을 알고 있으리라고 생각한다.[16] 이런 잠재적인 배경들을 모두 함께 고려하는 것은 '인자'라는 인물이 전형적이거나 공동적인 인물이라는 것, 즉 '인자'는 인류 전체를 의미한다는 것이다. 하지만 더욱 중요하게는 예수가 다른 공동적 인물과 '인자'라는 인물을 함께 가져오고 있는데, 바로 이사야서에서의 고난 받는 종이다. 이사야의 고난 받는 종은 개인적 '인간'이기도 하며 이스라엘 백성 공동이기도 하다. 공동의 인물 혹은 개인은 집단적 사람들을 대표하거나 그들의 자리를 대신할 수도 있다. 예를 들어 유대교 성서에서처럼, 왕은 백성들을 대신할 수 있다. 왕이 선하면 백성들은 축복을 받고 왕이 악하면 백성들은 징벌을 받는다. 만약 아버지가 죄를 짓는다면 모든 가족이 처벌을 받거나 패가망신할 수도 있다.여호수아 7장 참고 하나가 '다수'를 대표하는 것이다.

예수가 '인자'를 사용하는 것은 자신을 3인칭으로 즐겨 부른다는 점에서 중요하다. 복음서들에서 이 호칭을 사용하는 것은 예수가 유일하다. 누구도 예수를 부를 때 '인자'라고 하지 않는다. 다른 번역본에서 발견할 수 있는 것처럼, 내가 '인자son of man'라는 구절을 여기서 대문자로 쓰지 않았다는 점을 알고 있을 것이다. 그 이유는 내가 그 호칭이 '메시아'나 '대제사장'과 같은 직분으로 사용되었다고 생각하지 않기 때문이다. 대신, 난 그 호칭이 앞서 언급한 공동적 개인의 개념을 따르며, 모든 인류를 지칭하는 기능을 한다고 생각한다. 난 그것을 이렇게 설명하고자 한다. 예수에게 있어서, '인자'라는 어색한 구절문자적으로는 '그 사람의 아들', the son of the man은 '진정한 인간True Human, 인자'인 자기 자신을 가리키고 회복된 인간 전체를 가리킨다. 이런 주제에 대해서 인간The Human Being이라는 저서에서 월터 윙크Walter Wink의 연구는 이 주제에 있어서는 굉장히 유용하다.[17]

마가복음 2:1–12에서 마비된 사람이 지붕을 통해 예수에게 내려져 왔을 때, 예수는 다음과 같이 물으면서 자신의 대적자들을 물리친다. "'네 침상을 가지고 가라'와 '네 죄사함을 받았다'는 것 가운데 어느 것이 더 쉽겠는가?' 그런 후에 예수는 다음과 같이 말한다. "그러나 '인자'가 죄를 사하는 권세를 가지고 있음을 너희에게 알게 하겠다." 이 사례에서 '인자'는 하나님의 형상대로 하나님과 닮아 하나님의 뜻을 행하며, 인간으로서, 죄를 용서하는, 진정한 인간, 진짜 아담를 가리키는 것으로 쓰인 듯하다. 이것은 바로 인간이 아니라 오직 하나님만이 죄를 용서할 수 있다고 생각하는 자신의 대적자들을 위한 사례가 된다. 예수는 진정한 인간으로서 그가 죄를 용서할 수 있으며 또 용서한다고 제시하는 것 같다.

이어지는 이야기인 마가복음 2:18–27에서 유사한 사례가 언급되고 있다. 여기서 예수는 안식법을 어긴다는 제자들의 행동에 대해 질문을 받으며, 다음과 같이 응수한다. "안식일이 사람을 위하여 생긴 것이지, 사람이 안식일을 위하여 생긴 것이 아니다. 그러므로 인자는 안식일의 주인이다." 다시 말해, 제자들이 하는 것은 인자인 예수를 따르거나 흉내 내며 하는 것으로, 그렇기에 종교적 타부에 묶이지 않는다는 것이다.

마지막 사례가 마가의 고난설화14:61–65 속에서 일어난다. 여기는 대제사장 앞에서 예수가 "당신이 메시아인가?"라는 질문에 대답하지 않는 장면이다. 그렇게 대답함으로 하나님의 오른편에 앉는 사람은 인자가 된다. 그것은 예수를 신성모독죄를 덮어쓰게 만들기에 충분했다.

마가복음 8:33에서 예수가 베드로를 바로잡을 때, 예수는 메시아란 직분을 거절한 것이 아니었다. 예수가 그 직분을 사용하지 않은 이유는, 메시아란 직분이 군사적이고 혁명적인 부담을 잔뜩 짊어지고 있었기 때문이다. 나중에 예수의 제자들은 예수를 '그' 약속된 메시아적 인물로 충분히 언급하게 되며 유대교 경전에서 나오는 모든 직분과 역할을 사용하게 된다. 다른 곳에서는 예수의 인성과 사역을 묘사하고자 메시아란 단어가 현실적으로 현대의 이름과 같이 예수 메시아그리스도로 굳어지게 된다. 자신이 사역하는 동안에 예수는 스스로를 메시아로 언급하지는 않았다. 대신, 그는 '인자'라는 모호하고 다면적인 자기지칭을 사용했다.

따라서 마가복음 8장에서 우리는 인자the True Human가 고난을 받고 죽어 하나님에 의해 입증될 사람이라고 결론을 내려야만 한다. 그는 정복적이거나 폭력적인 메시아가 아니다. 베드로가 예수를 꾸짖게* 만든 것은 정확히 고난과 죽음에 대한 이런 언급이다. 분명 예수는 완전히 다르게 받아 들였다. 메시아들은 강력한 인물들이고 전사와 같으며, 하나님이 그들과 함께

---

* 이때 사용한 단어와 예수가 베드로를 꾸짖을 때 사용한 단어는 같다.

계시므로 항상 적에게 승리를 거둔다. 그렇다면 예수는 어떻게 인자가 고난을 받고 죽을 수 있는 사람으로 말을 할 수 있었을까? 예수는 분명히 자신의 신학을 수정할 필요가 있었으며 베드로는 예수가 그 일을 할 사람으로 확신했다. 베드로와 오늘날 우리들 자신이 거의 깨닫지 못하는 것이 무엇이냐면, 우리와 베드로를 위한 해결책을 예수는 문제로 여겼다는 것이다. 즉 그것은 하나님의 뜻을 이루기 위해 폭력을 사용하는 것이다. 예수를 따를 사람은 로마인들이 반역자들과 죄수들을 십자가에 못 박았을 때 사용한 것과 같은 힘의 사용에 동참하지 않으며, 오히려 예수의 제자들은 그 불법적인 폭력의 사용을 견디어 낸다. 그들은 자신들의 십자가를 지는 자들이고 다른 이들에게 자신들의 십자가를 짊어지도록 하지 않는다. 그들의 존재하는 방식은 강압적인 힘의 방식이 아니라 하나님의 뜻을 믿는 방식이다. 존 스토너[John Stoner]는 이것을 중요하게 지적한다.

> "'인간' 언어를 사용함에 있어서 예수의 의도는 자신이 누구였는지를 분명히 하는 것뿐만 아니라 자신과 자신의 길을 따르는 모두를 동일시하는 것, 혹은 자신의 길을 따르는 자들과 자신을 동일시하는 것이라고 본다. 그리하여 그는 그의 운동, 제자들, 그리고 모든 인간의 운명을 그런 언어로 묘사하고 있다."

자신의 인간됨에 대한 예수의 강조는 종말론적이다. 예수가 사용한 '인자'라는 용어는 미래로 채워진다. 예수의 아바가 그로 하여금 다른 사람들을 대하도록 부르셨다고 믿은 그 방식은, 종말에 대한 예수의 시각에 영향을 주었을까? 학자들은 예수의 윤리학과 종말론 사이의 연결성을 흥미롭고도 어떤 때는 미약하게, 어떤 때는 잘 논의해 왔다. 거의 항상, 학자들은 예수의 윤리학을 그의 종말론의 조명 속에서 해석한다. 아마도 그것은 그 반대일 것이다. 플러셔[David Flusser]는 위대한 스위스의 루터교신학자 라가즈[Leonard Ragaz]

의 경고가 헛되다고 인용한다.

> "그 개념은 정말로 막을 수 없는 것으로, 예수가 어떤 유형의 윤리와 신학을 하나님 나라의 임박한 기대 위에 세웠다는 것이다. 이런 종류의 것은 신학자나 철학자의 연구속에서 잘 일어날 수 있다…그 관계는 종말론적 조직자들이 상상하는 것과는 완전히 반대되는 것이다. 하나님과 인간에 대한 예수의 이해를 결정하는 것은 종말론적 기대가 아니라…역으로 그의 종말론적 기대를 결정하는 것은 하나님과 인간에 대한 예수의 이해였다…이것을 보지 못한다면 미리 늙은 교수의 안경을 써야만 할 것이다."[18]

2.3 자비 조항

나타나는 곳마다 파멸을 가져오는 삶의 방식, 존재의 양식이 있다. 바로 거룩함의 개념을 잘못 이해하는 것이 그것이다. 예수 시대에서도 그것은 분명히 문제였다. 예수 당시의 '유대교들'은 다양하여, 여러 가지 학교나 집단들이 있었다. 힐렐*Hillel*과 샴마이*Shammai* 랍비학교가 그것이며, 에세네파*Essenes*와 쿰란 공동체에 거하는 사람들과 같은 밀교적 그룹들, 묵시적 그룹들, 사두개파와 같은 주류 엘리트, 그리고 사마리아인들과 같은 주변인들이 모두 어떤 거룩함의 수칙을 고수하고 있었다. 그런 거룩함의 수칙은 사람들을 하나님 앞에서 바르게 하는 것이었다.[19]

거룩함의 조항

예수 당시에 사마리아인들을 제외하고 거룩함의 개념의 지향점은 예루살렘에 있던 성전에 근거하고 있다. 성전의 제사장들 사이에서 벌어진 논쟁은 그런 큰 분열을 촉진시켜서, 유대교 내에 있던 그룹들 사이에서 일어난 폭력은 성전 안에서 피흘림을 발생시켰다. 로마인들이 오기 오래 전에 이미 바리새인들과 사두개인들은 서로 수천 명씩을 죽였다.[20] 제단에서 직무를 수행할 권리를 누가 가져야 할 것인가는 예수 이전부터 여러 세기 동안 존재했던 핵심 이슈였다. 대제사장이 나온 네 개의 주요 혈족들 사이에서 신성한 혈통이 무엇보다 중요한 문제였던 것처럼, 쿰란 공동체의 맹약자들에게도 그랬다. 희생을 누가 주도할 것인가와 어떻게 그들이 희생을 주도할 것인가는 확립되지 못한 문제였다.

성전 자체는 이방인들의 외부 뜰에서부터 지성소에 이르기까지, 거룩함의 단계적 차이 혹은 거룩함의 층을 반영했다. 이런 성전의 지도는 유대 사회에서도 덮어씌워졌다. 성전에서의 거룩한 장소에 정도의 차이가 있었던 것처럼, 사회 속의 다양한 사람들도 거룩함의 다양한 정도가 있었다. 요아킴 예레미야스Joachim Jeremias는 『예수 시대의 예루살렘』이라는 저서에서 이 윤곽을 그린 바 있다. 그 윤곽은 계급적 모델이었으며, 모든 그룹과 당파들이 그렇게 살았으나 단 하나의 예외였던 예수는 그러지 않았다.

예수는 차이의 문화적 제한을 인정하는 것을 거부했다. 당신이 누구인지는 중요하지 않다. 예수는 모든 사람을 똑같이, 선한 의도와 사랑으로 대했다. 이런 동정심이 어디서 나왔는가? 예수가 자라나면서, 자신의 서자됨 *mamzer*이나 사생아 지위로 인해 성전의 제의 속에 참여하지 못했다는 것을 알아야 한다.[21] 예수는 다른 유대인 남자들처럼 하나님을 예배하는 특권을 공유할 수 없다는 것이 무엇인지를 잘 알았다. 자신을 아는 사람들에게 있어, 예수는 가혹한 사회적 영향을 주는 아버지됨에 의문을 품었던 사람이었다. 누구도 예수와 자신의 딸을 혼인시키려 하지 않았다. 예수는 회당이나 성전의 의식에서 배제된다는 것이 무엇인지를 알고 있었다. 예수는 한센병자나 생리중인 여성이 된다는 것이 무엇인지, 혹은 불치병을 가지고 있는 사람과 같이 된다는 것이 무엇인지를 알았다. 그것은, 하나님이 누구신지, 그리고 하나님이 어떻게 인간과 연결되고 있는지에 대한 예수의 이해를 형성하는 결정적인 측면으로서 우리가 반드시 인식해야 하는 소외됨의 경험이다.

우리 시대와 마찬가지로, 예수의 시대에서도 거룩함의 조항은 사람들로 하여금 사회적 공동체 속에서 존재의 풍부한 유익함을 경험하게 하는 것이었다. 오늘날 거의 모든 교회가 어떤 거룩함의 조항을 가진 것과 마찬가지다. 우리가 침례를 받거나 교회 회원이 될 때 지키는 규칙들이 있다. 이런 규칙들을 어기는 것은 그곳에서 쫓겨나는 것을 감수하는 것이다. 만약 당신이 작은 마을에서 살거나 한 교회가 어떤 마을을 지배하는 곳에 살게 된다면, 쫓겨나는 것은 어떤 체면손상이나 수치를 의미하기도 하며, 또한 추방을 경험하거나 ^{만약 상인이라면} 사업상의 거래를 잃게 되는 것을 의미한다.

거룩함의 조항은 '율법 규정'의 세속적 개념에 대한 종교적 상응물이다. 인간은 세속화되기 전에 종교적인 존재였다. 시리아 국경 인근에 있는 현재의 터키에 속한 괴베클리 테페Göbekli Tepe에서는, 고고학자들이 구석기 시대 ^{대략 B.C. 9500년로 추정되는} 신성한 건축물의 초기 고고학적 증거로 나타난 환상적인 유적들을 발견했다. 인간은 다른 수천 년 동안 그런 건축물들을 만들 능력을 아직 갖추지 못했던 것으로 오랫동안 추정되고 있었다. 이것은 종교가 문명을 앞섰다는 것을 보여주고 있으며, 사실상 사회 조직의 개념을 자극시키는 종교적 '건축물'의 개념이었다. 모든 인간의 문화는 종교에 기반하고 있다.[22] 모든 문화는 종교적 문화이며, 소위 세속적 문화라고 하더라도, 심지어 '신들'이 사라질 때조차, 그 신들의 사회적 영향은 남았다.

인간이 법과 규제, 명령으로부터 떨어져서 살 수 없는 이유가 이것이다. 종교적이고 사회적 질서를 위한 이런 법칙들의 기반에는 다른 어떤 것들이 있다. 즉, 인간과 동물 모두의 희생이다. 거룩함의 조항은 종교적 타부로서 시작하며 사회에 질서를 가져다주는데, 그 이유는 성스러움이 제의적인 죽임을 통해 공동체의 중심으로 들어왔기 때문이다. 우리는 이 모든 것을 차후에 깊게 들여다보게 될 것이다. ^{5.2} 내가 지금 이 얘기를 꺼내는 이유는 우리가 예수에게로 다가가서 그가 당시의 거룩함의 조항과 어떻게 상호작용했는지를 이해할 때, '법'과 '희생' 사이의 관계를 염두에 두는 것이 본질적인 것이기 때문이다. 죽음에서 벗어난 성스러운 질서는 존재하지 않는다.

누가의 복음이 예수의 사역을 예수와 나사렛 회당에 참석했던 사람들 간의 갈등으로 시작했다는 것을 우리가 보았다. 마가의 복음은 또한 연속된 갈등이야기로 시작한다. 먼저는 마귀들린 군대들, 이후에는 종교적 권위자들과의 갈등이다. 마가 2-3장은 '관대하고 유순한 예수, 현상유지의 수호자'의 초상을 우리에게 주고 있지 않으며, 종교적 세부사항들에 대해 관심이 있는 것으로 나타나지도 않을뿐더러, 자신의 문화가 마련한 사회 규정, 규범과 법칙을 따르는 시민으로조차도 나타나고 있지 않다. 예수는, 흐름을 거스르며 민중을 선동하는 반역자이자 반문화적인 일을 감히 말하고 실천하는 예언자로서 그 장면에 등장한다. 몇 번이고 되풀이하여, 예수는 종교 기득권자들과 충돌하는 모습을 보인다. 만약 오늘날 누군가가 당신이 다니는 교회에 왔는데, 가장 신성시되는 교회의 금기를 위반하고, 당신의 신앙의 느슨함을 비판하면서 미심쩍은 사람들과 어울리는 한편, 당신이 하는 예배에 그다지 감명 받지 못하는 듯한 인상을 준다고 생각해보라. 당신은 그런 사람을 얼마나 감내할 수 있겠는가? 예수가 자신에 대하여 주장한 것은 단지 문화적 보호자들을 뒤엎어 버린 것만이 아니었다. 예수의 행동이 종교적 전통에 위배될 때 그것은 그가 어떻게 행동했는지에 관한 것, 그가 어떻게 사람들을 대했는지에 관한 것이자, 그가 자주 사람들을 대하고 그들에게 잘해 주었는지에 관한 것, 그들을 치유해 준 것에 관한 것이다!

예수의 유대교 신앙전통에 있어서는 어떤 것이 거룩한 것이고 어떤 것이 세속적이거나 거룩하지 못한 것인지 사이의 확실한 구분을 하는 것이 중요한 것이었다. 그런 구별이 6단계로 되어 있다는 말을 들어보았는가? 예수 당시의 유대교에는 거룩함의 단계가 6가지나 있었는데, 1단계는 가장 덜 거룩한 것이며 6단계는 최고로, 극도로, 굉장히 거룩한 것이었다. 당신이 하는 다른 일들, 당신이 만나는 사람들 등 어떤 종교적 행위들은 다양한 부정^{不淨}의 단계를 만들어 냈다. 다행히도 당시 사람은 다시금 정결해 질 수 있게 해

주는 다양한 종교의식에 참여할 수 있었다. 마가복음 1:44에서 예수는 한센병자에게 이제 막 치유가 되었으니 가서 지역의 제사장에게 보이라고 말하면서 "당신이 정결해 지기 위해 모세가 명한 희생제물을 드리라"고 한다. 누가복음 2:22에서 마리아가 예수를 낳은 후, 그녀는 정결의 시간을 가지고 나서, 합당한 제사를 드리기 위해 성전으로 찾아갔다. 부정함이나 거룩하지 못함은 마리아와 그 한센병자가 사회적으로 참여하지 못하게 했다. 하지만, 희생 제사를 드림으로, 그들은 다시금 사회 속에서 완전한 삶을 살 수 있다고 여겨지게 되었다. 적어도 앞서 말한 한센병자들과 여성들이 완전히 받아들여진 것처럼.

예수 시대의 사람들

이것을 이해하기 위해서는 사회–신학적 문제로서의 거룩함의 문제가 중추적인 것이었음을 아는 것이 꼭 필요하다. 그것은 어떤 신학적 방법이 사회적 조직과 종교적 계급에 영향을 끼치는 방식이었다. "하나님의 내집단in-group이 나의 집단이다." 하지만 이런 식의 사고가 가진 문제들은 분명히 있으며 모두가 그것을 알았다. 예수 시대의 유대교를 굳건히 받치는 세 가지 기둥들은 율법, 성전, 그리고 땅이었다. 이 세 기둥은 서로 맞물려 있으며 모두가 거룩했는데, 그 이유는 하나님께서 거룩하시기 때문이다. 토라를 대하는 것이 어떤 부정함의 정도를 야기하는 이유는 율법이 거룩했기 때문이고, 성전은 외부인의 뜰에서부터 지성소에 이르기까지 거룩함의 단계를 가진 건축물이었으며, 이스라엘에게 주어진 땅은 하나님이 그 땅을 주셨고 그 안에 살고 있기 때문에 거룩한 것이었다.

예수의 시대 동안 모든 유대인들은 토라가 최고의 계시이었다는 것에 모두 동의를 했으며 땅도 유대인들에게 속해 있다는 것에도 동의를 했다.[23] 하지만 성전에 대해서는 주요한 갈등이 존재하고 있었다. 예수 이전에 수백 년 동안에는 성전에서 제사장으로서 일할 합법적인 주장을 한 사람들과 그런 권위를 찬탈한 것으로 여겨지는 사람들 사이에 거대한 균열이 있었다. 만약 이것에 대해 더 자세히 알고자 한다면 마카비 혁명 기간 동안과 그 이후에 무슨 일이 있었는지를 읽는 것이 좋겠다. 중요하고 매혹적인 역사의 한 단면으로서, 성전을 고대 세계의 가장 놀라운 것 가운데 하나로 만들고자 했던 헤롯왕의 성전건축 계획조차도 성전 안에서 벌어지고 있었던 일들을 비판하는 사람들을 침묵시키지 못했다고만 말해 둔다. 경기장의 이슈들을 이해하기 위해서는, 예수에게 있어 자신의 시대의 주요 선수들의 일부 생각들을 경험해보는 것이 본질적인 것이다.[24]

바리새인들은 유대인들의 평신도 운동으로 시작했으며, 이들은 제사장들이 너무 부패하여서 일반 남성들여성들은 그리 높게 존중받지 못했던 것을 기억하라이 매일의 삶 속에서 제사장들을 위한 행동수칙을 살아야 하며, 또 그렇게 함으로 '거룩한 제사장'이 된다고 생각했던 사람들이었다. 평신도 바리새인들은 그리하여 그 땅에서 '거룩한 남은 자'가 있다는 것을 믿었다. 바리새인들은 두 가지의 율법*Torah*이 있다고 믿었는데, 하나는 기록된 율법이며 하나는 구전 율법전승으로서, 둘 다 궁극적으로는 모세에게서 왔다고 생각했다. 바리새인들이 하나님의 은혜에 대한 이해가 없었다거나 '행함으로 의롭게 됨'을 가르쳤다고 생각하는 것은 단연코 그릇된 생각이다. 그것은 절대로 진실이 아니다. 그들은 거룩함에 관심이 있었으며, 그것이 백성의 운명과 직결된다고 생각했다. 뉴스너*Jacob Nusner*는 다음과 같이 언급한다.

> "정결법을 지킴으로써 그 사람은 일반 사람과 [원문대로] 구별되지만, 마을과 그 땅의 도시 속에 남아 있음으로써, 그는 솔선하여 다른 사람들을 가르칠 수 있는 가능성을 유지했다. 그 사람들[바리새인들]은 그 가운데에서 살긴 했으나 그 땅의 사람들과 함께 어울려 사는 것은 아니었다."[25]

사두개인들은 대개 예루살렘의 왕족출신들로서, 오직 기록된 율법과리고 율법의 기록된 해석들, 성전에 있던 법령서들만을 받아들였으며 바리새인들의 구전 전승구전 율법 가운데 어떤 것도 받아들이지 않았다. 그들은 부유했기 때문에, 그들을 통치했던 사람들의 사고와 문화에 적응하고자 하는 것이 그들의 관심이었다. 그들은 종교적이고 사회적으로 보수적이었으나 정치적으로는 진보적이었다. 예수 당시에 그들은 성전계급과 대제사장직을 지배했다.

예수보다 2세기 앞서 바리새인들이 출현했을 무렵, 제사장들에게 불만을 품은 또 다른 그룹이 그들의 그룹에서 도망쳐 나왔다. 이들은 성전과 예루살렘을 떠나 유대 광야로 들어왔으며 어떤 '의의 교사'를 따라 자신들만의 거룩한 공동체를 시작했다. 쿰란의 유적과 사해사본의 발견으로 우리는 이 공동체를 안다. 바리새인들처럼, 에세네파로 알려진 그들은 단일체 그룹은 아니었다. 어떤 이들은 사막에서 살았고, 어떤 이들은 에세네 쿼터*Essene Quarter*로 알려진 예루살렘의 자기들의 거주지에서 살았다. 어떤 이들은 마을에 흩어졌다.[26] 에녹 세미나에 의한 최근의 연구는 종말론적 그룹들이 보통 이원론적 세계관을 공유했다는 것을 보여주는데, 예를 들면 에녹1서와 희년서에서 발견되고 있다. 이런 그룹들의 역사를 재건하는 것은 에녹 세미나의 역할 가운데 일부였다.[27]

서기관들은 히브리어를 읽고 쓸 줄 아는 교육받은 유대인들이었으며, 법적이고 사업적인 계약서를 작성할 줄 알았고, 구전율법과 기록된 율법 모두의 복잡성을 가장 자주 접했던 사람들이었다. 서기관은 어느 집단에도 연관될 수 있었고 또 어느 집단에도 속하지 않을 수 있었다.[28]

마지막으로 거룩함의 문제를 가장 높은 수준으로 생각하는 사람들이 있었다. 이들은 모든 이방인의 땅과 이방인의 영향을 쓸어버리고자 했다. 이들 유대인들은 '단검을 가진 사람들' 혹은 시카리*sicarii**라고 알려져 있으며, 로마 점령자들이나 유대인 공모자들을 암살했다. 가룟 유다와 열심당 시몬막

---

* 자객들

3:13-19이 아마도 이들이었을 것이라고 보는 것이 설득력이 있다. 예수의 죽음 이후 30년이 지나서, 열심당Zealot으로 알려진 사람들은 주 하나님의 성전과 땅의 거룩함에 너무도 열성적이었던 나머지, 나중에 예루살렘을 파멸로 이끌게 한 로마와의 전쟁을 시작하게 된다.[29]

이 그룹들 각각은 어떤 규정과 규례들을 가지고 있었는데, 이들 규례는 모두 거룩함이나 도덕성에 관심을 둔 것으로서, 그들 모두 예수 당시의 유대교의 '도덕적 다수'라고 불렸다. 예수가 만나 문제를 일으켰던 사람들의 대부분이 이런 사람들이었다. 게다가, 거의 모든 예수의 갈등이 거룩과 희생이라는 두 가지 기둥의 중심으로 자리했다.[30]

예수는 이스라엘의 운명에 대해서도 관심이 있었다. 어찌되었든 B.C. 7세기의 포로기는 결코 실제로 끝나지 않았다. 이스라엘 백성들은 이방 정부에 의해 지배되지 않았던 곳에서 짧은 기간을 보냈다. 예수 이전의 수많은 선지자들처럼, 예수는 하나님의 나라가 가까워 온다는 자신의 선언 속에서 국가적인 회복을 달성하고자 했다. 누가복음 4장을 우리가 볼 때 알게 되었듯이, 이것은 하나님이 그들의 땅을 통치하실 것이며 성전의 성역 속에 다시금 거하실 것이라는 유대 백성들의 희망이었다. 예수의 열망은 자신의 시대에 살았던 사람들과 차이가 없었지만, 그가 이런 희망과 꿈을 어떻게 성취했었나 하는 것은 그들 다수와는 다른 세계였다.

율법, 성전, 그리고 땅의 거룩함은 하나님의 거룩하심에 근거하고 있었으며, "내주님, 너희 하나님가 거룩한 것처럼 거룩하라"레11:44로 말할 수 있다. 인간의 거룩함은 다른 것이 아니라, 하나님의 거룩함에 달려있었다. 하지만 묘하게도 예수의 가르침 속에서 이런 거룩함의 언어는 우리가 찾아 볼 수가 없다. 사해사본이나 후기 미쉬나Mishnah,* 속에서 지속적인 거룩함의 후렴과는 달리, 예수는 같은 멜로디를 사용하면서 다른 가사를 붙였다. "내가 거룩한 것처럼 너희도 거룩하라"라고 하는 대신 예수는 "하늘 아버지가 자비로우신

---

* 유대교 구전율법

것과 같이 너희도 자비로우라"눅6:36라고 가르쳤다. 예수에게 있어서 자비란 예수의 동시대 사람들에 대한 거룩함이었다. 동일한 형태가 사용되었으나 핵심은 바뀌었다는 것을 보라. 왜 이런 것일까? 왜냐하면 예수에게 있어서, 거룩함은 해결책이 아니라 문제였기 때문이다. 거룩함은 추방과 배제를 가져왔다. 자비는 화해와 재사회화를 불러 왔다. 거룩함은 단계와 계급에 의존했다. 자비는 모든 장벽을 부쉈다. 거룩함은 명예, 부, 가계도, 종교적 소속에 근거하여 사람들 차별했다. 자비는 하나님이 모두를 영화롭게 하시고 모두를 사랑하시며 모두를 축복하신다는 것을 인식했다.

자비는 제사보다 낫다

누가 식의 산상수훈마5-7은 평지설교눅6:17-49라 불리며, 여기서 마태의 '완전함' "너희 하늘 아버지가 완전하신 것처럼 완전하라"이 '자비' "하늘에 있는 너희 아바가 자비로우신 것처럼 너희도 자비로우라"로 바뀐다는 것이 중요하다.[31] 난 마태에게 있어서 완전함은 거룩함에 관한 것이 아니라고 제시하고자 한다. 이 구문이 결론을 맺고 있는 마태복음 5장에서는 자비로 행해야 할 수많은 것들이 있다. 당신은 남들이 무슨 일을 겪고 있는지 모르기 때문에 쉽사리 남을 정죄해서는 안 된다. 그것은 당신을 모욕하는 자들을 사랑하는 것이며 당신에게 앙심을 품고 당신을 이용하는 사람들을 위해 기도하는 것이다. 자비로운 것은 복이 있는 것이다.마5:7 '자비를 보이는 자'눅10:37는 하나님과 이웃을 사랑하는 자이다.

예수는 자신의 사역 내내 곤란을 겪게 되는데, 그 이유는 하나님의 은혜를 받지 못한 것으로 생각되던 사람들과 하나님이 벌하시는 것으로 인식되던 사람들에게 특별히 자비를 보였기 때문이다. 예수는 죄인들을 지옥으로 보내는 동안 의로운 이들과 함께 교회에서 어울리는 시간을 가지는 TV 설교자들과는 달랐다. 오히려, 예수는 이런 죄인들과 함께 시간을 가지면서 그들과 함께 먹었다! 이것은 예수로 하여금 큰 비탄에 잠기도록 했으며, 꽤나 많은 시간을 이런 행동을 옹호하는데 사용해야 했다.눅15:1-2를 보라 정리하면, 예수는 자신의 서자 지위로 인해 다른 이들의 비방과 눈총을 받아야만 했으며, 이것은 예수로 하여금 무가치한 가엾은 자들로 사회에게 버림을 당한 사람들에게 하나님이 함께 하실 것이라는 것을 보도록 했다.

예수에게 있어서 하나님의 통치 속에서 사회적 행동을 구성하는 것들을 단순히 재규정하는 것으로는 충분하지 않았다. 예수에게는 우리가 본 것처럼 기득권자들과 맞서며 그들과 대면하는 것이 중요했다. 이런 형태의 대면은 S.O.P기준수행절차였는데, 그 이유는 예수 시대의 종교인들에게 있어 예수가 한 모든 것은 온통 엉망진창인 것으로 보였기 때문이다. 예수의 사역 끝에서나 만약 우리가 제4복음서의 연대표를 따른다면 예수의 사역의 시작에서, 예수는 깜짝 놀랄만한 행동에 뛰어들었으며, 대다수에게는 극도로 불쾌감을 주어 이것이 결국 예수의 운명을 결정짓게 된다. 예수는 성전에 갔으며 상징적으로 성전을 폐쇄하고자 했다.[32]

성전을 폐쇄하는 예수

우리는 '성전정화'막11:15-17; 요2:12-25 이야기로 읽는데 익숙해져 있다. 마치 예수가 도덕적 세정제를 가지고 들어와서, 빗자루와 걸레를 사용해서 손님들 앞에 내 놓을만하도록 성전을 깨끗하게 만드는 것처럼 말이다.[33] 하지만 예수는 성전을 '정화'하지 않았다. 아니, 거기에는 고쳐질 수가 없는, 완전히 잘못된 전체적 체계가 있었다. 예수의 목표는 성전을 닫는 것이었다. 이제, 실제로 그것은 주요한 폭동을 시작하지 않고는 불가능한 것이며 안토니아 요새에서 로마 군대를 데려와 성난 군중을 진압해야만 가능한 것이다. 이전에도 수차례 성전에서는 그런 행동들이 있었다. 예수는 심지어 그 사건들 중 하나를 암시하기도 했다.눅13:1 예수가 참여하는 것은 예언자적 행동이었으며, 규모는 작지만 강력한 영향을 가져왔다.[34]

예수가 예레미야 7:11을 인용한 것을 떠올려 보면, 예수와 예레미야 모두에게 있어서 성전이 열성적 저항의 상징이 되었다는 것을 아는 것이 중요하다.[35] 우리는 이방인 점령자가 피점령자의 성전을 파괴했으며, 그것은 점령자의 신이 승리한 것으로 간주되었다는 것을 기억해야 한다.

학자들에게 떠오르는 질문은 예수의 동기에 관한 것이다. 예수는 성전의 파괴를 예언하고 있었으며, 희생에 관한 정결 논란에 참여하며 사회적 불안을 조장하고 있는가? 이런 동기들 및 다른 동기들이 예수에게 기인해 왔었다. 우리는 그 운명의 날을 그가 예언한 것과, 왜 그랬는지에 대해 결코 확신해서는 안 되지만 난 예수의 성서본문 사용이 적어도 복음서에 기록된 그의 사용이 구체적으로 열성의 문제와 연결된다고 믿고 있다. 제4복음서는 확실히 이것을 염두에 두고 그 이야기를 기억해 내고 있으며요 2:17, 예레미야서의 본문은 이 가정에 신빙성을 더해주고 있다.

우리가 이미 살펴본 것처럼 예수 보다 앞서서 수백 년간 여러 가지 종교적인 그룹들의 기원을 가져온 것은 거룩함에 대한 열망이었다. '열성적인' 마카비의 발자취를 따라, 이들 다양한 그룹들은 성전과 땅을 순수하게, 그리고 백성도 순수하게 지키면 하나님이 그들의 포로생활에서 구원하실 것이며 위대한 약속된 희년을 그들에게 가져다주실 것이라 믿었다. 유대 경전 속에서의 열심의 원형은 비느하스로서민25:1-6, 그는 자신의 열심을 가지고 전염병을 가져온 이스라엘 남자와 그의 미디안 여인을 죽여서 전염병을 멈추게 했다.[7.1] 그리하여 이런 행위는 '그에게 의로 간주되었다'고 말할 수 있었다.시106:30-31 예수가 자비의 조항으로 대신한 것이 바로 이런 유형의 열심이다.

그것이 예수의 의도 중 하나였긴 하지만, 예수는 탐욕스러운 상인들의 성전을 그저 '정화'한 것 이상을 하고 있었다. 다른 두 가지의 행동들은 우리가 예수에게 있어서 희생제사 전체가 문제가 있었다고 이해하도록 한다. 첫 번째 행동은 마가복음 11:16에 따르면, 예수는 어느 누구도 성전의 뜰을 통해서 '그릇skeuos'을 운반하지 못하도록 했다. 마치 예수가 현대의 백화점에서 손님들을 멈추게 하는 것처럼 NIV는 이 용어를 '상품'으로 번역했다. 하지만 그 용어는 희생제사에 사용되는 그릇들을 가리켰다. 두 번째 행동은 제4복음서에서 나오는 것으로, 거기서 예수는 채찍을 엮어서 양떼와 소떼를 흩어지게 했다^{요2:15}. 희생제사에 쓰일 동물들을 사지 못하도록, 그리고 그들을 부정한 것으로 표현하면서, 또한 성전의 그릇들을 사용하지 못하도록 하면서 예수는 앞선 선지자들처럼 희생제사의 체계에 거대한 반대를 말하고 있는 것이다. ^{시40:6, 50:8-15-15, 51:16f, 69:30, 사1:11, 렘6:20, 호6:6, 암5:21, 미6:6} 예수가 인간에 대한 폭력에 참여했다고 제시한 부분은 없으며, 이 이야기에서 분노^{orge}라는 용어가 사용되지도 않았다. 이 이야기는 예수가 미쳐가고 있다는 것이 아니라 모든 희생의 종말이 다가오고 있으며, 무엇인가 새로운 것, 자비롭고 동정어리며 희생을 대신할 어떤 것이 온다는 위대한 예언인 것이다. 이것은 소와 염소의 피 보다 하나님을 더욱 기쁘시게 하는 것이었다.

거룩함-열심-희생-성전의 상호연결적인 주제들은 모두 성전에서의 예수이야기 안에서 집중된다. 마태복음에서 예수가 호세아서 6:6의 "나는 제사가 아니라 자비를 원한다"를 두 번이나 인용한 것은 실수가 아니다. 또한 마가복음에서도^{12:32-34}, 어떤 율법 교사가 예수에게 하나님을 사랑하는 것과 이웃을 사랑하는 큰 계명의 이중적 본질에 대해서 동의함을 언급하면서, "이것들은 번제와 제사보다 더 중요한 것이라"고 하자 예수는 "그가 하나님의 나라에서 멀지 않다"고 대답하고 있다. 그렇다면 우리는 하나님의 나라에서 얼마나 멀리 있는가?

2.4 하나님나라의 윤리

어떤 이들에게, 그리스도인이 된다는 것은 어떤 짧은 '구원' 기도를 하는 것 이상의 의미를 가진다. 어떤 이들에게는 그리스도인의 삶을 산다는 것은 어떤 특정한 규정들로 이루어진다거나 특정한 정치적 이데올로기에 따른다는 것을 의미한다. 심지어 어떤 이들에게는, 그리스도인이 된다는 것이 내적이고 개인적인 종교적 경험의 "달콤한 헌신"과 관계가 있다. 여전히 어떤 이들에게는, 그리스도인의 삶은 다른 사람들에게 잘 해주는 것, 관용하고 보통 따뜻하면서 경계를 모호하게 하는 것을 의미한다. 이런 표현들은 예수가 제자들이 살도록 부르신 그 삶의 방식과 얼마나 동떨어져 있는가! 하나님 나라의 방식으로 자신을 따르라고 하시는 예수의 부름에는 정서적, 자아도취적, 혹은 도덕적인 것이 없다. 오늘날 그리스도인들은, 그리스도인의 삶을 이해하고 살게 될 때, 위에서 언급한 것 가운데 하나 이상의 어려움을 겪고 있다.

하나님나라의 윤리나 하나님나라의 삶은 1) 한 가지 원칙, 2) 두 가지 방향, 3) 한 가지 목표를 가진다.

원리: 제자도

만약 우리가 예수를 진지하게 이해하고자 한다면, 이 세 가지를 제대로 보는 것이 중요하다. 그렇지 않으면 다른 사람과의 관계 속에서 삶을 말하는 것은 산산조각이 나버리고 만다. 예수의 가르침을 비실천적이라고 일축하는 것은 쉽다. 이렇게 일축하는 사람들은 예수의 윤리를 그의 사역의 과도기로 격하시키는 사람들, 혹은 하나님이 이 땅을 전부 통치하실 조금 떨어진 미래의 시간으로 격하시키는 사람들이다. 마치 예수가 철학적 이상주의자의 한 부류인 양, 예수의 윤리는 실제 세상에서 먹히지 않는다고 주장하며 예수의 윤리를 일축시키는 것도 쉬운 일이다. 예수의 윤리를 가지고 모든 시간과 장소에서 문자적으로 복종해야 할 명령 공식으로 변형시켜서 율법주의로 이르는 새로운 법을 만들어 내는 것은 더욱 쉽다. 이런 각각의 접근은 계속 시도되어 왔으며 부족한 것으로 드러나고 있다.[1.4] 난 다른 접근 방식, 즉 예수의 하나님 나라 윤리의 단일 원칙, 방향과 목표가 예수에게 작용했으며 또한 이 삶 속에서 그를 따르거나 닮으려 하는 우리에게도 작용한다는 인식을 제시하는 바이다. 이것은 '예수를 아는 것은 그에게 순종하는 것이며 그에게 순종하는 것은 그를 아는 것'을 의미한다. 이런 원칙은 '복종의 해석학'이라 부르며, 16세기 아나뱁티스트 한스 뎅크가 고취시킨 것으로, 예수를 아는 우리의 지식은 단순히 지적인 것이 아니라 그의 뜻을 따를 선택에 근거한 것이며, 이것이 바로 하나님의 뜻요7:17이라는 주장이다. 그렇게 선택을 통해서만 우리는 그를 안다고 할 수 있으며 우리가 어떻게 풍성한 삶을 살지를 분별할 수 있다.

이 책의 주요 주제 가운데 하나는 그리스도를 닮는 것이 타당할 뿐만 아니라 필수적이라는 것이다. 그것은 디트리히 본회퍼가 말하는 '값비싼 은혜'를 살도록 부르심에 귀를 기울이는 것이다.[36] 예수를 따르는 것은 어떤 사람의 값을 지불하는 것이자, 경우에 따라서는 그들의 삶의 값을 지불할 수도 있다. 하지만 본회퍼도 나도 그리스도를 닮는 것에 대해 말할 때 단순한 어떤 율법주의적 복종으로 돌아감을 바라지는 않는다. 이런 사례는 어떤 해석이나 컨텍스트를 고려함 없이 본문에서 벗어난 채 예수의 명령을 읽는 그룹들 속에서 볼 수 있다. 해석이 없이 본문을 인용하는 것은 '값싼 은혜'의 형태이다. 본문을 읽는 것, 고대와 현대의 컨텍스트를 분별하는 것, 오늘날 교회에 성령이 말씀하시는 것에 주의 깊게 귀를 기울이는 것, 대화, 논쟁, 대담을 통해 서로와 씨름하는 것, 이런 것들이 '값비싼 은혜'의 표시들이다.[37]

그리스도를 닮는 것혹은 imitatio Christi은 그리스도인의 삶의 필수적인 측면이다. 왜 그럴까? 5.1과 8.2에서 우리는 인간이 다른 사람들을 모방하는 것이 내장되었다는 것을 논증하고 있는 새로운 신경심리학적 연구 가운데 일부를 보게 될 것이다. 지금으로선 이런 연구가 있다는 것과 우리가 항상 누군가를 모방하고 있다는 것을 말하고자 할 뿐이다. 예수는 우리가 서로를 닮도록 부르신 것이 아니라 자신을 닮도록 우리를 부르셨다.

그렇지만 우리는 어떻게 예수를 닮을 것인가? 이것이 중요한 질문이다. 예수의 주위에 있던 추종자들을 가리켜 왜 '제자들'이라고 부르는지 물을 수도 있을 것이다. 제자란 무엇인가? 맨슨T.W. Manson은 누가복음 14:26과 마가복음 10:37에서 말하는 마태 식의 동일한 언급들을 비교한다. 그는 누가가 "내 제자가 될 수 없다"고 말하는 반면, 마태는 "나에게 마땅치 않다"는 것을 지적한다. 그는 예수가 쓰는 아람어는 두 가지 방식 가운데 하나로 번역되어 왔다는 것을 관찰하고 있다. 당신이 예수가 "shau li"라고 말한다고 생각한 다면, 헬라어로 "나에게 마땅치 않다"라고 번역할 것이다. 하지만 당신이 그 들을 한 단어인 "Shauliah"라고 번역한다면, 목수, 대장장이 혹은 방직공의 견습생과 같은 "견습생"의 아람어 단어가 사용되었다고 생각한 것이다.

맨슨은 예수의 견습생shauliah을 랍비의 학생들talmidim과 구별한다. 환언하 면, 예수는 자신의 동시대 사람들과는 다른 유형의 교육학을 가졌던 것이 다.

> "단어선택에 있어서 서기scribal 시스템 전체에 대한 뚜렷한 반대를 보는 것이 솔깃한 일이다. 랍비학교의 탈미드talmid는 주로 학생이다. 그의 주된 사업은 기록된 율법과 구전전승의 내용을 마스터하는 것이었다. 랍비학교들의 최종 적 산물은 훈련받은 성서학자들이며 건전하고 능숙한 변호사들이었다. 탈미 드의 생활은 거룩한 문헌들을 연구하고, 강의에 참석하며 어려운 구절들이나 사례들을 토론하는 것으로 이루어졌다. 예수가 인식한 제자도는 이런 종류의 이론적 훈련이 아니라, 인간이 그들 자신과 모든 에너지를 쏟아 내도록 부름 을 받은 실천적인 임무였다. 그들의 일은 공부가 아니라 실천이었다. 어부는 사람을 낚는 어부가 되는 것이고 농민은 하나님의 포도원이나 추수할 밭에서 노동자가 되는 것이었다. 예수는 올바른 교의를 가르치는 교사라기보다는, 오히려 그들이 따르고 닮아가야 할 명장master-craftsman이었다. 제자도는 랍비 대학에 입학하는 것이 아니라 하나님나라의 일을 견습하는 것이었다."38

제자는 현대의 학생보다는 견습생에 더 가까운 것이다. 스승은 신참내기 견습생이 완벽하기를 기대하지는 않는다. 현명한 스승은 실수가 있을 것이라는 걸 안다. 인내심 있는 스승은 진행을 지켜보고 그것을 확인할 것이다. 예수를 따르는 것은 이런 것이다.

예수를 따르기

우리가 어떻게 그를 닮아갈 것인가를 이해하기 위한 핵심적인 본문은 마태복음 11:25-30에서 찾을 수 있다. 예수는 다음과 같이 말한다.

> "그 때에 예수께서 대답하여 이렇게 아뢰었다. '하늘과 땅의 주재자이신 아버지, 이 일을 지혜 있고 똑똑한 사람에게는 감추시고, 철부지 어린 아이들에게는 드러내 주셨으니, 감사합니다. 그렇습니다. 아버지, 이것이 아버지의 은혜로우신 뜻입니다.
>
> 내 아버지께서 모든 것을 내게 맡겨 주셨습니다. 아버지 밖에는 아들을 아는 이가 없으며, 아들과 또 아들이 계시하여 주고자 하는 사람 밖에는 아버지를 아는 이가 없습니다.
>
> 수고하며 무거운 짐을 진 사람은 모두 내게로 오너라. 내가 너희를 쉬게 하겠다. 나는 마음이 온유하고 겸손하니, 내 멍에를 메고 내게 배워라. 그러면 너희는 마음에 쉼을 얻을 것이다. 내 멍에는 편하고, 내 짐은 가볍다.'"

2005년, 펜실베니아 주 랭커스터로 이사했을 때로 되돌아 가보자. 내 집 사무실에 앉아 이 책을 쓰면서, 난 창밖을 내다보면서 아미쉬 농부가 당나귀들과 함께 밭을 갈고 있는 것을 본다. 당나귀들은 함께 멍에를 지고 있고 농부는 당나귀들 뒤를 따라가는 쟁기에 타고 있다. 멍에는 당나귀들이 농부가 원하는 방향에서 벗어나는 것을 막아주는 역할을 한다. 난 어린 당나귀가 처음에 밭을 가는 것을 배울 때에는 숙련된 당나귀와 팀을 이루어 수년 동안 밭을 갈게 한다고 들었다. 이런 방식으로 어린 당나귀는 농부의 지시에 반응하는 법을 배운다. 숙련된 당나귀가 방향을 틀 때에는 어린 당나귀도 같이 방향을 틀수밖에 없고, 이때 멍에는 어린 당나귀가 다른 곳으로 가지 못하도록 한다.

같은 방식으로, 우리는 아바의 뜻을 아는 예수와 함께 멍에를 진다. 아버지가 어떤 방향으로 고삐를 움직이면 예수가 반응하고, 우리는 우리의 선택이나 우리의 결단이 아니라 그저 멍에에 복종함으로 반응을 한다. 우리가 할 수 있는 유일한 선택은 예수와 더불어 멍에를 지는 것이다. 그러고 나면, 그것은 더 이상 선택이 아니라 완전히 다른 무엇인가가 된다. 그것은 '신뢰'에 관한 것이다.

수년 동안 난 이런 원칙을 '복종'이라고 불렀지만, 이 용어가 영어로는 여러 가지 장점이 있으면서도 너무 결점이 많다고 결론을 내렸다. 복종과 비슷한 단어들로는 "묵인, 양보, 포기, 기권, 단념, 항복, 백기white flag, 순종, 물러남, 양도, 동의, 철회, 굴복"이 있다. 이들 동의어 대부분이 손실과 관련된 것을 볼 수 있을 것이다. 내가 주목하고자 하는 제자도의 원리에서는 내버려둠이 있다. 이것은 누군가의 뜻과 선택을 포기하는 것이지만 싸움에서 진다거나 자아를 잃어버리는 것은 아니다. 예수의 멍에를 진다는 것은 하나님께서 우리를 인도하실 것을 믿는 것에 대한 것이 아니라 하나님이 예수를 인도하셨고 앞으로도 인도하실 것을 신뢰하는 것이다. 우리가 예수를 따르면 하나님도 우리를 인도하신다. 예수를 닮는 것은 손실이 아니라 얻는 것으로, 우리가 인자와 함께 멍에를 짐으로 진정한 인간성을 얻게 되는 것이다. 내가 '신뢰'라는 용어를 선호하는 이유가 이것이며, 난 우리가 흔히 '신앙'으로 번역하는 헬라어 pistis의 좋은 번역이 '신뢰'라고 생각한다.

멍에가 언급하는 것을 이해하기 위한 두 가지 배경이 있다. 첫 번째는 율법의 멍에이다. 이것을 설명하기 위해 다른 시기B.C. 100~ B.C. 300에서 나온 언급들이 여기에 있다.

집회서 벤 시락의 지혜, B.C. 2세기 51:23-30

"배우지 못한 자들아, 내게 가까이 오너라. 내 배움의 집에 와서 묵어라. 너희는 어찌하여 아직도 지혜 없이 지내며 너희 영혼은 극심한 갈증에 시달리느냐? 나는 입을 열어 이렇게 말하였다. '돈 없이 지혜를 차지하여라.' 너희 목에 멍에를 씌우고 너희 영혼이 그 가르침을 받아들이게 하여라. 그것은 곁에 있어 찾기 쉽다. 나 자신이 얼마나 적은 노력을 기울여 큰 안식을 얻게 되었는지 너희 눈으로 보아라. 많은 양의 은으로 가르침을 얻어라. 그리고 그것으로 많은 금을 차지하여라. 너희 영혼이 주님의 자비 안에서 기쁨을 누리기를! 너희는 그분을 찬미하는 일을 부끄러워하지 마라. 정해진 때가 오기 전에 너희 일을 처리하여라. 그러면 주님께서 정하신 때에 너희에게 상급을 주시리라."

미쉬나 아보트 Mishnah Aboth 3:5 랍비 네후냐 벤 하카나 B.C. 70-130

"율법의 멍에를 스스로 지는 자, 그는 속세의 정부폭군의 멍에와 세상 근심의 멍에를 벗으리라. 하지만 율법의 멍에를 벗는 자, 그에게는 정부폭군의 멍에와 세상 근심의 멍에가 지워질 것이다."

탈무드 시프라 Talmud Sifra 57b B.C. 300 이후

"레위기 11:45는 다음과 같이 말하고 있다. '나는 너희 하나님이 되려고, 너희를 이집트 땅에서 데리고 나온 주다. 내가 거룩하니, 너희도 거룩하게 되어야 한다.' 이것이 의미하는 바는, 나는 너희가 계명들의 멍에를 받아들이는 조건으로 너희를 이집트에서 데리고 나왔다는 것이다."

만약 율법과 비교해 본다면, 예수의 멍에는 율법적 멍에가 아니라는 것을 암시한다. 예수의 멍에는 짐도, 혹독한 일을 시키는 사람도 아니다. 예수는 또한 아버지가 아들에게 주신 해석은 토라의 해석을 살아내는 것이라고 말하고 있다.마11:25-27 그의 멍에는 쉽고 가볍기 때문에, 그리스도인의 삶은 어

떤 두려운 것으로 경험되는 것이 아니라는 것을 우리에게 암시하고 있다.

하지만 또 다른 가능성도 존재하는데, 예수는 로마의 멍에를 지칭하고 있다는 주장이다. 워런 카터Warren Carter는 마태복음 11:28-30의 멍에가 로마제국의 법을 가리킨다고 주장한다.[39] 멍에라는 단어가 70인역신약성서 저자들이 사용한 히브리어성서의 헬라어 번역에서는 63회 등장하는데, 율법을 가리키는 경우는 몇 개 되지 않으며, 나머지 대부분은 제국의 힘과 지배를 가리킨다는 것이 그의 주장의 한 부분이다. 레위기 26:13은 다음과 같다. "나는 주 너희의 하나님이며, 너희를 이집트 땅에서 이끌어 내어 그들의 노예가 되지 않도록 했다. 나는 너희가 메고 있던 멍에를 부수어 너희가 얼굴을 들고 다니게 하였다.CEB" 탈굼 네오피티Talgum Neofiti는 같은 본문을 다음과 같이 말한다. "나는 철의 멍에와 같이 너희를 무겁게 짓누른 이집트인들의 노예의 멍에를 부수었다…" 멍에는 단순히 법적인 요구조항이 아니라 정치적이면서 사회적 노예상태를 상징할 수 있다.

그것이 예수의 말에 관해서 말할 때는 꼭 둘 중 하나의 문제는 아니다. 위에서 말한 미쉬나의 언급은 '멍에'라는 단어 속의 배경으로 율법과 제국이라는 두 가지 가능성을 모두 포함한다. 종교이든 제국문화이든 우리는 '율법' 아래 있다. 서구의 법학은 종교적 타부에서 생겨났다. 예수의 멍에는 종교적으로 인식되는 율법 아래로부터 우리를 건져내어 사랑의 법속에 우리를 자리하게 한다. 우리의 윤리학과 사회적 생동은 예수에 의해 규정된 것이지, 추상적 도덕, 가치, 혹은 다른 것들에 의해서가 아니다. 이것은 우리의 선택이 율법전서가 아니라 예수와의 살아 있는 친밀한 관계로부터 발전되었다는 것을 의미한다. 윤리학은 더 이상 옳고 그름의 문제를 판별해 내기 위한 문제가 아니다. 그것은 예수가 다른 사람들과의 관계 속에서 산 것처럼 다른 사람들과의 관계 속에서 살아가는 것이다.

데이빗 플러셔David Flusser는 이 점을 매우 통찰력 있게 본다. 그것이 무엇이든, 예수가 하는 것이 무엇이든, 예수는 완전히 급진적인 방식으로 그것을 하고 있다. 이런 예수의 급진주의는 하나님의 교리였다.

> "예수가 가진 하나님의 의의 개념은 그러므로 이성과는 비교가 안 되는 것이다. 사람은 [문자 그대로] 그것을 헤아릴 수 없으나 하나님은 그것을 잡으실 수 있다. 그것은 나중된 자가 먼저 되고 먼저된 자가 나중되는 하나님 나라의 설교로 이어진다. 그것은 또한 산상수훈에서 골고다로 이어지는데, 골고다는 의로운 인간이 범죄자의 죽음을 죽은 곳이다. 그것은 곧 도덕적이 되지만, 선과 악을 넘어 선다. 이런 모순적인 계획 속에서, 모든 '중요한' 관습적 미덕과 잘 짜인 인성, 세상적인 존엄, 그리고 형식적 율법성취를 주장하는 자랑거리는 단편적이면서 공허한 것이 된다."[40]

방향: 하나님의 통치

만약 제자도의 원리가 신뢰로서의 포기라면 우리의 방향은 무엇인가? 예수와 함께 멍에를 진 것으로서 우리가 지향해야 할 방향은 어떤 것인가? 이런 질문은 우리의 의도성intentionality과 관련이 있다. 의도는 선택이 아니다. 선택은 일단 우리의 의도가 고정되었을 때 우리가 취하는 행동이다. 그러면 우리가 붙잡아야 할 의도는 무엇인가? 그것은 예수의 것, 하나님의 통치, 하나님의 법칙과 같은 것이다. 그는 "하나님의 통치를 먼저 구하라"마6:33고 했다. 우리가 하나님의 통치를 구할 때, 우리는 하나님의 통치를 계시하는 예수를 따라 우리의 의도를 가져온다. 당신은 내가 그것을 강조하기 위해 나라라는 말을 통치로 바꾸었다는 것을 알 것이다. 이것은 예수에게 있어서 하나님의 통치basileia Theu는 장소에 관한 것이 아니라 존재의 방식이기 때문이다. 장소에 관한 '나라'를 만드는 것은 거룩한 장소로서의 땅을 안정화시키는 것으로, 예수가 혐오했던 것이었다.[41] 제4복음서에서 그는 이것을 사마리아 여인에게 이렇게 바꾸어 말한다. "나라를 예배하는 것은 땅에 관한 것이 아니라 내적인 방향에 관한 것이다."요4:24

제자들 중 일부와 동시대 사람들 다수와는 달리, 예수는 이스라엘 땅과 관련된 하나님의 나라의 물리적 발현을 그다지 신뢰하지 않았다.[42] 성전에 대한 그의 비판은 이것에 대한 분명한 증거이며, 히브리 선지자들의 종말론 속에서 찾을 수 있는 것처럼, 성전이 회복될 것이라는 희망은 예수의 가르침 가운데 아무데서도 찾을 수 없다. 예수에게 있어 하나님의 통치는 대리적 희생과 열성적 국가주의의 신성한 구조와 묶여져 있는 것이 아니라 회복된 인간의 조건과 연결되어 있다.

> 바리새파 사람들이 하나님의 나라가 언제 오느냐고 물으니, 예수께서 말씀하셨다. "하나님의 나라는 눈으로 볼 수 있는 모습으로 오지 않는다. 또 '보아라, 여기에 있다' 또는 '저기에 있다' 하고 말할 수도 없다. 보아라, 하나님의 나라는 너희 가운데 있다."눅17:20-21

하나님의 통치를 구하는 것은 아침에 일어나고 낮에 살다가 밤에 쉬는 이유이다. 그것은 제자로서 우리들 존재에 필요한 먹고 마심이다.요 4:34를 참조할 것 이것이 우리가 "아바, 당신의 통치를 나타내시고 당신의 뜻이 이루어집니다"라고 기도하는 이유이다. 하나님의 통치는 하나님의 뜻이고 하나님의 뜻은 예수다.

목표: 섬김

만약 우리의 제자도, 즉 예수를 닮는 것이 하나님의 뜻에 우리가 포기하는 것을 포함한다면, 그리고 만약 우리가 하나님의 뜻 외에는 아무것도 바라거나 갈망하지 않는다면, 우리의 제자도의 목표는 무엇인가? 우리는 왜 예수를 따라야 하나? 우리가 예수를 따르면 죽을 때 천국에 갈 수 있다. 아니다! 이 제자도 부분의 시작에서 내가 말한 것처럼, 제자도는 자기애가 아니다. 솔직히 나는 현대 기독교 안에서 너무 자기 잇속만 차리는 [소위] 제자도를 많이 본다. 마음의 평화든, 축복이든, 부나 건강이나 다른 것들이든, 사람들은 그것을 버릴 수 있으므로 예수를 따른다고 주장한다. 이런 것들도 아마 따르는 것이 될 수도 있지만 "그리하면 이 모든 것들을 너희에게 더하시리라"마6:33 우리 제자도의 목표는 아니다. 그 목표, 즉 우리가 예수를 따르는 이유는 그가 우리를 섬기듯 서로를 섬기는 것이다.

마가의 복음이 예수를 섬김의 왕으로 묘사하고 있다고 오랫동안 알려져 왔다. 종이 됨으로 인한 문제는 화려한 직업을 갖지 못한다는 것이다. 너무 많은 "섬기는 리더들"이 교회 안에서 화려한 위치를 차지하고 있으며, 이들은 최전방에서 설교나 가르침, 또는 예배를 인도하고 있다. 이들은 교파 본부에서 고소득을 올리는 관료이거나, '번영복음'으로 말미암아 고급차를 타고 방이 20개나 있는 저택에서 사는 도심 지역 목사일 수도 있다. 이들은 작은 연못에서 쉽게도 월척을 낚는다. 그 월척이란 바로 많은 돈을 기부하는 교회 장로, 혹은 누구나 거쳐 지나가야 하는 문지기가 되는 것에 대단한 자부심을 갖는 비서이다. 그들은 성공한 기독교 녹음아티스트이거나 토크쇼 진행자, 혹은 베스트셀러의 저자일 수도 있다.

교회는 계급을 가지고 있으며 우리는 '그것을 만드는' 그런 가시적인 대리인들을 칭찬하고자 한다. 하지만 교회에서 성공적인 '화려한 직업'은 사람들이 자신의 선물을 거의 나누지 않거나 감사하지 않는, 예고되지 않은 수십 개의 자리이다. 누가 실제로 보모가 신학교육을 받은 목사만큼이나 중요하다는 것을 신경 쓰겠는가? 목요일에 스미스 여사와 식사를 하는 사람이 널리 알려진 고등부 목사만큼이나 본질적으로는 같은 그리스도의 몸이라고 누가 생각하겠는가? 우리는 다음의 지시문 하에 교회에서 사람들이 섬기도록 바라야 한다. "이와 같이, 너희도 명령을 받은 대로 다 하고 나서 '우리는 쓸모없는 종입니다. 우리는 마땅히 해야 할 일을 하였을 뿐입니다' 하여라."

적극적으로 다른 사람들에게 참여하지 않을 때, 우리는 제자도의 목표를 잃게 된다. 왜냐하면 그들의 유익이 은혜로운 연민과 사랑에서 나오기 때문이다. 다른 이들을 섬긴다는 것은 그들의 병, 아픔, 그리고 골치 아픈 환경 속에 있는 사람들에게 최전선에 나서 끼어드는 것이다. 그것은 무시, 비열함, 분노, 낙담, 자기의심, 그리고 다른 심리적 문제들을 참아내는 것이다. 다른 이들을 섬기는 것은 칭찬이나 돈이나 혹은 다른 어떤 보상을 하는 것이 아니라, 오직 다른 이들을 위해서 하는 것이다. 이것이 마태복음 25:31-46에 있는 양과 염소의 비유의 핵심이다. 양은 가난한 자, 배고픈 자, 저는 자, 옥에 갇힌 자 속에 있는 예수를 보지 못했으나 그들에게 다가가서 그들을 돌보았다. 염소는 이런 사람들 속의 예수를 보지 못했으며 바로 이것이 그들을 돌보지 않았던 이유이다.

다시 말하지만, 제자도의 목표는 우리가 행동하면 하나님이 우리를 사랑해 주신다는 것을 확인하는 것이 아니다. 하나님은 우리를 깊고도 끔찍이 사랑하시며 예수의 삶과 죽음과 부활 속에서 증명하셨다. 제자도는 우리가 하나님으로부터 무엇인가를 받기 위해 하나님께 드리는, 교환의 경제 속에 참여하는 것이 아니다. 만약 우리가 예수를 따르는 것이 이익을 얻고자 어떤 것을 하는 것으로 생각한다면, 우리는 자신의 존재가 남을 위해 있다는, 종을 따르는 것의 의미를 완전히 놓쳐버릴 것이다.

하나님나라의 윤리는 실제로 왕국의 윤리이다.[43] 그것은 실제로 동료 신자들과 강하고 건강한 관계를 유지하는 것에 관련된 모든 것들이다. 미국의 페미니스트 신학자들은 셔츠에 풀을 잔뜩 먹인 우리 남성적인 왕국건설자들로 하여금 이것을 보게 해 준다. 그것은 우리 모두가 하나님의 자녀들임을 인식하는 것이자 서로서로를 형제와 자매로 대하는 것이다. 제4복음서의 말로 하면, 섬김은 서로를 위해 우리의 삶을 내려놓는 것이고, 서로를 존중하는 것이며 다른 사람을 받쳐주는 것이다. 이것이 바로 아가페이며, 진정한 사랑이고 사랑은 기초이자 모든 하나님의 행동과 우리의 반응의 종착점이다. 고전13:8-13

3장 ◆ 예수의 사역과 메시지

3.1 비폭력적 하나님

당신이 고등학교나 대학시절로 되돌아갔다고 상상해 보자. 정말 아름답고 잘 생긴 사람, 지적이고 위트 있으며, 외향적인 사람, 사람들이 남자친구나 여자친구로 삼고 싶은 그런 사람이 당신에게로 와서 다음과 같이 말하고 있다. "당신은 정말 매력적이란 걸 알려주고 싶네요. 사실 난 당신을 사랑해요. 난 아주 많이, 아주 깊게 당신을 사랑하고 있으며 그게 날 깜짝 놀라게 하는군요. 난 당신과 영원히 살고 싶어요. 당신은 내 삶을 밝혀주며 내가 존재하는 이유랍니다." 굉장히 멋지지 않은가? 로맨틱 코미디가 사랑받는 이유 중의 하나는 그 소년/소녀가 그런 상황 속에 있으면서 결국 그렇게 바라던 사람과 이루어지게 된다는 것이다. 당신에게 절대적으로 헌신적인 그런 사람과 함께, 당신을 끝없이 사랑하는 사람과 함께, 당신이 상상할 수 없거나 꿈에도 할 수 없는 방식으로 당신을 챙겨주는 그런 사람과 함께 당신의 인생을 보낸다는 것을 생각해 보라.

그렇지만 당신이 "좋아요" 혹은 "할렐루야, 감사합니다, 예수님!"이라고 대답하기 전에 그들이 다음과 같이 말을 이어간다면 어떨까. "하지만 만약 당신이 날 사랑해 주지 않는다면 난 당신의 삶을 지옥과 같은 악몽으로 만들어 버릴 겁니다. 난 당신에 관한 루머와 거짓말을 퍼뜨릴 거예요. 난 당신의 집을 엉망으로 만들 겁니다. 내 사랑을 받아 주지 않는다면 내가 할 수 있는 모든 방법으로 당신에게 벌을 주는 것이 내 삶의 목표가 될 거예요."

그러면 당신은 공권력에 호소하여 최소한 그런 사람에게 접근금지명령을 내려줄 것을 요청하지 않겠는가? 당신은 분명히 그럴 것이다. 누가 이렇게 삶을 망가뜨릴 망상적인 사람을 원하겠는가? 그렇다면 왜 그리스도인들은 하나님이 세상을 사랑하는 방식에 대해 본질적으로 똑같은 이야기를 하고 있는가? 우리는 하나님이 세상을 사랑하시지만, 만약 하나님의 사랑이 퇴짜를 맞는다면 우리는 영원한 징벌을 받을 것이라고 말한다. 하나님이 이렇다면 사람은 어디에 접근금지처분을 요청할 수 있을까? 욥은 이런 모습의 하나님으로 인해 곤란을 겪었으며 욥기에서는 하나님에 대항한 소송을 한다고 세 차례나 욥이 위협하는 장면이 나오고 있다.

슬프게도, 그리스도인들이 하나님에 대해 생각하고 믿는 대부분의 것은 예수가 그의 아바에 대해 믿고 가르친 것에 정확하게 반대되는 것이다. 당신은 어떻게 성서가 하나님이 시종일관 민족말살을 명령하시고, 살해를 기도하며출4:24 무고한 어린이들과 인종, 사람들의 죽음을 승인하시는 한편, 소돔같이 모든 도시를 불살라 버리시며 테러리스트같이 행동하신다고 언급하는지에 대해서 이상히 여긴 적이 있었는가? 그럼에도 우리가 그런 하나님을 받아들이는 이유는 성서가 틀림없이 하나님에 대해 말하는 것이 모두 진실이기 때문이다. 하나님은 결국 하나님이시기 때문에, 자신이 원하시는 것은 무엇이든 하실 권리가 있다.

오늘날 그런 신은 법정에 던져진다. 사람들은 더 이상 맹목적으로 하나님이 하나님이시기 때문에 자신이 원하시는 것을 무엇이든지 할 수 있다고는 받아들이지 않는다. 그런 독단적인 신성은 예수와는 완전히 다른 것으로 보여서, 예수에 대해 친밀감을 가진 사람들은 예수가 이런 종류의 신을 믿었다고 생각하며 하나님을 따르지 않는다. 내가 가는 곳마다 나는 "예수는 좋지만 하나님은 싫다!"는 말을 듣는다. 만약 우리가 우리 동료 인간들로부터도 이런 행동들을 받아들이지 않는다면 왜 하나님의 행동들을 받아들인단 말인가? 만약 하나님이 예수보다는 이디 아민Idi Amin이나 사담 후세인과 같이 보인다면, 하늘과 땅의 창조주에 대한 이해와 묘사는 뭔가 크게 잘못되어 있다. 하나님이 예수와 같다기 보다는 아브라함 링컨과 같이 가장 자애로운 지도자로 보일 때조차, 문제는 있는 것이다.

예수와 하나님 사이의 관계에 대해 널리 알려진 이해는, 우리가 복음서 속에서 발견하는 아바-자녀의 관계라기보다는 좋은 경찰/나쁜 경찰에 더 가깝다. 무슬림들과 유대인들은 기독교가 세 명의 구별된 신을 믿는다는 삼신론의 신앙을 가진다고 당연히 비판하고 있다. 우리가 성부, 성자, 그리고 성령에 대해 말하는 방식과, '역할,' '속성' 및 '임시적 현현'에 대한 구분은 기독교로 하여금 그런 비난을 받게 하고 있다. 우리가 성자와 성령로부터 성부를 그리 차별화하고, 하나님이 살인을 할 수 있으며 모든 형태의 폭력을 정당화하면서, 그렇지만 우리는 예수가 하나님을 계시한다고 주장하고 예수는 비저항적이고 비보복적이이라고 주장하는 것은 엄청난 문제를 가지고 있는 것이다. 예수가 우리에게 하나님의 특성을 실제로 보여주지 않았던지, 혹은 예수가 자신의 사역과 인성에서 하나님의 통치를 드러내고 있다고 생각하며 착각을 하던지 둘 중의 하나가 된다.

우리는 예수가 하나님의 완전한 계시라고 말할 수 없으며, 하나님의 계시자로서 예수가 유대교 경전 속에 나타난 하나님에 대한 어떤 이야기들 속에서 발견할 수 있는 것과는 확연히 다르다는 사실을 인식할 수 없다. 이것이 바로 예수의 시대 사람들이 하는 것처럼, 그리고 오늘날 모든 그리스도인들이 하는 것처럼, 예수가 성서를 비판적으로, 선택적으로 읽는다는 것을 보는 것이 우리에게 있어 그리 중요한 이유이다. 성서 전체를 문자적으로 읽는 사람은 아무도 없다. 성서는 해석되어야만 한다. 만약 '아바를 닮은' 예수가 모든 것들을 지으신 자라면, 우리가 보지 못하는 것은 하나님은 예수와 같다는 것을 인식하는 것이다. 난 웹사이트와 말을 통해서 사도 교회를 실제로 놀라게 했던 것은 예수가 하나님과 같았다는 것이 아니라 하나님이 예수와 같았다는 것이었다고 종종 이야기 한다. 사도들이 그들의 복음과 편지를 기록할 때, 그리고 그의 부활과 승천으로 인해 하늘과 땅의 주인으로 인정된 것은 예수였다는 사실을 인식함을 통해서, 사도교회는 인간의 역사상 가장 지적인 전환을 시작했다. 그들은 예수 중심의 하나님이 무엇과 같은가라는 변수를 산출하기 시작했다. 우리가 그들을 본보기로 삼아야 하는 이유는 그들의 사역이 완성되지 않았기 때문에, 그리고 우리 역시도 그들처럼 예수를 따르기 때문이다. 사실상 그들이 예수를 따른 것처럼 우리는 그들을 따른다.

우리가 만든 우상들

오늘날 반드시 물어야 하는 핵심적인 질문은 바로 이것이다. 그리스도인들이 하나님을 이해하는 것은 인간 예수로부터인가, 혹은 구약으로부터인가? 릭 워렌은 『목적이 이끄는 삶』에서 만약 당신이 하나님이 누구이신지를 알고자 한다면, 야웨*YHWH*, 엘*El*, 주님*Adonai*, 엘 샤다이*El-Shaddai* 등과 같은 구약에서 하나님께 주어진 모든 다양한 이름들을 살펴보아야 한다고 말하고 있다.[1] 만약 당신이 하나님을 알고자 한다면, 난 하나의 이름, 즉 예수의 이름으로 가라고 권하고 싶다. 왜일까? '하나님'이 구약의 여러 가지 이야기들 속에서 행하시는 방식과 예수 안에서 행하시는 방식 사이에는 굉장한 차이점이 있기 때문이다. 아무리 많은 해석학적 노력도 이것을 숨길 수 없을 것이다. 이것은 초대 교회가 씨름하던 문제이다. 그리스도인들이 하나님께서 예수라는 인물 속에서 계시하신다고 단언할 때는 거기에 무엇인가 본질적인 것이 있다. 하나님은 계시되었으며, 더 이상 미지의 분도 아니며 숨겨진 분도 아니고 더 이상 신비스럽지도 않다. 하나님은 예수 속에서 완전히 드러나시되, 부분적으로가 아니라 완전히, 골로새서 2:9절에서 다음과 같이 단언된 것처럼 온전히 드러나셨다. "그리스도 안에서는 하나님의 모든 신성이 몸이 되어서, 충만하게 머물러 있습니다." 니케아 정통의 위대한 지지자인 4세기의 아타나시우스는 그것을 이렇게 언급하고 있다. "성부와 성자 사이의 유일한 차이는 '아버지'와 '아들'이라는 용어뿐이다.

미국기독교의 거대한 발자취는 성서에서 하나님을 가리키는 모든 구절들을 취해서 어떤 주요한 하나님의 성품을 기술하고자 함에서 나오고 있다. 우리가 1.1에서 본 것처럼 많은 유명한 기독교 신앙고백들은 샘소나이트 가방과 같은 하나님의 교리를 가진다. 지퍼를 열어 하나님의 교리를 꺼내어, 당신이 원하는 모든 형용사들과 명사들을 안으로 집어넣고, 다시 지퍼를 닫고 나면 하나님의 교리를 가지게 된다. 이것은 하나님의 교리를 구성하고자 초대교회가 했던 방식과는 반대되는 것이다. 초대 그리스도인들은 사람들로 하여금 그들의 신학의 지퍼를 열도록 하여 그들의 가방을 비운 후에 예수 그리스도라는 사람으로 채우도록 했다. 예수는 하나님을 알 수 있게 하는 이름이었으며, 지금도 그런 이름이다.

만약 히브리 성서에서 하나님의 거룩함, 하나님의 색다름, 하나님께 쉽게 다가갈 수 없음과 장엄함이 하나님의 '주된 성품'이라면, 신약에서는 그것이 완전히 다른 것이다. 하나님에 대한 자명한 언급들하나님은 ~이다이 있는 신약 성서에서의 유일한 예는, 하나님은 '빛'이고 '사랑'으로 불린다는 것이다. 요한일서 1:5와 4:8 속에 있는 하나님에 대한 이런 언급들은 예수 안에서 하나님을 붙잡을 수 있는 것과 상호 연결되어 있는데, 보고, 듣고 만질 수 있는 '생명의 말씀'인 것이다.[2] 당신은 워렌 목사와 더불어 유대교 정경으로부터 쌓여 온 언급들에서 하나님을 이해하는 것을 시작하거나 혹은 예수를 볼 수 있다. 이런 것들은 서로 독점적인 대안들이다.

그리스도인들이 이런 문제를 다룰 때, 더욱 잘 알려진 탈출구 가운데 하나는 하나님 안에 긴장이 있다고 말하는 것이다. 이것은 단지 두 얼굴을 가진 하나님을 달리 말하는 것에 지나지 않는다. 여기에서 좌절스러운 것은 이런 입장을 비판 할 때, 우리는 '성서를 거부하기' 혹은 어떤 유형의 '마르시온주의'로 가득 차 있다는 것이다.[4.4] 나는 이런 것들이 모두 그릇된 것이라고 본다. 왜냐하면 우리의 임무는 성서에서 어떤 것을 버리는 것이 아니라, '진리의 말씀을 올바르게 가르치는'딤후2:15, 5.4를 보라 예수의 빛으로 모든 성서를 해석하는 것이기 때문이다. 그러면 여기서 종종 묻는 질문이 등장하게 된다.

하나님께서 예수의 가르침 속에서 심판자로 나타나시는 것이 아니란 말인가? 우리가 단순히 이 질문을 지나칠 수가 없으므로 우리는 지금 여기로 돌아가야 한다.

심판자 하나님

제4복음서의 두 본문으로 시작해 보자.[요5:22, 12:47]

> "아버지께서는 아무도 심판하지 않으시고, 심판하는 일을 모두 아들에게 맡기셨다."

> "어떤 사람이 내 말을 듣고서, 그것을 지키지 않을지라도, 나는 그를 심판하지 않는다. 내가 온 것은, 세상을 심판하려는 것이 아니라, 구원하려는 것이다."

이 본문들은 성부도, 성자도 누군가를 심판하지 않는다고 말하고 있다. 이것이 의미하는 바는 무엇인가? "글쎄요, 그래도 성서에는 심판에 대해 얘기하는 다른 많은 구절들이 있어요"라고 생각하기 전에, 난 그 점은 인정한다. 하지만 우리는 어딘가에서는 시작해야만 하며, 난 제4복음서의 이 본문들로 시작하기로 했다. 우리가 앞으로 보겠지만, 예수는 확실히 심판에 대해 이야기한다. 그렇지만 그것은 거의 2000년간이나 그리스도인들이 해왔던 방식과는 다르다. 최후의 심판에 대한 우리의 시각은, 복음서에서 인식하는 심판의 방식보다는 유대 묵시적 상상, 중세 기독교적 가정, 그리고 보복적 정의를 보려 하는 우리의 욕망에 더 깊이 연관되어 있다.

위에서 언급되는 두 가지의 구절들에 대해서는 한결같은 주석이 뒤따라온다. 랍비문헌들, 외경, 위경, 탈굼과 사해사본 속에 혼합된 암시가 존재하는 것처럼, 나는 단순히 어떻게 예수 당시의 사람들이 최후의 심판을 인식하고 있었는지를 묻지는 않을 것이다. 랍비 선집A Rabbinic Anthology에서 몬테피오레Claude Montefiore와 허버트 로웨Herbert Lowe는 유대교 내의 최후의 심판의 발전에 대해서 다음과 같이 아주 중요하고 통찰력 있는 언급을 하고 있다.

> "옛 랍비들 속에는 편협성과 함께 폭넓음도 있다는 것을 보게 될 것이다. 보편주의universalism를 드러내는 여러 가지 표시들이 있다. 말로만 사랑의 하나님에 대해 이야기하는 끔찍한 자기 기만 및 영원한 지옥이 있다는 믿음은, 내가 보기엔 조만간 기독교보다는 유대교 내에서 널리 사라지게 될 것이다. [심지어] 현대 유대교 회당도 진보해 오고 있으며, 어떤 하나의 영혼이 궁극적으로 다가 올 세계의 희락으로부터 제외되었다면, 사랑의 하나님의 목적은 영원히 좌절된다는 것을 깨닫고 있다."[3]

고대 유대교가 단일한 '지옥의 교리'를 가졌다고 이해하는 것은 잘못된 것이며, 우리는 그런 내용을 성서에서도 찾을 수 없다. 우리가 발견하는 것은, 하나님의 비폭력적인 통치의 선언을 거부함에 비추어 볼 때, 우리로 하여금 살아계신 하나님과의 본질적인 대면을 할 수 없게 하는 심판에 대한 본문들인 것이다.

그렇다. 예수는 심판에 대해서 이야기 하고 있지만, 그가 심판을 어떻게 이야기하며, 그리고 누구에게 이야기하느냐 하는 것은 필수적이다.[1.3] 나는 일반 그리스도인들이 믿는 것을 믿지 않는 사람들을 꺼지지 않는 불길에 넘길 그리스도인들과 오랫동안 함께 해 왔다. 하나님의 자비에 대한 그들의 개념은 이 장의 시작에서 소개한 여자친구/남자친구의 개념과 같다. 예수의 설교에서 예수가 이 주제를 어떻게 사용했는지를 보기 위해 복음서 속의 몇몇 전부는 아니지만 심판의 구절들을 보도록 하자.

먼저는 누가복음 18:9-13에서의 바리새인과 세리의 비유이다. 우리는 이미 1.3에서 이것을 보았다. 이런 비유가 어떻게 다른 사람과 자신을 비교하는 것이 하나님의 자비나 은혜를 얻을 수 있다는 사고에 이르게 되는지 보라. 예수의 유대교는 우리가 오랜 기간 동안 들어왔던 것처럼 행위로 의를 이루는 종교라고 생각하면 안 된다. 이런 반유대적이고 잘못된 인식이 많은 그리스도인들로 하여금 유대교와 비교하였을 때 기독교는 은혜의 종교라고 생각하게 만들고 말았다. 아니다. 유대교와 기독교 모두 은혜의 종교이며, 양쪽 모두 하나님의 자비와 연민에 호소하고, 두 종교 모두 다른 사람들과 스스로를 비교함으로 남을 판단하는 함정에 빠지는 경향이 있다. 우리가 다른 이들과 우리를 비교할 때, 우리는 항상 구부러지고 끊긴 방식으로 삶을 사는 것처럼 보이는 사람들을 발견하게 된다. 죄가 자신들의 발목을 잡는 사람들은 항상 우리 대부분의 주위에 있다. 그들은 잘못된 선택이나 나쁜 환경의 영향으로 인해 고통을 당하고 있다. 우리가 더 나은 선택을 했거나 더 나은 환경 속에서 살고 있기 때문에 하나님은 실제로 우리를 축복하심에 틀림없다고 생각하기 쉽다. 이 비유에서 예수는 이런 논리를 완전히 뒤엎는다. 그럴만하기 때문에 하나님께서 축복하신다고 생각하는 사람이 아니라, 하나님의 축복을 받을 만한 자격이 없다는 것을 아는 사람이 실제로 축복을 받는다. 심판은 자기 의에 선고된다.

두 번째 본문은 마태복음 18:21-35로서, 무자비한 종의 비유이다. 이 이야기에서 왕에게 큰 돈을 빚진 종은 갚을 길이 없었다. 자비를 구한 끝에 그 종은 빚을 탕감 받았다. 그가 길을 가다 자신에게 불과 몇 푼을 빌린 친구를 만난다. 그는 갚지 못하는 자신의 친구의 숨통을 조이며 크게 꾸짖는다. 그 친구는 수백만 불의 손실을 얻은 그 종보다 훨씬 더 가난하다. 어마어마한 빚을 용서받은 그 종은 이제 친구를 감옥에 넣는다. 물론 그 왕이 이 소식을 듣고는 그 친구가 들어가 있는 감옥에 그 종을 넣어 일평생을 지내게 한다! 예수는 다음과 같이 말함으로 결론을 맺는다. "보라, 이것이 하나님의 통치가 임하는 방법이다. 너희가 용서하는 곳에서 용서를 받을 수 있다." 은혜와 자비를 받았지만 다른 이들에게 그것을 돌려주지 않는 이들에게 심판이 찾아온다.

세 번째 본문은 누가복음 16:19-31이다. 이 본문은 예수가 자신의 문화에서 나온 지옥의 묘사를 사용하는 곳이다. 예수는 유명한 이야기를 선택해서 다시 고쳐 쓴다. 학자들은 이런 비유가 사후의 세계를 말하는 다른 문화들로부터 특히 이집트 나온 이야기들과 유사성이 있다고 언급한다. 여기서의 이야기는 부자와 거지가 모두 죽었을 때 무슨 일이 일어나는지를 묘사해 나가고 있다. 그들은 죽음 이후 그들의 경험이 살아 있을 때의 경험과는 정반대라는 것을 발견한다. 부자가 350도의 온도에서 불타는 동안 물 한 방울을 갈망한다. 반면 거지는 살아 있을 때 겨우 꿈에서나 누려봤던 고급스러운 생활을 누린다. 부자는 무슨 죄일까? 동료 인간의 곤경을 무시한 것이다. 주위의 어려운 사람들을 생각하지 않은 사람들에게 심판은 온다.

반복되는 똑같은 주제는 마태복음의 마지막 비유인 양과 염소의 비유이다.마25:31-46 심판은 "그리스도를 주와 구세주로 받아 들이"지 않는 사람들에게 오는 것도 아니며, 잘못된 교리를 믿거나 그릇된 교회에 출석하는 사람들에게 오는 것도 아니다. 심판은 예수를 기꺼이 섬기고자하는 자들에게 온다. 그 이유는 그들이 동료 인간들을 돌보지 않음으로 예수는 여기에 있지 않기 때문이다.

이런 각각의 네 가지 심판 사례는 신앙에 대해서도 아니고, 신앙의 부족이나 올바른 교리와 신념에 대해서도 아니며, 사람이 이루거나 이루지 못한 거룩함의 정도에 근거를 둔 것도 아니다. 심판은, 그들의 죄나 상황으로 인해 하나님께서 거부했다고 우리가 생각하는 사람들과 함께 하는 우리의 사회적 세상 속에서, 우리가 어떻게 다른 사람들과 관계하는지와 직접적으로 연결되어 있다.

이것은 예수가 심판에 대해 말했던 모든 것은 아니다. 예수는 다른 이들을 심판하는 자들은 하나님의 심판을 받을 위험에 처해 있다고 말한다. 마태복음 7:1-5은 여기에 대한 가장 중요한 본문이다.1,4 예수는 여기서 다음과 같이 말한다. "보라, 만일 당신이 골무만큼 용서나 사랑이나 자비를 행한다면, 하나님이 당신에게 양동이로 그렇게 해 주실 것이라고 기대하지 말라. 만약 당신이 하나님이 어떻게 당신을 심판하실 것인가를 알고자 한다면, 당신은 스스로의 심판의 잣대일 것이다. 당신이 다른 사람들을 대하는 방식이 하나님이 결국 당신을 대하는 방식이 될 것이다." 당신이 사용하는 잣대로 하나님도 당신을 판단하실 것이다.

누가복음에서 예수는, 당신이 다른 사람들에게 주는 방식은 곧 하나님이 당신에게 주실 방식이라고 더욱 나아가서 지적하고 있다.눅 6:38 원수를 용서하라, 당신이 피하고자 하는 사람들에게 자비를 보이라, 당신에게 반감을 가진 완고한 자들에게 관대하고 친절하라. 당신이 판단하는 방식에 조심하며 하나님이 판단하실 것이라는 당신의 주장에 더욱 조심하라.

미국을 가로질러 운전할 때 들리는 TV나 라디오에 나오는 기독교 설교자들에게서는 이런 이야기를 들을 수 없다. 대신 당신은 하나님이 죄인들에게 얼마나 분노하시는지를 듣게 된다. 예수가 심판에 대해서 어떻게 말하는지와 그것이 이 나라에서 수만 명의 학생들로부터 어떻게 나타나는지 사이에는 굉장한 차이가 있다! 예수가 선포하는 하나님은 모든 이를 축복하시고 모든 이들을 용서하시며 값없이 무조건적으로 모두를 사랑하시는 하나님이며마5:45, 우리도 이렇게 똑같이 하라고 부르시는 하나님이다.

예수가 믿은 하나님

간단히 말하면, 예수가 행하는 것은 하나님이 보복적이지 않으며, 하나님은 죄와 징벌에 대해서 앙갚음의 논리를 적용하시지 않는다고 말하는 것이다. 하나님은 값없이, 무조건적으로, 그리고 자애롭게 죄를 용서하신다. 그렇다면 보복이 없는 신학이나 하나님에 대한 교리는 무엇과 같은가? 먼저, 삼위일체를 일관적으로 말하는 것이 가능하다. 만약 성자가 하나님의 형상이며 성자가 보복적이지 않으면, 성부와 성령도 그렇다. 하나님께는 분열이 없다. 그리스도 안에서 하나님의 자기 계시로 시작하지 않는 삼위일체의 교리는, 예수 및 예수의 아바와는 상관없는 특성들을 들여오는 정의의 모래톱에 불가피하게 빠지고 만다.

둘째로, 인간 예수 속에서 보이는 비보복적인 하나님은 기껏해야 두 얼굴을 가진 다른 모든 종교의 신들과는 완전히 다르다. 만약 예수와 더불어 우리가 "하나님은 한 분"이라고 말한다면, 이것은 분명히 하나님에게서는 은혜와 율법, 진노와 자비, 연민과 징벌과 같은 내적인 자아분열이 있지 않다는 것을 의미한다. 하나님은 n제곱으로 올라가는 형용사들의 잡탕이 아니다. 계시는 오류가 없는 본문을 통해서 존재하는 것이 아니다. 하나님의 계시는 꼭 우리같은 인간으로 우리에게 왔다. 이 사람을 증언하는 본문들은 진정한 것이며 풍요롭지만, 필수적 완전함으로 인해 그런 계시를 증언하는 것은 아니다. 본문들은 충분한 증인들이자 어느 법정에서든 누구나 필요로 하는 모든 것이다. 교회 역사 내내 많은 사람들이 하나님의 자기계시를 이해하고자 신성한 본문말씀과 부활하신 주님성령과의 개인적인 만남을 모두 가져야 한다고 주장한 이유가 이것이다.[5.4]

세 번째로, 보복적이지 않은 신학은 또한 보복적이지 않은 인류학적이고 윤리적 전망을 보여 줄 것이다. 우리를 둘러싼 모든 것들이 폭력적이기 때문에, 우리로서는 이것을 웅장하고 세계적인 규모로 이것을 상상하는 것이 거의 불가능에 가깝다. 성 프란시스와 간디로부터 마틴 루터 킹 주니어와 도로시 데이Dorothy Day에 이르기까지, 우리는 이런 새로운 인간의 길을 어느 정도 발견한 그들을 극찬하지만, 그것이 가능하다고 생각하기는 어렵다. 그것은 하나님의 대리자이며 하나님이 통치하시는 방식의 계시자로서 예수가 가져다주는 가능성이다. 그것은 의회가 제정할 수도 없으며 추상적으로 필요한 것도 아니다. 이런 새로운 인류학을 경험하는 유일한 방법은 그런 가능성과 현실을 성령의 은사로 이루시는 부활하신 그리스도를 직면하며, 그 부활하신 그리스도가 우리를 직면하게 하는 것이다.

당신은 구약에 나타난 모든 하나님의 이름들을 검토함으로 이런 하나님의 초상을 제시할 수는 없을 것이다. 이런 유형의 하나님을 찾아내는 것은 오직 예수의 가르침들을 심사숙고함으로 가능한 것이다. 그렇다. 그들은 다르며, 우리는 나중에 이것이 왜 그런지 보게 될 것이다. 지금으로선 우리가 하나님에 대한 우리의 동시대적 시각을 채색하는 또 다른 거대한 오해에 딴죽을 걸어야 한다. 하나님이 용서하시는 분이라면, 하나님의 용서는 얼마나 확대될 수 있을까?

3.2 용서: 사랑의 법

2006년 10월 2일, 여기 필라델피아 랜캐스터에서 찰스 로버츠Charles Roberts는 니켈 마인스에 있는 아미시 학교 건물로 들어가서 10명의 소녀를 인질로 삼았다. 그는 결국 그 인질 가운데 다섯을 죽이고 다른 다섯 명에게는 중상을 입힌 채 스스로 목숨을 끊었다. 이 사건은 헤드라인 뉴스로 세상에 보도되었다. 시간이 흐르고 장례식이 열린 아미시 공동체의 반응도 뉴스거리가 되었다. 보복이나 복수대신, 아미시 사람들은 은혜를 말했으며 로버츠가 두고 떠난 그의 가족에게까지 자신들의 사랑을 확장시켜, 슬픔을 함께 나누는 한편 로버츠의 아내와 자녀들이 후원자들로부터 모금액을 받을 수 있도록 했다.

어떻게 아미시 사람들이 그런 일을 할 수 있었는지에 대해 한 아미시 노인에게 물었을 때, 그는 그가 매일 주기도문을 기도했으며, 이 기도에서는 용서가 본질적이었다고 대답했다. 아미시 사람들은 피비린내 나는 보복을 위해 하나님이나 인간에게 폭력의 소용돌이를 요구하지 않았다. 당시 내가 TV에서 뉴스를 시청했을 때, 난 아미시가 표현하는 용서를 보도해야 할 TV 리포터들과 앵커들의 무능력에 놀라 말이 안 나올 지경이었다. 그들은 정신도 없고 중요한 것을 망각했으며, 좌절한데다가 그 가운데 몇몇은 보복할 의지가 없는 아미시에 비판적이기까지 했다. 하지만, 아미시가 세상에게 보여준 것은 바로 세상을 위한 하나님의 사랑의 마음이었다.

보복과 폭력

난 이것을 보복, 정의 혹은 응징을 부르짖는 살인 희생자들에 집착하는 CNN의 보도와 비교하고자 한다. 난 이런 사람들이 살인자가 "지옥에서 불탄다"거나 "인과응보를 받게 될 것이다"라는 희망을 갖는다고 생각한다. 이런 언어는 우리 사회의 근간, 즉 보복적 앙갚음 위에 울려 퍼진다. 우리가 사는 세상은 정의가 보복의 체계라고 생각하는 곳이며, 누구나 자신의 "살점한 파운드"*를 요구하는 곳이며, "눈에는 눈"이라는 정의가 지배하는 곳이다. 하지만 간디가 우리에게 조언했듯이, "눈에는 눈은 전 세계를 눈멀게 한다."

모든 형태의 폭력은 우리를 공포에 떨게 하는 한 가지 현실이다. 폭력은 여러 가지 형태를 가질 수는 있지만 목적은 같다. 바로 다른 이들의 파멸이다. 모욕이나 가십, 깔아뭉개는 말, 역겨운 미사여구와 같은 언어적 폭력이 있으며, 집착, 강압과 혐오와 같은 감정적 폭력도 있다. 또한 아이를 학대하거나 강간, 살인, 고문과 전쟁 등의 신체적 폭력이 있다. 수많은 책들은 이런 행위들 가운데 일부가 폭력적이지 않다고 주장하면서 폭력을 정의 내리려 한다. 하지만 그들은 모든 폭력이 인간의 관계에 대해서 깊고 영원한 상처를 남긴다는 것을 보지 못하고 있다. 게다가 폭력은 불가피하게 다른 폭력을 불러 온다. 그것은 끝없는 순환이거나 소용돌이가 되고 만다.

폭력은 마치 감지하지 못한 채 퍼져가는 바이러스와 같다. 분노의 예를 들어 보자. 아버지는 직장에서 힘든 날을 보냈다. 직장 상사는 그에게 무능하다고 소리를 질렀다. 씩씩대며 집으로 돌아오면서 아버지는 어떻게 상사에게 보복할 지를 고민한다. 집에 도착하자 그의 아내는 저녁을 준비해 주지만 남편의 잠재적 적대감은 아내의 요리를 비판하면서 슬슬 나오기 시작한

---

*베니스의 상인에서 고리대금업자 샤일록의 요구.

다. 어머니는 화가 났지만 아무 말도 하지 않고, 나중에 TV를 보고 숙제를 해 놓지 않은 아이들에게 소리를 지를 것이다. 아이들은 방에서 나와 길을 비키라며 집에서 키우는 개, 브루투스를 한껏 걷어찬다. 보복할 곳이 없는 브루투스는 슬그머니 도망쳐버린다. 이런 시나리오에서 분노는 뜨거운 감자 게임과 같다. 아무도 그 감자를 원하지 않기 때문에, 결국엔 참을 수밖에 없는 사람에게 넘겨지고 만다.

치명적인 폭력은 또한 이렇게 퍼져나간다. 도심 속에서 갱들의 싸움은 폭력의 전염으로 가득하다. 이 싸움은 국가 사이에서는 세계적 규모가 되어 버린다. 내가 이 책을 쓸 때 북한이 미국에 맞서 "천배"로 보복하겠다고 위협을 했다. 그들은 우리가 자신들과 전쟁 중에 있다고 생각해야만 한다. 천배라니! 생각을 해보라. 여기서, 폭력의 수사법조차 통제할 수 없이 소용돌이치고 있다. 테러와의 전쟁은 종말을 예견할 수 없다고 선포되어 왔다. 왜냐하면, 테러리스트들이 우리에게 무엇을 하든, 우리는 그들에게 할 것이며, 우리가 그들에게 그렇게 하면 그들은 다시 우리에게 되돌려 주기 때문이다. 폭력의 소용돌이로 돌아가, 계속 반복, 반복, 반복하게 된다. 결코 멈추지 않는다.

우리 시대의 폭력은 흔하지 않다. 역사상 가장 많은 사람이 죽은 20세기가 가장 잔인했다고 기록되었지만, 폭력은 처음부터 우리와 함께 하고 있었다. 가인과 아벨을 기억하는가? 그 기원이 예수의 세계 속에서 가장 강력한 구조를 가졌기 때문에, 폭력의 문제는 인간 문화를 전염시켰다. 다른 제국들은 폭정과 세금으로 이스라엘을 지배했었다. 유대교 역사가 요세푸스의 저서에서는, 페이지를 넘길 때마다 유대인들에게 행해진 폭력행위와 유대인들이 행한 폭력행위가 묘사되어 있다. 사사기 3:15-23에서의 에훗과 민수기 25:6-9의 비느하스처럼, 살인은 끝이 없어 보이며, 수많은 이들이 가장 높으신 하나님의 이름으로 죽임을 당했다. 그리스도인들은 하나님의 이름으로 행해진 살인이 성스러울 수 있다는 이런 입장[4.2]을 결국 수용하고 말았다.

폭력의 문제에 있어서 깊은 역설이 하나 있다. 바로 나의 폭력은 선하지만 너의 폭력은 악하다는 것이다. 내가 저지르는 폭력에는 항상 명분이 있다. 당신에게는 자신을 위한 변명만 있을 뿐이다. 누군가 당신에게 잘못을 할 때, 당신의 머릿속에서는 그런 대화에서 당신의 반응을 정당화하기 위해 얼마나 많은 시간이 허비되고 있는가를 생각해 본 적이 있는가? 우리는 5장에서 폭력의 문제에 대해 더욱 살펴볼 것이다. 여기서 일단 우리는 보복적인 폭력은 인간의 조건의 질병이라고만 말해 두자. 정당화된 보복은 우리를 죽이고 있는 것이다. 사회적 보복의 문제는 현실이며, 이 지구상에서 하나의 종족으로서 우리가 존재하고 있는 동안에는 우리가 그것을 어떻게 처리할지 모르고 있다.

만약 앙갚음이나 똑같이 되돌려 주는 것이 폭력의 문제를 해결하는 하나의 방법이라면, 예수가 보여준 것 같이, 또 다른 용서의 방법도 존재한다. 용서는 보복적 폭력의 순환을 끊고 종결할 수 있는 유일한 길이다. 그것은 예수의 삶과 죽음의 방식이다. 결국 난 종종 용서는 일회적 행위가 아니라 여정이라고 언급하고자 한다. 종종 우리가 누군가를 용서한다고 생각했을 때, 우리는 치료 과정을 막 시작했다는 것을 알게 된 것이며, 다른 사람을 하나님께 용서받은 자로서, 그리하여 우리에게 용서받은 자로 계속해서 보아야만 한다. 용서는 쉽지도 않고 말로만 되는 것도 아니다. 만약 용서가 누군가의 영혼 깊숙한 곳으로부터 오지 않는다면, 그 관계는 치유되지 않을 것이다.

이 시점에서 난 '비폭력적'이라는 용어가 하나님을 지칭하는데 사용된다면, 그것보다는 '용서하시는'이라는 용어가 더 낫다고 제시하고자 한다. 하지만 '비폭력적'이란 용어는, 비폭력의 반대말이 폭력이라는 사실을 환기시킨다. 이런 부정적인 용어는 사람들의 흥미를 자극하는데, 왜냐하면 '하나님'이라는 단어는 하나님이 폭력적인 방식으로 행동하시는 유대교 성서 속에서의 이야기들을 지칭하는 것과 관련이 있기 때문이다. 하나님을 비폭력적인 분이라고 말하는 것은 이런 유대교 본문들을 비판적인 검토 아래로 가져오기 때문이다. '용서'는 폭력을 긍정적으로 말하는 방식이다. 이런 점에서 난 앞으로 용서와 비폭력적이라는 용어를 상호 교환하여 사용할 것이다.

용서의 다양한 측면들

용서는 돈 헨리Don Henley가 부른 노래처럼 '문제의 핵심'The Heart of the Matter이다. 용서는 문제의 핵심이며, 그 노래는 이것을 가슴 아프고 아름답게 표현하고 있다. 학자들은 수세기 동안이나 예수를 이해하기 위한 열쇠를 찾고 있다. 20세기에는 '하나님의 통치' 문구가 예수의 메시지의 핵심이라고 여겨졌다. 이 문구는 예수의 핵심적 관심을 잘 잡아낼 수는 있지만, 그의 나라의 메시지는 인간의 폭력의 문제와 신성한 용서의 해결이다. 용서라는 주제의 중심을 보기 위한 한 가지 방법은 그것을 찾을 수 있는 모든 다양한 장르, 이야기 형태 및 가르침에 주목하는 것이다.

용서는 기적 이야기 속의 한 주제이다. 마가복음2:1-12의 마비된 자의 이야기에서, 예수는 죄와 병이 같은 뿌리를 가진다는 유대교적 이해와 함께 하고 있다.요9:2을 참조할 것 현대 의학연구는 우리의 심리상태와 몸 사이에는 어떤 밀접한 관계가 있다는 것을 보여준다. 우리의 마음, 자존감에 영향을 주는 것은 또한 우리의 신체적 자아에도 영향을 준다. 예수는 그런 연결성을 논박하지는 않지만, 인간인자으로서, 신성한 권위의 어떤 구조와도 상관없이, 하나님이 그에게 오직 하나님께만 속한 힘, 죄의 용서를 선포할 권위를 부여했다는 것을 논증하기 위해 그것을 사용하고 있다.

우리가 이미 무자비한 종의 비유에서 본 것처럼, 용서는 예수의 비유들 속에서 큰 영향을 미쳤다. 선한 사마리아인의 비유눅10:25-37에서처럼, 용서는 기다리시는 아버지눅15:11-32에 내포된 핵심 주제이다.

용서는 누가복음 7:36-50의 갈등 이야기에서도 발견되는데, 여기서 예수는 바리새인 시몬의 집에서 열린 연회에 참석한다. 이곳에서 평판이 나쁜 여자로 소문이 난 한 여성이 예수에게 기름을 붓는다. 예수는 시몬에게 간단히 응수한 후, 그녀의 죄가 용서를 받았다고 그 여성에게 선포한다. 이 시점에서 군중은 자기들끼리 수군대기 시작한다. "이 사람은 누구기에 심지어 죄까지 용서한단 말인가?"

마태복음 6:14-15이나 18장에서도 우리는 용서에 대한 일반적인 가르침을 찾을 수 있다. 여기서 우리는 하나님에게 용서함을 받는 것은 다른 사람들을 용서하는 것과 직접적으로 연결되어 있다는 것에 주목해야 한다. 신약성서에서 그리스도인들은 "하나님을 닮은 자들"엡5:1이 되는 것에 참여한다. 복음서에서 닮음mimesis, 모방이란 말은 사용되지 않았으나 따르다라는 용어가 있다. ἀκολουθέω라는 이 동사는 제자도에 해당되는 기술적 용어이다. 예수를 따르는 것은 예수가 행동한 것처럼 따르는 것이다.[4] 흥미롭게도, 우리가 하나님께 우리를 닮으라고 구할 수 있는 유일한 때는 용서에 관한 것이 될 때이다. 주기도문에서 우리는 다음과 같이 기도한다. "우리에게 죄지은 자들을 우리가 용서한 것같이 우리의 죄를 용서하소서." '같이'라는 작은 단어는 핵심어이다. 우리가 용서하는 동일한 방식으로, 혹은 우리가 용서하는 동일한 기준으로, 우리는 하나님께 우리를 용서해 달라고 구하고 있다.

용서는 희년에서의 핵심 주제다. 우리는 누가복음 4장에서 예수가 이사야 61장에서 희년의 본문을 인용한 것을 보았다.[2.1] "압제당한 자들을 풀어주기"라는 구절은 용서를 위한 단어이다. 용서가 영적인 것 이상이라는 것을 주목하는 것이 중요하다. 그것은 또한 경제적이기도 하다. 유대교는 죄란 단어와 빚이란 단어를 상호교환해서 사용했다. 죄를 짓는 것은 빚을 지는 것이다. 주기도문의 두 가지 버전에서 마태가 '빚'을, 누가가 '죄'를 사용한 이유가 그것이다, 하지만 경제적인 의미의 빚이 되는 것은 도덕적인 의미의 빚이 되는 것만큼이나 억압적인 것이다. 예수의 명예/수치 문화 속에서는 경제적인 착취가 수없이 이루어졌으며 대다수의 비귀족층은 부자들에게 빚을 지고 있었다. 희년은 도덕적인 빚이 탕감되는 것뿐만 아니라 경제적인 의미

의 빚으로 인해 경제적 착취로부터 자유로워지는 시간으로 갈망되었다.[5]

용서는 제자들과 예수의 최후의 만찬에서 펼쳐지는 주제이다. 예수는 잔을 들어 다음과 같이 말한다. "이것은 많은 이들의 죄를 용서하기 위해 흘리는 내 언약의 피이다."마26:27-28 우리는 주님이 "내가 새 언약을 만들 시간이 다가 온다…나는 그들의 사악함을 용서할 것이며 그들의 죄를 더 이상 기억하지 않겠다"고 선언하시는 예레미야 31:31-34에서 발견되는 새로운 언약의 약속이 울려 퍼진다는 것을 생각해야 한다.

마지막으로, 용서는 누가복음에서 예수를 죽이는 것으로 표현되었다. "아버지, 저들을 용서하소서. 저들은 자신들이 무엇을 하고 있는 지도 모릅니다."눅23:34 인정하건대 이것은 본문이 서로 달라, 어떤 헬라어 사본들에서 입증되지 않은 언급이다. 진본이든 아니든 난 아니라고 본다 그것은 확실히 우리가 예수의 가르침을 보는 것을 표현하며, 예수가 인간관계의 중요성을 이해하는 방식과 동일한 것이다.

예수에게 있어서는 남을 용서하는 것, 즉 다른 이들과의 관계를 회복하는 것이 무엇보다 중요하다는 사실로부터 우리는 벗어날 수 없다. 사실 그것이 너무도 중요하여 예배보다도 중요한 것이 된다. 마태복음 5:21-24에서 예수는 실제로 다음과 같이 말하고 있다. "만약 당신이 날씨 좋은 일요일에 일어나 교회에 가기로 결심했는데, 교회에 가면서 당신에게 잘못을 저지른 사람에 대해 생각하기 시작한다면, 교회에 가는 것을 신경 쓰지 말라. 먼저, 당신에게 상처를 준 그 사람에게 가서 화해하라. 당신이 이것을 다 한다면, 그리고 하나님 앞에 와서 예배하라." 만약 다른 사람과 어떤 문제가 있는 누군가가 이 법칙을 따르기로 했다고 상상해 보자. 교회는 일요일 아침에 텅텅 비고 말 것이다! 이 세상은 일요일 외의 날에 분명 다른 곳이 될 것이다.

그것은 바로 침례 요한과 예수를 차별화하는 용서의 주제이다. 요한의 침례는 죄사함을 위한 회개의 침례이며 부정을 씻어버리는 침례임이 분명하다. 요한의 메시지는 원수를 용서하는 것에 관한 것은 아무것도 포함하고 있지 않다. 반면 예수의 메시지는 원수를 용서하는 것과 원수를 사랑하는 이런 주제를 울려 퍼지게 한다. 우리가 눅 7:18-23에서 본 것처럼, 그것은 바로 새로운 길을 조언했던 예수를 거억하며, 로마인들을 그리고 아마도 헤롯과 '부패한 제사장들'을 심판하고 타도할 하나님을 찾고 있던 요한을 혼란스럽게 했던 예수의 사역이 가진 용서함의 측면인 것이다.

한없고 값없는 용서

이런 새로운 길을 정말로 보기 위해서는 규정하기 힘든 몇 개의 신학적 용어를 이해하는 것이 중요하다. 만약 내가 여러분에게 '사랑'이나 '은혜'를 정의해 보라고 한다면, 여러분은 분명히 나에게 답을 줄 수 있을 것이다. '사랑'과 '은혜' 모두가 서로 연관된 용어임에는 틀림이 없다. 즉, 이들 용어는 사람 사이에서의 어떤 종류의 교류를 암시하고 있다. 우리가 하나님의 사랑이나 하나님의 은혜를 말할 때는, 개인적인 영역 밖으로 그것을 끄집어 내지 않으면서 그것이 어떤 사건이 되게 하는 것이 중요하다. 예를 들어 은혜는 값없이 받는 호의를 의미할 수 있지만 그것은 다음의 질문을 가져온다. 값없다는 말은 무슨 뜻인가? 이것은 하나님이 때로는 호의적일 수 없거나 호의적이지 않다는 것을 의미하는가? 당신은 앞선 질문들에서 나온 의미를 이런 용어들에 가득 실어야 한다. 은혜와 사랑과 같은 용어들은 그들이 사용되고 있는 언어의 체계 속에서는 자기 지시적이다. 펠라기우스주의자들, 어거스틴주의자들, 칼빈주의자들과 아르미안주의자들은 반드시 이미 자리를 잡은 은혜와 사랑과 같은 용어들을 이미 규정된 용어들과 관련하여 규정해야만 한다.

우리는 고린도전서 13장을 보며 아가페agape에 대해 묻는 것이 너 낫다. 아가페적 삶이 무엇과 같은지에 대한 다른 수많은 측면들에 더하여, 여기서 말하는 아가페는 잘못된 것들을 기억하지 않는다는 것이다. 이는 잘못을 행하는 것이 항상 지속되는 것은 아니라는 걸 의미하지는 않는다. 오히려 기록에 대해서는 더 말할 필요가 없다는 것이다. 아가페의 특성은 용서하는 것이다. 바울은 고후 5:18-19에서 십자가를 말할 때 같은 논리를 사용한다. "하나님은 예수 안에서 스스로를 세상과 화해하고 계시며, 죄인들의 죄과를 따지지 않으신다."[7.2] 예수는 용서에 대해서는 무엇이라 했는가? 그것은 이 모든 것과 동일한 것인가?

완전한 예가 그 대답이다! 용서는 절대적으로 죄과를 따지지 않는다. 눅 23:34를 기억하라. "아버지여, 그들을 용서하소서. 그들은 자신들이 무엇을 하는지 모르고 있습니다." 예수의 기도는 하나님께 우리의 죄를 묻지 말라고 하시는 것이다. 이것은 그가 죽으시는 그 날에 기도한 것이다. 우리가 "그리스도께서 나의 죄를 짊어지셨다"라고 말할 수 있는 이유는 어떤 하늘의 거래 때문이 아니다. 그것은 우리가 빌라도나, 가야파,* 혹은 산헤드린의 어떤 이, 또는 군중이나 제자들이 되어 거기에 있었다는 것을 우리가 알기 때문이다. 가장 큰 자에서 가장 작은 자에 이르기까지 우리가 숨을 곳은 없다. 모든 이들은 고난이야기 속에서 이름이 붙여졌으며, 예수는 모든 이들을 용서했다. 그것이 아버지의 뜻이었으며, 그런 유형의 용서였다.

용서는 에너자이저**의 토끼와 같다. 용서는 계속, 계속, 그리고 또 계속된다. 베드로가 예수에게 "내 형제에게 몇 번이나 용서하면 되겠습니까, 일곱 번이면 되겠습니까?"라고 묻자 예수가 "일흔 번씩 일곱 번"이라고 대답한 것을 기억하라. "베드로야, 아니다. 그것은 셀 수 있는 문제가 아니며 용서의 삶을 계속 사는 것이다." 마태의 이야기에 따르면, 예수는 무자비한 종의 비유를 계속하고 있다[마18:21-35]! 그 클라이맥스는 우리가 진심으로 서로서로를 대하는 방식으로 우리를 대하시는 하나님과 연결시켜서 예수가 그들을 위한 비유를 해석해 나가고 있다는 것이다. 당신은 당신이 믿는 하나님을 이해하지 못하며 당신이 사는 하나님을 이해하지 못한다. 왜냐하면 우리는 계속

---

* 예수의 사형을 판결한 산헤드린 의장
** 미국의 배터리 상표.

하여 숫자를 세고 있기 때문이며, 우리 인간들은 완전한 용서의 힘을 제한하는 '추산함'과 '정의'에 열중하고 있기 때문이다. 우리는 하나님으로부터 그것을 받고자 하지만, 그것이 용서에 관한 한, 예수가 닮고 있는 '하나님을 닮기'란 아주 힘들어 보인다.

이것은 왜인가? 왜 용서는 그리 어려운가? 왜 우리는 용서를 납득시킬 수많은 방법을 찾고자 하는가? 왜 우리는 우리의 분노에 매달릴 필요가 있다고 느끼는가? 왜 우리는 항상 우리의 분노, 억울함, 비통을 정당화하고자 하는가? 우리가 하나님의 용서가 '값없고 자격 없이 받는 것'임을 안다면, 왜 용서를 얻으려고 그리 많은 시간을 쏟아 붓는가?

용서가 얻을 수 있고 받을 자격이 있다는 개념은 어디서 온 것일까? 용서는 미사곡에 푹 빠져서 기도를 하는 순간 어떤 사람에게 확대되는가? 아니면 그들이 침례를 받는 때인가? 혹은 그들이 충분히 거룩해 지는 순간인가? 아니면 그들이 신앙 공동체에 합류하는 순간인가? 그것도 아니라면 그들의 부모가 그들을 침례 받게 한 때인가? 용서의 순간은 언제인가? 이들 가운데에는 아무것도 없는가? 용서의 순간은 오래전, 역사적으로는 고난의 금요일에, 신학적으로는 '세상의 근간이 만들어진 이후로부터' 일어났다. 우리는 항상 하나님과의 용서받는 관계 속에 서 있다. 그것은 우리와 함께 하는 하나님의 자세이다. 그의 방탕한 자녀가 집으로 돌아올 때 그가 크게 기뻐하시는 아바인 이유가 이것이다. 회복된 관계는 죄를 따지는 것보다 더 중요하여, 마침내 용서가 되는 것이다.

어떻게 분노의 하나님과 결별하는가?

난 지금 어떻게 '용서'란 단어를 예수의 삶과 가르침에서 이해하는가에 대해서 설명하고자 한다. 우리는 어떻게 받을 만한 자격이 있는 어떤 것과 용서를 혼동하는 자리에 왔을까? 그 대답은 오래되고도 새로운 것이다. 그 대답은 우리의 초기 인간조상들로 거슬러 올라가서, 모든 종류의 새 시대 혹은 단일신론 혹은 이교도 혹은 종교로서 인정을 받을 수 있는 다른 어떤 전통 속에서 찾을 수 있다. 그것은 '희생원리'로 알려져 있다. 우리가 생물학을 가지고 우리 유전자 속에 있는 진화코드를 알고 있는 것처럼, 또한 시간이 지나면서 우리 인간이 발전시켜 온 어떤 사회적 반응들을 우리 두뇌 속에 코드로 가지고 있다. 이것들 가운데 하나는 신성과 관련된 것이다. 어거스틴은 "우리의 마음은 당신 안에서 안식을 찾을 때까지 쉴 수가 없습니다. 오, 하나님"이라고 했다. 인간의 경험 속에는 아마 어떤 신의 형상을 지닌 공백이 있을 것이지만, 입증할 수는 없다. 설명할 수 있는 것은, 우리의 영장류 조상과는 달리, 우리 인간은 종교적인 종이라는 것이다. 초기 인간이 남긴 유적의 고고학적 증거는 죽음의 매료 혹은 죽음에 대한 어마어마한 공포이며 그것은 바로 저 너머에 있는 것이다.

우리 인간이 진화함에 따라 신에 대한 시각도 변화되었다. 그것은 만년 이상이 걸렸으나 신성에 대한 우리의 시각은 아주 중요한 변화를 겪게 되었다. 신석기시대의 인간들은 자연과 죽음이 지닌 힘으로서 그들이 경험했던 거대한 초월함의 공포 속에서 살았을 것이다. '신성'에서의 변화의 중요한 표시는 신의 개념이 초기 문명들제국에 의해 이용되었을 때 모든 희생의 방식을 위한 제사장들과 신전들을 갖추었다는 것이다. 이제는 두려워함에 더하여, '신' 혹은 신들이 예배를 받거나 숭배를 받게 되는데, 신/신들은 그것을 대신하는 삶들을 축복하기 때문이다. 만약 그 사람들이 잘 한다면, 신성함이나 신들은 그들을 잘 돌볼 것이다. 이 과정 속에서 신은 두 얼굴 혹은 야누스의 얼굴을, 곧 지배자와 선악의 주인으로서의 신을 갖게 되었다. 하지만 이것을 알아야 한다. 신의 개념은 선에서 악으로 가는 것이 아니라 두려움에서 선함으로 가는 것이기에, '두 얼굴을 가진' 것이 된다. 이런 야누스의 얼굴을 가진 신, 즉 두려움과 사랑의 대상이 되는 신은 인류의 종교적 성숙의 역사 속에서 새로이 발전된 것이다. 양면적인 신은 문명화된 종교의 신 즉 현대 용어로는 '제국의 신'이다. 이 속에 들어있는 축복을 보면 또한 골칫거리도 존재한다. 사랑하고 증오하고, 용서하고 저주하고, 축복하고 저주하는 신은 우리 인간이 수천 번이나 되풀이 하는 신으로서, 각각은 자신을 가리켜 '진정한 종교'라고 부른다. 모든 인간의 역사는 인간의 희생으로 가득 차 있으며, 우리는 여기 이 땅에서 우리의 삶을 지키기 위해 이런 형태의 신성을 만들었다.

희생원리는 "받기 위해 준다"라고 대략 번역되는 라틴어로마어 문구 "do ut des" 속에서 주고받고 점유하는 행위를 통해 표현되고 있다. 나는 왜 신들에게 헌금을 하는가? 왜냐하면 내가 지닌 능력에는 없는 어떠한 것을 찾기 때문이며, 내가 요구하기 전에 먼저 선물을 하는 것이다. 대부분의 중동문화에서처럼, 명예/수치 사회 속에서는 보답 없이 선물을 받는 사람은 명예롭지 않다. 종교적인 관습 속에서도 같다. 종교는 하나님으로부터 무엇인가를 받기 위해 하는 것이다. 종교는 희생에 관한 것이다. 고대 세계에서 진정한 질문은 "어떤 신을 믿습니까?"가 아니라 "어떤 신에게 희생물을 바칩니까?"라고 하는 것이 맞다.

종교가 생각하는 방식으로 우리가 기독교적인 용서를 생각할 때는, 주고받음의 자격을 항상 따지게 될 것이다. 거의 모든 신학이 용서가 개인적 인간 속에서 '실현될' 순간을 필요로 하는 이유가 이것이다. 누군가가 의식 있는 선택을 할 때까지 미완성된 거래로 남는다. 그것은 개인의 지금인 것이다. 이것에 대한 반응은 '자유의지'의 개념을 매도하는 것이다. 하나님께서 누구를 용서하시고 누구를 필요한 선택이나 지금을 하도록 하게 하실지를 선택하시게 될 때, 불행히도 이중예정이나 운명이라는 아주 추상적인 교리로 빠지는 것은 당연한 반응이다. 다음 부분에서 우리는 대중적인 예수의 죽음이 의미하는 속죄의 교리 속에서 이것이 어떻게 변형되었는지를 보게 될 것이다.

주는 자와 받는 자 사이의 교환이 있을 때 우리는 교환경제economy of exchange라고 불리는 것을 다루고 있다. 우리는 모두 교환경제의 한가운데에 살고 있지만 결코 그것을 생각하지는 않는다. 우리 모두는 재화와 용역의 대가로 주어진 돈을 받기 위해 우리의 시간일자리을 교환하고주고 있다. 우리가 우리의 소유에 그리 애착을 가진 이유가 이것이다. 우리의 소유물은 우리 시간의 가치를 나타낸다. 어떤 경우에 있어서 사람들은 실제로 순자산이 자아존중감과 동일하다고 믿는다. 우리의 존재는 우리의 종교와 같은 교환경제를 지향하고 있다. 이후의 장에서5.2 난 문화와 종교가 공통된 뿌리를 가진다는 것에 대해 이야기 하겠지만, 지금은 우리가 교환경제 속에서 인식되는 용서의 방식과 예수가 말하고 살아 내었던 하나님의 기뻐하시는, 경계를 넘어서는, 끝없는 용서의 방식 사이에서 커다란 차이가 있다는 것을 보기 시작하는 것이 중요하다. [6]

용서의 반대는 보복으로서, 교환경제의 부정적인 측면이다. 여기서 균형은 반드시 동등해야 하고 질서는 회복되어야 한다. 용서하지 않는 것은 보복을 하려는 것이다. 고대에서 보복은 마치 미국의 서부the Wild, Wild West와 같았다. 부당한 취급을 받은 사람은 무자비하게 보복했다. 보복은 가인의 7배의 보복을 70배의 보복으로창4:24 바꿔 폭력을 증가시켰던 라멕과 같았다. 나중에 이것이 옹호될 수 없게 되자, 유대교 율법의 제정에 있어서 한 가지의 소득이 있다면 균형을 찾고자 한 것이다. 그것은 눈에는 눈, 이에는 이였다. 당신이 나의 가족, 부족, 국가 혹은 갱단의 누군가를 죽였다면, 나는 당신의 사람 가운데 하나를 죽일 것이다. 그럼에도 불구하고, 보복의 순환은 몇 세기가 지났음에도 세대가 지나도록 빈번하게 지속되었다.

이것은 바로 예수의 용서의 사역그리고 제사장직을 그리 중요하게 만들었던 것이었다. 그를 죽였던 우리는 그의 보복을 결코 두려워할 필요가 없다. 예수는 하나님으로부터 우리가 용서받기를 구했고 받았으며, 부활 이후 우리에게 나타나 "샬롬"이라고 말했을 때 우리에게 용서를 선포했다. [7]

용서는 희생원리를 폐기한다. 용서는 단순히 값없이, 그리고 아낌없이 하나님께서 우리에게 주신 것이다. 하나님은 용서로 우리와 공감하신다. 예수가 나사렛회당의 청중들에게 "하나님께서 희년의 축복으로 너희의 적에게 임하신다"고 누가복음 4장 할 수 있었던 이유가 이것이다. 예수의 아바는 야누스의 얼굴을 가지지 않았다. 하나님은 용서하시며 우리 역시 용서할 수 있다. 그가 하나님의 통치가 인간들 사이에서의 용서에 있다고 말한 이유가 이것이다. 복음서는 획득할 수 있다거나 받을 자격이 있다는 어떤 용서의 개념도 부수고 있다. 용서는 온전히 선물로 오는 것이다. 비록 선물을 받아들이지 못한다해도 용서는 여전히 그곳에 있다. 용서는 '먼저 주어진given before' 선물이기에 용서for-given인 것이다. 용서는 전체적인 자세나 방향이지 반응이 아니다. 용서라는 선물은 취소되지 않으며, 그러기에 분노와 진노로 대체되지 않는다. 우리가 예수가 주님이라고 고백할 때, 우리는 천지의 창조주가 자비를 가지고 우리 모두를 도아보시며 우리를 하나님의 형상을 지닌 자녀로 살도록 부르신다는 것을 고백하고 있는 것이다.

3.3 비폭력적 속죄

지난주에 운전을 하면서 난 이렇게 적힌 어떤 교회 광고를 보았다.

"예수가 댓가를 치르느냐 아니면 당신이 치르느냐"

여러 가지 신학이 이런 몇 단어 속에 함축되어 있다. 몇 개의 가정을 풀어헤쳐보자. 먼저 지급payment이 요구된다. 둘째로, 예수가 댁가를 치르거나 우리가 그 댓가를 치러야 하는데, 이것은 우리가 교환경제 속에 있으며 희생원리로 움직이고 있다는 것을 확연히 보여준다. 이것은 우리가 거래를 하고 있다는 것을 보여준다. 셋째로, 예수나 우리가 누군가에게 댓가를 치러야만 한다. 넷째로, 누군가에게 빚을 졌다는 암시적 가정이 여기에 있다. 다섯째로, 우리 중에 누군가가 어떻게든 댓가를 치러야 하듯이, 예수는 우리가 할 수 있었던 것을 우리를 위해 할 수 있다. 그는 대리자 노릇을 할 수 있다.

이 모든 것과 더불어, 아마도 더욱 더 많은 것이 이 몇 단어 속에 함축되어 있을 것이다.

34년 전 내가 '새 신자'가 되었을 때, 처음으로 예수의 죽음이 의미하는 것을 배웠고, 혹은 들었고, 혹은 이해했다. 그것은 위에 쓴 모든 것들을 의미했다. 예수는 내 죄를 위해 죽으러 왔고, 값을 치르러 왔으며 나를 지옥에서 구하러 왔다. "나는 잃은 자를 찾아 구하려고 왔다," "나는 의인을 부르러 온 것이 아니라 죄인들을 부르러 왔다," "나는 그들이 풍성한 삶을 누리게 하고자 왔다" 그리고 "나는 율법을 폐하러 온 것이 아니라 완성하러 왔다." 이런 언급들은 모두 어느 정도 속죄와 관련이 있다. "예수는 모든 값을 치르셨다/내가 하나님께 빚진 모든 것/죄는 진홍색 얼룩을 남겼다/그는 그것을 눈처럼 희게 하셨다."

이런 "나는 ~을 하러 왔다"라는 언급들은 사실상 속죄와 하나님의 목적을 회복하는 것이다. 하지만 "나는 ~을 하러 왔다"를, 우리가 묘사하는 하나님이나 혹은 진노하고 용서하는 야누스의 얼굴을 가진 하나님과 연결시키는 것은 큰 차이점이 있다. 어느 하나님이 예수를 보내시는가? 예수를 이런 하나님의 완전히 다른 구조적 묘사와 연결시킬 때, 두 가지 완전히 다른 속죄이론이 나타난다. 하나는 희생적/종교적인 속죄이론이며 다른 하나는 비희생적/비종교적 속죄이론이다. 예수가 왜 왔는지에 대해 희생적이거나 종교적으로 이해하는 것은 용서뿐만 아니라 보복에 대해서 설명해야만 한다. 그리고 이것은 교환경제의 언어와 논리를 사용해야만 가능하다.

진노의 하나님과 예수의 죽음 문제

이런 형태의 논리는 11세기 후반에 켄터베리 대주교, 안셀름, 그리고 그의 책 『왜 하나님이 인간이 되셨는가』와 더불어 예수의 죽음에 대한 그리스도인의 사고방식 속에 들어왔다. 질문은 좋았다. 안셀름은 그리스도의 죽음을 죄로부터의 자유와 하나님의 우주질서의 회복으로 이해함으로 답을 찾고자 했다. 인간의 상태와 하나님의 정의의 의미를 놓고 볼 때, 예수의 죽음은 논리적인 필연성이었다.

안셀름은 십자군의 전장에서 교황과 함께 앉아 이 글의 편집을 마쳤다.[8] 기독교/무슬림의 갈등은 무르익고 있었다. 안셀름은 질서를 원했고 그가 예수의 죽음이 어느 정도 그런 질서를 가져왔다고 믿은 것은 놀랄 일이 아니다. 안셀름은 예수가 우리를 위한 대리자라고 했다. 그리고 나서 그는 우리가 하나님의 정의의 저울을 균형 잡을 수 없었기에 예수의 죽음이 필요했다고 결론 내린다. 이런 결론이 올바른 것일까? 신약성서의 증언은 우리 모두를 처벌하기 위해 기다리고 있는 엄청난 주디 판사Judge Judy * 와 같은 하나님이 아니다. 신약성서의 판사는, 그런 것이 있다면, 인간에 의해, 당신과 나에 의해 심판을 받게 되는 은혜롭고 자비로운 판사이다.[1,3] 하나님은 칼 바르트가 말하는 것처럼 '우리 자리에서 심판을 받는 심판관'이다.

예수는 하나님의 통치 속에서 도래하는 안셀름의 이해 속에 있는 모든 것들을 바꾸어 왔다. 하지만 안셀름은 예수의 죽음을 이교도적 희생원리의 것과 동화시켰으며 하나님을 예수의 속죄의 대상으로 만들어 버렸다. 예수는 하나님을 위해서 어떤 것을 했으며, 그 대가로 우리의 구원을 얻어냈다. 그 어떤 것이란 도대체 무엇인가? 만족인가? 지금인가?

안셀름에서 오늘날에 이르기까지, 야누스의 얼굴을 가진 하나님에 관련하여 예수의 죽음에 대한 수많은 토론들이 있어 왔다. 이것은 정확히 중세의 속죄이론이 신약과 결별하는 지점이다. 왜냐하면 사도적 교회는 예수의 죽음을 진노 가득한 신성과 연결시키지 않기 때문이다. 그들은 그 반대를 말하는데, 바로 우리의 화해의 주도권은 하나님께로부터 온다는 것이다.예를 들면 롬5:6-11, 고후5:16-21

십자가를 징벌로 보는 잔인한 발걸음을 걸은 것은 안셀름이 아니었다. 가장 영향력 있는 종교개혁가 존 칼빈은, 예수의 죽음이 '하나님의 어두운 면'

---
* 미국의 TV법정프로그램.

과 연결되어 있다는 점을 분명히 했다. 기독교강요에서 그는 다음과 같이 언급한다.

> "요컨대 하나님의 아들이 우리의 육체를 취하고자 했으며 아버지로부터 이런 명령을 받아들였다고 성서에 나타난 유일한 이유는 그가 우리를 대신하여 아버지를 기쁘시게 하기 위하여 희생이 되고자 한 것이다. '따라서 기록되기를, 그리스도는 고난을 당하며… 그리고 회개는 그의 이름으로 전해진다.' 눅24:46-47 '이런 이유로 아버지는 나를 사랑하신다. 나는 내 양을 위하여 목숨을 버리기 때문이다...이런 명령은 그가 아버지가 나에게 주신 것이다.' 요10:17, 15:18 '모세가 광야에서 뱀을 들었던 것처럼, 인자도 들려야 하리라.' 요3:14 다른 구절은 다음과 같다. '아버지, 이 시간 나를 구원하소서…하지만 이런 목적으로 내가 이때 왔다. 아버지여, 당신의 아들을 영광스럽게 하소서.' 요12:17-28, 23절과 결합되었다." [9]

예수의 죽음이 지닌 온전한 목적은 오직 '신성의 어두운 면'에만 붙여져 있다. 문제는 무엇인가? 십자가에서 예수의 속죄 사역은 더 이상 관대하고 자비로운 하나님에 의한 은혜의 행위로 보이지 않는다는 것이다. 속죄는 가장 폭력적인 이미지, 즉 어린아이를 제물로 바치는 것으로 변해 있는 것이다. 그렇다. 이런 그림에서는, 마치 아브라함이 이삭을 제물로 바친 것처럼 하나님이 자신의 아들을 제물로 바친다. 하지만 아브라함과는 달리, 하나님은 그것을 겪어 내셨다. 예수의 만족적인 죽음은 완전히 형벌적인 것이 되었는데 예수는 우리 대신 처벌을 받았다 그 이유는 하나님의 진노하시는 측면을 달래야 하기 때문이다.

주요 복음주의적 출판사들에 의한 최근의 그룹성경공부는 이런 시각을 정확하게 복음서의 내용으로 만들어 내고 있다. 그들은 아담, 이브와 뱀의 이야기로 시작한다. 인간 부부가 하나님을 거역했을 때 "그의 완전한 심판의 요구를 만족시키기 위해, 하나님은 그들의 죄로 인해 그들을 심판하셨으며 그리고…모든 창조가 타락된 상태로 들어왔다.""아담과 이브가 하나님을 거역했을 때, 그의 완전한 정의는 그들의 죄로 인해 하나님이 그들을 벌하실 것을 요구한다." 그러면 우리의 희망은 무엇인가? 예수는 "우리의 죄로 인한 죽음의 형벌을 감당함으로 성서를 성취하고 우리의 구원을 이루신" 분이다.[10]

이런 마지막 전환과 더불어, 예수의 죽음에 대한 진정한 기독교적 사고는 폐기되어 버린다.[11] 이런 논리는 사도적 저자들과는 이질적이다. 이 논리는 사도들의 강조와 언어와 모순된다. 그것은 지난 30년 동안 속죄에 대한 논쟁 속에서 공격을 당해온 희생논리sacrificial logic이다. 이런 논리의 지지자들은 결코 완전히 잘못되지 않았다. 왜냐하면 그들은 예수의 죽음을 이익으로, 긍정적인 것으로 받아들이기 때문이다. 그들이 그것을 받아들이는 방식은 문제이다. 그들은 예수의 죽음을 교환경제와 희생원리의 구조 속에서 이해하고 있다.

예수는 어떻게 자신의 죽음을 설명했는가?

그래서 질문은 이것이다. 예수는 자신의 죽음을 아바의 진노를 달래는 것으로 이해했는가? 우리는 이미 시편 22편을 다뤘다.[13] 그 본문 자체나 예수의 사용에는 하나님의 진노가 암시되어 있지 않다. 그렇다면 예수는 어떻게 자신의 죽음을 이해했는가?

시작할 만한 좋은 본문은 마가복음 10:45이다.

"인자는 섬김을 받으러 온 것이 아니라 섬기러 왔으며, 많은 사람을 위하여 자기 목숨을 대속물로 내주러 왔다."

그런 문제를 발생시키는 작은 단어는 '대속물lutron'이다. 대속물은 지금을 제안한다. 그것은 교환의 경제를 암시하고 있다. 하지만 누구와 교환이 된다는 것인가? 여기서는 대속물의 대상이 누구인가? 마귀인가? 하나님인가? 어떻게 지금되어야 하나? 빚의 본질은 무엇인가? 우리가 이것을 a) 컨텍스트와는 별개로 이해한다면, b) 희생원리의 렌즈를 통해서 해석한다면 분명한 대답은 없다. 컨텍스트는 계급과 권위의 문제에 관한 것이다. 먼저, 야고보와 요한은 그 집의 상석에 앉고자 한다. 그들은 하나님 나라에서 예수의 오른편과 왼편을 원한다. 그들은 결국 신성한 폭력을 통해 세상을 바꾸고자 하며 하나님의 진노의 대리자로서 자신들을 보았던 '격노의 아들들'이었다. 흔히 말하는 '우뢰의 아들들'은 잘못된 번역이다. 막3:17을 보라. 12 예수는 자신이 누구이며 자신이 어떻다는 것을 그들이 보도록 했다. 예수가 분명히 제자들에게 보여 주기 전, 제자들은 이 말을 들었으며 세베데의 아들들이 예수에게 요청한 것에 대해 아주 격노했다. 예수는 자신의 사역과 이교도의 권위를 비교함으로 이것을 보여주고 있다. 예수는 그리고 나서 자신을 따르는 것은 이교도적 사고를 버리는 것이라는 것을 의미한다고 말하고 있다. 이교도의 지도자들과 정반대가 되기 위해서, 그들은 가장 낮은 종의 역설을 가정해야 했을까? 이것은 무엇을 의미하는가? 스캇 맥나이트 Scot McKnight는 이해를 돕는 적절한 언급을 하고 있다.

"'anti'라는 용어의 사용은 독점적인 대리적 죽음그들을 대신한 그의 죽음, 레위기 27:11이나 혹은 많은 사람을 위한 유익그의 죽음이 많은 이들을 위한 자유를 가져 온다; 마 17:27 참고을 보여준다. 대리이론이 보지 못한 것은 대속물은 신학적으로 세련된 용어로 우리가 찾을 수 있는 대체자가 될 수 없다는 것이다. 죽음에는 죽음, 형벌에는 형벌이다. 여기서 우리는 묘사들이 혼합되어 있다는 것을 보는데, 바로 노예들을 위한 대속물이다. 마가의 언어로 예수는 다른 종들을 위한 종이 되지 않는다. 그는 노예가 된 사람들을 위한 대속물이다. 차이점은 특별한 주의를 기울여야 한다…대속물은 그렇게 함으로써 자유하게 하는 값만큼의 대리자가 되지 않는다. 그 개념은 구세주가 되는 것이지, 대리자가 아닌 것이다. 가장 적합한 번역이 되려면 예수가 '많은 사람의 유익을 위한 대속물'이라고 해야 한다."[13]

맥나이트는 비록 이 본문이 그 속에 희생적 의미를 들여온 채로 읽혀질 수 있고 또 그렇게 읽혀왔다고 할지라도, 여기서 그런 의미로 시작해서는 안 된다고 말하고 있다. 그것은 그 언어 자체보다는 어딘가 다른 곳에서 와야 하는 것이다. 하나님이나 악마가 이런 대속물의 지금을 받는 사람이라고 제시해서는 안 된다. 그렇게 되면 마가복음 10:45는 희생적 해석에서 들어 올려질 수 있으며 새로운 전망이 주어진다. 이런 새로운 전망은 하나님께서 주신 선물이자 하나님의 섬김으로 우리를 위해, 그리고 우리에게 주어진 예수의 인간됨에 초점을 맞춘다. 노예의 언어는 우리 인간 조건을 적절히 묘사한 것이며, 예수는 어떤 이들이나 몇몇을 위해서만이 아니라 모두를 위한 것을 하고 있다고 제시한다.

신학적으로 말하자면 윌라드 스와틀리Willard Swartley는 그것을 "구원적 연대redemptive solidarity"라고 부른다.[14] 속죄 속의 운동은 위에서 아래로 오는 것으로, 말씀은 육신이 된다. 성육신은 이미 속죄이다. 말씀이 육체가 되는 것 또한 하나님이 그렇게 미리 결정하신 것을 보여주기 때문에, 우리와 화해하는 것이 하나님의 최고 우선순위임을 우리에게 확신시키고 있다. 하나님은 우리의 고립을 극복하시고자 하며 우리의 진정한 인간됨을 회복시키고자 한다. 성육신과 속죄는 섬기시는 하나님의 단일 행위이다.

예수가 이교도적인 이해와는 완전히 상충되는 방식으로 리더십과 권위를 이해하고 있다는 것은 분명하다. 우리는 그것이 예수의 죽음과 왕되심/리더십의 문제를 함께 가져오는 것처럼 마가복음 10:45가 만드는 또 다른 중요한 연결점을 알 수도 있다. 예수에게 있어서 이런 두 가지 주제가 함께 왔다는 것은 처음이 아니다. 5천명을 먹인 기적 이후에, 예수는 자신의 최측

근 제자들을 가이사랴 빌립보에 데려가서는 자신의 죽음에 대해 이야기한 다. 5천명을 먹일 때 일어난 것이 예수로 하여금 자신의 죽음은 사실상 확실 했다는 것을 깨닫게 했을까? 그 대답은 제4복음서에서 발견될 수 있는데, 여기서 예수는 군중들이, 아마도 제자들이, 자신을 억지로 왕으로 만들려고 했기 때문에 스스로 언덕으로 철수하고 있다.요 6:15 위대한 혁명 만세!

만약 이것이 군중이 원했던 것이라면 예수는 자신의 메시지가 실패했다 는 것을 알았을 것이다. 군중은 그것이 폭력이나 혁명, 혹은 다른 어떤 종류 에 대한 것이 아니었다는 것을 이해한 것 같지는 않다. 그것은 전적으로 용 서에 관한 것이었으며, 우리가 마땅히 노예로 생각했던 다른 사람들을 돌보 는 것이었다. 이것이 바로 예수의 아바의 통치에 관한 것이다. 예수는 화평 하고자 했지만 강압이나 강요, 혹은 위협을 사용하는 방법으로는 아니었다. 이런 방법은 세상의 방식, 팍스 로마나로마에 의한 평화의 방식이었다.[15]

두 번째로, 마가복음 10:45의 이런 언급은 교환경제에 관한 것이 아니었 다. 복음서 어디에서도 예수가 하나님이 진노하셨다거나 죄인에게 분노하 셨다고 말하는 곳은 없다. 심지어 예수는 하나님이 죄인들을 다시 받아주시 기 전에 하나님의 진노가 풀려야 한다고 말하거나 그런 암시조차 하지 않는 다. 희생원리의 논리는 예수의 죽음에 대해 예수가 말하고 있는 곳 어디에서 도 찾을 수 없다. 만약 예수의 죽음이 희생적 행위가 아니었다면, 그렇다면 주고받음의 논리와 관련하여 볼 때 그것은 무엇이었을까?

먼저, 그것은 정치적 행위였다. 사형명령을 내린 시저의 대리인은 빌라도 였다. 십자가형을 실제로 수행한 것은 이교도 제국이었다. 물론 예수가 자신 의 제자 가운데 하나에 의해서 유대교 지도자들에게 '넘겨졌다'는 것이 사실 이긴 하지만, 그리고 이런 동일한 종교기득권자들에 의해 예수가 빌라도에 게 '넘겨졌다'는 것도 사실이지만, 예수를 죽인 것은 제국의 이교적 희생체 계였다. 니케아신경은 예수가 '본디오 빌라도 하에서 십자가형을 받았다'고 하면서 이 점을 짚어냈다. 니케아신경은 예수가 '유대인들에 의해' 십자가형을 받았다고는 말하지 않는다. 정확히 말한다면, 그들은 역할을 수행했을 뿐이고 그런 악랄한 행위를 행한 것은 이방인들이었다. 그 사건의 정치학은 '유대인의 왕'막15:26이라는 죄인의 표시titulus,* 속에서 볼 수 있으며, 이 표시는 빌라도의 의뢰로 세 가지 다른 언어로 되어 예수의 십자가 위에 있던 것이었다. 우리가 본 것처럼, 예수가 죽음에 이르도록 한 문제는 바로 왕의 지위다. 예수의 죽음은 국가를 전복시키고자 했던 누군가를 처벌하는 국가의 행위로 볼 수 있다.

두 번째로, 고난이야기는 고대 이야기들의 독자들에게 익숙한 어떤 구조, 즉 모두가 한 명에 맞서는 구조를 가졌다.5.2, 6.3 우리가 앞서 주목했던 것처럼, 몇몇 여인들을 제외하고는 실제로 모든 사람들이 예수의 처형에 참여했다. 아무도 빠져나갈 수 없다. 직설적으로 놓고 본다면 예수는 성난 군중에 의해 린치당한 것이다. 시편 22의 희생자처럼, 혹은 이사야 53의 종처럼, 그는 혼자였다. 아무도 그를 도우러 오지 않았으며 아무도 그를 위해 팔을 걷어붙이지 않았고, 아무도 범행이 저질러지는 것이 부당하다고 소리치지 않았다. 때때로 그리스도인들은 예수의 십자가를 바라보며 독특한 단일 사건을 본다. 예수가 그리도 분명하게 자신의 죽음과 다른 희생자들의 죽음을 연결시키고 있다는 사실은 시편 22와 이사야 53처럼 예수가 자신의 죽음을 희생적인 방식으로 보지 않았다는 것을 보여주어야 한다. 사실 예수는 자신의 죽음과 종교적 역사 속의 모든 부당한 죽음들 사이의 분명한 연결을 본다. 마태복음 23:29-36에서 예수는 자신의 시대 사람들에게 경고와 함께 연설을 한다. 자신들의 사회적 위기를 풀고자 집요하게 개인에게 폭력을 사용했기 때문에, 그들은 사회적 붕괴의 대재앙을 겪게 될 것이다.

"내가 예언자들과 지혜 있는 자들과 율법학자들을 너희에게 보낸다. 너희는 그 가운데서 더러는 죽이고, 더러는 십자가에 못 박고, 더러는 회당에서 채찍

---

* 십자가 꼭대기에 붙어 있던 죄인의 이름과 범죄를 기록한 표시.

질하고, 이 동네 저 동네로 뒤쫓으며 박해할 것이다. 그리하여 의인 아벨의 피로부터, 너희가 성소와 제단 사이에서 살해한 바라갸의 아들 사가랴의 피에 이르기까지, 땅에 죄 없이 흘린 모든 피가 너희에게 돌아갈 것이다."

예수는 유대 백성들의 역사가 살인으로 점철된 역사라는 점을 지적한다. 유대교 '정경'에서의 첫 번째 죽음은 바로 아벨의 죽음이었으며창 4:8, 마지막 죽음은 사가랴의 죽음이다.대하24:20-21 그의 죽음은 하나님이 이스라엘에게 보내신 모든 선지자의 죽음과 같을 것이다. 예수의 죽음이 선지자들의 죽음과 다른 것은, 아벨에서 사가랴에 이르기까지 그들의 죽음은 성스러운 제단에서, 혹은 그 제단에 의해 벌어졌다는 것이다. 그것은 그들이 죽어 피가 흐르는 제단 근처에 있는 희생의 컨텍스트에 있다. 예수는 성전이나 제단 인근에서 죽임을 당하지는 않는다. 그의 죽음은 완전히 세속적이다. 예수는 "성문 외곽에 있는" 언덕에서 죽는다.히13:12 예수의 죽음은 신성을 만족시키기 위해 드리는 흔한 희생적 관습과는 다른 것으로 해석되어야 한다는 점은 중요한 실마리가 된다.

따라서 예수의 죽음은 희생원리의 논리로 해석되는 것이 아니라 희생원리의 전복이자 희생원리의 끝으로 해석되어야만 한다. 예수의 죽음은 희생의 체계 속으로 들어와서 그것이 영원히 다시 반복되지 못하도록 하는 하나님의 방식인 것이다. 희생원리는 예수가 빛이라는 종교의 어두운 면이다.

마크 하임Mark Heim은 자신의 책 『희생으로부터의 구원』Saved from Sacrifice에서 이 점을 잘 요약하고 있다.

"진실은 하나님과 예수가 함께 스스로를 인간의 폭력에 던지고 있다는 것이다. 하나님과 예수가 모두 그 결과로 인한 고난을 겪는다. 양쪽 모두 그것을 드러내고 극복한다. 예수가 성부의 무력한 고통을 필요로 했으니 하나님은 더 이상 성자의 죽음을 필요로 하지 않는다. 아주 위험천만한 구출작전을 수

행할 때, 팀의 어떤 일원이 자신의 위험이나 고통을 대신 겪을 사랑받는 다른 일원을 '필요로' 하는 것처럼 하나님을 만족시키기 위한 제물로서 예수의 고난을 필요로 하는 것은 아니다. 그들은 꾸준히 그리고 일관되게 같은 쪽에 있다. 그들의 사랑의 힘으로, 그리고 서로 서로와 함께 하는 성찬의 힘으로, 그들 각각은 다른 이들이 겪는 고통을 겪는다. 그들은 하나님의 한가운데에서 전쟁을 벌이지는 않는다."[16]

3.4 주목할 만한 비유들

당신이 이 책을 여기까지 읽고 있다면, 세 가지 주된 도전들을 경험했을 것이다. 먼저는 성서에 대한 이해요, 둘째는 속죄에 대한 시각이며, 셋째는 하나님의 최후의 심판을 이해하는 방식종말론이라고 불린다이다. 아마도 당신은 내가 마치 성서를 던져 버리라고, 당신의 구원을 던지고서는 미래의 걱정은 잊으라고 말하는 것처럼 느낄 수도 있겠다. 사실 미래의 걱정은 잊으라는 얘기는 그리 나쁜 생각은 아니라고 본다. 걱정은 하지 말라. 또한 나는 성서가 교회와 그리스도인의 삶에, 그 중 어떤 부분도 아니고 그것 모두에게, 본질적인 것이라는 것을 단언하고 있으며, 또한 예수의 삶과 죽음은 우리가 하나님을 알 수도, 구원받을 수도 없다는 것과는 별개인 현실이라고 단언하고 있다.

서론에서 우리가 본 것처럼 재건되어야 할 것 만큼이나 많은 해체작업이 수행되어야 한다는 것을 기억할 것이다. 우리가 예수가 아니라 우리의 신학 속에서 감성적으로 투자하도록 배웠기 때문에, 그런 해체작업은 아주 뼈아픈 것이다. 우선순위를 차지하고 있는 것이 예수냐 아니면 우리의 신학이냐를 알아보기 위한 좋은 테스트는 우리가 하나님에 대해 어떤 것을 배우려 하지 않으며 어떤 새로운 것은 배우고자 하는 정도를 분별하는 것이다. 예수는 "하나님은 어제나 오늘이나 영원히 동일하시다"[히 13:8]는 것을 변화시키지 않았다. 하지만 우리는 변화하며 예수에 대한 우리의 이해도 변화한다. 만약 우리가 성령에 주의 깊게 귀를 기울인다면, 우리의 삶 속에서 하나님이 행하시는 것은 우리가 생각하는 방식을 바꾼다는 것을 발견하게 될 것이다.

우리는 폭력이나 보복을 사용하는 것이 예수가 세상에서 하나님께서 사역하시는 것을 이해하는 방식의 어떤 것도 형성하지 못한다는 것을 보았다. 하지만 하나님이 사람들이 배운 것과 다르다면 우리는 어떻게 의사소통하는가? 만약 하나님이 보복적이고, 정의는 되돌려 주거나 균형을 맞추는 보복으로 이루어져 있다고 생각한다면, 이것은 하나님이 아니라고 그들에게 어떻게 알려줄 것인가? 당신은 단순히 나와서 다음과 같이 말할 수 있겠는가? "아무튼, 당신은 하나님을 잘못 생각하고 있어요. 우리의 신성한 성경은 실제로 하나님이 폭력적이고, 보복적이고, 진노하시며 앙심을 품고 계시다고 말하기는 하지만, 실제로 그건 당신이 생각하는 걸 의미하지는 않아요."

이 점에 있어서 망설일 독자들이 많을 것 같다. 오늘날 그리스도인들이 하나님의 성품에 대해서 확실히 안다고 생각하는 것처럼, 예수 시대 사람들도 하나님을 안다고 생각했다. 난 오늘날 사람들의 반응을 이해한다. 그것은 바로 예수의 고향 회당에서 예수가 받았던 것과 같은 반응이다. 이것을 가르칠 때 난 종종 평신도들, 교회임직자들, 목사들, 그리고 심지어 신학자들로부터도 이런 반응을 받고 있다. 사람들은 악을 행하는 사람들을 처벌하는 진노의 하나님을 떨쳐 보내고 싶지 않을 뿐이다. 만약 그들이 모든 도덕적 기초를 잃게 된다면, 그들은 삶이 무정부상태로 내려갈 것이며 세상에는 정의가 존재하지 않을 것이라고 염려한다. 그런데 그들이 옳다! 이 모든 것이 일어날 수도 있다. 하지만 '이 모든 것'은 해결이 아니라 문제이다. '이 모든 것'이 희생양을 만드는 폭력의 체계 속에 근거하고 있기 때문이다. 그들의 신학은 공포에 자리 잡고 있지만 '완전한 사랑이 모든 두려움을 떨쳐낸다.'요일4:18 필요한 것은 이것과 의사소통하는 방식이다.

어떤 에스키모 종족에게는 눈을 지칭하는 단어가 20~30개나 있다고 한다. 각각 다른 단어가 다른 눈의 종류를 나타낸다. 하지만 당신은 어떻게 햇

볕이 내려 쬐는 애리조나 사막기후에 사는 원주민에게 눈을 설명할 것인가? 같은 방식으로, 모든 부족들이 희생의 논리 체계 속에 단단히 박혀있다면, 당신은 어떻게 은혜와 용서를 말할 것인가? 만약 사람들이 유일하게 들었던 것이 야누스의 얼굴을 가진 하나님이라면, 당신은 어떻게 "하나님은 빛이시며 하나님 안에는 전혀 어둠이 없다"요일1:5란 것이나 하나님이 "회전하는 그림자처럼 변하지 않는다"약1:17란 것을 그들에게 알려줄 것인가? 만약 분노를 정당화하는 것이 사람들이 아는 것이라면, 당신은 어떻게 그들에게 "인간의 진노는 하나님이 필요로 하시는 의로운 삶을 가져오지 못한다"약1:20고 이야기 할 것인가? 보노Bono는 이것을 다음과 같이 정리하고 있다. "믿음을 설명하는 것은 항상 어려운 일이었다. 세상이 제대로 돌아가지 않을 때, 우주의 중심에 있는 사랑과 논리를 당신은 어떻게 설명할 것인가?"

　필요한 것은 청중들이 아는 것과 그들이 아는 새로운 길을 개척하는 것을 연결시켜서 하나님에 대해 말하는 방식이며, 그리하여 그들이 아는 것뿐만 아니라 그들이 무언가를 어떻게 아는지가 변화되는 것이다. 이것이 바로 비유가 하는 것이며 예수는 최고의 비유이야기꾼이었다. 우리는 1.3에서 심판의 비유 가운데 일부를 살펴보았다. 비유는 삽화가 아니다. 비유는 이야기 형태로 도덕을 단순히 채색하는 것이 아니다. 비유는 거의 추정으로 아는 것과 가까이 있는 알려지지 않은 것들을 알게 하는 의사소통의 형태이며 다음과 같이 말한다. "여기 좀 봐요, 이것은 당신이 안다고 생각하는 것이고, 이것은 다른 것, 글쎄요, 이것은 실제적인 것이죠. 이들은 아마 비슷해 보일 수는 있겠지만 당신이 더욱 깊게 살펴본다면 더 큰 단절성을 찾을 수 있을 거에요. 그러면 선택은 당신의 몫이겠죠. 당신의 사고방식을 바꾸거나, 아니면 당신의 오래된 사고방식 속에 그대로 머물러 있으면서 그로 인해 고통을 받는 것 둘 중에 하나입니다."[17]

　이런 의미에서 비유는 퍼즐, 신학적 수도쿠Sudoku *이다. 비유들은 그들이

* 빈칸에 숫자를 채워 넣는 게임.

지닌 '의미'를 잡기 위해선 아주 힘든 지적인 작업을 필요로 한다. 비유는 그것이 말해지는 그대로 새로운 가능성을 만들어 낸다. 비유는 문을 열어 새로운 길에 빛을 비추는 것이다. 예수가 말하는 가장 두드러진 방식은 비유를 통한 것이었다. 영국의 학자 맨슨T.W. Manson은 비유, 그 중에서도 예수의 비유들을 구성하고 있는 것을 간단하지만 적합하게 다음과 같이 묘사하고 있다.

> "진정한 비유는 신학적 토론을 통해서 누군가를 돕기 위한 삽화가 아니다. 비유는 오히려 종교적 경험의 한 방식이다. 비유는 제단, 희생, 기도, 예언자적 시각과 같은 것들로서 사물의 동일한 질서에 속하고 있다. 비유는 신학의 자료이지 부산물이 아니다. 비유는 종교적 신앙이 이뤄지고, 할 수 있는 한, 한 사람에게서 다른 사람에게도 전송되는 방식이다. 그것은 절뚝거리는 지성을 위한 목발이 아니라 종교적 시각의 박차이다. 비유의 대상은 단순한 신학적 교육을 제공하는 것이 아니라 살아있는 종교적 신앙을 생산해 내는 것이다." 18

비유의 복잡한 단순성

이제 예수의 비유가 지닌 주요한 부담은 하나님이 통치하시거나 지배하시는 방식인 '하나님의 나라'에 관한 것이다. 이것이 그렇다면, 예수가 자신의 비유들 속에서 하고 있는 것은 하나님에 대해 우리가 생각하는 방식과 하나님이 하나님이신 방식, 하나님이 지배하시는 방식을 변화시키도록 우리를 돕고 있는 것이다. 우리는 지난 섹션에서 자율적 폭군이 아니라 낮은 종으로서 행동하시는 하나님에 대한 신앙적 증언을 했다. 섬기시는 하나님? 섬기시는 하나님은 어떤 하나님이란 말인가? 신들은 정의상 위대하고 거룩하고 강하며 웅장하고 찬양받는 존재들이다. 우리가 존재하는 이유는 하나님을 섬기기 위해서이다. 하나님이 우리의 종이란 것은 어떤 의미인가? 이것은 무엇을 의미할 수 있는가? 그 비유들이 우리에게 열려있다는 것은 정확히 무엇인가? 변화가 필요하다는 것은 무슨 말인가?

여기서 우리는 어떤 학자들이 그 비유들을 분류하는 방식으로 도움을 좀 얻을 수 있다. 난 예수의 비유들을 다양한 방식으로 분류하는 세 명의 학자들을 선택했다. 그렇지만 그들은 모두 지향점에 대해서는 본질적인 것을 가리키고 있다. 맨슨T.W. Manson은 예수의 비유들이 대략 두 가지 범주로 나뉘진다고 언급하는데, 1) 하나님의 통치와 2) 윤리적 행동이다. 마이클 고울더Michael Goulder는 예수의 비유들은 1) 직설법이며 2) 명령법으로 나눌 수 있다고 제시한다. 마지막으로 구약학자 클라우스 베스터만Claus Westermann은 예수의 비유들이 1) 선언과 2) 실천의 요청에 관한 것이라고 말하고 있다. 이들 저자들 각각이 인식하고 있는 것은 예수의 비유들이 다음의 두 가지 가운데 하나로 나뉜다는 것으로, 1) 신학과 2) 윤리학 혹은 1) 사물의 존재 방식과 2) 사물이 존재하는 방식에 우리가 따르는 방식이다.

예수의 비유들은 똑같은 두 개의 범주로 나뉘는데, 그가 이해했던 가장 큰 계명을 구성하는 것, 하나님을 사랑하고 이웃을 사랑하는 것의 의미이다. 그 비유들은 세상에서 존재하고 살아가고 사랑하는 이 새로운 방식 속에 참여하라는 초대로서, 이 새로운 방식은 추상적이 아니라 구체적으로 인자, 예수 안에서 하나님이 누구이신가라는 근본적인 특성을 반영하고 있다.

비유들과 가장 큰 계명을 이렇게 살펴봄으로써 난 결론을 내고자 한다. 삶은 해석에 관한, 그리고 우리가 성서본문과 우리의 경험과 우리를 둘러싼 세상을 이해하는 방식에 관한 모든 것이다. 해석이 없는 삶이란 존재하지 않는다. 우리가 1.2에서 보았듯이, 세 공관복음서가 모두 가지고 있는 가장 큰 계명은 해석과 관련된 것이었다. 마찬가지로 비유들도 우리가 하나님을 해석하는 방식과 우리들 스스로가 서로와 관련되는 방식과 관계가 있다. 우리가 해석을 하느냐 안하느냐의 문제가 아니다. 우리는 해석을 한다. 우리는 단순히 프로그램이 된 대로 사는 로봇들이 아니다. 우리 인간들은 가장 작은 사건에서 가장 큰 사건에 이르기까지, 삶의 모든 부분들 속에 있는 의미와 중요성을 찾으려 한다. 예수의 의도는 우리로 하여금 이교도적 희생의 논리에서 벗어나, 우리의 우상에서 벗어나, 동정심 넘치는 예수의 아바가 지닌 위대한 신비 속으로 들어오게 하는 것이다.

예수는 그것을 대놓고 할 수는 없었다. 그는 나사렛에서 시도해 보았으며 2.1 만약 그가 이런 것을 말했다면 죽임을 당했을 것이란 걸 알았다. 예수는 자신의 청중들이 자신의 새로운 논리에 따라오고, 청중들의 방식이 그가 도출해 낸 결론에 도달하도록 하기 위해 이 메시지와 직접적으로 의사소통할 새로운 방식이 필요했다. 복음서들이 비록 우리에게 비유이야기꾼으로서 예수의 성공을 많이 보여주지는 않고 있지만, 어떤 이들은 이것을 할 수 있었을 것이다. 우리는 예수가 말하는 것을 군중들이 이해했을 때, 그들이 과격해졌다는 이야기를 결코 듣지는 않는다. 아울러 제자들도 무슨 일이 일어나고 있는지에 대해서 많이 알아듣지 못했다는 것도 분명하다. 따라서 우리가 그 비유들을 서둘러 붙잡지 않는 것이 놀랄 일은 아니다. 진짜 질문은 이것이다. 그들이 우리를 낚았는가? 우리가 그들의 낚시 바늘에 걸린 나머지, 벗어나려고 고군분투하고 있다 해도 우리가 그들의 낚싯줄에 사로잡혀 우리 자신이 조금씩 진리와 가까워지고 있는 것인가?

예수의 비유들은 더 이상 그리스도인들을 도전하지 않는다. 우리는 그 비유들을 알아볼 수 없을 정도로 길들였다. 우리는 그 비유들을 도덕 놀음이나 무해한 주장쯤으로 바꿔버렸다. 우리는 그 비유들이 우리가 생각하는 방식을 완전히 바꿔놓지 못하게 한다. 우리는 우리의 신학이 바뀌고 그 비유들에 맞도록 하는 방법을 찾기 위해 비유들에 다가가는 것이 아니라, 그 비유들이 우리가 가진 신학에 꼭 들어맞을 것을 요구한다. 그들이 들으려고 한 것처럼 우리는 그 비유들을 듣지 않는다. 그 비유들이 "들을 귀 있는 자"막4:9를 위한 것이라는 것이 여기서는 전혀 놀랍지 않다. 비유들은 우리가 '알아들음'을 보장해 주지는 않는다. 비유들은 의사소통의 언어적 위기들이다. 예수는 이런 위험을 씨를 뿌리는 자의 비유에서 설명했다.

이 비유에서 씨 뿌리는 자는 좋은 밭, 자갈밭, 잡초가 우거진 땅, 그리고 사람이 다니는 길에 씨를 뿌린다. 그런데 밭은 쟁기로 갈아야 한다. 이것은 먼저 밭을 일군 뒤에 고랑을 내고 씨를 심는 서구의 경작법과는 정반대되는 것이다. 예수의 비유는 모든 사람들이 진실이라고 아는 것들을 토대로 한다. 농부들은 먼저 씨를 뿌린 후에 고랑을 낸다. 예수의 비유 속에서는 고랑을 낸다는 언급은 없고 오직 씨를 뿌리는 것뿐이다. 일단 씨가 뿌려지면 중요한 것은 씨가 떨어지는 땅이다. 만약 씨 뿌리는 것 외에 다른 행동이 없으면 씨는 오직 땅에만 달려 있게 된다. 그런 것은 마가복음 4:13-20에서 비유들에 관한 이 비유를 예수가 해석한 것으로 보인다.[19]

씨 뿌리는 자의 비유는 하나님의 통치 속에서 어떻게 선언이 일어나는가에 관한 것이다. 씨는 부드럽게 뿌려진다. 강압적으로 고랑 속으로 파고드는 것이 아니다. 밭의 종류와 조건을 고려해볼 때, 우리는 실제로 뿌려진 씨가 겨우 25% 이하의 수확물을 거두는 것에 놀랄 수도 있다. 대부분의 사람들은 하나님과 하나님의 통치에 대해 예수가 말해야만 하는 것을 듣지 못한다. 하지만 들을 귀 있는 자에게는, 성장은 100배를 거둘 만큼 놀라운 것이다. 어떤 사람들은 실제로 그렇게 거두고 있다! 어떤 사람들이 얻을 수 있는 하나님 나라의 신비는 무엇인가? 그것은 바로 하나님의 포괄적인 평화이자 하나님이 통치하시는 방식인, 샬롬이다.

예수는 자신이 생각한 것을 말할 때에 그것으로 인해 어려움을 겪었다. 비유들은 변화를 촉진시키는 사고를 진행하는데 듣는 이를 빠져들게 함으로써 듣는 이에게 도움을 준다. 비유들은 그리하여 하나님 나라의 새로운 사고방식으로 우리의 그릇된 사고방식을 변화시키기 위해 인간으로서의 우리 일부에게 작용할 필요가 있는 자애로운 의사소통의 유형인 것이다. 교회 역사에서 거의 2천년이 흐르고 수백만 권의 신학서적이 저술되었으며, 수천만의 그리스도인들과 수십만 개의 교회와 교단들이 있었음에도 여전히 질문은 남아 있다. 우리가 예수에 대해 들어 왔는가? 그것이 우리가 따르는 예수인가? 아니면 우리는 비유로 들을 필요가 있는가?

비유를 해석할 때의 중요한 고려들

비유들을 해석할 때 중요한 것은 예수가 누구에게 이야기하고 있는가에 주목하는 것이다. 그 이유는 여러 다른 그룹들은 자신들의 사고에 여러 가지 다른 도전을 필요로 하기 때문이다. 이런 맥락에서 우리는 그 그룹들을 다음의 세 가지 범주로 나눌 수 있는데, 그것은 제자들, 군중들, 그리고 예수의 대화상대자들질문을 던져 예수를 함정에 빠뜨리고자 했던 이들이다.

맨슨Manson에 따르면 청중들과 비유들의 부분적인 나열들은 아래와 같다.[20]

- 군중들
● 씨뿌리는 자—마가복음 4:4, 시장의 아이들—누가복음 7:31f, 겸손함— 누가복음 11:33, 겨자씨와 누룩, 열매 맺지 못하는 무화과나무—누가복음 13:6

- 제자들
● 빵 대신 돌—누가복음 11:11, 잔치에서 돌아온 주인, 도둑맞은 집—누가복음 12:35-40, 달란트—누가복음 16:13, 언덕위의 도시—마태복음 5:14, 종말론의 몇 가지 비유들—마태복음 13:24-52, 부정을 저지른 청지기—마태복음 18:23-35

- 대화상대자들
● 막 2-3장의 비유들(혼인잔치의 아이들, 새 부대, 새 포도주, 나뉘어진 왕국, 강한 남자), 포도원 마가복음—12:1-11, 두 아들—마태복음 21:28ff, 혼인잔치—마태복음 22:1-14, 두 채무자—누가복음 7:40f, 선한 사마리아인—누가

복음 10:30f, 누가복음 15장의 세 개의 '잃은' 비유들, 부자와 나사로–누가복음 16:19ff, 바리새인과 세리–누가복음 18:9–14

복음서 학자들은 그들이 그 비유들을 판정하듯 때때로 교회도 청중을 충족시켰다고 언급한다. 따라서 그 비유들을 해석할 때는 적어도 그들이 왜 자신들에게 적용할 청중을 그러니저러니 선택했는지를 묻는 것이 좋다. 때때로 예수의 비유들은 '가르치는 담론'을 만들어 내기 위해 서로 엮여있다. 어느 쪽이든 그 비유들 속에는 가르치는 방법이 들어가 있으며, 예전에 그러했듯이 오늘날에도 여전히 우리에게 도전을 주고 있다.

마태복음에서는, 비유의 장13에서 비유듣기의 이중주제를 소개하고 있다. 즉, 그 비유들의 진리를 듣는 사람들에게 일어난 사건과 그 비유들이 남아있을 때 일어난 일들…수수께끼들이다. 어떤 학자들은 마태복음 13장이 마가복음 4장마태가 마가복음을 사용했거나 편집했다는 가설 하에서에 살을 붙인 것기술적으로는 미드라시로 통한다으로 본다. 밀폐된 용기가 만들어지진 않아도 이것은 가능하다. 나는 이런 가능성을 다음번 논의에서 다룰 것이다.

비유듣기 가운데 우리의 주제는 마태복음 13장의 컨텍스트에 관한 몇 가지 고찰들로 인해 지지되고 있다. 먼저는, 다섯 개 담화의 핵심이다. 두 번째는, 예수를 들을 수 없었던 사람들의 이야기에 의해 제한되고 있다. 세 번째로, 그것은 이사야에서의 듣기/이해의 문제를 확장시켜 인용한다. 넷째로, 그것은 성장의 비유와 심판의 비유를 함께 내포하고 있다.

먼저, 마태복음 13장은 다섯 가지 주요 담화들의 핵심적 담화이다. 이것에 앞서 마태복음 5–7장, 산상수훈과 마태복음 10장, 전도이야기가 온다. 그 이후 마태복음 18장, 교회이야기와 마태복음 24–25장, 마지막 때의 이야기가 나온다. 이 구조 속에서 핵심 본문은 이전에 무엇이 왔으며 왜 그것이 후기를 변화시켰는지를 이해하는 열쇠가 된다. 하나님이 다른 시기마다 다른 방식으로 역사하신다고 보는 시각의 세대주의 조차도 예수가 이스라엘에게 제시하는 하나님나라 속에서 마태복음 13장이 핵심 역할을 한다고 본다.

두 번째로, 예수의 진정한 가족이 누구냐마12:46-50에 대한 짧은 이야기가 비유에 앞서 따라온다. 예수는 진정한 가족은 그가 친척이라고 부르는 혈통적인 가족이 아니라 하나님의 뜻을 듣고 행하는 사람이라고 한다. 비유에 관한 부분은 누가복음 4장의 마태복음과 예수의 고향 회당의 청중들의 반응 이후에 따라온다. 마태는 그들이 이미 예수와 오래전부터 연락이 끊겨 있었던 예수의 혈통적인 가족들과 연락을 시도했으며 그들이 예수의 말 때문에 '분개했다'고 기록하고 있다. 누가복음 4장을 생각해보면, 그들은 정확히는 예수가 말한 '은혜의 말'과 원수를 용서하는 것으로 인해 분개했으며, 예수가 유대교 경전을 인용할 때는 예수를 죽이려 했다.

세 번째로, 마태는 마가의 이사야 인용을 확대시킨다. 마가복음 4:12와 마태복음 13:13-15를 비교해 보라. 이런 확장은 마가복음 안에 잠재되어 있는 번역상의 문제를 명확하게 해 준다. 어떤 이들은 예수가 비유로 말하고 있는 것은 비유를 듣는 사람들이 의도적으로 알아듣지 못하게 하기 위함이라고 예수가 말하는 것처럼 마가복음 4:12를 읽는다.[21] 하지만 "~ 하기 위하여hina"란 단어는 예수의 모어인 아람어를 잘못 번역하고 있다는 것을 보여주고 있다. 예수는 이사야의 인용을 소개하기 위한 인용부호 기능을 하는 단어를 사용했을 것이다. 이사야의 인용은 왜 비유들이 필요한지를 정당화시킨다. 예수가 비유로 말할 수밖에 없던 이유는 그의 청중들은 자신들이 듣고 있다고 생각할지라도, 실제로는 듣고 있지 않았으며 그것을 모르기 때문이었다. 그들은 받아들이지 못하는 상태에 있었다. 그래서 비유들은 그들이 익숙해 있는 사고의 틀에서 나와서 생각하도록 만들어 준다. 이사야 6:9-11의 마가의 인용을 마태가 확장한 것은 이 점을 분명하게 한다. 비유들의 핵심은, 만약 그들이 자신들이 이해를 못하고 있다는 것을 깨닫고 그런 완고함으로 하나님을 보는 그릇된 방식을 그들이 고수하고 있다는 것을 깨닫는다면, 하나님은 그들을 치유하신다는 것이다. 하나님께서 지향하시는 것은 심판이 아니라 치유이다. 따라서 그 비유들은 지적이고 영적으로 보지 못하고 듣지 못하게 하기 위함이 아니라 치유하기 위함이다. 그 결과는 모두 뿌린 씨가 떨어진 밭에 달려 있다.

네 번째로, 마태복음은 예수가 비유로 말할 때 일어나고 있는 일을 사람들이 들을 때와 듣지 못할 때 일어났던 것을 명료하게 한다. 마가는 오직 성장의 비유만을 말하고 있다면, 마태는 심판의 비유를 포함하고 있다. 왜 이런 것일까? 우리가 예수를 듣지 않기로 할 때와 우리가 우리의 신학을 하나님에 대한 그의 이해에 따르는 것을 거부할 때에는 결과가 따라오기 때문이다. 그런 결과는 단지 보지 못하는 것 이상의 것이다. 우리의 삶이 보복적인 하나님을 불러옴으로써 우리가 행하고 정당화하는 폭력과 폭력적 보복의 소용돌이에 더욱 휘말리게 되는 것이 현실이다. 다시 말해, 비유들은 우리에게 출구를 열어주거나 우리의 비뚤어진 논리 속으로 더욱 빠져들도록 하는 것이다.

잡초의 비유와 그물의 비유는 왜 어떤 이들은 천국에 가고 왜 어떤 이들은 지옥에 가는지를 설명하지 못해 왔다. 예수의 설명은 선한 이들과 악한 이들의 구분과는 아무런 상관이 없다. 그의 비유는 이미 그 비유들을 들음으로 어떤 사람의 운명을 결정하고 있다. 우리가 어떻게 그의 비유에 반응하는가 하는 것은 우리가 결국 어떻게 될 것인가 하는 것이다. 만약 우리가 긍정적으로 반응하여 보복에서 용서로 우리의 생각과 방식을 바꾼다면, 우리는 하나님나라의 자녀로서 모여야 할 것이다. 만약 거부한다면, 우리가 어떤 경우에는 자비롭게, 어떤 경우에는 진노하고 분노하는 신성을 가진 종교의 우상적 희생적 체계 속에서 살아가야 할 것이다. 비유 속에 등장하는 사악한 사람들은 일반 죄인들이 아니거나 혹은 교회에 나오지 않는 사람들도 아니며 심지어 구원받지 못한 사람들도 아니다. 사악한 자들은 하나님과 자비와 용서로 통치하는 하나님에 대해 예수가 가르치는 것을 들으려하지 않고 그에 맞춰서 자신들의 신학과 윤리학을 조정하지 않는 자들이다. 우리 역시도 예수의 청중들처럼 오늘날 비유를 듣고 있다. 이해하지 못한 채 떠나버릴 수도 있고, 그 비유들을 받아들여서 우리가 생각하고 사는 방식을 변화시킬 수도 있다.

지금까지 예수에 대한 처음 세 개의 장에서 우리가 결론을 내렸듯, 단순히 '보수적인' 혹은 '진보적인' 또는 '경건한'이나 다른 말들로 이름을 붙일 수 없는 완전히 새로운 사고방식이 등장하고 있다는 것을 보았다. 우리는 기독교 전통의 모든 측면에 신세를 지고 있다는 것을 안다. 예수의 삶과 가르침이 그의 문화와 시간에 비추어서 극도로 심각하게 받아들여지고 탐구될 때, 예수의 사역과 메시지는 그의 메시지를 우리가 함께 엮어온 방식으로 더욱 영향력 있게 환해질 것이며, 그리하여 변화될 것이다. 아쉽게도 이런 빛은 예수의 부활 이후 수십 년 안에 좋든 나쁘든 새로운 형태를 취하며 점점 희미해지기 시작했다. 어떻게 이런 일이 일어났을까? 우리가 오늘날 반복해서는 안 될 어떤 실수들이 초대교회에서 행해졌을까?

4장 ◆ 콘스탄틴적 기독교

4.1 초대교회의 화평

누군가 다른 언어를 구사할 수 있냐고 당신에게 물어본 적이 있는가? 그럴 때 난 이렇게 대답한다. "예, 전 영어도 하지만 루터교, 감리교, 로마 가톨릭, 오순절, 개혁교, 복음주의, 경건주의, 그리고 침례교 사투리에 상당히 능숙합니다." 기독교 종파들이 구사하는 언어들은 실제로 다르다. 기독교 내에는 굉장한 다양성이 있는 것처럼 보이기도 한다. 하지만 그들은 거슬러 올라가면 같은 조상에서 만날 수 있다. 마치 우리가 낭만적인 언어스페인어, 프랑스어, 포르투갈어, 카탈로니아어, 이태리어와 루마니아어 등를 추적하면 라틴어로 거슬러 올라가는 것처럼, 비록 이들 언어들이 다르게 들리며 다른 어휘를 가지고 있다고 해도, 오늘날 모든 교회 속에는 공통된 줄기가 있다. 그 줄기는 고대의 것이며 기독교의 DNA 속 깊이 자리하고 있지만, 복음의 순수성으로부터 변화된 돌연변이이다. 어떻게 이런 변화가 일어났을까? 이제부터 우리가 알아볼 것이다.

이 장은 아주 약간 다른 수사적 어조를 지닌다. 이 장은 다소 더 기술적일 것이다. 세부적인 것에 주목하는 것이 중요하지만 큰 그림을 잡는 것 또한 중대하다. 우리는 2세기에서 4세기에 이르기까지를 주목할 것이다. 영감과 지도를 찾기 위하여 그리스도인들이 초대 교회에 의지할 이유는 많이 있다. 어떤 이들은 신학적인 지도에 의지하지만, 우리가 보게 되듯이, 사도시기 이후에는 신학이 행해진 방식으로 중요한 변화가 발생되었다. 사도적 신학을 행하지 않고서 초대 교회 신학을 행하는 것은 가능하다. 그들은 완전히 다른 전제와 배경의 토대로부터 행해진다.

등장인물들

이 글을 읽는 독자들이 초대교회 역사의 드라마 속의 등장인물들에 그리 익숙하지 않기 때문에, 그 당시 주요 인물들과 몇몇 중요한 회람서신들을 아는 것이 중요하리라 본다. 다음의 등장인물 리스트를 참고하면 교회 역사의 시간흐름에 따라 그들이 쇠해간 큰 그림을 잡을 수 있을 것이다. 난 그들을 연대기적 순서로 두고자 했다. 신학적 신념의 역사를 처음으로 직면하는 사람들이 놀라는 것처럼, 당신도 예수나 사도들로부터 직접 온 것으로 믿었던 우리가 가진 많은 신념들이 실제로는 신앙 공동체 속에서 구성상 자연스럽게 나중에 발생한 것이라는 것을 배우게 된다면 놀랄 것이다. 당신이 이 장을 읽으면서 언급할 수 있는 출연자들은 다음과 같다.

등장인물

등장인물	기원전 시기	설명
필로(Philo)	약 20 B.C.E ~ 50 C.E.	유대 성서해석자이자 헬라철학과 율법학자
디다케(Didache)	약 50~80? (100~125?)	1세기의 유대-기독교 교리문답, 침례 전에 가르침
로마의 클레멘트 (Clement of Rome)	약 100	로마주교, 고린도 교회에 보낸 편지의 저자
마르시온(Marcion)	약 110-150	이단자, 바울은 따라야 하나 히브리 성서는 버려야 한다고 주장함
파피아스(Papias)	약 130	소아시아 주교, 복음서와 관련된 정보를 수집
바나바 서신 (Epistle of Barnabas)	약 110	거대인수자(Supercessionist), 알렉산드리아에서 온 우화적 서신
순교자 저스틴 (Justin Martyr)	약 140-160	1세기 변증가, 헬라철학으로부터 개종함

등장인물	기원전 시기	설명
이레니우스(Irenaeus)	약 160–185	리온의 주교이며 이단들에 관한 주요 저자
알렉산드리아의 클레멘트 (Clement of Alexandria)	약 180–200	필로와 오리겐처럼 헬라 철학과 기독교사상을 합치고자 함
오리겐(Origen)	약 200	기독교 신학에 있어서 위대한 사상가, 교리문답교사이자 왕성한 저술가
터툴리안(Tertullian)	약 200	개종한 라틴 변호사, "초대 오순절파"에 합류
키프리언(Cyprian)	약 250	카르타고 주교, 침례와 교회 리더십에 대한 저술
락탄티우스(Lactantius)	약 300–318	"신학체계" 집필, 최초의 라틴조직신학
유세비우스(Eusebius)	약 300–335	가이사랴 주교, 교회역사가 콘스탄틴의 친구
콘스탄틴(Constantine)	약 306–337	최초의 "기독교 황제", 니케아 공의회 의장
니케아 공의회 (Nicene Council)	약 325	예수의 신성을 다루기 위한 동부주교들의 모임
도나투스(Donatus)	약 350	배신으로 성직을 박탈당한 카르타고의 주교, "박해 이후"
어거스틴(Augustine)	약 384–430	모든 서구기독교사상의 기초를 놓은 신학자

우리는 초대교회가 발달하면서, 그 시작부터 교회가 사도전통을 따라야 한다고 주장했다는 것에 주목하고 있다. 그들은 자신들의 지도자들이 사도들의 제자를 따랐던 자들이었음을 명확히 하는데 관심을 두었다. 그들이 예배 때 사용한 그 문헌은 이전부터 전해져 왔던 사도의 구전 가르침과 같았으며, 이전 세기의 교회는 할 수 있는 모든 방식으로 그런 연속성을 보존했다. 사실상 이 구전 전승은 너무도 영향력이 있어, 출중한 초기 신학자인 파피아스도 기록된 본문복음서보다 그것을 더 선호했었다.

초대 기독교 경험의 일부였던 미국 기독교가 오늘날 놓치고 있는 것은 박해받는 소수자가 되는 것이었다. 제국은 존재의 총체이었으며 개인의 삶의 모든 부분을 지배했다. 하지만 예수와 시저가 모두 주라고 고백할 수는 없었다. 예수이거나 시저이어야만 했다. 그리하여 그리스도인들이 "예수는 주"라고 고백했을 때, 그들은 자동적으로 반역의 혐의를 받아 학대되고 추방되거나 죽임을 당했다. 그런 고백을 승인하는 신성한 본문들도 압수당하여 불태워졌다.

신약성서 어디에서도 제국에 항거한 폭력을 분명하게 승인하는 저자는 없다는 것은 사실이다. 그럼에도 불구하고, 사도 문헌 속 어디에서도 로마와의 공모를 독려하는 독자가 없는 것도 사실이다. 혁명과 공모 사이의 길은 좁다. 하지만 우리는 몇 번이고 예수에 대한 신실함을 기독교적으로 변호하는 것이 급진적이었으며, 로마의 규범과 가치와는 정반대되어, 실제로는 로마를 완전히 전복시키는 것이었다는 것을 보게 된다. 이 모든 것을 고려해볼 때 우리가 내릴 수 있는 결론은 사도적 교회가 만들어낸 문헌과 신약성서에서 수집된 문헌들은 로마의 눈으로 보는 모든 것 하에서 이루어졌다는 것이다.[1] 로마는 시저 외의 다른 주를 가졌던 사람들 모두에게까지 박해와 기소를 일삼았다.

소위 기독교국가라고 불리는 미국에 사는 우리에게 있어서 오늘날 그것은 완전히 다른 문제다. 왜냐하면 시저와 예수 사이의 경계는 한쪽이 어디서 끝나고 다른 한쪽이 어디서 시작되는지 알기 힘들 정도로 흐릿해졌기 때문이다. 예수만을 예배하는 것보다 미국의 시민종교가 수많은 교회 안에 더욱 범람해 있다. 성조기와 십자가들이 성소를 장식하고 있다. 하나님에 대한 찬양과 애국가들은 모두 신실한 사람들의 마음과 정신을 채운다. 기독교적 선교이든 미국적 가치의 수출이든, 성공도 이것과 동일하다. 많은 그리스도인들이 그런 개념을 마음으로 감싸는 것이 어려운 것은 그리 놀랄 일도 아니며, 초기 기독교에서는 아주 결정적이어서 예수에게 충성하는 것은 배타적이고 전적인 것이었다.

내가 성서를 해석하는 방식으로, 종종 나는 우주에 절대적인 것이 있다고 믿냐고 질문을 받는다. 나의 대답은 분명하다. 그리스도인에게 있어서 결정적이고 절대적인 한 가지는 주 예수에 대한 완전하고 전적인 헌신과 복종이라는 것이다. 이것은 이런 단순한 단언이 모든 것을 바꿀 수 있다는 것을 이해하지 못하는 사람을 혼란스럽게 한다. 다른 사람과의 관계, 돈과의 관계, 힘, 명성, 공동체, 우리의 내적인 심리학, 우리의 인종적 헌신, 그리고 우리가 하나님을 보는 방식을 포함하여, 그저 일부의 것이 아니라 모든 것을 바꾸는 것이다. 이 길은 제국의 일반적인 사회가치들을 완전히 전복했던 성찬식 속으로 침례를 받았던 초기 예수의 제자들의 길이었다. 침례 속에서는, 모든 인종적, 경제적, 성적 구분이 폐기되었으며^{갈3:28ff} 침례는 모든 그리스도인들을 계급이 해체된 단일한 가족체계 속으로 데려온다.

아쉽게도, 초대 교회 속의 많은 이들은 침례를 이해하는 바울의 급진적인 특성을 인식하지 못했으며, 곧 사도적 전승을 받은 신성한 구조들을 발전시켰고 리더십에 있어서 여성의 역할을 평가절하 하는 한편, 하나님과 재물 모두를 섬기는 것에 굴복하고 말았다. 예수와 바울의 평등주의적 입장에서 나온 이런 일탈은 몇 세기가 흘러 완전히 열매를 맺었다. 우리가 곧 보게 될 것이지만, 그것이 완전히 열매 맺었을 때, 교회가 타락했다고, 그리고 제국 속에 있는 다른 그룹과 같은 공동체에게 성령의 새로운 공동체가 되는 것에 실패했다고 말하는 것은 틀림이 없는 것이다.

다시 말하자면, 이것은 단지 하룻밤의 사건이 아니라 여러 세기가 걸린 것이다. 하지만 그런 타락은 일어났으며 우리는 그 결정을, 특히 그런 결정들이 2천년이 지나도록 우리에게 영향을 주고 있는 그런 방식을 감수해야 한다. 그런 결정들 가운데 하나는 하나님과 전쟁과 관련된 것이다. 초대교회 교부들은 유대교 정경을 자신들의 성서로 받아들였다. 그런 정경본문 속의 하나님은 이스라엘의 적들에 대한 전쟁에 참여하고 승인했다. 2세기의 수많은 성서 기자들은 이런 본문들을 액면 그대로 받아들여서 하나님은 과거에는 그렇게 행하셨으나 예수 안에서는 변화를 가져오셨다고 주장했다. 예수 이후, 하나님은 폭력과 보복을 분명히 거부하도록 신자들을 부르셨다. 이런 전사 하나님에 불편을 느끼는 사람들은 이런 이야기들을 영적으로 해석하여, 그리스도와 악마 사이의 영적 전쟁에 관한 것으로 만들고자 한다. 이런 성서 기자들 가운데 극히 소수만이 구약의 하나님은 폭력과 전쟁에 반대하고 있다고 말하고 있다.

초대교회는 신학적 지향에 있어서 오직 부분적으로만 평화주의자였다. 예를 들면 마태복음과 디다케 속에서 발견되는, 초대교회 교리문답 속에서 비폭력에 대한 명령들은 그리스도인이 세상 속에서 관계하는 새로운 방식을, 즉 보복을 교환하는 것을 금하라고 가르쳤다. 이것은 2세기와 3세기의 모든 기독교 저자들의 문헌 속에서도 사실상 반영된다. 초대교회를 평화주의자로 묘사하는 것은 흔한 일이지만 그리 정확한 것은 아니다. 그들은 악을 악으로 갚는 전략으로서 폭력을 포기하고 있지만, 여전히 예수가 그랬던 것처럼 이것을 충분히 생각하지는 않았다. 그들의 평화주의는 세대주의적 전환 속에 자리 잡은 것으로, 하나님께서는 예전에는 그렇게 행하셨으나 이제는 이런 방법으로 행하신다는 것이다.

이것에 수반되어, 이들 동일한 저자들은 초대교회가 당분간은 우리 곁에 있을 것이라고 인식했다. 예수는 몇몇 사람들이 생각했던 것처럼 빨리 재림하지 않았다. 이로 인해 교회와 제국 사이의 불편한 연합이 구축되어야 했으며, 추후 2세기에 이것을 행했던 저자들을 변증가들이라 불렀다. 그들의 저서들은 제국의 한복판에서 기독교 신앙을 지키는 것을 반영하고 있다. 그들은 빈번하게 그리스도인들이 얼마나 선한 시민들인지, 그리스도인들이 자신들의 공동체에 얼마나 기여를 하고 있는지, 그리고 그리스도인들의 삶이 덕으로 채워져 있다는 것에 대해 말하고 있다. 변증가들은 기독교 신앙이 만연한 철학적 사상들과 공존할 수 있으며, 종종 하나님 및 세상과 하나님과의 관계에 대한 이런 철학적 정의로부터 가져왔고, 그것들을 빌려와서 기독교 사상에 맞췄다.

이런 모든 것들은 로마제국이 작은 신도들을 박해하지 못하도록 하기 위함이었으며, 그들은 그런 박해를 부당하고 불필요한 것으로 받아들였다. 그들은 로마에 저항하지 않았다. 그들의 관점에서 볼 때, 화평케 하는 사람으로 부름을 받은 것은 잠잠히, 남들의 주목에서 벗어나 살면서 누군가의 관심을 불러일으키지 않는 것을 의미했다. 지금은 초대 그리스도인들이 오늘날 미국에 사는 우리가 가진 형태의 민주주의 속에서 살고 있지 않았다는 것을 명심해야만 한다. 로마제국은 전체주의 체제였다. 로마는 사람과 공동체의 모든 존재를 지배했다. 시저는 주인이었다. 마치 19세기와 20세기의 파시즘이나 공산주의 하에서 수많은 그리스도인들이 경험한 것처럼, 그리고 오늘날조차 지구 곳곳에 이는 수많은 곳에서 경험하듯, 로마에 완전히 충성하는 것은 필수적인 것sine qua non이었다. 그리스도인이 된다는 것은 기득권자들에 의한 박해의 가능성이 언제나 아주 가까이에 있다는 것을 의미했다. 하지만 로마에 저항하는 것은 마치 오늘날 전체주의 체제 속에서도 그러 하듯이 확실한 죽음을 의미했다.

이런 초대 기독교 사상가들이 로마와의 화해를 추구할 방법을 모색했다는 것은 놀랄 일이 아니다. 그러나 이런 화해의 시도에는 근본적인 문제점이 있었다. 이런 사상가들은 예수가 가르쳤던 것은 정적주의도, 동네북 평화주의도 아니라 비폭력적 저항이라는 사실을 놓치고 만 것이다. 신약성서학자인 월터 윙크Walter Wink의 저서가 지닌 수많은 중요한 요소 가운데 하나는, 마태복음 5:38-48에서의 예수의 경고는 다른 사람들이 당신을 학대하도록 내버려 두라는 것을 조언한 것이 아니라고 분명히 논증하고 있다는 것이다.[2] 여기서 사용된 헬라어 동사antistenai는 동네북을 의미하는 것이 아니라, 당신이 학대를 받을 때^{핍박받을 때}, 비폭력적이지만 저항을 하는 행동에 참여함으로서 '권력에 진실을 고하라'는 것이다. 다른 뺨을 돌려대는 것은 다른 사람이 당신을 계속 때리도록 허용하는 것이 아니다. 그것은 비폭력적인 방법으로 그런 핍박을 환기시켜 핍박자가 자신의 행위가 헛되다는 것을 깨닫도록 하는 것이다.

폭력에 개입한 초기 그리스도인

초대 기독교의 군대개입의 문제에 대해 살펴볼 때, 정당한 전쟁 전통just-war tradition의 저술가들에게서 초대교회에서 그런 것들이 가능했다는 증거를 찾을 수 있다는 것은 놀랄 일이 아니다. 그들이 인식하지 못한 것은 교회의 이런 발전 단계에서 그들이 예를 드는 사례들이 드물고 미미하다는 것이다. 우리는 그리스도인들이 군대징집을 정당화했다는 증거를 결코 단순하게 찾아낼 수는 없다. 살인은 그리스도인이 공동체 회원으로서 배웠던 교육과는 정반대되는 것이었다. 이 처음 3세기 동안 기독교로의 개종이 살인이 정당화될 수 있는지를 물었는지에 대한 기록은 없다. 그런 일은 전혀 이루어지지 않았다. 군대 내에서 다양한 지위에 있던 관료들이 기독교로 개종하는 일이 있었다는 것은 사실이지만, 그리 흔한 일은 아니었다.

어떤 학자들은 초대 기독교가 군대징집을 거부했다는 것은 폭력의 가능성 때문이 아니라 오히려 기독교인이 희생과 우상숭배에 직면했던 문제 때문이었다고 주장한다. 그런데 이것은 전적으로 사실이 아니다. 2세기 후반에서 3세기 초의 저자인 북아프리카 카르타고의 터툴리안은 왜 그리스도인들이 군인으로 복무할 수 없었는지의 이유에 대해서 폭력과 우상숭배의 문제가 모두 있었다고 제시한다. 그런 초점은 우상숭배의 문제 이상의 것으로서, 어떤 저술가들은 살인에 대한 양심적 거부를 이유로 들어 현시대 군대징집에 대한 기독교인의 참여에 대해 거부하는 것은 기대하는 것만큼 좋은 것은 아니라고 말한다. 살인의 문제에 대해서 초대 교회 속에서 실제로는 아무도 불평하지 않았다면, 왜 그것이 오늘날에는 문제가 되어야 하는가? 초대 교회는 실제로 폭력의 문제를 극대화시키지는 않았다. 따라서 그들은 정말로 모두 평화주의에 뛰어든 것은 아니었는가?

　이런 질문들은 관심을 딴 데로 돌리게 하려는 것이다. 왜냐하면 그들은 초대 교회의 가르침 속에서 발견되는 비폭력에 대한 강조를 고려하지 못했기 때문이다. 이것은 흡사 신약성서에서 낙태가 언급되지 않았으므로, 그리고 초대교회에서도 그런 일이 드물었으므로, 우리는 도덕적으로 낙태를 행할 수 있었다고 생각한 공동체의 한 사례로서 초대교회를 언급할 수 있다고 말하는 것과 같다. 그렇지는 않다. 초대교회는 완전히 낙태반대의 입장에 섰고, 심지어 소위 그리스도인 군인들조차 어떤 형태의 살인에 대해서도 엄중히 금지했다. 현 시대에 실행되는 일을 정당화하기 위해 실제적인 침묵의 주장을 시도하고 사용하는 것은 솔직하지 못한 것이다.

　초대교회가 비폭력적 입장을 수용했다는 한 가지 분명한 표시는, 다른 곳 중에서도, 병역에 대해, 그리고 폭력에 무력적 개입하는 것에 대한 교부들의 입장 속에서 볼 수 있다. 캄펜하우젠Hans Von Campenhausen은 초대교회의 입장을 요약하면서 다음과 같이 지적하고 있다. "지금 세상에서 전쟁은 피할 수 없으며 그리하여 특별히 군인의 직업을 비난할 아무런 이유가 없다는 것을 교부들 가운데 어느 하나도 의심하지 않는다. 전쟁에서든 법적인 절차에서든 피를 흘려야만 한다는 것이 세상의 본질이다. 하지만 그들 스스로는 전쟁과는 아무런 상관이 없다."[3]

　달리 말하면 교부들은 인간의 문화가 폭력적이라는 것을 인식했다는 것이다. 예수와 사도들의 사례를 따라 그들은 군대나 폭력에 참여하는 것을 거부했다. 하르낙Adolf von Harnack은 자신의 책 『그리스도의 군병Militia Christi』에서 AD 170년 이전까지는 병역문제가 당면한 문제가 아니었으므로 단순히 병역에 대해서는 아무런 논의가 없었다고 지적한다. 하지만 이것은 병역이 AD 170년 이전에 시작되었다면 부정적으로 답변되지는 않았으리라는 뜻인가? 복음서에서 표현된 "평화주의"는, 예를 들면 로마의 클레멘트에서 발견된 평화주의와 더불어, 폭력적 보복을 금하고 있는 확실한 기독교적 태도가 틀이 잡혔다는 것을 보여준다. 아무튼 AD 170년부터는 병역은 금지되어야 할 직업으로 대다수 교부들의 의견이 모아졌는데, 그 이유는 단순히 병역이 피흘림을 요구하기 때문이며, 예수의 가르침은 피흘림과 폭력을 금하고 있기 때문이었다. 하르낙이 지적한 대로, 분명히 그 반대되는 증거들도 있지만 병역과 전쟁은 그리스도인에게 금지되어 있다는 것이 대다수의 의견이었다. 리사 카힐Lisa Cahill은 초기 교부들을 요약하면서 다음과 같이 언급했다. "폭력은 새로운 시대의 일부가 아니었다."[4]

터튤리안, 키프리안, 알렉산드리아의 클레멘트, 오리겐, 그리고 락탄티우스에 이르기까지 주요 인물들은 모두 폭력적인 보복이 복음서의 정신이 이질적이라는 공통된 의견을 가지고 있었다. 사도 베드로는 베드로전서에서 다음과 같이 말한다.

> "바로 이것을 위하여 여러분은 부르심을 받았습니다. 그리스도께서도 여러분을 위하여 고난을 당하심으로써, 여러분이 그의 발자취를 따르게 하시려고, 여러분에게 본을 남겨 놓으셨습니다. '그는 죄를 지은 일이 없고, 그의 입에서는 아무런 거짓도 찾아볼 수 없었습니다.' 사53:9. 그는 모욕을 당하셨으나 모욕으로 갚지 않으시고, 고난을 당하셨으나 위협하지 않으시고, 정의롭게 심판하시는 분에게 다 맡기셨습니다." 벧전2:21-23

예수의 유대인 복음이 그레꼬-로만 세계의 고속도로와 샛길로 빠지는 길을 만든 것처럼, 초대교회 교부들은 수많은 문제들과 직면하여 씨름했다. 오늘날 우리가 하는 것처럼 문제를 보지 못했다고 그들을 비판하는 것은 우리가 설 입장은 아니다. 우리는 일이 지나간 이후의 혜택을 가졌을 뿐만 아니라 우리가 이미 겪은 거의 2천 년간의 역사와 신학의 장점도 가지고 있다. 이런 위대한 인물들이 자신들의 문화에 참여한 방식으로 보는 것에 눈을 돌리는 것은 항상 유익하겠지만, 우리는 그들의 실수나 잘못된 방향전환, 그리고 막다른 길을 반복하지 않아야 할 필요가 있다. 우리는 그들과 함께 생각하고 그들을 넘어서서 그들을 기억하여 정당하게 평가해야 한다. 그렇게 함으로 우리는 어느 나라에 살고 있든, 그리하여 어떤 제국이 우리를 통치하든 간에 우리의 다양한 모든 컨텍스트에 복음의 좋은 소식을 관련시키는 힘든 작업을 지속할 수 있게 된다.

4.2 콘스탄틴과 어거스틴의 영향

교회사는 변화로 가득하다. 중요한 변화가 일어나지 않았던 시간과 장소를 공부한다는 것은 거의 불가능하다. 하지만 모든 변화가 똑같지는 않다. 어떤 변화는 다른 변화보다 훨씬 더 심오한 결과가 따라온다. 한 수도사가 면죄부에 대해 논의해 보자고 게시했을 때, 그것이 16세기에 일어난 신학적 종교개혁이 될 것이라고 누가 생각이나 했겠는가? 세계 1차 대전의 끝 무렵에 어떤 목회자가 로마서 주석을 썼을 때, 이것이 우리가 지금 하는 신학의 방식을 변화시킬 것이라고 누가 결론내릴 수 있었을까? 하지만 마틴 루터와 칼 바르트는 모두 교회의 신학적 풍경을 바꿔놓았다. 같은 방식으로, 하늘에 있는 황제의 십자가의 모양이 교회가 제국의 중심에서 해오던 방식을 영구히 변화시켰을 것이라고 누가 생각이나 했겠으며* 작은 소녀의 노래가 가장 위대한 기독교 사상가 가운데 한 명의 회심을 불러왔으리라고 누가 예상했겠는가?** 하지만 그런 일들은 4세기 초와 5세기에 콘스탄틴과 어거스틴에게 각각 일어났다.

콘스탄틴과 어거스틴의 시대 이후로 계속하여, 그리스도인들은 이 두 남자가 가져온 변화가 훌륭한 일이라고 보았다. 콘스탄틴은 박해를 중단시켰고, 어거스틴은 그 이후로 우리가 해오고 있는 신학의 뼈대를 제공했다. 박해가 그치고 신학이 문제시 된 이제는 해야 할 말이 많다. 콘스탄틴과 어거

---

* 막센티우스와의 싸움을 앞두고 하늘에서 태양빛으로 만들어진 십자가 문양을 본 후 싸움에서 이겼다는 콘스탄틴의 이야기
** 책을 집어서 읽으라는 소녀의 노래로 회심하게 된 어거스틴을 가리킴

스틴은 초대교회의 귀신이 아니며, 그들의 행동과 저술들은 그 이후 지금까지 폭력 및 전쟁과 관련된 문제들을 볼 교회의 능력을 방해해 왔다.

콘스탄틴은 전쟁을 수행할 공식적인 문양으로서 황제의 고문 기구였던 십자가를 사용한 최초의 "그리스도인"일 것이다. 그는 죽음에 임박하여 침대에서 침례를 받기까지는 개종하지 않았다. 그는 313년 밀비안 다리에서 하늘의 십자가를 보았으며 "이 문양으로 승리하라"는 단어를 자신의 군대의 방패에 새긴 후 자신을 유일한 황제로 만들어 준 위대한 전투에 나섰다. 고도바Cordoba의 주교인 호시우스Hosius는 콘스탄틴의 환상을 교회의 공식적인 해석으로 만들어서 그 운명적인 날 이후부터 교회와 제국은 서로의 속마음을 모르는 동료가 되어 왔다. 5세기 이후 샤를르마뉴라고 알려진 찰스 대제는 신성로마제국 내에서 교회와 국가를 더욱 가깝게 연합시키려 했으며 4세기가 더 지난 이후에 이 국가종교는 종교재판을 시작한다.[5]

313-413년으로부터 수백 년 동안 계속해 온 새로운 교회-제국의 관계는 그리스도인들이 어떻게 신학이라는 책무를 추구할 것인가를 위한 유일한 현실규정이 되어왔다. 이제 우리는 이것에 대해서 두 가지로 이야기 할 수 있다. 먼저는, 우리는 후기 기독교국의 시대에 산다. 우리가 더 이상 서구 기독교에 대해서 이야기 할 수 없는 것은 콘스탄틴 이후 이때가 처음이다. 서구는 세속화되어왔다.[6] 둘째로, 교회 역사를 지켜본 사람들은 콘스탄틴 시대의 유익을 볼뿐만 아니라 에덴동산에서의 아담과 하와의 타락에 비견할 만한 "교회의 타락"이라고도 칭한다. 콘스탄틴의 승천 이후 수백 년이 지난 후, 250년 동안 로마의 손에 죽었던 그리스도인들보다 더 많은 그리스도인들이 그리스도인들의 손에 죽임을 당했다.

그 세기 동안 기독교 신학에 있어서 그런 구조적 전환을 만들어 낸 것은 무엇이었을까? 단순하게는, 교회가 로마에 굴복했다고 말할 수 있다. 교회는 함몰되었다. 교회는 겉보기로는 충분한 핍박을 받았다. 교회는 지쳤다. 그래서 콘스탄틴이 그 환상을 보았을 때, 주교들이 기뻐했던 것은 당연한 일이었다. 이제 순교하는 일은 없어질 것이다!

수용된 문화적 제도로 교회를 볼 때, 순교의 영성조차 피가 흐르는 "붉은" 순교에서 "하얀 순교"로 표현되는 미적 이상으로 바뀌는 미묘한 변화를 겪는다. "하얀 순교"는 외적인 박해의 적대성을 내적으로 바꾸어, "육체적 고난"를 증오하는 기초를 제공한다. 이 고난은 모방적 갈등으로 이어진다. 순교의 시대는 미적인 수도원주의의 도래를 마련해 주었다.

콘스탄틴의 교회사가인 가이사랴의 유세비우스는 콘스탄틴에 대한 우리의 해석에 주된 책임이 있다. 유세비우스는 초대 교회에서 교회사의 패턴과 신성한 개입을 분별하고자 한 최초의 인물이다. 그의 『교회 역사』 초판에서 중요한 것은, 유세비우스가 평화주의자였다는 것이다! 콘스탄틴의 평화가 도래해서야 유세비우스는 기독교적 가능성으로 폭력을 인가하는 것으로 보았다. 그는 심지어 자신의 교회 역사에서 콘스탄틴이 자신의 아들이자 왕위를 이어받을 자손인 크리스푸스를 죽인 것을 누락시키기도 했다. 분명히 유세비우스는, 초대 교회에 있어서 주요한 역사가의 모델로서, 국가가 행하는 폭력을 박해로부터의 해방의 값을 지불하는 것으로 받아들이게 되었다.[7]

역사학자인 로버트 그랜트Robert Grant가 보았듯, 유세비우스의 연대기에 대한 존재의 이유노릇을 한 것은 유대인들의 운명이었다. 유대교와 기독교는 이제 갈등에 놓인 두 가지 거대한 종교전통이 되었다. 유대-기독교적 관계가 되는 가인과 아벨 캐릭터는 유대인은 공식적인 희생양이 되고 기독교적 반유대주의anti-Semitism는 제도적 현실이 되는 것으로 끝을 맺는다. 핍박당하던 공동체로 시작했던 교회는 이제 핍박자가 되었으며, 그리하여 과거에 선지자들을 죽였던 사람들과 함께 그 운명을 감추고 있다.

역사상 가장 영향력 있는 그리스도인

콘스탄틴 이후 대략 100년이 지난 이후, 교회가 인가한 폭력과 박해는 어거스틴의 삶과 사상 속에서 표면화되었다. 도나투스파Donatist의 문제는 어거스틴에게 있어 폭력에 대한 그의 시각을 제시하는 사건이 되었다. 피터 브라운Peter Brown의 말로 옮기면 다음과 같다. "자신에 대한 비판에 반박하며, 어거스틴은 초대교회의 역사 속에서, 가톨릭이 아니었던 사람들을 억누르는 국가의 권력의 역사 속에서 유일하고도 완전한 정당화를 기록했다."[8]

도나티스트파 논란은 박해에 대한 결과로 시작했다. 중요한 것은 신앙을 버렸던 성직자들이 교회 속에 계속 성직자로 남아 있을 수 있는가 하는 문제였다. 이들은 다른 이들을 희생시킴으로, 혹은 성서를 지역행정관들에게 넘김으로 배교자들이 되어버렸던 사람들이다. 도나투스는 신앙을 부인했던 사람들은 누구라도 축출되어야 한다고 주장했다. 그것은 그리도 단순한 것이었다. 신앙을 버렸던 사람들에 대한 이런 축출의 태도는 신앙을 버렸던 사람들과 대적관계에 있던 도나투스의 개입을 배신하는 것으로, 순교자들에게 가져다 준 박해가 고통스러웠던 것을 생각한다면 충분히 이해할 수 있는 문제였다. 어거스틴은 자신이 반대편, 즉 배교자들의 편과의 대적관계 속으로 "빠져들었다"고 표현했다. 그 위기에 대한 어거스틴의 반응은 북아프리카의 갈등을 해소하고 평화를 가져다주기 위해 도나티스트파 그리스도인들을 희생자와 희생양으로 만드는 것이었다.

어거스틴과 도나투스에게 가능했던 대안은 도나투스와 그의 가혹함에 맞선 어거스틴과 같은 입장을 취했던 키프리안의 저작 속에 잘 묘사되어 있는데, 모든 사람들은 은혜가 필요한 죄인들이라는 사실을 바탕으로 하여 용서와 화해를 구하는 것이었다. 그것은 도나투스파에게 가르침을 주기 위해 예언적이기는 했으나 불행히도 도나투스파 사람들을 희생시킬 정도로 폭력적이었다.

어거스틴의 심오하고도 가슴 뭉클한 전기 속에서, 피터 브라운Peter Brown은 이것을 히포의 주교의 삶 속에서 고통스럽고 어려운 시기로 분석했다. 브라운은 어거스틴 사상의 몇 가지 결정적인 측면을 언급하는데, 그것은 어거스틴이 기독교 전통에 가져다줄 희생적 읽기와 관계가 있다. 먼저, 누가 천국에 갈지 지옥에 갈지를 하나님께서 결정하신다는 이중예정 교리는 어거스틴 속에 깊이 뿌리박아 자란 것이다. 어거스틴이 과연 그 문제에 대한 최초의 주요한 체계적 저자였는가에 대해서는 조금 의심의 여지가 있을 수도 있다. 중세시대 수많은 어거스틴의 추종자들은 이중예정을 믿고 있었지만, 정작 어거스틴은 그것을 염두에 두고 있지 않았던 것은 분명하다. 그럼에도, 어거스틴은 창조에 앞서서, 하나님께서 대부분의 인간을 저주하며 오직 몇몇만을 천국에 들이기로 결정했다고 제시한다.

어거스틴에 따르면, 하나님의 선택은 자애로우면서도 생명을 주시는 것이 사실이고, 또한 하나님이 왜 모든 이들을 선택하시지 않았는지를 어거스틴이 캐지 않았다는 것 또한 사실이다. 난 어거스틴에게 있어서 예정의 교리는 희생시킴에 대한 신학적 정당성을 마련해 준다는 점에 동의를 하는데, 왜냐하면 하나님 자신이 영원한 과거 속에서 희생자들을 임의대로 선택하셨기 때문이다. 따라서 모든 이들이 죄인이 될 것이라고 하나님께서 내다 보셨기 때문에, 모든 이들은 마땅히 저주를 받고 징벌을 받았다. 몇몇 사람들만을 위한 은혜로운 선택은 하나님의 자비의 깊이를 강조할 뿐이다.[9]

두 번째로, 브라운에 따르면 어거스틴의 태도는 규율disciplina이라는 단어로 요약될 수 있다. 어거스틴은 팻 로버트슨처럼 구약에서의 재앙들은 신성한 징벌이라고 주장하고 있다. 어거스킨이 도나티스트파의 처벌을 "하나님이 부여하신, 이 경우에는 기독교 황제들의 법으로 부과된 또 다른 계산된 재앙"으로 보고 있기 때문에, 어거스틴은 규율의 개념에서 분명히 보복적 정의를 보는 듯하다. 브라운은 또한 어거스틴이 구약에 나타난 하나님의 "혹독함과 폭력적 행위"를 받아들였으며, 그들은 더 이상 그에게 충격을 주지 못한다고 지적한다.

어거스틴은 왜 그리도 쉽게 폭력에 참여하는 것을 해결책으로 삼았을까? 어거스틴에게 있어서 자격과 난잡함뿐 아니라 로마의 몰락, 로마문화의 붕괴, 야만인들의 침략이 횡행했었고, 또한 그에 있어서는 이 모든 것은 아마도 그런 위기에 기여했던 것이다. 주교로서, 어거스틴은 초대 교부들이 했던 것처럼 그리스도의 모범을 따르도록 자신의 제자들을 격려해주고자 했다. 하지만 어거스틴은 오래 전에 콘스탄틴적인 혼합을 수용했으며, 문화적이고 기독교적 제재들을 위반하지 않도록 하기 위해 인간이 더욱 영적인 압박을 필요로 한다는 것을 인정해야만 했다.[10]

피터 브라운과 더불어 우리는 어거스틴을 "최초의 종교재판 이론가"로 부를 수도 있다.[11] 우리는 어거스틴이 희생양 메커니즘을 기독교 신학으로 침례를 주었다고 제시한다. 어거스틴 자신이 경외와 무서움의 감각인 경외감을 느꼈다는 것이 그리 놀랍지는 않다. 어거스틴은 희생된 사람뿐만 아니라 초대교회에서 핍박을 받았던 순교자들도 신성화시켰으며, 그렇게 "성자 숭배"를 위한 길을 마련했다. 모두가 희생양이 되었으므로, 어거스틴은 모든 거룩한 죽음을 통합시켰다. 따라서 신성한 폭력의 관점에서 보면, 모든 희생양들은 신성화 과정을 공유한다.

어거스틴이 핍박에 대한 방어에 참여했을 때, 그가 핍박받는 이들을 마주 대하며 느꼈던 공포심은 공동체의 불운을 종식시키고 응집력을 되살려주는 희생양을 직면했을 때 느꼈던 것과 같다는 것이 모순적이지만 중요하다.[5,2] 어거스틴은 결국 앞뒤로 움직이는 순환 메커니즘을 가동시켰다. 그 메커니즘은 폭력을 신성함으로 가리는 것이자, 평화의 복음이라는 보물을 지닌 교회 속에서 박해자와 핍박 받는 자들 모두를 약탈하는 것이었다. 그는 자신도 모르는 사이에 성스러운 폭력의 무분별한 혼란 속에서 그가 핍박하는 도나티스트파 사람들과 심지어 예수조차도 거룩한 순교자로 합쳐 놓았다. 진정한 경외감인 것이다!

핍박받는 도나티스트파 사람들은 어거스틴적 "기독교" 문화의 공식적인 최초 희생자가 되었다. 이 기독교 문화는 어거스틴의 영향력 있는 책 『하나님의 도성』에 반영되어 있다. 그것은 진정한 반기독교적 문화이자, 폭력에 물든 에덴의 동쪽이다. 그것은 복음서에서 선지자들과 예수가 드러내고 반대한 희생적 해석학을 사용하여 어거스틴이 성서 본문으로부터 희생양 메커니즘을 정당화하고 있는 문화이기도 하다. 본질적으로, 어거스틴은 제국이 여기 남아 있어서 교회는 제국과 함께 해야 할 적합한 방식을 찾는 것이 더 낫다는 것을 받아들였다.

모든 이들이 제국에 대해 말하는 것처럼 보이는 이유는?

제국은 요즘 큰 화제가 되고 있다. 많은 책들이 쏟아져 나오는데다가 제국이라는 제목을 가지고 가까운 미래에 계속 출판이 될 것이다. 왜 이런 것일까? 제국에 대한 책을 쓰는 저자들은 현재 미국 제국과 로마 제국 사이의 관계를 분명히 보기 시작했으며 우리 역시 콘스탄틴적 제국을 추가할 수 있다. 이들 저자들은 초대 그리스도인들은 전체국가의 한 가운데에서 그들의 신학을 실천했는데, 이 전체국가는 완전하고 전적인 권위를 요구하는 국가이자, 시저가 주인이었던 국가이다. 오늘날 우리의 정치적 현실은 당신이 지구 어디를 여행하든 간에, 궁극적인 권위는 당신이 있는 정부인 것이다. 국민의, 국민에 의한, 국민을 위하도록 되어 있는 소위 민주주의조차 안보국가로 격하되어가고 있다. 국경을 지키고 경제와 이데올로기를 도모하기 위한 명목으로 시민의 권리는 감소되거나 박탈되어 왔다.

우리는 진정으로 살아 숨 쉬는 제국의 시대에 살고 있다. 서구의 역사는 제국의 역사이다. 신성로마제국, 스페인제국, 프랑스와 대영제국이 모두 제국에 대한 권리를 주장해 왔으며 이제 우리는 미제국의 시대에 산다. 서기 313년 이후 주교들과 평신도에게도 상황은 같았다. 교회를 제도로서 확보하기 위해 그들은 제도로서의 국가 역시 하나님께서 임명하시고 선호하신다고 인식해야만 했다. 그리하여, 국가의 요구가 기독교 교리문답의 윤리를 위반할 때, 폭력을 요구하는 것이 비폭력의 철회를 필요로 할 때 주교들은 교회와 국가라는, 두 가지의 구별되지만 서로 존중하는 실재가 있다는 것을 단언할 수밖에는 없었다. 콘스탄틴의 개종에 따라오는 이런 조건부 항복은 주교들로 하여금 지금까지 그들이 사용했던 것과는 다른 범주로 기독교 신학을 형성하게끔 만들었다. 군림하는 철학과 정치적 이념이 있는 곳이라면 어디나 이들을 잇는 다리가 놓였으며, 그리하여 새로운 교회-제국이 힘차게 결탁하게 되었다.

시대가 지나는 동안 제국에 굴복했던 신학의 어떤 특성들이 보이고 있다. 이들은 다양한 정도로 존재하고 있지만, 이들 모두는 지배하는 권력과 공국들에 항복하며 신학이 예수와 사도적 교회의 메시지를 잊고 있다는 분명한 신호이다. 다른 것들 역시 우리가 식별할 수 있다. 그것들은 다음과 같다.

- 승리주의/폐기주의
- 가현설
- 가난한 자들의 소외
- 폭력/전쟁의 정당화
- 제도의 옹호

첫 번째는 승리주의의 문제이다. 스스로 권력에 기초를 둘 때 신학은 승리주의자가 된다. 신학이 하나님을 보는 시각은 교회의 적들을 부수시며, 복음의 선언을 촉진시키기 위해 제국에 권력을 부여하시는, 권력과 무력의 하나님이다. 우리는 이것을 샤를르마뉴와 신성로마제국이 일어서는 서기 800년 무렵에서 가장 분명히 볼 수 있다. 하나님께서는 교회와 제국을 구분되지만 권력의 병행적 대리자들로 세상에 임명하셨다고 교회는 믿었다. 이런 시각은 우리 시대에까지 이어지고 있다.

승리주의는 스스로를 신학적으로는 폐기주의로 나타낸다. 폐기주의는 기독교가 진정한 종교로서 유대교를 대체하며, 교회는 진정한 하나님의 백성으로서 유대 백성을 대신한다는 시각이다. 이런 대체이론은 2세기 초에 기반을 두고 있는데, 이때는 그리스도인들이 유대교 정경의 해석을 놓고 유대인들과 언쟁을 벌이던 시기였다. 교회가 자신의 정경을 인식하기 시작함에 따라, 유대교 정경은 '옛것'이지만 기독교 정경은 '새것'이라고 말하는 것은 짧은 비약이었다. 이런 움직임이 발생하면서, 초대 기독교에는 부수적인 추론이 또한 발생하여 우리 시대에 진저리나는 결과인 기독교의 반유대주의의 발흥으로 이어졌다. 일단 유대교가 '옛것'으로 꼬리표가 붙고 교회의 새로운 시대가 하나님의 나라와 동일시되고 나면, 유대인들은 그리스도를 죽인 사람들이라는 시각이 성장하게 된다. 고대세계의 반유대주의는 그리스도인들이 유대인들을 거의 2천년동안이나 박해하도록 했던 기독교의 그 핵심으로 영입되어, 20세기 중반의 나치 홀로코스트에서 극대화 된다. 승리주의자 기독교는 기독교가 유대교와 유대인 예수를 포기할 때 그 심장과 영혼을 잃게 된다.[12]

오늘날 기독교 신학에서의 승리주의는 더 경건하지만 그럼에도 더욱 기만적인 다른 형태를 갖는다. 한 가지 형태는 18세기와 19세기에 수백만 명이 경험한 것으로, 대영제국이 세계의 거대한 부분을 식민지화하며, 아메리카대륙, 아프리카대륙, 그리고 아시아대륙의 '무지한 야만인들'을 개종시킨 것처럼 그들에게 그 당신의 문화적 종교를 하나님의 이름으로 가져온 것이다. 이런 사고방식은 '명백한 사명'Manifest Denstiny *의 교리에서 분명히 볼 수 있다. 아직 이런 사고방식은 끝나지 않았다. 미국은 19세기와 20세기에 같은 길을 걸었으며, 선교사들과 전체 주민들을 진압할 군인들을 파송했고, 미국적인 생활방식을 유지하기 위해 모든 민족들을 굴복시켰다.

오늘날 교회–제국의 결탁의 두 번째 표시는 가현설Docetism로서, 예수가 인간으로 보였을 뿐이라는 주장이다. 그리스도인들이 하나님의 계시의 중심으로서 예수의 완전하고도 탄탄한 인간됨을 부인한다면, 그것은 우리의 지상에서의 삶이 그리 크게 중요하지 않다는 것을 믿는 작은 한 걸음에 불과하며, 오직 천국에 가는 것만이 중요하게 될 뿐이다. 우리가 서로를 대하는

---

*미국이 북미전체를 지배할 운명이라는 주장.

방식, 우리가 창조된 세상을 대하는 방식은 더 이상 섬김과 청지기의 위임 하에 있지 않고 창세기 1:26ff을 잘못 이해함으로 지배의 원칙에 따라 결정되어 버렸다. 우리는 예수의 인간됨과 창조된 모든 실재를 제국에 넘겨주었으며, 이 생애에서 어떻게 우리가 살 것인지를 제국이 결정하도록 했다.

교회-제국이 추는 탱고의 세 번째 표시는 교회가 소수의 생활방식을 지탱하기 위해 가난한 자들을 소외할 권리를 제국에게 내어주었을 때 일어난다. 중세 시대에는 가난한 자들이 대다수였으며 이들의 존재는 많은 토지를 소유한 귀족들을 섬기기 위한 것이었다. 우리 시대의 가난한 자들은 미국적 생활방식을 유지하기 위해 자유와 민주주의의 이름으로 우리의 다국적 기업들이 강간과 약탈을 자행하는 나라들이다. 최근 UN의 조사는 6명 가운데 1명 즉 대략 1억 명이 기아로 허덕인다는 것을 보여주고 있다. 보낼 충분한 음식이 없어서가 아니다. 고기와 환상적인 소스, 디저트로 가득한 우리의 식단 속에 있는 제국의 흥청거림의 한가운데 살고 있는 것은 바로 우리다.

가난한 자들은 제국에게 필수적인 존재였다. 왜냐하면 우리가 차를 몰 수 있고, 우리의 휴가를 받으며 우리의 식사 전에 은혜를 말할 수 있는 것은 그들의 뒷면이기 때문이다. 하지만 제국이 이끄는 신학은 축복으로 인해 하나님께 감사하며, 당신이 더 소유할수록 하나님은 당신을 더욱 축복하신다는 것을 가정하고 있다. 이런 유형의 사고는 가난한 자들은 게으르고, 그들은 일을 해야만 한다, 만약 하나님이 그들과 함께 계신다면 그들은 가난해지지 않았을 것이다 등등의 가난한 자들에 대한 어떤 정치적 이론 뒤에 놓여있는 것이다. 그리하여 우리를 둘러싼 다른 이들이 고통을 받을 때 우리는 계속하여 하나님을 찬양한다. 나중에 나는 종교적 문화가 희생양을 필요로 한다는 것을 보여줄 것이다. 현재로서는 오직 우리가 가난한 자들을 도외시할 때 우리는 예수를 남겨 두게 되며 제국의 시민종교에 굴복하게 된다고 말하고자 한다.

기독교 신학이 제국의 힘에 유혹되어 온 네 번째 표시는 신학이 폭력과 전쟁을 정당화할 때이다. 이것을 말하는 것은 분명 많은 사람들을 잘못된 길로 들어서게 하는 것이지만, 이미 제시된 것처럼 사도 교회와 초대교회는 이 길을 걷지 않았다. 대신 그들은 모든 보복 수단을 버렸다. 교회가 교회─제국의 콘스탄틴적인 혼합을 받아 들였을 때, 그 시점으로부터 계속 교회는 황제가혹은 대통령이 전쟁을 수행하기로 결정하면 그 황제의 계획을 정당화하는 길을 찾을 수 있었고 또 찾아야만 했다. 왜냐하면 결국 모든 황제들은 분명하게 교회의 최선의 이익을 자신의 마음속에 품고 있었기 때문이다.

아쉽게도, 소위 역사평화교회들메노나이트, 형제교회와 아미시은 그들이 칼의 사용을 거부하긴 했지만, 국가의 이익을 도모하고 악을 행하는 사람들을 처벌하고자 국가가 칼을 사용하는 것을 허용했을 때, 이런 논리에 굴복했던 것이다. 그들은 쉽게도 두 개의 왕국이론으로 미끄러져 들어갔다. 두 개의 왕국이론이란 교회는 영혼을 구원하고자 하지만 제국은 어떻게 삶을 살아야 할지를 결정한다는 이론이다. 이런 사고방식은 교회와 세상 모두에게 있어서 재앙과 같은 결과를 가져다주었다. 이 이론은 세상에 참여하고자 하지 않고 수동적공격성passive-aggressive 구별주의와 같은 기독교 정적주의로 이어졌는데, 이들 모두 예수를 따르는 것과는 아무런 관계가 없는 것이다.

기독교신학이 제국의 종교적 문화의 주주가 된 마지막 신호는, 어떤 형태이든 간에 에너지가 제도를 옹호하는데 사용될 때 찾아 볼 수 있다. 종교, 가족 및 제국에 대한 예수의 가르침의 해체적 특성을 인식하지 못하는 것은문화의 기둥들에 관한 섹션 5.2를 보라 많은 신학자들로 하여금 제도가 일단 시작되면 영원히 남아있어야만 한다고 생각하도록 했다. 이런 일이 발생될 때 제도의 영구성이 사람들보다 더 중요한 것이 되며, 사람들은 그 제도를 위해 희생당하게 된다.

초대교회에서 이것이 가진 한 가지 형태는 주교의 지위와 사도적 계승의 개념이다. 주교직은 어떻든 나쁜 것은 아니지만 그런 지위가 섬김을 받는 사람들보다 더욱 중요한 것이 되어버릴 때는, 그런 지위는 제도화된다. 즉, 그것은 공국과 권력이 되어 버리는 것이다. 혹은 현대에 카리스마적으로 되살아나, '방언을 말하는' 은사가 성령의 표시를 의미하는 것이 되기도 한다. 현재 어떤 전통에서는 그것이 '거듭남'의 불가결한 증거가 되기도 한다. 예배의 스타일 역시 제도화되어 '우리가 항상 하는 것'에서 벗어나게 되면 교회의 유산을 포기하는 것으로 보이기도 한다.

우리는 시민제도의 옹호도 볼 수 있는데, 이를테면 기독교적인 스펙트럼을 가로질러 많은 이들이 홍보하는 현대의 민족국가나 경제이론들이 그 예이다. 추후에 우리는 제도들이 지닌 문제가 그 제도들이 폭력에 기반하고 있다는 것과 때때로 그들의 생존을 보장하기 위해 희생양으로 교육될 필요가 있다는 점을 보게 될 것이다. 콘스탄틴 시대에 자리 잡은 신학의 이런 다섯 가지 표시들은 우리가 교회가 어디에서 '타락'했는지를 규명하고자 할 때 우리가 반드시 세심하게 살펴야 할 것들이다. 이런 것들은 결함이 있다는 가장 확실한 표시이자 위험한 사고방식인 것이다.

4.3 성서와 초대교회

대부분의 그리스도인들은 초대교회가 성서를 수집했다고 들어 왔다. 문제가 있는 책들은 제외되고 권위가 있다고 판단되는 것들은 포함되었다. 몇몇 그리스도인들은 하나님께서 정경화 과정을 감독하셨으며 현재 '개신교'라는 것을 의미하는 66권의 정경들은 하나님께서 교회에게 주신 책들이라고 믿고 있다. 그들에게 있어서는, 이 책들이 하나님께서 직접 쓰셨던 책들이라는 결론으로 이어지게 된다. 하나님은 단순히 교회를 통해서 자신의 글들을 정경화시키셨다. 이것이 진실이든 아니든, 마치 우리가 가진 신성한 전보가 우리에게 그것이 진실이라고 말하는 것은 아니다.

교회는 박해의 시기동안 정경화 과정을 겪었다. 이런 정경화 과정은 사회적 압력 하에서 쓰인 책들을 인정했다. 초대교회에 있어서, 이런 책들은 그들이 이미 알고 있던 입증된 이야기이자, 예수의 사역과 메시지의 이야기이면서, 그의 재판과 죽음…그리고 사흘 만에 부활한 이야기이다. 예수가 하나 님이 통치하시는 삶을 설교했을 때 예수가 받았던 반응을 그들이 크게 경험 한 것처럼, 이 이야기는 그들의 희망이었다.

예수는 제자들에게 자신의 사형을 예고했다.예를 들면 마태복음 5:11 이런 복 음을 설교하는 것은 쉬운 것이 아니었을 것이다. 3세기의 끝 무렵까지 기독 교 제국 속에서 박해에 관해 많은 일들이 성쇠를 되풀이했다. 하지만 3세기 의 끝 무렵에, 디오클레티아누스는 기독교를 근절하기 위한 박해의 계획을 개시했다. 이런 박해 속의 핵심 요소는 교회의 책들을 몰수하는 것이었다. 질문은 다음과 같았다. "우리가 말하고 그것을 위해 죽을 가치가 있는 책들 은 어떤 것인가?" 혹은 "어떤 책에서 우리는 가장 분명하게 예수의 이야기를 들을 수 있을까?"

초대교회는 두 개의 세계 속에서 동시에 살았는데, 하나는 제자도의 세계 였으며 다른 하나는 복음전도의 세계였다. 학자들은 사람들이 그리스도인 이 되기 위해 교리문답의 과정을 겪어야 했다고 언급한다. 아론 미리벡Aaron Milevec은 디다케를 언급하면서, 이 구전전승이 서기 50년에 실제로 듣고 암 기해야 할 교리문답이었다고 주장한다. 누군가가 그리스도인이 될 때는, 그 의 모든 과거는 끊어지는 것이다. 가족과, 공동체와 국가, 모든 유대관계가 여기에 해당된다. 그리고 새로운 충성이 요구되는데, 그것은 바로 예수와 그 의 길에 대한 독점적인 충성이었다.

유대교 경전을 배우게 될 때는, 2세기 초반까지 교회는 대부분 경전에 비추 어 예수를 보는 것이 아니라 예수에 비추어 경전을 해석했다는 것이 내 주장 이다. 예수의 삶과 죽음과 부활은 우리가 어떻게 유대교 경전을 이해하는지 에 있어서 중추적인 전환을 가져왔다. 사도 바울, 제4복음서의 저자, 그리고 히브리서의 저자들은 모두 이런 방향을 나타내고 있다.

이것은 사도적 교회가 경전 중심적 예수가 아니라 예수 중심적 경전을 가 졌다는 것을 제시하고 있다. 이런 구분은 아주 사소한 차이인 것처럼 보이지만, 이들 두 가지 관점 사이에는 상당한 차이가 존재하고 있다. 현대의 보수적인 미국의 그리스도인들은 유대교 성서로 가서 모든 돌 하나하나, 모든 구절 하나하나, 특별히 승리주의자나 희생적 읽기가 암시하고 있을 수 있는 곳에서 예수를 발견하려는 경향이 있다. 이 두 가지는 같은 것처럼 보일 수 있지만 아주 다르다. 초대교회는 사회적으로 주변에 있으면서 성서를 읽었다. 오늘날 그리스도인들은 승리하여 최고의 자리에 있으면서 성서를 읽는다!

우리가 본 것처럼, 우리가 하나님의 힘과 전능, 혹은 권위를 읽고 그것을 우리의 상황과 우리 스스로에게 적용할 때에 승리주의자 같은 성서읽기가 발생한다. 우리가 이것을 할 때 깨닫지 못하는 것은, 우리는 이미 세상에서 힘을 가진 사람들이며 다른 사람들을 지배하기 위해 우리의 힘을 사용하고 있다는 점이다. 이런 시각에서 성서를 읽을 때 우리는 "하나님의 이름으로" 우리의 발로 다른 이들의 목을 밟아버릴 권한을 우리 스스로에게 부여하고 있는 것이다. 이런 유형의 읽기는 또한 사실상 그들이 진정으로 우리가 압제하는 자들과 연관될 때 우리 스스로 편안함과 위로의 구절을 읽는 것을 내포하고 있다.

우리가 성서를 해석하는 이런 방식을 묘사하기 위해 사용해야 하는 용어는 희생적 읽기a sacrificail reading이다. 희생적 읽기는 우리가 우리의 죄의식과 수치 속에서 성서로 가서 보복적 폭력의 메커니즘 속에서 우리의 죄를 용서하기 위한 위안을 찾는 것이다. 현재 대부분의 그리스도인들은 그리스도가 대신해 온 것처럼 유대교 성서 속에서 희생의 의식적 측면을 말하고 있다. 그럼에도, 그들은 또한 구약의 희생체계로 돌아가서 하나님이 인간의 구원을 이루시기 위해 자신의 아들을 희생시켜야만 했다고 믿으면서, 예수의 죽음을 비유적으로 최고의 희생으로 해석하려 한다. 이런 시각은 우리가 이미 보았던 것이며, 예수의 시각으로 비판해 온 것이다. 나중에 우리는 바울을 살펴볼 것이다. 지금으로서는 그들이 우리를 위한 그리스도의 죽음을 해석할 때, 이들 가운데 어떤 것도 초대교회가 가진 관점이 아니었다는 것을 지적하는 것만으로도 충분하다.

초대 교회의 성서들

우리가 만약 초대 교회의 신학을 이해하고자 하면 실제 성서에 대한 어떤 역사적 컨텍스트가 필요하다. 우리가 초대교회의 성서 사용에 대해 이야기할 때는, 그들이 사용했던 성서는 히브리어 구약성서가 아니라 예수 보다 대략 200년 앞서서 헬라어로 번역된 70인역을 말하고 있다는 것을 기억해야한다. 여러 가지 관점에서 보아, 70인역은 히브리어 본문과는 상당히 다르다.[13]

모든 번역은 하나의 해석이며 이것은 쉽게 70인역에서 볼 수 있다. 더욱 극적인 방식으로 보일 수 있는 부분이 많지만 한 가지 예를 들자면 다음과 같다. 시편 8:5[RSV]에서는 다음과 같이 말한다. "주님께서는 그를 하나님보다 조금 못하게 하시고 그에게 존귀하고 영화로운 왕관을 씌워 주셨습니다." 여기서 하나님을 가리키는 단어로 사용된 것은 '엘로힘'으로, 창세기 1장과 유대교 경전 곳곳에서 발견되는 동일한 단어이다. 이 단어는 신성을 의미하는 '엘'이라는 명사의 복수형이다. 시편의 저자는 이런 번역을 사용하여 인간이 지구상에서 하나님 자신보다 조금 못한 것으로 창조되었다고 말하고 있다. 이제 70인역을 살펴보면, 인간의 특성'주님의 팔,' '주님의 눈' 등을 가진 것으로 제시되는 하나님에 대한 언급은 아람어와 헬라어 모두의 번역들에서 편집되어 사라진다. 그리하여 70인역은 '엘로힘'이란 용어를 하나님과 함께 있는 신성한 존재, 'angeloi' 혹은 천사들로 번역하였고, 흠정역[KJV]도 그렇게 번역하고 있다.

이것이 그리 중요한 것 같지는 않지만 문제는 남아 있다. 인간들은 가치와 중요성 면에서 하나님보다 아래에 있는가? 혹은 인간은 또한 창조된 존재의 계급으로 따지면 천사들보다 아래에 있는 것인가? 히브리서의 중요한 주장 가운데 하나는 예수가 완전한 인간이며, 신성을 반만 가지는 어떤 천사와 같은 존재가 아니라는 것이다. 저자가 자신의 단언을 입증하기 위해 사용하고 있는 본문은 시편8편의 70인역이다.^{히2:6}을 보라 히브리서의 저자가 유대교 성서의 히브리어 본문을 사용했다면 시편 8편을 사용할 수 없었을 것이다. '엘로힘'을 번역할 때 하나님을 천사로 해석상의 수정을 한 것은 히브리서의 저자가 예수가 천사보다 조금 못한 우리 인간과 같다고 결론내릴 수 있도록 해준다.

이것이 왜 중요한가? 왜냐하면 모든 신약성서 저자들과 모든 교회 신학자들은 헤게시푸스, 오리겐, 에이파니우스, 제롬의 네 명은 제외하고 신학에 있어서 주요한 차이점들을 가지면서 사실상 히브리어 성서가 아니라 헬라어 성서를 사용했다는 것이다. 현대 번역본들은 히브리어 본문을 사용했으며, 영감에 대한 현대의 이론들은 영감 받은 것은 히브리어 본문이라고 주장한다. 초대교회에서는 아무도 이렇게 결론 내리지는 않았을 것이다. 70인역은 초대교회에서 예수를 이해하기 위한 지배적인 성서적 기초였다. 오늘날조차, 동방교회그리스와 러시아 정교회는 70인역이 영감 받은 구약의 번역본이라고 믿고 있다.

아울러 고려해야 할 또 다른 것이 있다. 70인역은 히브리어 정경에 포함되지 않는 문헌들을 포함하고 있는데, 이를 외경이라고 부른다. 흥미롭게도 흠정역 초판이 이 저작들을 포함하고 있음에도, 몇 가지 예외가 있지만, 개신교는 외경을 정경으로 인정하지 않는다. 이런 저작들은 특히 헬라 문화의 잠식 문제와 유대교 내의 사상에 대한 아주 값진 정보를 포함하고 있다.

이런 두 개의 논쟁의 여지가 없는 사실들은 고대보다는 더 현대적인 성서 영감이론을 단언함으로써 우리의 신학을 시작할 때 우리로 하여금 진지하게 생각하도록 한다. 성서에 대한 현대의 지배적인 시각은 성서는 모두 동일한 "하나님의 말씀"이며, 초대교회는 영감 받아 정경화된 저작들이라는 것이다. 사실은 그렇지 않으며 이것은 그릇된 역사적 이론이다.

가장 위대한 이단자가 가장 중요한 질문을 던지다

하지만 고려해야 할 더욱 중요한 자료의 한 조각은 기독교 신학과 삶을 위해 유대교 경전의 사용에 대해 2세기에 발생한 문제이다. 2세기 초 어느 때에 흑해 주위에서 온 부유한 선박 소유자가 자신의 길을 만들었는데, 먼저는 에베소이며 그리고 로마로 가는 길이었다. 마르시온80-150?은 그 후 내내 기독교를 괴롭힌 핵심적인 신학적 문제를 물었던 천재적인 교사였다. "유대교 경전에 나오는 폭력적인 하나님은 예수와 바울이 가르쳤던 은혜롭고 동정심 많은 하나님과 무슨 관계인가?"

우리가 그것을 인정한다면 이것은 진정으로 난제인 것이다. 왜냐하면 하나님이 구약에서 신약으로 오면서 변하셨다는 것으로 보이기 때문이다. 이런 분명한 문제를 풀기 위해 수많은 시도들이 있었지만 최근까지 만족스러운 것은 없었다. 마르시온의 해결책은 유대교 경전을 던져버리고 이런 유대적 영향누가와 바울서신 일부를 제거한 신약서신들을 모으는 것이었다.[14] 자신의 시대에 다신론의 영향과 영지주의의 출현으로, 마르시온은 두 신이 있다고 가르쳤는데 하나는 유대인들의 창조주 하나님이며 다른 하나는 성령이신 더 높으신 하나님이다. 후자는 예수 속에 계시된 하나님이었다. 유대교 성서의 '폭력적인 하나님'을 거부함으로, 마르시온은 또한 창조주가 만든 육체, 피, 땀과 정액의 세상을 거부했다. 그의 교회는 성관계심지어 결혼까지를 거부하고 다른 금욕적 실천을 수행했다.

마르시온을 대적한 교회 지도자들은 하나님이 한 분이고 동일하시다고 말하지 않으면 논쟁을 벌였다. 창조하신 하나님은 구원하신 하나님이었다. 이것은 정통적 해결로서, 곧 수많은 주요한 문제들과 부딪히며 특히 다음의 문제와 맞닥뜨리게 된다. 그것은 유대교 경전 속에서 발견되는 하나님의 속성과 인간 예수 속에서 발견되는 하나님의 속성이 어떻게 화해할 수 있는가 하는 것이었다. 초대교회 교부들은 다양하고 많은 방식들로 두 개의 언약들을 관계로 엮고자 했다. 순교자 저스틴에게는, 이들 신구약은 약속과 성취의 개요에 서 있는 것으로, 그 강조점이 고대의 예언의 성취에 대한 것이다. 알렉산드리아의 클레멘트에 있어서는, 신구약은 교육학적으로 연결되어 있어 하나님은 자신을 한 번에 드러내실 수 없어서, 제한되어 있지만 성장하는 우리의 이해에 순응된 계시를 하신다. 이레니우스와 키프리안에게 있어서는, 신구약이 상이한 역사적 세대로 관련된다. 즉, 하나님은 어떤 시대에는 어떤 방식으로 역사하신다는 것이다. 어거스틴의 이론은, 앞서 언급한 모든 것을 포함하면서, 수많은 이름으로 통하지만 신플라톤적 철학적 배경에 의해 이중적으로 영감을 받았다는 것이다. 다시 말해 이 언약들은 형식과 내용 혹은 율법과 복음으로 연관될 수 있지만, '옛것 속의 새것은 숨겨져 있으며, 새것 속의 옛것은 드러나 있다'는 그의 격언이 1600년 동안이나 서구기독교적 신구약의 관계이해 속에서 결정되는 격언이 되어 왔다.

마르시온의 두 개의 신 이론을 거부하면서, 대다수의 해결은 마르시온의 이중적 패러다임만큼이나 하나님에 대한 모든 성서적 언급들을 통합시키고자 한 것이었다. 사도 바울 이후 교회 역사에서 가장 영향력 있는 인물이었던 어거스틴에 이르기까지[400 C.E.], 하나님의 속성은 두 가지 면, 즉 명암, 사랑과 진노, 자비와 징벌이라는 면을 가지고 있었다. 이런 두 얼굴을 가진 하나님의 시각은 야누스의 얼굴을 한 그 이후로 줄곧 기독교 신학을 지배해 왔다.

지난 장에서 본 것처럼, 초대교회는 전반적으로 평화와 비폭력의 길에 헌신했다. 사도적 저작들을 유대교 정경과 연관시킬 지에 대해 씨름하면서, 그들은 다른 모든 신들처럼, 하나님도 보복적이라고 점진적으로 받아들이기 시작했다. 지난 장에서처럼, 그것은 처벌하시는 하나님으로부터 기독교 윤리학이 또한 실천에 있어서 처벌적일 수 있다고 보는 시각에 이르는 작은 발걸음일 수 있다.

초대교회 교부들이 예수 안에서 나타난 어떤 깜짝 놀랄만한 새로운 것을 볼 능력이 없었다고 쉽게 비판하기는 쉬우리라 본다. 사실은 헬라철학의 범주로 지배된 어떤 시각에서 그들이 자신들의 신학을 수행해 나갔다. 2세기 최초의 유명한 변증가, 순교자 저스틴은 그리스도인이 되기 전에 수많은 헬라철학을 가르치는 학교의 학생이었다. 알렉산드리아의 클레멘트와 오리겐은 플라톤에 크게 영향을 받았다. 어거스틴은 신플라톤주의 사상의 우물에서 깊게 물을 떠 마셨다. 이것이 지닌 문제는 하나님께서 이미 '잘 알려진' 분이었다는 것이다. 이미 그들의 역사 속에서 유대백성들에 대한 하나님의 계시와 궁극적으로 예수 그리스도 안에서의 계시와는 별개로, 하나님이 하실 수 있는 것과 없는 것, 하나님이 무엇과 같은 분인지에 대해서 논의되고 결정되었던 것이다.

이들 초기 신학자들은 헬라철학의 변하지 않은 정적인 사고패턴을 유대교의 동적인 계시자 하나님과 묶음으로 불편해 하고 있었다. 우리는 이것을 반복적으로 볼 수 있다. 이름 지을 수 없고 꼬리표를 붙이거나 상자에 담아둘 수 없는 출애굽기 3:14의 하나님은 "나는 곧 나다" 불변하며 감정이 없는, 공간과 시간과 역사와는 떨어져 있는 신이 되고 말았다. 이런 신은 고통을 받을 수 없으며 인간의 상황에 영향을 받지 않는 신이다. 이런 신은 멀리 떨어져 있으며 인간의 실존의 우여곡절과는 멀리 떨어진 신이다.

그리하여 초대 교회 교부들은 철학적 이원론에 굴복함으로 마르시온의 이원론을 거부했다. 이것은 그들이 유대교 경전과 새로 등장한 신약성서 모두를 해석하는 방식에 영향을 미쳤다. 그들은 물과 기름, 유대와 헬라, 성서와 이교도 모든 부분을 만족시키는 하나님의 교리를 개발하기 시작했다. 정말 솔직히 말한다면, 헬라 철학에서 나온 하나님의 정의는 성부, 성자, 성령으로 알려진 삼위일체 하나님의 동적인 속성을 포함하는 성서적인 계시를 가질 수 없다.

4.4 성서를 해석하기

초대교회를 살펴봄으로써 우리의 여정은 우리로 하여금 예수의 죽음과 부활 이후 불과 수백 년 동안 2세기 초기에 이미 형성된 복음의 굉장한 왜곡

가운데 일부를 볼 수 있게 했다. 순전하게 '초대교회로 돌아가자'는 것을 원하는 사람들은 초대교회가 어떻게 사도시대의 교회에서 변화되어왔는지를 깨닫지 못한다. 사실상 이런 변화들 가운데 일부는 디모데서와 디도서와 같은 후기 신약문헌들 가운데 일부 속에서 이미 진행되고 있었다고 주장할 수도 있다.

2세기 중반의 중요한 두 사상가, 마르시온과 순교자 저스틴을 나란히 놓는 것은 성서해석에 있어서 이런 문제를 강조하는 것이다. 우리는 이미 이런 두 사상가들을 논의할 기회가 있었으며, 이제는 성서해석의 구체적인 사례를 보고자 한다. 이런 두 사상가들은 어떻게 유대교 성서 속에 나타난 하나님의 폭력의 문제를 다루었는가? 그들이 이 문제를 다루는 방식은 이후의 거의 모든 논의를 위한 출발점이 된다. 만약 그들이 그것을 충분히 다루지 않았다면, 그 문제를 다시 열어 오늘날 더욱 일관적이고 논리정연한 방식으로 그것에 대답하는 것이 우리에게 지워진 책임이다. 앞으로 따라올 것 가운데 일부는 몇몇 독자들에게는 너무 전문적인 내용일 수 있겠지만 설명이 있으니 참고 버텨주기를 바란다.

마르시온의 사상 속에는 분명한 이원론이 남아있다. 성전의 붕괴, 율법에 대한 반헬라적 직역, 그리고 반유대적 정서에 따르는 유대교의 엄격주의적 반응은 모두 마르시온이 히브리 성서를 거부하는데 기여했다. 폰투스Pontus에 있는 회당과 교회 사이의 갈등은 마르시온의 이원론과 창조주 하나님, 그리고 유대교의 언약적 하나님에 대한 거부를 강화시킬 뿐이었다. 초대교회 지도자들이 신구약 사이의 관계를 설정하는 문제에 착수했을 때, 나는 그들이 "올바른 선로" 위에 있었긴 했지만 "잘못된 기차"를 탔다고 생각한다.[15]

우리는 신구약의 관계에 대한 순교자 저스틴의 이론과 마르시온의 이론을 비교할 수 있다. 이런 비교에 대한 몇 가지 이유들이 그들에게 제시되고 있다. 먼저, 초대교회신학, 특별히 이레니우스에 대한 저스틴의 영향은 잘 알려져 있다. 둘째로, 초대교회가 신구약의 관계에 대한 최초의 설득력있는 가설을 마련한 것은 저스틴이 있기 때문이었다. 세 번째로, 저스틴은 마르시온에 반박하는 논문을 쓸 것을 주장했다. 히브리 경전에 대한 저스틴의 사용은 이후 1900년 동안의 풍조를 이루어 놓았다. 따라서 저스틴이 지닌 플라톤적인 배경에 주목하는 것이 더 중요한 것이다. 이단자 저스틴은 싸우면서도, 저스틴 그 자신이 플라톤적 이원론의 컨텍스트 속에서 히브리 성서의 해석을 해 나가나는 방법을 찾고 있었다. 저스틴은 자신이 예언-성취와 우화에 몸담는 동안 이 작업을 했는데, 둘 다 모두 랍비적 주석모델이었다. 이것은 신약의 주석적 전통과 명백하게 일치되는 것이었다. 하지만 플라톤적 가정과 어우러진 랍비적인 해석학의 사용은 뭔가 다른 것이다. 랍비적 주석방법은 신약성서 저자들의 주석방법과 일치했지만 플라톤적 기원의 주석방법은 그렇지 않았다. 케네스 울콤브Kenneth Woolcombe는 다음과 같이 주장했다. "사도 이후 시대에서는 성서의 역사적 유형론이 모호했으면서도 헬레니즘적인 플라톤주의의 상징적 유형론으로 덮여 씌워졌다." [16]

주석에 있어서 저스틴이 플라톤의 관념을 사용한 것은 성서적 예언이 현재 역사에 상응하는 곳에서 "이것이 그것이다" 그가 여러 차례나 'symbolon'이라는 단어를 유대적 주석pesher형태의 읽기를 지칭하기 위해 사용했던 것에서 볼 수가 있다. 오직 이 경우에만, 유대교 성서를 저스틴이 사용하는 것이 충분히 기독론적으로 중심이 되어서, 만약 히브리 성서에서 그렇게 말하고 있다면, 그것은 예수의 역사와 맞아 떨어질 수 있다. 이런 방법은 필로를 연상시키고 오리겐의 전조가 되는, 바나바에게 보내는 편지 속에서 극치에 달한다.

저스틴은 히브리 예언들과 예수의 역사 사이의 중요한 구분을 놓쳤다. 르네 지라르René Girard는 다음과 같이 언급한다. "수난과 다른 종교들이 고안한 희생제도 사이의 구조적 유사성들을 따라가는 버릇 속에서 이런 일이 발생한다. 희생적 읽기는 이런 형태의 그런 유사성을 볼 때만 가능해진다." [17] 저스틴은 복음서들과 이교도의 신화 사이의 전략적 차이를 간파하지 못하고 양쪽 모두가 같은 상징적 구조를 가지고 있으되 오직 복음서만이 역사적이었다고 주장한다. 확실히 저스틴은 사르디스의 멜리토Melito of Sardis가 말한 것처럼 그리스도의 죽음을 발전된 희생으로 이해하지 못하고 있다. 그럼에도 불구하고 '구조적 유사성을 따라가려는' 그의 습관은 붙잡아야 할 희생적 신학을 위한 기초를 다졌다.

저스틴은 희생양 예수의 유형론 속에서 신구약 사이의 신학적 연결성을 발견했지만, 유형type과 원형prototype을 융합하는 것이 신구약 사이의 어떤 커다란 차이점들을 모호하게 했다. 그리하여 "기독교적" 신화가 시작된다. 저스틴의 플라톤적 유형론 주석은 희생적 렌즈, 즉 그들이 밝혀주는 바로 그 해석을 통해 복음서들을 읽도록 문을 열어놓았다. 저스틴이 마르시온적인 이원론이 앞문으로 들어오지 못하도록 싸우고 있는 동안, 플라톤이 뒤로 슬며시 들어왔다.

한 예로 우리는 저스틴이 사용한 시편 110편을 들 수가 있다. 초대교회에서 이 시편은 히브리 성서, 그 중에서도 1절과 4절에서 가장 빈번하게 인용되고 있다.

> "주님께서 내 주님께 말씀하시기를:
> '내가 너의 원수들을
> 네 발판이 되게 하기까지
> 너는 내 오른쪽에 앉아 있어라' 하셨습니다.

> "주님께서 맹세하시고
> 그 뜻을 바꾸지 않으실 것입니다:
> '너는 멜기세덱을 따른
> 영원한 제사장이다.'"

신약성서는 이 구절들을 25회 이상 인용하고 있다. 시편 110편은 아마도 포로기 이전에 유래된 것을 추정되지만, 후기 마카비 일가^{하스몬 왕조}가 자신들의 왕권과 제사장적 특권을 정당화하기 위해 사용했다. 제사장 멜기세덱과 더불어, 그들은 폭력적인 비느하스^{Phineas}도 모델로 삼았다.^{민25:6-18, 마카비서 상 2:26ff를 보라} 시편 110편 2-3절, 5-6절의 폭력은 시편의 무력적 해석과 기가 막히게 맞아 떨어진다.[22]

하지만, 신약성서에서는 1절과 4절만이 인용되고 있다. 데이빗 헤이^{David Hay}는 이것이 그 본문의 반하스몬적 해석을 부여하는 예수 자신에게로 거슬러 올라갈 수 있다고 주장한다.[18] 하스몬 일가는 대제사장과 이스라엘의 왕권 모두에 있어서 마카비 일가를 계승한 세대였다. 예수에게는, 그 시편을 폭력적으로 해석하는 것은 자신의 사역을 잘못 이해하는 것이었다.

나는 2-3절과 5-6절이 예수의 메시아됨을 논하고 있는 신약성서에서 생략되었다고 믿는다. 그 이유는 그 구절들이 희생적 읽기에 참여하고 있기 때문이며, 예수는 의도적으로 그 사고방식을 노출시키고자 한 것으로 보인다. 시편 110편 전체를 인용한 최초의 그리스도인은 자신의 주석에서 희생적이고 비희생적인 요소들을 모두 포함시키고 있는 순교자 저스틴이다. 정경 이론이 큰 효과를 가져야 한다고 주장하는 이레니우스에 끼친 저스틴의 영향은 폄하될 수 없다. '새 것 속의 헌 것은 계시되었으며 헌 것 속의 새 것은 감추어졌다'는 어거스틴의 격언은 저스틴의 환언과 마찬가지이다. 그런 입장은 오늘날에 이르기까지 계속하여 전파되고 있다.

비희생적 초대 기독교 저자들의 사례들

순교자 저스틴이 희생의 신학을 꽃피웠다는 것은 아니다. 그것은 논증될 수 없다. 하지만 저스틴의 주석적 가정들이 희생적 사고를 초대 기독교 신학적 전통을 발전시키는 것을 관통할 수 있도록 허용했다고 볼 수는 있다. 공정하게 말한다 해도, 저스틴의 저서 『트리포와의 대화』*Dialogue with Trypho* 속에는 비희생적 읽기의 요소들이 있다.

히브리 예언자들을 따라, 저스틴은 백성들의 죄의 성향으로 인해 율법의 의식과 금지가 주어졌다고 언급한다. 또한 저스틴은 아모스 5-6장과 예레미야 7:22ff를 포함하여 에언자들로부터 극단적으로 몇몇 반희생적 구절들을 인용한다. 성전조차 "하나님이 명령하신 것이 아니라 너희가 [유대인들] 하나님께 드릴 너희 자신을 우상에게 숭배하지 않도록 하기 위해 사용된 것"이다. 이레니우스는 일반적인 전승을 분명히 취하여 이것을 동일한 반희생적 동기로 만들 것이다. 초대 교회에서의 희생은 타당한 희생이 찬양과 감사가 되는 긍정적인 방향으로 빠르게도 승화되었다. 하지만 헬라 철학의 로고스와 기독교의 로고스를 동일하게 만든 저스틴으로 인해 손실을 입었다.

어떤 학자들은 그들의 비희생적인 해석을 분명히 더 인식하고 있었다. 에피파니우스는 히브리복음에서 예수의 언급을 다음과 같이 기록하고 있다. "난 희생을 폐기하러 왔으며 만약 너희가 희생을 멈추지 않는다면 하나님의 진노가 너희에게 임할 것이다." 이것은 복음서 외부에서 찾을 수 있는 예수의 어록, 아그라파agrapha라 불리는 것의 한 사례이다.[19] 사도행전 20:35는 복음서에 기록되지 않은 예수의 언급을 담고 있다. "받는 것 보다 주는 것이 더욱 복이 있다." 만약 우리가 히브리 복음서에서 발견되는 위의 언급이 예수로부터 왔을 수 있다는 것을 인정한다면, 우리는 예수가 확실히 반희생적이었다는 보다 많은 증거들을 가질 수 있을 것이다.

디모데와 아길라Timothy and Aquila라는 제목의 초대교회 문서에서는, 신명기가 영감 받지 않은 책으로 거부되었다. 그 이유는 신명기가 "하나님께서 구술하신 것이 아니라 모세에 의해 '신명기화' 된 것이기 때문이었다. 이것이 그가 아론aron, 즉 언약의 성궤 속에 신명기를 넣지 않은 이유이다." 우리는 이것을 『클레멘트 위서』Pseudo Clementine에서도 볼 수 있다. 하나님께서는 유대 백성을 희생으로부터 젖을 떼도록 하는 과정에 있었다. 희생은 모세와 같은 예언자가 모든 희생들을 없애러 오기까지의 기간 동안 허락되었다.

게다가, 클레멘트 위서 호미리스Pseudo Clementine Homilies는 히브리 경전들은 하나님에 대해서 참과 거짓을 모두 말하고 있다고 주장하고 있다!

드디어 난 「디오그네투스에게 보내는 편지」the Epistle to Diognetus를 언급해야만 한다. 신약성서 외의 모든 초기 기독교 문헌 가운데에서도 이 서신은 가장 일관적으로 비희생적인 문헌이다. 여기서는 '폭력이 하나님의 속성이 아니다'라고 말할 수 있다. 이 작은 글에서, 유대인들은 하나님께서 희생을 필요로 하신다는 생각으로 인해 책망을 받는다.3:3-4 하나님은 그리스도인들을 희생양 이후의 역할을 하도록 부르셨다.6:9-10 기독교적 메시지의 증거는 희생양이 되는 것을 견디는 그리스도인의 능력 속에서 찾을 수 있다.7:7-9 하나님께서는 지금도, 과거에도, 앞으로도 항상 오랫동안 고통 받으시며 진노가 없으시다.8:7-8 욕망의 자각은 존재한다.epithumia, 9:11 그리스도는 가장 뛰어난 희생양이 됨으로 하나님께 인류를 회복했으며, 우리의 유익을 위한 대속물이 되었다.lutron hyper humon, 9:2-6 마지막으로, 하나님을 닮는 것은 인간이 하나님과 같이 됨으로 가능하다. 이런 닮음은 자신보다 더 약한 사람들을 돌보는 것10:6-7과 욕망을 추구하는 것을 거부하는 데 있다.10:5

초대교회의 해석학적 실수를 반복하게 마련인가?

이런 몇몇 사례가 흥미롭듯이, 플라톤이 논의되자마자 초대 교회 속에서 반희생적 해석이 발을 들여 놓을 기회는 실제로 없었다. 실재와 '감각세계the created' 사이의 이중성으로서 그가 지닌 실재의 관념은 기독교실재가 유대교감각세계와의 관계 속에서 스스로를 인식했다는 틀이었다. 플라톤이 논의되는 순간, 반희생적 예언전승과 예수는 침묵되고 말았다.

초대 교부들이 히브리 성서가 증언하는 비희생적 해석의 중요한 측면을 놓치고 있다는 것과 신약성서를 잘못 사용하고 있는 세 가지 결정적인 곳에 주목하라. 먼저, 초대교회 지도자들 대부분은 히브리 예언자들이 달래는 희생을 비판하고 있다는 것을 이해하지 못했다. 즉, 이들 지도자들은 모든 희생으로부터 벗어난 발전이 있었다는 시각과 하나님께서는 그런 희생을 원하시지도 갈망하시지도 않았다는 시각을시40편, 렘7장, 암5장, 시51편 놓쳐버린 것이다. 그들이 이것을 알았다면 후대 교회는 거의 정신분열적인 용어로 하나님을 말할 토대를 마련하지는 않았을 것이다. 후기 기독교 신학에서 고통스러운 논의로 나타나는 것 가운데, 성자의 사역은 인간을 사랑하시는 하나님의 진노와 증오를 어느 정도 달래고 있다. 하나님의 분노와 자비는 신화적인 타이탄과 같이 싸운다. 그리하여 이 싸움은 여전히 현대의 속죄교리에 반영되어 있다.

둘째로, 많은 초대교회 해석자들은 창세기 4장에서 살인의 기초를 놓는 것의 중요성을 놓치고 있다. 클레멘트 1서와 한 세기 뒤의 이레니우스만이 가인과 아벨을 언급했다. 어거스틴이 자신의 신플라톤주의의 안경을 통해서 창세기 3장을 해석하고 성적인 열망으로 인간의 타락을 비난할 때, 폭력과 희생을 발표하는 창세기에서의 결정적인 모방의 역할과 창세기 4장의 희생자의 정체를 드러내는 것은 침묵된다. 1500년 이후에 이것을 짚어 낸 또 다른 중요한 인물은 프로이트Sigmund Freud로서, 어거스틴처럼 그는 살인의 기초를 세우는 것을 놓쳤다. 성적인 욕망은 이전처럼 범인이 되었다.

마지막으로, 나는 초대 기독교 사상가들이 신약성서에서 히브리 성서의 선택적 사용을 놓치는 경향이 있었다고 본다. 내가 믿기로는 해석학적 접근은 히브리 성서에 대한 예수의 주석으로 거슬러 올라 갈 수 있다. 신약성서에서 히브리 성서를 대량으로 사용한 적은 없다. 다시 말해, 이원론적 범주 속의 교회의 방종이 뒤따라오는 모든 신학적 논의 속의 갈등을 마련한 것이다.

초대 기독교의 논란을 일으켰던 재앙과 같은 이원론은 오늘날까지 이어지고 있다. 건튼Colin Gunton은 교부들에게 성부 하나님이 고난을 당할 수 없다는 수난불가impassability의 교리가 있었다면 현대 신학에서는 후기 칸트적 이원론이 있었다고 주장한다.우리가 아는 것과 실제로 거기에 있는 것 사이의 구분 하나님은 '초월하시는 분'이며 거기와 여기 사이에는 다리가 없다. 따라서 고난받으시는 하나님이란 있을 수 없다. 펠리칸Jaroslav Pelikan에 따르면, 사실 2세기와 3세기의 성부수난론자들의 논쟁하나님이 고난을 당하실 수 있다면, 성부도 고난을 당하는가 혹은 성자만 당하는가?은 마르시온과 영지주의를 대면한 것과 같은 문제였다. 즉, "하나님이라 불리는 자의 십자가형벌과 죽음"이었다. 교회가 불변하는 하나님에 대한 플라톤적 개념으로 돌아섰을 당시에도, 신구약을 합치는 것과 하나님에 대한 두 가지 다른 이해를 결합하는 위기가 있었다는 것은 분명했다. 변하시는 하나님이거나 불변하시는 하나님 둘 중의 하나이거나 혹은 우리가 하나님을 잘못 이해하고 있거나 이다. 이 마지막은 우리가 인정하기는 힘들다. 박해를 당하던 운동에서 권력의 제도로 기독교를 탈바꿈시켰던 사람들에게는 사실상 생각할 수도 없을 만큼 힘든 것이다.

이 문제를 파고드는 핵심은 히브리 성서 속에 나타나는 하나님의 폭력의 문제가 초대 교회가 어떻게 하나님을 이해했는지에 핵심적인 역할을 하고 있다는 것에 주목하는 것이다. 우리가 디다케와 마태복음에서 본 것처럼, 그들이 가르쳤던 윤리학이 비폭력적이었다는 것이 사실이라면 그들은 예수가 또한 가르쳤던 것이 비폭력적인 하나님의 신학이었다는 것을 볼 수 없었다. 그들의 플라톤주의가 그들의 눈을 멀게 했다.

이제 우리는 이 책의 전반부의 끝에 와 있다. 우리의 삶, 신학과 영성의 모든 측면에 있어서 제자로의 부르심, 예수를 따르는 것에의 부르심은 가장 중요한 것이 되어 왔다. 우리는 사도적 교회가 어떻게 예수로부터의 단서를 습득했는지, 그리고 그의 이야기를 나타내는 방식을 수행해 왔는지를 보아왔다. 예수는 그들의 알파와 오메가였으며 그들의 시작점이자 종착점 사이의 길이었다. 우리는 또한 예수의 메시지가 얼마나 빠르고 쉽게 이교도의 종교적 개념들과 섞였는지를 보기 위해 2세기에서 4세기의 교회를 통해 짧은 여행을 했다. 우리의 목적은 예수, 복음서의 예수, 사도교회가 증언한 예수, 나사렛의 랍비, 인자, 하나님의 성육신한 로고스인 예수에게로 돌아가는 것이다. 우리가 예수의 십자가에 비추어 하나님의 교리를 해체할 필요가 있는 것처럼, 이제는 인간이 되는 것이 무엇을 의미하는 지에 대한 우리의 이해를 해체하는 것이 중요한 문제가 된다.

우리가 예수가 진정한 인간임을, 혹은 예수가 우리 인간의 모습을 띄었음을, 또는 예수가 인간이 되는 것은 어떤 것인지 알았다는 것을 믿는다고 말한다면, 다음과 같은 질문이 나오게 된다. "'인간'이라는 용어로 우리가 이해하는 것은 무엇인가?" 다음 장에서 우리는 인간이 되는 것에 대한 모든 것을 더욱 풍성하게 이해하는 방식을 지켜보게 될 것이다. 그렇게 되면 인자인 예수, 인자를 따르는 것이 왜 그리 본질적인 것인지, 그리고 그를 따르는 것이 어떻게 그리고 왜 우리가 생각하는 방식을 변화시키는지에 대해 분명히 알게 될 것이다.[20]

5장 ◆ 인간문화를 이해하기

5.1 인간이 되는 것은 무엇을 의미하는가?

우리가 사용하는 '문화'와 '인간' 같은 용어들은 우리가 이미 합의한 어떤 것을 의미한다는 가정 위에서 쉽게 던져진다. 만약 내가 인간이 되는 것이 무엇인지를, 사람됨을 구성하는 것이 무엇인지를 여러분에게 묻는다면, 여러분은 아마도 합리성이나 언어, 혹은 창조능력이나 자유의지, 자기결정 혹은 어떤 다른 용어들로 대답할 수 있을 것이다.

인간이 되는 것이 무엇인가에 대한 연구는 모든 종류의 학문들, 이를테면 생물학이나 신경생리학과 같은 신체적인 학문들에까지 확장된다. 다른 학문들이라면 심리학, 문화인류학, 신학, 정치과학과 철학과 같은 해석학적인 것이다. 우리는 인간이 되는 것이 무엇을 의미하는가를 수많은 방법으로 설명할 수 있다. 하나님이 하나님 되신다는 것이 의미하는 것에 관해서 우리가 일치하지 않는 면이 있는 것처럼, 인간이 되는 것이 무엇을 의미하는 것인지에 대해서도 우리 대부분은 아마도 일치하지 않는 부분이 많을 것이다. 이것이 우리의 딜레마이다. 우리가 스스로를 이해하는 중에도 우리는 하나의 종으로서 정착되지 않고 있다.

이 장에서 나는 인간이 되는 것이 무엇인지를 이해하는 새로운 방식을 소개하고자 한다. 그것은 지난 50년간 등장해 왔으며, 인간과 물리학 모두로부터 나온 과학적 자료와 의미가 통하는 유일한 사고방식이다. 비록 우리가 예수로부터 진정한 인간이 되는 것이 무엇인지에 대한 정의를 얻게 된다 하더라도, 인간을 묘사하는 것에 있어 과학을 우회해서는 안 된다. 이런 새로운 접근방법이 현대 교회에 큰 유익이 되는 이유는 그 방법이 인간을 총체적으로 이해한 것이기 때문이다. 게다가 그것이 과학과 성서와의 대화를 진지하게 해준다는 유익이 있다.

각각 왼편과 오른편에 선 과학과 성서간의 싸움은 허수아비이다. 양쪽은 성서가 제대로 문자적으로 해석되었다는 가정을 가지고 성서로 다가간다. 그리하여 2백 년 동안 성서의 진실성을 증명하려 노력하면서 오른쪽 편에 선 변증가들과 고대의 본문을 믿는 완전한 어리석음을 보이려고 왼쪽에 선 자들과의 싸움이 계속되어 왔다. 어느 쪽도 옳지 않다. 양쪽 모두 그 본문의 진정한 목적과 메시지를 놓치고 있다.

이런 점에서 나에게 영향을 준 중요한 저자들은 알리스터 맥그래스Alister McGrath, 토마스 토란스Thomas Torrance, 그리고 존 폴킹혼John Polkinghorne의 세 명이다. 그들로부터 난 과학과 신학이 파트너가 될 수 있으며 각각은 상대편을 조명해 줄 수 있다는 것을 배웠다. 이들 저자들은 이 작업을 물리학, 신학, 인식론우리가 아는 것을 우리는 어떻게 아는가의 수준에서 진행한다. 나는 이것을 인류학과 성서와의 대화를 가져옴으로 진행할 것이다.

1996년, 이탈리아의 파르마에서 어떤 연구가들의 모임이 우리가 뇌와 행동을 이해하는 방식을 전환시킬 수 있는 발견을 해 냈다. 그들은 '거울신경세포mirror neurons'를 발견했다. 이 들은 뇌 속에서 우리가 일단 생각한 것을 행동으로 옮기는 세포들이다. 세포들이 '점화되면' 우리가 팔을 흔들어 작별인사를 한다. 과학자들이 발견한 것은 이들 동일한 신경세포들이 행동뿐만 아니라 인식을 위해서 점화된다는 것이다. 과학자들은 우리 뇌 속에 작은 모방이나 복사기와 같은 기능을 하는 세포들이 있다는 것으로 이것을 축소시켰다. 누군가가 손을 흔들며 작별인사를 하는 것을 볼 때는 마치 우리의 팔이 흔드는 것처럼 이들 동일한 세포들이 '점화'된다. 원숭이가 보고 행동하는 것은 이제 원숭이가 보고 자신이 하는 것을 생각하는 것이다. 인간도 마찬가지다. 우리가 보고 우리가 행동한다. 우리는 모방으로 배우며, 더 크게는 모방이 배움이다. 우리는 먼저 모방하는 것을 배우지 않으며, 위대한 발달심리학자 피아제가 가르친 것처럼 다른 이들을 따라 하기 시작한다. 대신, 우리는 모방을 하드웨어에 내장하고 있으며, 태어나면서부터 모방을 한다.

'아이들은 그들이 사는 것을 배운다'는 포스터를 보거나 들은 적이 있을 것이다. 우리가 지금 아는 것은 우리가 죽는 날까지 진실이다. 우리가 흉내를 중단할 때, 우리가 조금이라도 모방으로부터 벗어나는 때란 존재하지 않는다. 우리가 '하나님의 형상으로 만들어졌다'고 말할 때는 우리가 스스로를 복사물이라고 말하는 것이다. 우리는 하나님을 따라하거나 모방하기 마련이다. 하지만 우리는 그렇게 하지 않는다. 우리는 우리의 상함 속에서 서로를 따라하는 것을 배우며 그것이 우리의 몰락이다. 성서는 하와를 통해서가 아니라 남자인 아담을 통해서 죄가 세상에 들어왔다고 말하고 있지 않다.^{창 3:6-7} 이것은 왜일까? 하와도 불순종하지 않았던가? 어떻게 그녀에게는 죄가 없다고 여겨질 수가 있는가? 그 이유는 따라하는 것을 시작한 사람은 아담이었기 때문이다. 아담은 하나님의 요구보다는 하와의 욕망을 모방했다.

우리 문화 속에서 우리는 어느 곳에서나 이런 모방의 효과를 볼 수 있다. 패션을 예로 들어 보자. 패션이나 유행이 무엇일까? 모든 대중이 새로 유행하는 것을 인정할 때 패션이 발생한다. 그들은 처음 시작한 사람들을 모방한다. 혹은 매디슨 거리를 예로 들어보자. 광고주들은 제품을 홍보하기 위해 유명 인사들을 이용한다. 왜 그럴까? 우리가 만약 유명인들이 홍보하는 상품을 사게 될 경우, 우리는 그 사람에 의해 보증이 되며 어떤 면에서는 그들과 같이 될 수도 있기 때문이다. 왜 사업을 하는 사람들은 항상 성공을 위하여 옷을 입어야 하는가? 성공한 자들을 흉내 내기 위해서이다. 흥행한 영화가 나올 때는 시작부터 그 영화를 따르는 많은 이들이 있다는 것을 눈치 챈 적이 있는가? 이 책 역시, 유명하고 믿을만한 사람들이 이 책을 좋아한다면 당신도 이 책을 읽고 싶어 할 것이라는 가정 하에서 뒷면에 여러 추천사들을 싣고 있다.

하나님에 대한 우리의 시각에 많은 변화가 필요한 만큼, 우리가 스스로를 보는 시각에도 변화가 필요하다. 레이 앤더슨Ray Anderson은 자신의 책『인간이 되는 것에 관하여On Being Human』에서 다음과 같이 단언하고 있다.

> "우리가 현대의 문제들에 가져오는 내포적인 인류학적 가정들은 - 그것이 사회학적이든, 심리학적이든 윤리적이든 의인justification과 성화sanctification의 교리는 말할 것도 없고, 구원론과 교회론의 영역에서 우리가 이끌어 내는 신학적 결론에 영향을 준다."[1]

우리가 스스로에 대해서 생각하는 방식, 그리고 인간이 되는 것이 의미하는 것을 변화시키지 않는다면, 하나님에 대해 우리가 생각하는 방식을 진정으로 변화시킬 수 있을까? 만일 우리가 하나님에 대해서 생각하는 방식을 바꾸지 않는다면 우리가 스스로에 대해서 생각하는 방식을 바꿀 수 있다고 희망할 수 있는가? 하나님에 대한 서구 기독교적 사고의 조각 가운데 하나는 삼위일체의 교리에 대한 어거스틴과 그의 반영에서 생겨난 것이다. 세 가지 신성한 '측면, 방식, 혹은 위격들hypostases'로 시작하는 동방과는 달리, 어거스틴은 전형적인 플라톤적 방식으로 하나님의 통일성이나 일체성으로 시작한다. 이런 사고방식은 어거스틴이 인간을 어떻게 이해했는가에 대한 심오한 여파들을 가진다.

> "하나님이 자율적 공유이지만 완전히 관계성에 있어서 독립적인 인격체로 이해되는 일신론적 신학은 본질에 있어서 그런 하나님의 삶을 반영하고 비춰지도록 만들어진 인간의 매우 다른 그림을 만들어 낼 것이다."[2]

톰 스메일Tom Smail은 어거스틴이 인간의 내적인 삶 속에서 삼위일체의 비유를 발견한 나머지 하나님의 형상Imago dei로서의 관계성을 합리성으로 대체하고 있다고 지적하고 있다.[3]

인간이 되는 것에 대해 내가 말하게 될 방식은 두 가지 부분으로 나뉜다. 먼저는 인간이 된다는 것이 현상학적 우리의 감각으로부터 우리가 분별할 수 있는 것으로 무엇을 의미하는가이며, 그 다음으로는 신약성서가 인자True Human에 대해 말할 수밖에 없는 것에서 우리가 분별할 수 있는 것이다. 첫 번째 단계는 이런 '모방적' 인간이 노출되고 정죄되고 용서받는, 예수의 십자가와 관련될 것이다. 두 번째 단계는 예수의 부활에 비추어 논의될 것인데, 그는 우리의 온전한 인간됨을 회복시키기 위해서 우리에게 왔다. 이 단계들은 모두 모방을 포함한다.

증가되는 폭력과 군중심리

속죄에 대한 장에서[3.3] 우리는 모든 이들이 예수의 죽음과 연루되어 있다는 것을 보았다. 모인 군중들은 지도자, 예수의 제자들과 무리들이다. 군중들은 이해하기 어렵다. 왜냐하면 군중의 즉각적인 양상이 변할 수 있기 때문이다. 군중의 폭력을 아주 무시무시한 것으로 만드는 것이 바로 이것이다. 어떤 점에서는 작은 공격적 행동이 어떤 무리의 사람들을 통해서 활활 타오를 수 있으며 전면적인 싸움으로 변하게 된다. 이런 현상을 무엇으로 설명할 수 있을까?

그것은 상승의 과정과 연관되어 있다. 텍사스 대학에서 수행된 연구는 이 점에 대해 아주 재미있는 자료를 제공하고 있다. 연구자들은 학생들을 데리고 압력을 측정하는 장치를 사용하여 학생들의 손에 x 파운드의 압력을 부여한다. 이 학생은 다시금 동료 학생에게 정확히 똑같은 양의 압력을 적용하여 돌려주고, 동료 학생 역시 같은 양의 압력을 다른 학생들에게 계속 되돌려 준다. 이 연구가 밝혀낸 것은 비록 그 학생들이 가진 개념이 그들이 동일한 양의 압력을 받은 만큼 되돌려 주는 것이라고 해도, 사실상 그들은 서로에게 조금씩 압력을 증가시켜서 되돌려 준다는 것이다. 그들이 보복에 반응한다고 생각할 때 그들은 실제로는 정도를 높이고 있었다.

어떤 사람들의 그룹 속에서 공격이나 폭력의 증가는 그들이 줬던 만큼 그대로 다른 이들에게 준다는 공평한 보복을 정당화하는 것에 비례하고 있다. 만약 누군가가 뺨을 때린다면 뺨을 똑같이 맞는 것이 옳다. 만약 누군가가 주먹을 날린다면 상대방의 주먹이 되돌아오는 것이 맞다. 공격자는 자신이 받았던 만큼 정확하게 준다고 생각하지만 맞은 사람은 아주 작지만 강도가 더 세졌다는 것을 알게 되며, 그리하여 경기를 공평하게 하기 위하여 또 다른 강한 타격이 들어오게 된다. 양쪽의 공격자들 모두 상대방이 사건을 크게 키우고 있다고 믿지만 그들 스스로는 그저 앙갚음을 하고 있을 뿐인 것처럼, 항상 그 반응에 대한 정당화는 존재할 것이다. 하지만 그 비난은 갈등을 키우고 있다고 인식되는 상대방에게 전가될 것이다.

문제가 되는 것은 사람들은 서로에게서 폭력을 모방하고 있다는 것이다. 우위/복종 계급을 가지고 있어서 어떤 동물이 항복하거나 물러나자마자 싸움이 끝나는 동물들과는 달리, 우리 인간들은 계속 싸우면서 우리의 반응들을 정당화하거나 합리화시켜서 심지어는 다른 이들을 죽이는 데까지 이르고 만다.

이것이 바로 군중폭력의 망령을 아주 무섭게 만드는 것이다. 폭력행위가 발생하자마자, 그리고 보복적 반응이 제어하지 못할 정도로 증가되면, 군중들은 다른 이들에게 폭력을 전달하는 새로운 에너지에 힘입어 활기를 띠게 된다. 누군가 나에게 부딪히면 나도 그에게 부딪히며, 누군가 나를 때리면 나도 그를 때리게 된다. 곧 그룹 전체가 폭력의 증가에 사로잡히게 된다. 우리는 더욱 폭력에 있어서 다른 이들을 따라하게 되어 버린다. 이런 것은 예를 들어 도시 내부의 갱단간의 갈등이나 유럽의 축구경기에서 볼 수 있다. 물론 우리는 20세기의 민족국가들 사이에서 이런 형태의 사고를 아주 많이 보아 왔다. 이것은 군비경쟁의 논리이자, 상호확증파괴Mutually Assured Destruction*라고 불리는 잘못된 핵억제 개념의 논리이다.

---

* 적이 핵 공격을 가할 경우 적의 미사일이 도달하기 전후에 남아있는 모든 핵전력으로 상대방을

폭력을 완화시키는 종교적이고 문화적 '해결책'

군중이나 그룹을 제어하는 것은 주요한 사회적 관심사가 된다. 이것은 초기 인류 조상들이 수행했던 종교의 역할이다. 그것은 고대의 것이면서 또한 현대적이기도 하다. 그것은 통제가 불가능한 군중으로서, 현대의 어느 정부에게 최고의 위협이 되는 무정부의 전파로 인해 감염된 대중들이다. '안보국가'의 시대에서 대규모 집회나 시위들이 정부에 의해 아주 가까이 모니터되고 있는 이유가 이것이다. 오래된 캠프 송에서 다음과 같이 말하는 것과 같다. '불을 내려면 불꽃으로도 충분하다.'

예수의 수난설화에서 우리는 군중에게 있던 폭력의 전염효과를 보게 된다. 먼저 예수가 체포되었을 때 제자들의 방어가 있었다.막14:47 두 번째로 나무들을 지나는 바람처럼 무리를 통해서 들려오는 거짓 증거루머와 가십가 따라온다.막14:55 세 번째는 신성모독죄 사건 속에서 '초월적인 위반'의 존재이다.막14:63-64 네 번째로 예수와 동일시되는 것을 두려워하는 것이 따라온다. 이 공포는 예수가 군중의 폭력의 희생자가 될 수도 있다는 자각에 기초하고 있다.막14:66-72 복음서 설화는 무리들 속에 있는 폭력의 증가가 지닌 문제와 역동성을 분명한 논조로 펼쳐내고 있다. 남은 것은 해결책을 찾는 것이다. 그런 해결책은 또한 수난이야기 속에서도 주어진다.

"한 사람이 죽는 것이 온 민족이 망하게 되는 것보다 낫다."요11:49-50

이 문제의 해결책은 공동체의 적개심을 전이할 수 있는 희생양을 찾는 것, 혹은 다른 말로 표현하면 갈등국면에 있는 그룹의 죄를 짊어질 수 있는 사람을 찾는 것이다. 이것 역시 수난설화 속에서 찾을 수 있다. 그것이 이 이야기의 결정적인 순간이자 광분하여 날뛰는 것을 모방한 결과인 것이다.

그러므로 우리는 군중이 만들어 내는 위기를 다룰 능력에 비례하여 군중

전멸시킨다는 보복전략

이 내적인 갈등을 모방하고 증가시킨다는 의미에서만 그룹의 모방이나 사회적 형성을 이야기 할 수 있다. 우리는 이 문제를 원죄라고 부를 수도 있다. 이런 모방된 적개심과 폭력에 대한 해결책은 생명을 빼앗는 커다란 죄에 의해서만 진압된다. 거대한 폭력은 그룹의 내적이고 해체적인 폭력을 완화시키기 위해 필수적이다. 만약 합당한 희생양이 발견되지 못한다면, 그 그룹/군중은 붕괴되고 말 것이다.

우리는 본질적으로 모방의 창조물이며, 우리가 그룹에 속해 있을 때에는 그 그룹이 하는 것을 하려는 경향이 있다. 흔히 말하듯 로마에 있으면 로마인처럼 행동하는 것이다. 군중의 모방에 있어서 이런 중요한 요소를 붙잡는 것이 필수적이다. 십자가 앞에서 우리는 서로의 복사물에 지나지 않는다. 교회가 의미하는 원죄, 즉 우리 모두가 죄의 모체 속에서 사로잡혀 있다는 것이 아마도 이것일 것이다. 우리는 서로에게서 모방을 배운다. 우리 중에서 모방 없이 가족 안에서 성장하는 사람은 없다. 우리는 어린 나이 때부터 모방으로 사회화된다. 우리는 학교와 현대 소비사회에서 그것을 배우며 그것은 압도적인 부름으로 우리를 바스러뜨린다. 그렇지만 모든 죄는 모방, 흉내이기 때문에 그것은 진정으로 독창적인 것은 아니다. 칼 바르트Karl Barth가 죄는 그 실재를 갖지 않는다고 말한 이유가 이것이다. 몇몇 최근의 논의와는 대조적으로, 우리는 '폭력적인 유전자'를 가진 것도 아니며 폭력적인 경향이 있는 것도 아니다. 죄는 유전적으로 물려받은 것이 아니다. 죄는 존재나 실체가 없다. 죄는 학습된 모방된 행동이다. 어떤 종으로서, 우리는 죄가 있으며 죄악의 손아귀에서 벗어날 수 있는 사람은 극히 드물다.

오늘날에는 죄를 철이 지난 개념이라고 말하는 사람들이 있다. 그들은 건강하지 않은 율법주의적인 초점을 특정한 죄들에 맞추는 것에 반응하고 있다. 그러나 죄의 개념을 단순히 던져 버리는 것은 현명하지 않다. 우리가 얼마나 거룩하든지, 우리의 신앙이 얼마나 강하든 간에 우리의 삶 속에서 죄는 실재이다. 우리가 무의식적으로 욕망하기 때문에 우리는 종종 우리가 서로에게 얽혀 있다는 것을 깨닫지 못하고 있다. 우리가 죄 속에 존재한다는 것을 부인한다면, 우리는 우리의 관계 속 어디에서, 그리고 어떻게 파괴적이 될 수 있으며 그렇게 되어 왔는지를 못 보게 될 것이다. 이 말은 우리가 기독교 전통의 거대한 부분을 차지하고 있는 율법주의로 되돌아가야한다는 것은 아니다. 그것은 우리 모두가 예수 안에서 치유와 온전함을 향한 여정 가운데 있다는 것을 인식하는 것이다. 시간이 지날수록 우리는 우리 스스로가 치유, 용서, 비전이 필요한 존재임을 발견하게 된다. 흘러가는 모든 순간마다 우리는 또한 절망에서 우리를 구하시고 우리의 관계를 화해시키시며 우리의 희망을 회복해 주시는 아바의 놀라운 은혜와 사랑을 발견하게 된다. 그 동안 우리는, 루터Luther가 '의로우면서도 동시에 사악한simul justus et peccator' 이라고 말한 것처럼, 의로운 동시에 죄가 있는 존재이다.

죄에 대한 이런 간단한 논의에 비추어 보면서, 인간의 무의식적 모방의 문제로 돌아가도록 하자. 흉내 내는 창조물로서, 우리는 모두 서로와는 다르고자 한다. 우리는 다른 사람들이 욕망하는 것을 욕망하면서 서로 구별되지 않는다. 그것은 우리가 '희생'이라고 부르는 종교적/문화적 경험으로 해결하고자 하는, 이런 견딜 수 없는 상황인 것이다. 가이 반히스위크Guy Van-heeswijck는 다음과 같이 매끄럽게 요약하고 있다.

> "사람들이 서로와 달라지기 위해 모든 차이점들을 발산하는 이런 혼돈의 상황은 문명의 기원이자 마지막까지 지속되는 위협이다. 이런 폭력적인 비차별적 과정은 사람들의 머리 위에 떠 있는 다모클레스Damocles의 칼*이다.… 따라서 '문화'는 어떤 형태를 가지든 항상 이런 원초적 폭력으로 되돌아가는 것을 피하기 위한 인류의 노력인 것이다."[4]

---

* 왕에게는 항상 위험이 따른다는 것을 가르치기 위해 다모클레스의 머리 위에 머리카락 하나로 칼을 매달아 놓았다는 그리스의 전설.

모방되는 폭력을 뿌리 뽑기 위한 예수의 해결책

만약 이것이 맞는 것이라면, 우리는 어떻게 이런 엉망인 상태에서 벗어나기 위한 길을 찾아야 할 것인가? 신약성서가 주는 대답은 우리가 예수의 죽음과 부활을 통해서 구원을 얻었다는 것이다. 우리가 예수를 죽일 때, 그의 죽음에서 우리는 우리의 죄성을 표현하며, 그의 죽음에서 예수는 그를 거스르는 이런 죄에 대한 용서를 구했다. 그의 부활에서, 우리는 보복적이지 않으면서 우리에게 다가 온 희생자와 조우하게 된다. 이 희생자는 '샬롬'이라는 화해의 언어를 가지고 왔으며, 이 언어로 우리가 용서를 받았다는 것을 보여준다. 하지만 그것은 그 이상의 의미를 가진다. 오명을 씻은 희생자the Vindicated Victim로서 우리와 만나면서, 예수는 또한 우리에게 새로운 삶을 주기 때문이다. 로마서 5:10에서 바울은 그것을 다음과 같이 말하고 있다. "우리가 하나님의 원수로 있을 때에도 그분의 아들의 죽으심으로 하나님과 화해하게 되었다면, 하나님과 화해가 이루어진 지금에 와서 하나님의 생명으로 구원을 받으리라는 것은 더욱 확실한 일이 아니겠습니까?" 예수의 죽음은 하나님과 우리의 관계를 회복시켰으며, 우리는 용서받은 박해자들죄인들이다. 그의 부활은 완전히 새로운 존재, 즉 평화, 샬롬, 용서의 기초가 된다.

새로운 모방을 위한 기초가 되는 것은 우리를 용서하고 하나님과 우리의 관계를 회복시키는 오명을 씻은 희생자와 우리가 만나는 것이다. 우리가 용서를 받고 화해가 된 이후라고 할지라도 우리는 여전히 모방하는 창조물이며, 그리하여 우리는 계속해서 모방할 것이라는 것이 이치에 맞다. 그렇지만 부활하신 주를 만나고 우리에게는 처음으로 '선택이 주어진다.' 우리는 십자가 앞에서 서로를 계속 모방하고 거듭거듭 우리의 희생자들로 끝이 날 수도 있거나, 예수를 닮기로 이제 결정할 수도 있다. 우리가 닮는 것은 역사적 예수가 아니라 살아 있는 주님이다.

2000년이나 묵었지만 우리와 함께 하는 모델l.1을 우리가 닮지는 않기 때문에, 이것은 큰 중요성을 가진다. 그리스도를 닮는 것에 있어서 오래된 중세의 개념들이 지닌 문제들 가운데 하나는 예수가 과거에 살았던 것처럼 복음서 기록을 취하여 현재에서 살고자 했다는 것이다. 이것은 우리가 선한, 혹은 긍정적인 모방이라고 부르는 측면이지만, 예를 들면 본문 모델textual model을 가진다. 우리가 살아 계시는 주님과 조우하기 때문에, 우리의 모델은 단순히 '죽은 기록'이 아니라, 오래전 살아 있었고 사역을 했던 이런 동일한 예수와 더불어 진짜로 살아 숨 쉬는 사실상의 만남인 것이다. 복음서 기록들에 나타난 제자들은 그들이 거기에 있었다고 해서 우리보다 더 많은 이점을 가지지 않는다. 그들은 예수를 알았다. 우리 역시 그들이 예수를 안 것처럼 부활하신 주님으로서 예수를 안다. 덴마크의 철학자 키에르케고르는 다음과 같이 현명하게 언급했다. "우리는 모두 간접적인 제자들이다." 첫 번째 세대의 제자들은 우리보다 더 나은 유익을 갖지는 못했다.

우리가 현 시대에서 그리스도를 닮는 것은 현재에 그와 조우하는 것과 과거그들의 현재에 제자들이 예수와 조우하는 두 가지 측면에 기초하고 있다. 이것은 말씀과 성령을 함께 붙잡는 것이 왜 중요한지에 관한 하나의 예이며, 복음서의 기록이 그리스도를 따름에 있어서 본질적인 것이라면 그들은 또한 그의 임재와 떨어져서는 불완전하다는 것을 인식하는 하나의 예이기도 하다. 내가 두 번이나 언급한 것처럼, "예수를 아는 것은 그를 따르는 것이며, 그를 따르는 것은 그를 아는 것이다." 현재 임재하시는 그리스도the Christus Praesens에 비추어 복음서 본문을 통해 연구하는 시간을 가지면서, 신앙의 그룹들은 자신들의 독특하고 뚜렷한 공동체 속에서 그리스도를 따르는 가장 좋은 방법들을 분별할 수 있을 것이다.

우리가 서로를 닮을 때 서로와 같이 되는 것처럼, 부활하신 예수를 닮음 속에서 우리는 그와 같이 된다. 차이점은 우리가 서로와 같이 될 때 우리는 차별화에 대한 필요, 즉 다르게 되기 위한 필요를 경험한다. 그 이유는 서로를 닮아감 속에서 우리는 더욱 더 서로와 같이 되기 때문이다. 이런 필요는 우리가 무의식적 적대감을 가지고 희생양을 축출할 때 생긴다. 우리가 그리스도, 오명을 씻은 희생자를 닮음 속에서 차별화에 대한 우리의 필요가 변형 되는데, 그 이유는 우리가 결코 예수가 될 수 없기 때문에 그 운동은 차별화 로부터 비차별화에 이르기 때문이다. 즉 우리의 목표는 예수와 달라지는 것이 아니라 그와 같이 되는 것이다.요한일서 3:2를 보라

우리가 디다케를 살펴봤을 때 본 것처럼[1,4], 그것은 모든 초대 그리스도인의 교리문답의 중심에 있는 그리스도와의 유사성 혹은 그리스도에 대한 순응인 것이다. 최근에 기독교적 영성, 기독교 신앙, 그리스도인의 삶에 대해서는 많은 말들이 있지만 기독교적 형성에 대해서는 거의 언급이 없다. 이런 개념을 주의 깊게 살펴본 신학자는 디트리히 본회퍼이다. 그는 히틀러가 권력을 휘두르던 독일의 무시무시한 잔학행위 속에 살면서 자신의 초기 저서에서 마지막 편지에 이르기까지 그리스도에 순응하는 이런 문제들을 증명했다. 나치의 권력이 최고조에 이르던 1937년에 출판된 그의 유명한 책,『제자도』는 산상수훈과 바울의 신학 모두를 구체적으로 살펴본 것이다. 그 당시 루터교에서는 전례가 없던 결합이었다. 현 시대를 통틀어서 많은 이들에게는 바울의 신학적 모델과 예수의 삶 사이에는 일치점이 있다는 것이 그리 분명하지는 못했다. 하지만 본회퍼에게는, 그리고 기독교 형성에 대한 이런 주제를 집어 든 모두에게는, 복음서 기록과 부활하신 그리스도와의 만남이라는 이중적인 강조가 항상 존재한다. 교회의 교사들이 항상 젊은 그리스도인들이 예수의 삶을 연구하는데 대부분의 시간을 보내야 한다고 주장하는 이유가 이것이다.

내가 제안하고 있는 사람됨의 모델은 새로운 것도 아니고 근거가 없는 것도 아니지만, 인류를 구성하는 것으로서 대부분의 현대인들이 이해해 온 것과는 상당히 다른 것이다. 우리는 스스로에게 책임을 지며 우리가 누구인지를 규정하는 선택을 하는 자율적인 개인으로서 우리 스스로를 보는 오랜 전통을 가지고 있다. 이런 '인간됨'의 방식은 그릇된 구조라는 것을 우리는 인식하지 못했다. 현실은 우리 모두가 함께 이런 사람됨 속에 있다는 것이다.

우리가 서로를 무의식적으로 항상 모방한다면 '자유의지'라는 것은 없다. 어거스틴과 마틴 루터가 '의지의 속박' 위에 놓은 강조점은 진실성이 느껴진다. 왜냐하면 그것은 우리가 얽혀 있는 엉망진창으로부터, 죄의 엉망진창으로부터, 보복적 폭력의 소용돌이를 일으키는 모방되는 전염의 엉망진창으로부터 우리 스스로를 건져내지 못한다는 것을 알고 있기 때문이다.

그리하여 수많은 현대의 신학적, 철학적, 정치 및 사회적 문제들은 우리가 진정으로 자율적인 것이 아니라 하나의 종으로서 서로 연결되어 있다는 것을 인식할 때 비로소 해결될 수 있다. 우리는 이런 현상을 기술할 새로운 단어를 필요로 한다. 아마도 르네 지라르는 우리가 개개인이 아니라 '연결된 개인'interdividual이라고 말할 것이다. 처음에 내가 인간의 뇌 속에서 '거울 신경세포'의 발견이 갖는 중요성을 강조한 이유가 이것이다. 또한 내가 이 책을 죄의 교리가 아니라 그리스도인의 삶을 논의하는 것으로 시작한 이유가 이것이기도 하다. 우리가 죄와 직면하여 용서받지 못한다면 우리는 우리의 죄를 알 수 없기 때문이다.[5] 필수적으로 '영적인' 경험으로서가 아니라, 비록 많은 이들이 그런 방식으로 느끼고 있긴 하지만, 다른 누구도 가지고 있지 않은 어떤 것들을 예수가 테이블 위로 가져왔다고 인식함으로서, 모든 사람은 부활하신 예수와의 진정한 만날 수 있다고 나는 상정하고 있다. 이것이 예수와 만난 간디에 대한 나의 이해이며, 나에게 있어서 간디가 많은 그리스도인들보다 더 급진적인 예수의 제자인 이유이다.

인간이 되는 것은 무엇을 의미하는가? 그것은 우리가 공동적인 독립체이면서, 우리의 삶은 개개로 박스 포장된 패키지가 아니라는 것을 의미한다. 그것은 우리가 스스로를 모든 면으로, 구원뿐만 아니라 죄 속에도 참여하는 존재로 본다는 것을 의미한다.

5.2 모방적 현실주의: 요점정리

21세기 처음에 살면서 얻을 수 있는 이점 가운데 하나는 우리가 새로운 방식으로 새로운 사고들을 생각할 수 있다는 것이며, 동시에 새로운 방식으로 예전 사고들을 다시 생각하고 우리 이전에 살았던 사람들의 중요성과 가치를 본다는 것이다. 너무도 자주 우리는 경솔하게 구식이라고 우리가 생각하는 이전 세대의 그런 사상가들을 고려하지 않고 제쳐두거나, 현대 세계와의 접촉이 없이 방치하고 있다. 우리는 너무도 쉽게 인간의 조건을 이해하려고 씨름한 사람들을 일축한다. 우리는 일이 일어난 후에 판단하는 이점을 누리고 있어서 우리의 과거에 살았던 사람들 및 그들을 넘어선 우리가 있는 곳에 정중할 수 있다.

우리 세대의 가장 중요한 사상가들 가운데 하나는 여전히 상당부분 알려져 있지 않다. 그는 '인간 과학의 아인슈타인'이라고 불렸는데, 그 이유는 우리가 물리학을 이해하는 방식을 변화시키도록 아인슈타인의 상대성이론이 도움을 준 것처럼, 그의 작업이 인간이 된다는 것이 무엇을 의미하는지 우리가 이해하는 방식을 변화시키고 있기 때문이다. 스탠포드 대학에서 이제는 은퇴한 르네 지라르는 이 부분에 있어서 여러분들에게 소개하고자 하는 사람이다. 그의 작업은 조금 이상하게 들릴 수는 있으나 실제로는 쉽게 이해할 수 있는 '모방이론'mimetic theory으로 오랫동안 알려져 있다. 모든 주요 부분들은 마지막 섹션에서 살펴보게 된다.

로버트 해머튼-켈리와 마찬가지로, 나는 우리가 모방이론을 모방적 현실주의란 용어로 바꿔야 한다고 제안한다. '이론'이라는 단어는 많은 이들에게 실재하지 않는 것 혹은 추상적인이란 의미를 담고 있다. 인간을 이해하는 이런 새로운 방법은 양쪽 모두 아니다. 지금까지 내가 이것을 명명하는 것을 미루어 온 이유는, 모방적 현실주의가 성서 본문 속으로 어떤 것을 들여오는 것이 아니라 성서 본문으로부터 나오는 것을 이해하는 것이 중요하기 때문이다. 모방적 현실주의는 모든 성서의 증언을 진지하게 생각하는 몇몇 현대

인류학 가운데 하나이다.

지난 섹션에서 언급한 것처럼, 사람됨을 이해하는 지배적인 방식은 '자율적 개인'으로 이해하는 것이다. 신경과학은 우리의 뇌가 하드웨어적으로 내장되어 있어서 우리는 항상 서로를 모방하고 있다는 것을 보여주고 있음을 지적하고 있는 우리의 공동적 특성의 이해에 난 도전했다. 헬라 철학자 아리스토텔레스는 오래전 다음과 같이 언급했다. "인간은 모든 창조물들 가운데에서 가장 모방적이다.시학 4:2" 우리가 모방에 대해 이야기할 때는, 이 생각이 그냥 과학에 관하여 불쑥 나온 것이 아니라, 그것을 위한 과학적 증거가 그것을 수용된 실재로 만들었기 때문에, 따라서 우리는 모방적 현실주의를 말하는 것이다. 우리는 자율적이지 않다. 자율성은 실재하는 것이 아니다. 대신 우리는, 우리가 사랑하고 혐오하는 모든 이들과 더불어 깊고 강력한 방식으로 연결되어 있다.

르네 지라르René Girard

모방적 현실주의를 드러내는 르네 지라르의 여정은 매혹적이면서도 복잡한 것이다. 다음에 이어지는 것은 간결판이다. 당신이 이 이론을 뒤따르고자 한다면 그의 사상의 발전에 대한 탁월한 소개서들이 많이 있다.[6] 1950년대 후반에 프랑스의 젊은 교수인 지라르는 자신의 학생들에게 위대한 프랑스 작가들의 작품을 읽어오도록 과제를 내었다. 이 소설 속의 등장인물의 반응은 현재 문학이론들로는 설명할 수 없다는 것을 그는 알고 있었다. 그 안에는 무엇인가 다른 일이 일어나고 있었다. 다른 위대한 서구 문학가들의 작품으로까지 독서영역을 넓혀 지라르는 어떤 패턴을 보기 시작했다. 1959년에 그는 이들 작가들프루스트, 스텐달, 도스토예프스키, 세르반테스 및 셰익스피어 사이에서 일어나고 있는 것들에 대한 자신의 첫 번째 책, 『기만, 욕망 그리고 소설』Deceit, Desire and the Novel을 출간했다. 등장인물들은 그들이 다른 등장인물들을 모방하는 방식으로 그들의 행동에 영향을 받았다는 것을 지라르는 관찰했다. 이것은 특히 '삼각관계'라고 불리는 것 속에서 볼 수 있다. 어떤 남자는 자신의 아내에 지독한 싫증을 느끼고 있다. 어느 날 한 친구가 찾아 와서는 그의 아내에게 예리한 관심을 보인다. 이것이 그 남편으로 하여금 자신의 아내에게 새로운 관심을 불러일으키는 자극제가 된다. 하지만 그런 관심을 만들기 위해서는 제3자가 필요하다. 왜일까?

지라르는 인간이 서로를 모델로 사용한다고 주장한다. 우리는 종종 우리가 모방하는 우리의 삶 속에서 어떤 롤 모델을 갖는다고 말하기 때문에, 우리는 이 주장이 이상하다고 여기지는 않는다. 하지만 지라르가 발견한 핵심적인 시각은 그것이 단순히 인간의 행위가 아니라 우리가 모방하는 인간 개념이었다는 것이다.[8.2] 그는 우리 인간이 서로의 욕망을 모방한다고 인식했다. 내가 어떤 것을 원하는 이유는 다른 누군가가 그것을 요구한 것을 보았기 때문이다. 욕구는 자연스럽게 독자적으로 그 안에서 일어나는 것이 아니다. 욕구는 밖에 있는 누군가로부터 생기며 난 그를 따라하게 된다. 뇌의 연구가 진행된 지난 10년 속에서 입증되어 온 문헌을 연구함으로부터 얻은 시각이 바로 이것이다.

만약 내가 당신의 행위를 따라할 뿐만 아니라 당신의 욕구까지도 모방한다면, 난 이것을 의식적으로 하고 있는 것인가? 지라르의 대답은 아니오이며, 다른 이의 욕구를 모방하는 것은 의식수준의 아래에서 일어나는데, 그것은 단순히 뇌가 하는 일을 하는 것일 뿐이다. 우리는 항상 이런 형태의 무의식적 삶을 산다. 자동차로 집을 떠나 실제로는 운전하는 것을 전혀 기억하지 못한 채 목적지에 도달한 적이 있는가? 아마도 당신은 오전에 있을 아침회의에 대해서 생각하고 있었을 것이거나 뉴스를 골똘하게 들었을 수 있고, 혹은 대화에 몰입했을 수도 있다. 당신이 오랫동안 운전을 해 왔기 때문에, 당신은 '다중 작업'을 할 수 있으며 운전보다는 다른 것에 초점을 맞출 수 있었을 것이다. 우리는 당신이 '무의식적으로' 있었다고 말할 수 있을 것이다. 같은 방식으로 우리가 다른 사람들의 욕망을 모방할 때는 그것은 우리의 의식

수준 하에서 일어난다. 우리는 우리가 그것을 하고 있는지 모른다. 우리가 무엇인가를 원할 때, 그 욕구는 우리 속에서 저절로 일어나기 때문이라고 생각하기 때문이다. 사실상 그것이 일어나는 이유는 우리가 그것을 다르게 표현하기 때문이다. 지라르는 이것을 '중재된 욕구'mediated desire라 부른다.

자, 이제 우리는 우리 행위뿐만 아니라 우리의 욕구를 서로 모방한다. 그러면 뭐가 문제인가? 아이를 돌보면서 시간을 보낸 적이 있는가? 당신이 장난감으로 가득한 방에 한 명 이상의 아이를 넣었을 때 무슨 일이 발생하는가? 그들은 공평하게 모든 것을 공유하는가 아니면 어떤 시점에서 특정한 장난감을 가지고 싸움을 벌이는가? 난 이런 일이 당신에게 일어나리라 확신한다. 그러면 당신은 다음과 같이 의문을 품을 것이다. "우리는 왜 모두 잘 어울릴 수가 없을까? 이 방에는 장난감이 가득한데, 왜 너희들은 한 장난감 때문에 싸우고 있는가?" 어리석어 보이지 않는가? 모방적 현실주의에 따르면 다음과 같은 일이 일어난 것이다.

아이들이 방으로 들어오기 전에는 모든 장난감이 동등한 가치를 가졌다. 하지만 A라는 아이가 어떤 장난감에 집중하는 순간, 그 장난감은 특별한 '가치'를 갖게 되어 매혹적인 대상이 된 것이다. B라는 아이는 A를 보고 무의식적으로 그 장난감에 대한 A의 욕구를 모방한다. B는 먼저 그 장난감에 눈이 갔지만 A가 그 장난감을 가지고 놀기 시작하기 전까지 그 장난감은 '가치'를 갖지 못한 채 홀로 남겨져 있었을 것이다. 물론 B는 이 욕구가 모방적이라는 것을 모르는 채, 그 장난감을 가질 권리가 있다고 생각한다. 왜냐하면 A가 가지고 놀기 전에 먼저 B가 그 장난감을 보았기 때문이다. 이 아이들 모두 누가 그 장난감을 가질 것인지에 대한 언쟁을 벌이기 시작하는데, 그 이유는 둘 다 그 장난감을 원하기 때문이다!

문제는 이것이다. 중재된 욕구는 불가피하게 경쟁으로 이어진다. 사랑의 삼각관계로 되돌아가보자. 아내에 싫증이 난 남편은 경쟁상대가 나타나기 전까지는 아내에게 관심이 없다. 그는 그런 관심을 모방한다. 하지만 그 아내는 자신에게 관심을 가지는 남편의 친구에게 관심을 기울이며, 이로 인해서 남편 속에서는 질투심이 일어난다. 남편은 그녀가 자신에게 관심을 기울여야 한다고 생각한다. 그가 아내의 남편이기 때문에, 그는 아내에 대한 우선권을 가진다. 따라서 아내의 관심을 두고 그 친구와 남편 사이의 경쟁이 뒤따르게 된다. 장난감으로 가득한 방에서 두 아이가 잠재적으로 더욱 처참한 결과를 가져올 수 있다는 것과 같은 시나리오이다.

우리 모두가 이것을 항상 경험하기 때문에 우리는 인간의 삶에 있어서 이런 형태의 구조를 인식할 수 있다. 두 명의 노동자가 승진 후보자 명단에 있지만 오직 한 명만이 그 자리에 오를 수 있다. 두 명의 운전자가 도로를 운전하지만 둘 다 급하다. 두 명의 고등학교 친구가 한 명을 좋아한다. 두 명의 구매자가 하나 남은 신발을 사러 간다. 이런 사례는 계속 될 수 있다. 두 사람이 모두 같은 욕구의 대상을 잡고자 한다면 불가피하게 경쟁이 일어난다. 경쟁은 무의식적인 모방의 결과이다. 마지막 섹션에서 난 경쟁의 증가에 대한 연구를 언급했다. 우리가 모두 원하는 대상을 말로든 행동이든 차지하고자 하는 것처럼, 경쟁단계에서 우리는 서로를 이제 폭력으로 모방한다. 이제까지는, 모방에 대한 지라르의 시각 및 경쟁으로 악화되는 것 모두가 과학적인 연구로 입증되어 왔다.

7년간의 연구를 마치고 지라르는 국제적인 주목을 이끌어 낸 자신의 저서 『폭력과 성스러움』*Violence and the Sacred*을 출간했다. 이 책은 희생의 현상을 탐구한다. 지라르는 다른 모든 사람이 이 영역은 완전히 일구어졌다고 생각했던 때에 문화와 종교의 기원을 파고들기 시작했다. 지라르는 인류가 하나의 종으로서 수만 년 혹은 수십만 년 전에 출현했을 때, 공동체 내부의 경쟁과 폭력의 문제 및 보복에 대한 반응을 다루어야 했다고 주장했다. 우위/복종의 메커니즘에 제동을 걸도록 내재되어 있는 동물의 왕국과는 달리, 증가하는 인간의 폭력은 당면한 문제에 비해 지나치게 큰 것이다. 그 종족의 임무와 생존을 나누면서, 이 문제를 다루기 위한 어떤 방법을 찾아야 하거나 그렇지 못하면 공동체가 형성하지는 못할 것이다. 우리의 초기 조상들은 자신들의 공동적인 적개심을 임의의 희생자인 희생양에게 전이시키는 끔찍한 행위로서 종족 내부의 폭력의 문제를 차단할 방법을 찾았다. 우리 역사의 어느 시점에서는, 만약 반복이 되어서 우리가 문명화되는 과정을 시작했다면, 인간들은 이것이 통하는 메커니즘이었다는 것을 깨달았다. 우리가 발전되었던 것처럼, 시간이 지나면서 우리는 이런 희생양을 만들어 내는 폭력을 우리의 내부 공동체의 폭력을 일시적으로 멈추게 하기 위해 사용했던 것이다. 우리는 의식적 살인을 통해 점점 문명화되어왔다.

지라르에게 있어서, 반복되는 제의적 희생의 행동, 즉 더 큰 폭력의 위험을 멈추게 하기 위해 폭력을 사용하는 것은 인간이 되는 것이 무슨 의미인지에 대한 우리의 반영을 시작하는 자리인 것이다. 이것은 모방적 현실주의가 만들어 내는 이해에 있어서 커다란 수확이 아닐 수 없다. 집단적 희생양만들기로 돌아가는 것은, 우리로 하여금 언어를 창조하고 종교를 만들어 내며 우리가 문명이라고 부르는 것의 발전을 촉진시키도록 해 주는 우리의 죄가 성장하도록 돕는 것이다. 1978년 지라르는 자신의 위대한 책, 『세상의 기초로부터 숨겨진 것들』*Things Hidden from the Foundation of the World*을 출간했는데, 여기서 그는 희생에 비추어 문화적 발전의 이런 주제를 조직적으로 탐구했다. 이 책을 그리 뛰어나게 한 것은 지라르가 인류학적 과학과의 대화 속으로 성서를 가져왔기 때문이다.

성서와 문화인류학이 접속하는 방식에 대해서 지라르가 풀어 낸 뉘앙스의 모든 것을 설명하려는 것은 어렵다. 아마도 이것은 현대 기독교를 위한 지라르의 연구의 가장 결실 있는 측면일 것이다. 그 이유는 지라르가 단순히 성서와 인류학이라는 과학을 모순되는 것으로 본 것이 아니라, 성서를 희생의 문제라는 관점에서 읽게 되면 종교를 논의할 때 본질적인 요소들을 명확하게 해준다는 것을 지라르가 보여줄 수 있기 때문이다.[7] 게다가 지라르는 신구약 사이의 실제적 구분과 왜 신구약이 함께 유지되어야 하는지에 대해 절대적인 명료성을 가져다준다. 신구약은 구별이 아니라 분명한 것이며, 창세기로부터 계시록까지 하나의 이야기를 말하고 있다.

지라르는 더 나아가 1980년대 후반에 『욥: 하나님의 백성의 희생자』*Job: The Victim of His People* 및 『희생양』*The Scapegoat*을, 그리고 십년 후 새천년이 도래할 때는 『사탄이 번개같이 떨어지는 것을 보았노라』*I See Satan Fall as Lightning*를 가지고 자신의 성서읽기를 발전시켰다. 지라르는 셰익스피어의 천재성에 항상 관심을 가지고 있었으며 1994년에는 『선망의 극장』*The Theater of Envy*을 출간했다. 그의 가장 최근의 저서는 독일의 군사전략자 클라우세비츠Clausewitz에 대한 연구 속에서의 조짐을 보았던, 인간이 만든 임박한 종말에 관한 것이다.[8] 지라르를 아는 특권을 지녀온 우리 모두는 그가 지닌 부드럽지만 타협적이지 않은 방식, 그의 신념에 찬 온화함을 알고 있다. 2007년에 지라르는 프랑스 학회에 소개되었는데, 이 학회는 수백 년의 전통을 가진 "영원히 기억될 사람들the Immortals"의 자리를 양도받은 40명의 프랑스 지식인들의 그룹이었다. 이 위대한 프랑스 학자들은 이 학회의 사람들이 되어 온 것이다. 귀중한 지라르의 연구가 교회 속에서나 밖에서 어떻게 모든 학적인 노력의 방식으로 영향력을 행사하게 되는지를 보는 것은 대단한 영예였다.

문화의 기둥들

우리는 조만간 신구약에 대한 지라르의 이해를 살펴보게 될 것이다. 하지만 먼저 큰 그림을 그릴 필요가 있다. 이렇게 지라르를 간단하게 훑어 읽으면서, 난 지금 모방적 현실주의를 구성하는 것의 모델이나 인간으로서 우리 스스로를 보는 방식을 펼쳐 놓는다. 그리고 바라건대 우리가 예수의 삶과 가르침을 볼 때 이미 이것과 만나는 것을 상기시키고자 한다.

모방적 현실주의는 우리 인간이 다른 인간을 만나는 방식에 관한 것이다. 그것은 모든 종들을 지나서 예측할 수 있는 결과들을 가진 무의식적 인간의 욕망의 심층구조 속에서 시작한다. 그것은 인간의 조우에서 인간의 희생적 폭력에 이르기까지 세 단계의 과정으로 되어있다.

1. 모방되는 욕구
2. 경쟁의 증가
3. 집단적 적대감이 '희생양'에게로 전이됨

앞서 언급한 것처럼, 처음 두 줄은 설득력 있는 전제로서 그들을 뒷받침할 임상연구가 있다. 성서에는 또한 인류학적 측면의 한 부분으로서 이들 현상이 나타난다. 그렇다면 여기는 과학과 성서가 진정한 대화를 나눌 자리인 것이다. 그 문제의 중심은 이것이다. 인간이 된다는 것은 무엇을 의미하는가? 그것은 화학적 방정식과 전기적 방전을 전환하는 것 이상의 것이다. 모방적 현실주의에 비추어 우리는 우리 인간이 어떻게 '원죄'의 마법에 갇혀져 왔는지, 어떻게 우리가 어떤 사고와 행동방식에 '묶여져' 있었는지, 그리고 어떻게 예수가 우리를 그런 삶에서 자유롭게 했으며 우리 동료 인간과 하나님이 서로 관계하는 완전히 새로운 방식을 우리에게 보여주고 있는지를 보게 된다. 관계를 맺는 이런 새로운 방식은 십자가에 못 박는 자들과의 연대 속에, 그리고 십자가에 못 박힌 예수와의 화해 속에 기초하고 있다. 하나님과 다른 사람들 사이의 새로운 관계에 영향을 주는 것은 그리스도 안의 하나님의 사역이다.

예수의 수난은 핍박자이자 동시에 핍박 받는 자인 인간의 이야기를 해 주고 있다. 신성한 이야기는 핍박을 받는 이의 관점에서 말해지고 있다. 진정한 신학은 오직 이런 관점으로부터만 일어날 수 있다. 우리가 핍박을 받는 자뿐만 아니라 핍박자의 관점에서 하나님의 이야기를 한다면 우리는 이 책의 처음 네 장에서 말한 야누스의 얼굴을 가진 신으로 끝나게 된다. 모방적 현실주의가 드러내고 있는 것은 핍박을 받는 자만 할 수 있는 하나님의 이야기이다. 하나님은 십자가의 비천함과 굴욕 속에서만 진정으로 알 수 있으며,

이 십자가는 인간이 하나님을 공격하고 살해한 곳이다. 우리가 "우리들은 챔피온이다"라고 노래할 때, 하나님은 용서의 장송곡을 부르셨다.

퍼즐의 마지막 한 조각, 문화의 기둥이 여기 있다. 모방되는 경쟁적 욕구 아래서 우리를 그룹으로 형성하고 살아남게 한 것은 무엇인가? 지라르는 이 문화의 세 가지 기둥, 즉 모든 인간의 문화가 필요로 하고 사용해 왔던 세 가지 요소, 금지, 의식 그리고 신화를 말하고 있다. 희생양을 만들어 내는 과정의 메커니즘이 이들 기둥들을 만들어 냈다. 어떻게 이런 일이 일어났을까?

우리들의 사례로 본다면 가족모임에 오는 어떤 식구가 있는데, 그 남자 혹은 그녀가 추태를 부리지는 않는가? 그들은 논쟁적이거나 너무 취했을 수도 있다. 그런 모임은 그들이 없어야 차라리 더 낫지 않은가? 그날의 어느 순간 이들이 대화의 주제가 되어 모든 이들이 그나 그녀가 없으면 더 기뻐하고 그게 더 낫다고 생각하는 것을 알아챈 적이 있는가? 당신이 고등학교 시절에 "우리는 그들과 같지는 않아!"라는 정체성을 가진 그룹에 속했던 적이 있었는가? "우린 달라, 우리가 더 나아." 그룹의 정체성은 그 희생양과의 관련 속에서 강화된다. 우리는 그것이 아니다.[9]

군중이 모방적 광란 속에 있을 때, 욕구의 대상이 질투, 부러움, 증오로 이어질 때, 이런 부정적인 느낌들은 열매를 맺는다. 그 열매는 한 명에 대한 공동의 폭력적 행동이다. 그 그룹은 이런 부정성을 대체하는데, 왜냐하면 만일 그들이 그러지 않는다면 그들은 갈가리 찢어지기 시작하며 함께 뭉치지 않을 것이기 때문이다. 이런 첫 번째 '역사적' 시나리오를 다시 만들어 내는 것은 불가능하며, 그것과 같은 수천 개의 시나리오들이 반복되었다. 그것은 딱 한 번의 역사적 현상이 아니라 생성의 메커니즘이다. 어떤 면에서 희생양삼기의 '원래적' 시나리오로서 묘사되는 것이 그 그룹의 고정된 의견이 되었다. 이런 고정된 의견은 누군가가 "원래적" 한 명과 같은 위기가 지난번에 일어났을 때를 기억할 때, 즉 모두가 한 명을 대적하는 메커니즘이 그룹 내의 폭력을 막았다는 것을 기억할 때 발생할 수 있다. 이런 메커니즘이 의도적으로 촉발될 때, 정기적으로 희생을 재현하는 것처럼, 우리는 인간의 역사와 종교의 첫 열매를 가지게 되는 것이다. 우리 인간이 '인식하게 되고' 통제하에 이런 위기들을 가져올 발걸음을 걷는 것이 이 순간이며, 그리하여 우리는 우리 그룹의 응집력을 유지할 수 있게 된다.

하지만, 그 위기와 해결책을 공동체가 정기적으로 가지기에는 너무 벅차다. 그래서 우리 인간들은 가장 갈등을 유발시키는 요인인 음식과 여성들에 대한 금기를 두는 법을 배운다. 초기 인간의 금기들은 성(性)과 배고픔과 관련되어 있는데, 이 두 가지 자연적인 본능은 이제 금지로 제어되고 있다. 우리는 우리의 존재를 통치할 법적 제도를 개발한다. 우리는 '법의 통치' 아래 들어온다. 이런 법들은 잠재적인 모방적 위기들을 다소 개선하는데 도움을 주지만 그런 위기들을 완전히 중단시킬 수는 없다. 위기들이 여전히 일어나는 이유는 욕구들이 여전히 모방되고 있기 때문이다. 때때로 그 그룹은 피로, 희생자의 희생으로 생기를 되찾게 된다. 이런 희생적 과정들의 반복은 어떤 공식적인 구조 혹은 의식적인 측면을 가지게 된다. 희생이 효과적이 되기 위해서는 어떤 일들이 반드시 어떤 방식으로 행해져야 한다. 그 제의적 구조로부터 우리 인간들은 궁극적인 구조, 제도(신이 우리를 도우사, 관료정치를 개발할 것이다. 신약성서가 권력에 대해 언급할 때 의미하고 있는 것이 이것이다.[7.3 10]

마침내 그 그룹이 희생적 절차를 완성하게 된 이후, 그 카타르시스의 경험과 새로이 발견된 "아아아!" 혹은 평화가 장악하게 된다. 그런 희생의 이야기는 그 희생자가 응당 받을 만한 처벌을 받은 것이며 그 공동체는 그들이 행했던 것을 행함으로 축복을 받게 되었다는 방식으로 전해진다. 우리는 그 가해자의 관점에서, 죄를 부과한 자의 관점에서 린치를 가하는 이야기를 하고 있으며 우리가 했던 일들을 정당화한다. 모방적 현실주의가 의미하는 '신화'가 이것이다. 신화가 허위의 이야기인 이유는 그것이 3층의 우주불트만라는 것을 받아들이기 때문이 아니라, 그 희생자를 부당하게 취급한 것을 숨겼기 때문이다.

　문화의 세 가지 기둥은 금지, 의식 그리고 신화이다. 이것들로부터 우리
는 우리가 인간의 관계를 건설하는 방식 혹은 우리가 '공민학'civics이라고 부
르는 것을 이끌어 낸다. 하지만 그 희생자는 실제적으로 더 많은 것을 만들
어 낸다. 그것이 실제로 흥미로워 지는 부분이 이것이다. 희생자는 인간의
언어를 만들어 낸다. 어떻게 그렇게 되는가? 현대 영장류처럼 우리 인간들
은 특정한 '끙끙댐'이나 '소리'로 대상을 식별할 수 있도록 배운다. 하지만
인간이 희생적 메커니즘에 참여하게 되면, 우리는 처음으로 상징의 실재 속
으로 들어가게 된다. 그 상징의 실재란 무엇과 같은가와 같지 않은가, 하나
의 '의미' 이상의 것을 가질 수 있다는 것이다. 이것은 우리가 처음으로 희생
자가 어떤 범죄를 저질렀으며 사형 받아 마땅하다고 믿어 희생적 카타르시
스를 겪은 이후, 그 희생자는 우리에게는 없는 평화, 통합, 안정이나 응집력
과 같은 혜택들을 가져다 줄 것이라고 믿을 때 발생한다. 그 희생자는 우리
가 두 개의 완전히 다른 의미들에 부여하는 첫 번째 '사물'이다. 그리하여 특
성상 상징적인문자 그대로인 영장류에 비교해 볼 때, 단어=사물 우리의 의사소통능력은
우리의 원시적 폭력에서 나온다. 우리의 단어들이 우리를 배신하는 것이다.
우리는 이것에 대해 5.4에서 더 배우게 될 것이다.

　이제 간략하게 모방적 현실주의를 볼 차례이다. 수많은 증거들이 수집되
어 왔으며 모방적 메커니즘의 모든 부분들에 대해 쓰인 저서들이 있다. 이제
당신은 그것이 어떻게 당신이 인간의 폭력의 근원을 알도록 도움을 주는지,
그리고 그런 잠재적으로 파괴적인 폭력을 완화시키기 위해서 희생양들 만
들어내는 인간의 해결책을 알게 해 주는지를 볼 수 있을 것이다. 또한 당신
은 예수의 수난이야기가 왜 그리 중요한지를 보게 될 것이다. 왜냐하면 십자
가상에서, 마크 하임Mark Heim이 말한 것처럼, 예수는 하나님의 정의의 기계
속으로 들어간 것이 아니라 그리스도 안의 하나님이 우리 속으로 들어왔기
때문이다.

5.3 문화, 폭력 그리고 종교

이제 우리가 제시해 왔던 많은 시각들을 함께 결합할 때이다.

먼저, 우리는 그리스도인의 삶과 기독교 신학이 어떻게 예수로 시작해야 하는지를 언급했다. 예수에게 있어서 가장 큰 계명은 예수가 살아낸 구약을 해석하는 방식이었다. 예수는 하나님, 아바를 언급했다. 아바는 자비가 넘치고 보복하지 않으시는 분이다. 우리는 기독교적 존재의 모델로서 산상수훈을 더 가까이에서 지켜보았다.

두 번째는 어떻게 사랑이 성서를 해석하는지 더 분명하게 분별하기 위해 예수가 어떻게 성서를 읽었는지에 대한 시각이다. 우리는 예수가 자신이나 하나님께서 그 성품상 보복적이란 개념을 거부했으며 진정한 존재는 자비, 용서와 동정으로 되어 있다고 주장한 것을 보았다. 예수는 폭력희생과 종교성전의 관계에 대해 아주 분명한 비판을 가했다. 우리는 주요 원리신뢰, 지향성의도성, 그리고 목표섬김이라는 측면에서 제자도를 분석했다.

세 번째로, 우리는 심판에 대한 주요 비유들을 바라보면서 예수가 하나님을 비폭력적으로 이해했다는 것을 살펴보았다. 우리는 용서가 예수의 가르침 속의 주된 주제란 것을 보았으며 그의 죽음은 종교적인 측면, 즉 희생원리로 이해되어서는 안 되며, 새로운 관점, 다시 말해 값없이 주어진 은혜로운 용서의 측면에서 이해되어야 한다는 것을 보았다.

네 번째로, 우리는 초대교회로 눈을 돌렸다. 하나님과 예수의 관계라는 문제를 어디서, 그리고 어떻게 그들이 다루고 있는지를 보기 위해서 초대교회는 신약성서를 지금 우리가 알고 있는 형태로 묶었으며, 우리는 유대의 복음이 이방인의 흙으로 던져졌을 때 그것이 항상 더 나은 방식으로 변화하지는 않았다는 것을 배웠다. 나는 또한 초대 교회에서는 용서와 비보복적 제자도교리문답에 대한 분명한 강조가 있었음을 제시했다.

이 장에서 우리는 르네 지라르의 연구와 모방적 현실주의, 특히 우리가 성서를 읽는 데에 있어 이것이 영향을 주었다는 것을 보고 있다. 지라르가 제시한 사람됨의 모델인류학은 성서적인 자료를 포함하여 그 외부의 방대한 자료를 이해하도록 했다. 하나님을 폭력으로부터 구별하는 것을 배움으로, 우리는 우리 인간이 거룩함과의 만남을 이야기 하는 방식과 하나님께서 그 이야기를 풀어내시는 방식 사이에는 분명한 차이점이 있음을 보기 시작한다.

알다시피 성서는 다른 문화들이 신화와 역사 속에서 말하고 있는 것과는 다른 어떤 것을 가리키고 있지는 않다. 하지만 성서는 그것을 다르게 말하고 있다. 신학자 제임스 앨리슨James Alison이 "희생의 지능the intelligence of the victim" 이라고 부르는 것을 소개한다. 이것은 왜 우리가 우리의 신학적 반성을 십자가의 예수로 시작해야만 하는지에 대한 핵심적인 통찰이다. 그렇게 할 때만 우리는 최대한의 혜택을 위해 폭력을 사용하도록 기획된 희생양만들기의 메커니즘 구조 속에서 용서의 계시적 특성이 지닌 힘을 볼 수 있게 된다. 성서의 이야기는 예수 안의 하나님이 어떻게 신성한 폭력의 문화적 종교 속으로 들어오셔서, 그 무시무시한 부작용을 겪으시고 그 메커니즘이 사악하고 저주받은 것임을 계시하셨는지를 말하고 있다. 십자가에서, 희생양삼기의 폭력은 적나라하게 황제에게 보여 졌다. 십자가에서 하나님은 그 마법이 무력하다는 것을 보여주기 위해 커튼을 열어 젖히셨다. 예수는 모든 정의의 개념에 맞서 자신의 결백함을 입증하기 위해 죽은 자 가운데서 살아나셨다. 우리 인간은 예수가 죽어야만 한다고만 생각했기 때문이다. 그의 부활은 인자, 진정한 인간의 일어남으로, 이 인자는 하나님의 진정한 형상의 모델이며, 제자로 불러 우리를 그와 닮도록 하는 분이다.

왜 우리는 이것을 이해하지 못하는 것처럼 보일까? 로버트 해머튼–켈리 Robert Hamerton-Kelly는 그것을 다음과 같이 농담조로 말한다.

"홈스와 왓슨은 캠핑을 하고 있다. 그들은 한밤중에 잠에서 깨어 일어났다. 그들은 거기 누워서 수많은 별들을 올려다 보고 있었다. 홈스는 왓슨에게 이런 광경에서 무엇을 추리할 수 있는지 물었다. 완벽한 추리이기를 바라면서 와트슨이 말하기를 '기상학적으로 말한다면 내일 날씨가 좋을 것 같네. 천문학적으로는 한여름이고, 철학적으로는 우주 속에 질서가 있는 것이지. 그리고 신학적으로는 하나님이 천국에 계시며 그 세계 속의 모든 것은 그대로 좋다네.' '왓슨, 자넨 바보구먼.' 홈스가 한숨을 쉬었다. '어째서인가?' 풀이 죽은 왓슨이 물었다. '자넨 무엇을 추리할 수 있는가?' 홈스가 대답한다. '누군가 우리 텐트를 훔쳐 가버렸단 말일세!' 모방이론은 그 텐트와 같다. 그 증거는 어디에나 있지만 많은 이들이 그 존재를 알아채지 못한다. 왓슨같은 많은 사람들은 그들 앞에 놓인 그런 단순한 것들에 너무 푹 빠져 있다. 그 이유는 그들이 진정한 설명은 분명히 깊고 복잡할 것이며, 군중과 프랑스 삼각관계 the French Triangle와 같이 시시한 것이 될 수 없다고 믿기 때문이다."[11]

이 책에서 내가 제시하는 것은 복잡한 것도 아니고 모방적 현실주의도 아니다. 만약 예수의 복음이 정말로 우리를 모방된 욕구, 경쟁과 폭력으로부터 해방시킨다면, 그것은 단순해야 할 필요가 있으며, 뿌리, 줄기 그리고 꽃을 다루어야 한다. 예수의 복음은 단순하며 그것을 다루고 있다.

그렇다면 우리는 무엇으로부터 자유로워진 것인가? 바로 인간의 문화가 지닌 폭력으로부터이다. 왜 오직 폭력인가? 그 이유는 폭력은 문화와 종교의 열매를 포함하는 씨앗이기 때문이다. 이것이 어떻게 그렇게 되는가? 이 장의 남은 부분은 그 질문에 대답할 것이다. 그것은 문화적 분석의 실행이며 두 가지 방향으로부터 오는데, 그것은 바로 인류학적 과학과 성서이다. 우리가 해야 하는 일은 문화와 종교의 관계 속에서 희생자의 역할을 이해하는 것이다, 문화의 씨앗과 종교의 발아가 일어나는 토양이 되는 것이 그 희생자이다.

성서를 읽으면서 희생자들의 울음을 알아챌 수도 없다는 것은 불가능한 것이다. "태초"에서부터 "고아와 과부의 울음" 및 "의로운 고통"에 이르기까지 성서는 버림받은 자, 부당하게 학대를 당한 자, 소외된 자, 십자가에 못박힌 자의 울음으로 가득하다. 그리스도인들을 희생자들과 동일시하는 것은 너무도 쉽다. 왜냐하면 누구든지 우리를 비판할 때마다 우리는 "의로움 때문에 핍박을 당하고 있다. 그들은 내가 그리스도인이기 때문에 나를 좋아하지 않는다"라고 칭얼대기 때문이다. 요즘에는 모든 이가 희생자이다. 우리는 희생당함에 사로잡힌 사람들이며 희생자들에 홀린 사람들이다. 사실상 나는 이 책을 다른 식으로 쓰는 것을 생각해 보고 희생자들에 관한 이야기를 피할까도 고려해 보았다. 하지만 그럴 수 없었다. '당신의 눈에 있는 들보부터 먼저 빼내라'는 원칙이 여기에서 적용된다.

미국 기독교의 폭력적인 유혹

200년이 넘도록 우리 북미인들은 어두운 측면에 연루되어 있다. 미국 인디언들을 몰살시키고, 흑인들을 노예로 삼으며, 여자와 아이들 및 이민자들을 착취하는가 하면, 소비를 위해서 우리의 모방적 욕구를 충족시키고자 지구에 있는 모든 가난한 사람들의 창조와 박멸에 참여한 것이다. 우리는 핍박자들이다. 우리는 제국이다. 이런 시각으로부터 우리는 복음의 이야기를 말하는 것을 배운다. 우리는 우리 스스로를 선하게 보고 상대방을 악하고 부패하고 저주받았다고 여기는 기독교 신화의 이론으로 살고 있다. 명백한 사명Manifest Destiny에서 애국자들의 성서에 이르기까지 우리는 이런 그릇된 "기독교"가 지닌 최악의 모습을 본다.

북미 기독교는 기독교적 신화에 사로잡혀 있다.[12] 신화는 폭력의 중요성과 정당성을 신성한 보복이나 처벌로 설명한다. 이것이 바로 예수가 보여주기 위해 온 것이 자신의 전통 속에서는 틀렸다는 것이다. 우리와 닮은 신을 만들어 내는 것은 우상숭배, 즉 우리의 희생적 형상 속에 있는 신을 만들어 내는 것이다.[13] 누군가 언제라도 자신의 증오나 분노, 억울함과 비통함을 정당화하며, 아무나 언제라도 다른 사람을 비난하거나 사회적 법률을 위반하는 사람을 고발하여 하나님이 그것에 동의하신 것처럼 만들어 내고 있다. 이것은 완전히 성서에서 무슨 일이 일어나고 있는지를 무시하는 것이다. 그들은 복음, 좋은 소식, 기쁨과 희열을 가져오는 소식을 무시하고 있다. 그것은 예수에 관한 교리인 기독론 없이 하나님에 대한 교리인 신학을 갖는 것이다.

우리는 어떻게 그런 자리까지 오게 되었는가? 여기에 공헌한 수많은 사람들이 있지만 두드러진 요인은 스위스의 종교개혁 신학자 존 칼빈John Calvin에서 발견된다. 다른 많은 사람들은 이것을 가지고 가르쳤으나 칼빈은 이 문제에 대해 분명하다. 칼빈은 모든 인간들이 창조를 바라봄으로 올바르게 하나님을 알 수 있다고 말했다. 매우 플라톤적인 방식으로, 칼빈은 하나님께서 모든 인간들 속에 '신성의 의미' 혹은 '종교의 씨앗'을 심어놓았다고 주장했다.[14] 알리스터 맥그래스는 칼빈이 언급하는 이런 자연신학이 세 가지 결과물을 가진다고 본다. "종교의 보편성예수의 계시에 의해 단일화되었다면 우상숭배로 타락한다, 문제가 많은 양심, 그리고 하나님에 대한 비굴한 공포이다."

'신성의 의미'와 '종교의 씨앗' 사이에서 칼빈의 대안은 하나님과 종교가 하나라는 것이다. 그가 인식하지 않은 것은 그들이 생성적인 모방적 희생양 메커니즘의 결과일 뿐이라는 것이다. 칼빈이 우리로 하여금 믿도록 만든 신은 인간의 종교가 가지는 폭력적인 야누스의 얼굴을 가진 신이다. 칼빈의 세 가지 결과가 자신의 인류학인간은 만물을 꿰뚫어 보고 전지한 우주의 심판자에 대한 극심한 공포 속에서 산다에 관하여 그리 말하고 있는 이유가 바로 이것이다. 그의 인류학은 북미 기독교에 영향을 주어 왔다. 종교의 신과 하나님, 즉 예수의 아버지는 완전히 다르다. 종교의 신은 항상 희생적일 것이다. 후자는 항상 은혜롭고, 값없이 용서하시며 항상 자비롭고 사랑으로 가득할 것이다.[1.3, 7.2]

우리가 희생적 행위를 위한 정당성을 찾고자 성서로 가는 것이 아니어야 한다. 왜냐하면, 우리가 그럴 때, 우리는 그리스도 안의 하나님의 사역과 성령에 의해서 우리 안에 있는 하나님의 사역을 불명예스럽게 하는 것이기 때문이다. 하나님은 바로 이런 것들을 없애고 자신의 독생자로 대신하기 위해

오셨다. 예수의 삶, 사람, 사역, 선교와 메시지를 바라봄으로 기독교 신학을 시작하는 것은 매우 중요한 일이다. 만약 우리가 여기서 실패한다면, 우리는 차라리 그리스도의 몸인 교회를 그만두는 편이 나을 것이다.

우리는 또한 생성적인 희생양삼기 메커니즘을 살펴볼 필요가 있다. 그것은 기만과 살인을 하는 사탄의 충동이다.요8:44 우리는 스스로를 핍박자가 아니라 핍박을 받는 자라고 먼저 생각해서는 안 된다. 우리는 이것을 먼저 그리스도의 죽음 속에서 우리의 역할을 인식함으로 행하고 있다. 우리는 두 번째로 모방적 욕구와 희생양만들기 속에서 우리가 얽혀 있는 미묘한 혹은 그리 미묘하지 않은 모든 방식을 바라봄으로 이것을 행하고 있다. 우리의 희생자들은 아주 명백하다. 경쟁 때문에 그런 모든 불쾌한 단어들은 되돌릴 수 없으며 그런 모든 우정은 깨어지고 만다. 손상된 우리의 모든 관계와 결혼, 소외된 아이들, 버려진 노인들, 무시되는 가난한 자들, 이들은 모두 우리 주위에 있으며 기억 속에 남아있다. 우리가 사도 바울과 더불어 보게 되겠지만,7.1 이런 두 가지를 행할 때 우리는 한 종교에서 다른 종교로 개종되는 것이 아니라 일반적인 종교에서 완전히 다른 실존의 방식으로 전환되는 것이다. 만약 우리가 스스로를 희생시키는 자로 보지 않는다면 희생자의 지위를 껴안을 권리가 우리에겐 없다.

이것이 우리에게 보여주는 것이 무엇인가? 그리스도의 십자가이다. 부당하게 고발하고 기소하고 핍박하고 사형을 내리는 사람들처럼, 우리는 스스로를 예수의 십자가 앞에서 죄인으로 명명한다. 그렇다, 예수를 죽인 것은 우리의 죄였다. 하나님께서 우리의 죄를 취하셔서 예수에게 그것을 어느 정도 전가하신다는 그런 거래가 아니라, 예수의 삶과 메시지를 실제로 거부한 것이다. 그의 용서에 비추어 볼 때, 보복하지 않겠다는 예수의 약속, 즉 죄책감과 수치의 심리학적 투영을 우리가 회개하는 그의 '샬롬'은 새로운 삶과 삶의 새로운 방식을 위해 예수에게 의지한다. 우리가 무력으로 예수의 왕되심을 얻으려 했던 '폭력적인 사람들'처럼 올 때눅16:16, 우리가 폭력적인 하나님을 인정할 때에 우리는 이것을 할 수 있다. 우리 인간은 십자가로 해체되고 재건된 것처럼, 우리는 급진적인 변화를 가져오기 충분한 중대한 불안정성을 경험한다. 십자가 위에서 그리스도 안의 하나님의 역사로 서술되는, 희생양에 대한 우리의 폭력적 표현은 오래된 죽은 나무가 실제로 그런 것에서 볼 수 있듯이 성령의 바람으로 낮출 수 있다. 그런 오래된 마귀는 넘어뜨려졌다. 할렐루야! 지라르는 십자가에서, 예수 안의 하나님이 이런 일을 행하신다고 언급한다.

> "…희생 메커니즘에서 반드시 감추어야 하는 어둠을 빼앗으셔서 그것이 인간의 문화를 제어할 수 있게 하신다. 십자가는 세상을 흔든다. 그 빛은 사탄으로부터 그의 힘을 빼앗는데, 그 힘은 사탄을 축출할 힘이다. 일단 십자가가 완전히 이런 어두운 태양을 조명하게 되면, 사탄은 더 이상 자신의 파괴능력을 제한할 수 없게 된다. 사탄은 자신의 나라를 멸망시킬 것이며 스스로를 파괴할 것이다."

> "승리하는 장군의 승리 속에는 정복을 당한 자들의 굴욕적인 모양새가 오직 성취된 승리의 결과가 될 뿐이다. 십자가의 경우에서는 이런 굴욕적인 모양새가 승리 그 자체가 된다. 그것은 폭력적인 원시 문화를 드러내는 것이다. 열강들은 그들이 패배했기 때문에 과시된 것이 아니라, 그들이 과시되었기 때문에 패배한 것이다."[15]

이것은 계시 이상의 것이다. 예수의 십자가는 변화의 행동이자 진정한 패배이며 궁극적인 승리이다. 예수의 고난은 핍박받는 자들의 관점에서 보면 세상에서 가장 불안정한 힘이다.

하지만, 핍박하는 사람들의 관점에서 보면 십자가는 신학적으로 보복에 대한 정당화가 되어, 교환경제 속의 희생원리에 의해 권위로 표현된다. 이런 일이 일어날 때 예수의 수난 자체는 기독교에 의해 재갈이 물려지고 속박당하며 쫓겨나게 된다. 하지만 그것이 영향력이 없다는 뜻은 아니다. 이것을 표현하는 여러 방식들 가운데 내가 보았던 하나는 토니 바틀렛으로부터 온 것이다. 토니는 좋은 영화들을 즐기며 매혹적인 비평가이기도 하다. 가끔 그와 함께 영화를 보라![16] 그는 헐리웃 영화제작에서 복음과 폭력 사이의 직접적인 연관성이 있다고 지적한다. 거대한 폭력, 죽음, 피와 배짱의 장면이 나올 때마다, 소녀의 목에 십자가, 교회의 장면, 피에타, 장례식의 종이 울리든, 혹은 누군가 "예수 그리스도"라고 말하든, 우리는 거의 항상 예수의 죽음에 대한 암시를 발견하게 된다. 영화 대부 1편의 마지막에 나오는 세례 장면은 아주 좋은 본보기이다. 새로 대부가 된 마이클이 보복을 벌이며 그 외에도 더 많은 것들을 함에 따라, 장례식과 새로운 생명이 나란히 배치된 것은 보복적 폭력의 실행되는 장면이다. 또한 이제 난 이것을 많은 십대의 '슬래셔slasher' 영화* 속에서 본다. 영화제작자들은 폭력의 종교적 측면과 보복의 신성한 속성을 인식하고 있다. 우리는 어떤가?

복음서와 인간의 신화는 섞이지 않으며, 하나님께서 통치하시는 방식은 시저, 바알, 백악관이나 베이징이 통치하는 방식과는 섞이지 않는다. 용서가 보복과는 다른 것처럼 그들은 완전히 다른 두 개의 실재이다. 그들은 같은 구조를 가지고 있지만 내용은 완전히 다르다. 그 이유는 그 관점이 달라서이다. 복음서는 오직 핍박당한 자, 희생양, 십자가에 못 박힌 자의 관점으로 선언될 뿐이다. 우리는 핍박자와 핍박받은 자의 목소리가 희미해질 때, 예수의 제자들이 박해하는 박해받는 자the Persecuting Persecuted들로 변모할 때 콘스탄틴과 어거스틴을 통해서 2세기 변증가들로부터 복음에 무슨 일이 발생했었는지를 떠올린다.

인간이 된다는 것이 무엇을 의미하는지를 다시 생각해 보는 도구로서 모방적 현실주의를 활용하는 가치를 여러분이 볼 수 있기를 난 진심으로 바란

---

* 많은 살인 장면이 포함되어 있는 폭력영화.

다. 그렇게 함으로, 우리는 우리 스스로를 폭력을 가지지 않고서는 폭력을 제어할 수 없는 모방적 창조물로 이해할 수 있게 된다. 이렇게 하는 것은 예수의 죽음과 부활이 모든 것을 변화시킨다는 것을 우리로 하여금 분명히 볼 수 있게 한다!

5.4 성서를 읽는 두 가지 방식

지난 3개의 섹션에서 우리는 새로운 시각에서 스스로를 보았다. 이렇게 보는 시각, 이런 이론이 암시하고 있는 것은 무엇인가? 우리가 사용하는 단어 '이론'은 불행하게도 추상적이거나 입증되지 않은 함축하고 있다. '이론'은 헬라 어원에서 왔으며 쉽게 번역하면 "보다"라는 뜻이다. 이론은 우리가 보는 방식이자 우리의 시각이다. 순수하게 있는 그대로 '본다는' 것은 없다. 보는 모든 것, 아는 모든 것, 모든 이론은 관점을 가진다. 우리 모두는 좌표를 갖고 있다. 많은 이들은 자신들이 '올바른 좌표, 하나님의 좌표'를 가진다고 믿는다. 하지만 그렇지 않다. 그들의 이론, 하나님을 보고 이해하는 그들의 방식은 그리스도의 십자가에 의한 해체로 시작하지 않는다. 그것은 희생원리의 가정들로 시작하는 것이다.[3.2 & 3.3]

모방적 현실주의에 비추어서 이런 두 가지 방식, 이론 혹은 관점을 보기 위해, 우리는 성서적 권위를 다시 그리는 것에 관해 썼던 어떤 에세이의 한 부분을 사용할 것이다. 그리고 나서 나는 더 밀도 있는 언급들 가운데 몇몇을 분명히 하기 위해 쓰인 것에 대해서 언급할 것이다.

"지라르는 히브리 성서가 복음서 본문 속에 분명한 빛을 가져다주는 해석학적 모험을 시작한다고 말하고 있다. 이런 모험은 종교와 문화에서 생겨나는 메커니즘, 즉 희생양에 대한 만장일치의 폭력의 탈신비화demystification인 것이다. 이런 만장일치적인 희생은 모방적 위기가 과열된 규모에 도달할 때, 그리고 어떤 발산 수단을 요구할 때 발생하게 되며, 그리하여 내부적인 모방적 공격성이 모두를 아우르는 파괴로 이어지지 않을 것이다.

예를 들면 폭력의 진정한 속성을 드러내는 과정과 같은 탈신비화 과정은 희
생양에게 거짓으로 죄를 부여함 속에 있는 신화의 기원을 지적함으로 시작한
다. 비성서적 신화에서 본 것처럼, 모방적 과정을 분별해 내지 못한다면 결국
희생자의 축출을 만들어 내고 만다. 이런 발생을 정당화하는 것이 그 신화 속
에 명시되어 있다면, 이런 축출이나 희생은 결국 종교와 문화 모두의 제의와
금기를 발생시킨다."

지라르는 성서가 그 속에 해석되고자 하는 그 방법을 내포하고 있다고 말
하고 있다. 그런 방법은 성서가 핍박자의 관점과 핍박을 받는 사람의 관점,
양쪽의 시각을 모두 가지고 있다는 것을 보는 것이다. 히브리 성서는 희생
자의 소리가 들리고 패배자가 이야기를 하게 되는, 우리가 가진 가장 초기의
문헌이다. 모든 이전의 문헌들과 문화들은 오직 승리자의 관점에서만 이야
기를 하고 있다.
　유대-기독교 전통의 기획은 우리의 일상적인 삶 속에서 폭력의 기원을
폭로하는 것이자 평화 속에서 사는 방법을 우리에게 보여주는 것이다. '의로
운' 희생양만들기를 우리가 정당화하고 있다는 것을 인식하지 못하기 때문
에, 우리는 종교적이고 문화적인 폭력과 폭력의 정당화 속에 계속 머무르고
있는 것이다. 우리가 지난 섹션에서 본 것처럼, 인간의 문화적응의 생성과
정 속에서는, 폭력이 우리가 생존하기 위해 의존하고 있는 문화의 바로 그러
한 측면들을 양산해 냈다. 복음서가 거짓말처럼 비신비화되고 폭로되며 그
힘에 우리가 매료되도록 하는 그 능력 속에서 승리한 것이 바로 이런 것들이
다.

"유대-기독교 전통은 신화의 뚜렷한 취급을 제공하는 희생양 메커니즘을 폭

로한다.[17] 그것은 정확히 다른 고대 신화들과 유대 신화를 차별화하는 아벨의 '창설된 살인founding murder' 속에 있는 하나님의 개입이다. 무고한 아벨은 진실로 가인의 도시에 기초했을 수 있지만, 그것은 붕되될 운명을 가진 도시였다. 왜냐하면 그 도시는 궁극적으로는 실패하게 될 메커니즘 속에 기반하고 있기 때문이다. 이것은 인간의 폭력과 보복의 증가에 관해서 라멕이 자랑스럽게 여기는 것에서 뚜렷이 볼 수 있다.창4:23-24"

이런 그릇된 시각은 '신화'라고 불린다. 그것은 사냥꾼, 성난 군중, 전사, 망나니, 원수를 증오하는 자들의 시각이다. 신화들은 기원에 대한 초기 인간들의 이야기이다. 성서 역시 근원적 이야기들을 가지고 있다. 성서는 그 시작부터 살인에 대한 이야기를 갖는다. 가인과 아벨이야기는 다른 문화들 속에서 병행된다. 그것은 창설된 살인 신화founding murder myth라고 일컬어진다. 우리는 놀라서는 안 된다. 인간이 우리가 어디서 왔고 어떻게 여기에 있게 되었는지를 말하는 자신들의 기원에 대해 이야기 할 때는, 그 시작에서 살인 이야기를 찾는다. 왜일까? 문화는 희생자들을 필요로 하기 때문이다. 다른 문화가 창설된 살인에 대해 이야기 하는 방식과 성서가 그 관점에서 그것에 대해 말하는 방식에는 차이가 있다.6.1 성서 외부에서는 그 이야기가 승자의 측면에서 전해진다. 모방적 욕구가 통제 불능이 되어 붕괴되는 것으로부터 공동체를 살리기 위해서는 이런 누군가가 죽어야만 했다. 우리의 문명은 전쟁의 패자가 아니라 승자에 기초하고 있다. 성서는 그렇지 않다.

창세기의 이야기에서 우리는 다른 목소리, 즉 부당하게 훼손을 당한 희생자의 관점을 가지는 하나님의 목소리를 접한다.6.1 물론 우리는 이런 목소리를 선지자들과 고아와 과부에 대한 그들의 관심 속에서 인식한다. 하지만 우리는 이 관점에서 가인과 아벨의 이야기를 읽었던가? 우리가 그렇게 한다면, '가인이 나가서 도시를 지었다'는 것도 볼 것이지만, 그것은 이미 잘못된 것으로 드러났다. 우리 인간들이 스스로를 문명화시키는 방식에는 무엇인가 그릇된 것이 항상 있어 왔다.

라멕의 이야기 속에서처럼창4:23-24, 폭력의 문제는 통제할 수 없이 증가되는 경향이 있다. 성서의 시작에서부터, 폭력, 희생 그리고 문명 사이에는 연결점이 만들어 지고 있다.

> "유대 백성들의 초기 이야기들은 폭력, 죽음, 그리고 가난한 자들과 궁핍한 자들 및 버림받은 자들을 희생시키는 것을 공유하는 이야기들이다. 그 이야기들은 하나님께서 그 희생자가 아니라 공격하는 자의 편에 서지 않으신다는 점에서 신화와는 다르다. 이런 새로운 관점은 희생자들에 대한 계시와 결부된다. 우리가 성서에 관여할 때 누구의 관점에서 듣고 있는가? 가해자의 관점과 피해자의 관점은 성서 곳곳에서 휘감겨 있다. 예수의 수난에 비추어서, 우리는 이런 두 가지 관점들 사이의 구조적 유사점들을 본다. 따라서 마르시온과는 달리, 우리는 히브리 성서를 모두in toto 버릴 필요는 없다. 왜냐하면 그것은 비록 제일가는 과정일지라도, 우리로 하여금 종교로부터 계시를 분별하도록 도움으로 필수적인 과정을 시작하고 있기 때문이다. 지라르는 다음과 같이 제시한다.
>
> > '히브리 성서에서는, 희생자의 갱생의 방향으로 움직이는 분명한 역학이 있다. 하지만 그것은 이미 확정된 것이 아니다. 오히려 그것은 진행 중에 있는 과정이나 진통 중에 있는 본문이다. 그것은 연대기적으로 진행하는 과정은 아니지만 전진과 후퇴를 반복하는 씨름이다. 나는 복음서들을 그런 성향을 가진 절정의 성취로 보며, 그리하여 현대 세계의 문화적 격변 속에 있는 본질적인 본문으로 보는 것이다.'"18

핵심적인 것은 희생자의 목소리와 계시를 연결하는 것이다. 그리스도의 십자가가 우리의 시작점으로서 그렇게 중요한 이유가 이것이다. 이런 한 가지 주제가 유대교와 기독교 성서들 모두를 통해서 다뤄지기 때문에, 그들은 서로에 속하게 된다. 신약성서는 오직 십자가에 비추어서만, 오직 희생양의 목소리에 비추어서만 구약을 해석한다.

> "희생양의 관점에서 성서에 귀를 기울이는 것은 내적인 성서의 논리, 성서가 지닌 내적인 해석학이다. 본회퍼가 '아래로부터의 관점'이라고 부른 이런 개념은 성서 본문의 신호가치이며 그 권위에 근거하고 있는 것이다. 지라르는 아래와 같이 결론짓는다.
>
>> '유대-기독교 경전은 이방 종교들 속에 있는 희생의 구조적 힘을 최초로 완전히 계시하는 것으로 간주되어야 한다. 그리고 그들의 인류학적 가치의 문제는, 희생을 잘못 이해하는 에피소드의 동떨어진 발자취로 다소 이해될 때 신화들이 이해될 수 있는 것이 되느냐 아니냐에 비추어서 순수하게 과학적인 질문으로 검토될 수 있고 검토되어야만 한다. 난 그렇다고 믿는다.'"[19]

성서가 자신의 이야기를 발하는 방식에 비추어서 그 질문은 다음과 같다고 지라르는 주장한다. 성서는 인간이 되는 것이 무엇인지에 대해 무엇인가 중요하게 이야기하고 있는가? 대답은 '그렇다'이다. 확실히 성서는 역시 하나님에 대해 많은 언급을 하며, 그것은 실제로 성서의 핵심이다. 하지만 먼저 우리는 성서가 비판하고 있는 그 우상숭배나 죄로 알려져 있는 원리에 비추어서 우리가 성서를 읽어 왔다는 것을 분명히 보아야만 한다. 성서는 폭력, 희생 그리고 문화 사이의 연관성에 대해서 무엇인가 말하고 있다는 것을 봄으로, 우리는 우리가 이전에 해 왔던 것보다 다르게 성서를 읽는 입장에 서 있다.

"지라르에게 있어서, 신구약의 통일성은 하나님이나 언약과 같은 신학적 자료에서 나온 것이 아니라 인류학적 자료인 만장일치의 희생에서 나온 것이다. 폭력으로 돌아가려는 인간의 성향은 인간의 이론을 나타낸다. 앤드류 매케나Andrew McKenna가 냉담하게 비꼬듯이, '태초에 무기가 있었다.' 이런 점에서 지라르는 시모네 웨일Simone Weil의 인류학적 사고에 영향을 받아 왔다. 사적인 대화를 나눌 때 지라르는 단언적으로 '복음서에는 인간의 이론이 있다'고 한 그녀를 인용했다. 예수의 수난은 다음과 같은 점을 고려할 때, 성서적 전통의 총체를 해석하는 열쇠이다. "그러므로 인류학적 수준에서 예수의 수난은 독특하다기 보다는 전형적인 것이다. 그것은 복음서의 인류학의 주요 사건들, 즉 인간 공동체를 달래주고 적어도 일시적으로는 그 공동체들의 평온함을 재건해주는 희생적 메커니즘을 설명하고 있다."[20]

나는 앞서 우리가 하나님의 추상적인 정의가 아니라 예수로 우리의 신학을 시작해야 한다고 언급했다. 예수 이야기의 중심은 그가 재판을 받고 고문을 받은 후 사형에 처해지면서 예수가 견디어 낸 폭력이기 때문에, 우리는 그런 현실로 시작해야만 하며 언제나 그 현실을 가진다. 신구약이 우리로 하여금 먼저 우리 스스로가 폭력적이라는 것을 이해하도록 도움을 주고 있으며, 인자의 관점에 비추어, 진정한 인간으로 변모하도록 돕고 있는 것이 핵심이라는 것을 논증할 때, 모방적 현실주의는 그 성서를 본받는 것이다.

"이런 인류학은 계시가 일어나는 구조인 것이다. 계시는 그리하여 초월적인 의사소통, 신성한 전보로 인식되는 것이 아니라 우리가 다른 사람들을 희생시키고 우리의 희생자들을 신성시할 때 우리 인간이 하는 것을 분명히 폭로하는 것으로 인식되어야 한다. 하나의 민족으로서, 이스라엘 사람들은 인간의 희생을 지향하는 이교도로부터 벗어나도록 부름을 받았다. 그들의 성서는 상호적인 보복의 구속으로부터 그들을 구원하는 하나님의 사역뿐만 아니라 그들의 종교가 지닌 신화적 구조에 그들이 묶여 있음을 반영한다. 이런 모방적 폭력의 주제는 '오직 구약의 서술들 속에만 부분적으로 발견된다. 모방적 위기와 집단적 폭력은 거기에 있으되, 제3의 모방적 순환은 그 자리에 없다. 제3의 모방적 순환이란 신성한 계시이자 희생양의 부활이다.'"[21]

하나님께서 말씀하실 때

이제 핵심으로 왔다. 히브리 성서 속에 두 가지 궤도가 있다는 것과 복음서는 특별히 그리고 의도적으로 다른 이들이 아니라 한 명을 따른다는 것을 인식하는 것이다. 3세기 초 이후 대부분의 기독교 사회 속에서 행해졌던 것처럼 단순히 계시를 언어나 단어로 옭아매는 것보다는, 우리는 우선 언어를 생성시키는 메커니즘, 즉 희생적 폭력과 계시를 연결시킬 것이다. 성서는 그리하여 어두움과 밝음, 죽음과 삶, 힘과 무력, 신화와 복음이라는 두 개의 가닥을 포함하는 신성한 본문으로서 유대 민족의 역사 내내 하나님께서 자신을 드러내시는 과정을 진정하게 반영할 수 있다.

데일 앨리슨 주니어Dale Allison Jr.는 누가복음 9:51-55가 폭력적 보복에 대한 보편적인 거부에 관한 본문이며 열왕기하 1:9-12에 나타난 엘리야의 폭력과 직접적인 반박을 대신하고 있다고 본다. 그는 유대교 경전에서 '폭력적인' 하나님이 나타나고 있는 본문의 문제는 이미 유대교에 있어서도 문제가 되고 있었다는 증거를 정리한다. 예수 시대 이전과 이후의 랍비들은 자신들의 성서 속에 나타난 하나님에 대한 내적인 모순들과 씨름해야만 했다. 초대 그리스도인들도 마찬가지였다.

"어떤 기독교 무리들에게는, 누가복음 9:51-56에 나타난 열왕기하 1:9-12의 암시된 비판이, 적어도 마르시온의 시대에는, 유대인들의 하나님과 그리스도인들의 하나님 사이의 구별을 위한 하나의 사례가 되는 부분으로 여겨졌다. 하지만 갈등에 놓인 신학들의 문제는 기독교와 더불어 탄생한 것은 아니었다. 그런 곤경은 이미 유대교 내부적인 것이었다. 에스겔 3과 지혜서 11에 나오는 차별 없고 동정심 많은 하나님은 전쟁을 위한 냉혹한 기도에 귀를 기울이지 않는다고 생각되었으며 몇몇 유대인들은 이것을 충분히 분명하게 보았다. 마르시온 이후에, 그리스도인에게 있어서의 문제는 어떤 하나님을 인식하느냐 하는 것이었으며, 이것은 다음과 같은 이전의 질문이 후대에 변형된 것이었을 뿐이었다. '우리는 어떤 본문을 승인해야 하는가?'"[22]

따라서 하나님의 연민과 보복이라는 두 가지 줄기는 예수의 가르침 가운데에서도 앞자리에 놓여 졌으며, 우리가 본 것처럼, 예수가 말한 해석학적 원리를 이루었다. 그 해석학적 원리로 우리는 성서 기자들이 그릇되게 부여한 하나님의 속성으로부터 하나님에 대한 진실을 알 수 있다. 하지만 이것이 다가 아니다. 성서는 이런 두 가지 줄기 이상의 것을 포함하고 있다. 즉, 성서는 또한 제3의 줄기를 가지는데, 그것은 바로 부활이 가진 새로운 변화시키는 힘이다.

"부활은 그리하여 성서적 계시와 성서적 해석학을 위한 핵심이다. 그렇기 때문에, 복음서들과 유대교 성서들 사이의 관계는 '모든 인간의 종교와 문화가 생성적인 메커니즘으로 축소된다'는 동일한 목표를 가진다는 의미에서 분명해 진다.[23] 계시를 논의할 때 지라르로 하여금 주된 중요성의 원칙을 표현하도록 이끄는 희생자의 갱생이 바로 이런 목소리이다. '희생자와 사형집행인들 사이의 결백과 죄의 관계가 뒤바뀜' 그리고 '희생자들을 신격화하는 것을 거부하는 것은 성서적 계시, 즉 모두에게 가장 중요한 것의 또 다른 측면과 떨어질 수 없다. 신은 더 이상 희생되지 않는다. 인간 역사에서 처음으로 신성과 집단적 폭력이 서로로부터 떨어져 나온다.'"[24]

만일 십자가가 정말로 우리가 누구인지에 대해서 우리 인간에게 보여준다면, 부활은 새로운 삶의 가능성을 제시하는 것이다. 성서는 그 시작부터 우리 인간이 '인간성을 행하는 것'을 해오는 방식을 비판하고 있다. 성서는 단순히 비판에 그치는 것이 아니라 우리 모두에게 진정한 탈출구, 즉 진정한 '하나님의 형상' 속으로 인간이 변화하는 것을 제시하는데, 먼저는 율법이고 다음은 율법을 사는 것, 곧 예수 그리스도이다. 지라르의 마지막 언급에 있어서 가장 중요한 사고는 다음과 같다. "신성하고 집단적인 폭력은 서로로부터 구분된다." 나는 점진적인 계시를 믿는 사람은 아니지만 점진적인 이해를 믿는 사람이다. 그런 계시? 하나님은 하나님 스스로를 보복하지 않는 용서하는 이로 계시하신다. 다른 말로 하면, '폭력적인' 하나님을 반영하고 있는 유대교 정경 속의 본문들은 인간성의 투영에서 나온 것이고, 구원하시는, 연민적이고 수난을 당하시는 하나님을 반영하는 본문들은 계시를 반영하는 것이다.

> "복음서의 계시는 구약성서에서 이미 부분적으로 드러난 진리의 최종적인 형성이다. 하지만 완벽을 기하기 위해서는, 그것이 군중 가운데 희생자의 역할을 하나님 스스로 받아들이는 복음을 필요로 하며 그리하여 하나님은 우리 모두를 구원하신다. 희생자가 되시는 이런 하나님은 또 다른 신화적인 신이 아니라 유일하신, 선하심이 끝이 없는 구약의 하나님이다."[25]

지라르로부터 인용한 위의 내용은, 이런 방식으로 성서를 읽는 것은 마르시온이 했던 것처럼 유대교 성서를 던지는 것과 같지 않다는 것을 표현하고 있다.[4.3 & 4.4] 하나님, 천지를 창조하신 분, 아브라함, 이삭 그리고 야곱의 하나님 및 모세와 선지자들의 하나님은 유대인 예수와 그리스도인들의 하나님이다. 한 분의 하나님, 두 개의 문학적 궤도, 하나의 책인 것이다. 사실 이런 하나님은 유일하신 진정한 하나님이다. 우리가 앞으로 보게 될 것이지만[7.2], 이것은 바울이 자신의 성서를 읽는 바로 그 방식이었다.

"성서 해석에 있어서 플라톤의 영향으로부터 벗어나기 위해서는, 기독교 신학이 발전되어 온 그 모체를 재검토할 필요가 있으며, 우리가 제시하고 있듯이, 신구약의 관계에 대한 근원적인 가정들을 특히나 검토해야만 한다. 만일 우리가 인류학, 신학, 성서의 분명한 요소를 찾아야 한다면, 우리의 조사에는 더욱 전체적이고 일관된 접근이 필요하다."

4장에서 나는 특별히 어떻게 헬라 철학의 영향이 초기 기독교 신학 속에서 복음을 배신했는지를 지적했다. 2세기 교회의 신학은 변증적 시기에서 균일하게 흘러나오지 않는다. 실제로 전체 기독교국은 성서에 맞지 않는 시각에서 나온 하나님에 대한 가정을 가지고 신구약을 연결시킬 것이다.

"지라르를 요약하면, 성서는 폭력이 인간의 특성이지 하나님의 특성이 아니라는 것을 보여주는 과정 가운데 있다. 2세기의 디오그네투스서Epistle to Diognetus의 말로 하면, '폭력은 하나님의 속성이 아니다.' 아울러 이것은 실제로 마르시온과 직면한 동일한 문제였다. 즉, 유대교 성서 속의 하나님에 관한 폭력적인 본문들과 예수의 은혜로운 하나님이 공통점으로 가지고 있는 것은 무엇인가? 따라서 우리는 우리가 출발했던 곳으로 크게 한 바퀴 돌아오게 되었다. 회당과 교회에서 신성한 문헌의 모음집으로서, 성서가 인간의 투영으로부터 하나님의 계시를 구분하는 과정 가운데 있다는 것을 우리가 인식하도록 드러내는 한 가지 전략이 밝혀졌다."

성서의 무오성과 무과실성에 대한 '기준적' 개신교의 시각은 받아들일 수 없다. 그것은 단순히 '역사적 오류'의 문제예수가 십자가에 달린 것은 유월절 만찬 이전인가 이후인가?가 아니라 성서의 본질을 다시 생각하게끔 하는 더 심오한 신학적 문제예수 속에 나타나는 하나님과 수많은 구약의 본문 속에 묘사된 하나님은 왜 그렇게 크게 다른가?들이다. 지라르의 연구는 성서 속에서 발견되는 시각들과 목소리들을 우리가 구별해야 한다고 확신하고 있다. 어떤 저자는 이것을 "진리의 말씀을 제대로 구분하는 것"이라 부른다. 많은 이들에게 있어서 이런 두 가지 형태의 질문들 및 세상의 기원에 대한 제3의 질문은 창조설 대 진화이론 성서를 신뢰할 수 없는 '인간의' 책으로 일축하게끔 한다. 무오설을 주장하는 사람들과 성서를 묵살하는 진보주의자들은 모두 하나님이 완전하시므로 만약 하나님께서 성서를 쓰셨다면 성서는 틀림없이 완벽하다는 가정에서 주장을 펼친다. 이런 삼단논법의 결론은 잘못된 것이다.

이런 시각은 다음과 같이 간단한 차트로 표시될 수 있다.

종교와 계시의 목소리
:지라르의 해석

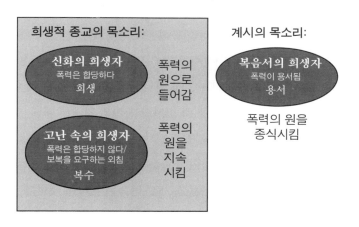

난 하나님께서 실제로 말하신다고 믿으며, 만약 하나님께서 성서를 통해 말하신다면, 우리는 어떻게 하나님이 말씀하시는 것을 이해해야 할까? 난 몇 가지 기준으로 시작하고자 한다. 첫 번째는 예수 안에서 "하나님의 신성이 몸이 되어 충만하게 머물러 있다"골2:9는 것이다. 예수는 성부의 속성을 드러내는 인물이다.히1:1-3, 요1:1-18 등 두 번째는 이것이다. 하나님은 깨진 그릇을 통해 말씀하신다. 하나님의 가장 위대한 말씀과 행동은 십자가에서 찾을 수 있다. 하나님께서는 인간들의 죄를 용서하심으로 고집 세고 눈멀고 반항적인 인간들과 화해하시며 십자가에서 최고의 사역을 이루셨다. 십자가는 하나님께서 부서지시는 궁극적인 자리가 된다. 인간을 위해 심지어 그릇된 심판, 고문, 굴욕과 수치를 당하시면서도 여전히 용서를 선언하시는 하나님의 사랑을 가장 분명하게 볼 수 있는 것은 바로 이런 부서짐 속에서이다.

고린도후서 4장에서 바울은 우리가 "질그릇 속에 담긴 보물"을 가졌다고 말한다. 이런 보물은 복음이다.3절 만약 그릇이 빛, 즉 복음의 빛을 가진다면, 그리고 그것이 완전했다면, 그 빛은 보여질 수 없는데, 그 이유는 빛을 발할 곳이 없기 때문이다. 만약 그것이 깨졌다면, 빛이 새어나와 환히 비출 수 있는 장소가 생기게 된다. 나에게 성서는 마치 부서진 그릇과 같은 것으로, 그것이 부서짐으로 빛을 발할 수 있게 되기 때문이다. 만약 하나님의 부서짐이 우리 안에서, 그리고 우리를 통해 하나님의 빛을 발하게 된다면, 우리는 선지자들과 사도들과 같이 주장할 수 있지 않을까? 우리가 완전할 때가 아니라 부서져 있을 때 우리는 가장 하나님과 닮아 있다고 말할 수 있지 않을까? 제4복음서요한복음는 '영광'과 십자가 사이의 관계에 대해 이런 시각으로 그렇게 제안하고 있지 않은가?

바꾸어 말하면, 우리는 하나님이 스스로를 계시하시기 위해서 성서가 반드시 완벽해야만 한다는 성서 이론을 가질 필요는 없다는 것이다. 어떤 이들은 이의를 제기하며 말할 수 있겠지만, 만약 이것이 사실이라면 우리는 어떻게 무엇이 '인간의 말'인지, 무엇이 '하나님의 말씀'인지를 구별할 것인가? 계시는 희생자를 용서하는 목소리를 통해 나온다고 제시함으로 이 질문에는 이미 답이 주어진 것이다. 영원한 단어, 샬롬을 말하는 이는 십자가에 못박히신 분이다. 십자가에서 예수가 전하는 용서는 부활한 예수가 전하는 '샬롬'과 차이가 없다. 이들은 동전의 양면이다. 하나님은 인간과 더불어 화평하신다.

이런 이유로, 나는 신성한 분노이자, 실존적이고 종말론적인 모든 개념들을 대피하는 것으로 십자가를 본다. 십자가의 예수에 부어진 하나님의 진노는 없었다. 진노는 엄격히 말해 우리의 것이다. 하나님께서 다소 십자가에서 완화되었다고 할지라도, 반드시 거룩한 분노를 마지막 때에 쏟아내실 것이라는 종말론적 진노도 존재하지 않는다. 십자가는 우리가 가진 모든 신의 개념의 죽음이며, 우리가 누군가를 제물로 삼을 때, 인간들은 희생양을 만들어내는 것을 정당화시킴을 통해서 하나님께서 우리와 함께 거하신다고 믿는다. 결국, 구약에서 하나님은 수많은 이들과 무리들을 제물로 삼으셨다. 이런 희생적 사고방식은 반희생적anti-sacrifice인 예수에 의해 종결되었다. 어떤 신성한 법의학적 행위을 통해서가 아니라 "너희는 용서되었다, 너희 하나하나가, 너희 모두가 용서되었다"는 거룩한 음성을 우리가 듣고 우리의 피 묻은 손을 들 때 예수의 피는 우리의 죄를 덮는다. 신약의 기자들은 이것이 "우리를 위해hyper humon," 우리의 유익을 위해서 이루어진 것이라고 말한다. 예수가 "우리 인간을 위하여, 우리의 구원을 위하여 하늘에서 내려오신 분"이라고 니케아 신경이 말하는 의미가 바로 이것이다. 히브리서 10:5-8에서 말하는 것처럼부록 A, 예수가 오신 것은 희생이 되기 위함이 아니라 정반대로, 반희생적인 것이었다. 예수는 유대인이든 이교도이든 희생체계의 논리를 완성하시기 위해서가 아니라, 그 체계를 폭로하고 우리의 삶 속에서 그 지배를 종결짓기 위해 온 것이다.

그리스도의 십자가는 계시의 자리이며, 예수의 부활은 그런 계시를 입증하는 것이고, 예수의 승천은 예수에게 모든 이름 가운데 가장 뛰어난 이름이 부여된 곳이자,빌2:5-11, 7.4를 보라 항상 그 계시가 확정되는 자리이다. 이것이 좋은 소식이자 복음이며, 하나님께서 부서진 예언과 사도들의 증언을 사용하시어 오늘날 우리에게 그리고 우리를 위해 계속 빛을 발하시는 것처럼, 이것이 우리의 부서짐을 사용하여 우리의 삶으로부터 하나님의 빛을 다른 이들의 삶으로 발하시게 하는 하나님을 우리가 믿는 이유인 것이다.

우리는 어떻게 이런 새로운 성서읽기에까지 나아갈 수 있을까? 실제로 우리가 복음을 보고 듣고 경험하는 것을 막는 것은 무엇인가? 우리를 낡은 희생적 사고방식에 묶어 두는 것은 무엇인가? 이제는 기독교를 가두고 있는 해석적 감옥의 체계가 무엇인지 명명할 때이다. 우리는 이것을 4장에서 역사적 관점으로부터 보았다. 이제 우리는 어떻게 '사탄적'인 희생적 해석이 우리의 신학 가운데 스스로를 드러내는지를 분별해야만 한다. 감옥에는 간수나 교도관들이 있는 것처럼 희생적 기독교 역시 그릇된 희생의 논리에 묶여있게 하는 교도관들이 있다.

나는 그런 사람들이 많다는 것을 함축하여 "복음의 간수들"이라는 표현을 사용한다. 바울서신에서 그 용어는 월터 윙크Walter Wink가 자세히 설명했던 '정사들과 권세들'이다.[26] 집단적 용어인 '정사들과 권세들'는 복음서들에서 단수형 '사탄'으로 표현된다. 하나님께 적대적인 것과 복음을 기술하는 이런 두 가지 방식은 동전의 양면이다. 지라르는 윙크와는 확연히 다르게 사탄과 '정사들과 권세들'의 관계를 언급한다. 그는 다음과 같이 말한다. "사탄과 동일시되지는 않더라도, 권세들은 모두 그의 지류였다. 왜냐하면 그들은 모두 사탄의 후예들인 가짜 신들, 즉 살인의 기초를 놓은 후예들이었기 때문이다…여기서 우리가 말하고 있는 것은 창설적인 살인이 만들어 낸 사회적 현상이다."[27] 이제 사탄의 개념은 역사 곳곳에 변화되어 왔다. 사탄은 거룩한 법정의 회원에서 타락한 천사, 인간을 고발하는 자로 떨어졌다.[8.3] 지라르를 따르며, 만약 우리가 사탄의 개념이 인류학적이라는 것을 안다면, 즉 그것이 탈신비화되어왔다는 것을 안다면, 모방적 위기에 대한 환유어로서 사탄을 말하는 것이 가능하다. 로버트 해커튼-켈리는 그것을 '생성적인 모방적 희생양만들기 메커니즘'이라고 부른다. 다른 곳에서 난 다음과 같이 언급했다.

"지라르의 모방이론의 발전은 사탄을 우리가 탈신화하는 영역으로부터, 우리가 악에게 주었던 그릇된 초월성으로부터 제거시킨다. 사탄은 더 이상 추상적인 것으로, 하나님과 흡사한 어떤 것으로 인식되는 것이 아니라, 그 기만이 제거된 존재로 인식되어야 한다. 사탄은 인류학적 범주이다. 악은 인간이라는 종이 필요 없이가 아니라 인간이라는 종 속에서 발생한다. 악은 모방된 욕구의 생성하는 힘 이전에 존재하지 않는다. 따라서 인간의 신화만들기의 출현 이전에 상정되었어야 하는 초월적인 이원론은 존재하지 않는다."[28]

그렇다면 이런 '악한' 가증스러운 사고는 어떻게 스스로를 드러내는가? 역사적 기독교는 어떻게 타협해 왔는가? 복음이 권세들에게 굴복해 온 것은 어디에서였나? 프레드릭 데포터러Frederiek Depoortere는 다음과 같이 주장한다. "기독교가 히브리 성서의 '탈신화 효과demystifying effect'로 준비하지 못했던 이교도의 세상으로 들어왔을 때, 유대인들과는 대조적으로, 희생적 기독교는 피할 수 없는 것이 되었다. 이것은 재성화resacralization를 야기했다. 여기에서 재성화란 하나님께 '폭력이 다시 주입되었다'는 것이다."[29] 이런 재성화는 여러 가지 방법으로 완수되었다. 아래에 나열된 리스트는 더 많을 수도 있겠지만, 나는 굉장히 중요한 사탄의 원칙이 신학을 끌어들였다는 일곱 가지의 핵심 영역을 짚고자 한다. 이런 각각의 사탄적인 측면은 고립된 것이 아니라 서로 모두 상호 연결되어 있다는 것을 기억하는 것이 중요하다. 각각의 영역에 대한 간단한 설명들은 아래와 같다.

1. 철학적으로. 2세기 이후부터 기독교 신학은 헬라철학의 범주와 관련되어 발전되어 왔다는 것은 잘 알려진 사실이다. 브라이언 맥라렌, 토니 바틀렛과 다른 이들이 연구한 한 가지 측면은 이런 범주들의 결혼이 항상 유익했던 것은 아니라는 것을 보는 것이다. 멕라렌은 이런 관계는 복음의 서술 구조를 고쳐놓았다고 본다. 바틀릿은 플라톤주의와 복음을 혼합한 것은 "영원한 원리들의 우주적 소음"을 만들었다고 주장한다.[30] 제4복음서의 비폭력적인 로고스는 헬라 철학의 폭력적 로고스에 융화될 수 없다. 지라르는 이런

로고스들의 융화를 "모든 서구 사상에서 가장 기이하고 가장 오래가는 환영"이라고 불렀다.[31] 그는 또한 맥라렌과 바틀릿과 비슷한 시각으로, 다음과 같이 언급한다. "당신이 철학의 방향으로 움직임이면 점차적으로 성서를 외면하게 된다." 4장에서, 난 이런 로고스들의 융화를 순교자 저스틴으로까지 소급했다. 일단 이것이 이루어지면, 헬라 철학의 로고스에게로 움직이는 기독론은 비폭력적 속성을 잃게 되는 운명에 놓인다.

2. 인식론적으로. 지라르는 근원적 살인, 첫 번째 희생이 상징화의 과정과 언어를 시작했다는 것에 이의를 제기한다. 희생은 최초의 2진법이자 근원적인 이원론, 악마가 된 후 신성화된 것으로, 토니 바틀릿의 표현을 빌린다면 "악이 선으로 바뀌는 스위치를 [즉, 희생의 신성화]… 놀랍고도 세계를 호령하는 힘을 가지고 전원스위치로 사용할 수 있도록 하는 것이다."[32] 인간들은 그리하여 자신들의 문화적 진화 속에서 이중적이 된다. 이원론은 문제라는 것과 그것이 기독교 교리에 스며든다는 것을 입증하는 것은 어렵지 않다. 필립 리Philip Lee는 어떻게 이원론이 미국에서 놀라울 정도로 개신교 신학에 영향을 끼쳐 악화시키는 결과를 가지고 왔는지를 결론적으로 논증했다.[33] 다음의 몇 가지 사례로도 충분하다. 영혼과 물질, 몸과 영혼, 객관적이고 주관적, 두 개의 나라 이론, 하나님의 사랑과 하나님의 정의, 종말론과 윤리학, 천국과 지옥, 시간과 영원, 선택과 자유의지, 자연적과 초자연적, 이스라엘과 교회, 우리와 그들, 남자와 여자, 그리고 그 외에도 끝없는 것들 사이의 이원론이 존재한다. 이원론의 모체 속에 없는 기독교 교리는 찾기 어렵다. 이것이 의미하는 바는 이원론적 기독교 교리는 어떤 경우 폭력에 기반을 둔다는 것이다.

3. 사회적으로 사탄적인 것은 비난, 고소 그리고 처벌에서 찾을 수 있다. 기독교 공동체나 교회론이 사회 그룹들의 형성 속에서 사탄적인 것에 굴복

할 때, 그것은 '우리 대 그들'의 사고방식으로 스스로를 드러낼 것이다. "우리는 이렇고, 우리는 그렇지 않다." 그 불가피한 결과는 결국 희생양을 만드는 어떤 형태가 되어버리는 신앙체계를 체계화하는 것이다. 이 희생양의 형태는 종교재판, 마녀사냥이나 홀로코스트, 혹은 망명, 따돌림, 추방이나 소외에서처럼 실제 사형이 일어나는 곳이다. 기독교의 역사는 슬프게도 모두 너무도 유명한 사례들로 가득하다. 우린 이것을 특별히 계급이 그룹의 정체성에 본질적이고 권력이 사회 피라미드의 꼭대기를 지향하는 그룹 속에서 이것을 볼 수 있다. 여기에 대한 필연적인 측면은 정의의 형태로서 보복을 단언하는 것이다. 구체적으로 그리스도인이 아니더라도, 소위 기독교 국가의 가치를 보여주는, 최근의 「뉴욕데일리뉴스」 지의 설문조사에서는 "정의를 얻기 위한 엄격한 보복이 필요하다고 보느냐"라는 질문에 겨우 28%만이 보복은 야만적이라고 대답했으며 16%는 그것이 상황에 따라 다르다고 느꼈던 반면, 놀랍게도 56%가 보복은 정의를 얻기 위한 유일하고도 분명한 방법이라고 대답했다.[34]

4. 심리학적으로. 원자적 존재로서 개인을 구성하고 있는 기독교 인류학은 '낭만적인 거짓말'의 심리학을 받아들였다. 사탄의 영은 우리는 각각 개인적으로 우리의 영원한플라톤적 구원에 책임을 진다는 단언 속에서 기독교 인류학 속에서 스스로를 나타낸다. 이것은 여러 가지 형태를 가질 수도 있다. 우리 시대에서 우리는 이것을 신비주의와 율법주의로 돌아가는 수많은 기독교적 자기계발서적들 속에서 볼 수 있다. 더 보수적인 개신교 종파 속에서는, 칭의와 영화의 교리는 더 이상 공동의 정체성과 변화에 관련이 있지 않으며 자기도취적이 된다. 내적인 감정의 언어적 표현으로 보게 되면, 교리는 또한 자기도취적이 되며, 조리 린드벡George Lindbeck은 이런 시각을 '경험-표현적experiential-expressive'이라고 명명했으며, 그 자아의 외부에는 진리의 어떠한 가능성도 없다.[35]

5. 경제적으로. 예수의 가르침 중에서 40%가 경제적 비유를 사용했다고 말하고 있다. 예수는 마르크스보다 훨씬 이전의 경제학에 대한 진지한 비판가였다. 지라르주의자인 쟝피에르 듀퓨Jean-Pierre Dupuy와 폴 듀모첼Paul Dumochel은 현대 경제가 현대의 세계에서 신성한 종교를 대체한다고 주장했다. 양쪽은 모두 교환의 체계이지만 양자 모두 희생자들을 가진다.[36] 지라르는 이렇게 평가한다. "우리 사회에서 종교는 완전히 경제학에 포섭되었지만, 정확하게는 경제학이 종교적 모체로부터 비롯되었기 때문이다. 그것은 종교적 의식의 세속화된 형태일 뿐이다."[37] 기독교 신학은 경제의 부정적인 영향에 직접적으로 의지하고 있다. 개신교 메가 처치들이 지난 20년 동안 폭발적으로 성장하는 동안, 로마 가톨릭교회는 자산에 있어서 지구상 가장 부유한 체제 가운데 하나가 되었다. 게다가 신학과 교회는 번영복음의 형태 또는 하나님이 선에는 재물로 축복하시지만 악에는 가난으로 보답하신다는 신명기적 해석의 형태를 선언할 때 맘몬에 연루된다.

6. 기독교 제자도나 영성은 율법을 지향하게 될 때, 혹은 지라르가 금기와 의식이라고 밝히는 문화의 두 기둥을 지향하게 될 때, 아쉽게도 몹시 훼손되고 만다. 기독교 영성이 율법을 지향할 때, 그것은 인간의 노력을 지향하는 '거룩함의 규정', 분파주의, 그리고 영적인 실천의 형태로 쉽게 타락하게 된다. 신앙과 행동의 규례들은 가입에 필요한 요구사항이자 공동체의 유지로서 기능한다. 우리는 이것을 근본주의자 기독교 그룹들 속에서 가장 뚜렷하게 볼 수 있지만, 기독교의 여러 가지 형태들 곳곳에서 발견될 수도 있다. 나중에 [7.1] 나는 갈라디아서에 관한 루이스 마틴J. Louis Martyn의 연구와 로마서에 대한 더글라스 캠벨Douglas Campbell의 연구를 짚어 보도록 하겠다. 이들 연구들은 바울과 유대교 율법에 대한 새로운 시각뿐만 아니라 그리스도인의 삶 속에서 율법의 역할을 필요로 한다.

7. 마지막이지만 아마도 가장 중요한 것으로, 기독교 신학이 희생적 해석 sacrificial hermeneutic을 가져올 때, 기독교 신학이 하나님과 예수의 성부를 신성한 분노를 달래고 신성한 축복을 획득하기 위해 피의 희생을 필요로 하는 낡은 종교의 신들처럼 만들어 버릴 때, 기독교 신학은 사탄적인 것에 의해 유혹을 받는다. 르네 지라르, 레이먼드 슈바거Raymund Schwager, 제임스 앨리슨 James Alison, 그리고 다른 사람들의 안내를 따라 성서본문을 해석할 때, 나는 오랜 시간 동안 희생적 해석의 사용에 반대해 왔다. 이원론처럼, '정통'이라는 겉모습으로 희생적 해석 하에 포함되지 않은 기독교 교리를 찾기란 어려운 일이다. 지라르가 주목한 것처럼, "희생적 성서읽기는 폭력으로부터 절대적으로 자유로운 신을 인식할 수 없다. 그것은 복음서 본문이 실제로 무엇에 대한 것인지를 보여준다."[38]

만일 우리 그리스도인들이 오늘날 우리 스스로를 해석적 감옥에 갇혀 있는 것으로부터 벗어나야 한다면, 이런 것들은 도전받고 변화가 이루어져야 할 간수들이다. 많은 이들에게 있어 이것은 아주 어려운 도약이 될 것이다. 사람이 하나님의 말씀에 질문을 던지지 않는다는 것은 아주 몸에 밴 것이다. 선지자들은 그들이 가지고 있던 성서 전통을 비판했다. 예수는 그런 예를 따랐으니, 그들을 따르지 않는 우리는 누구란 말인가? 우리가 그렇게 하지 않을 때, 우리가 '성서 권위'와 영감의 이론 아래 맹목적으로 서 있을 때, 우리는 성서가 말하지 않고 있는 것을 성서가 말하게 하며, 그리고 사실상, 정반대의 것을 성서로 하여금 주장하게 하고 있다. 성서적 권위의 새로운 이미지만이 우리로 하여금 성서를 희생적으로 읽지 않도록 해 줄 수 있다. 성서 본문이 예수와 성령의 적절한 관계성 속으로 들어갈 때, 그리하여 십자가의 신학의 제어 하에 형성이 될 때 이런 일은 일어날 것이다. 이것을 분명히 하자. 신약성서는 구약성서 자체가 구원의 책이라는 것에 관심을 보이지 않는다. 오히려, 사도교회들은 구약성서를 예수 그리스도의 삶, 죽음 및 부활을 둘러싼 사건들에 비추어 해석했다. 예수만이 유대 성서들을 이해할 수 있었다.

성서를 제자도로 해석하기

성서 해석학을 위한 모체로서 그리스도와 성서의 만남을 발전시킨 제임스 앨리슨James Alison은, 그것이 오직 성서를 재가할 수 있는 즉, 성서를 권위 있게 만드는 살아계신 그리스도와 만나는 것이라는 주장을 편다. 이런 걸음이 필요한 이유는 성서가 해석되어야 하기 때문으로, 질문은 다음과 같다. 만일 저자가 아니라면 누가 그 해석을 재가하는가? 만약 우리가 부활하신 주님을 이 저자로 알아야 한다고 주장한다면, 이것이 의미하는 바는 우리의 성서 해석들은 그의 삶, 죽음, 부활과 승천 속에서 주어져 온 계시와 어울려야만 한다는 것이다.[39]

성서무오론자들에게는, 성서 속의 오류는 성서가 신뢰할 수 없는 책이 되어버린다는 것을 의미할 것이다. 제임스 앨리슨은 그 반대로 다음과 같이 단언한다.

> "그것은 내가 착수하고자 했던 인류학의 장점 가운데 하나이다. 인간이 된다는 것이 무엇을 의미하는지를 이루는 것으로서 어떤 가정된 하나님과의 초월적인 관계보다는 인간의 타자성을 주장함으로, 그것은 우리로 하여금 신성한 계시를 인간의 발견 과정으로 생각하게끔 한다. 말하자면, 그것은 문화가 흥망을 거듭하고 사건이 발생하며 사람들이 형성되고 이전 사건들이 재해석되며 본문 스스로가 편집되고 재편집되어 온, 완전히 우발적이고 인간적이며 역사적 과정을 무서워하지 않는다. 신성한 계시가 진정으로 신성한 계시가 되기 위한 그런 모든 사건들로부터 어느 정도 보호받을 필요가 있다고 보지 않는 것이다."[40]

계시를 신성한 의사소통이나 전보로 인식하기 보다는, 우리는 계시가 지속적으로 발견의 인류학적 과정 속에서 일어났다는 것을 알 수 있어야 한다. 앨리슨은 다음과 같이 주장한다. "이것은 인간이 누구인지를 이해하는 점진적인 발전과 하나님이 누구신지를 이해하는 점진적인 발전이 동시적인 과정이며 서로에게서 서로를 떼어 내는 것은 불가능하다는 것을 의미한다."[41] 이것은 영향력 있는 책 『기독교강요』의 시작부분에서 존 칼빈의 했던 다음의 주장과는 상당히 다르다. "우리가 가진 거의 모든 지혜, 즉, 진정하고 건전한 지혜는 하나님을 아는 지식과 우리 스스로를 아는 지식 두 부분으로 구성되어 있다. 하지만 수많은 것들이 결합되면서, 어떤 것이 선행되어 다른 것을 가져왔는지 분별하기는 어렵다."[42]

따라서 성서를 해석하는 행위는 꾸준히 우리가 스스로를 어떻게 보는가뿐만 아니라 우리가 어떻게 하나님을 인식하는가를 재구성하고 있다. 이런 새로운 시각은 죽은 자들로부터 예수가 부활한 것과는 떨어뜨릴 수 없는 것으로, "희생의 지식"이라는 관점이 우리에게 주어진 것, 엠마오로 가는 길 위에서 제자들에게 다른 세속적인 논리가 주어진 것이 부활 속에 있기 때문이다.[1.1] 우리에게는 "정반대로 근원적인 기원의 장면이 있는데, 그 장면에서는 희생자가 드러나고 은폐에 의존하지 않는 새로운 종류의 기초를 허락하기 위해 그 희생자가 발판이 되어 주기" 때문에, "부활은 완전히 새롭고 이전에는 상상할 수도 없는 인간의 이야기의 가능성, 즉 이전에 숨겨져 온 급진적인 관점으로부터 모든 인간의 이야기들을 다시 읽는 것이다."[43]

앨리슨은 16세기 이래 아나뱁티스트의 해석 속에 공통적으로 존재해 온 것을 지향한다. 그것은 "삶으로 그를 따르는 자 외에는 아무도 그리스도를 진정으로 알지 못한다"는 것이다.[44] 우리의 인류학적 신화만들기와 상호적인 보복을 정당화시키는 상자에서 벗어나 본문을 읽는 것이므로, 이것은 그때까지는 불가능이었던, 가능성을 만들어 내는 부활한 희생자의 계시이다. 크리스토퍼 마샬Christopher Marshall 또한 하나님께 대한 우리의 변화된 관계를 이해하는 이런 방식을 지적한다.

"하나님께서 아시면서도 폭력의 고통 속에 참여하신 것은 끝이 났다. 하나님은 이제 불에는 불로 싸우지 않으신다. 하나님께서는 변하셨다 - 혹은, 아마도 더 정확하게 말한다면, 폭력과 관계하는 하나님에 대한 인간의 경험이 변했다. 하나님께서는 더 이상 폭력으로 자신의 정체성을 정의하도록 허락하시지 않으신다. 하나님께서는 그때까지 자신의 성품을 흐리게 해 왔던 폭력적인 행동을 적극적으로 거부하시어, 폭력 자체의 이중성이 폭로되고 패배하게 된다."[45]

희생의 인지에 대한 앨리슨의 관찰은 성서를 해석함에 있어서 깊은 함축들을 내포한다. 나는 부활하신 예수와 조우한 결과로서 이런 성서읽기의 해석학이 지닌 다섯 가지 본질적인 측면들을 나열하고자 한다.

1) "부활하신 주님은 자신의 삶과 죽음뿐만이 아니라 삶과 죽음이 성서를 재해석했던 방식으로 완전히 새롭게 다시 읽도록 허락하셨다."[46]

2) "예수의 가르침이 가진 어려움은 우선 그 내용과 관련된 것이 아니라 그가 가르치던 사람들의 의식의 구조와 관련된 것이었다. 그것은 마치 부활이후까지 그들의 눈이 가려진 것과 같다."[47]

3) "부활 이후, 예수의 도덕적 가르침과 제자도에 관한 그의 가르침은 그의 수난과 관계없이 그의 삶의 추가적인 특징들로서 이해될 수 있는 것이 아니라, 그의 수난으로 이어지는 정확히 같은 희생의 인지에 의해 구성될 수 있는 것이다."[48]

4) "희생의 인지로 인해 허락된 두 가지 핵심적인 변화 가운데 첫 번째 것은 폭력 속에서 형성되는 것으로서, 그리고 인간의 자각의 타고난 기반으로서 희생시킴과 더불어 인간에 대한 새로운 개념" 그리고,

5) "두 번째 것은 이것이 하나님이 누구인지와 관련하여 제공하는 개념 속에 있는 변화이며…그리하여 폭력이 없이 온전하게 하나님을 이해할 수 있게

된다."[49]

앨리슨이 부활과 제자도와 해석학을 연관시키는 것은 성서적 권위의 새로운 패러다임을 위한 의자의 세 개의 다리이다. 이렇게 인류학적으로 본문을 읽는 것은 성서가 어떻게 읽혀져야 하며 어떻게 이해되어야 하며 어떻게 기독교 공동체 속에서 살아져야 하는지에 대한 구체성을 만들기 위한 형성적 새로운 패러다임이다.[50] 언어와 진리의 관계에 대한 논쟁을 넘어서기 때문에, 그리고 마르시온 이래로 신성과 폭력의 관계에 대해 교회를 꼼짝 못하게 하던 핵심적인 문제로 이끌기 때문에, 그것은 해방적인 패러다임인 것이다. 십자가와 예수의 부활의 렌즈는 우리의 완전한 죄와 하나님의 완전하신 은혜를 드러낸다. 그것은 단지 인지적인 동의 이상을 필요로 하는 패러다임이다. 사실상 그것은 예수에게 복종하는 위험을 요구하며, 그가 세상의 빛인 것처럼, 그리하여 우리 역시 그에게 귀를 기울이고 따름으로 이 세상의 빛이 될 수 있다.

이 책을 이 장으로 시작하면서 복음서의 이야기를 탐구하는 대신에, 나는 거꾸로 이 책을 썼다. 난 성서를 읽는 이런 방식이 성서 그 자체에서 나온다는 것을 보여줄 수 있기를 바란다. 그들의 분야에서 모방적 현실주의를 사용하는 과학적 공동체의 몇몇 사람들은 지라르가 참여하고 있는 모든 '성서 논의'와 같은 것들을 특히 달가워하지 않는다. 하지만 교회에 있는 우리에게 있어서, 성서에 대해 이야기 할 때는 거리낌이 없어야 할 것이다. 성서의 시각들은 인간이 되는 것이 무엇을 의미하는지를 이해하는 하나의 방식으로서, 모방적 현실주의에 중대한 기여를 하고 있는 것이 사실이다. 이 장은 르네 지라르의 삶과 연구를 기념하는 글로 내가 쓴 몇 가지 생각들로 결론내리고자 한다.

"고대 선지자들과 같이 우리 또한 모방적 과정들을 스스로 명명할 수 있다.

악이 예수의 시대에 폭로되지 않은 것처럼 우리 시대에도 기꺼이 폭로되지는 않는다고 말해야한다. 복음과 신화를 구별함에 있어서는 어떤 위험이 존재한다. 문화적 신화학은 기꺼이 가면을 벗지는 않을 것이다. 신화가 종교적으로, 정치적으로 혹은 학적으로 표현되는지는 중요한 것이 아니다. 신화의 목소리는 수많은 마우스피스를 가지고 있다. 선지자들처럼, 우리는 '붙잡지 않을 중심'을 무서워하지 않는다. 우리는 이런 중심이 반드시 실패할 것이라는 것을 아는데, 왜냐하면 그것은 비인간화하기 때문이다. 다른 사람들의 고통을 나누고 용서를 살아 내고 가르치면서, 우리는 희생의 사고와 문화를 해체하는데 기여한다. 악은 십자가의 사건으로 권세를 잃었다. 예수의 죽음에서 포로기Exile는 영원히 출애굽이 된다. 여전히 난 신학을 가장 기쁨을 주는 학문으로 생각하며 어떻게 모방이론이 성서 본문들을 조명하는지를 탐구하는 것을 나누게 되어 기쁘다. 르네 지라르의 연구는 어떻게 나의 사고를 바꾸었는가? 그것은 나에 초점을 맞추었으며 동시에 나로 하여금 내가 꿈꾸거나 상상해 왔던 것보다 더 큰 그림을 보게 해 주었다. 모방적 이론의 단순성은 초점, 그 적용가능성의 시각을 가져다준다. 난 더 이상 지라르가 존재하지 않았던 것처럼 신학을 할 수 없다. 르네는 모든 대답을 가지고 있지는 않았고 항상 옳았던 것도 아니었다. 하지만 우리가 이 불길한 21세기를 시작할 때, 지라르는 인간이 그들의 신학 속에서 그 사고와 그리스도인 속으로 들어가기 위한 최고의 안내이다."[51]

6장◆구약을 해석하기

6.1 창세기 1~11장

창세기를 시작하는 장들은 우리가 고려하고 있는 인류학에 대한 증언들의 노다지이다. 창세기는 역기능 가족체계의 이야기이며, 가인-아벨, 이삭-이스마엘, 야곱-에서, 요셉과 형제들과 같은 형제들 간의 경쟁의 기록이다. 하지만 창세기는 분명하지만 서로 맞물리는 부분인 1-11장의 기초이야기와 아브람 가족의 역사적 드라마, 이 두 가지의 이야기로 나뉜다. 창세기 1-11장에서 나타나는 인간의 모델은 외로운 요셉에 맞선 다른 형제들 무리의 이야기로 나타나는 형제들 간의 경쟁의 이야기 곳곳에서 확인될 수 있다. 인간의 이야기 전체와 그 해결은 창세기에서 발견될 수 있다. 창세기는 에덴동산에서의 일탈, 희생과 문명으로부터 요셉의 형제를 용서하고 그들과 화해하는 장면에 이르기까지 전적으로 복음서의 이야기를 담고 있다.

이 본문은 우리가 페이지 몇 장으로 할 수 있는 일보다 훨씬 더 깊이 탐구될 수 있다. 여러분에게 아주 광범위한 주석으로 부담을 주기 보다는, 우리는 창세기 1-11장을 조망하며 지금까지 우리가 해 오고 있는 작업에서 이미 손대어 온 그런 주제들을 강조할 것이다. 그렇게 함에 있어서, 우리는 창세기 1-11장, 즉 성서의 '신화'가 우리가 바라지만 우리에게 진정한 구원이라는 인상을 주는 것보다도 인간에 대해 더 많이 이야기하고 있음을 보게 될 것이다. 이런 읽기를 용이하게 하기 위해 우리는 폭력과 비폭력의 문제에 대해서만 거의 독점적으로 초점을 맞출 것이다. 왜냐하면 우리의 폭력과 그의 용서는 그리스도의 십자가에서 우리에게 주어진 것이기 때문이다. 나의 목표는 성서에 비추어 우리 스스로를 보는 방식으로 우리가 재건을 지속하는 것처럼, 이런 본문들을 사용하는 방식을 찾고자 하는 것이다.

창세기는 이중적인 책이다. 쌍둥이와 형제들의 이야기가 있는 것처럼 두 번씩 반복되는 이야기들이 있다. 예를 들면 노아의 이야기는 홍수 이야기를 말하는 두 가지 방식이 혼합되어 있다. 마찬가지로 두 개의 창조 설화가 있었다. 첫 번째 설화는 창세기 1:1-2:4a이며 두 번째 설화는 2:4b-25이다. 우리가 첫 번째 창조설화에 대해서 관찰할 수 있는 몇 가지 중요한 것들이 있다. 나는 저자의 컨텍스트, 그 이야기의 관점, 인간이 되는 것이 무엇을 의미하는가, 그리고 인간이 가져야 할 책임은 무엇인가에 한정할 것이다.

창세기 1장의 설화는 바빌론에 포로되어 있던 제사장직 사람들에게 할당된 것이다. 포로기는 유대교를 규정한 공식적인 사건이었다. 이사야, 제사장 에스겔, 그리고 선지자 다니엘과 요엘의 추종자들을 포함하여 수많은 예언자들이 회복의 희망을 선포했다. 그들이 그 강 옆에 앉아서 울던시137 그 땅, 바빌론 사람들이 부유한 가족들, 엘리트 종교정치 지배층을 붙잡고 있던 그 땅을 떠나서, 그들은 새로운 희망을 구축하고 있었다. 이 희망은, 그들 주위에 있는 다른 신들이 아니라, 하나님께서 그들을 구원하실 것이라는 것이었다. 그들은 무엇인가 새로운 것을 갈망했다.

첫 번째 창조설화를 쓴 제사장적 기자는 이런 희망을 다룬다. 비록 이 세상이 인간의 눈에 어떻게 보이더라도, 하나님의 눈에는 "창조가 아주, 아주 좋았기" 때문이다. 낙심하지 말라고 그는 말한다. 모든 것을 만드신 이는 아름답고 조화로운 완성을 가져오실 것이다. 그는 이것을 어떻게 하고 있는가? 사물이 어떻게 생겼는지에 대한 이야기, 다른 모든 문화와 문명이 말하는 같은 형태의 이야기인 '최초의 신화'를 이야기함으로써 이다. 이 저자는 하나님의 백성은 이방인들이 자신들의 이야기를 말하는 것과는 다르게 하나님의 이야기를 한다고 언급하고 있다. 그들의 창조신화는 신들이 살해당하고 몸이 찢기어 우주에 흩뿌려졌다고 한다. 그들의 창조 신화는 폭력과 숨겨진 희생양을 가진다. 제사장적 창조이야기에는 이런 것들이 없다. 하나님은 그저 자신의 말씀의 힘으로 세상을 존재하게 하신다. 창조는 폭력이나 보복으로 일어나는 행위가 아니라 은혜롭고 질서정연하며 아름다운 것으로 일어난다.

첫 번째 창조설화는 종말론적인 것종말에 관한 것인 만큼이나 실제로 전논리적progological, 시작에 관한 것이지는 않다. 하나님께서 만드신 모든 것은 좋고, 마지막에도 좋은 것으로 드러날 것이다. 하지만 그것은 완전하지는 않다. 첫 번째 설화의 기자였다면 하나님께서 창조를 이루신 후 'tov, tov'라고 하지 않고 'tov, tov, tov'라고 했을 것이다. 히브리어에는 비교급이나 최상급이 없어서, 만일 누군가 '좋다'고 말하고자 한다면 'tov', '더 좋다'는 'tov, tov,' 그리고 '가장 좋다'는 'tov, tov, tov'라고 한다. 이런 창조가 '아주 좋다'고 말한다면 '가장 좋다' 혹은 완벽하다는 것은 아니다. 그런 시간은 나중에 오게 될 것이다.

이런 비폭력적인 창조설화는 용감한 행위였다. 그것은 이사야 40장과 흡사하다. 포로기 이전에 이스라엘은 이웃들 사이에서 단일신교주의자henotheists, 여러 신들을 인정하지만 특정한 신을 최고신으로 믿는 사람들로 살고 있었다. 그들은 자신들 주위에 있는 다른 민족들의 신들을 믿었다면, 모세의 하나님은 최고의 신이었다. 포로기 동안 이스라엘은 새로운 방식, 즉 이방인의 권력에 종속된 삶으로 이방인들 사이에서 살게 된다. 이때가 이스라엘이 유일신교, 즉 오직 한 분 하나님이 계시며, 다른 모든 신들은 인간이 만들어 낸 우상일 뿐이라는 신념으로 전환했을 때이다. 제사장 기자가 자신의 비폭력적 창조이야기를 풀어낼 때, 그것은 피와 정복으로 지어진 제국의 컨텍스트 속에서 였다. 제사장 기자는 창조와 신성한 폭력 사이의 연결을 깨뜨렸다. 그는 자신의 시대에서 그 일을 행했던 유일한 사람은 아니었다.6.3을 보라

만약 창조가 자애로운 행위였다면, '하나님의 형상'으로 만들어졌다는 것은 무엇을 의미한 것일까? 오랫동안 개신교는 그것이 하나님과 우리 사이의 비유인 이성을 사용할 능력이라고 말해 왔다. 만일 우리가 보그The Borg:신약학

자 마커스 보그가 아니라 스타 트렉의 종족인 보그의 세계 속에서 살았다면 아마도 그랬을 것이다. 사고하고 의사소통하며 발명하는 것은 우리의 능력으로, 이것은 그 가운데서 몇 개를 지목한 것이다. 하지만 창세기 창조설화는 현대의 '자율적' 인간에 대해 말하고 있는 것이 아니다. 그것은 '하나님의 형상과 닮음'이 관계성과 관련이 있다는 것을 지적하고 있다. 남자와 여자는 함께 창조되었으며, 하나님과 더불어 말을 나누었다. 우리는 상호작용을 해도 되고 안 해도 되는 '개인적 총체'로서가 아니라 관계 속에서 창조되었다. 우리는 우리의 관계다. 지라르는 우리가 개개인이 아니라 '연결된 개인interdividual'이라고 말할 것이다. 본회퍼는 하나님의 형상으로 지음을 받았다는 것은 관계 속에서 지음을 받았다는 것이라고 하면서 1933년에 이미 이것을 지적했다.『창조와 타락』 그는 교회를 가리켜 '공동체로 존재하는 그리스도'라고 지칭했다. 제사장적 설화는 우리에게 폭력이 없는 언약적 공동체가 실제로 무엇과 같은 것인지에 대해 흘끗 보여주고 있다.

첫 번째 창조설화는 인간을 정복자가 아니라 이 땅의 청지기로 여긴다. 인간은 이 땅을 범하기 위해서가 아니라 돌보기 위해서 존재한다. 인간은 집을 짓기 위해 나무를 모두 베어내는 것이 아니라 정원을 돌봐야 한다. 하나님과의 이런 유익한 관계, 서로와 지구의 관계는 제사장적 기자의 비전으로서, 이스라엘의 하나님께서 모든 나라의 하나님이 되시고 평화가 천국에서처럼 지구에서도 이루어지는 그 날을 바라고 있다.

왜 두 개의 창조 이야기가 존재하는가?

첫 번째와 두 번째 창조설화 사이에는 실제적이고도 상당한 차이가 존재하고 있다.[1] 먼저, 하나님의 묘사가 변했다. 창세기 1장의 풍부한 공급자이신 하나님은 창세기 2장에서는 보류하시는 하나님이 된다. 둘째로, 창세기 1장에 나타나는 남성과 여성의 평등한 창조는 남성우위의 계급으로 대체된다. 셋째로, 금기는 인간의 이야기가 죄로 추락하기 전에, 이미 심지어는 연대기적으로 희생의 과정이 시작되었다는 실마리를 누설하고 있다. 넷째는 2:23의 결혼과 합법적 통치 속의 제도2:24에 대해 말하는 제의적 언급이다. 이 마지막 두 가지 표시는 왜 하나님에 대한 시각이 변화되었는지에 대해 우리에게 알리고 있다. 하나님에 대한 이런 시각창세기 2장은 희생을 전제하기 때문이다.5,2 창세기 3장은 그리하여 2장에 나타나는 금기와 의식의 존재를 설명하고 있다. 본문 상으로는 2장 이후에 3장이 나오지만 3장은 2장을 가정하고 있다.2

두 번째 창조이야기의 기자는 약간 신비적이다. 그는 발음할 수 없는 하나님의 이름, YHWH을 선호하여 야웨주의자yahwist로 불린다. 학자들은 이 단락이 시작으로 인식되는지 아니면 군주제의 끝으로 BC 10세기-6세기로부터 인식되는지에 대해서 논쟁을 벌인다. 우리의 목적으로 따지면 이것이 그리 중요한 것은 아니다. 중요한 것은 두 번째 창조이야기가 2:4-4:26에서 나온다는 것이다. 첫 번째 창조이야기에서 우주의 균열이 명백하게 존재하지 않음에 반해, 두 번째 창조이야기는 어떻게 우주가 부서졌는지를 설명한다.

가인과 아벨, 그리고 라멕의 이야기는 아담과 하와의 이야기와는 떨어질 수 없다. 이것은 '타락'으로 간주되는 것이 단순히 '자유롭고 독립적인 도덕 결정' 이상을 망라하는 것을 말하고 있다. 그것은 우리가 논의해 온 모든 모방적 현실주의의 양상 사이의 관계들을 지적한다. 바로 모방, 비난/적개심의 전이, 희생, 경쟁, 살인, 문명의 설립, 그리고 폭력의 잠재적인 증가의 문제인 것이다. 이 모든 주제들이 창세기 2-4장 속에서 언급되며, 함께 묶여져 있거나 또는 발전되었다.

예수가 사탄의 역할이 거짓말하는 것과 살인하는 것이라고 했을 때, 그는 창세기 4장을 창세기 3장과 묶었다.요8:44 실질적인 희생양만들기를 위한 바로 이 두 가지 본질적인 항목은 그 사건에 대해 이야기가 전해지는 방식을 신화화시키고 있는 제의적 죽음과 거짓말이다. 두 번째 창조설화는 다른 문명의 위대한 이야기들이 읽혀져 온 것처럼, 기초가 되는 설화로 읽혀져야 하지만, 이번 만큼만은 이야기가 전해지는 방식이 달라야 한다.

율법은 하나가 아니라 두 개의 창조이야기를 모두 갖는다. 왜 율법을 편찬한 사람들은 그리도 다른, 심지어는 하나님의 이름조차 다르게 사용하는 두 개의 창조 이야기를 포함한 것일까? 두 번째 이야기는 단순히 첫 번째 이야기를 더 자세히 반복하는 것에만 그치지 않는다. 두 번째 창조이야기는 7일째가 없다. 이 안식일의 휴식은 첫 번째 창조이야기에 있어서는 본질적인 것으로, 그 이야기 속에서 하나님은 창조사역을 모두 마치셨고 그 창조는 모두 "아주, 아주 좋았다." 두 번째 창조이야기는 첫 번째 창조이야기의 6번째 날에서 시작한다. 그것은 인간에 대한 모든 것이다. 3:15에서 시작한 구원의 약속과 과정은 야웨의 날까지는 완성되지 않을 것이다. 인간의 역사는 6번째 날에 관한 것이다. 6번째 날은 창세기 2:4에서 요한계시록 21:1까지 계속된다. 야웨주의자는 인간을 악의 문제 및 희생과 살인의 문제를 가지는 이교 문명의 구속과 연결시킨다. 우리가 모방적 현실주의의 요소들을 다루고 있는 것은 놀랄 일이 아닌 것이다.

창세기 3장과 4장은 죄와 폭력과 우상숭배가 지배하는 세상 속으로 인류의 내리막이 시작되었음을 말하고 있다. 아담의 타락을 본문에서는 언급되자 않은 언약의 파괴나 교만 또는 성관계로 소급하는 대신이것은 에덴동산의 문제 이후에 일어나게 된다, 우리는 폭력, 희생 및 문화 속으로 인간이 내려오는 것으로 그 '타락'을 볼 수 있다.

이 이야기에서는 마귀나 사탄에 대한 어떤 언급도 나타나지 않는 것을 주목하라. 창세기의 이야기는, 예를 들어 욥기의 서문에서 볼 수 있는 것처럼, 나중에 동양의 이원론에 비추어 해석될 수도 있으나, 원래는 그런 측면에서 묘사된 것은 아니었다. 에덴동산에서 살았던 두 등장인물이 있었으니, 인간과 뱀이었다. 양쪽은 모두 아룸*arum*이었다. 2:25는 다음과 같이 말한다. "남자와 그 아내가 둘 다 아룸이었지만 부끄러워하지 않았다." 바로 다음의 문장³:¹이 다음과 같이 이어진다. "뱀은 주 하나님이 만드신 모든 들짐승 가운데서 가장 아룸하였다." 그렇다면 이 아룸은 무엇을 의미하는가? 인간과 뱀은 어떻게 닮았는가? 만약 우리가 이 아룸이라는 단어를 붙잡기 위해서 언어유희를 하고자 했다면, 우리는 그 부부가 모두 '벌거벗었고' 뱀은 더욱 '간교했다'고 말할 수 있다.[3]

어느 곳에서 뱀의 속임이 있는가? 하나님의 보류하심이 완전히 떠나버렸다고 제시함으로, 그들은 어떤 나무도 먹을 수 없었다.[3:1] 그 여자는 뱀이 하나님을 왜곡해서 전했다고 변명했지만, 그녀는 뱀이 했던 행위를 하고 있다. 그녀는 보류하시는 하나님의 형상을 따라간다. 그들은 그 열매를 먹는 것이 금지되어있을 뿐만 아니라 이제는 그것을 만지는 것도 금지된다. 금지를 추가하면서, 여자와 뱀은 하나가 된다. 그들은 모두 하나님께서 인류와 경쟁 구도에 있다는 공통된 가정을 공유하고 있다.

3:6에서 여자가 먹은 후에, 그녀가 죄책감을 느꼈다거나 어떤 꺼림칙함을 경험했다는 언급은 없다. 그녀가 선악과를 먹고 "눈이 밝아지고 그녀가 하나님처럼 될 것이라"던 뱀의 약속은 성취되지 않았다.[3:4-5] 여자는 선악과를 먹었으나 전혀 바뀌지 않았다. 그리고 그녀는 그 열매를 남편에게 주었다. 그녀의 변화는 남편이 그녀를 따라하여 그 열매를 먹을 때까지는 일어나지 않았다. 그들이 아룸이라는 것을 함께 깨닫게 된 것이 그때이다.[3:7]

그렇다면 뱀이 상징하는 것은 무엇인가? 뱀은 완벽하게 중재된 대상 욕구object-mediated desire의 메커니즘을 나타낸다. 우리는 이런 몇몇 짧은 구절 속에서 벌어지는 인간 욕구의 심리학을 볼 수 있다. 원숭이가 보고, 원숭이가 하는 것을 생각한다는 것을 기억하는가? 바로 여기, 모든 이야기의 시작에 그것이 있다. 그것은 모방된 욕구와 그 결과물들에 관한 모든 것이다. 기탄없이 말하자면, 마귀는 신학적인 범주가 아니라 인류학적인 범주이다. 마귀는 우리 인간에 관한 것, 즉 우리의 폭력, 투영, 희생시킴, 그리고 우리의 우상숭배에 관한 것이다. 그것은 하나님께서 지으신 어떤 측두상부supra temporal의 존재에 관한 것이 아니다.[8.3] 그렇지 않다. 남자가 낙원에서 모방했던 순간에 우리 인간이 사탄을 창조했던 것이다. 사탄은 우리 속에 거하며 우리의 공동체들을 만들며 우리의 이데올로기들을 지배한다. 그것이 존재하고 있는 것들 가운데 가장 무시무시한 '것'인 이유는, 그리도 오랫동안 하나의 종으로서 우리를 계속 사로잡고 있을 능력을 가졌기 때문이다. 악마의 무리는 커다란 공포를 만들어 내는 강력한 목소리와 굉장히 발달된 기만의 감각을 가졌다. 악마의 무리는 희생, 즉 인간의 희생을 요구한다.

그것이 우리의 모습이다. 제4복음서에서, 예수가 사탄을 속이는 자이며 살인자라고 지칭할 때 창세기 3장과 4장 사이를 예수가 연결시키는 것이 바로 이것이다. 인간으로 태어나는 것은 희생의 문화 속에서 태어나는 것이다. 이것은 배웠던 것이자 모방되었던 것이다. 우리가 지닌 폭력적인 문화의 모방 속에 빠져 있는 우리는 공동적이자 개인적으로 사탄을 표현한다. 유혹이야기 속에서 예수는 자신 안에 있는 이런 가능성과 직면했다.[1:4] 아담과 하와와는 다르게, 예수는 속이는 자의 주장을 좌절시켰으며 그렇게 그것에 지배되지 않았다.

아울러 은혜가 존재한다. 그것은 추방으로 경험된다. 하나님은 아담과 하와를 에덴에서 축출시키시는데, 그 이유는 그들이 나빴거나 말을 듣지 않았거나 교만해서가 아니라, 만일 그들이 계속 에덴에 남아있었더라면 비참한 모방 속에서 영원히 남아 있어야 했기 때문이었다.[3:22] 추방은 하나님의 입장에서는 구원하시는 움직임이었다. 그것은 처벌이 아니었다.

만약 3장에서 우리가 매개된 모방이 수행되고 있는 것을 본다면, 4장에서는 그 결과물을 발견하게 된다. 우리가 희생, 경쟁, 살인과 은폐의 주제를 소개받는 것은 여기다. 창세기 2-3장에서 우리가 금지의 출현이 희생 메커니즘이 가정되었다는 표시라는 것을 본 것처럼, 동일하게 후퇴하는 역사의 현상이 창세기 4장에서 나타난다. 비록 누구도 희생을 "고안하지" 않았음에도-그리고 9장까지 나타나지 않는다-이미 희생이 있기 때문이다. 첫 번째 창조설화에서는 이것들 가운데 어떤 것도 존재하지 않는다!

지라르가 성서의 인류학을 이해하는 방식에서는, 가인과 아벨이 인간의 역사 속에서 아주 중요한 역할을 담당한다. 지라르는 창설적 살인신화를 다른 고대 문화속의 신화들과 비교하며 그들은 다른 시각에서 같은 이야기를 하고 있다는 것을 발견한다. 다른 문화들은 그들의 문명이나 종족의 기원을 설명하는 신화들을 가지고 있다. 이런 이야기들 속에서는 희생자가 항상 죄가 있으며, 받을만한 처분을 받는다. 죽는 형제나 자매는 그들에게 오고 있는 것을 받아 들였다. 처음으로 희생자가 소리를 갖는 창세기 이야기에서 그리한 것이 아니라, 보복을 위해 땅에서부터 울음소리가 들리는 것이다.[5,4] 하나님은 그것을 들으셨을 뿐만 아니라 다른 이들도 그 소리를 듣고 아벨의 살해에 대한 보복을 할까 싶어 가인은 두려워한다.

하나님은 이 이야기에서 두 가지 중요한 일을 하신다. 먼저 하나님은 아벨의 목소리가 들려왔으며 그가 부당하게 살해당한 것을 아신다. 둘째로, 가인에게 표시를 하신 이는 하나님이다. 요즘 어떤 이들은 "만일 누군가가 가인을 죽인다면 그는 7배 이상 고통을 겪을 것이다"고 하는 구절을 하나님께서 보복을 가져오시는 것을 가리키는 것으로 이해한다. 그렇지 않다. 하나님은 희생적 위기 속에서 시작된 그 과정을 중단시키시는 방법으로서 가인에게 표시를 하고 계신다. 그것은 위협이라기보다는 다음과 같은 예언적 경고에 더 가깝다. "보라, 만약 누군가 살인을 지속한다면, 그것은 통제할 수 없이 증가되고 말 것이다." 결국에는 그렇게 될 것이다.

이제 아벨의 목소리는 창시적 살인신화의 다른 형태 속에 침묵된 동일한 목소리로, 즉 희생자의 목소리이다. 하지만 아벨의 목소리는 눈에는 눈이라는 정의가 행해지는 것을 원하는 보복적 희생의 목소리이다. 비록 아벨의 희생이 선호되었다고는 하지만 하나님께서는 아벨의 외침을 영예롭게 하지는 않으신다. 하나님은 오직 폭력이 증가되는 것을 막기 위해서만 개입하신다. 만약 성서에서 희생자의 목소리가 들린다면, 그리고 그 목소리는 보복적인 것이라면, 이것은 희생자의 목소리가 또한 다른 전환을 겪지 않는다는 것을 의미하지는 않는다. 왜냐하면 희생자의 목소리가 다른 전환을 겪기 때문이다. 창세기가 아벨로 시작되었을지 몰라도, 보복적이었으나 화해적이었던 요셉으로 끝을 맺는다. 십자가의 신학으로 놓고 본다면, "예수의 피는 아벨의 피 이상의 말을 하고 있다."히12:24 그 이유는 예수의 피는 보복이 아니라 자비를 외치고 있기 때문이다.

마지막으로, 우리는 가인이 동쪽을 여행한 후에 "도시를 지었다"는 것에 주목한다. 왜 도시인가? 왜 오두막이나 텐트가 동굴이 아니라 도시인가? 그것이 인간의 문명, 인간의 문화의 시작과 연결될 때, 이것은 우리가 다루는 창설적 살인의 효과에 대한 진정한 실마리가 된다. 가인의 도시는 벽돌로 지어졌을 수도 있지만, 그 회반죽은 인간의 피였다.

다음에 일어나는 것은 완전히 놀라운 것이다. 몇 세대가 지나지 않아, 보복적 폭력은 그 완전한 한계에까지 급증했다. 라멕은 자신에게 상처를 입힌 소년을 죽이고, 누군가 자신에게 보복을 하고자 한다면 77배의 보복을 할 것이라고 말한다.4:23-24 우리 종의 기원에 있어서 이런 종류의 보복적 폭력의 증가는 우리가 생존하는데 가장 커다란 위협이 되는 것이었다. 얼마 후, "이 세상은 타락되고 폭력이 가득했다"6:11는 이야기가 펼쳐진다. 우리 종의 타락은 우리가 도덕적으로 퇴폐하게 되었다는 것이 아니다. 그것은 그저 부작용일 뿐이다. 우리의 실제적 타락은 통제할 수 없이 급증하는 폭력의 문제이다.6:13 노아 시대는 아주 위험했다. 그 당시는 폭력의 시대였다. 사람들은 여기저기서 사람들을 죽이고 있었다. 그것은 마치 매드 맥스Mad Max가 과학 기술이 없는 터미네이터를 만나는 것과 같았다.

인간은 가인의 표시에 주의를 기울이지 못했으며 보복적 폭력정의은 사회적으로 다루기 힘든 것이 되었다. 만약 인간들의 방식으로 남겨졌다면, 인간들은 집단적으로 보장된 파괴의 진행 위에 있게 될 것이다. 인간의 기획은 실패한다. 하나님은 그렇게 두지 않으셨다. 만일 유일한 대안이 불가피한 과정을 촉진시켜서 다시 시작하는 것이라면, 홍수는 마치 에덴으로부터의 추방과 같이 처벌적인 행위가 아니라 구원의 행위로 볼 수 있을 것이다.

집단적으로 보증된 파괴?

여러분은 내가 라멕에서 노아에 이르는 과정을 건너뛴 채, 네피림에 관해 말하고 있는 6:1-4의 어려운 구절들을 완전히 피했다는 것을 알 것이다. 자신의 설화의 한 부분에서 네피림에 대한 관심을 가진 것은 제사장적 기자이지만, 네피림의 구절을 다루는 것은 길어지게 되므로 그 저자가 창조이야기를 하더라도 나는 그것을 포기하고자 한다. 5장과 6장의 처음 네 구절의 족보는 첫 번째 창조 이야기의 기자가 어떻게 그가 중단했던 2:3로부터 시작하는지를 보여준다. 1:26-28을 연상시키는 5:1-2에서 1:24-31에서의 여섯째 날부터 주제들이 반복되고 있음을 주목하라. 제사장적 기자는 야웨주의자가 했던 것보다 노아의 이야기를 할 때 더욱 자세하게 펼쳐 나간다.[4] 야웨주의자와 제사장적 기자는 왜 홍수가 있어야만 했는지에 대해서 두 가지 다른 이유를 주고 있다.

먼저 야웨주의자는 이렇다. 하나님은 악한 *yetzer*이 인간을 차지해버렸다는 것을 본다. 이 랍비는 인간이 두 가지의 *yetzerim*으로 창조되었다고 가르치는데, 하나는 선이었고 다른 하나는 악이었다.[8.3] *yetzer*는 당신의 마음이 가는 방식, 마음이 기울어지는 방식, 그리고 한쪽으로 치우치는 방식이다. 창세기에서 6:5는 인간의 조건에 대한 아주 의미심장한 언급을 하고 있다. "마음에 생각하는 모든 계획이 언제나 악한 것뿐이었다." 그 계획들 가운데 단지 일부가 아니라, 모든 계획이 악하다. 선과 악이 혼합된 것도 아니고 오직 악한 것뿐이다. 때때로가 아니라 언제나 이었다. 이 설명은 심리학적이다. 이것은 "마음의 생각들"에 관한 것이거나 혹은 그들이 중재된 욕망 mediated desire이라고 부르는 것이다. 이런 악한 욕구는 강렬하여 창세기 6:5에 대해서 요나단 위경 탈굼Targum Pseudo Jonathan은 다음과 같이 말하고 있다. "그들의 마음의 모든 생각이 항상 악에 대해서만 중개되었다."

제사장적 기자는 "하나님의 시각에서 세상은 타락했고 폭력이 가득했다"6:11고 말함으로 홍수의 이유를 설명하고 있다. 타락한 것과 폭력이 가득한 것은 하나이자 같은 것이다. 이것은 학자들이 히브리 저작에서의 대구법parallelism이라 부른다. 제사장적 기자는, 희생적 체계 속에서 글을 써 나가면서, 제의적 장치의 범위를 벗어난 폭력의 문제를 잘 이해하고 있다. 레위기를 그리 심오하게 평가하는 한 가지 이유다. 하지만, 야웨주의자와 제사장적 기자는 서로 모순되고 있는가? 만일 이들 이야기들이 모방적 현실주의에 비추어 읽는다면 그렇지 않다. 야웨주의자는 그 문제를 그 근원, 모방된 욕구의 악으로 가져간다. 제사장적 기자는 중재된 욕구의 문제, 즉 통제를 벗어나 질주하는 경쟁과 보복적 폭력으로 결론짓는다. 양쪽 모두 인간의 상하거나 타락된 본성을 지적하면서, 그렇기 때문에 야웨주의자에게 있어서는 "주님께서 사람을 지으셨음을 마음 아파하셨다."6.6

하와와 아담으로부터 가인과 라멕을 거쳐 노아의 세대에 이르기까지, 타락한 인간의 조건의 이야기는 중요한 조각, 중개된 욕망, 경쟁, 희생양만들기 및 그로 인한 금기 및 희생과 보복적 폭력의 문제로 가득하다고 묘사된다. 이것은 성서에서 일어나고 있는 일을 해석함에 있어서 창세기 1-11장을 전략적으로 여기는 이유들 가운데 한 가지다. 누군가가 그 과학적이거나 역사적 진실성을 옹호하거나 그 천진스러움을 조롱하면서 그것을 반박하는데 시간을 들일 때는, 그것이 내포하고 있는 모든 풍부한 인류학적 자료들이 무시될 수 있다.

그 이야기가 두 가지 방식으로 말해지는 것이 중요한 이유는, 한 이야기를 말하는 데 있어 한 가지 이상의 방식이 있다는 것을 보여주고 있기 때문이다. 율법서는 획일적 목소리가 아니며 결코 그래 오지도 않았다. 만약 율법서가 한 목소리였다면, 그 랍비는 절대로 그들이 율법서를 해석한 것처럼 그리고 오늘날 그러는 것처럼 기술적일 필요는 없었을 것이다. 율법서는 두 가지 목소리를 가지는데, 하나는 가해자 인간의 목소리이며 다른 하나는 희생자 인간의 목소리로서, 하나님이 관심을 기울이시고 선호하시는 것은 후자이다.

그렇지만 그 이야기는 끝이 아니다. 만일 우리에게 시간이 있었더라면 우리는 노아의 희생과 희생 때문에 자신의 마음을 바꾸신 야누스의 얼굴을 가진 하나님에 대한 서론을 살펴보았을 것이다.8:20-21 야누스의 얼굴을 가진 하나님이 그 본문 속에서 발견될 때, 그것은 우리가 신화의 세계그들의 신성한 폭력을 정당화 하고자 승리자에 의해 주어진 이야기 속에 있다는 것을 보여주는 표시가 된다는 것을 나는 여기서 다시 지적하고 있다. 비록 그 이야기가 그것으로부터 벗어나고자 애쓰고는 있지만, 그 시작점은 인간이 투영하는 이교도적 종교 신화인 것이다. 인간의 역사를 우리의 측면과 하나님의 관점에서 두 가지로 말하는 것은 모두 다 성서 본문의 본질적인 요소들이다. 그 본문 속에 종교의 혼합인간적 관점과 계시하나님의 관점가 있어야 할 필요가 있다. 우리가 5.4에서 본 것처럼, 이것은 축복이지 골칫거리가 아니다.

그 성서 본문을 시작하는 신화는 극적으로 끝이 난다. 인간은 "하늘에 닿을 수 있는 탑"을 세움으로 스스로에게 신성을 부여하고 있다.11:4 만약 신이 있다면 그 신은 몰락할 것이다.

그들이 이것을 한 이유는 다음 두 가지이다. 1) "우리의 이름을 내는 것"과 2) 그리하여 그들이 "이 땅의 표면에 흩어지지 않고자" 하기 위해서이다. 첫 번째 이유는 모델이 되기 위한 욕구, 즉 모든 이들이 모방하게 될 사람이 되고자 하는 것이다. 자신을 위한 이름을 내는 것은 그들이 하는 것을 공개적으로 알리는 것이다. 두 번째 이유는 어떤 형태의 내적인 분열이 그들을 지구 곳곳에 흩어지게 할 가능성을 약화시키는 것이다. 이것은 경쟁이 통제 불능상태로 증가되는 표시이자, 그 공동체가 위기에 있으며 당장 도움이 필요하다는 것을 보여주는 표시가 된다.

바벨탑, 그들을 구원할 수 있는 것은 바로 그 바벨탑이다. 바벨탑이라는 방법으로 그들은 자신들의 경쟁적인 위기에 대한 효과적인 해독제를 갖고

자 한다. 그 탑은 영구적인 설비를 갖는다. 돌과 회반죽 대신 그 탑은 벽돌과 타르라는 첨단기술로 무장되었다. 그 탑은 공동체의 미래를 보증하며 그 번영을 보장해 줄 것이다. 이 탑은 무엇이었는가? 흔히 평평한 꼭대기를 가진 피라미드형태의 건물인 지구라트ziggurat를 가리킨다. 이 빌딩의 꼭대기에서는 무엇 일이 벌어질 것이라고 생각하는가? 제단, 피, 제사장, 희생당할 인간, 칼, 그릇, 불이다. 즉, 신석기 시대의 성직자들이 필요로 하는 모든 것들이 이 탑 꼭대기에 있는 것이다.

만일 당신이 이런 묘사에 대한 시각 자료가 필요하다면, 멜 깁슨의 영화 「아포칼립토」Apocalypto를 보라. 인간을 살리게 될 이 탑의 꼭대기에 있는 물품은 근원적 살인의 법률, 즉 인간의 문화의 구조와 힘을 생성시키는 메커니즘의 제의적 반복인 것이다. 그것이 없어져야 할 이유가 이것이다. 하나님의 관점에서 그것은 파괴되어야만 한다.

하나님께서는 힘과 폭력의 유혹에 영원히 사로잡히게 된 것으로부터 인류를 구원하신다. 창세기의 신화 속에서 다른 모든 이야기들과 더불어, 바벨탑 이야기는 궁극적으로 구속적이다. 일부 학자들이 성령강림의 날에행2:1-13 바벨 이야기를 직접적으로 암시하는 것은 충분한 이유가 있다. 뿔뿔이 흩어졌던 인간의 언어는 이제 예수의 사역에 대한 증인으로서 하나님의 성령의 말로 회복된다.

이것은 이들 11개의 장 속에 들어가고자 한 아주 간단한 시도였다. 창세기는 가부장, 아브라함, 이삭과 야곱의 이야기 속에서 이런 모든 주제들을 계속해저 발전시켜 나갈 것이다. 내가 보기에, 창세기 본문을 읽는 이런 방식은 변명하거나 묵살하는 접근보다는 훨씬 더 계몽적이고 잠재적으로 변화되는 접근이다. 우리는 이제 이런 창세기 이야기들 가운데 일부가 어떻게 다른 유대교 경전들 속에 나타나고 있는지 보게 될 것이다.

6.2 시편과 욥

다윗이 수많은 시편의 시를 썼는가 하는 의문에 대해서 유머러스한 시각으로, 보노*는 다음과 같이 말하고 있다.

> "다윗은 성서의 엘비스와 같은 스타였다.… 다윗이나 그의 아들 솔로몬이 실제로 얼마나 많은 시들을 썼는지에 대해서는 나도 분명하지 않다. 몇몇 학자들은 이 왕가가 결코 펜을 적시지 않았으며 다수의 성령의 작가들이 있었다고 제시한다. 알게 뭐람? 난 리버와 스톨러를 구매하지 않았다.**… 그들은 그저 곡을 쓰는 사람들이었다.… 난 엘비스를 샀다."[5]

다윗은 유대교 성서 속의 기이한 인물이다. 그에게는 여러 가지 측면이 있다. 어떤 학자들은 실제로 다윗의 이야기를 말하는 여러 가지 방식들이 있으며, 그들 모두가 그것을 성서 정경 속에 넣었다는 것을 언급하고 있다! 사무엘이 다윗을 감정적으로, 도덕적으로 그리고 지리학적으로 뒤죽박죽으로 표현하고 있다는 것은 놀랍지 않다−역대기.[6] 그럼에도 불구하고 다윗의 이야기 속에서 우리가 다윗과 연결하고 있는 것은 약자가 이기는 것에 대한 무엇인가가 있다는 것이다. 양치기에서 왕에 이르기까지, 성서에서 말하는 다윗의 이야기는 쿠웬틴 타란티노Quentin Tarantino가 감독한 디즈니의 이야기와 같다. 그의 인생기복은 지속적인 서스펜스를 만들어 낸다. 어느 누구도 원하지 않았던 왕, 심지어 하나님조차 원하지 않았던 삼상8:1-9 사울 왕에 대한 그의 승리, 그리고 다윗의 왕국의 확장 및 성전건축은 다윗을 유대교의 전통문화 속에서 그를 위대하게 만들게 되었다. 다윗: 양치기, 록 스타, 전사, 왕.

시편은, 아마도 다윗이 시편 가운데 몇 편을 썼을 수도 있지만, 유대 사람들의 노래였으며, 주로 성전의 제사장들과 레위인들이 노래한 것이었다. 하

---

* U2 밴드의 보컬

** 유명한 곡들을 만들어 낸 음악 파트너를 일컬음. Jerry Leiber는 작사가이며 Mike Stoller는 작곡가였다.

지만 그 사람들은 그 노래 가운데 일부는, 예를 들면 시편 113-118편과 같은, 축제 때 불렸다. 음악과 가사의 조합이 노래로 만들어 진 것은 모차르트에서 데드헤드Deadheads까지를 사랑하는 우리들 모두가 이해할 수 있는 것이다.

시편을 읽는 것은 작은 마을의 철물점으로 걸어 들어가는 것은 아니다. 그보다는 마치 월마트Walmart로 가는 것과 흡사한 것이다! 많고 많은 시편들이 있을 뿐만 아니라 그들은 어떤 그룹으로 자연스럽게 나뉘는 것을 보인다. 월터 브루그만Walter Bruggemann은 시편이 다음의 세 가지 범주에 잘 들어맞는다고 언급한다.『시편의 메시지』, *Message of the Psalms*

- 방향
- 방향상실
- 새로운 방향설정

일부 시편은 하나님의 백성들을 하나님의 약속에게로 방향을 잡도록 도와준다. 몇몇 시편들은 하나님의 존재나 사랑에 의문을 제기한다. 마침내 몇몇 시편들은 새로운 관점으로 방향을 재조정한다. 그렇지만 이 세 가지 범주는 함께 그 노래책을 이루고 있다. 그 시편은 우리에게 다음과 같은 방식을 부여한다. 방향, 방향상실, 그리고 방향전환. 그 구조는 성서를 읽는 것은 당신의 신학을 변화시킬 것이라고 말한다. 만일 그렇지 못하다면 당신은 그것을 읽어야 하는 방식으로 읽고 있지 않는 것이다. 이 삼중적인 모델은 우리가 말하는 것방향을 맹목적으로 먼저 받아들인다고 말하는 철학자 폴 리쾨르Paul Ricoeur가 제시한 것과 동일시되며, 그리고 나서 우리는 우리가 말해오고 있었던 것에 의문을 제기하기 시작하고방향상실, 마침내 우리는 알려진 신념에 도달한다.방향전환 리쾨르는 이런 단계들을 첫 번째의 순진성naiveté, 비판적인 거리, 그리고 두 번째의 순진성naiveté이라 불렀다. 이들은 우리가 종교에서 계시로, 어린아이 같은 발걸음에서 성인의 지혜로 우리가 움직이면서 밟게 되는 지적인 단계들이다.

이렇게 시편을 사용하는 것은 U2 밴드의 노래에서 볼 수 있다. 시편 40편을 기초로 한 그들의 히트송 '40'은 그들의 대표적인 마지막 노래가 되었다.

> "내가 간절히 주님을 기다렸더니
> 주께서 나를 굽어보시고 나의 울부짖음을 들어 주셨네
> 그가 나를 절망의 구덩이에서 건져 주시고
> 진흙 수렁에서 나를 건져 주셨네."

그 시편 작가처럼, 보노의 가사는 우리가 세상을 보는 상식에 질문을 던진다. 그의 단어와 비유들은 성서에 깊게 영향을 받았지만 종교적이지는 않다. 그들은 우리가 묘사해 오고 있는 추방된 자들, 소외된 자들, 가난한 자들, 우리 세상의 희생양의 관점으로 보는 방식을 반영한다. 그 시편들은 시대를 거쳐서 내려오면서 작곡가들과 시인들 그리고 예수에게도 영향을 준 것처럼, 보노에게도 영향을 주었다는 것은 그리 놀라운 일이 아니다.

리처드 헤이스는 마치 예수가 화자인 양, 초대 교회가 많은 시편들을 읽었다는 것을 보여준다. 그는 다음과 같이 언급한다.

> "시편에 나타나는 그리스도의 목소리를 듣는 해석학적 관례들이 얼마나 많이 퍼져 있는가. 바울과 서로서로와 관계없이, 요한복음, 공관복음서와 히브리서 모두가 이런 해석적 전통의 증인이다."[7]

시편 하나하나 마다 우리는 새로운 목소리, 즉 탄압받은 자들의 목소리, 억압된 자들의 목소리, 자살충동을 느끼는 자들의 목소리, 억울한 자들의 목소리, 분노하고 외로운 자들의 목소리를 듣는다.[8] 우리는 희망을 일부 잃

은 사람들의 목소리, 모든 희망을 잃은 사람들의 목소리 그리고 희망이 무엇인지 상상조차 할 수 없는 사람들의 목소리를 듣는다. 도널드 주엘Donald Juel은 다음과 같이 언급한다.

> "예수의 제자들이 그의 십자가처형을 이해하기 위해 시편으로 눈을 돌린 것은 놀라운 일이 아니다. 경건한 자의 고난은 그것을 경험하는 종교적 공동체와 시편의 주인공에 있어 지대한 관심의 문제였다."[9]

그리도 많은 시편들의 고통은 본능적으로 우리를 붙잡으며 우리가 눈물을 흘리게 한다. 그렇지만, 만일 우리가 우리의 이해로부터 떠나버린다면, 그리하여 시편의 저자에게 일어났던 것을 누군가에게 행한다면, 우리의 눈물은 진실 되지 못할 수도 있다. 우리가 스스로를 박해자로 보고 우리의 관계에 있어서 수정과 개정을 하는 방법을 찾는다면 우리의 눈물은 구원을 베푸는 것이다. 후기 로마시대의 신학자 존 클리마쿠스John Climacus, 579~649는 다음과 같이 말했다. "눈물은 두 번째의 침례이다."

어떤 시편들은 오늘날 이해하기에 아주 악명이 자자하다. 왜냐하면 보복의 개념과 정의와의 관계는 극적으로 변했기 때문이다. 우리는 더 이상 우리 적들의 갓난아기를 붙잡고 있는 자들에게, 그들의 작은 다리를 잡고 있는 그들에게, 바위로 그들의 머리를 박살내는 자들에게 축복이 내려진다고 소망하지 않기 때문이다.시137:9 그럼에도 불구하고, 몇몇 시편에서는 욕설이 있다. 보복의 욕구는 강렬하다. 사람들은 친척을 구제할 사람을 찾는다.a go'el * 그는 희생자의 부족을 위해 보복할 것이며 정의의 챔피언이다. 이런 시편들은 '저주의 시편'Imprecatory Psalms으로 알려져 있다. 저주적인 말은 하나님께 저주를 받았음을 지칭한다. 시편 저자는 매우 분노하여 전능자에게 격정적으로 보복을 내리도록 기원한다.

---

* 구원자.

저주의 시편들을 해석하기

저주의 시편들은 7, 35, 55, 58, 59, 69, 79, 109, 137 그리고 139편이다. 우리는 이들 시편들을 살펴보게 될 것이다. 어떤 해석자들은 이들 시편을 저자와 신학적 자료의 시각 사이에서 일대일로 일치가 된다고 잘못 이해하기도 한다. 존 파이퍼John Piper는 이런 시각을 분명히 주창하고 있다.

> "경건함과 심지어는 그들의 구원에 대한 열망이 함께 존재할 수도 있는 도덕적으로 타락하고 하나님께 적대적으로 여겨지는, 그 죄인들에 대한 어떤 증오가 존재한다. 당신은 선한 용도에도 불구하고 시금치를 싫어할 수 있다. 예수는 저주의 시편들을 피하지 않았다. 적어도 그 시편들 가운데 가장 극심한 것 가운데 하나는시69편 예수가 자신의 인간적 본성에 있어서 지침과 격려와 자기이해를 끌어내며 선호했던 것이다. 요15:25=시69:4, "그들이 나를 까닭도 없이 미워합니다." 요2:17=시 69:9, "주의 집에 쏟은 내 열정이 나를 삼킵니다." 마27:24=시69:21, "그들은 먹을 것을 달라고 하면 독을 주었습니다." 이것이 "주의 저주를 그들에게 쏟으시고 주의 불붙는 진노를 그들에게 내려 주십시오"라고 기도하는 시편이다.69:24" 10

파이퍼는 예수가 그 저주의 시편을 가리켰기 때문에 이로 인해 예수도 그 시편이 가지고 있는 내포적 신학을 받아들였다고 결론을 내린다. 앞선 장에서 우리는 예수가 성서를 읽을 때 그러지 않았다는 것을 보았다. 이상하게도 파이퍼는 이 시편들이 예수의 '인간 본성'에 평온함을 주었다고 말하고 있다. 이 말은 파이퍼가 우리가 내내 말하고 있는 것, 즉 하나님께서 보복적이시지 않다는 것을 인식하고 있다는 것을 의미하는가? 예수의 '신성한 측면'은 저주와 무관한 것인가? 이것은 파이퍼가 의식적으로 말한 것이 아닐 수도 있겠지만 그것을 시사한 것이다. 그러면 몇몇 저주의 시편들을 살펴보도록 하자. 이 시점에서 성서를 열어 그 시편 전체를 읽을 수 있도록 하는 것이 도움이 될 것이다. 우리는 이들 시편 각각마다 화자를 분산시키거나 불안정하게 하는 무엇인가가 일어났다는 관찰로 시작한다. 그들은 방향을 상실한 상태에 있다.

시편 7편은 고통 받는 의로운 사람의 시이다. 하나님께 누군가를 죽여 달라고 요청하는 곳은 어디에도 없다. 더욱이, 적어도 하늘에서는 12-13절의 분명한 전투적 정의를 결코 제공하지 않고 있다. 신성한 정의는 악한 결과가 악을 행하는 자의 머리위로 돌아오도록 한다.^{시편 35:7-8} 여기서 아주 저주적인 내용은 없다.

시편 35편은 해명을 위한 기도이다. 그것이 이른바 다윗의 시라고 하지만, 누가 말하고 있는지를 주목하라. "가난한 자와 궁핍한 자를 약탈하는 자들에게서 건지신다."^{35:10} 이 시편 저자는 "무자비한 증인들" "모략하는 자들" 그리고 "조롱하는 자들"이 있는 캥거루 법정Kangaroo court *에서 재판을 받는 희생양의 입장에 서 있다. 그는 부당하게 선고를 받고 있다. 그는 궁지에 몰려 폭력을 받아들이는 희생자가 되고 싶지 않다. 그는 그런 처벌에 합당하지 않으며 하나님께 자신의 무죄를 입증해 달라고 간구하지만, 그 저자는 어디에도 지옥불과 유황을 내려달라고 간구하지 않는다.

아주 좋은 친구가 당신에게 등을 돌린다면 어떤 기분이 들겠는가? 이것이 시편 55편의 저자가 강조하고 있는 것이었다. 저자가 그것을 보았을 때 문제는 무엇이었나? "그 도시에는 폭력과 분쟁이 보입니다."^{55:9} 여기서도 다시, 문제는 폭력이다. 또한 폭력의 위협과 폭력의 기만도 존재한다.^{55:11} 노래하는 이는 하나님께서 사악한 자를 치실 것이라고 믿지만^{55:19} "하나님께서 사악한 자를 멸망의 구덩이로 내려가게 하실 것이다"라고 하는 것 외에는 언급하고 있지 않다.

시편 58편의 저자는 같은 것을 느꼈다. 오, 이것 보게. 당신이 예측한 대로 역시 폭력의 문제로 시작한다.

---

* 인민재판을 의미함.

"너희 통치자들은 정말 정의롭게 말하는가?

　너희 판사들은 공정하게 사람들 심판하는가?

　그렇지 않구나. 너희가 마음으로는 불의를 꾸미고

　손으로는 이 땅에서 폭력을 일삼고 있다."

　이 저자의 분노는 자신의 적을 향해 끓고 있다. 그것은 표독스러움에 가깝다. 그는 하나님께 그들의 입 안에서 이빨을 부러뜨려 달라고 간구한다.58:6, 복싱선수 잭 뎀프시같은 하나님 진정으로 "의로운 사람이 악인이 보복을 당할 때, 악인의 피로 그 발을 씻을 때 기뻐하게 될 것이다."58:10 이 사람은 만사가 잘 풀리지 않는 날, 그 이상을 겪는 사람이다. 그들이 직면하고 있는 것은 서로와의 전쟁에 있는 엘리트들이 만들어 낸 체계적 부당함이다. 내가 이 저자의 정서를 확실히 강조할 수 있는 한편, 희생자가 아무런 목소리를 내지 못하는 신화들과는 달리, 난 우리의 저자가 목소리를 낸다는 것을 안다. 그의 희생 언급은 아벨의 것처럼 보복에 사로잡힌 것이다, 우리는 이런 유형의 시편들을 기대해야만 한다. 이들 시편은 진정으로 사람들이 그들의 경험으로부터 무엇을 느낄 수 있는지를 충분히 알기 때문이다. 하지만 그 시편 저자가 가정하는 하나님에 대한 시각이 옳다고 생각해야 할 이유는 없다.

　"그들을 말살하지는 말아 주십시오, 고통을 주십시오." 이것이 시편 59편의 저자가 원하는 것이다.59:11 그는 그들이 결국에는 전멸되기를 바란다. "주의 진노로 그들을 명하여 주십시오, 하나도 남김없이 그들을 멸해 주십시오."59:13 많은 저주 시편들처럼 이 시편은 다수의 "원수들," 그룹이나 군중에 의해 추적을 당하는 한 개인의 이야기이다. 그들이 하는 방식을 그들이 왜 느낄 수 있는가 하는 것은 완전히 이해가 가능하다. 하지만, 이것이 하나님의 관점인가? 이 본문 속에는 그렇다고 할 만한 표시가 나타나지 않는다.

　우리가 본 것처럼, 시편 69편은 그 시편의 저자가 생각하는 하나님을 보는 시각이 신학적으로 옳다고 주장하는 사람들에게는 핵심적인 시편이다.

파이퍼는 다음과 같이 말한다. "사도 바울은 로마서 11:9-10에서 나타나는 시편 69:22-23의 저주스러운 단어들을 구약성서의 권위로서 인용했다. 이 것이 의미하는 바는 바울은 바로 그 저주의 말들을 영감을 받았으나 죄는 없는, 개인적인 보복의 단어들로 간주했다는 것이다." 난 여기에 완전히 반대한다. 다시금, 이것은 다수에 휘둘리는 하나의 희생이 된다. "까닭없이 나를 미워하는 사람들은 내 머리카락보다 많습니다." 모든 공동체는 이 희생자에 맞서 단호히 반대한다. 희생양 메커니즘은 또 다른 희생을, 또 다른 인간의 희생을 요구하려 한다. 거짓말과 빈정거림이 누구도 그의 편을 들지 못하게 했다. 그의 가족은 그에게서 등을 돌렸으며 그는 욥과 같은 상태가 되어버렸다. 이 시편 기자는 그 그룹이 멸망되고 마는 궁극적인 보복을 갈구하고 있다. "그들을 생명의 책에서 지워 버리시고 의로운 사람의 명부에 올리지 말아 주십시오." 이 기자는 하나님께서 가인에게 행하신 것을 하지 말아 주십사고 간구하고 있는 것이 아니라 하나님의 진노의 표현으로서[69:24] 희생양만들기의 폭력적 메커니즘이 스스로 붕괴되도록 간구하고 있는 것이다.[69:22-23] 그 감정은 다시 한번 이해가 가지만 하나님은 이 화자에게 있어서 야누스의 얼굴을 가진 것으로 인식되고 있다.

어떤 시편 저자들은 특별히 국가의 안보의 문제에 있어서 정말로 끔찍스럽기까지 하다. 시편 79편에서 이스라엘은 바빌론 사람들에 의해 약탈되었으며 이 거대한 사건에서의 압박감을 반영하고 있다. 문제가 되는 이스라엘을 대항하여 국가들이 연합한다. 그들은 침입자들이며 연방준비은행과 포트 녹스Ft. Knox *를 약탈하고 국립대성당the National Cathedral을 더럽힌 후 죽음을 남기고 떠나갔다. 노래하는 이는 하나님께서 이스라엘에게 분노하셨으며 바벨론의 정복을 이런 방식으로 해석할 수 있다고 생각했다. 다음 장에서 우리는 이사야 선지자의 어떤 추종자들이 어떻게 하나님과 이스라엘의 포로기에 관해 다른 시각으로 생각하기 시작했는지를 보게 될 것이다. 그러나

---

* 연방금괴 저장소가 있는 곳

시편 79편의 저자는 여전히 희생원리에 머물러 있으며 국가적인 보복을 바라고 있다. 이 저자가 하나님께 "이방 나라들의 품에 일곱 배로 갚아 주십시오"라고 간구할 때, 그는 하나님께 폭력을 멈추게 해달라는 것이 아니라 가인과 라멕처럼 살인자가 되게 해달라고 간청하는 것이다!

자, 그것이 일어나야만 했다. 누군가 결국에는 배가 불렀으며 군중이 기소되기를 원한다! 하늘의 기소하는 변호인, 법무장관인 사탄을 들여오라.106.6 백성의 고소자이자 종교재판소장인 사탄은 혼자 있는 희생자를 고소하는 군중으로서가 아니라 군중을 고소하는 한명의 희생자로서 자신의 역할을 수행하기 위해 무대로 불려졌다. 사탄이 사탄을 축출하는 곳이 여기다. 모든 이가 기소한다. 이것은 견딜 수 없는 상황으로 향해 간다. 팝송의 가사로 한다면, "모든 이가 세상을 통치하고자 한다." 희생자는 여전히 보복적인 정의의 태도를 취하고 있으며 희생의 순환을 지속시키고자 한다. 이것은 예수가 반응한 방식이 아니다.

세 가지 형태의 희생자가 있다. 신화의 희생자, 벌을 받을 만한 죄가 있는 자가 있다. 보복을 원하지만 그 목소리가 들린 아벨과 같은 무고한 희생자가 있다. 여기에 요셉과 같이 그의 "원수 같은 형제들"과 화해하고자 했던 요셉 같은 희생자가 있다. 예수는 아벨과 같지 않고 요셉과 같다. 히브리서의 저자는 다음과 같이 말하면서 먼저 이것을 지적하고 있다. "예수의 피는 아벨의 피보다 더 훌륭한 말이다."히12:24

시편 139편에서 시편기자는 하나님이 정의롭고 인자하며 "하나님, 주의 생각이 어찌 그리도 심오한지요?"139:17라고 개인적인 경험으로 적고 있다. 그렇지만 저자에게 있어서의 문제는 어떻게 폭력을 없앨 수 있는가 하는 것이고 그 유일한 방법은 하나님께서 궂은일을 하셔서 "악을 행하는 사람들, 피에 굶주린 사람들"을 없애달라고 요청하는 것이다.139:19 이것은 우리가 예수에 대해 아는 어떤 것도, 그리고 인간의 폭력의 문제와 하나님을 관련시켜 보는 예수의 시각에 관한 어떤 것도 확인해 주고 있지 않다. 시편기자와 예수는 아벨과 요셉처럼 다르다.

우리가 예수에게서 발견할 수도 있는 보복을 저주 시편이 바라는 것에는 별다른 것이 없다. 하지만 희생시킴의 문제는 예수와 저주 시편 속에서 모두 언급되고 있다. 다시 말하자면, 우리는 성서의 부분들을 거부하고 있는 것이 아니다. 우리는 단순히 그 시편들이 예수와 사도 교회가 준 틀 속에서 해석된다는 것을 주장하고 있을 뿐이다. 예수와 그 시편 사이의 귀결은 그들의 신학에서 발견되어야 하는 것이 아니라, 그들이 희생을 전가시키는 메커니즘에 부여하는 묘사 속에서 찾아야 한다. 희생에 대한 인류학적 고찰은 예수가 왜 시편저자에게 관심을 기울였는지 보여준다.

욥기

이 시각은 우리를 욥기로 데려다 준다. 욥은 확장된 통곡의 시이다. 욥이 다양한 시편들보다 우리에게 보다 뚜렷하게 보여주고 있는 것은 희생시킴에 관한 원문이 신화가 되는 방식이다. 학자들은 욥기를 시작하는 장들1-2이 3-37장의 대화와는 어휘, 문체 그리고 신학에 있어서 크게 다르다는 것을 오랫동안 인식해 왔다. 욥의 도입부에서1-2, 욥의 모든 고민들을 시작시키고 있는 것은 잠시 산책을 나온 하늘의 법무장관사탄이다. 대화의 장들에서는3-37, 도입부에서 일어나고 있는 모든 종류의 일들이 전혀 언급되고 있지 않으며, 사실은 그 반대이다. 대화의 장들에서 욥은 주인공 영웅이 되었다가 자신의 공동체의 빈털터리 희생자가 되기까지의 과정을 겪는다.

르네 지라르는 자신의 책『욥: 백성의 희생자』*Job: The Victim of His People*에서 그 대화들이 우리에게 도입부의 이원론 속에서 숨겨진 '진실'을 주는 사례라고 말한다. 공동체가 욥을 희생시키는 것은 하늘의 기소로 바뀐다. 이것은 그것을 신의 의지로 전환시킴으로 희생의 과정을 신화화시키는 경향이 있음을 반영하는 것이다.

"기이하게도, 수세기 동안 주석가들은 그런 원인에 [욥이 그 대화 속에서 애통해 하고 있는 인간의 희생화] 조금의 관심도 보이지 않았다…그들은 그것을 알지도 못한 것 같다. 고대와 현대도 마찬가지로, 무신론자, 개신교, 가톨릭이나 유대인들 - 이들 중 누구도 욥의 불만의 대상에 질문을 던지지 않는다. 그 문제는 도입부 속에서 그들을 위해 마련되어 있는 것 같다. 모든 이들은 종교적으로 욕창과 잃어버린 소떼 등에 매달린다. 지금까지 해석자들은 한동안 이 도입부에 대해서 독자들에게 주의를 주어 왔다."[11]

욥기는 너무도 오랫동안 본문의 문제에 대한 해결로 여겨져 왔다. 그것은 희생자의 원시적 비통을 신화화시키는 것이었다.[12] 희생자의 목소리는 이제 신성한 자의성의 영역 속으로 운반된다. 이런 유형의 하나님은 오직 마초적인 태도로만 반응하실 수 있다.38-41장 욥에 대한 하나님의 반응은 독자들에게 조그만 만족을 주고 있다는 것이 그리 놀랄 일은 아니다.

대화들 속의 욥은 부당한 기소를 당한 희생자가 되어버린 수많은 시편저자들과 크게 다르지 않다. 하지만 지라르가 지적한 것처럼 욥기를 아주 가치 있게 만드는 것은 그 다른 면, 즉 박해하는 공동체의 측면이 이제 들려진다는 것이다. 어떤 선한 희생자가 죄를 인정하여 희생의 과정이 진전될 수 있게 되는 것처럼, 욥의 친구들은 욥이 자신의 죄를 받아들이게끔 하고자 했다. 욥은 일관되게 이것을 거부했으며 그것은 올바른 것이었다. 가해자들의 역할을 실제로 수행했던 욥의 친구들은 이제 그들이 실제로 누구인지 드러나게 된다. 그들은 욥으로 하여금 그 희생에 동의하게끔 만들려고 노력하는 희생양 메커니즘의 조언자들이다. 욥이 하늘로부터의 도움을 간구한 것은 그리 놀랍지 않다. 그는 하나님에 맞서 하나님께 청한다. 그는 하나님께 소송을 하겠다고 세 번 위협한다. 마침내 그는 하늘의 변호를 구하게 된다. 만약 그가 처음에 "내 비통함은 하나님과 함께 하는 내 변호인이다"Jerusalem Bible라고 말할 수 있었다면, 그렇지만 자신이 또 다른 변호인을 가지고 있다

는 것을 알고 있었다.욥19:25-27

> "내 구원자가 살아 계시며 나를 돌보시는 그가 땅 위에 우뚝 서실 것이다. 내
> 피부가 다 썩은 다음에도 내 육체가 다 썩은 다음에도 나는 내 눈으로 그를
> 볼 것이다. 내가 그를 직접 뵙겠다. 내 간장이 다 녹는구나!"

욥이 바라는 것은 예수가 약속한 하늘의 변호인으로, 나중에 우리가 보게
될 것이다.8.3 그리하여 유대교 성서 속에서조차 하나님이 그런 듯하다 보다
는 하나님이 반드시 그렇다가 더 낫다는 것을 이미 알아채고 있었다. 희생자
의 목소리는 계속하여 유대교의 거룩한 글들을 통해서 표현되고 있다. 포로
기 이후, 새로운 요소가 소개될 것이며, 그것은 완전히 새로운 어떤 것, 아주
급진적인 것으로, 그것이 희생자에 대한 우리의 이해를 완전히 바꿔버릴 것
이다. 그것은 바로 예수가 자신의 사역에 대한 이해로서 붙잡았던 급진적이
고 새로운 이것이었다. 이제 우리는 이것을 살펴보기로 한다.

6.3 이사야 53 토니 바틀렛 Tony Bartlett

마이클의 주: 이제 우리는 산의 정상에 거의 다다랐다. 토니는 정상을 향
해 가는 우리를 위한 짐꾼이 될 것이다. 이곳 정상의 공기는 희박하다. 토니
는 이사야 53장의 급진적인 읽기를 시작한다. 그의 작업은 폭넓고도 깊다.
여기가 정상이니 풍경을 즐기자. 이후부터는 계속 내리막이다!

이사야 52:13-53:12 구절은 앞서 이사야 40-52장에서 보았던 주제, 즉
그 거룩한 도시 시온과 그 종the Servant을 거듭 강조한다. 양쪽 단락 모두 그
글이 표현의 정점에 이르게 되지만, 물론 중추적인 관심이 놓여있는 것은 두
번째이다. 우리가 그 본문을 자세히 검토할 때는 각각 구분되는 주제를 살
펴보겠지만, "고난 받는 종의 네 번째 노래"에 대한 도입부는 어떤 근본적인
의미와 관계성을 마련하면서 즉각적으로 요청되는 것으로 보인다. 전체 기

독교 운동에 큰 영향을 주고 그 비평적인 의미가 끊임없이 논의되어 본문은 마치 해석이 다소 중립적인 것처럼 다루어질 수 없다. 본문의 세계로 들어오는 것은 우리가 건축한 세상으로 들어가는 것이지만, 우리가 해 오던 사고의 방식을 넘어서거나 뒤집을 수 있는 방식으로 세상도 역시 그것을 건설하도록 기능하는 것이다. 우리는 그러므로 반드시 먼저 분명하고 정직하게 이해에 대한 우리의 세계와 그 종의 네 번째 노래 사이의 역동적인 관계를 인식해야만 한다. 철저하거나 완벽한 척하지 말고 그런 방향으로 밑그림을 그리는 것이 따라와야 한다.

폴 핸슨Paul Hanson에 따르면 종의 노래는 권세의 재정립이다.[13] 바로 여기서 거대한 무엇인가가 제시되고 있다. 우리는 성서에서 이전에 많이 다뤄졌던 것이 권세의 재정립에 관한 것이라고 주장할 수 있다. 하지만 율법서, 여호수아 및 사사기 속에 포함된 위대한 국가적 서사시는 하위계층의 폭력적인 혁명으로 이해될 수 있다.노만 고트월드, Norman Gottwald 거기서부터 계속하여, 사무엘에서 열왕기 속의 군주의 이야기는 유일한 하나님에 대한 복종과 신앙을 주장하면서, 종교적 민족주의로 읽을 수 있다. 확실히 그 선지자들은 사회정의를 부르짖고 억압과 폭력에 맞서 열정적으로 소리쳐 왔다. 그렇게 진행하면서 그들은 어떤 공식적이고 법적 혹은 국가적 종교이해보다도 더 깊은 하나님과 하나님의 백성들 사이의 관계의 개념에 접근했다. 하지만 어떤 점에서 그 전통은 인간문화가 항상 열망하고 있는 인간문화의 보편적 형태와 구성적 결별을 이루었을까? 다른 나라들의 신들에 맞서 유일한 하나님을 갖는 것, 그리고 이런 하나님이 정의에 전념하신다는 것을 붙잡는 것은 그 자체로는 주어진 인간의 문화와 진정으로 급진적인 결별을 요구하는 것이 아니다. 서구 국가들의 일반적인 유일신교와 자유와 정의를 위한 그들의 혁명은, 앗시리아, 그리스, 로마의 제국 혹은 그 점에 있어서 솔로몬의 제국으로부터 우리를 의미 있게 구별해 주고 있지는 않다. 지나가는 어린아이도 말할 수 있을 것이다.

따라서 나는 핸슨의 언급들을 진정으로 새로운 어떤 것의 의미로 받아들인다. 오직 여기서만, 그 종에 대해서 우리는 서사적 잔인성과 서사적 망각혹은 역사의 신화화 모두에 의해 형성된 인간의 이야기 속에서 진정으로 다른 어떤 것의 가치를 가지게 된다. 이스라엘이라는 나라는 무자비한 정복자에 의해 섬멸되어, 사회 지도층들, 정치, 군사 및 기술직의 사람들이 다리가 잘린 채로 "동화되거나 죽거나" 할 수밖에 없었던 머나먼 곳으로 끌려갔다. 하지만 이스라엘은 동화되지도 죽지도 않았다. 예레미야와 에스겔 같은 선지자들의 주목할 만한 행동과 아마도 제사장들과 서기관들의 가르침으로 인해 이스라엘은 마법처럼 살아남았던 것이다. 이스라엘은 과거의 모습을 기억해냈으며 그 기억은 이스라엘이 무엇이었는지, 그리고 이제 무엇이 되고자 하는지가 되었다. 그렇지만 이것은 이스라엘이 이미 겪었던 운명의 비참한 변화를 고치지는 못했다. 이스라엘은 국가로서의 존재를 완전히 상실했다. 이스라엘은 하나님 앞에서 보증했던 성스러운 장소를 잃고 말았다. 페르시아의 고레스Cyrus가 권력을 잡고 포로들을 본국으로 되돌려 보내라는 계몽적인 칙령이 떨어지자 제2이사야의 선지자는 이스라엘 백성들을 바빌론에서 떠나도록 권고했다. "떠나라, 거기서 나오라!" 하지만 분명히 이런 가능성을 가져다주는 대리권은 그들의 몫이 아니었으며, 그들 가운데 일부가 반응했을 때는 전통적인 힘이나 제도가 보장해주는 어떤 안전도 없었다. 그들은 페르시아 제국이 제공하는 경호에 의존해야만 했는데, 이는 그들이 믿을 수 있었던 것은 오직 그들의 하나님의 권세뿐이었다는 것을 의미한다. 그들은 불쌍한 약소국가로 전락했다. 그들은 "너 지렁이 같은 야곱아, 너 벌레 같은 이스라엘아!"41:14라고 외치는 그 선지자의 믿기 힘든 말이 되어 버렸다.

만일 국가적 지위와 성전의 정체성이 사라졌지만 아직 하나님께서 여전히 그들과 관계하신다면, 그리고 이전에는 본적이 없는 격렬함과 다정함으로 함께 하신다면, 인류학적으로 말하자면 그것은 그들이 하나님 앞에 벌거벗겨졌다는 것을 의미했다. 동시에 하나님이 가치를 매기신 이런 실제적 상황에는 무엇인가가 있었다. 그것은 끔찍스럽게도 달갑지 않은 인간의 상황이었지만, 놀라운 신학적 가능성에 있어서 한 가지는 충분했다. 그 선지자는 바로 이런 약함이 중요했으며 하나님의 뜻이었고, 하나님의 목적을 이루어내는 것이었다고 이해하기 시작했다. 이것은 종의 노래들의 발전하는 가설로서, "실신상태가 되거나 부서지는 것이 아님"으로부터 시작하여 "나의 강함을 아무것도 아닌 것과 허무함을 위해 사용함" 및 "나를 때린 사람들에게 내 등을 내어 줌"을 거쳐 네 번째 노래에서 만개한, 소외와 파괴에 이르는 순서대로 흘러간다.

이제 여기서 우리는 거의 감내하기 힘든 인간의 돌파구의 가장자리를 중심으로 하고 있다. 과연 누가, 어떤 세기에, 어떤 곳에서, 어떤 문화 속에서, 비참한 상태에 있는 인간의 정체성에 긍정적인 가치를 매길 수 있단 말인가? 따라서 이런 예언과 더불어 심지어 그 본문 자체에서 조차 하나의 분명한 해석의 사투가 시작된다. 이 단어들은 무엇을 의미하는가? 그리고 실제로 그 종의 고난 속에서 하나님의 대리자는 무엇인가? 이사야서의 아람어 전승_{이사야 탈굼역은}[14] 종의 고난을 완전히 새로 쓰고 있으며 그 본문을 뒤집어서 그 고난이 이제는 그 종이 아니라 국가에 적용이 되고 있다. 그 본문에 대한 후기 기독교적 해석은 그 종의 처벌적인 부서짐 속에서 하나님의 영광과 정의를 회복하기 위해 하나님께서 뜻하셨다는 것으로 그 고난을 읽음으로 기독교_{남녀 그리스도인의의} 하나님의 영광을 회복한다.[15] 따라서 힘과 폭력의 메커니즘은 온전히 남고 무시무시하게 강화되며, 그리하여 문화적으로 구체적인 "기독교적 폭력"이 등장하게 된다. 그렇지만 이런 잔인한 표현들은 선지자가 의미한 것일 수 없다. 우리의 현대적 사상의 세계가 우리로 하여금 그것이 무엇인지에 대한 이 잔인성을 볼 수 있게 해 주며, 다른 가능한 이해들이 표면화되도록 하고 그것을 거스르고 있다. 그것이 무엇인지에 대해 우리가 확실히 볼 수 있게 되기 전에, 그 본문 자체가 그 잔인성을 폭로한다는 것을 이해할 수 있게 된다.

그 저자는 실제로 다수에 대한 처벌적 진노를 보상하기 위해 하나님께로부터 고통을 부여하시는 단일 개인을 제시했는가? 후커Morna Hooker는 그런 생각의 배타적 메커니즘을 변칙적인 것으로 보면서 "구약성서의 사고 속에는 유례가 없는 것"이라고 언급한다.[16] 분명히 이사야 52-53장의 언어가 희생적이며, 단일 희생자를 암시하고 있는 것처럼 보인다는 것은 부인하기 어렵다. 그렇지만 만일 선지자가 희생적 비유들을 의도하고 있다면, 그는 그 비유들을 진정으로 희생적인 의미에서, 예를 들면 보상적 메커니즘과 더불어 사용하고 있는가? 그렇지 않을 가능성이 크다. 우리는 선지자가 고난 받는 삶의 방식과 심지어는 처벌받는 삶의 방식을 받아들이라고 요구받을 수 있었다는 것을 알고 있다. 에스겔은 다음과 같은 말을 듣기도 했다. "너는 왼쪽으로 누워서 이스라엘 족속의 죄악을 네 몸에 지고 있거라. 옆으로 누워 있는 날 수만큼 너는 그들의 죄악을 떠맡아라…" 하지만 이것은 규정된 의미이지, 그 종에게 해당되는 유명한 "대리적 고난" 즉 다른 이들의 고난을 대신 짊어지는 것은 아니다. 의심할 여지없는 고난을 받을 때, 에스겔과 그와 같은 다른 이들은 서술적 의미의 구조 속에서 그리 하고 있는 것이다. 그들은 그 백성들을 대신하여 고난을 당하는 것이 아니라 그들에게 일어나려고 하는 일과 그 이유를 그 백성들에게 드러내기 위한 고난을 받고 있는 것이다.

일반적으로 이런 서술적, 교훈적 목적은 보상이나 거래의 틀보다는 이사야 본문의 해석적 틀이 가정되어야만 한다. 우리가 공동적인 의미에서 그 종을 생각한다면 이것은 더욱 주목하지 않을 수 없는 것이다. 만일 우리가 그 종을 이스라엘이라는 공동적 의미로 받아들인다면, 그것은 그 의미를 대리보다는 진리를 시각적으로 묘사한 것이라는 방향으로 끌어오게 된다. '왕들을 잠잠케 하는 이'는 하나님과 나누는 어떤 거래의 형태라기보다는 변형된 인간적 의미 때문에 그렇게 한다고 보면 더욱 이해하기 쉽다. 만약 하나님 앞에서 그 나라의 무고함에 대한, 그리고 그들의 고난의 징벌이 다른 모든 이들을 위한 대체가 된다는 어떤 영감된 지식이 있지 않다면, 어떤 신을 달래기 위해 한 나라를 파괴시키는 것은 나라들을 깜짝 놀라게 하거나 왕들의 입을 닫게 하지는 못한다. 이 모든 것들이 믿을만하게 들리지만, 실제로는 오직 그리스도에 관해 중세 기독교적 교리가 지니고 있는 이스라엘에 소급된 투영일 뿐이다. 더욱 더 인간적인 것은 목격자의 마음을 평화와 용서에게로 돌아서게 하는 그 "종"의 무한한 비폭력성에 대한 직접적인 반응이다. 그러고 나서 그 저자는 이스라엘의 고난에 답하여 모두를 위한 운명으로서 이런 직접적인 경험을 보편화시킨다. 비록 우리가 그 나라들 앞에 고난에 대한 어떤 시각적인 광경 속에서 이스라엘의 처음과 가장 중요한 것을 그 선지자가 말하고 있다는 것을 본다고 하더라도, 그것은 동일한 것이 된다. 선지자의 마음은 여전히 하나님에 대한 무한한 신뢰로 동반되는 완전히 비폭력적 반응의 변형적인 가르침의 힘이 지닌 깊은 의미로부터 추론되고 있다.

만일 우리가 네 번째 노래의 구절 가운데 하나에 집중한다면, 그 종의 교육적기능이 가진 강한 가능성은 정해진 본문의 지원이다. 이 서론적 밑그림 속에서 이것을 하게 될 유일한 때이다. 그것은 전체 시 가운데 가장 명백하게 "처벌적인" 구절로 보인다. "그가 징계를 받음으로써 우리가 평화를 누리고 그가 매를 맞음으로 우리의 병이 나았다."53:5b 칠십인역에서 '징계'에 해당하는 단어는 *paideia*이며, 첫 번째 부분의 전체 구절은 *paideia eirenes emin ep' auton*이다. *paideia*란 단어는 "가르침, 교육, 훈육, 바르게 함"이라고 번역될 수도 있다. 이 단어가 되는 히브리어는 *musar*로서, 동일한 의미의 범위를 가지고 있다. 예레미야서에서의 일곱 번 나타나는 것 가운데 NRSV역은 그것을 세 번 바르게 함이란 단어로, 그리고 각각 한 번씩 훈육, 징계, 교육, 교훈으로 번역한다. 전체 구절은 그리하여 "우리의 평화를 위한 가르침이 그에게 주어졌으며 그의 매 맞음으로 우리에게 건강이 주어졌다"로 표현될 수 있다. *paideia*란 단어는 그 가르침의 주어와 목적어 모두가 될 수 있는 자로서 그 종의 역동적인 의미로 세 번째 노래에서 칠십인역으로 사용되었다. 문자적으로는 다음과 같다. "주님은 우리에게 교육의 혀를 주신다."
glossan paideias, 50:4a 따라서 NRSV는 다음과 같이 번역한다. "주 하나님께서
나에게 교사의 혀를 주신다." 칠십인역 역자들은 그 종의 역할을 그의 강렬
한 배움 속에서 그리고 그 배움을 통해서 다른 이들을 향한 신성하게 교육적
인 것으로 이해했다는 것에는 거의 의심의 여지가 없다.

새로운 패러다임의 탄생

그렇다면 이것은 어디에서 이끌고 있는가? 혹은, 그 본문은 어디에서 그
힘으로 우리를 이미 이끌고 있는가? 내가 그 종의 교육에 대한 이 주장을 펴
고 있을 때조차 그 네 번째 노래는 다시금 다른 이들을 위해 혹은 다른 이들
을 대신하는 그 종의 고난을 주장하고 있는 것에는 의심의 여지가 없다. 그
러므로 내가 교류적인 해석을 일축하고 있을 때조차 여전히 강한 다른 것
을 지향하는 의미가 남아 있으며, 이것은 아주 강력하여 그 본질상 어느 정
도 객관적인 무엇인가가 된다. 이것이 왜 희생적 언어가 채용되거나 채용
된 것으로 이해되고 있는지에 대한 이유이다. 그것은 무엇이 일어나고 있는
지에 대해 말해 줄 수 있는 유일한 문화적 자료가 되는 것으로 보인다. 그것
이 희생적이고 보상적이라기보다는 교육적이고 폭력적일 때조차, 어떤 새로
운 것이 출현했으며 그것이 희생적 언어에 따라 틀을 갖춰진다. 그 종의 주
제 주위에 모인 예언적 공동체는 희생양의 역할을 하는 놀라운 인물을 이해
했지만, 그것을 최후의 신성한 폐쇄로 추구하지는 않는다. 오히려 그것은 모
두를 위한 무시무시하고 전복적인 비애 속에서 보도록 나타나고 있다. 여기
에 동물 희생, 살육당할 양이 있으며, 그것은 인간이자 끔찍하게 고통을 당
하는 자이다. 거래가 없고, 처벌의 교환이 없다고 할지라도, 다른 이들을 위
한 어떤 절대적인 것을 하는 누군가가 있다. 그리고 그런 절대적인 행위는,
잔인한 인간적 현실을 보도록 해주는 한편, 그 자체가 중요한 것이자 본질
상 중요한 것이다. 과거에는 그것을 희생이라 불렀지만 이제 우리에게는 이

새로운 것을 지칭하는 단어가 없다. 만일 그것이 불가능한 사랑이 아니라면, 그것이 하나님의 이름 그 자체로 이름 지어져야 하는 것도 불가능하다.

이런 방식으로 그 본문을 이해하며 우리는 구조상의 격변을 돕고 있는 것이다. 우리는 규범체계로부터 진실로 어떤 체계라고 불릴 수 없는 다른 어떤 것으로 이동하고 있다. 규범체계는 한 명을 배제시킴으로 작용한다. 그리하여 그 체계는 사실상 하나를 뺀 체계the system-minus-one가 된다. 하지만 그 하나는 다시 또 다시 더해져야만 하고, 그래서 그 체계는 실제로 역사 그 자체보다 더 큰 역사의 쓰레기더미, 즉 거대한 분출된 항목의 더미로 끝이 난다. 그러면 그 선택은 거대한 인간의 쓰레기더미가 수반되는 규범체계와 그 종의 네 번째 노래 속에 완전히 새로이 나타나는 어떤 것 사이에서 일어난다. 그 종은 버림받은 자의 역할을 떠안으며, 바깥으로, 폐쇄를 넘어선 "외부ex"로 그 길을 간다. 외부로의 개방과 그곳에 있는 운동은 "새로운 존재론"새로운 존재방식이라 불리는 것을 만들어낸다. 그 종이 열어 놓은 외부를 향해 나가는 선로는 그 선로와의 공감을 만들어 내며, 이것이 종의 교수법이다. 그의 끝없는 비보복 혹은 비폭력은 모방을 가르치고 초청하며, 이런 모방은 완전히 "다른" 존재의 의미를 만들어 낸다. 그 종의 인내심 있는 교수법은, 그들이 욕구와 살인의 치명적인 교환 속에 있는 것처럼, 존재를 넘고 "사물"을 넘어서는 원래적 존재론 속에 기반하고 있다. 절대적으로 자신을 내어주는 길을 만들고 따라감으로, 그는 우리를 완전한 사랑의 태고 이전의 세계 속으로 이끈다. 따라서 우리는 "옳은" 혹은 "의로운" 사람이 된다.

이런 "다른" 의미는 전통적인 희생 그 자체 속에 짐을 꾸려 넣을 수 있다는 것을 당신은 상상할 수 있을 것이지만, 이것은 폭력에 대한 완전히 그릇된 왜곡 하에서, 외부를 향한 움직임의 강제된 위조 아래에서이다. 우리가 다른 이들을 내쫓기 때문에, 우리는 세계가 존재한다고 생각하며, 외부로 향하는 움직임이 세상을 창조하기 때문에 어떤 의미에서는 우리가 옳다. 그러나 실제로 우리는 얄팍한 세상, 축약되고 취약하고 위험한 세상을 만든다.

사랑의 깊이 대신 우리는 우리의 폭력이 "희생되지만" 오직 임시적인 곳을 만들어 낸다. 희생은 끔찍한 덧쓰기새로운 본문으로 다시 쓰인 고대 문서로, 몇 번에 걸친 야만적인 붓놀림으로 이루어졌으며, 하나님의 원래적 자기희생을 덮어씌우는 것이다. 그것은 자기희생을 재현하고 자기희생을 폐쇄시키는 것이며 희생으로 그 공간을 채움으로 자기희생을 부정한다. 세상이 계속 희생의 기초에 달려 있는 이유가 이것이며, 그 모든 눈먼 철학과 폭력적인 형이상학이 그럴싸하게 참된 것으로 나타나는 이유가 이것이다. 그것에는 무엇인가가 있다. 하지만 그것은 여전히 사랑의 원래적 움직임을 터무니없이 왜곡한다. 그것은 원래적 자기희생의 "비실재non-being"에 까지 도달하기 위해 무시무시한 비참함 속에 그 종이 있게 한다. 따라서 그는 희생의 그릇됨을 논증하는데, 그가 자신의 몸의 폭력으로 되돌아retrace 갈 뿐만 아니라 그것을 다시 따라가거나re-trace 혹은 처음으로 무한한 사랑으로서 그것을 기술하기trace 때문이다. 그 이유는 다른 어떤 것이 거짓으로 보일 수 있다는 진실이 출현하기 때문이다. 오직 신학만이 그것에 완전하고 자유로운 표현을 부여해 줄 수 있다. 다른 말로 하면, 모방적 인류학은 다른 방식이 아니라 그것이 무엇인지, 신학의 파생물로 알려져야만 한다. 따라서 신학은, 우리의 현대적 상황 속에서 그 운명을 진정으로 성취하는 것은 존재와 주의 종이 가르쳤던 그 폭력적 체계에 놀랍게 도전함으로 시작해야 한다.

이사야 52:13–53:12의 주석

51:1-2. 이 절들은 51:17에서 시작한 시온 신탁the Zion oracle을 이어가고 있는데, 그것은 줄곧 49번이나 나타나는 것 가운데 하나이다.49:14-26, 50:1-3, 51:1-8, 51:9-11, 51:17-52:2, 52:7-12, 54:1-17 49장에 이르는 동안 가장 주목할 만한 내용은 야곱이나 이스라엘이다. 그 시점부터 그것은 시온이 된다. 난 아마 내가 해야 할 만큼 많이 이런 신탁들을 강조하고 있지 않고 있을 것이다. 우리가 볼 수 있는 것처럼, 인상적인 퍼레이드가 존재하고 있으며 그들은 두

번째, 세 번째, 그리고 네 번째 종의 노래의 거의 모든 공간을 채운다. 그들은 오해하기 쉬운 대위법counterpoint으로 움직이며, 다음의 질문을 내어 놓는다. 적어도 그렇다면, 이런 여성*의 역할이 그 종과 어떻게 맞아 떨어지고 있는가?

그 신탁들은 "시온신학"이라고 알려진 것의 일부분이다. 간략히 말해 이것이 의미하는 바는 하나님의 축복과 약속의 장소로서 예루살렘 도성에 강한 신학적 강조를 두는 것이다. 제1이사야에서는 그것이 다윗 왕이나 메시아의 모습과 연결이 되고 있지만 제2이사야에서는 다윗의 모습은 떨어져 나가고 시온 도성이 군주를 필요로 하지 않는, 유일한 주인공으로서 앞에 선다. 그 시작부터 그녀는 자신을 위해 말한다. "예루살렘을 위로하라."40:1 시온신학의 기원은 아마도 표준적 시민 예언 속에 있을 가능성이 크며, 지역적 지배를 이룬 어떤 도시가 거룩한 보호 아래 있다는 것을 주장하는 것이다. 하지만 예루살렘의 경우, 이것은 야웨주의자Yahwist 다윗 왕이 그 도시를 정복했을 때부터, 그리고 그 언약과 율법이 도시의 상상력과 정체성으로 점진적으로 통합되기 시작한 야웨신앙Yahwism의 컨텍스트 속에서 읽혀져야 한다. 따라서 이사야 2:2-3에서 우리는 모든 민족들이 주의 길을 배우러 예루살렘으로 돌아온다는 것을 읽는다. "율법이 시온에서 나오며 주의 말씀이 예루살렘에서 나온다." 그 도시의 파괴와 포로가 일어났을 때 이런 종교적 정체성은 심각한 타격을 입는데, 다른 경우에서라면 치명적이 되었을 것이다. 하지만 그것은 제2이사야의 선지자가 개입되는 곳으로, 예루살렘에게 말하기를 그 도시의 고통은 그 기한을 다하였으며, 고통 대신에 예루살렘이 이제는 "기쁜 소식을 전하는 자"가 된다고 언급한다.40:9

시온 신탁은 신성한 안전, 관계와 운명의 도시가 된다는 것을 지속적으로 재확인시키면서 이런 분위기에서 계속되고 있다. 그 도시는 어머니로 표현되고50:1, 51:18 또한 신부로도49:18, 52:1, 54:5-6 표현되고 있다. 주님께서는 다

---

* 시온(Zion)을 영어에서는 여성대명사 she로 받는다

음과 같이 선언하신다. "내가 네 이름을 내 손바닥에 새겼고 네 성벽을 늘 지켜보고 있다."49:16 그리고 주님은 그 도시가 수많은 자녀들을 잃었다고 할지라도 더욱 더 많은 자녀들이 그녀에게 돌아오게 될 것이라는 것을 장담한다.49:20-22 아마도 이런 신탁들은 주전 537년의 바벨론으로부터 귀향이 막 시작된 후나 그 이전의 해에 독립적으로 만들어졌을 것이다. 그들의 분명하고 긴급한 목적은 벽과 성전과 궁전과 민중들이 사라진 파괴당한 도시를 직면한 백성들을 격려하기 위한 것이며 이런 일들을 보게 하며 여전히 큰 승리를 거두는 의도를 상상하도록 하는 것이다. 그들의 시는 침울한 현실에 거의 반비례하여 솟구치고 있다. 바로 그 파괴와 패배의 한 가운데에 하나님의 긍정적인 의도에 대한 지속적인 확신이 있는 것이다.

그 도시의 고난은 명백히 그 종과 병행적인 상황에 놓이지만, 이스라엘과는 달리 그 도시는 결코 종으로 표현되지 않았다. 동시에, 그 도시에게 말하는 일들 가운데 일부가 또한 그 종에게 언급되고 있다. "왕들이…얼굴을 땅에 대고 네게 엎드릴 것이다."49:23b; 49:7c를 참고 "엎드려라 우리가 딛고 건너 가겠다."51:23c; 50:6a 참고 그리고 아마도 가장 중요한 것은 다음의 두 가지가 지닌 관점일 것이다. "주께서 모든 이방 나라들이 보는 앞에서 그의 거룩한 팔을 드러내시리니 땅 끝에 있는 사람들은 모두 우리 하나님의 구원을 보게 될 것이다."52:10, 49:6c, 53:1을 참고 시온과 그 종 사이에는 교차되는 범위가 분명히 존재한다. 하지만 시온도 그 종의 특성과는 다른 역사와 특성을 가지고 있다. 시온은 그 죄로 인해 징벌을 받았지만 40:2c 그 종은 결코 죄를 지은 것으로 보이지 않는다. 아울러 그 도시가 등을 보인 것은 내키지 않고 억울한 것으로 이해될 수 있다. 게다가, 그 도시는 이스라엘이 그런 것처럼 결코 종이라고 명명되지 않기 때문에, 그들 사이에서는 어떠한 본문적 중첩성도 존재하지 않는다. 따라서 연민적인 특성에도 불구하고, 이 두 가지는 그들 사이의 극적인 긴장을 가진 채 서로 다른 정체성을 나타내고 있다. 그들은 모두 YHWH의 사역이자 그 나라를 위한 것이지만, 그 종이 열정적으로 현재에서 능동적임에 반해 시온은 일반적으로 열정적인 미래의 희망의 대상이다.

그 신탁들은 그 종의 노래들에 대한 대위법으로 작곡된 것이 아니라 그 두 가지 주제의 마지막 대조는 독자를 위한 풍부한 감정적 영역을 만들어 내고 있다. 위기에 놓인 예루살렘에 대한 사랑하는 관계의 지속적인 의미가 있으며, 동시에 그 위기의 환경으로부터 나오는 신비스러운 구원하는 인물이 존재한다. 따라서 시온은 그 종의 장면이며, 그 종은 시온의 낯선 어두운 동반자이다. 다른 연구에서 나는 그를 "새로운 물리학" 혹은 위에서 말한 것처럼 "새로운 존재론"으로 묘사했다. 만약 이것이 사실이라면 시온은 이 새로움이 살게 될 인간적 환경이다. 54장에서 나타나는 마지막 신탁은 인간의 변화의 의미에 다가서며 56장에서부터 계속되는 이사야의 세 번째 구분의 저술들은 계속하여 이 비전을 발전시키고 있다.

마지막으로 기독교적 증언 속, 계시록에서는 아주 많은 이사야적인 이미지들이 선택되어 다음과 같이 주장하고 있다. "새 예루살렘이 하나님이 계신 천국에서 내려오며… 마치 신부가 그녀의 남편을 위해 치장한 것 같다." 이 장소는 하나님께서 인간과 함께 거하실 곳이다. 따라서 변모의 길은 완성되었다. 하지만 그것은 여기서 신비스럽고 아름다운 주제의 결합으로 시작된다. 무한히 자기를 희생하시는 하나님과 존재를 넘어서서 사랑에 결국 굴복하게 되는 인간 사이의 결혼은 다름 아닌 천국이 이 땅으로 몰락하는 것이 될 것이다.

1-2: 실제 구절들은 혼수상태나 침울함 같은 것으로부터 예루살렘이 깨어나도록 부른다. 예루살렘의 긴장하는 상태는 포로로 잡혀 있는 것과 그 속에 "부정한" 이방인들의 존재로 인해서 유발되어 온 것이다. 하지만 이제는 순수함이 되돌아오게 될 것으로, 부정한 사람들은 더 이상 그 도시로 들어오지 않게 될 것이기 때문이다. 순수함은 무엇인가? 이 점에서 순수함은 다른 나라들, 신체적 오염의 의미를 가져다주는 정복자들로부터의 구별이

다. 하지만 그 종은 이 순수함을 돌파할 것이다. 그는 그 누구보다 불순함으로 표시되며―그는 부당성으로 덮여 있으며 사악한 자들과 함께 묻힌다― 아울러 그 이해를 뛰어 넘는다. 시온에 영향을 준 부정함의 현상 아래에 있는 것은 예루살렘으로부터 하나님의 의미를 제거하는 나라들의 폭력이다. 할례는 단순히 그 나라들을 저지하는 가혹한 구분을 외면화하는 것이다. 그렇지만 물론 그것은 그 자체로 폭력의 형태로 성취되는 것이다. 따라서 그 종은 순수함에 대한 요구에 대한 가장 급진적인 응답이다. 왜냐하면 그는 그 속에서 폭력의 부정함을 극복했으며, 그 폭력을 완전히 존재의 육체적 원리로 대체하고 있기 때문이다.

3-6: 시온이 아니라 그 백성에 대해 언급하는 다른 형태의 신탁이다. 이 신탁은 그 포로기가 부당했다는 것을 단언한다. "내 백성이 까닭 없이 붙잡혀 갔다."[5] 그것은 53:8에서의 종의 노래와 병행을 이루는 언급이다. "그가 가져간 정의의 왜곡으로." 이 주장은 포로기가 그 백성들의 죄에 대한 처벌이었다고 말하는 42:24-5와 43:26-8 등과는 대조적이며, 여기서는 신명기적 사고방식에 덜 영향을 받아 다른 목소리를 내고 있다. "많은 이들을 의롭게 하는" 그 종에 다가서는 것이 이런 다른 시각으로 그 본문을 보게 하는 것이 가능할까? 우리는 인간의 죄를 고려하거나 고려하지 않는 이런 새로운 방식의 영향 하에 이미 있는 것일까? 반면, 1절과 다시 11절에서, 외적인 정결에 관한 컨텍스트적인 주장은, 이것이 아직은 그 종의 비폭력적 해결이 아니라고 제시한다. 아마도 그 종의 더욱 희생적 이해의 영향 아래에서 우리는 그 백성들의 정결의 제사장적 스타일의 단언을 잘 목격할 수 있을 것이다.

7-10: 또 다른 시온신탁의 일부이며, 여기에서의 단어들은 구약에서 가장 유명한 단어들이기도 하고 "복음"이나 "좋은 소식"이라는 용어에 대한 주요 발생지를 마련해 주고 있다. 바울뿐만 아니라[롬10:15] 예수에 의해서도 거의 확실히 발굴된다. 좋은 소식은 "하나님이 통치하신다"라는 것을 증명하듯 주님께서 시온으로 돌아오신다는 것으로, 그리하여 "하나님의 나라"가

선언된다. 40:9-11에서는 그 책의 처음부분과 유사한 구절과의 이중어doublet
를 이룬다. 전달자나 전령은 시온 자신이지만, 시온으로 돌아오는 자가 있
는 것처럼 보인다. 전달자의 얼굴이나 입에서 그의 "발"로 "아름다움"이 이
동되는 것은 시적으로 하나님과 그 백성들의 이러한 이중적 귀환의 한없는
기쁨을 담고 있다. 예수는 같은 기쁨을 유사하게 시연하고 있지만 "복음서
들" 속에서 확장된 틀로 남아낸다. 그 시는 남은 폐허들-죽음과 공포의 상
징-이 노래하라고 명령하는 담아낼 수 없는 풍부함을 표현한다. 그것은 주
님의 "맨 팔"이라 여겨지는 엄청난 반전으로, 맨 팔은 전쟁 중의 용사의 힘
을 흔히 지칭하는 것이다. 하지만 이 경우에는 그것이 근원적으로 놀랍게 변
모되고 전복된 인간의 경험의 결과를 말하는 것이다. 예언이 시작되는 40장
과의 이중어는 이미 우리가 전체적인 구성에 있어서 클라이맥스에 도달하고
있다는 것을 알려주며, 이방 나라들의 눈앞에서[10] 주님의 팔의 비유그 의미가
평범하거나 기대하고 있던 것과는 다르다 거의 즉각적으로 52:13a와 53:1a에서 그
종과 관련되어 반복되고 있다. 그러면 그 신탁은 그 네 번째 노래의 문턱에
서며 그것을 내적으로, 그리고 두드러진 강조로 선언한다. 따라서 시온과 그
종의 주제가 대부분 완전히 봉합되는 부분이 여기이다. 실제로는 시온으로
돌아오는 기쁨은 그 종의 충격적인 모습에 대한 서문으로 사용된다. 그 결
과 역시 양쪽 모두 하나님의 동일한 통치의 다른 모습이라는 것을 제시하고
있으며, 그 종은 아주 깊은 신비한 수준에서 영광스러운 귀환의 수단이라는
것을 또한 암시하고 있다.

11-12: 정결함의 주제가 반복되지만 바빌론에서 출발하는 컨텍스트 속
에 있다-귀환자들은 가면서 "부정한 것들에 돈대지 말아야" 했으며, 성전에
서 느부갓네살이 제거한 신성한 집기들을 운반할 때 스스로를 정결하게 했
다. 성전이 그 자체로 언급되지 않았다는 점이 주목할 만하다. 모든 강조점
은 귀환하는 사람들에게 있다. 그들은 이집트에서의 탈출에서처럼 급하게
출발하지는 않을 것이지만 이런 새로운 출애굽에서는 더 안전하다. 이들 구

절들은 상상 속에서 바빌론에까지 소급하면서, 시온으로 환희에 차서 귀환하는 주제의 어설픈 추가로 보인다. 이들의 효과는 그 신탁 아래에서 그 종의 진정한 모습과는 차이를 보이며–초기의 봉합에도 불구하고– 분명한 선을 긋기 위한 것인가? 아니면 성전의 역할이 이제는 완수되었으며 그 종이 떠맡을 "희생적" 역할로 인해 불필요해졌다는 것을 암시하면서 그 종과 더 깊숙이 연관되는가?

13–15: 그리하여 마침내 우리는 네 번째 노래에 도달한다. 그 종이 "커다란 몫"을 받을 때 주님은 그 종의 승격과 승리를 말하고 선언하시며 그 시의 끝이 예상되고 있다. 그렇지만 그 승격은 그의 굴욕으로부터 직접적으로 나오는 것 같아 보이는 것이 매혹적이며, 그리하여 후자는 다소 전자를 야기하고 있다. "많은 사람들이 그를 보고 놀란 것처럼 [그는 사람처럼 보이지 않기 때문이다] … 그는 많은 나라들을 놀라게 할 것이다. 그로 인해 왕들은 자신들의 입을 다물게 될 것이다."[14] 적어도 시각적으로 다른 상태로서 굴욕에서 승격에 이르는 분명한 움직임은 존재하지 않는다.

그렇다면 겉모습을 손상시키면서 그 사람이 더 이상 인간의 모습을 지니지 않는다는 것은 무엇인가? 그 그림은 남자와 여자가 하나님의 형상으로 만들어진 창세기의 모순이다. 그것은 인간이자 신학적인 반전인 절대적 비인간화이다. 만일 우리가 집단적인 의미에서 열방들과 왕들 앞에서 그 의미를 받아들인다면, 그들 앞에 선 또 다른 나라, 이스라엘에게 있어서는 아마도 잃어버린 그 모습은 군주가 있고 온전한 성전과 은혜로운 도성이 있는 국가의 지위일 것이다. "상한"으로 번역된 그 단어는 폐허가 된, 헛된, 쓰레기가 된, 깨어진 을 의미 하며, 분명 어떤 도시에 적용될 수 있을 것이다. 하지만 그 단어를 순수하게 그런 방식으로 이해하는 것은 인간의 모습을 손상시키는 커다란 충격을 잃어버리게 되고 사실상 이스라엘에게 적용되는 비유의 영향을 축소시킨다. 비유로서의 그 힘은 인간의 모양에서 실제 인간에게서 인간의 모습을 빼앗는 것을 우리가 "보도록" 요구하는 것으로 보인다. 그렇다면 인간을 손상시키는 것은 무엇인가? 질병, 가난, 잔인성, 모욕인가? 우리는 말할 수 없지만, 어떤 경우에 있어서 그 종은 사람의 사회 외부로 묘사된다. 아울러 겉보기에 그것은 권세 있는 자들의 입을 닫게 할 조건 속에 있다. 내가 발전시킨 그런 관점에서 보면, 이런 일을 만드는 논리는 배제된 존재로서의 그 종의 모습이며, 되돌아온 사람이다. 그것은 그의 외모의 손실이며 그가 인간을 넘어선 것으로, 이것이 그를 그 체계의 외부에 두는 것이다. 하지만 추방된 그가 이제는 되돌아온다는 것이다. 따라서 완전한 새로움이 열방과 왕들에게 폭로된다. 이런 계시적 비인간성 외에 왕들을 침묵하게 할 충격을 줄 수 있는 것이 다른 무엇일까? 전체 체계와 열방의 권세와 왕들이 의존하는 그 숨겨진 희생자는 이제 분명히 시야에 드러난다. 그들이 놀라는 것은 당연하다!

이런 이해는 결국 "그들이 듣지 못한 것을 그들이 보게 될 것이고 그들이 듣지 못한 것을 그들이 생각하게 될 것이다"는 것을 납득하게 된다. 그것은 구조적으로 이름이 없는 것이자 심지어는 언어에 속하지도 않은 것이다. 그들이 우러러 보게 될 것이며, 그들이 영적인 각성의 의미로 고려하게 될 것이라는 것이다. 얼마나 심오하고도 지축을 뒤흔드는 생각인가!

이사야의 종

53:1-3: 이 점에서 시작하는 것은 11b까지 이어지는 "우리" 자료로 알려진 것이다. 그것은 그 전후의 주님에 대조되는 1인칭 복수화자를 특징으로 한다. 그 차이점은 그 단위가 떼어질 수 있는 것이자 아마도 그 주위에 만들어진 구성보다는 초기의 것이라고 결론내릴 수 있게 한다. 다른 사람들이 53장의 자료를 극적이고 균일한 것이라고 읽는 것과는 대조적으로, 52:15에서 소개되고 있는 1인칭 화자들인 그 왕들도 그렇다. 하지만 이 경우에서는 도입부가 아주 열악하다. 그 왕들이 "자신들의 입을 다무는" 그 사실에 더하여, 어떤 변화의 표시도 없이 당신은 주님의 연설로부터 그 왕들에 이르기까

지를 훑어야 한다. 주님의 말씀으로 구성된 최초의 단위를 그리면서, 그것을 비판적으로 보는 것이 더 나은 듯 하며, 아울러 복수화자들로의 변화는 극적으로 제한된 것이라기보다는 언급의 대상이 열려있는 것이다. 다른 말로 하면, "우리"는 그 왕들과 열방들도 물론 모두 포함하여 어떤 사람도 의미할 수 있다는 것이다. 이것이 그 본문의 시적인 느낌이며, 모든 이들에게 말하는 것 같은 직설적이고 인상적인 다음과 같은 선언인 것이다. "우리가 들은 것을 누가 믿었나?"

만약 이것이 맞다면, 그 단위 배후에 있는 실존적인 "우리"에 대해서 추측하는 것이 가능해진다. 그들은 개인을 학대한 것을 직접적으로 보았던 이사야의 공동체의 구성원들이었을까? 이것을 가져다 준 개인적인 "종"으로 전환한 것은 친필적인 두 번째와 세 번째 노래와 일치하며, 이런 인물의 예언적이고 교사의 역할을 선언하는 것뿐만 아니라 개인을 요구하는 것이다. 다른 방식보다는 이것처럼 단일 개인으로부터 대표적 비유로 보는 것이 훨씬 더 쉬울 것이다. 다니엘서 7장에 나오는 "인자"라는 인물은 분명히 이미 대표적인 비유이며, 예를 들어 그가 1인칭으로 말하는 그 이전이나 이후 어디에서도 실존적으로 단일한 것이 되는 곳이 없다. 그렇다면 우리는 이미 언급한 것처럼, 고난의 강렬함이 주는 충격을 추가할 수 있다. 이런 말들을 들으면, 하나의 박해받는 인간을 생각하지 않는 것은 아주 어려운 일이다.

인간적인 위로나 회복이 없이, 젊고 건조한 지역에서 자란 젊은이를 묘사한 것을 우리는 본다. 그리고 우리는 다음과 같은 언급을 들을 수 있다. "그에게는 우리가 볼 훌륭한 풍채도 없고 우리가 보기에 흠모할 만한 아름다운 모습이 없다." 모양과 겉모습에 관한 언급은 52:14를 상기시키며, 정교한 뼈대 위에 놓인 기초들 가운데 하나가 될 수 있다. 하지만 여기서 겉모습이 별로 좋지 않은 것은 "상함"의 수동적인 결과가 아니다. 그것은 개인적이고 적절한 것으로 나타난다. 이런 개인은 아마도 불구이거나 혹은 적어도 인상적이지 못하고 매력적이지 않으며 불우했을 것이다. "풍채"는 왕, 왕이 가져야 할 태도의 형태를 제시하며, 이런 힌트는 우리의 생각이 예루살렘의 실제로 축출된 왕, 여호야긴을 주목해야 할 것을 암시한다. 여호야긴은 반란으로 인해 느부갓네살의 진노를 그 도시에 가져오게 한 여호야김의 아들이다. 그의 아버지가 죽었을 때 여호야긴은 겨우 18세에 불과했다. 그는 석 달 동안 왕좌를 지켰으며 예루살렘을 포기하고 바빌론을 향한 첫 번째 추방행렬에 합류했다.^{주전 597} 열왕기서는 왜 그의 리더십이 그리 빨리도 부서졌는지, 특히 나중에 시드기야 아래에서 귀족들의 저항이 발생하여 예레미야서에서 생생히 묘사된 어떤 것을 설명해 주지 않고 있다. 예레미야는 사실상 그 젊은 왕을 멸시적으로 표현하고 있다.

> "이 사람 고니야는 [여호야긴의 다른 이름] 깨져서 버려진 항아리인가?
>
>> 아무도 거들떠보려고 하지 않는 질그릇인가?
>
> 어찌하여 그는 자신도 모르는 낯선 땅으로 가족과 함께 쫓겨나서
>
>> 멀리 끌려가게 되었는가?
>
> 땅이여, 땅이여, 땅이여
>
>> 주의 말씀들 들어라!
>
> 주가 말씀하신다
>
>> 이 사람을 자녀도 없고
>
>> 한평생 낙을 누리지도 못할 사람이라고 기록하여라
>
> 다윗의 왕위에 앉아서
>
>> 유다를 다스릴 자손이
>
>> 그에게서는 나지 않을 것이다." 렘22:28-30

"깨진 항아리"는 그 도시에 다가올 재앙을 상징하며 힌놈의 골짜기 입구에서 도기 항아리를 깨뜨리던 예레미야의 예언적 행위를 연상시킨다.^{19:1-15} 따라서 신명기 기자의 평가처럼^{왕하24:19}, 예레미야의 평가는 여호야긴이 그 도시의 죄와 그 도시를 통치하는 다윗 왕조에 책임이 있는 것으로 보고 있

다. 첫 번째 줄의 단어 "멸시를 받은"에 해당되는 말은 *nivzeh*로서 *bazah*의 니팔 *nipha'l* 남성분사, 동일한 단어가 이사야서 53:3에서 두 번 사용되고 있다. "그는 사람들에게 멸시를 받고 버림을 받았다···그가 멸시를 받으니 우리도 덩달아 그를 귀하게 여기지 않았다." 그 종의 조건 가운데 마지막 반전은 "그는 자손을 볼 것이다"[53:10c]로서, 예레미야의 예언에서 말하는 것처럼 보이는 것이 있다.

추방당한 왕의 상황은 모멸 이상의 가치는 없다. 이유가 무엇이든 그는 싸우지 않고 포기했다. 그가 싸울 준비를 하기 이전에, 그리고 싸우려 하는 것 말고도 그는 그 당시의 위대한 선지자와 그 역사를 쓴 서기관들에 의해 심판을 받았으며 거부당했다. 전쟁포로라는 전리품으로서, 그의 상황은 바빌론의 권세 앞에서 지속적인 굴욕가운데 하나였으며, 그들의 귀에 울려 퍼지는 예레미야의 말로 한다면, 만일 더 큰 무시가 아니라면, 그의 친구들의 추방은 쉽게도 병행이 될 수 있는 것이다. 그는 "사람들이 그에게서 고개를 돌린 자"였다. 그리고 열왕기하 25:27-9에 따르면, 아직 여호야긴이 살아 있는 37년 후에 그는 감옥에서 풀려나서 "다른 왕들의 자리보다 더 높은 자리"가 그에게 주어졌다.

그의 이야기는 명백히 모욕과 반전의 것이다. 내가 그것을 이야기 하는 이유는 그의 존재가 "네 번째 종의 노래"가 되는 것을 뒷받침하고자 하기 때문이 아니라, 그것이 그 본문 배후에 있는 실제 역사적 개인으로 믿는 것이 얼마나 설득력이 있는지를 보여주기 때문이며, 그 개인이 그 본문 속에서 나타나는 인류학에 어떻게 생기를 불어 넣는지를 보여주기 때문이다. 여호야긴이 존엄과 인내를 가지고 그의 운명을 견뎠다는 것은 전적으로 가능하며, 그런 이유로 그가 마침내 바빌론 왕의 식탁에 함께 오르는 영예를 누렸던 것이다. 동시에, 자신의 동료 망명자들의 눈앞에서 - 그들은 집을 짓고 정원을 심으며 그 열매를 먹느라 바빴다 [렘29:5]-그의 지속적이고 소외된 고난의 임재가 결국에는 거부로부터 나오는 것과는 정반대의 감정이 생기게 된다. 그것은 한 왕이 다른 이에게 왕위를 승계하지 않았지만 패배한 자가 굴욕 속에서 좋은 본보기로서 포로로 살아남은, 총체적으로 새로운 실존적 상황인 것이다. 만약 우리가 이런 개인의 예언적이고 서기적인 탄핵을 더한다면, 그 결과는 단지 집단적 혐오감일 뿐이다. 그렇지만 놀라운 대응으로, 그는 자신의 조건을 침묵과 진실함을 가지고 버티었으며, 그것으로 바로 전례가 없는 어떤 것을 낳게 되었다.

그가 가진 분함의 결핍으로 인해 멸시의 대상이 백성들을 자신의 주위로 불러 모은다는 점에서, 증오이든 절망이든, 감정의 변화는 가능한 것이다. 멸시는 모방적 전이이며, 꾸준한 집단적 폭력을 다른 이에게 방출한다. 하지만 만약 그런 모방이 평화, 신뢰, 그리고 비폭력으로 채워진 자유로운 공간을 만난다면, 거의 역학의 법칙에 의해 그런 전이는 바로 반대되는 감정으로 돌연변이를 일으키기 시작할 것이다. 그런 궤도를 완성하기 위해 필요한 모든 것은, 그것이 성전의 희생양의 역할, 즉 성전이 없이 죽임을 당하기 위한 양의 역할로 채워진 이런 개인이었다는 것을 이해하는 예언적 정신, 갑자기 떠오르는 계시이다. 자신의 죄가 아니라 다른 이들의 죄를 위해 성전의 제의가 아닌 방법으로 고통을 겪었던 자가 여기 있었다. 그리하여 때리고, 상처입히고, 짓부수고, 교환하는 그런 모든 언어들이 그 선지자가 만든 놀랍고도 놀라게 하는 장황한 설명과 딱 맞아 떨어진다. 그 선지자는 희생의 언어를 사용하는 것으로 나타나는데, 그 이유는 그가 아주 깊은 수준으로 아주 다른 것이 일어나고 있음을 느낄 때조차 이것이 실제로는 그가 외모만을 보고 있는 것이기 때문이다. 그가 희생이 모방적 인간의 평화와 진정한 회개가 되는 엄청난 변이를 나타낸다고 할지라도, 그는 실제로 일어난 일기기 때문에 상세하게 그 과정을 이야기할 수밖에는 없기 때문이다.

4-7: "그는 실로 우리가 받아야 할 고통을 대신 받고
　　　우리가 겪어야 할 슬픔을 대신 겪었다.

그러나 우리는 그가 징벌을 받아서

　　하나님께 맞으며 고난을 받는다고 생각했다.

그러나 그가 상처를 받은 것은

　　우리의 악함 때문이다.

그가 징계를 받음으로 우리가 평화를 누리고

　　그가 매를 맞음으로써 우리의 병이 나았다.

우리는 모두 양처럼 길을 잃고

　　각기 제 갈 길로 흩어졌으나

주께서 우리 모두의 죄악을

　　그에게 지우셨다.

그는 굴욕을 당하고 고문을 당하였으나

　　아무 말도 하지 않았다.

마치 도살장에 끌려가는 어린 양처럼

　　마치 털 깎는 사람 앞에서 잠잠한 암양처럼

　　아무 말도 하지 않았다.”

　여기서 언급되고 있는 경험은 아주 난해하다. 만일 기독교 전통이 그 자체로 간단하지 않다면, 여기서의 언급은 기독교 전통이 하고 있는 것처럼 지나치게 단순화하여 읽을 수는 없는 것이다. 그것은 일반적으로 성서와, 특히 복음서와 일치되지 않았던 아울러 일치 되지 않은 수많은 난해한 사고에 이르게 된다. 하나님께 있어서는, 다른 이들의 죄로 인해 무고한 개인에게 처벌적 의도와 손상을 수행하는 것은 성서적 은혜와 크게 대조되는 것이다. 동시에, 그런 것은 폭력의 세계 속에서의 모방적 전이의 변동성이자, 평화의 원래적 모방과 더불어 희생양의 의미가 재빨리 이사야 53장에 도입될 수 있는 것이다. 따라서 그 본문은 “가르침” 혹은 “교육”을 단순히 “처벌”로 대치하는 것이 보여 주듯이 아주 쉽게 오해될 여지가 많다. 여러 가지 면에서 그 예언은 그 종을 이해하기 위해서는 그 종의 정결함으로 읽어야만 한다.

8-9: 우리가 지속적으로 이해하는데 도움을 줄 수 있는 것은 그것이 종의 죽음이 아니라 그 본문의 무게를 가져오는 연장된 고난이라는 것을 계속해서 마음에 두는 것이다. 모방적 변모의 경로를 제공하는 것은 그 종의 고난 받는 비폭력성이며, 그의 죽음은 단순히 마지막, 심연의 순간이다. 모든 것들이 죽음을 중심으로 하며 폭력이 잊혀 지게 되는 희생이나 성공적인 희생양만들기에서와는 달리, 여기서 모든 것들은 고난에 달려 있으며 죽음은 단순히 궁극적인 순간일 뿐이다. 여호야긴의 모범적인 해석을 추구하는 것은 다시금 이것을 강화한다. 우리는 이미 어떻게 그의 심연의 고난에 뿌리를 둔 그의 분명한 죄악이 조금씩 무고함의 의미로 대체되어 가고 있는지를 보았으며, 이것과 더불어 물론 정의가 왜곡되었다는 느낌이 들 수도 있다. 마지막으로 그는 바빌론에서 죽었다. 그는 "살아 있는 것들의 땅으로부터 단절되었으며", "그들은 그의 무덤을 사악한 자들과 함께 만들었고 부유한 자들과 함께 묻"히게 되어 포로가 되었지만 영예로운 왕과 같은 운명을 맞았다. 아울러 분명히 여호야긴은 "폭력을 행하지 않았으며 그 입에 어떤 거짓도 없었다." 그는 겨우 석 달 후에 자신의 도시와 왕좌를 느부갓네살에게 내어 주었는데, 이 기간은 그가 조종하거나 이중성을 보일 시간이 되지 못했다.

10-12 마음속에 여호야긴의 구체적인 모습을 담는 것은 우리로 하여금 모방적 변모의 사건을 상상하도록 하며 추상적인 속죄의 형이상학을 피하도록 해 준다. 그는 비폭력적인 고난이 어느 정도 배울 수 있는 치료의 교훈이 됨으로 구체적인 인류학으로의 발판을 마련해 준다. 그렇지만 내가 이미 지적한 것처럼, 그것은 이 모든 것을 보고 기록할 선지자를, 아마도 한 명 이상의 선지자들을 필요로 한다. 난 "원래의" 제2이사야가 그 종의 자서전적 두 번째와 세 번째 노래의 저자였다고 생각하며, 한 제자가 이런 인물의 폭

력적 운명을 반영하는 네 번째 노래를 썼다고 본다. 만일 내가 이제 여호야긴이 그 네 번째 노래의 "종"이라는 가정적인 사례를 만든다고 할지라도 이런 것은 여전히 가능하다. 종으로서의 여호야긴은 여전히 두 번째와 세 번째 노래의 자기 보고적 인물을 남기고 있으며, 내가 이전에 제시했던, 이 인물이 그 예언적 공동체, 사실상 "원래적" 선지자의 핵심이 되어야만 한다는 그 이유 때문에 그가 그 종의 노래들의 핵심적인 해석적 대리자로 활동한다고 믿는다. 그가 처음으로 이런 새로운 일을 표현할 수 있었던 것은 그의 개인적인 영감과 고난의 경험 깊은 곳에서 나왔다. 신명기적 심판이 그 왕과 이스라엘에 내려진 것이 그 내부로부터, 그것이 그들을 밀어내었던 바로 그 심연으로부터의 반전이 되기 시작한 것은 그를 통해서였다. "예루살렘을 위로하라…그 도시는 그 기간을 지났으며 그 징벌도 죗값을 치뤘다…" 아마도 이 원래적 목소리는 "우리" 부분을 기록했을 것이며, 제자의 손이 그 틀을 더했을 것이다. 아니면, 아마도 원래 선지자의 영향을 받은 다른 제자가 그것을 기록했을 가능성도 있다. 이런 세부사항은 실제로 큰 문제는 아니다. 중요한 것은 변모가 일어나는 것을 인식하는 예언적 통찰력이다.

그 선지자는 그 종에게 일어났던 모든 일이 주님의 뜻이었다는 것을 본다. "그를 고통으로 짓누른 것은 주님의 의지였다."[10a] 폭력적 모방이라는 방법으로 읽으면, 이 내용은 주님이 잔인하고 학대적인 것으로 들린다. 하지만, 그 반대로 우리는 주님의 뜻이, 모든 그 고통을 포함하여 그 결과로서는 놀라운 새로움과 더불어, 모방적 변호의 모든 과정이었다는 것을 이제 이해할 수 있다. 이런 종착점에서 볼 때, 우리는 그것이 주님의 뜻이었다는 것을 더 쉽게 받아들일 수 있다. 하지만 그 선지자는 부서지는 잔인한 현실로 시작하는데, 그 이유는 그것이 놀라운 직접성과 완전함 속에 있는 그의 눈앞에 있는 그 현상이기 때문이다. 그 선지자가 통전적으로 고통과 변모를 주님의 뜻으로 보는 시각은 너무도 중요한데, 그 이유는 그것이 주님께서 자신의 의지로 "부서졌다"는 것을 궁극적으로 의미하기 때문이다. 이렇게 되어 주님은 주님께서 뜻하신 것과 동일시된다. 그 종의 부서짐이 수단적인 것−목적을 달성하기 위한−이 아니라 그 자체로 변모a paideia의 장면이기 때문에, 주님께서 이런 일을 뜻하셨을 때는, 그분께서 폭력의 절대적 상실을 의도하신다. 포도를 부수는 포도주 상인은 와인의 품격이 높아지는 것을 꾀하는 것이며 그의 의지는 그 포도주 생산연도와 분명 동일시된다. 새로운 와인의 창조를 의도하실 때는 주님께서 더욱 더 그렇게 하실 것이다. 지금까지 주님의 뜻은 생성적인 문화의 원리와 동일시되고 있으며, 그 원리는 폭력이다. 하지만 이제 주님은 새로운 생성적인 인간을 역사에 끌어들이셔서 즉각적으로 비폭력적 원리와 동일시하신다. 그렇지만 그것은 영원으로부터의 주님 자신이므로, 주님은 이런 "새로운 일"을 의도하신다.

그렇다면 증언된 현상에 기초하여, 그 선지자는 그 시의 핵심적인 존재론적 주장을 편다. "네가 그의 생명을 그 속죄 제물로 여기면 그는 자손을 볼 것이며 오래오래 살 것이다."10b와c "속죄sin−offering"로 번역된 단어 *asham*은 성전의 희생처럼 들려서 기독교 시대 내내 그런 목소리를 내어 왔다. 그렇지만 주석가들은 그것을 "불가사의한" 것으로 간주하고 있으며, 그 단어는 더욱 일반적이며 기술적으로도 적합한 용어인 *hattath*의 변형이다. 이 단어는 레위기 전체를 통해 속죄를 지칭하는데 사용되었다. *Asham*은 레위기에서 다른 용도의 속죄로 사용되었는데, 어떤 때는 "속건제guilt offering"로 불렸지만 이것은 후대의 부분에 속한 것으로 보이며, 그 단어의 원래 의미는 더 넓은 의미인 "죄의 대가guilt payment" 혹은 "배상"이었던 것으로 보인다. 따라서 그 예언자는 정교하게 더 정기적인 제의적 단어를 피하고, 제의적 의미를 담고 있으되 그것보다는 더 넓은 의미를 가진 어떤 모호한 단어를 사용했음이 분명한 듯하다. 난 그 구문을 "그의 생명을 바르게 하면setting−right"으로 번역하는 것이 훨씬 낫다고 제안한다. 그것이 "속죄"라고 확신 있게 번역되어 왔다는 사실은 그 인류학적 개방성을 가리는 것이다.

그렇지만, 어떤 형태의 보상이나 교환은 여전히 명명되고 있는 것 같다.

그로 인해서 그것은 존재론적인 주장, 사물의 전체적인 질서를 바로 잡는 것으로 나타난다. 그러나 더 심층적인 수준에서 우리는 이것을 질서 그 자체로 간신히 이해되는 것으로 본다-과거의 모든 것은 성전의 희생으로 바로잡혔으며, 따라서 폭력의 원리 자체는 보존된다. 하지만 이제 그 종은 그런 원리를 새로운 어떤 것, "새로운 존재론"으로 들어가도록 한다. 그 구문은 다음과 같이 바꾸어서 올바르게 표현될 수 있을 것이다. "네가 그의 생명을 모든 것을 새로이 바르게 함으로 만든다면." 이렇게 새롭고 바르게 함은 그 언어가 오래된 사고방식으로 불가피하게 되돌아가는 것으로 보일 때조차 절대적으로 모든 보상과 교환을 능가하고 있다. 마침내 어떤 새로운 것이 실제로 일어났다는 사실을 우리가 붙잡을 때까지! 그렇다면 모든 것이 새롭기 때문에 자연스럽게 그 종은 "자신의 자손을 보게 될 것"이며 그는 백성들 가운데에서 새로움의 탄생과 새로운 백성들의 탄생을 볼 것이다. 같은 의미에서 그 종 자신은 "오래오래 살 것이다…" 그것은 새로운 질서가 작용하기 때문에 그 종이 삶을 지속하게 되는 것이다. 만약 그것이 낡은 질서였다면 그 종은 죽고 성전이 오래 지속될 것이다.

11-12 이런 일이 어떻게 일어나느냐는 마지막 구조부분에서 분명해 지는데, 내가 주장해 온 모든 것을 두드러지게 지지하고 있는 설명이다. 쿰란 사본들과 마소라 본문에서는 11절의 "빛"이란 단어가 없으며, 만일 우리가 이것을 11b의 후반부 및 11c의 그럴듯한 대안적인 분석에 첨가한다면, 그 결과는 다음과 같다. "괴로움에서 벗어나 그는 만족을 보고 찾을 것이다. 그의 자식을 통해, 그 의로운 이, 나의 종은 많은 사람들을 올바르게 할 것이며 그들의 죄를 짊어질 것이다." 폴 핸슨Paul Hanson이 지적한 것처럼 동사 "떠맡다bear"와 "짊어지다carry"는 YHWH가 바빌론 사람들의 헌신으로 기억되는 바빌론의 신들과 대조를 이루는 46:1-4를 거슬러 지칭한다. 이스라엘의 하나님이 자신의 백성을 기억하시는 대신, 이제 주님께서 백성들의 죄를 떠맡는 다른 방법을 마련하신다.6b 참고: "주님께서 우리 모두의 죄악을 그에게 지우셨다." 그렇

지만 다시금 그것은 쟁점이 되고 있는 이런 떠맡음과 짊어짐의 실제적인 방법인 것이다. 주님께서는 지금 그 괴로움 속에서 그 종이 보게 될 것이며 만족할 것이라고 말씀하신다. 마침내 그는 그에게 일어나고 있는 일이 가지는 심오한 의미를 보게 될 것이며 그로인하여 새로운 신학적-인류학적 진리에 다가서게 될 것이다. 이런 해석은 그 종의 "지식"에 대한 직접적인 언급에 의해 증명이 된다. 아울러 동시에 우리는 그가 다른 이들과 의사소통하는 어떤 것으로서 이런 변형적 지식을 본다. 그의 지식으로 인해 그는 다른 사람들을 의롭게 한다. 예를 들면 그 종이 본다는 것의 의미는 또한 그의 가르침이자 그의 혁명적인 *paideia*가 된다. 따라서 그 종이 백성들의 죄의 짐을 없애준다는 것은 깊은 재교육을 통해서이다. 죄의 폭력적인 힘과 폭력의 힘이 끝나지 않는 곳에서 어떤 이에게 완전히 새로운 실존적인 조건을 가져다주는 것보다 죄를 없애 주는 더 나은 방법은 실제로 무엇인가? "그의 지식을 통해"를 단순하게 "만족"으로 대체하는 것은 인류학적인 자각을 통해 인간의 변형의 메시지를 거세시키며, 우리로 하여금 규범적 희생의 의미로 회귀시킨다. 하지만 이런 지식을 의롭게 하는 것과 연결시키는 것은 *paideia*의 주제 및 전체 노래를 뒷받침하는 모방적 평화와 결론적으로 맞아 떨어진다.

이것 때문에 그 종은 "존귀한 자들과 함께 자기 몫을 차지"했으며 "강한 자들과 함께 전리품을 나눠 받"게 되었다. 우리는 아마도 여기서 바빌론에서 여호야긴이 바빌론 왕과 함께 했던 식탁을 생각할 수도 있겠으나, 여기에 성취된 더 깊고 넓은 예언자적 의미가 엄청나게 그 언급을 확대하고 있다. 여기서 나는 강한 자들에 의해 예수가 결박당한 것이 떠오르며, 그것으로 예수는 강한 자들의 통치, 폭력적인 사람들의 통치로부터 다른 이들을 자유롭게 한다. 그 종은 많은 이들을 생성적인 폭력의 체계가 있는 세상으로부터 자유롭게 한다. 그리고 이것에 대한 이유는 한 번 더, 아마도 전체 노래 중에서 가장 깊이 울리는 인류학적 구절로 주어진다. "그가 죽는 데까지 자신을 서슴없이 내어 맡기고 남들이 죄인처럼 여기는 것도 마다하지 않았다." 히브리어로는 다음과 같이 표현될 수 있다. "그는 벌거벗겨졌다/그는 죽는 데까지 자기의 영혼을 서슴없이 내맡겼다." 그리고 그것은 그가 그 폭력적인 사람들을 이겨내는 수단으로서 그 종의 생명에 대한 심오한 포기를 한 줄로 담아낸다. 히브리어로 영혼은 연약하고 언젠가는 죽는 실재로 그 사람의 자기 동일시적 생명을 의미한다. 또한 그것은 그런 생명과 어울리는 자연스러운 식욕과 욕망이기도 하다. 그것은 모방적 욕구의 대상을 포함하여 우리가 갖출 수 있는 모든 보호들로 둘러싸인 이런 보잘 것 없는 존재를 우리 모두가 포장하는 경험이다. 죄인 취급을 받으며 이런 모든 것을 기꺼이 죽음에까지 내어 놓는 것은 이런 "자연적인" 생명과 반대되는 것이다. 여기서는 희생적 대상의 어떤 수동적 의미로서 그것이 언급된 것이 아니라 절대적 인간의 의미로 언급된 것이다. 중요한 것은 목적어 *asham*이 아니라 주어의 내어 놓음이다! 따라서 그 노래의 마지막 2행시에서는, 많은 이들의 죄를 그 종이 떠맡는 것과 악을 행하는 사람들을 위해 중재를 하는 것은 이런 개인적인 움직임과 병행이 되어 위치하고 있다. 그것은 더 이상 주님께서 그 종에게 짐을 지우는 문제가 아니라 그 종에 의한 인간의 움직임의 문제이다. 여기에 있는 것은 하나님으로부터 가장 멀리 떨어진 공간으로, 끝없이 내어 놓는 한 개인이 무조건적으로 들어가는 그림이다. 그 종이 존재와 사랑으로부터 스스로를 구별하는 모든 이들을 위하여 이런 비존재nonbeing의 비장소non-place를 새롭고도 존재이상beyond-being의 사랑으로 들어가는 절대적인 도입으로 만드는 이유는 바로 그가 이것을 상호 폭력이 없이예를 들면, 절망이나 보복의 약속이 없이 이루기 때문이다.

이제 우리는 그 종의 노래들의 끝에 다다랐다. 우리는 그 종이란 인물이 다중적인 언급임을 발견했으며, 그 인물을 형성했던 예언적 목소리와 손 역시 확실히 복수plural임도 발견했다. 그 종은 이스라엘로, 백성들의 집단적 실재로 인식될 수도 있는데, 그 이유는 그 선지자가 그들을 그렇게 보았기 때문이다. 동시에, 고레스, 여호야긴, 그 원래 선지자 및 우리가 모르는 다른 사람들과 같은 중요한 개인들은 그 종의 혁명적인 인간을 기술함에 있어 본질적인 주인공으로 나타난다. 이것은 추상적인 공동적 인물이 아니다. 그것은 실존의 잔재들을 마신 인간이며, 그 조건 속에서 그것은 그 깊이를 헤아리며 놀랍고 영원히 새로운 어떤 것을 발견한다. 집단적인 것은 결코 이것을 할 수 없다. 한 집단이 모차르트의 작품을 작곡할 수 있을까? 하지만 우리의 존재의 밑바닥에서 이런 개인이 그 음악을 발견한 것처럼, 그는 모든 듣는 이들을 위해 그것을 수행하기 시작한다. 모든 이들이 공전의 조화를 울려 퍼지게 할 수 있기 때문에, 그것은 물론 집단적 실재가 될 수도 있다. 그리하여 그 순환이 완성된다. 이스라엘은 그 종이며, 아직 그 종이 되지 않았다. 그리고 모든 열방은 종 이스라엘로부터 배울 것이며 그들 스스로도 그 종이 될 수 있다. 만일 그가 의미한 것이 "구원받은 자들"의 기술 속에 있는 사람들만을 이롭게 하는 암울한 거래가 아니라, 모두에게 열려있는 변형적인 교육, *paideia*가 안될 이유는 무엇인가?

전통적인 역사 속에서 희생적 거래는 그 종의 의미를 차지했다. 그 이유는 그 종이 한 것이 희생에 의해 이전에 점유된 지역 속에 있기 때문이다. 폭력적인 인간으로서는 그들의 오래된 희생의 렌즈를 제거하고 그 아래에서 새로운 것을 보는 것이 굉장히 어렵다. 용서는 희생을 미연에 방지하지만, 폭력적인 사람들의 시각에서 보면 용서는 오직 희생으로서만 이해될 수 있다. 천천히 용서가 폭력적 인류학의 잘못된 인식과 잘못된 건설을 통해서 비춰지고 있다는 것은 이사야의 종과 예수의 권세에 대한 거대한 증언이다.

6.4 지혜, 율법서, 말씀

창세기부터 말라기에 이르기까지 유대교 성서의 기독교적 구조 속에서 보복적 폭력은 우리의 시야를 점유하고 있는 하나의 주제이다. 그것은 승리자들이 시행했고, 희생자들이 열망했으며 '하나님'께서 시작하셨고 하나님이 애통하셨던 것이다. 우리는 창세기 1–11장에서 모방적 현실주의의 모든 주제가 이미 율법서의 저자들이 그들의 이야기를 풀어 놓는 방식으로 드러내었다는 것을 보았다. 시편은 보복적 희생과 무죄입증을 찾는 희생자들 사이의 차이점을 볼 또 다른 기회를 마련했다. 이사야서의 네 번째 종의 노래에 대한 토니 바틀렛의 연구는 분명히 포로기가 끝날 것이라는 이스라엘의 의식 속에 터져버린 신성과 비폭력에 대한 새로운 계시를 논증했다.

포로기 이후 만들어진, 지혜문학이라고 흔히 일컬어지고 있는 문헌 속에서 희생자에 대한 이런 주제는 더욱 발전을 했다. 엄밀히 따지면 우리는 이미 시편과 욥기에 관한 6.2에서 이들 가운데 일부를 보았다. 포로기 이전과 포로기 동안, 고난은 그 공동체, 그 백성, 그 나라에 대해서 언급되었다. 포로기 이후에는 공동적 희생은, 아마도 이사야 53장과 에스겔과 같은 본문의 영향 하에서 개인화되어갔으며 고난 받는 의로운 사람으로 알려지고 있다.[17] 모두가 그 종의 노래 가운데 하나에 맞서는 것은 지혜서에서, 특히 솔로몬의 지혜서로 알려진 책에서구약 외경에서 찾을 수 있다 분명하게 주어진 언급이다.

우리가 보았듯이, 욥은 부당하게 고난을 받은 무고한 사람의 지혜문학 속의 좋은 사례이다. 따라서 지혜서 2–3에서의 인물 역시도 그러하다.RSV역에서 이 본문을 조금 더 가까이서 보도록 하자. 저자는 자신을 핍박하는 사람들을 반영하고 있다.

"2:1 올바른 지각이 없어, 그들은 이렇게 뇌까린다. 우리 인생을 짧고 슬프다. 수명이 다하면 죽는다. 지옥에서 돌아온 사람을 아무도 본 적이 없다. 2 우리가 이 세상에 태어난 것도 우연이었고 죽고 나면 태어나지 않았던 것이나 마찬가지다. 우리의 코로 쉬는 숨은 연기와 다름이 없고 우리의 생명이란 심장의 고동에서 나오는 불꽃에 불과하다. 3 불꽃이 없어지면 우리의 육체는 재가 되고 영혼은 하염없이 공기 속으로 사라져버린다. 4 때가 지나면 우리의 이름조차 잊혀진다. 누가 우리가 한 일을 기억해 주겠느냐? 우리 인생은 구름 조각들처럼 지나가 버리고 햇볕에 쫓기고, 열에 녹아버리는 안개와 같이 흩어져 버린다. 5 인생의 하루하루는 지나가는 그림자, 한 번 죽으면 되돌아올 수 없다. 죽음이라는 도장이 한 번 찍히면 아무도 되돌아올 수 없다. 6 그러니, 어서 와서 이 세상의 좋은 것들을 즐기자. 늙기 전에 세상 물건을 실컷 쓰자. 7 값비싼 포도주와 향료를 마음껏 즐기자. 봄철의 꽃 한 송이도 놓치지 말자. 8 장미꽃이 지기 전에 장미 화관을 쓰자. 9 우리 중에 한 사람도 이 환락의 기회를 놓치지 말자. 우리의 몫이며 차지이니 우리가 놀고 즐긴 흔적을 도처에 남기자."

이런 사람들은 허무주의자들이다. 심판자도 없고 심판도 없다. 오직 이 생애뿐, 그 이상의 것이 없다. 그러면 그들이 무엇을 하는가? 그들은 자신의 욕망을6절 극도로 채우며, 그들은 궁극적인 소비자들이다. 먹고, 마시고 즐거워하라. 내일이면 우리는 죽을테니! 하지만, 이런 '즐거움의 신호들'이 무엇인가? 그들은 더러운 접시들, 텅 빈 술병 혹은 더러운 호텔방인가? 아니다.

"2:10 가난한 의인을 골탕먹인들 어떻겠느냐? 과부라고 특별히 동정할 것 없고 백발이 성성한 노인이라 해서 존경할 것도 없다. 11 약한 것은 쓸모없는 것이다. 그러므로 우리의 힘을 정의의 척도로 삼자. 12 의인은 우리를 방해하고 우리가 하는 일을 반대하며 율법을 어긴다고 우리를 책망하고 배운 대로 하지 않는다고 나무라니 그를 함정에 빠뜨리자. 13 의인은 자기가 하느님을 안다고 큰소리치고 주님의 아들로 자처한다. 14 우리가 무슨 생각을 하든지 늘 우리를 책망하기만 하니 그를 보기만 해도 마음의 짐이 되는구나. 15 아무튼 그의 생활은 다른 사람과는 다르고 그가 가는 길은 엉뚱하기만 하다. 16 그의 눈에는 우리가 가짜로만 보인다. 그는 우리가 걷는 길이 더럽다고 멀찍이 피해 간다. 의인들의 최후가 행복스럽다고 큰소리치고 하느님이 자기 아버지라고 자랑한다. 17 그가 한 말이 정말인지 두고 보자. 그의 인생의 말로가 어떻게 될 것인지 기다려보자. 18 의인이 과연 하느님의 아들이라면 하느님이 그를 도와서 원수의 손아귀에서 구해 주실 것이다. 19 그러니 그를 폭력과 고문으로 시험해 보자. 그러면 그의 온유한 마음을 알 수 있을 것이며 인내력을 시험해 볼 수 있을 것이다. 20 입만 열면, 주님이 자기를 도와주신다고 말해 왔으니 그에게 아주 수치스러운 죽음을 한번 안겨보자."

즐거움의 신호들이란 이런 허무주의자들에 의해 만들어진 비참하고 형편없는 모든 것들이다. 그것은 힘없고 의로운 가난한 자를 압제하는 것이다. 그것은 갚을 수 없는 과부들의 빚을 요구하는 것이며 노인들을 완전히 파멸시키는 것이다. 그들이 어떻게 군림하는가? 힘이 정의가 된다!11절 그들은 돌멩이와 총을 가지며 십자가와 전기의자를 가진다. 그들의 목표는 그들 가운데 있는 가장 약한 사람들을 제거하는 것, 즉 사회적 안락사이다. 하지만 왜 이런 가난하고 대항할 힘도 없는 자란 말인가? 왜냐하면 그들은 맞설 능력도 없고, 박해하는 사람들의 희생적 권세의 악을 불편하게 하고 그것을 증언하기 때문이다.

의로운 가난한 여인은 그녀의 존재로도 양심을 마비시킨다. 그녀의 길은 다르며 그녀는 압제자의 사례를 피해간다. 16-17절이 마치 예수의 이야기와 흡사하다는 것에 주목하라. 집단구타를 가하는 행위가 도모되고 있다. 내가 이전에 언급한 것처럼, 신화와 복음서의 구조는 같으며, 그들은 동일한 요소를 가지고 있다. 예수가 유대교 경전 속에서 예시되었다는 것이 우리로서는 놀라운 일은 아니다. 우리가 우리의 출발점을 십자가가 되도록 하는 것은 이런 예시가 가장 분명한 곳에 있는 것이다. 우리가 유대교 성서를 읽듯이 우리는 예시된 십자가에 못 박힌 자를 찾고 있다.

"2:21 악인들은 이렇게 뇌까리지만 그들의 생각은 그릇되었다. 그들의 악한 마음 때문에 눈이 먼 것이다. 22 그들은 하느님의 오묘한 뜻을 모르며 거룩한 생활에 대한 보상을 바라지 않으며 깨끗한 영혼이 받는 상급을 믿지 않는다. 23 그러나 하느님은 인간을 불멸한 것으로 만드셨고 당신의 본성을 본떠서 인간을 만드셨다. 24 죽음이 이 세상에 들어온 것은 악마의 시기 때문이니 악마에게 편드는 자들이 죽음을 맛볼 것이다. 3:1 의인들의 영혼은 하느님의 손에 있어서 아무런 고통도 받지 않을 것이다. 2 미련한 자들의 눈에는 그들이 죽은 것처럼 보이고 그들이 이 세상을 떠나는 것이 재앙으로 생각될 것이며 3 우리 곁을 떠나는 것이 아주 없어져 버리는 것으로 생각되겠지만, 의인들은 평화를 누리고 있다. 4 사람들 눈에 의인들이 벌을 받은 것처럼 보일지라도 그들은 불멸의 희망으로 가득 차 있다."

이제는 희생자가 말한다. 가해자들의 논리는 궁극적인 비방으로 그 희생자를 조롱하는 것이다. 만약 그 희생자가 굴복한다면 하나님께서 그들의 편에 서시지 않으며 아마도 존재하지 않는다는 것이 분명하다. 희생자는 달리 말한다. 양쪽 모두 그들의 이야기를 하지만, 그들 가운데 하나는 신화이며 다른 쪽은 신화의 급소이다. 희생자는 하나님이 그들 편에 있다는 것을 믿으며, 하나님께서 그들이 아는 것보다 더 큰 고난의 목적을 가지셨다는 것을 믿으며 하나님께서 미더운 분이시라는 것을 믿는다. 군중은 그 희생자에게 집단폭행을 가했으며, 하나님께서도 희생자들을 심판하셨으며 그들의 죽음을 수용하셨다고 믿으며. 거짓으로 그 폭력을 정당화시켰다. 하지만 희생자는 이 생애의 저 편에는 어떤 것이 있다는 것을 알고 있었다.

잠시 나는 이스라엘이 이교도에서 벗어나 다른 사람들이 되도록 하나님께서 선택하신 나라였다는 것을 짚고자 한다. 이 백성들에게 있어서는 그들이 나온 문화와 이 하나님에 대한 그들의 경험이라는 이중적인 관점에서 자신들의 이야기를 풀어나가는 것만이 자연스러운 것이었다. 즉, 그들의 문헌은 하나님의 구원하시는 역사와 하나님의 구원하시는 역사가 이스라엘의 적들에 대한 폭력을 포함하고 있다는 종교적인 시각이교적 희생원리 모두를 반영하고 있다. 12장에서 솔로몬의 지혜서의 저자는 이스라엘이 그 거룩한 땅을 차지하는 것을 인종 청소와 연결시키고 있다. 그 주된 이슈는 그 땅을 더럽히는 희생적 인간 폭력이다.

> "12:3 그 거룩한 땅에 살던 옛 사람들도 4 주님은 미워하셨다 그들이 하는 짓은 가증스러웠고, 푸닥거리와 우상에게 제사 지내기를 좋아하였던 것이다. 5 그들은 어린이들을 무자비하게 학살하고, 인육의 향연에서 창자를 먹으며 피 비린내 나는 잔치가 진행되는 가운데 입교 의식을 시작하였다. 6 부모들은 저항하지 못하는 제 자식들을 제 손으로 죽였다. 그래서 주님은 우리 조상들의 손으로 그들을 멸망시키시어 7 모든 땅 중에서 주님께 가장 귀한 이 땅이 그에 합당한 하느님의 자녀들을 주민으로 받아들이게 하셨다."

2-3장의 의로운 가난한 자들을 괴롭히고 있는 지금의 군중은 이제는 이교를 지향하는 것으로 나타나는데, 왜냐하면 그들이 무고한 자들의 살육에 참여했기 때문이다. 희생은 이교도의 손아귀에 있는 아주 제의적인 사건이다. 우리의 저자는 그가 겪고 있는 사회적 배척이 인간의 희생과 같다는 것을 이해하고 있다. 그러므로 모방적 현실주의가 사회적 희생양삼기를 인간 희생의 실행과 연결시킬 때, 그것은 처음 있는 일이 아니라 이미 유대교의 지혜문학이 그런 연결을 시작했다.

예수: 하나님의 지혜

훨씬 더 흥미로운 지혜문학의 또 다른 측면이 존재하고 있어 우리가 유익하게 이것을 탐구할 수 있다. 나는 이미 예수가 어떻게 유대교 성서의 어떤 본문들 속에서 '예시된' 것으로 나타날 수 있는지, 즉 모두가 십자가의 희생과 연결되고 있다는 것을 언급했다. 예수처럼, 지혜 역시 그 자신의 것과 더불어 살게 된다.잠8–9와 요1:14 지혜가 무엇인가? 그것은 창조에서 하나님의 대리자이다.잠8:22–31과 요1:1–5 예수 이전의 몇 세기에서 시간이 흘러감에 따라, 지혜는 또한 율법서와 등등하다고 간주되었으며 로고스The Logos라는 헬라 철학적 개념에 융화되기 시작했다.8.1 지혜는 하나님의 말씀이다. 하나님의 말씀은 율법서와 같은 본문의 형태로 오기 때문에, 지혜=율법서이다.

신약성서에서의 주요 주제는 예수를 지혜의 인물로 비교한 것이다. 바울은 고린도전서와 골로새서에서 이렇게 하고 있으며 히브리서의 저자, 제4복음서의 저자, 누가와 마태복음서의 저자들도 역시 예수 자료를 사용하며 이렇게 하고 있다. 벤 위더링턴Ben Witherington Ⅲ은 『현자 예수』Jesus the Sage라는 두꺼운 책을 써서 사람이 할 수 있을 만큼 철두철미하게 지혜를 추적했다.[18] 위더링턴은 예수와 지혜를 비교하는 것이 예수 자신, 특히 예수의 비유들로 거슬러 간다는 것을 보여준다. 만일 그렇다면, 가난하고 의로운 고난 받는 자의 주제는 그 비유들 속에서 찾을 수 있을 것이라는 것을 가정할 수 있다.…그리고 실제로 그렇다! 우리는 바로 누가복음 16:19–26에 나오는 거지 나사로 혹은 누가복음 18:8–18의 과부 이야기 속에서 이것을 본다.

유대교 경전에서의 지혜는 순수하고 흠이 없이 살았던 율법이다. 하나님과 관련하여, 지혜는 잠언 8:22–31에서 인간적인 혹은 친밀한 방식으로 묘사된다. 솔로몬의 지혜는 이런 방식으로 연계하며 다른 것을 첨가한다.

> "10:1 맨 먼저 조성된 인류의 아버지가 홀로 창조되었을 때에 그를 보호해 준 것이 지혜였으며 그가 죄를 지었을 때에 그를 구해 준 것이 또한 지혜였다. 2 지혜는 그에게 만물을 지배할 힘을 주었다. 3 그러나 악인이 미쳐서 자기 동생을 죽였을 때에 그는 지혜를 떠나, 자기 분을 참지 못하여 멸망하고 말았다. 4 그의 죄로 인하여 온 세상이 홍수에 휩쓸렸을 때에 지혜는 한 의인을 보잘것없는 나뭇조각 위에 실어서 또 한 번 세상을 구해 주었다. 5 다시 악이 창궐하여 여러 민족들이 혼란에 빠졌을 때에 지혜는 한 의인을 가려내어 하느

님의 책망을 받지 않도록 지켜주었으며 자기 자식에 대한 정마저 이길 수 있도록 힘을 복돋아주었다. 6 하늘의 불이 그 악명 높은 다섯 도시를 쳐서 악인들이 멸망할 때에 지혜는 그 의인을 피하게 하여 위험에서 지켜주었다."

이 본문에 따르면, 지혜는 창세기의 이야기들에서 줄곧 발견된다. 에덴동산에서 나타나 아담을 구한 것이 지혜이며그렇지만 어떻게? '타락'이 된 것은 가인과 아벨의 이야기이다. 노아 홍수의 세대를 만든 것은 가인이 물려준 증가하는 폭력이었다. 방주를 조종한 것은 지혜였다. 더 나아가 소돔에서 파멸로부터 롯을 구한 세 명의 메신저들 가운데 나타났던 것도 지혜였다. 저자는 그런 구원이 지혜를 통해 왔다는 구원의 행위가 매 시간마다 있었다고 계속해서 제시하고 있다. 그러면 지혜는 구원하는 인물이다. 예수가 지혜의 용어로 자신을 보았다는 것은 그리 놀랄 일이 아니다.

신약성서 저자들은 분명히 그렇게 하고 있다. 솔로몬의 지혜서 7:22-26에 나오는 지혜의 묘사를 가지라.

"7:22 지혜 속에 있는 정신은 영리하며 거룩하고, 유일하면서 다양하며 정묘하다. 그리고 민첩하고 명료하며 맑고 남에게 고통을 주지 않으며 자비롭고 날카로우며 23 강인하고 은혜로우며 인간에게 빛이 된다. 항구하며 확고하고 동요가 없으며 전능하고 모든 것을 살피며 모든 마음과 모든 영리한 자들과 모든 순결한 자들과 가장 정묘한 자들을 꿰뚫어 본다. 24 지혜는 모든 움직임보다 더 빠르며, 순결한 나머지, 모든 것을 통찰한다. 25 지혜는 하느님께서 떨치시는 힘의 바람이며 전능하신 분께로부터 나오는 영광의 티없는 빛이다. 그러므로 티끌만한 점 하나라도 지혜를 더럽힐 수 없다. 26 지혜는 영원한 빛의 찬란한 광채이며 하나님의 활동력을 비쳐 주는 티없는 거울이며 하나님의 선하심을 보여주는 형상이다. 27 지혜는 비록 홀로 있지만 모든 것을 할 수 있으며 스스로는 변하지 않으면서 만물을 새롭게 한다. 모든 세대를 통하여 거룩한 사람들의 마음속에 들어가서 그들을 하나님의 벗이 되게 하고 예언자가 되게 한다. 28 하나님은 지혜와 더불어 사는 사람만을 사랑하신다."

이런 지혜의 묘사에서는 어떤 진노나 분노나 적대감이나 독단을 표시하는 것은 없다는 것을 당신이 알아챌 수 있을 것이다. 그 묘사는 잠언 8장에서처럼 완전히 긍정적이다. 이제는 26절을 히브리서 1:2-3과 비교해보라.

"그 아들로 말미암아 온 세상을 지으셨습니다
그는 하나님의 영광의 광채이시며
하나님의 본바탕의 본보기이시며
자기의 능력있는 말씀으로 만물을 보존하시는 분이십니다."

혹은, 골로새서 1:15-20의 그리스도 찬가이다. 예수는 다음과 같다.

"보이지 않는 하나님의 형상이며,
모든 피조물보다 먼저 나신 분이십니다
만물이 그의 안에서 창조되었습니다
그는 그 몸의 머리이십니다
그는 근원이십니다
아울러 죽은 사람 가운데서 맨 먼저 살아나신 분이십니다
하나님께서는 예수 안에 충만함을 머물게 하시기를 기뻐하시고
예수를 통해 모든 것들과 화해시키셨습니다."

의인화된 지혜로서의 예수는, 인자와 같이, 성경에서 나온 인물, 즉 이 경우에는 부당하게 고난을 당하는 현자의 인물을 사용하고 있는 또 다른 방식이다. 우리는 '인자'에 대한 가르침은 십자가와 연결되어 있다는 것을 보았

으며, 물론 이사야 53장의 종은 고난을 당하는 자이다. 이런 인물들 각각, 인자, 의로운 고난당하는 자, 고난당하는 종 모두는 폭력 문제와 관련이 있다.

하나님의 지혜고전1:24, 예수는 또한 하나님의 산 율법이기도 했다.[19] 8.1에서 우리는 어떻게 제4복음서의 저자가 이런 지혜/율법/로고스의 연결성을, 율법이 육신을 입어 당신이 그것을 어떻게 하면 되는지 보여주는 모델이 여기 있다는 것을 말해주는 것은 예수이지, 본문이 아니라는 것을 주장하고 있는지 자세하게 보게 될 것이다. 지금으로서는 이 책의 처음에서부터 계속 진행해 나가고 있었던 논제를 재확인하는 것이 중요하다. 즉, 사도교회에 있어서, 쓰인 본문이 아니라혹은 구전 율법이 아니라 예수가 그 말씀이었으며, 신성함을 풍부하게 담고 있는 계시의 표현이었다는 것이다. 하나님은 인간의 삶으로 계시되었다.

신약성서 저자들이 지혜를 인간의 형상으로 사용한 것은 겨우 몇 군데에서이다. 그들은 자신들 스스로 이것을 찾아냈을까? 위더링턴은 예수가 의도적으로 자신의 가르침 속에 지혜의 사고를 사용했다고 본다. 그의 폭넓은 연구는 예수가 의도적으로 짧은 격언들, 비유들, 그리고 은유들을 사용할 때 지혜 전승을 재구성했다고 제시한다. 우리의 주장에서 더욱 도발적인 것은 예수가 성스러운 본문들에 대해 '비판적인' 접근을 했다는 것이다.

> "얼마나 많은 잠언적인 지혜의 주요 주제들이 완전히 혹은 거의 대부분 예수의 전승과 무관한지를 발견하면 놀라게 될 것이다. 예를 들어 지혜를 찾으라고 권고하는 격언이나 그것을 습득하는 것은 어렵다고 제시하는 잠언들은 없다. 예수도 하나님을 경외하는 것이 지혜의 근본이라고 주장하지 않는다. 나아가, 고된 작업이나 인격형성을 실천하는 것 그 자체를 권고하는 격언이나 속담도 존재하지 않는다. 예수는 잠언에 나타나는 여성에 관한 관습적인 남성중심적이고 가부장적 지혜와 같은 것을 제시하지 않는다."[20]

먼저, 위더링튼은 지혜에 대한 많은 중심적 주제들이 예수의 가르침과는 무관하다고 지적한다. 비판적으로 보도록 하게 하는 렌즈를 통해 예수가 이 문헌을 읽고 있지 않았다면 어떻게 이것이 가능했을까? 만일 이런 중심적 주제들이 "하나님의 영원하신 진리"였다면 그들은 분명코 예수의 가르침 속으로, 적어도 소외된 자들에 대한, 들어가는 길을 발견했을 것이다. 하지만 그들은 그러지 않았다. 지혜에 대한 지배적인 주제는, 만일 당신이 열심히 일한다면 축복을 받게 될 것이라는 것이다. 그러나 예수는 이것을 다음과 같이 뒤집어 놓은 것으로 보인다. "너희 가난한 자들은 복이 있다." 이것은 예수가 지혜 전승을 비판하는 방식의 한 가지 사례이다.

두 번째로, 예수의 가르침 속에는 지혜를 구하는 것을 심어주는 격언들이 없다. 그 이유는 지혜는 예수 안에 없는 것이 아니라 현존하기 때문이다. 이것은 굉장히 중대한 것으로, 만일 두려움이 지혜의 근본이라면 예수는 하나님의 지혜가 아니기 때문이다. 그는 "두려워말라"눅12:32라고 말한다. 우리는 우리를 처벌하는 신을 두려워하며, 사랑하시고 용서하시고 치유하시며 옹호해 주시는 하나님을 신뢰한다. 만일 우리가 그들을 섞어 버린다면, 우리는 오직 하나님을 부분적으로만 믿는 것이다. 두 얼굴을 가진 야누스 같은 하나님을 우리가 말하고 있기 때문이다.

세 번째로, 위더링튼은 인격 형성을 "이루는 법"과 같은 언급들이 없다는 것에 동의한다. "~ 하는 법"여러분이 빈칸을 채우라이라는 책들이 세속적이든 종교적이든 책꽂이를 가득 채우는 현대 서점과는 얼마나 대조되는 일인가. 예수가 오늘날 기독교 서점에 들어가서 그런 책제목들을 훑어본다고 상상해 보라. "성공적인 그리스도인의 삶을 살기 원하는가? 음, 네가 가진 모든 것들을 파는 것으로 시작해서, 그렇게 진행한 것을 가난한 이들에게 나눠주고, 거의 확실한 죽음에 이르기까지 나에게 참여하라." 혹은 "어떻게 하나님의 축복을 얻을 수 있냐고? 그래, 그거 굉장히 중요하지. 글쎄, 그러기 위해서는 빼앗김, 슬픔, 낙담이 무엇인지를 배워야 한다. 항상 아주 친절하고 절대로 파리를 해치지 말며 항상 모든 이들을 위한 올바른 일을 바라야 한다. 또한 너는 모든 모욕을 내버려 두고 제가 가는 곳마다 화평을 이루어라. 그래, 난 그것을 복이라고 말할 것이다.”

마지막으로, 예수는 유대교 경전들의 아주 분명한 남성 우월적 논리를 깨뜨린다. 이것을 행하기 위해서 그는 이사야 61장, 시편과 지혜서와 같은 본문들을 읽을 때 언제 그리고 어떻게 하나님께서 말씀하셨는지를 인식할 수 있어야 했다. 그냥 그 본문이 ‘하나님’이라고 말한다고 해서 그것이 예수의 아바를 의미하는 것이 아니다. 이것은 예수가 구약을 사용하는 논리의 필수적인sine qua non 부분이다. 세상을 향한 목적을 이루기 위한 예수의 메시지가 지닌 이런 측면이 예수 이후 거의 2000년을 필요로 했으며, 여전히 수많은 장소에 이르지 못하고 있다.

예수는 하나님의 지혜, 하나님의 교육, 하나님의 메시지지혜, 율법서, 말씀의 인간 의인화이다. 우리가 신약성서에서 그리스도 찬가에서 본 것처럼 [1.1] 사도 교회는 분명히 그렇게 생각했다. 예수가 유대교 경전들을 읽는 방식으로 우리가 유대교 경전들을 읽을 때 우리는 예수가 선언했던 하나님과 그런 하나님의 통치하심을 발견할 수 있을 것이다. 우리 가운데 어떤 이라도, 목사들이든 회중이든, 우리의 출발점으로서의 예수를 계속 무시하고 영감의 이론으로 시작하는 한, 우리는 예수가 율법과 지혜 모두를 해석하지 않았다 할지라도 율법과 지혜를 다시 연결시키게 될 것이다. 기독교로서는 이제 그것을 막는 모든 것들을 버리고 시작이자 중간이고 끝인 오직 예수만을 인식함으로 다시 시작할 시간이다.

7장 ◆ 바울

7.1 회심한 핍박자 바울

사도 바울에 대해 쓴 학자들의 글을 읽을 때는 항상 찾아야 할 세 가지 것이 있다. 그 학자들은 무슨 편지들을 진본이라고 여기는 것인가? 그들은 바울을 그릴 때 어떻게 사도행전을 사용하는가? 어거스틴의 방식대로 바울을 읽는 것과 그들의 관계는 무엇인가?

나는 반박의 여지가 없는 기준적인 서신들을 받아들인다. 그 서신은 로마서, 고린도전후서, 갈라디아서, 빌립보서, 데살로니가전서 및 빌레몬서이다. 내가 바울의 정경으로 포함시키는 것은 골로새서와 데살로니가후서이다. 나는 에베소서를 골로새서에 크게 의존하고 있는 문서의 '정통적' 편집으로 읽는다. 그것은 하나님의 우주적 은혜에 대해 바울이 강조하는 아름다운 총체다.

나는 사도행전에서 누가의 역사기록의 방법이 마음에 든다. 그것은 이미 그의 복음과 익숙하다. 다른 걸출한 역사서처럼, 확실히 사도행전에는 어떤 의도가 있으며, 그것은 '사실들'의 모음집 이상의 것이다. 좋은 역사는 이야기로 전해진다.[1] 누가와 바울 사이의 연대기나 신학의 차이점이 있는 곳에서 나는 바울 서신들의 편에 선다.

1963년에 신약성서학자 스탕달Krister Stendahl은 자신의 영향력 있는 논문, 『사도 바울과 서구의 자기 성찰적 양심』*The Apostle Paul and the Introspective Conscience of the West*을 출판했다.[2] 이 글은 해석자들이 바울을 읽을 때 그들의 강조점들이 바울이 강조하는 것이 아니라는 것을 보여주었다. 그 이후로 나는 '바울에 대한 새로운 관점New Perspective on Paul'과 옛 관점에 관심을 가졌다. 이런 새로운 관점은 유대 컨텍스트 속에 다시 위치시킴으로 바울을 활성화시키는데 도움을 준다. 바울은 결코 이 유대 컨텍스트를 떠나지 않았다! 그렇지만 새로운 관점조차도 여전히 빈번하게 어거스틴의 방식으로 바울을 해석하는 가정 하에서 연구가 진행된다.

프란츠 오버벡Franz Overbeck은 지금까지 교회의 역사에서 바울을 이해하는데 가까이 다가선 유일한 사람은 마르시온이었다고 언급한 적이 있다. 비록 마르시온이 바울을 잘못 이해했더라도 말이다! 2세기 초의 베드로 후서의 저자는 다음과 같이 썼다. "바울의 서신들은 이해하기 어렵다."벧후3:15-16그렇지만 기이하게도, 기독교 신학에 있어서 큰 지성적 변화를 이루어 낸 어거스틴, 루터 및 바르트에 의해서 바울 서신들은 재발견되어 왔다. 어렵든 아니든, 그 서신들은 알만한 가치가 있다. 먼저 우리는 흔히 '바울의 회심'이라고 부르는 것을 이해할 필요가 있다.

사도행전은 바울의 회심을 세 번에 걸쳐 기록하지만9, 22, 그리고 29장, 바울은 그것을 오직 갈라디아서 1:15-17에서 한 번만 언급하고 있다. 바울은 예수와 그가 만난 것은 계시apocalypse였다고 언급한다. 사용된 동사가 이것apocalypse이다. '하나님께서 나에게 자신의 아들을 계시하셨다.' 사울의 심층 구조는 변화되어 바울이 되었다. 그의 모든 사고방식은 산산이 부서졌고 예수 그리스도라는 새로운 기초 위에서 다시 세워졌다.고전3:11 그가 자신의 삶을 인식하고 이 점과 연결시키는 방식은 완전히 변화되었다.[3]

사도행전은 바울이 눈부신 빛으로 인해 앞이 보이지 않았다고 기록한다.9:3 바울은 예수에게로 회심하여 구원을 얻었으며 그가 죽을 때 천국을 약속받았다. 그렇지만 일어난 일은 그것이 전부인가? 전혀 그렇지 않으며, 절대로 아니다. 바울은 4영리를 들었냐는 질문을 받지 않았다. 바울은 거듭났냐고 질문을 받지도 않았다. 그가 기독교 개종자가 되고 싶은지 묻지도 않았다. 그는 오직 자신의 폭력에 대해서만 질문을 받았다. "사울아, 사울아, 왜 나를 핍박하느냐?"행9:4 이것은 바울에게 있어서 중대한 질문이었다. 실제로 그는 왜 예수의 제자들을 핍박하는 방법으로 예수를 핍박했었는가? 그것이 박해받아 마땅하다고 여겨진 예수와는 어떻게 관련되는가?

바울은 이것을 빌립보서의 자서전적 언급 가운데 하나로 말하고 있다. 3:4-6

> "하기야, 나는 육체에도 신뢰를 둘 만합니다. 다른 어떤 사람이 육체에 신뢰를 둘 만한 것이 있다고 생각하면, 나는 더욱 그러합니다. 나는 난 지 여드레 만에 할례를 받았고, 이스라엘 민족 가운데서도 베냐민 지파요, 히브리 사람 가운데서도 히브리 사람이요, 율법으로는 바리새파 사람이요, 열성으로는 교회를 박해하였고, 율법의 의로는 흠 잡힐 데가 없습니다."

바울의 혈통은 훌륭하다. 그는 세 가지의 민족적 범주 및 그의 종교적 지향점에 대해서도 세 가지 범주를 나열한다. 바울은 율법에 대한 자신의 지향점은 바리새파였다고 말한다. 사도행전은 그가 힐렐 가말리엘 아래서 공부했다고 기록함에도, 바울은 우리에게 어떤 학파에 있었는지 말해주지 않는다. 힐렐*Hillel*과 샴마이*Shammai*는 예수 이전에 수십 년 동안의 위대한 두 명의 랍비였으며, 바리새파가 율법을 해석하는 방식을 형성하는데 기여했다. 나는 빌립보서에 나온 그 언급, "열성으로는"이 아마도 바울이 자신의 진보적인 힐렐의 훈련에서 벗어나만일 이 점에 있어서 사도행전을 따른다면 바리새파의 더 보수적인 그룹인 샴마이에 합류했다는 것을 제시한다고 본다. 서기 66-70년까지의 전쟁 동안 열성적 폭동에 함께 하고자 했던 것은 샴마이 바리새파였다.[4] 바울은 자신의 열성에 대해 구체적인 표시를 준다. 그는 박해자였다. 비느하스, 엘리야 그리고 마카비처럼, 심지어 죽음이 강요된다고 하더라도, 바울의 열성은 끝도 없이 그렇게 교회를 핍박했다. 사도행전은 바울이 스데반의 '집단폭력'에 동의했다고 기록한다.

그가 사울로 알려져 있는 동안, 사도 바울에게는 바울이 되기 전 문제가 하나 있었다. 그는 아주 열성적이었다. 바울이 빌립보서 3:4-6에서 자신의 '자랑거리'street creds*를 늘어놓았을 때 그가 말하고 있는 것은 열성에 관해서라면 그는 최고의, 제일가는 율법애호가였다는 것이다. 그는 심지어 "교회를 박해"해야 한다는 생각에까지 이르렀다. 바울은 율법을 사랑했으며 그런 사랑이 그로 하여금 비느하스를 자신의 모델로 삼게 만들었다. 비느하스는 원형적인 열심당원으로, 그의 이야기가 민수기 25장에서 소개되고 있다. 하나님엘은 모세에게 다음과 같이 말씀하신다. "너는 백성의 우두머리들을 모두 잡아다가, 해가 환히 비치는 대낮에, 주 앞에서 그것들의 목을 매달아라. 그래야만 주의 진노가 이스라엘에서 떠날 것이다." 25:4 어떤 불쌍한 사람 하나가 그의 사랑스러운 미디안 아내를 숙소로 불러들여 저녁 전에 잠깐 동안 성관계를 가지려는데, 갑자기 비느하스가 손에 창을 들고 그곳을 급습했다. 그는 그들에게 창을 꽂음으로 그 부부의 성관계를 망쳤다.

이제 엘하나님은 이것으로 인해 기뻐하면서 자신의 분노를 이스라엘로부터 거둬들였다. 바로 비느하스가 "나를 위해 이스라엘 가운데 그런 열심을 보였기" 때문이었다.25:10 그것으로 그치지 않았다. 하나님께서는 비느하스와 개인적으로 "평화의 언약"을 맺었으며 "영원한 제사장 직분"을 승인하셨다.25:12-13 따라서 만일 하나님께서 그들의 죄로 인해 백성에게 진노하셨다면, 당신은 어떻게 하나님이 당신을 축복하시도록 할 수 있겠는가? 당신은 가서 하나님을 대적하고 있다고 생각하는 사람을 죽이는 것이다. 그 이야기는 거기서 끝나지 않는다. 비느하스는 그것을 이스라엘의 노래로 만들어 당신은 그의 이야기를 다음과 같이 가라오케처럼 들을 수 있기 때문이다. "그때에 비느하스가 일어나서 중재하니/재앙이 그쳤다/이 일이 그의 공로로 인정되어/대대로 길이길이 전해 온다."시106:30-31 서기 167년 마카비 혁명의 시기에서는, 장로 마티아 마카비Matthias Maccabee가 죽어가면서 이스라엘의 신앙에 있어서 위대한 영웅들을 극찬했다. 그는 "시험받을 때에 신실하였으며

---

* 저자의 표현은 원래 청소년들 사이에서 소위 먹혀드는 방식을 뜻함.

그것이 그에게 의로 여겨졌다"고 아브라함을 인용했으며, 요셉을 찬양하고 이어서 비느하스를 "그가 굉장히 열성적이었기 때문에 영원한 제사장직의 언약을 받을 수 있었다"고 극찬했다.^{마카비상 2:51-54}

이런 언급들 중에서 낯익은 것이 있는가? 그럴 것이다. 갈라디아서 전체는 율법이 열심의 렌즈를 통해서 해석될 때 무슨 일이 일어나는지에 대한 문제를 중심으로 쓰인 것이다. 바울이 갈라디아서 3:6에서 아브라함을 가리킬 때, 우리는 비느하스를 그 반대로서 생각해야 하는가? 그렇다! 바울은 곧바로 신명기 27:26을 인용한다. "이 율법 가운데 하나라도 실행하지 않는 자는 저주를 받는다." 만일 하나님께서 당신을 저주하신다면, 여기서 당신은 다른 사람들이 자신들이 하고 싶은 대로 당신에게 행할 수 있는 만만한 대상이 되며, 보통의 경우 이것은 당신을 없애버리는 것을 의미한다. 만일 당신이 율법을 어긴 자로 인식이 된다면, 그리고 만일 당신이 율법을 어김으로 인해 하나님의 진노가 온 나라에 임하게 된다면, 당신은 죄가 되기 때문에 반드시 제거되어야 한다. 율법을 열성적으로 해석하는 것은 그것에 뒤따르는 죽음과 파멸을 가져온다.

열심당원에게 있어서 율법은 고발적인 수단이다. 율법은 위반자, 죄인, 이단자, 범법자들에 대한 폭력을 정당화하기 위해 고발의 의미로 말하면 사탄처럼 사용되었다. 바울이 자신을 그가 알았던 사람 가운데 가장 열심적인 사람이었다고 말할 수 있었던 이유가 이것이다. 빌립보서 3장에서 나타나는 자신의 고백 속에서 그가 말하고 있는 것을 다른 말로 하면, 바울은 그가 아는 사람 가운데 가장 사탄적인 사람이었으며, 욥기 서문에서의 법무장관처럼, 범법자들을 찾아다니는 사람이었고, 그는 초기 예수 운동의 추종자들을 범법자로 생각했다. 바울은 어디까지 갔을까? 그는 스데반의 집단구타에 동의했다. 그가 아는 한 그 일은 의로운 행위였다. 이런 사탄적인 고발의 시각이 사울/바울을 눈멀게 했으며 여전히 오늘날에도 사람들을, 슬프게도 그리스도인들을 눈멀게 하고 있다.

바울이 불평하고 있는 것은 어떤 안내로서의 율법이 아니라 배타성, 소외시킴, 고문 및 죽음의 수단으로서의 율법이다. 바울이 고린도 교인들에게 은유적이거나 영적으로가 아니라 문자 그대로 율법은 "저주의 사역"고후3:9 혹은 "살인하는 문서"고후3:6 라고 말하는 이유가 이것이다. 심지어 전쟁, 폭력, 정복, 혹은 고문에 대한 모든 기독교적 정당화는 이렇게 율법을 잘못 이해함에서 온다. 우리의 잘못된 해석으로 인해 삶이 의미하는 것은 죽음 그 자체가 되어버렸다.

바울 시대의 여러 그룹들 가운데 가장 지배적이었던 해석적 모델은 율법을 열성적으로 해석하는 것으로서, 이것은 과거에도 문제였으며 항상 문제가 되어왔다. 고발적인 수단인 율법과 사탄을 연결시키는 본문이 하나 있다. 골로새서 2:13-15이다.

> "또 여러분은 범죄와 육신의 무할례로 죽었으나, 하나님께서는 여러분을 그리스도와 함께 살리시고, 우리의 모든 죄를 용서하여 주셨습니다. 하나님께서는 우리에게 불리한 조문들이 들어 있는 빚 문서를 지워 버리시고, 그것을 십자가에 못 박아, 우리 가운데서 없애 버리셨습니다. 그리고 모든 통치자들과 권력자들의 무장을 해제시키셔서, 그들을 그리스도의 개선 행진에 포로로 내세우심으로써, 사람들의 구경거리로 삼으셨습니다."

하나님께서 우리의 죄를 예수에게 지우셨다고 말하거나 우리의 죄가 십자가에서 못 박혔다고 바울은 말하지 않는다. 다른 신약성서 저자들도 마찬가지다. 아니다! 예수의 십자가에 못 박힌 것은 고발적인 수단이다. 그것은 정체가 폭로되고 무장이 해제되어 버린 "정사와 권세"로서, 우리에게 결코 힘을 행사하지 못한다. 십자가에서 예수는 죄와 마귀를 극복하신다. 예수의 죽음은 유대의 "기득권"이 만든 열성적인 행위에 대한 최고의 실천이자, 로마의 기득권에 의한 비겁함의 행위였다. 이것이 바로 갈릴리에서 온 무고한 방랑 설교자의 죽음 속에서 폭로되고 있는 것이다.

폭력을 정당화시키는 문제

율법에 대한 열심은 축복이 아니라 문제이다. '율법에 대한 열심'이라는 문구에 대해서 마틴 헹겔Martin Hengel은 다음과 같이 말한다.

> "여기서 우리는 비느하스민25장와 엘리야왕상18장가 모델이 되고 있으며, 특별히 마카비 시대 이후로 급진적인 그룹들의 이상이 되어 온 율법에 대한 열심의 문제를 대한다. 그런 '열심'은 이스라엘을 하나님의 진노로부터 벗어나게 하기 위해서 무력을 사용하기 위해 무조건적으로 마련되어 왔으며, 중대한 범죄자에 대해 제단sanctury과 율법을 보호하고자 자신의 삶을 내어 놓고 있다.… 이것은 '오늘날 너희 모두와 같이'행23:2라고 누가가 적절히 보여주듯이, 당시 유대교에 있어서는 아주 대중적인 태도였으며 또한 바울에 맞서 조직된 군중들을 화나게 했다."[5]

그리스도인들을 박해할 때 바울이 사용했던 논리는 이제 그를 공격하는 논리가 된다. 그의 '회심 혹은 소명' 이전에, 바울은 이 논리를 따를 수 있었으며, 여전히 그의 관점에서는 두 가지 율법Torot, 구전율법과 성문율법의 요구사항들을 충족시키는 것에 대한 완벽의 모델이 되고 있었다. 바울이 곧 스스로에게 물어야 했던 것은 다음과 같은 것이었다. "만일 내가 올바른 일을 하고 있었다고 생각했지만, 성서를 어떻게 읽을 것인가를 포함하여, 내가 무엇인가 잘못 된 것을 했다는 것을 지금 안다면, 내가 생각했던 하나님에 대한 모든 것들은 이제 하나님께서 나사렛 예수를 존엄 있는 오른 손으로 높이셨다는 사실에 비추어서 변화되어야만 한다."

만일 우리가 이것을 개종설화로 부른다면, 그것은 유대교에서 기독교로 바울이 개종했다는 것은 아니다. 그는 종교를 바꾸지는 않았기 때문이다.

그의 회심은 핍박자에서 핍박받는 자로, 악한 사람에서 순교자로, 흠 없는 바리새인에서 사도들 가운데 가장 작은 자요, 죄인의 우두머리로 바뀌는 것이다. 그의 신앙적 전통에서 변화는 없다. 바울은 예수와 같은 유대인이었으며, 그들은 결코 유대인이 되는 것을 그만두려 하지 않았다. 시작부터 끝까지 그들의 삶은 유대의 방식으로 자신들의 신앙을 표현하고자 할 것이다.

크리스터 스탕달Krister Stendahl은 다음과 같은 질문을 던진다. 다메섹 노상의 경험은 회심인가 소명인가? 만일 이것이 종교적인 변화가 아니라 소명이라면, 바울은 누구에게 부르심을 받은 것인가? 로마서와 고린도전서에서 롬1:1, 고전1:1 바울은 그가 "사도로 부르심을 받았"으며 고린도후서와 골로새서에서는고후1:1, 골1:1 자신이 "하나님의 뜻으로 그리스도의 사도가 된 자"라고 말하고 있다. 한편 갈라디아서에서갈1:1 그는 "사람들이 세워준 것도 아니요 사람이 맡겨 준 것도 아니요 오직 예수 그리스도와 하나님 아버지에 의해서" 사도가 되었다고 말한다. 바울의 언어는 유대 선지자들의 부르심, 특히 이사야와 예레미야의 부르심을 상기시킨다.사6:1, 렘1:1-4 그러므로 바울은 유대교에서 개종한 것이 아니었다. 그는 유대교 안에서 변화된 것이다.

이미 우리는 바울이 개종한 것은 율법의 열심 있는 해석으로부터였다는 것을 주목했다. 율법과의 문제는 정확히 무엇이었을까? 율법은 "거룩하고 의롭고 선한 것"이 아닌가?롬7:12 그렇다. 하지만 율법은 치명적인 약점을 가지고 있었다. 율법은 "육신이 연약하므로 아무런 능력이 없었다."롬8:3 율법은 어떻게 약화되었을까? 바울 자신은 이런 관점에서 "흠이 없었"고 나는 다른 많은 사람들도 역시 그렇다고 상상하기 때문에, 율법은 조항들을 지키는 능력과는 관련이 없다. 마치 유대교가 은혜의 종교가 아니었던 것처럼, 율법은 어떤 형태의 행위로 의롭게 되는 것과도 관련이 없었다. 율법은 우리 인간이 열심적으로 그것을 해석한다는 점에서 약화되었다. 바울에게 있어서 "육에 따라" 예수를 해석하는 것은 다음과 같이 인식하는 것이다.

"바울은 전에는 '육으로' 그리스도를 알았다. 그는 예수에 대한 어떤 열등한 형태의 지식을 소유하고 있었다. 교회를 박해하는 것에 대해 그가 말했던 것에 비추어 보면, 이런 모든 것들이 의미하는 것은, 그가 이전에는 자신의 동시대 사람들 사이에서 공감되고 있던 예수에 대한 평가를 공유하고 있었다는 것이다. 즉, 예수는 이단적인 교사이자 격동을 일으키는 선동가였으며, 그의 행위로 인해서 마땅히 처형을 받았다. 바울은 지금 이것이 그가 포기했던 그릇된 판단이었다는 것을 안다."[6]

박해자의 관점에서 해석될 때는, 율법은 하나님의 이름으로 사회적 보복을 승인했다. 바울이 본 것이 이것이다. 그렇지만 율법은 다른 이해, 즉 율법이 어떻게 나사렛 예수의 삶과 죽음에 비추어 해석될 수 있는지에 대한 또 다른 관점을 가졌다. 율법은 사랑으로 해석될 수 있다.[1.2, 2.1, 3.2] 이것이 갈라디아서 3:15-22에 나오는 바울의 주장이다. 바울은 '율법'*nomos*이라는 용어를 시내 산의 언약 및 적어도 십계명을 가리키는 데 사용한다. 바울은 이것을 '약속'*epangellia*과 대조시킨다. 율법서에 나오는 '폭력을 정당화하는' 본문들로 인해서, 그것을 하나님의 말씀으로 보았을 때는, 아울러 단순히 영적인 의미 이상으로, 그렇지만 공동체가 승인한 죽음의 실제적 의미로, 그 '율법'은 오직 죽음을 다루는 수단이 될 수밖에 없다.[갈3:21, 롬7:10][7]

바울과 성서에 대한 그의 두 가지 궤도

문제는 율법이 아니라 율법에 대한 인간의 해석에 있다. 이런 인간의 해석은 이미 신성한 계시와 더불어 율법 속에 포함되어 있다. 마틴[J. Louis Martyn]은 갈라디아서에서 바울이 하고 있는 것 가운데 일부가 이런 시각을 발전시키고 있다고 주장한다. 그는 다음과 같이 묻는다. "바울이 갈라디아서 5:3과 5:14에서 말하고 있는 진정으로 다른 측면, 혹은 율법의 목소리에는 의미가 있는 것인가?"[8] 마틴은 다음과 같이 지적한다.

"바울이 5:3에서는 저주하고 노예 삼는 시내 산의 율법의 목소리를 지칭하는 반면갈 3:10, 13, 19, 4:4-5, 21a, 24-25, 5:14에서는 하나님의 마음을 분명히 말해주고 있는 원래의, 이전 시내 산의 율법의 목소리를 말하고 있다3:8, 4:21b."

"바울은 하나님의 축복/약속의 목소리와 율법의 저주/노예삼는 목소리, 이 두 개를 예리하게 대조시킨다."

"갈라디아서 3장과 4장을 쓰면서, 바울은 두 가지 완전히 구분되는 목소리를 가진 율법을 마음에 담고 있다. 하나는 그릇되고 저주하는 것이며, 다른 하나는 하나님을 표시하는 진실하고 약속된 것이다."

"갈라디아서에서 그리스도와 율법과의 관계는, 먼저는 율법이 그리스도에 어떤 것을 했다는 것과, 둘째는 그리스도도 율법에 어떤 것을 했다는 것을 언급함으로서 가장 잘 접근되고 있는 주제이다…그리스도는 율법의 저주하는 목소리를 물리치셨다…[그리고] 그리스도는 율법의 원래적 목소리가 지닌 명령을 완성시키셨다.…율법은 영원히 그리스도에 비해 부차적인 것이다."9

바울에 따르면 성서를 읽는 데에는 두 가지 방법이 있다. 난 성서에는 두 가지 관점이 있으며, 하나는 희생자의 목소리이고 다른 하나는 희생을 시키는 자의 목소리라는 것을 이 책 곳곳에서 규명하고자 했다. 우리 중에서 마틴은 바울 자신이 이런 구분을 한다고 주장 할 때 성서를 어떻게 성서적 자료로 읽을 것인가에 대한 주장을 펴 왔다. 더글러스 캠벨Douglas Campbell은 바울에 대한 자신의 획기적인 책 속에서 이것을 따르고 있다.10

캠벨은 절대적으로 바울 사상의 중심으로서 은혜/믿음으로 의롭게 됨을 보는 바울에 대한 관습적인 이해를 폐기한다.11 로마서 1-4장을 철저히 다시 읽으면서, 캠벨은 바울이 특정한 거짓 교사와 싸움을 벌이고 있으며 로마서 1-4장에서는 바울이 자신과 그 거짓교사의 신학을 모두 펼쳐내고 있다는 것을 꼼꼼한 방식으로 열거하고 있다. 이것은 의인법prosopopoia으로 알려진 흔한 글쓰기 방식이었다.[12] 바울과 거짓 교사 사이의 '논쟁'으로 읽을 때는, 로마서 1-4장은 사실상 '거짓교사'그리고 다른 거짓 교사들에게 있어 그리스도는 율법을 끝내기 위해 오신 것이 아니라 이방인들을 위해 율법을 승인하시기 위해 오셨다는 것을 보여줌으로 갈라디아에서 바울이 설교한 복음을 폄하하는 것이다.[13] 바울은 결코 모든 율법에 대한 영구적인 승인을 주장하지 않는다. 마틴과 같이, 캠벨은 바울이 '그 [거짓] 교사'의 시각과는 다른 하나님의 시각을 가지고 있다고 주장한다.

> "그 교사는 온전한 진지함을 가지고 그리스도가 하나님의 자애를 드러낸다고 여기지 않았다. 그런 드러냄은 보복적인 하나님에 대한 어떤 이전의 개념들에 종속되어져 왔고 동화되어져 왔다.… 따라서, 하나님에 대한 근본적인 다른 개념들은 로마에서 성패가 달려 있는 것이다."

> "그의 [바울의] 복음은 *dikaiosune theou* 흔히 '하나님의 의' 라고 번역된다 속에 뿌리내린 것이다. 그렇지만 그 교사의 복음은 *orge theou* 흔히 '하나님의 진노' 라고 번역된다에 근거하고 있다. 이런 진노는 모든 행동에 보복적으로, 죄의 행위에 처벌적으로 반응한다. 하나님에 대한 이런 두 가지 기본적인 개념들은 이런 의미에서 결코 다를 수 없다."

> "요약하면, 바울에게 있어서 그리스도가 계시한 하나님은 자애로우신 분이다."[14]

성서가 두 가지 구분된 목소리를 갖는다는 주장은 예수2.1와 바울로부터도 뒷받침된다. 복음서에서 중요시 되고 있는 것은 그리스도 속의 하나님과 야누스의 얼굴을 가진 신과의 관계를 이해하는 방식이다.[1,3, 3,2] 두 개의 목소리를 구분하는 것이나 영들을 분별하는 것은 그 복음에 대해서 무엇이 정말로 좋은지를 우리가 듣기 위해서는 꼭 필요하다.[5,4] 고린도후서 3:13–18에 나타난 중요한 본문에서, 바울은 드러나고 드러나지 않은 율법을 읽는 데에는 두 가지 가능한 방식이 있음을 탐구하고 있다.

> "우리는 모세가, 자기 얼굴의 광채가 사라져 가는 것을 이스라엘 자손이 보지 못하게 하려고, 그 얼굴에 너울을 썼던 것과 같은 일은 하지 않습니다. 사실 그들의 생각은 완고해져서, 오늘날에 이르기까지도, 그들은 옛 언약의 책을 읽을 때에, 그들의 마음에서 바로 그 너울을 벗지 못하고 있습니다. 그 너울은, 그들이 그리스도를 믿을 때에 제거되기 때문입니다. 오늘날까지도, 그들은 모세의 글을 읽을 때에, 그들의 마음에 너울이 덮여 있습니다. 그러나 사람이 주께로 돌이키면, 그 너울은 벗겨집니다. 주님은 영이십니다. 주님의 영이 계신 곳에는, 자유함이 있습니다. 우리는 모두 너울을 벗어 버리고, 주님의 영광을 바라봅니다. 이렇게 해서, 우리는 주님과 같은 모습으로 변화하여, 점점 더 큰 영광에 이르게 됩니다. 이것은 영이신 주께서 하시는 일입니다."

가려진 율법을 읽는 것은, 영광스러웠던 것이 쇠퇴하고 있다는 것을 알면서 율법을 읽는 것이다. 영광이 쇠퇴할 때란 무엇을 의미하는가? 바울은 그 본문이 영광을 잃는 것이 아니라 그 본문의 해석자가 영광을 잃음을 말하고 있다. 베일로 가리는 사람은 모세이다. 이스라엘 사람들은 모세와 그 본문을 동일시했다. 만일 모세의 영광이 쇠퇴하면 그 본문의 영광 역시 쇠하고 있다고 말하는 것이 가능하다. 모세는 베일로 가림으로써 이것을 피했다. 그 해석자의 쇠퇴하는 영광을 부인하는 것은, "둔하고" "완고하거나" 혹은 "감정이 없이"*poreo* 되는 것에 버금가는 것이다. 마음이 둔한 것 혹은 그 본문을 올바르게 이해할 능력이 없는 것은 그 본문이 신성한 것이 아니라는 것을 보기를 거부함에서 나온다. 계시가 되는 것은 그 본문의 글자*gramma*가 아니라 성령에 비추어서 그 본문을 해석하는 것으로, 그 성령은 예수이다.[15]

바울은 고대 이스라엘 사람들과 바울의 동시대 사람들[베드로와 야고보?]이 모두 율법을 '가려진' 것으로 읽었다고 논증적으로 언급하고 있고 있다. 그들은 신성하게 승인된 죽음의 관점에서 시작하여, 거룩함의 이름으로 살인을 인가하거나 이방인들과의 식탁교제에 참여하거나 먹는 것으로부터 이방인들을 배제시키는 것을 승인한 야고보와 베드로의 사례가 보여주는 열심의 렌즈를 통해 율법을 읽었다. 그 본문을 제대로 읽는 유일한 방법은 부활하신 예수, 성령이신 주님과의 만남 속에 있는 것이다. 오직 예수만이, 드러난 방식으로, 투명하고 열려있고 자유롭게 성서를 읽는 또 다른 방식이 있음을 우리로 하여금 보도록 한다. 이 점은 사도 바울에게 있어서도 같았는데, 왜냐하면 바울을 열심 있는 박해자에서 그리스도인들과 복음 메시지의 수호자로 변화시킨 것은 부활하신 그리스도와 그의 만남이기 때문이다.

성서를 읽을 때 바울의 도전

우리는 바울의 메시지가 쉽게 들을 수 있거나 널리 받아들여지지 않았다는 것을 안다. 갈라디아의 "거짓 교사들"과 고린도의 "거짓 사도들"만 있었던 것이 아니었다. 바울은 또한 야고보와 베드로에 의해 움직여지는 예수살렘 교회와도 불편한 관계에 있었다. 바울은 갈라디아서 2:1-14에서 그 이야기를 자기 입장에서 공유하고 있다. 베드로와 야고보와 요한은 이 공동체의 "명망 있는 기둥들"이었지만 다른 사람들이 그들을 무엇이라고 생각하는 것은 바울에게는 중요하지 않았다.[갈2:6] 베드로는 이방인 그리스도인들과 함께 먼저 먹거나 빵을 떼다가 나중에 야고보의 권위 하에 있는 사람들이 등장하자 더 이상 그들과 함께 먹고자 하지 않음으로 인해 안디옥에서 동요를 유발시켰다.

예수살렘 공동체에게 있어서 중요한 것은 율법의 역할이었다. 이방인들도 그리스도인이 되기 위해 유대인들처럼 되어야 할까? 만약 그렇다면, 이 방인들은 정결해야 하며 어떤 유대인 그리스도인들은 개종하여 유대인이 된 이방인들과 함께 먹을 수 있었고 우상숭배로부터의 오염을 걱정하지 않아도 되었다. 바울에게 있어서 그것은 율법이 해석되는 방식과 관련이 있었다. 예루살렘 교회의 지도자들이 그어주는 배제의 선에 따라 율법을 읽는 방식은, 바울에게는 예수가 십자가에 못 박히는 것과 같은 것이다. 예수를 핍박하던 사람들과 분명히 예루살렘 기독교의 지도자들은 모두 율법을 배제의 관점에서 읽었는데, 이 관점은 '거룩함의 조항'에 비추어서 성서를 읽는 것과 같은 것이었다.[3.2] 바울이 말하고 있는 것은 그가 그리스도인들을 핍박하던 것을 승인하도록 성서를 읽는 방식은 바로 베드로가 지금 성서를 읽는 방식과 똑같다는 것이었다. 배제의 원칙은 피하는 것에서 처형하는 것까지 나름대로는 차이점들이 있을 수 있어도, 결국에는 모두 똑같은 것이다. 성서를 이런 시각에서 읽는 것은 화해와 생명으로 이끄는 것이 아니라 소외와 죽음으로 이끄는 것이다.

내 친구인 조나단 사우더Jonathan Sauder는 그것을 이렇게 거의 농담조로 보고 있다.

> "만일 예수가 실제로 하나님의 지혜이고 논리라면 우리는 갈라디아서 2:11-19에서 베드로와 바울을 갈라놓은 동일한 문제와 직면한다. 하나님의 우주적 질서에 대한 우리의 기본적인 이해를 개편하는 것이 예수에게 허용되었을까? 베드로의 대답은 '아니오'이다. 예수는 '특별 허가dispensation'라고 불리는 것을 준다. 이 특별 허가란 어떤 시간과 장소에서 유효한 음식규례법의 예외이다. 하지만 결국 가장 중요한 것은 음식규례법이 우주의 구조에 성문화되어 있으며 무시되어서는 안 된다는 정경적인 전통을 수호하는 자들 예루살렘에서 온 방문자들의 견해를 우리가 용인해야 한다는 것이다.

바울의 대답은 '예' 였다. 그는 단순히 새로운 이방인 형제들에게 무신경했다고 베드로를 비난한 것이 아니었다. 바울은 예수가 의롭게 되는 하나님의 길이라는 그 복음, 바로 그 주장이 여기서 위기에 봉착했다고 생각했다. 베드로가 문화적 금기들에 관해서 하나님의 본성에 대해 생각하는 것을 그만두어야 했거나 혹은 예수가 자신에게 하나님의 질서를 어겨도 되는 허락을 부여했다고 인식했거나, 바울의 말로 하면 이것은 예수를 '죄의 앞잡이minister of sin' 로 만드는 것이다.^{갈2:17} 이 단어는 하나님이 창조한 우주의 질서에 근거한 금기로부터 일탈하도록 만드는 사람을 의미한다.

세대주의자 베드로는 불완전하게 음식규례 금기와 사회적 차별을 세속화했지만, 바울의 눈에 이런 불완전한 해체는 하나님의 질서의 원수가 되는 예수를 죽이는 종교적 양심의 사람들을 이끌었던 하나님의 거룩함에 대한 사고방식을 다시금 만들어 내는 것이었다." [16]

율법을 이해하는 베드로의 방식은 바울에 대한 그 '적대자들'의 공격과 유사한 것이었다. 예루살렘으로 가는 자신의 마지막 여행에 대한 사도행전 21:27-28에서 ^{57년 여름}, 바울은 "모든 백성들이 어디에서나 우리 백성, 우리의 율법, 그리고 이 곳^{성전}에 맞서고 있다"고 가르쳤다고 비난을 받았다. 다른 이들은 바울이 "율법 없는" 복음을 가졌다고 생각했다. [17] 바울이 이전에 했던 것과는 다르게 성서를 읽었다는 그들의 생각은 맞다. 그들은 바울이 성서를 거부했다는 잘못된 생각을 해오고 있었다. 바울은 마르시온주의자가 아니었다. 회심 이전에 사울이 성서를 읽었던 방식과 그 사건 이후 회심한 바울이 성서를 읽었던 방식 사이의 차이점은 그가 신성한 폭력의 문제를 ^{폭력은 하나님의 뜻일 수 있다는 신념} 이해하면서 성서를 읽었다는 것이다.

그렇다면 율법에 대한 바울의 이해는 무엇이었나? 이것은 아마도 지난 50년간, 아마도 심지어는 지난 2000년간이나 바울 연구에 있어서 가장 복잡한 문제 가운데 하나일 것이다! 우리는 마르시온이 2세기에 이런 탁월한 이슈를 만들었으며 마르시온에 반박하면서 교회는 바울과는 다르게 구약을 읽기 시작했다는 것을 보았다. 바울과 율법에 대한 현대의 연구는 바울이 어떻게 유대 방식으로 주장을 하는지, 혹은 그가 어떻게 성서를 사용하는지, 또는 율법이 이방인들을 위한 것이 아니라 여전히 유대인들에게만 유효했다는 것을 바울이 수용했다는 것을 보여주고자 함으로 이런 난제를 조명하고 있다. 그들은 모두 맞지만 오직 몇몇 학자들만이 바울이 동료 유대인들과 유대인 그리스도인들과 벌였던 논쟁의 중심에 있는 것은 갈라디아서의 경우에는 유대교로 개종하는 것과 같은 율법의 열성적인 폭력적 해석의 문제였다는 것을 지적하고 있다.

제임스 던[James Dunn]은 다음과 같이 이런 모든 문제들을 간단하게 짚어 내고 있다.

> "율법에 대한 바울의 부정적인 요지는 이스라엘에 의해서 완전히 양도된 율법에 대한 것이며, 경계를 설정하는 제의 [음식규례, 안식법, 할례]에 대한 부적절한 강조로 인해 잘못 이해되고 있는 법에 대한 것이자, 육의 문제와 너무 밀접하게 동일시됨으로 죄의 도구가 되어버리는 율법 및 국수주의적 열심에 초점을 맞추는 것으로 빠져버린 율법에 대한 것이다."[18]

경계설정의 문제는 희생양을 둘러싼 공동체 형성 속에서 우리가 관찰하던 차별화의 문제이다. 금기들이 모방적 갈등의 출혈을 멈출 수가 없으며 사실상 그것을 증가시킨다는 점에서 율법은 죄를 악화시킨다. 아울러 율법은 열성적인 방식으로 해석될 수 있으며, 모든 방식의 보복과 희생양삼기를 정당화한다. 이것은 바울이 반박하던 것이었다.

로버트 해머튼-켈리는 이것을 다음과 같이 잘 이야기하고 있다.

"바울에게 있어서, 동시대 유대인들의 율법읽기는 다른 한편으로는 죽음을 가져온다. 그 이유는 무지의 베일처럼, 그것이 독자들과 그리스도 사이에 오기 때문이다. 그 본문의 편지들은 율법의 진정한 목적과 목표를 드러내기 보다는 모호하게 하는 기능을 하는데, 그 율법은 세상이 기초로 삼는 아담의 죄와 희생을 드러냄으로 그리스도 안에서의 신앙을 가리키는 것이다. 만일 모세적 유대인들이 십자가에 비추어서 모세의 저작들을 읽는다면, 그들은 아담의 불신앙에 의해서 주된 금기들의 왜곡의 계시를 보게 될 것이며 율법이 죽음을 가져온다는 것이 어떤 것인지를 이해하게 될 것이다. 즉, 그들은 바울이 율법을 읽은 것처럼 그것을 읽을 것이다. 같은 이유에서, 만일 그리스도인들이 유대인들의 방식으로 율법을 읽어야 한다면 그들은 율법이 저주하고 십자가형에 처한 사람의 모습을 잃게 될 것이다. 모세의 해석이 대리적인 희생 메커니즘을 가리고 거룩한 규정들과 제의들의 준수를 통해 자기망상의 거룩한 그물을 치기 때문에, 율법은 죽이는 것이다."[19]

해머튼-켈리와 던Dunn이 본 것처럼 바울에게 있어서 문제는 해석적인 것이다. 그 문제는 성서 자체가 아니라, 성서가 그래 왔고 현재도 신성한 폭력의 모체 속에서 해석되고 있는 방식이라는 것을 논증하는데 이 책에서 그렇게 많은 시간을 쏟아 붙는 이유가 이것이다. 신학자들과 수많은 성직자들, 박사학위 소지자들, 서적들, 논문들, 사전과 최근의 성서 소프트웨어는, 성서가 그 자신에 대해 말하고 있음에도 불구하고, 오히려 그 자신과 대조적으로 성서를 해석한다. 이사야의 시대나 바울과 예수의 시대보다 오늘날이라고 다를 것이 없다. 복음의 메시지는, 무슨 형태를 취하든지, 항상 그릇된 종교에 도전하면서 힘든 여정을 해 왔다.

율법에 관한 한 바울이 맞서 주장하고 있는 것은 올바른 일을 하는 것이 그릇된 것이라고 인식될 때가 있다는 것이다. 그 이유는 성서가 폭력을 '인가한다'고 해서 그것이 하나님의 뜻을 의미하는 것이 아니기 때문이다. 이것은 바울의 삶을 거꾸로 변화시켰던 시각 속에 있는 전환이다. 바울에게 유일하게 문제가 되는 것은 "사랑으로 표현된 신앙"이었다.갈 5:6 그리스도는 백성들의 분노의 대상이 됨으로갈3:13-14, 즉 율법의 요구사항들에 의해 부당하게 핍박을 받은 희생자가 됨으로, 열성적인 율법 해석에 종말을 가져다주었다.롬10:5 만일 사랑이 율법을 해석하는 렌즈라면, 예수와 바울이 한 것처럼, 북미 전체에 걸쳐 있는 수많은 회당들 속에서 찾을 수 있는, 은혜가 가득한 동정적인 율법의 해석은, 수많은 교회들의 진노가 가득하고 유황불이 타오르는 설교보다 훨씬 '기독교적'이다.

바울에게 있어, 예수에게 그랬던 것처럼1,2, 문제는 유대교 대 다른 종교라는 것이 아니라, 우리가 어떻게 천국과 이 땅의 동정어린 조물주Compassionate Maker에 비추어서 우리의 성서를 읽을 것인가 하는 것이다. 그것은 성서와 우리들의 관계가 아니라 예수, 즉 하나님의 해석자와 우리들의 관계이다.

7.2 바울의 희망찬 비전

"당신은 구원받았습니까?" "당신은 거듭나셨나요?" "당신이 죽으면 천국에 가실 수 있나요?" 지난 30년이 넘도록 나는 많은 독자들이 그랬던 것처럼 몇 번이나 이런 질문들을 받았다. 이런 질문들 뒤에는 우리가 다른 인간들을 아는 것처럼 예수가 알려질 수 있다는 신념이 있으므로 이것은 칭찬할 만하다. 진짜 질문은 이것이다. 당신은 어떤 예수를 따르고 있는가?

바울은 자신의 교회들, 예를 들면 갈라디아, 고린도, 빌립보 및 아마도 골로새 교회에서, 예수의 이야기를 전하는 잘못된 방식들이 있다는 것을 경험했다. 바울은 갈라디아 교회에게 만일 누군가가, 심지어 가장 높은 천사라 할지라도, 그가 전했던 복음과 다른 복음을 전한다면, 저주를 받아야 한다고 말할 것이다.갈1:8 '눈물의 편지'라고 알려져 있는고후2:4=고후10-13장 고린도 후서에서는, 바울이 '대 사도들'에 맞서서 공격적으로 말을 하고 있다. 예수의 이야기를 말하는 데에는 다른 방식들이 존재하고 있었다.고후11:4 몇몇 사람들은 분명히 엉뚱한 음절을 강조하고 있었다. 바울은 자신이 그리스도 안에 있는 구원의 메시지와 부활하신 예수가 진정한 증인이라는 것을 알고 있다. 하지만 이 구원이라는 것이 정확히 무엇인가? 그것은 믿음으로 인한 법정의 이신칭의인가? 그것은 바른 교리를 수용한 것인가? 그것은 올바른 교회의 침례인가? 그것은 종교적인 느낌인가? 이 구원에 누가 포함되어 있는가? 일부인가? 다수인가? 모든 사람인가? 아니면 몇 명에 불과한가? 이 구원은 어떻게 이루어지는가? 구원은 언제, 그리고 어디서 일어나는가? 구원은 개인적이고 자율적인 주체들을 구속하는 행위인가 아니면 이 세상의 모든 사람들의 포괄적인 구속인가?

바울에게서 우리가 먼저 주목할 것은 구원은 항상 하나님의 주도하에 있다는 것이다. 그것은 종교와 정반대되는 것으로, 종교는 항상 인간의 주도로 시작한다. "예수를 속죄제물*hilasterion*로 주신" 이는 하나님이시며롬3:25 "우리가 아직 죄인으로 있을 때에, 그리스도께서는 우리를 위하여 죽으심으로써, 우리를 위한 사랑을 나타내신" 분도 하나님이시다. 롬5:8 고린도후서 5:17-18은 다음과 같이 언급한다. "누구든지 그리스도 안에 있으면, 그는 새로운 피조물입니다. 이 모든 것은 하나님께로부터 온 것입니다." 구원은 우리가 생각해 내는 어떤 것이 아니며, 인간의 문화의 화룡점정을 찍는 것도 아니다. 구원은 완전히 새로운 것이며 하나님께로부터 온다. 어떤 사람들은 아마도 고린도후서 5:21이 내가 금방 이야기했던 모든 것들과 모순된다고 이의를 제기할 지도 모른다.

고린도후서 5:21은 화해에 관한 더 큰 컨텍스트의 한 부분이다. 14-17절은 다음과 같이 말한다. "그리스도의 사랑이 우리를 휘어잡습니다. 왜냐하면 우리는 이렇게 결론을 내리기 때문입니다. 한 사람이 모든 사람을 대신하여 죽으셨으니, 그러므로 모든 사람이 죽은 셈입니다. 그런데 그리스도께서 모든 사람을 대신하여 죽으신 것은, 살아 있는 사람들이 이제부터는 자기들 스스로를 위하여 살지 않고, 자기들을 대신하여 죽으셨다가 살아나신 그를 위하여 살게 하려는 것입니다. 그러므로 이제부터는 아무도 인간의 잣대로 사람을 알려고 하지 않습니다. 전에는 우리가 인간의 잣대로 그리스도를 알 았지만 이제는 그렇게 알지 않습니다. 누구든지 그리스도 안에 있으면 새로 운 창조의 부분입니다. 이전 것들은 지나갔습니다. 보십시오, 새 것이 찾아 왔습니다!"CEB

  휘어잡는 것은 하나님의 진노, 지옥이나 처벌을 무서워하는 것이 아니라 그리스도의 사랑이라는 것에 주목하라. 왜 이런 사랑이 바울의 메시지를 휘 어잡는가? 바울은 예수의 죽음과 더불어 모든 인간을 포함한 어떤 일이 일 어났다고 결론을 짓는다. 인자로서 복음서 전승 속의 'ho huious tou anthropou', 2.2를 참고 혹은 바울 전승에서 둘째 아담으로서, 예수는 모든 인간을 대표하고 있다. 그의 죽음은 모두의 죽음이다. 그가 부활한 것조차, 그의 부활은 모두에게 생명을 가져다준다. 그가 모든 사람들을 위해 이 일을 한 것을 고려하면, 그 의 부활은 모두에게 생명을 가져다 준 것이다. 바울은 범법자로 정당화되어 처형을 당했던 자를 의미했던 'kata sarka' 육체를 따라 혹은 인간의 잣대에 따라로 그 가 예전에 예수를 정죄했었다고 단언한다. 마지막으로 17절은 제1의 조건이 다. 그것은 조건적인 '만일'이 아니라 오히려 '~이므로'이다. 그리스도 안에 서는, 종말론적 지평이 위반되고 있으며, 예수 안에서 정체성을 가진 사람은 =모두 하나님이 새롭게 약속하신 창조의 한 부분이다.

  18-20절은 왜 화해의 주제가 선포되는지를 형성하고 있다. "이 모든 것 은 하나님께로부터 옵니다. 하나님께서는 그리스도를 통해서 우리를 자기 와 화해하게 하시고 또 우리에게 화해의 직분을 맡겨 주셨습니다. 곧 하나님 께서는 사람들의 죄과를 따지지 않으시고 세상을 그리스도를 통해 자기와 화해시키는 것입니다. 하나님께서는 우리를 신임하셔서 화해의 메시지를 주 셨습니다. 그러므로 우리는 그리스도를 나타내는 사절단입니다. 하나님께 서는 우리를 통해 여러분과 협상하고 계십니다. 우리는 그리스도를 대신하 여 여러분께 간청합니다. 하나님과 화해하십시오!"CEB 18절은 우리와 하나

님 자신을 화해시킴으로 우리의 구원을 위한 주도권을 가지신 분이 하나님이라고 말한다. 어떤 처벌적 대리나 만족의 용어도 나타나지 않으며 하나님의 진노나 지옥의 위협에 대한 언급도 없다. 이런 화해를 아는 사람들로서, 하나님은 이런 메시지를 맡기신다. "여러분들은 화해되었습니다. 하나님의 관점에서는 다리를 놓거나 가로질러야 할 어떤 거리나 구렁도 없습니다. 그러므로 사도의 메시지는 어떤 인정입니다. 하나님은 여러분과 하나님 그 자신과 화해했습니다. 그것은 이루어진 사건이며 기정사실입니다. 그것은 현실입니다. 들으신 적이 없나요? 그럼 와서 하나님의 사랑하시는 열린 팔로 돌아오십시오."

하나님께서 어떻게 이 일을 하셨나? "그들의 죄를 따지지 않으심으로"이다. 다시금 우리의 죄가 예수에게 부과된 것에 대한 어떤 언급도 없다. 신약성서 어디에서도 이것을 말하지 않고 있다. 하나님께서는 어떻게 죄를 다루시는가? 하나님께서는 죄를 용서하신다. 하나님의 관점에서는 죄가 결코 일어나지 않은 것처럼 하시는 것이다. 누가복음 23:32에서 예수가 "아바, 그들을 용서하소서. 그들은 자신들이 무엇을 하고 있는지 모릅니다"라고 기도하는 것과 같다. 혹은 바울이 말한 것처럼, "사랑은 지난 과오들을 간직하지 않습니다."고전13장 하나님은 지난 기록들을 간직하시는 분이 아니며, 천국에서는 당신의 삶에서의 모든 선한 일과 악한 일을 어떤 천사가 기록하고 있는 어떤 책도 없다. 요한계시록 20:12는 이 점에서 완전히 틀렸다.

다음으로 우리는 고린도후서 5:21을 볼 것이다. 몇 개의 번역들은 다음과 같다.

CEB 고린도후서 5:21 하나님께서는 우리를 위해 죄를 모르는 분을 죄로 삼으셨습니다. 그리하여 그를 통해 우리는 하나님의 의가 되게 하심입니다.

CJB 고린도후서 5:21 하나님께서는 이 죄 없는 분을 우리를 위한 속죄제로 삼으셨습니다. 그리하여 그와의 연합 속에서 우리가 하나님의 의를 완전히 공유할 수 있게 하기 위함입니다.

KJV 고린도후서 5:21 그는 우리를 위해 죄를 모르는 그를 죄로 삼으셨습니다. 그리하여 우리는 그 안에서 하나님의 의를 이루게 하려 함입니다.

NAS 고린도후서 5:21 그는 죄를 모르는 그를 우리를 위해 죄로 삼으셨습니다. 그리하여 우리는 그 안에서 하나님의 의가 되게 하려 함입니다.

NIV 고린도후서 5:21 하나님은 죄가 없는 그를 우리를 위한 죄로 삼으셨습니다. 그리하여 그 안에서 우리는 하나님의 의가 되려 함입니다.

RSV 고린도후서 5:21 우리를 위해 그는 죄를 모르는 그를 죄로 삼으셨습니다. 그리하여 그 안에서 우리는 하나님의 의가 되려 함입니다.

이 모든 사례에서 보면, 번역자들은 하나님을 동사 '*poieo*' 만들다의 주어로 두었다. 이것은 맞는 것인가? 헬라어에서 명사 '*theos*'는 나타나지 않고 헬라어에서 그 주어가 동사 속에 암시되어 있다. 어떤 사람들은 하나님께서 이것 이전의 많은 문장들의 주제였으므로 하나님께서 논리적으로 이 문장에서도 역시 주어일 것이라고 말한다. 랄프 마틴Ralph Martin[20]은 다음과 같이 말한다. "이것은 정확히 설명하기 어려운 문장이다. 왜냐하면 우리는 그 표현의 배경을 모르기 때문이다." 마틴과 빅터 폴 퍼니시Victor Paul Furnish[21] 모두 다른 사람들처럼 5:21이 교리적인 형태일 가능성이 높다고 지적한다. 이것은 무엇을 제시하고 있을까? 그것은 바울이 예루살렘 교회 속에서나 혹은 초기 기독교 설교의 일부로 발견되는 속설을 가져왔다는 것을 의미한다. 어느 쪽이든 그것은 우리가 전승의 어떤 부분을 다루고 있다는 것을 보여준다. 어쨌든 그가 복음을 두고 갔던 사람이 아니라는 것을 보여주는 그의 방식일 수 있다.

이 전승에서 하나님께서 예수에게 죄가 있다고 제시하는 것을 어디에서 볼 수 있는가? 오히려, 우리가 발견할 수 있는 것은, 특히 수난설화에서 예수를 죄인범법자로 판결했던 이들은 통치 권력자들이었다는 것이다.[22] 다른 말로 하면, 수난 이야기에서 초기, 아마도 서기 41년경이었을 것이다 넘겨졌던 예수의 죽음의 전승은 "예수에게 죄를 씌운" 이가 누구였는지를 결정하는 것이 우리 손에 있는 것이다.[23] 예수에게 죄를 뒤집어 씌운 것은 인간들이다. 복음서가 분명하게 말한 것처럼, 그리고 죽은 자 가운데서 예수의 부활이 재가한 것처럼, 그것은 잘못된 판결이었다. 메시아를 "'인간의 잣대로kata sarka' 알고" 그에 대해 잘못되고 거짓된 판결을 내렸던 우리 인간들은 '그를 죄인으로 만든' 사람이었다. 하나님이 그러신 것이 아니다. 이사야서 53장을 뒤집어서 다시 읽을 때, 이사야서 53장을 상호텍스트성의 반향inter-textual echo으로 보려는 학자들은 보통 이런 본문을 희생적으로 읽게 된다.

만일 '예수를 죄인으로 만든' 사람이 하나님이 아니라 인간들이라면, 우리는 어떻게 이 구절을 이해해야 할까? 나는 다음과 같이 번역하고자 한다. "무고했던 이가 인간의 잣대로 심판하는 인간에 의해 죄가 있는 것처럼 여겨졌으므로, 우리가 죄가 없는 예수에 대해 잘못된 판결을 내린 것에 관한 한, 하나님께서 우리에게 '잘못된' 판결을 내리시는 것이 옳으며, 죄가 있는 우리가 하나님과의 올바른 관계 속에 있다고 선언하신다."

이것은 모두를 위해서 예수 안에, 예수에게 일어났던 것으로 인해서, 신학자들이 '놀라운 교환'이라고 지칭하는 것에 대한 바울의 강조와 잘 들어맞는다. 우리는 예수의 삶, 죽음, 부활과 승천 속에 포함되어 있다. 우리의 정체성은 그 안에서만 찾을 수 있다. 따라서 속죄는 예수가 하나님의 진노를 달래는 것과는 아무런 관련이 없다. 대신 십자가는 우리의 옳지 못한 심판이 드러나는, 올바른 심판을 내릴 수 있는 우리의 능력이 헛된 것으로 나타나는, 우리가 예수와의 관계에서뿐만 아니라 다른 사람들과의 관계 속에서 바르게 결정할 수 없다는 것을 보는 사건이다. 심지어 우리는 진정한 실재가 되는 새롭고 유일한 현실 속에서 살도록 부르심을 입었다. 그것은 바로 모든 사람들이 궁극적으로 회복을 받고 우리 모든 사람들이 용서하고 용서를 받는, 부활하신 그리스도의 종말론적 지평인 것이다. 이것이 진정한 속죄*이며 이것은 참된 '유앙겔리온euangellion, 복음'이다!

우리가 알 수 있는 두 번째는 예수라는 인간 속에서 일어나는 것이다. 예수는 바울신학의 중심이며, 그리하여 바울이 이해하는 그리스도 안에 있는 하나님의 역사하심의 중심이다. 바울이 어떻게 이 역사하심을 이해했는지는 다음 섹션의 몫이다. 이런 논제를 뒷받침하는 본문들은 바울 서신에 많이 있으며, 난 이것에 대한 어떤 심각한 의견의 충돌이 있으리라고는 보지 않는다. 예수가 바울의 신학의 중심이었다는 것은, 또한 어떻게 그의 계승자들의 그들의 신학을 해나갔는지에 의해서 논증될 수 있다. 바울의 추종자들 가운데 하나가 어떻게 신학을 했는지의 사례는 에베소서 1:3-14에서 찾을 수 있다.

> "우리 주 예수 그리스도의 하나님 아버지께 찬양을 드립니다. 하나님께서는 그리스도 안에서 하늘에 속한 온갖 신령한 복을 우리에게 주셨습니다. 하나님께서는 우리를 사랑하셔서, 하나님 앞에서 거룩하고 흠이 없게 하시려고, 창세전에 우리를 그리스도 안에서 택하여 주셨습니다. 그리고 하나님의 기뻐하시는 뜻대로, 예수 그리스도로 말미암아 우리를 하나님의 자녀로 예정하셔서, 하나님의 사랑하시는 아들 안에서 우리에게 거저 주신 하나님의 영광스러운 은혜를 찬미하게 하셨습니다. 우리는 하나님이 사랑하시는 아들 안에서, 하나님의 풍성한 은혜를 따라서, 그분의 피로 구속 곧 죄의 용서를 받게 되었습니다. 하나님께서는 우리에게 모든 지혜와 총명을 넘치게 주셔서, 그리스도 안에서 미리 세우신 하나님이 기뻐하시는 뜻을 따라, 하나님의 신비한 뜻을 우리에게 알려 주셨습니다. 하나님의 경륜은, 때가 차면 하늘과 땅에 있는 모든 것을 그리스도 안에서 그분을 머리로 하여 통일시키는 것입니다.

---

* 속죄에 해당하는 영어단어는 atonement이지만, 저자는 여기서 'at-one-ment'라고 쓰면서 속죄가 '하나가 된 상태'임을 강조하고 있다.

모든 것을 자기가 뜻하시는 대로 행하시는 하나님께서, 자기의 계획을 따라 예정하셔서, 그리스도 안에서 우리를 상속자로 삼으셨습니다. 그것은 그리스도계 맨 먼저 소망을 둔 우리로 하여금, 하나님의 영광을 찬미하게 하시려는 것입니다. 여러분도 그리스도 안에서 진리의 말씀, 곧 여러분을 구원하는 복음을 듣고 그리스도를 믿었으므로, 약속하신 성령의 인치심을 받았습니다. 이 성령은 우리의 상속의 담보이어서, 우리로 하여금 구속을 받아, 하나님의 영광을 찬미하게 합니다."

여기서 우리는 '그의 영광스러운 은혜의 찬양으로'라는 코러스가 있는 세 절 짜리 노래로 나타나고 있는 것을 본다. 각각의 절은 먼저 성부, 그리고 성자, 그리고 성령이라는 각각 다른 관점에서 같은 이야기를 하고 있다. 성부, 성자, 성령으로 명명된 것은 한 하나님이며, 세 명의 신이 아니라 창조주, 화해자와 구원자의 세 가지 다른 방식으로 명명된 단일하신 하나님이다.

이 절들에서 11차례가 넘도록 우리는 "그리스도 안에서", "그 안에서", "예수 그리스도를 통하여"와 같은 단어들을 발견할 수 있다. 하나님의 역사하심에 대한 이런 기독론적인 강조들은 아무 의미가 없는 것은 아니다. 왜냐하면 오늘날 너무도 많은 그리스도인들이 예수와는 다르게 하나님을 보고 있기 때문이다. 기독교국가의 하나님은 흔히 야누스의 얼굴을 가졌으며, 너무도 멀리 떨어져 있고 냉담하며 전능하시고 우리 손에 닿지 않는 신이다.[1.3] 예수의 하나님과 성부는 멀리 떨어져서 신비한 초월 속에 남아 있지 않고 우리의 실존을 공유하시기로 결정하셨다. 아바는 세상이 시작하기도 전에, 예수 안에 있는 우리를 선택하셨으며, 예수 안에서 우리를 위해 존재하고 계시며, 우리의 죄를 용서하시고 하나님 자신과 우리의 관계를 회복시키신다. 태곳적부터 우리를 위해 존재하심으로, 하나님은 또한 선한 미래로부터 우리에게 오실 이처럼, 현재에 우리와 함께 계신다. 우리와 함께 하시는 하나님, 우리 안에 계시는 하나님, 그리고 우리를 위하시는 하나님, 성령, 즉 부활하신 예수의 성령이다. 우리의 구원을 이해할 수 있는 모든 것은 신약성서 속에서 가장 긴 단일 문장202개의 단어로 구성됨 속에 찾을 수 있다.

예수 안에서 일어난 구원은 전 우주에 영향을 미쳤다.골1:15-20 만일 모든 인간의 역사에 영향을 미친 죄의 결과가 에덴동산에서 한 남자의 불순종의 결과였다면, 그런 결과의 해체는 또 다른 정원 속에서 어떤 사람의 복종의 결과였다.롬5:15-16 예수의 복종은 모든 사람에게 생명을 가져왔다.롬5:18 아담의 이야기가 모든 사람의 이야기인 것처럼, 그렇게 예수의 이야기도 모두의 이야기이다. 초대교회가 구원에 대해 이야기할 때 그들이 단지 몇 명이 아니라, 일부가 아니라, 모든 이들의 주님으로 예수를 지칭한 이유가 이것이다.

이것을 현대 기독교 속에서 우리가 이야기하는 "나, 나를, 나의" 방식과 비교해 보라. 교회에 다닐 때 사람들은 개인적인 구원의 이야기를 하도록 격려를 받는다. 예수 안에서 하나님께서 가져오신 구원은 더 이상 공동적인 차원을 갖지 않는다. 그 구원은 더 이상 이 세상의 구원이 아니다. 몇몇 사람들이 말하는 구원이야기는 솔직히 이야기하면 자기도취적이다.

만일 하나님께서 예수 안에서 이루신 일이 모든 세상을 위한 것이라면, 이것은 우리가 구원을 말할 때 모든 세상을 포함하는 방식으로 해야 한다는 것을 의미한다. 그런데 왜 우리는 그렇게 하지 못할까? 우리가 그러지 못하는 이유는 세 가지라고 본다. 먼저는 초대교회 및 초대교회의 유대교 거부로부터 온다. 구약성서가 유대교가 아니라 초대교회에 마땅히 속한 것이라고 주장함으로써, 기독교는 자신의 '부모'와의 접촉점을 잃었다. 복음은 세상과 함께 역동적으로 일하시는 하나님에서는 그다지 보이지 않고, 우리가 4장에서 본 것처럼 더욱 형이상학적으로 보이고 있다.

두 번째 이유는 우리가 4.2에서 언급한 것으로, 어거스틴의 예정이나 선택이론이다. 우리가 세상을 선과 악, 구원받은 자와 그렇지 못한 자의 두 가지 집단으로 나눌 때, 우리는 플라톤이나 종말론적 유대교 이원론을 구원에 개입시키고 있는 것이다. 어거스틴의 선택교리가 구원이 인간의 주도권에서 나왔다고 단언하는 사람들에 맞서 하나님의 은혜를 보호하기 위한 것은 사실이다. 하지만 어거스틴이 '우리 모두가 지옥에 합당하며 몇 사람만 천국에 가고 대다수는 지옥으로 떨어진다'고 주장한 것은 신약성서에서 하나님의 은혜의 놀라운 현현을 포착하지 못한다.[24] 몇몇 주변적인 신약성서 문서들이 어거스틴의 정서를 공유하는 것처럼 보이는 것이 사실이지만, 우리는 복음의 메시지에 대한 이런 잘못된 해석을 예상해야만 한다. 사도교회는 오류가 없는 것이 아니었다. 신약성서가 복음을 내포하고 있지만, 또한 이런 문헌 속에서도 신화로 빠져드는 표시들이 존재하고 있다. 예를 들면, 목회서신들 속의 여성비하라거나 유다의 종말론적 이원론이 그것이다.

세상을 위한 구원을 말하지 못하고 우리 자신들에 관한 구원을 말하는 세 번째 이유는 14세기의 이탈리아의 르네상스 및 18세기에 꽃을 피웠던 계몽주의 속에서 시작되는 자율적인 인간의 개념의 발전으로부터 유래한다. 난 이미 그런 경향을 비판했다.[5.1 & 5.2] 너무도 많은 북미 기독교 교회들이 이런 세 가지 실수들을 모두 믿었다.

아울러 모두를 위한 구원

바울 뿐만 아니라 예수에게도 구원이 명백한 사회과학적 차원을 가진 것이었다. 그리스도의 죽음은 유대인과 이방인들 모두 화해하는 수단이어야 했다.[엡2:10-22, 롬9-11] 서론에서 나는 20세기에 고대 유대교와 기독교에 대한 관심이 높아져 가고 있다고 언급했으며 우리는 양쪽 사이의 관계에 더 분명한 손잡이를 가지고 있다. 또한 우리는 포로기 이후 유대교가 지닌 희망의 본질을 더 잘 이해한다. 그런 희망은 유대인들이 이방인들을 지배하는 것이 아니었으며 하나님께서 이교도의 사악한 제국들을 쓸어버리시는 것도 아니라, 모든 세상이 이스라엘의 하나님, 천지를 창조하신 이가 진정한 하나님이라는 것을 알게 되는 것이다. 이사야서 60:1-4는 이렇게 표현한다.

"일어나서 빛을 비추어라. 구원의 빛이 너에게 비치었으며, 주의 영광이 아침 해처럼 너의 위에 떠올랐다. 어둠이 땅을 덮으며, 짙은 어둠이 민족들을 덮을 것이다. 그러나 오직 너의 위에는 주께서 아침 해처럼 떠오르시며, 그의 영광이 너의 위에 나타날 것이다. 이방 나라들이 너의 빛을 보고 찾아오고, 뭇 왕이 떠오르는 너의 광명을 보고, 너에게로 올 것이다. 눈을 들어 사방을 둘러보아라. 그들이 모두 모여 너에게로 오고 있다. 너의 아들들이 먼 곳으로부터 오며, 너의 딸들이 팔에 안겨서 올 것이다."

비록 그의 예언이 징벌에 대한 신화적 개념에 묶여져 있지만, 스가랴도 14:16 역시도 다음과 같이 단언한다.

"예루살렘을 치러 올라온 모든 민족 가운데서 살아남은 사람들은, 해마다 예루살렘으로 올라와서 왕이신 만군의 주께 경배하며, 초막절을 지킬 것이다."

포로기 이후 이스라엘의 희망은 오직 하나님만이 모든 열방들을 통치하시는 것이었다. 바울에게는 이것이 그의 백성들과 화해하시는, 왕이신 예수의 형태를 취하는 것이었다. 왜냐하면 그를 모함하고 처형한 것은 바로 유대인과 이방인 모두였기 때문이다. 구체적인 용어로 하면 사도 바울은 어떻게 이것을 이해한 것일까? 이방인들이 그리스도인이 되기 전에 이방인들에게 유대인이 될 것을 요구했던 성결법의 렌즈를 통해 율법을 읽음으로 그들의 동족들을 따랐던 유대인 그리스도인들과 바울 사이에 문제가 있었다는 것을 우리는 떠올린다. 그렇지만 이것은 자신의 회중들에게 가서 예루살렘 교회의 가난한 자를 돕기 위한 모금을 함으로 그들에게 손을 뻗는 바울을 막을 수 없었다.롬15:26, 고후8-9장 이런 상징적인 몸짓은 유대인과 이방인들이 한 가족이 되며, 모두 하나님의 자녀로 인정된다는 유대인의 예언적 희망을 표현한 것이었다.

바울에게 있어서 복음은 심오한 사회학적인 결과를 갖는다. 그것은 누군가 죽었을 때 고작 천국행 표를 손에 넣는 것이 아니다. 복음은 관계를 변화시킨다. 유대인과 이방인들이 한때 철천지원수였다면, 이제 그들은 형제자매로 여겨진다. 리츨Dietrich Ritschl은 이런 개념을 기독교와 유대교의 가슴이 사무치는 연인관계로 표현하고 있다.

> "유대교와 기독교 신학의 결과로서, 그리스도인에 의한 유대인의 박해의 결과로서, 그리고 유대교적 고립과 그리스도인들의 독점 표방의 결과로서, 지속적으로 역사적 실재가 되시는 모멸의 수치, 하찮음, 그리고 하나님의 찬탈이 완전히 드러나고 있다는 것은 중요하다. 그것은 우리가 유대교와 기독교의 공통적인 역사를 가장 정직하게 내릴 수 있는 유일한 평가이다. 만일 최후의 수단으로, 고소인이 하나님이라면, 율법에 따라 사는 유대인의 삶을 거부하고 조롱하는 것과 우리 시대 신앙과 신학의 기독교적 신념은 이런 근본적인 상처를 제외하고서도 아우슈비츠 이후 더 이상 신학을 수행하지 못할 충분한 이유가 된다. 만약 인간에 대한 증오로 고통을 겪는 동료 인간 한 명의 목전에서 하나님을 사랑하는 질문이 인간과 하나님의 관계에 대한 가장 최초이자 핵심적인 언급을 조사하는 충분한 기회라면, 하물며 사랑하시고 고난을 받으시고 그렇지만 동시에 의로우신 하나님을 말하는 개인들 간의 신앙과 사랑의 관계가 실패한 것에 있어서랴! 그들은 유대인들과 그리스도인, 이스라엘과 교회이다."[25]

만일 바울이 오늘날 이곳에 있었다면 난 그가 유사한 주장을 했을 것이라고 본다. 어떻게 이런 형태의 화해가 일어날 수 있단 말인가? 로마 가톨릭교회는 제2 바티칸 공의회 동안 이런 방향으로 전진해 나갔다. 교황 요한 23세의 기도에서 이것을 볼 수 있다.

"우리는 오늘날 수많은 맹목적인 세기에 걸쳐서 우리가 더 이상 주님의 선택된 백성의 아름다움을 볼 수 없으며 더 이상 우리의 맏형제의 표정에서 그 특징들을 인식할 수 없다는 것이 드러났다는 것을 깨달았습니다. 그리고 우리는 우리가 이마에 가인의 표적을 가지고 있다는 것을 이해하고 있습니다. 수세기가 지나는 동안 우리의 형제 아벨은 우리가 흘린 피 속에 누워있습니다. 아울러 그는 우리 때문에 눈물을 흘리고 있습니다. 바로 우리가 주님의 사랑을 잊었기 때문입니다.

우리가 유대인들의 이름에 잘못 부여한 저주를 용서하옵소서. 주님의 육체를 두 번이나 십자가에 못 박은 것을 용서하옵소서. 우리는 우리가 무엇을 하고 있었는지 몰랐습니다."[26]

기독교의 반유대주의는 모순이자 심지어 불가능이 되어야 하지만, 슬프게도 기독교의 역사를 통해서 보면 너무도 현실적이다. 만일 바울에게 있어서 구원이 온 지구의 것이고 이스라엘의 희망 속에서 이방인까지 포함하는 것이라면, 그것은 우리 현대 그리스도인들이 단순히 유대교에 대한 빚뿐만 아니라 우리의 감사까지도 인식하는 이유를 보여준다. 현대 유대교 여기저기에서 율법을 해석하는 다양한 측면들은 수많은 '기독교적' 제자들이 설교하는 것보다는 예수와 바울에 놀랄 만큼 더 근접해 있다.

하지만, 이런 화해에 대한 근본적인 한 가지 왜곡을 말할 필요가 있다. 바로 유대교 시오니즘과 기독교 세대주의의 화해이다. 서방의 죄악은 이스라엘이라는 나라, 유대인들을 위한 '고향'을 만드는 영국의 그릇된 실수와 홀로코스트를 결합했다. 그렇게 하기 위해서, 거의 2000년간 그 땅에 살던 사람들은 '강제로 추방'되어야 했다. 유대인 국가를 만들고자 하는 결정의 배경에는 지금의 '테러와의 전쟁'이 이면에 숨어있다. 만일 강제로 수만 명을 추방하는 것이 좋은 결정이어서 다른 사람들이 그들의 추방으로부터 집으로 돌아 올 수 있었다면, 그것은 또한 분명히 하마스Hamas, 알카에다al-Qaeda 및 헤즈볼라Hezbollah에서 우리가 보아 왔던, 보복을 정당화시키는 좋지 않은 결정이다. 기독교 좌파와 우파 모두 이런 갈등 속에 편을 나눠 끼어들고 있다.

난 유대 사람들에게 고향이 필요 없다고 말하는 것이 아니다. 그들은 1800년 이상이나 이곳저곳을 떠돌며 참고 견디어 왔기 때문이다. 현대 유대교 속에서 시오니즘이 수행하는 역할에 대해서 문제를 제기하는 것이 반유대주의도 아니다. 그런 입장을 유대교 내부에서도 수많은 사람들이 비판해 왔다. 나는 예수와 바울이 직면한 문제, 즉 열심적 민족주의는, 아랍이든 미국이든 유대교 혹은 유럽이든, 오늘날 우리가 직면하고 있는 주요 이슈라고 말하고 있는 것이다. 예수를 죽인 것은 민족주의의 현상이었다.

라이트N.T. Wright는 바울에게 있어서 이스라엘의 역경은 회심하기 전 예수의 추종자들을 다루는 방식에 대해 바울이 어떻게 평가했느냐에 반영되어 있다고 언급한다. 그들이 율법, 성전 그리고 땅을 비판했으므로 그들은 죽어 마땅하다는 것이다.

> "그 비판의 중심 언저리에서 우리는 이스라엘이 죄가 있다는 비난을 찾지만, 그 비판은 '특별한 사례로서 이스라엘과 더불어 인간의 죄'라는 용어로 축소될 수 없다. 그 비판의 중심 언저리에서 우리는 두 마음을 품은 이스라엘의 분석을 찾지만 그 비판은 사르트르의 극 속에서 유대인들이 주연을 연기하는 것과 실존주의적 혼란의 용어로 출소될 수 없다. 그 비판의 중심에서 우리는 하나님의 언약적 목적에 맞서는 이스라엘의 반역을 찾으며, 아담의 태곳적 죄를 가진 이스라엘이 수행하는 행동으로 보이고 있으며, 그 가증스러운 힘을 가지고 십자가의 복음에 맞서는 죄에 대한 죄meta-sin, 즉 '민족적 의' 속에서 완전히 꽃피우게 되며 그 복음에 대한 이스라엘의 거부를 낳았다."[27]

유대인들이 끊임없이 그리스도를 부인할 때 북미 그리스도인들이 '자신들은 그리스도를 받아들였'는 것에 기고만장해서는 안 된다. 왜냐하면 만일 오늘날 누군가가 미국 그리스도인들이 조국을 가질 수 없다고 한다면, 미국인들은 문자 그대로 들고 일어날 것이기 때문이다. 결국 우리 모두는 방어를 위한 수정헌법 제2조를 가진다. 콘스탄틴으로 거슬러 올라가서 교회와 국가의 융합은, 과거에 유대교가 그래왔고 지금 그런 것처럼, 현대 미국 기독교가 가진 문제 대부분과 마찬가지로 열성적인 민족주의를 만들었다.

바울과 예수에게 있어서 구원은 모든 관계들을 치유하는 것, 특별히 하나님의 백성인 유대인들과 '하나님의 백성으로 부름 받지 않은' 사람들인 이방인들 사이의 관계를 치유하는 것에 관련되어 있다. 랄프 마틴Ralph Martin은 다음과 같이 바울의 구원교리를 요약한다.

> "바울은 새 시대의 도래를 선언했으며 세계 역사에서 만들어져 온 새로운 시작과 운명을 같이 했다. 우주적 권세, 즉 죄와 죽음의 권세 및 악에 대한 그리스도의 승리 속에 죄악된 종족인 인류의 힘을 품는 전 세계적 화해의 토대 위에서, 그는 자신의 사회와 독자들을 괴롭혔던 모든 인간의 병폐로부터의 구원을 선언하는 것으로 나아갔다."[28]

만일 바울이 오늘날 이곳에 있다면, 그는 무슬림, 기독교 그리고 유대교가 함께 모여 평화를 이뤄달라고, 각각의 종교에게 모든 것들의 조물주가 평화의 하나님이라는 것을 다시금 인식하도록 그들의 신앙전통을 일깨울 방법을 찾으라고 요청했을 것이라고 본다. "구원은 먼저는 유대인들을 위한 것이며 또한 이방인들을 위한 것입니다."롬1:16 우리는 우리 각각의 방법으로 열심적인 민족주의의 개념과 우리의 신성한 본문들에 대한 열심적인 읽기를 바꾸어야 한다. 만일 우리가 그렇게 한다면 우리는 인간의 갈등이 지닌 어두움 속에 빛을 가져다주게 된다. 만일 우리가 그렇게 하지 못한다면 우리는 인간의 재앙 속에서 모든 것들이 끝나도록 바랄 뿐이다.

7.3 예수의 죽음과 부활의 중요성

우리는 이미 예수의 죽음과 부활이 사도 바울의 신학에 있어서 수행한 역할을 알아보기 시작했다. 이 섹션에서 우리는 바울이 하나님의 역사하심의 결과들을 예수 안에서 기술하고 있는지 더 가까이 보도록 한다. 인간이 되심으로 인해 하나님께서 이루셨던 것은 무엇인가?

지난 섹션에서 나는, 우리를 위해서 하나님께서 역사하시는 일에 대한 우리의 현대 유아론적자기중심적 차용에 대해 비판하면서, 바울에게 있어서 구원은 원래 공동적인 요지가 있었다는 것을 지적했다. 이 말은 구원이 개인적이라는 것을 부인하는 것은 아니다. 우리의 개인적인 이야기에 따라 하나님의 구속적인 역사하심을 우리가 각각 경험하고 차용하는 것이 사실이다.

바울 사도에게 있어 우리를 위한 예수의 사역은 우리 삶 가운데 네 가지의 중요한 영역에 영향을 주고 있다. 그것은 개인적인, 신학적인, 사회적인 그리고 윤리적인 측면이다. 그것이 개인적인 이유는 우리가 우리의 침례에서 깨끗한 양심을 가지고 살 것과 우리가 생각하는 방식을 새롭게 함 속에서 변화되고자 할 것을롬12:1-2 다짐하기 때문이다.벧전3:21 그것이 신학적인 이유는 예수의 사역이 우리 스스로에 대해 생각하는 것뿐만 아니라 우리가 하나님에 대해 생각하는 방식을 변화시키기 때문이다. 그것이 사회적인 이유는 예수의 죽음 속에서 우리는 모두에게 주어진 용서를 보며고전15:22 그리하여 원수들 사이에서 화해를 이루기 때문이다.엡 2:14 또한 그것이 윤리적인 이유는, 침례에서 예수와 더불어 죽고 부활함으로 우리는 다른 이들과 관계하는 방식에 영향을 주는 새로운 방식을 어떻게 생각해야하는지를 배우기 때문이다.골3:1-4 요컨대, 그리스도의 사역 즉 그의 인간됨, 메시지, 삶, 죽음, 부활 및 승천은 우리를 다시 창조하기 위해, 그리고 우리 각자와 우리 모두 속에서 하나님의 형상을 회복시키기 위해 우리를 위해서 이루어진 것이다.

이 섹션에서 우리는 예수의 죽음과 부활이 어떻게 하나님 앞에서 우리가 함께 사는 방식을 변화시켰는지를 탐구하고자 한다. 3.3.에서 우리는 예수가 어떻게 자신의 사역의 결과를 이해했으며 그의 메시지를 거부하는 것이 무엇을 의미하는지를 살펴보았다. 복음서 속에서 우리는 십자가에서 예수가 진노하시는 하나님을 달래고 있었다는 것을 제시한 것은 아무것도 없다는 것을 찾아냈다.[29]

우리는 어디서 시작해야 할까? 잘 알려진 구절인 로마서 3:23-26을 보도록 하자.

> "모든 사람이 죄를 범하였으므로, 하나님의 영광에 이르지 못합니다. 그러나 사람은, 그리스도 예수 안에 있는 속량을 힘입어서, 하나님의 은혜로 값없이 의롭게 하여 주심을 받습니다. 하나님께서 이 예수를 사람에게 속죄제물로 주셨습니다. 누구든지 그 피를 믿으면 속죄함을 받습니다. 하나님께서 이렇게 하신 것은, 사람들이 이제까지 지은 죄를 너그럽게 보아 주심으로 자기의 의를 나타내시려는 것입니다. 하나님께서 길이 참으시는 가운데, 지금 이 때에 자기의 의를 나타내신 것은, 하나님께서는 의로우신 분이시라는 것과 예수를 믿는 사람은 누구나 의롭게 하여 주신다는 것을 나타내시려는 것입니다."

이 본문을 해석하기 위해서 우리가 반드시 풀어야 하는 몇 가지 핵심적인 문제들이 있다. 첫 번째는 *hilasterion*의 번역으로, NIV는 이것을 "속죄의 희생a sacrifice of atonement"으로 번역하고 있다. KJV는 이 용어를 "화목제propitiation"로 번역하는 반면, RSV는 "속죄제expiation"를 사용한다. [30] 어떤 신에게 속죄propitiation하는 것은 분노, 진노 혹은 저주를 달래기 위해서 제물을 바치는 것이다. 우리는 이미 이것이 희생원리라는 것을 안다. 반면, 죄를 속죄expiation하는 것은 죄를 없애버리는 것이다. 그것은 달래야 할 대상으로서의 하나님 보다는 죄를 일으키는 대상을 바라본다. 어떤 번역이 가장 *hilasterion* 을 잘 표현하고 있는지에 대해서 꽤 많은 논의가 있어왔다. 신개혁주의 사상가인 존 파이퍼John Piper와 토마스 슈라이너Thomas Schreiner 같은 사람들이 하나님의 진노는 달래야 할 필요가 있고 희생된 정의는 화목제propitiation를 선호한다고 믿는 반면, 진노의 신성을 거부하는 사람들은 속죄제expiation를 선호한다.

이 딜레마에서 빠져 나오는 방법은 바울이 희생적 과정을 뒤집는 논리를 따르는 것이다. 로버트 해머튼-켈리Robert Hamerton-Kelly는 다음과 같이 지적하고 있다.

> "중대한 새로운 요소는 바울이 희생에 대한 전통적인 이해를 뒤집어서 하나님이 그 희생을 받는 이가 아니라 희생을 제공하는 자가 되어, 희생양이 그것에서 나오는 것보다는 그 신성한 구역으로 들어가는 것이다. 그리스도는 인간에게 바쳐지는 신성이지, 하나님께 바쳐지는 인간이 아니다.
>
> 희생의 일반적인 순서에서는, 인간들은 드리고 신이 받게 된다. 여기서는 그 신이 주고 인간이 받는다. 이 구절에 대한 보통의 설명은 인간의 죄가 신성한 처벌을 받기 합당하다는 것이었지만, 자비로 하나님은 신성한 분노를 견디는 속죄의 제물을 인간 대신 대체시킨다. 우리는 그 수취인들이 인간이라는 사실을 주장해야만 한다. 그렇지 않으면 우리는 하나님이 속죄 선물을 하나님께 준다는 어리석음에 빠지게 된다. 주목해야 할 두 번째 점은 주는 이와 받는 이의 순서가 바뀌었다는 것뿐만 아니라 공간적 질서도 바뀌었다는 것이다. 일반적으로 드리는 자는 제물을 바치기 위해 세속적인 장소로부터 신성한 장소로 간다. 여기서는 제물을 바치는 이가 신성한 장소에서 나와 세속된 곳으로 가는데, 공개적으로 그곳에서 속죄hilasterion를 시작하게proetheto 된다. 일반적인 희생의 질서가 이렇게 뒤바뀌는 것은 속죄를 받아야 할 사람은 하

나님이 아니라 인간이며, 성스러움 속의 한 켠이 아니라 백주대낮을 의미한다."[31]

여기서의 요점은 만일 누군가가 *hilasterion*를 화목제로 번역해야 한다고 주장한다면, 그는 희생원리를 뒤집는 것을 반드시 고려해야 한다는 것이다. 따라서 이 구절에는 하나님의 진노를 달래야 한다고 주장하는 것에 대한 어떠한 정당화도 없다는 것이다. 우리 인간들은 진노가 누그러뜨려질 필요가 있는 존재다. 우리가 *hilasterion*를 '화목제'로 번역하든, 혹은 속죄제로 번역하듯, 어떤 경우에도 우리는 하나님의 진노를 달래야 한다고 말할 필요가 없다. 그것은 그 본문 자체 속에도 없을뿐더러, 일반적으로 희생에 관한 이전의 가정들로부터만 올 수 있다.[32]

만일 예수의 죽음이 자신의 정의가 훼손되어 화가 난 신의 진노를 달래준 것이 아니었다면, 예수의 죽음은 실제로 무엇을 이룬 것인가? 나는 그리스도의 죽음이 영향을 미쳤다고 바울이 제시한 세 가지 상호 연관된 영역을 강조하고자 한다. 그것은 죄의 영역, 율법의 통치, 그리고 정사와 권세들이다.

죄, 율법과 예수의 죽음

그리스도의 죽음은 죄의 영역에 영향을 준다. 바울이 *hamartia*흔히 '죄'라고 번역된다라는 단어를 63회 사용했는데, 그 가운데 58회는 단수형이다. 이런 조그마한 언어적 자료는 굉장히 중요하다. 왜냐하면 그것은 바울에게 있어 죄는 어떤 특정한 계명의 위반이라기보다는 권세나 인간 조건의 원리로 더욱 인식되고 있기 때문이다. 그것은 실패, 붕괴, 그리고 누군가가 착수한 일을 이루지 못했던 것을 보여주고 있으며, 아울러 우리가 얼마나 열심히 하든 상관없이 우리는 결코 우리가 이루려고 했던 것을 이룰 수 없을 것이라는 인식을 보여주고 있다. 오늘날 대부분의 경우, 죄는 도덕적인 용어로 인식되고 있지만, 바울에게 있어서 죄는 아담의 존재방식의 묘사, 즉 과녁을 빗나가

버린 화살처럼 하나님을 추구하지만 그 표적에 이르지 못하는 인간의 방식이다.

내 집 옆에는 속도제한 표지판이 붙어 있는 고속도로가 나 있다. 주행할 수 있는 속도는 시간당 최대 55마일로 제한된다. 그렇지만 보통 사람들은 60, 65 혹은 70마일로도 달린다. 이들이 살인을 저지르는 것이라고 생각하지는 않지만, 운전할 때는 그 법을 위반하고 있는 것이다. 왜 그럴까? 왜냐하면 살인을 했을 경우에는 평생을 감옥에서 보내거나 사형선고를 받는데 반해, 속도위반은 겨우 딱지를 떼는 것이 전부이기 때문이다. 우리는 어떤 법을 위반할지 고른다. 우리는 운전하면서 통화를 하거나 문자 메시지를 보내기도 하지만, 같은 이유로 상점을 털지는 않을 것이다. 우리가 깨닫지 못하고 있는 것은 나쁜 운전 습관도 다른 사람들의 생명을 위태롭게 할 수 있지만 경찰이 주위에 있지 않는 한 다음과 같은 모토를 가지고 있는 것이다. "법이 없는 곳에는 죄도 없다."

주된 금기들 사이에는 직접적인 연관이 있다는 것과, 법은 우리로 하여금 죄를 짓지 못하도록 할 수 없으며 그리하여 우리를 더욱 과녁을 잘 맞힐 수 있는 "궁수들"로 만들지 못한다는 것을 우리는 이미 보았다.5.1, 5.2, 7.1 우리는 이 주제로 곧 돌아갈 것이다. 우리가 필요한 것은 우리의 실패를 붙잡고 있으며 아울러 단순한 도덕적 일탈을 뛰어넘는 죄에 대한 더 나은 정의이다. 데니 문Denny Moon 목사는 지금까지 내가 들었던 것 가운데 가장 현실적인 정의 가운데 하나를 찾아냈다. "죄는 우리의 고통을 다루는 파괴적인 방식이다." 따라서 죄의 근원은 자아와 그 관계들을 파괴하고 있다. 이런 정의는 인간에 대한 우리의 이해와 기가 막히게 맞아 떨어진다. 죄를 짓는 것은 우리의 관계들을 쪼개는 것이다. 하나님께 죄를 짓는 것은 그저 금기를 위반하는 것이 아니라 돌봄 및 하나님과 다른 사람들에 대한 관심의 부족을 입증하는 성향이다.

그렇다면 율법은 어떻게 죄와 연결되는가? 어린 아이를 예로 들어보자.

부모는 아이에게 "난로를 만지지 말라"는 법을 준다. 부모는 뜨거운 난로를 만지는 결과가 고통이라는 것을 안다. 그 아이는 처음엔 부모의 법을 위반하고 난로에 손을 데면서 이것을 배운다. 같은 방식으로 우리 성인들은 사회의 법들과 조례들을 위반함에서 오는 어떤 결과들을 두려워한다. 우리가 줄을 서게 하는 것은 공포, 즉 우리의 관계들을 해치는 것이 아니라 붙잡히는 것에 대한 공포이다.

같은 부모와 아이를 생각해 보자. 부모는 아이가 어떤 종류의 음악을 듣지 말라고 한다. 내가 자랄 때는 어머니가 내가 구입한 대부분의 로큰롤 음반을 좋아하지 않으셨다. 이제는 고전 록Rock 음악을 고려해보고 있지만 어머니에게 있어서 로큰롤 음악은 끔찍이 거슬리고 시끄럽고 거친 것이었다. 나는 어머니를 자극하는 표지가 있는 음반은 가질 수 없었다. 뜨거운 난로를 피하는 금기와 음악에서 누군가의 취향은 같은 것일까? 1975년에 '거듭난 그리스도인'이 된 뒤 내가 출석했던 교회는 로큰롤 음악이 악마의 음악이며 내가 가진 모든 음반들을 버려야 한다고 말했다. 뭐라고? 난 그 말을 믿을 수 없어서 박스에 담아 두었으며, 이제는 그 앨범들이 수집가의 물품이 되었다. 이것은 진부한 사례로 보이긴 하지만 우리가 가진 수많은 법들은 개인적으로나 문화적인 취향의 제정법과 마찬가지이다. 하지만 우리 모두는 너무도 자주 우리의 개인적인 신념을 보편적인 법으로 만들고 있다. 아울러 언제든 누가 우리의 법을 어기면 우리는 화가 난다.

이곳 펜실베이니아 주 랭커스터Lancaster 카운티에는 여성이 머리에 두건을 써야 하는 다양한 구체제 종파들이 살고 있다. 이런 그룹들 가운데 다수는 자신들의 구원을, 그들이 따르는 여성들이 머리에 두건을 써야 한다는 고린도전서 11장의 바울의 명령과 같이 묶고 있다. 그들은 두건을 쓰라는 하나님의 명령을 따르지 않는 현대 그리스도인들의 자유주의를 불신의 눈으로 보고 있으며, 속으로는 우리 모두가 급속히 타락하고 있다고 생각한다. 만일 당신이 그리스도인 여성이라면 머리에 두건을 쓰지 않는 것은 죄인가?[33] 이것은 윤리적이고 문화적인 이데올로기를 기초로 하여 무엇이 죄인지를 정의하는 방식의 또 다른 사례이다.

만일 죄가 '우리의 고통을 다루는 파괴적인 방식'이라면, 그리고 단지 금기를 어기는 것 이상이라면, 또 만일 죄가 우리 가운데에서 우리가 아는 것들을 하게끔 작용하는 원리이며 우리를 부술 가능성을 가지면서 어쨌든 우리가 그것을 한다면, 이것은 죄에 대해 무엇을 이야기 하는가? 그것은 죄가 법을 어기는 것 이상이라고 말한다. 왜냐하면 우리 모두는 어떤 법을 따르고 어떤 법을 어길지 고르기 때문이다. 그리스도의 죽음은 무엇이 옳고 그른지에 대한 모든 잔소리를 멈추게 하는데, 그 이유는 그것이 모든 법을 죄와 같은 심판 아래로 가져오기 때문이다. 법은 변하며, 그러므로 무엇이 죄인지도 변한다. 지금 합법적인 것들은 과거 50년 전 혹은 500년 전 이전에는 합법적인 것이 아니었다. 일부 유대교 경전들 속에서 부모는 반항하는 아이들을 돌로 쳐 죽이라는 명령을 받는다. 오늘날 그런 행위는 당장 체포되고 말 것이다! 지금으로부터 몇 년이 지나서 비도덕적이거나 불법적인 것이 도덕적이거나 합법적이 될 수 있을 때, 우리가 서로의 죄를 고발하고 서로를 지옥으로 가라고 저주하는 것은 어리석은 것이다.

죄, 그리고 죄가 율법, 금지 혹은 금기와의 밀접한 연관성에 대한 논의는 지금까지 죄라는 용어가, 모방적으로 발생한 공동체의 위기를 막고자 했던 문화적 금지들과 관계되어 있다는 것을 보여주어야 한다.[34] 십자가는 관계하는 새로운 방식을 멈추게 하며롬6:6, 이런 방식이 무력하다는 것을 표현한다. 또한 십자가는 우리가 생각하는 것이 우리의 자율적인 욕망이라고 왜곡하는 거짓말을 종결짓는다.엡4:22, 골3:9 우리가 그리스도와 함께 죽었음을 깨달을 때, 그리고 우리가 희생시키는 자이면서 동시에 희생자라는 것을 깨달을 때, 우리는 폭력에 기반을 둔 우리의 아담과 같은 실존을 넘어설 수 있게 된다. 죄에 대해 죽는 것은 우리가 율법을 해석하는 방식혹은 하나님의 훈육=율법도 죽는다는 것을 인식하는 것이다. "그리스도는 율법의 마침*telos*"이라고 바울이 이야기한 이유가 이것이다.롬10:4 그가 율법의 운명을 완성했고 그 운명은 올바른 해석이라는 면에서 그리스도는 율법의 마침인 것이다. 즉, 예수는 율법의 진정한 의도를 살아 내었으며 이것은 예수가 율법의 운명이자, 동시에 그가 율법의 남용의 초점이라는 것을갈3:13 의미한다. 그의 죽음은 폭력적인 보복을 승인하는 본문과 우리가 가지는 어떤 관계를 완전히 종결짓는다.

"그는 우리의 평화이다."엡2:14 왜냐하면 그는 "여러 조항들과 규례들을 가진 율법을 폐했기" 때문이다.엡2:15 그는 깨어진 모든 인간관계 속에 있는 적대감을 폐했는데, 그 이유는 한쪽이 다른 한쪽을 고발할 수 있기 때문이다.엡2:16 십자가에 못 박힌 것은 우리의 죄가 아니라 그는 이렇게 말하지 않는다 우리의 죄를 고발하는 율법이며, 그렇기 때문에 그 공동체의 일부가 될 수 있고 내쫓길 수 있는 사람을 판단할 고발하는 권력과 능력을 영원히 끝내는 것이라는 것이라고 바울은 생각한다.

이 모든 것을 개신교가 상당히 간과함으로 인해서 발생되는 중요한 결과가 있다. 많은 개신교도들은 그들이 "율법을 지킴으로"가 아니라 갈3:11 믿음으로 의롭게 된다는 것을 쉽게 알고 있지만, 그들은 신성화, 거룩함 혹은 율법을 지키는 것대개는 문화적 금기들로 기술되는에 관련된 그리스도인의 삶을 맴돌고 규정하고 있다. 만일 그리스도가 율법의 마침이라면 그것은 그가 마지막이며, 우리의 개인적인 거룩함이나 진정한 기독교 공동체를 이루고 있는 기초를 마련하기 위해 율법으로 돌아갈 길은 없다는 것을 의미한다. 남겨진 유일한 율법은 사랑의 법이다.

예수의 죽음은 사탄의 죽음이다

그리스도의 죽음이 죄의 통치를, 즉 파괴적인 방법으로 우리 스스로와 우리의 관계를 파괴하는 방식을 끝내었을 뿐만 아니라, 그리스도의 죽음은 누가 안에 있어야 하고 누구를 밖으로 두어야 할지를 결정하는 수단으로서의 율법, 금기 및 계명들의 역할을 종결시켰다. 아울러 그의 죽음은 사악하게 남용된 율법의 문화적 현상이나 바울이 "정사와 권세들"이라고 부르는 것들을 끝낸다. 권세들The Powers에 관한 윙크Water Wink의 최근 연구는 예수가 어떻게 그 권세들을 정복했는지 우리가 이해할 수 있게 해주는 아주 유용하고 종합적인 안내서이다.[35]

　바울은 현상적이고우리가 볼 수 있는 영적인우리가 볼 수 없는 실재를 묘사하기 위해 여러 가지 용어를 사용한다. 그런 용어들은 아르케arke 롬8:28, 엑수시아 exousia 롬13:1, 그리고 이들의 혼합이다.엡1:21, 3:10, 골1:16 윙크는 이런 '권세들'이 사회적 제도로서의 물리적 현상 및 영적인 차원을 함께 가지고 있다는 것을 처음으로 보여주었다. 윙크 이전에 권세들에 대한 대부분의 논의는 한쪽 면에만 초점을 맞추고 있거나, 물리적 현상을 거부하는 심령주의자들 및 권세의 영성을 거부하는 물질주의자들과 더불어 다른 면에 집중하는 양상이었다.[36]

　의료서비스에 대한 현재의 논쟁을 예로 들어보자. 의료서비스는 보편적인 인간의 권리로 여겨지는 것이다. 하지만 미국에서의 의료서비스체계는 의료서비스를 실제로 이용할 수 없는 수많은 빈곤한 사람들을 남겨두고 보험료와 관행을 챙겨가는 보험회사들에 의해 지배되고 있다. 의료서비스를 위한 기반은 수익이지만 가난한 사람들에게서는 항상 수익을 낼 수 없을 것이다. 보험회사들이 불필요하다고 생각하거나 실험적인 것으로 여기는 수술을 필요로 하는 사람들에 대한 무서운 이야기들을 너무도 많다. 거대 보험회사 시그나Cigna가 간이식을 거부한 나탈리 사르키시언Natalie Sarkisyan의 이야기를 살펴보자. 그녀의 가족은 LA 사무실 외곽에서 시위를 했고 시그나가 결국 동의했지만 그때는 이미 늦은 뒤였다. 나탈리는 몇 시간 후에 사망했다. 여기서 누구를 비난을 해야 하는가는 변호사들이 물어야 할 것이지만, 바울이 묻는 질문은 이것이다. "극빈자들에게 의료서비스를 거부하는 그런 기관의 영성은 무엇인가?" 한센병자들을 사회의 외곽으로 실어 나르는 것과 같지 않은가? 우리는 수익을 지배하는 사람들을 위한 권력과 사람들이

상품이 되는 곳을 다루고 있지 않나?

정치정당이든, 학교, 교회, 회당이나 모스크, 시민결사체, 비즈니스나 가족이라도, 모든 기관들은 영성을 지닌다. 우리는 그것이 사람들을 취급하는 방식으로 그 기관의 영성을 가늠할 수 있다. 만일 사람들을 부스러뜨려야 할 무리이거나 처분되어야 하는 존재로 여긴다면 그런 기관은 계속해서 희생양 메커니즘의 부정적인 결과를 지속하게 된다.

예수의 죽음은 자신들끼리로마와 유대교의 정치력, 유대교의 종교기관들, 그리고 군중의 결탁 속에서 결실을 맺은 여러 기관들의 결과이다. 그의 죽음은 생존을 추구하는 제도적 권력의 어두운 면을 폭로하고 있다. "한 사람이 백성을 대신하여 죽어서 민족 전체가 망하지 않는 것이 낫다."요11:50 정부가 국가안보를 위해서 고문이나 죽음을 허용할 때조차 그들은 사람들이 제도적 권력의 생존과 성과에 있어서 부차적인 것인 양 살아가고 있다.

예수의 죽음은 제도적 권력이 이런 사실에 대한 잘못된 판단을 내리고 있음을 폭로한다.골2:13-15, 고전2:6-10을 참고

> "또 여러분은 범죄와 육신의 무할례로 죽었으나, 하나님께서는 여러분을 그리스도와 함께 살리시고, 우리의 모든 죄를 용서하여 주셨습니다. 하나님께서는 우리에게 불리한 조문들이 들어 있는 빚증서를 지워 버리시고, 그것을 십자가에 못박아, 우리 가운데서 없애 버리셨습니다. 그리고 모든 통치자들과 권력자들의 무장을 해제시키셔서, 그들을 그리스도의 개선 행진에 포로로 내세우심으로써, 사람들의 구경거리로 삼으셨습니다."

예수의 죽음은 선과 악을 구별하는 우리의 판단과 능력에 하나님께서 "아니"라고 하신 것이다. 율법에 대해서조차 우리는 올바른 판단을 내릴 수 없다. 앞서 말한 것처럼, 이것은 우리가 '원죄'라고 부르는 측면이다.5.1 올바른 판단을 내리지 못하는 우리의 무능력은 우리 모두가 우리의 제도, 우리의

법적 체계 및 우리의 문화의 심판에 동의하는 경향이 있다는 사실에서 나온다. 따라서 죄의 원리와 죄의 고소하는 힘인 율법의 그릇된 진술뿐 아니라, 인간의 제도적 구조가 십자가의 심판 하에 있어야 하는 것이 필연적이었다.

권세에 대한 윙크와 지라르의 이해 배후에는 복음서가 선언하는 결과로서의 사회적 변화를 위한 희망이 존재하고 있다. 르네 지라르의 모방적 현실주의를 사용하여, 윙크는 희생양을 만드는 폭력에서 부화한 제도들은 사회적 질서를 유지하기 위해 하나님에 의해 사용된다고 본다. 이런 제도들은 사회적이거나 정치적일 수 있다. 이들은 루터교에서 '창조의 질서'라고 부르는 가족, 국가, 종교 및 직업을 포함한다. 지라르는 폭력에 기반을 둔 이런 구조들은 인간이 폭력을 저지하고자 하는 수단들임을 주장한다. 이것은 사회적/문화적 제도들이 어떤 형태의 *katechon*, 즉 "무정부상태를 막는 것"이라고 주장한다.살후2:7 만일 그것이 이런 제도들을 위한 것이 아니라면 인간들은 혼돈 속으로 빠져들 것이다. 이런 논리로 윙크는 삼중적인 가설을 주장한다.

- 권세들은 만들어졌다
- 권세들은 타락된다
- 권세들은 보완되어야 한다

권세들The Powers에 대한 월터 윙크의 연구에 비추어서 우리는 다음과 같이 물을 수 있다. 우리의 제도들은 변화될 수 있는가? 다른 사람들처럼, 윙크에게 있어서 권세들, 즉 우리의 제도들은 하나님께서 창조하신 것이다. 모방적 현실주의가 인간이 그런 제도들을 보복적인 앙갚음의 문제를 제어하기 위해서 만들어 내었다는 것을 보여주는 것을 고려하면, 난 이것을 그리 확신하지는 못하겠다. 나는 그들이 권세들의 어두운 영성을 변화시킬 수 있다고 생각하는 많은 내 친구들처럼 사회적으로 낙관적이지도 못하다. 내가 보기에 다음과 같이 이야기하는 바울의 말이 맞다. "그 다음에는 마지막이 올 것인데, 그 때에 그리스도께서 모든 통치와 권위와 권력을 폐하시고, 그 나라를 하나님 아버지께 바치실 것입니다."고전15:24 이 권력들은 모두 "원수"이며 파괴되어야 할 마지막 원수인 "죽음"고전15:26에 기초하고 있다. 이 말은 권세들에 관한 윙크의 통찰을 거부해야 한다는 뜻이 아니다. 반대로, 이 말은 그들의 마음 한가운데에 있는 권세들에 우리가 도전하여 그들을 회개로 불러야 한다는 것을 설명하고 있다. 그렇지만 나는 그 제도들의 양식이나 영성을 변화시킬 수 있을지 의문이 든다. 우리가 세상을 더욱 인간적으로 만들기 위한 방식을 추구할 때 이런 중요한 문제가 어떤 경우에 있어서는 논의되어야 한다고 본다.

예수의 죽음이 영향을 미치는 것을 요약해 보자. 예수의 죽음은 다음과 같다.

- 신성한 폭력의 마침
- 폭력적인 성서 해석의 마침
- 율법에 기초한 관계들의 마침
- 원수들과의 화해
- 시대의 변화, 종말

시대의 변화를 시작하는 예수의 죽음의 마지막 효과는, 바울이 예수의 죽음을 새로운 지혜고전2:6-10으로 지칭할 때 바울이 의미하는 것이다. 이런 지혜는 하나님의 성령의 계시로 오는 것이다. 그것은 하나님의 이름으로 거짓말하고 죽이는, 이 세상의 지혜와 같지 않다. 그것은 하나님께서 우리 인간의 지혜에 의해 죽으시는 지혜이다. 그것은 우리의 교만한 인간의 지식의 끝이자 우리가 내리는 옳고 그름의 끝이다. 요약하면, 그것은 죄의 종말인 것이다. 칼 바르트는 다음과 같이 말한다.

"죄는 하나님과 세상의 화해 속에서 그분께로 회심함으로 제거되고 극복되어야 할 장애물이다. 하지만 죄는 또한 속죄에 있어서 차단되어야 할, 인간을 위협하고 그들을 몰락시키는 파괴의 근원이기도 하다. 죄의 삯은 사망이다. 롬6:23 죄는 사망의 독침이다. 고전15:56 죄로 인하여 죽음이 세상 속으로 들어왔다. 롬5:12 … 속죄의 핵심은 죄를 극복하는 것이다. 죄는 그 특성상 하나님에 반역하는 것이며 그 특성상 사망 속에서 인간의 희망 없는 운명의 기반이다.

결정적인 것은 그가 [예수] 우리가 받아야 할 고통을 겪어서 우리는 그것, 우리의 죄로 인해서 우리가 희생양이 되는 파멸과 그리하여 우리가 마땅히 받아야 할 처벌을 겪지 않아도 된다는 것이 아니다. 물론 이것은 맞다. 그렇지만 그것은 예수 그리스도의 고난과 죽음 속에서 예수가 사람으로서 우리의 죄인됨을 종결짓고 그리하여 우리의 자리를 차지한 자로서 죽음에 이름으로 죄 그 자체의 끝을 내었다는 결정적 사실로부터 나올 때만 사실인 것이다. 사람으로서 예수는 우리 죄인들과 죄 그 자체를 소멸로 인도한다. 그는 죄인인 우리들과 죄를 없애며 우리를 무효화하고 우리를 상쇄시킨다. 우리를 짓누르고 있던 우리 자신, 우리 죄, 그리고 고소, 비난과 지옥까지…죄의 사람, 첫 번째 아담, 하나님으로부터 소외된 우주, '현재의 사악한 세상' 갈1:4은 십자가에서 예수와 함께 죽임을 당하고 그와 더불어 장사되었다. …예수 그리스도의 고난은 심판자 자신이 심판을 받는다는 하나님의 심판인 것이다. 아울러 그와 같이 그것은 그 중심과 핵심에 있어서, 우리를 위해서, 우리의 장소에서, 죄에 맞서는 싸움 속에서 이기고 있는 승리이다."[37]

죽음과 죄를 연결시킨다는 점에서 바르트는 사도 바울을 따르고 있다. 우리는 여기서 자동적으로 우리의 실존적인 죽음을 생각할 수 있을지 모르나, 우리 모두가 여전히 죽기 때문에, 여기서 주로 의미하는 것은 우리의 실존적인 죽음이 아니다. 우리의 개인적인 죽음은 오직 배경일 뿐이다. 그것은 오직 우리의 죄를 무고한 희생자에게 전가하고 그들을 죽이는 종으로서의 우리의 성향에 대한 표시, 더 깊은 증인으로서 거기에서 존재하고 있다! 그들을 죽인 것은 바로 이 '옛 사람'이 '모방적이고 경쟁적인 아담'이다.

바르트에게 있어 예수는 우리를 올바르게 심판할 수 있었던 유일한 사람이며 그는 인간의 심판에 종속되어, '우리의 장소에서 심판받는 심판자'가 되었다. 우리의 그릇된 심판은 우리가 '서로를' 죽일 때 하나님의 뜻이 이루어지고 우리의 폭력은 선하다는 우리의 신념에 기초한 것이다. 우리가 비폭력적인 하나님의 계시자인 예수를 죽인 이유가 이것이다. 그렇지만 이것조차 우리를 비난하지 않는다. 우리의 죄를 따지지 않으시며, 하나님은 죄를 무효화하셔서 죄가 하나님과 우리 사이의 문제가 되지 않도록 하신다.

그것을 부인함으로, 즉 "우리의 죄를 묻지 않으심"으로써^{고후5:19} 시대를 전환하는 것은 죄를 화해로 바꾸는 것이다. 이것은 하나님께서 예수를 죽은 자 가운데서 부활하도록 하실 때, 우리의 죄를 부인함으로써, 우리가 예수를 비난함 속에서 이루어진다. 부활 속에서 예수에게 부여된 거짓들과 그릇된 유죄판결은 잘못된 것으로 드러났으며, 그렇지 않다면 하나님께서는 무덤으로부터 그를 일으키시지 않으셨을 것이다. 우리가 예수를 죽인 것은 우리의 낡은 자아의 종말이며, 그를 심판하면서 우리도 스스로를 심판했기 때문에, 예수의 부활 속에서, 우리의 새로운 자아의 시작이다. 이는 예수를 살리심으로 하나님께서는 우리의 심판이 그릇된 것으로 부정하시기 때문이다.

예수의 부활은 우리가 정의와 심판의 개념을 완전히 잘못 이해하고 있었다는 것과 진정한 정의와 심판이 무엇인지를 우리가 모른다는 것을 우리에게 말해주는 하나님의 방식이다. 또한 그것은 우리를 죽음의 영역에 놓여 있는 모든 것들로부터 구제하는 하나님의 방식이다: 죄, 율법 그리고 정사와 권세들 및 우리를 신성한 폭력이 아니라 사랑에 기초한 관계 속에서 생각하고 존재하는 새로운 방식으로 바꾸는 것.

부활은 우리가 모방적 욕구의 구속 속에서 영원히 남아 있는 것이 아니라 변화될 수 있고 변화될 것이라는 약속이다. 새로운 시대의 신호로서, 현재에 존재하는 미래의 약속인 예수의 부활은 모든 우리의 희망을 위한 기반이다.고전15:12-18 그 이상으로, 우리가 다음 섹션에서 보겠지만, 그것은 새로운 삶의 약속이다. 그의 성령의 힘으로 우리가 알고 닮고 따르는 이는 바로 부활하신 주님이기 때문이다.

7.4 성령 안의 삶

폴 미니어Paul Minear가 우리에게 가르침을 준 것처럼, 신약성서 속에는 수많은 다양한 교회의 이미지들이 있다.[38] 사실 미니어는 그 교회를 가리키는 데 사용된 90가지 이상의 다른 은유와 상징들을 나열하고 있다. 하지만 교회의 형태는, 교회가 성령의 삶 속에 모인 공동체라는 신약 성서 속의 교회에 관한 모든 논의들에 공통되는 한 가지로 인식될 수 있다.

이 장에서 우리가 바울에 대해서 이야기하는 모든 것은 새로운 공동체의 기반을 형성한다. 이 공동체는 생존을 위하여 더 이상 희생양을 만드는 메커니즘에 참여하는 것이 아니라 그것이 마지막 희생양을 둘러싸면서 모인다는 것을 인식한다. 만일 예수의 죽음이 경쟁과 희생양만들기로 이어지는 서로의 욕구에 대한 우리의 부정적인 모방을 종식시킨다면, 이 세상에서의 새로운 존재 방식을 우리에게 주는 것은 예수의 부활이다. 하지만 부활은 독자적인 사건은 아니었다. 왜냐하면 초기 그리스도인들은 예수가 하나님의 오른편에 앉았다고 믿었기 때문이다. 예수의 죽음과 부활은 하나님의 역사하심으로서 궁극적인 중요성이 주어져야 한다는 그들의 신념을 위한 기반을 형성했던 것은 하나님의 우편에 인자가 올라가는 것이었다.

바울은 이런 논리를 고린도후서 3:17-18에서 따르고 있다. 이 구절에서 그는 신자들에게 부어주셨던 하나님의 성령은 부활하신 주님의 임재christus praesens 혹은 임재하시는 그리스도와 동일시된다는 것이라고 주장한다. 마치 성령이 으스스한 귀신인 양, 오늘날의 교회에서 이야기하는 성령은 흔히 무정형적이거나 형태를 갖지 않는다. 반대로, 성령은 인격이 있다. 성령은 그리스도 안에서 우리와 함께 하시는 하나님이다. 초기 그리스도인들은 니케아신경서기 325년의 뒤를 이어 발전된 삼위일체 관계의 형태를 갖지 못했을 수도 있지만 그들은 성령이 예수의 성령이었다는 것을 강조했다.

성령은 하나님의 선물이었다. 하나님이 우리를 위해서 그리스도 안에 계셨던 것처럼, 하나님은 우리와 함께 거하시도록 하나님 자신을 주셨다. 관계성은 세상에서 하나님의 역사하심을 이해하는데 있어 필수적인 것이며 성령도 마찬가지이다. 우리는 성령에 관한 신약성서의 언어가 항상 전치사의 형태로 되어 있다는 것을 본다. 전치사는 관계를 표시하는 화법 가운데 하나이다. 안에in, 함께with, 에서at, 가까이에near, 아래under, 위에above, 위해for, 옆에by 모두가 두 사물이 관계 속에 있다는 방식을 표시한다. 성령의 경우에도 마찬가지이다.

교회는 이 세상에서 살지만 그 실존은 앞으로 올 세상에 의해 결정되며, 두 시간 사이에서 살고 있다. 교회는 비슷한 생각을 하는, 혹은 일치하는 사회적 목적을 가진 사람들의 모임 그 이상이다. 두 시간 사이에서 사는 것은 교회가 구원의 약속을 받았지만, 여전히 궁극성 혹은 최후의 상태를 기다리고 있다는 것을 의미한다. 이런 이유에서 교회를 항상 미래의 전망을 가지고 있는 예수의 가르침 속의 하나님의 통치와 동일시하는 것은 불가능하다.

성령에 의해 소유되어 현재 두 시간 사이에 있는 교회는 건강, 부 그리고 성공을 보장받지 못한다. 이것은 학자들이 완전히 실현된 종말론over-realized eschatology*이라고 부르는 이론을 갖는 사람들의 허황된 약속으로, 이 종말론은 현재에 하나님 나라의 모든 축복을 가질 수 있다는 주장이다. 고린도교회의 교인들처럼, 몇몇 그리스도인들은 우리가 그것을 지금 모두 가질 수 있다고 생각한다. 우리는 그것을 가질 수 없으며 가지지도 않는다.

---

* 그리스도의 재림 이전에 이 땅에 천국을 실현할 수 있다는 것

하나님의 성령의 소유가 된 사람들은 예수가 자신의 사역기간 동안 직면했던 정사와 권세들에 맞서는 동일한 싸움과 직면해야 한다. 하나님의 성령의 오심은 우주의 전쟁War of the Worlds을 만들어 낸다. 이 전쟁은 이데올로기들, 구부러진 욕망들과 '육체'sarx의 폭력을 주장하는 죽음에 대한 성령의 도전이다.

두 개의 시간 사이에서 사는 것은 지속적인 씨름을 하면서 사는 것이다. 우리의 내적인 정신과 사랑 대 미움, 기쁨 대 좌절, 평화 대 보복으로 표현되는 우리의 관계 속에 있는 외부적인 것을 모두 포함한다. 갈라디아서 2:19-26에서 바울은 이런 싸움의 독특한 특성들 가운데 일부를 설명하고 있다. 영육 사이의 싸움은 가해자와 용서하는 희생자 사이의 관점 사이에 나타나는 차이점으로 인식될 수 있다. 전자는 통제할 수 없는 욕망, 질투, 시샘, 경쟁과 폭력으로 지배되며, 후자는 평화, 인내, 자기절제, 온유, 사랑 등에 의해 지배되고 있다.

두 개의 시간 사이에서 사는 것은 우리가 인내심 있게 기다리는 법을 배우며 미래를 강요하지 않는 것을 의미한다. 이것은 많은 기독교적 실천가들이 아직 배우지 못하는 것이다. 우리는 천국을 가져올 수 없다. 우리가 하나님의 통치를 재촉할 수 있는 것은 아무것도 없다. 우리는 그것을 위해 기도할 수 있지만"주님의 나라가 임하옵시고" 우리는 그것을 우리 사회에 강요할 수는 없다. 바울도, 예수도 문화적 다원주의자가 아니었다. 그들 모두 세상이 점점 나아질 것이라고 믿지 않았다. 이것의 증거는 성령을 지칭할 때 그들이 묵시적인 범주를 사용했다는 것이다. 성령은 인간의 폭력적이고 죄된 방식을 드러냄으로, 그리고 하나님의 새로운 방식은 인간 문화의 방식과는 전적으로 다르다는 것을 믿는 사람들에게 변화를 야기함으로써 하나님의 통치 방식을 드러내는 과정 가운데 있다. 예수나 바울이 사회 제도의 회심을 중시했다는 어떠한 증거도 없는 듯하다.[39]

북미에서는 그리스도인들이, 보수적이든 진보적이든, "하나님의 나라인 미국은 지구상에서 인류의 마지막 남은 최고의 희망이다"라는 비전을 이루고자 한다. 양측에서 서로에 맞서 전쟁을 벌이는데 얼마나 많은 시간을 소모했는지가 내게는 너무도 기이한 일이다. 그것이 전쟁이다. 미국 기독교는 예수와 바울이 그들의 시대에 사회에 접근했던 방식과는 거의 공통점이 없는, 전쟁, 모방적 갈등, 경쟁에 사로잡혀 있다. 바울은 다음과 같이 말한다. "세상에서 살고 있지만 우리는 세상이 하듯 전쟁을 하고 있는 것이 아니다."고후 10:3 양쪽 모두는 예수를 따르고 있다고 주장하며 "성령 안에서 걷고 있다"고 주장하지만, 그런 적대감, 증오와 호전성이 정말로 평화의 성령의 표시가 될 수 있을까? 양쪽 모두 자신들이 생각하는 것보다 더욱 이데올로기적이며 훨씬 덜 그리스도 중심적이지 못한 비전을 수행하고 있지 않은가? 이것은 양쪽 기독교국의 형태 속에서 벌어지는 보복적 희생의 희생양만들기의 형태로 보이는 것은 아닌가?

사도 바울에게 있어서 성령 안에서의 삶은 예수와 함께 멍에를 지거나 그리스도를 닮는 것에 다름없다. 하지만 그가 "우리 안의 그리스도"를 말할 때 그의 언어는 참여적이다. "영광의 희망"골1:27이 되는 것은 우리 안에서 그의 부활된 삶을 사는 예수이다. 예수는 우리 속에 거할 뿐만 아니라 우리는 그 안에서 우리의 삶을 발견한다. 우리는 "그리스도와 함께 살려 주심을 받았고 하나님의 오른편에 앉은 그와 함께 앉았다."골3:1 우리의 삶은 "하나님 안에서 그리스도와 함께 감추어져 있다."골3:3 이런 모든 신비스러운 언어가 뜻하는 것은 무엇일까?

신비 속으로

20세기 후반에 자란 우리들은 이성적이고 논리적이 되는 것을 배운다. 우리의 좌뇌 활동은 낮 시간 동안 연장근무를 하고 있으며, 만일 우리가 장인들이 아니라면, 우리가 꿈을 꿀 때 우리 우뇌가 운동을 할 기회를 갖는 것은 오직 밤 시간뿐이다. 전인적인 인간이 되는 것은 우리의 양쪽 뇌, 즉 우뇌와 좌뇌, 즉 논리와 창의적인 작업을 항상 같이 경험하는 것이다. 이것은 우리가 우리의 상상력을 발휘할 때 일어난다. 어떤 사람들에게는 그들의 상상력을 발휘하는 것이 어리석고 유치한 것으로 보인다. 그렇지만 상상력은 환상이나 몽상 혹은 바람과 같은 것이 아니다. 상상력은 감각에 전해지는 사물이 존재방식을 볼 능력이자, 마치 진짜 같은 상호적인 현실을 구성할 능력이다.[40] 그리스도인에게 있어서는, 이런 상호적 현실은 이미 구축되어 왔다. 그것은 세상 속에 있는 하나님의 방식이다. 복음서에서는 이것이 '하나님의 통치'라는 표제로 통한다.

다른 세계 종교처럼, 기독교는 풍부한 신비주의의 전통을 가지고 있다. 신비주의는 자주 비판되고 있다. 키에르케고르는 다음과 같이 말한다. "신비주의는 하나님의 계시를 기다릴 인내심을 갖지 못한다." 때때로 그리스도인들은, 강력하고 압도적인 본성이 그들의 일상적인 삶이 지니는 음울한 본성으로부터 자신들을 구해줄 것이라는 희망을 신비적으로 경험하고자 한다. 하지만 진정으로 경험되는 "신비적 달콤한 성찬"은 단순하고 평범한 일상 속에서 하나님의 임재를 깨닫는 것이다. 로렌스 형제가 『하나님의 임재 연습』에서 우리를 상기시키는 것처럼 설거지를 할 때조차도 가능하다.

바울에게 있어서 높고 고결한 신비적 경험은 그가 하나님을 느끼는 것에 기초한 어떤 것이 아니었다. 오히려, 그것은 삶의 실패 속에, 시궁창과 하수구 속에서, 그 십자가 속에, 바울이 하나님의 기이한 은혜를 알았던 모욕 속에 있는 것이다.[고후12:1-10] 이것은 그리스도의 십자가, 죽음의 심연이 하나님의 자신의 최고의 역사를 하시는 곳이라는 것을 인식하는 것으로 되돌아온다.[1.3] 지금 우리 미국적 광경은 마틴 루터[Martin Luther]가 영광의 신학이라고 부르는 것에 의해 지배된다. 이런 형태의 신학은 하나님을 성공, 힘, 승리, 명예와 부에서 찾는다. 우리가 하는 일이 잘 될 때 우리는 하나님이 우리를 축복하신다고 말하며, 일이 풀리지 않을 때 우리는 하나님이 우리를 기뻐하시지 않는다고 추측한다. 우리는 더 잘하도록 노력하여 우리가 다시금 하나님의 축복 속에 있다는 것을 발견 할 수 있다. 이런 유형의 기독교는 미묘한 형태의 자기-의self-justification에 지나지 않는데, 왜냐하면 그것은 우리가 하는 최고의 노력으로 시작하기 때문이다. 우리의 복종이 우리가 신성한 은혜를 누릴 자격이 있다고 생각함으로써 그것은 교환경제의 영성이 된다.

이것은 하나님의 은혜에 전적으로 의존하며 아주 깊은 어둠속에서조차 하나님이 거기 계신다는 것을 아는 진정한 기독교적 실존에 정확히 반대되는 것이다.시편 139:7-10 참고 기독교적 신비주의는 우리가 하나님께로 가는 길을 찾도록 노력하는 것에 대한 것이 아니라 하나님께서 우리가 있는 곳 어디에나, 특별히 위기의 순간과 우리 영혼의 어두운 밤 속에서도 계신다는 것을 인식하는 것에 관한 것이다.

"역사적" 예수를 그다지 언급하지 않는 것 같다는 이유로 바울은 자주 비방을 받았다. 하지만 바울의 편지에서 보면, 우리가 공관복음서에서 찾을 수 있는 것처럼 바울이 예수의 가르침, 최소한 가르침의 일부를 잘 알고 있었다는 것이 분명하다. 나는 이런 점에서 일부 학자들의 역사적 회의주의가 부적절하다고 본다. 그들은 바울이 당시 생겨난 교리문답 전승을 자유로이 사용하고 있었다는 것을 놓치고 있다. 예수의 이야기와 가르침은 사람이 어떻게 관계 속에서 살고 있었는지에 대한 기초를 형성한다. 확실히 그런 전승은 복음서들 속에서 우리가 발견하듯이 발전된 형태로 있지는 않았지만, 만일 디다케1.4, 4.3 배후에 있는 구전전승이 초기라고 연대결정이 내려지면, 기독교 형성이 예수를 어떻게 그리스도인의 삶을 살 것인가에 대한 모델로서 사용했다는 증거가 이미 있는 것이다.

바울의 신비주의는 그가 몰랐거나 잘 알지 못했던 예수를 알고자 했던 것이 아니라, 예수가 자신의 세상 속에서 살았던 것처럼 우리가 사는 세상에서 어떻게 예수를 따를 것인지를 배우는 것이었다. 이것을 위해서 바울은 *mimisis*모방의 언어를 구사했다. *mimisis*라는 용어는 신자들이 "주님과" 사도들을 닮는 사람이 되었다는 데살로니가전서에서 찾을 수 있으며1:6, 데살로니가 그리스도인들이 그들의 신앙으로 인해 핍박을 받음 속에서 예수를 본받는 사람이 되었다는 2:14에서도 찾을 수 있다. 또한 그것은 바울의 천막 짓기가 기독교 공동체에 부담을 주지 않기 위한 데살로니가 교인들을 위한 모델이었다는 데살로니가후서에서도 찾을 수 있다.3:7, 9 고린도전서 4:16에서는, 자신의 노고를 나열한 후에, 바울은 고린도의 교인들에게 "자신을 본받으라"고 격려하고 있다.

바울 속에 나타나는 모방은 그 용어 자체의 사용에만 제한되어 있지는 않다. 예를 들면 빌립보서 2장에서 바울은 빌립보 교회가 "그리스도 예수 안에 있는 동일한 태도를 가지도록" 권고하고 있으며, 예수의 자기희생이 그리스도인들을 위한 모델이 되고 있는 2:5-11의 찬가를 인용한다. 그것은 그리스도인들이 예수처럼 스스로를 "살아 있는 제사"로 드리는 로마서 12:1-2의 언급 뒤에 있는, 이런 자기희생적 모방이다. 정리하면, 그리스도를 닮는 것은 복음을 위해서, 그리고 복음이 전파되는 사람들을 위해서 노고와 핍박을 견디는 삶의 양식을 지속하는 것이다.

이것은 핍박에 대해서 말하고 있는 복음서 속에서 발견되는 패턴과 동일하다. 마태복음 5:10-12와 마가복음 8:34-35는 실질적으로 동일한 것을 말하고 있다. 사도적인 패턴은 예수의 패턴인 것이다.

바울에게 있어서 성령의 힘 속에 있는 삶은 신자들이 서로를 낮게 여기며빌2:1-4 "서로에게 공평한 관심을" 갖는고전12:24-26 기독교 공동체 속에서 먼저 사는 것이다. 그 공동체는 『예수가 이끄는 삶』이 실천되어서, 세상 속에 그 공동체가 흩어질 때, 어떻게 용서하고 어떻게 사랑하고 어떻게 화평케 하는지를 아는 곳이다. 예수처럼, 신자들은 그들의 동료 신자들의 짐을 질 때갈6:2 예수에 대한 자신들의 의무를 다한다. 신자는 도덕적인 의무나 기독교적 규칙서의 목록을 가지고 사는 것이 아니다. 규칙은 오직 하나, 사랑이다. 이 사랑은 고린도전서 13:1-8 속에서 관계적으로 묘사되고 있다.

"내가 사람의 방언과 천사의 방언으로 말을 할지라도, 내게 사랑이 없으면, 울리는 징이나 요란한 꽹과리가 될 뿐입니다. 내가 예언하는 능력을 가지고 있을지라도, 또 내가 모든 비밀과 모든 지식을 가지고 있을지라도, 또 산을 옮길 만한 모든 믿음을 가지고 있을지라도, 내게 사랑이 없으면, 아무것도 아닙니다. 내가 내 모든 재산을 나누어 줄지라도, 자랑스러운 일을 하려고 내 몸을 넘겨줄지라도, 내게 사랑이 없으면, 내게는 아무런 이로움이 없습니다.

사랑은 오래 참고, 친절합니다. 사랑은 시기하지 않으며, 뽐내지 않으며, 교만하지 않습니다. 사랑은 무례하지 않으며, 자기의 이익을 구하지 않으며, 성을 내지 않으며, 원한을 품지 않습니다. 사랑은 불의를 기뻐하지 않으며, 진리와 함께 기뻐합니다. 사랑은 모든 것을 덮어 주며, 모든 것을 믿으며, 모든 것을 바라며, 모든 것을 견딥니다. 사랑은 없어지지 않습니다. 그러나 예언도 사라지고, 방언도 그치고, 지식도 사라집니다."

성령 안의 삶은 예수가 했던 것처럼 관계 속에서 사는 것이다. 내가 이 구절을 읽을 때 종종 나는 '사랑'이라는 단어를 '예수'로 대체시키는 것이 얼마나 쉬운지 알게 된다.

그 공동체 속에서 부활하신 그리스도를 신비적으로 경험하는 것은 성령을 경험하는 것이다.고후3:18 성령은 신앙을 심기 위해서 황홀한 경험을 가져다주는 어떤 형태 없는 실재가 아니다. 오히려, 성령을 경험하는 것은 공동체의 이익을 위해서 부여되는 것이다. 따라서 누군가가 부활한 그리스도를 경험하는 것은, 자존감을 가진 사람들이 그렇지 못한 사람들보다 더 낫다는 것처럼, 자존감으로 보여서는 안 된다. 성령의 사역은 신성한 경험, 열광적인 찬양 속에서, 가혹한 핍박, 혹은 일상적인 노동 모두가 신자로 하여금 하나님의 형상인 그리스도의 형상으로 형성되도록 하는 곳에서 그리스도에 대한 순종을 만들어 낸다. 이것은 어떻게 일어나는가?

예수를 닮음

복종이나 신뢰의 원리는 이전에 언급되었다.[2,4] 이런 신뢰는 빌립보서 2:5-11에서 아름답게 나타난다.

> "여러분은 이런 태도를 가지십시오.
> 그것은 곧 그리스도 예수께서 보여 주신 태도입니다.
> 그분은 하나님의 모습을 지니셨으나,
> 하나님과 동등함을 당연하게 생각하지 않으시고,
> 오히려 자기를 비워서 종의 모습을 취하시고,
> 사람과 같이 되셨습니다.
> 그는 사람의 모양으로 나타나셔서,
> 자기를 낮추시고, 죽기까지 순종하셨으니,
> 곧 십자가에 죽기까지 하셨습니다.
> 그러므로 하나님께서는 그를 지극히 높이시고,
> 모든 이름 위에 뛰어난 이름을 그에게 주셨습니다.
> 그리하여 하나님께서, 하늘과 땅 위와 땅 아래에 있는 이들 모두가
> 예수의 이름 앞에 무릎을 꿇게 하시고,
> 모두가 예수 그리스도는 주님이시라고 고백하게 하셔서,
> 하나님 아버지께 영광을 돌리게 하셨습니다."

빌립보서 2:5-11은 초기 기독교 찬양이다.[1,1] 이미 잘 알려져 있어서 진부해 보일지 모르지만 이것은 굉장히 중요하다. 초대교회는, 찬송에 있어서, 이미 그들이 예배하는 이런 예수의 특징을 이미 반영하고 있었다. 단순히 전승의 한 단편을 넘어서, 찬송의 사용은 그 구절의 예배적인 특성을 보여주고 있다. 이런 찬양의 노래를 부르는 것은 모인 공동체이다. 우리는 '노래하는 이가 두 번 기도한다'는 것을 상기한다. 그것은 기독교 예배의 컨텍스트

를 향한 것이자 이런 찬양이 속해 있던 공동체의 삶이었다. 우리의 관심을 건조하고 칙칙한 세부사항으로 제한하는 것은 그 본문으로부터 힘을 빼앗는 것이다. 확실히 빌립보 교회는 지금 현대 학자들이 하는 것처럼 기독론적 공식을 논의하는데 시간을 들이지 않았다. 그들은 이 찬가를 모인 공동체로서 불렀다. 그것은 현대의 주석들이 자주 결여하고 있는, 살아 있는 사람으로서의 예수에 대한 감성적이고 영적인 예배 요소들을 가지고 있었다.

게다가, 이것은 어떤 형태의 박해를 당하고 있던 공동체인 빌립보의 작은 기독교 공동체의 컨텍스트 속에서 불린 찬가이다. 이 같은 사실은 또한 중요한데, 그 이유는 그것이 희생자의 관점, 아래로부터의 해석학을 강조하고 있기 때문이다. 이보 레스버핀Ivo Lesbaupin은 "박해가 초기 기독교의 배경을 형성한다"고 언급하고 있다.4.1, 41 우리는 사도 문헌을 읽을 때 이것을 잘 기억하게 될 것이다.

바울 혹은 그의 전승은 희귀한 단어인 *harpagmos*를 사용하는데, 몇몇 사람들은 이 단어를 '갈망의 대상'으로 번역하고 다른 이들은 '갈망하는 행위'로 번역한다. 이렇게 놓고 보았을 때, 질문은 예수가 하나님과 동등한지를 묻고 있다. 하나님은 예수 속에서 내재하는 어떤 것과 동등했는가 아니면 예수가 무엇인가를 결핍하고 있는가? 하지만 모방적 현실주의의 관점에서 보면 우리는 외적인 대상'하나님과 동등함'이 없는 욕구는 없으며, 소유욕의 본성은 이전에 욕구된 평가하나님과의 동등성이 되는 것에서 나온다는 것을 안다.

우리는 빌립보서 2:1-11의 해석에서 이것이 만드는 중요성을 물을 수도 있다. 우리는 그 본문은 인류학적인 언급을 하고 있다고 제시한다. 그 찬가의 도입부는 아주 강하게 인간중심적이지만 그 찬가2:5-11는 창세기에서 나오는 원초적 인간의 이야기6.1의 어떤 점을 반영한다. 다른 말로 하면, 우리는 하나님의 그리스도가 '갈망함'을 포기했다는 바울의 언급과 대조를 이루고 있는 '갈망했었던' 원래의 아담을 생각하지 않을 수 없다. 랄프 마틴Ralph Martin은 빌립보서의 찬가와 창세기 1-2장에서의 창조이야기를 관련시켜서 다음과 같이 설명하고 있다. "70인역과 빌립보서 2장의 헬라어 본문 사이의 언어적 일치는 인상적이다." 그는 그 병행들을 아래와 같은 표로 만들고 있다.

아담(창세기 1-3장)	그리스도(빌립보서 2:5-11)
• 신성한 형상으로 창조됨	• 하나님의 형상이 됨
• 하나님과 같이 되는 것을 상으로 여김	• 하나님과 같이 되는 것을 상이 아니라고 여김
• 명예를 갈망함	• 스스로 명예를 갈망하지 않음
• 하나님의 종이 되는 것을 일축함	• 스스로를 종의 형상으로 둠
• 하나님의 모습이 되고자 함	• 인간의 모습을 입음
• 사람의 방식으로 발견됨 (흙으로 돌아갈 운명이 됨)	• 사람의 방식으로 발견됨
• 스스로를 높이고 죽기까지 불순종함	• 스스로를 낮추고 죽기까지 복종함
• 저주받고 수치를 당함	• 하나님께서 그를 높이시고 그에게 모든 이름 위에 뛰어난 이름을 주심

이런 병행은 인상적이다. 누군가 어떤 원시적 인간의 신화, 천상의 인간의 신화 혹은 유대교 속의 아담에 대한 추측 속에서 찬가의 배경을 찾는다면, 우리는 무엇보다도 먼저 인류학적인 어떤 것, 즉 진정한 인간이 구성하고 있는 것에 대한 단언을 다루어야 한다는 사실이 남는다. 특히, 우리에게 아담인간과 예수인자 속에 있는 가상거울의 이중성이 부여되었다는 것을 우리는 볼 수 있다. 아담과 예수 사이의 한 가지 구분은 예수는 부정적인 모방의 과정으로부터 떨어져 나와 새로운 과정, 긍정적인 모방의 과정 속에 참여하는 하나님의 뜻을 택했다는 것이다.

이것은 '그가 스스로를 비웠다'는 어려운 문제로 우리를 이끈다. '자신을 비움'은 *harpagmos*와 반대되는 것이다. 이들은 역접 접속사인 *alla*, "그러나"로 연결되어 있다. 자신을 비우는 행위는 '탐욕스럽지 않음'의 행위이다. 그러므로 그들은 하나이자 동일한 것이다. 여기서 그것은 강조된 자기희생적인 요소이다. 탐욕스러움은 경쟁적인 폭력과 희생으로 이어지며, 탐욕스럽지 않음은 자기희생이 되는 자기 비움을 만들어 낸다. 우리는 예수에 관한 요한의 단어를 상기할 수 있다. "아무도 내게서 내 목숨을 빼앗아 가지 못한다. 내가 스스로 원해서 내 목숨을 버린다."요10:18 혹은 예수가 스스로를 '드리는' 히브리서의 다른 동사들의 사용을 *fero, anaphero, diaphero* 생각해 낼 수도 있다. 희생이라는 동사보다는, 예를 들어 *thuo* 빌립보서 찬가 자체에서는 어디에도 희생적 언어가 존재하지 않는다. 하지만 그 논리는 십자가로 이끄는데, 십자가는 모든 희생의 종말이다.

어떤 학자들은 "십자가에서의 죽음조차"가 그 찬가의 구조와 맞지 않는다고 말하는데, 이런 단어들은 바울이 추가했다는 것이다. 그렇다고 해도, 만일 그것이 사실이면, 바울은 예수의 수난, 군중, 부당한 판결 및 사형을 이런 간결한 구문으로 상기시키면서 부정적인 모방의 결과들의 희생적 요소를 더욱 가깝게 결부시키고 있는 것이다. 그것은 수난 곳곳을 통해 부정적인 모방 외에도 어떤 것 일어나고 있었다는 바울의 동의가 될 것이다. 죽음은 그 찬가 속에서 끝에서 두 번째의 것이다. 생명과 무죄입증이 마지막 결정을 내린다. 그리하여 '갈망의 행위'와 '자기 비움'은 우리에게 모방의 이중적인 특성, 부정적이고 긍정적인 특성을 기술한다. 전자가 그 찬가 속에서 가정된 배경이라면, 후자는 두드러지고 강조되는 것이다.

창조이야기와 이어지는 첫 인류탐욕적인 아담/하와의 폭력의 소용돌이는 우리의 찬가에서 참고하고 있는 잠재적 유대의 배경뿐만이 아니다. 일부 학자들은 그 찬가 속에서 이사야와 신명기-이사야의 언어, 특히 고난 받는 종의 언어를 본다.6.3 그 찬가의 *harpagmos* 속에서 반영되는 이사야 속에 나오는 루시퍼의 우주적 싸움을 보는 사람들이 있다. 그리스도 대 사탄의 싸움인 것이다.

모방적 현실주의자들에게는 평정심을 유지하고 기쁨으로 뛰는 것이 어렵다. 왜냐하면 르네 지라르는 우리를 위해 마귀의 탈신화화를 설명하기 때문이다. '사탄'은 인간의 어두운 면이다. 마귀의 몰락, '사탄'의 패배 혹은 인류의 자유는, 뭐라고 강조하든 간에, 초기 기독교 속죄이론에 있어서 핵심적인 요소였다. 이것은 단순히 무시되거나, 혹은 그것이 사실상 우리의 폭넓은 해석적 전략을 향상시킬 수 있을 것인가?[8.3을 보라]

어떤 사람들은 고난 받는 종의 노래, 이사야 53장으로 눈을 돌린다.[6.3] 이 종은 '형상적'이며 표상적이다. 새 창조를 상속받는 사람은 고난 받는 종, 하나님의 백성, 황폐함의 인물이며, 그리하여 개괄된 인간이다. 첫 아담은 이사야의 노래들에서 마지막 아담이 된다.

다시금 이것은 양자택일의 문제가 아니다. 초기 기독교 공동체는 밥 딜런Bob Dylan이나 윌리엄 셰익스피어처럼 자신들의 노래와 문헌에 있어서 창조적이었다. 아담/첫 인간의 배경과 고난 받는 종은 모두 이 찬가 배후에 있을 수 있다. 왜냐하면 양쪽 모두 초기 그리스도인들에게 있어서 뿐만 아니라 예수 자신에게 있어서도 중요한 공동적 인물corporate figure이었기 때문이다. 인자는 단순히 종말론적 인물이 아니라 또한 기원론적protological 인물이었다. 보르스치F.H. Borsch가 보여준 것처럼, 첫 번째 아담과 마지막 아담, 혹은 아담의 이중성이 존재한다.[42] 양쪽 모두 공동적 인물로 기능하고 있다.

이것은 중요하다. 공동적 인물은 우리가 사회적, 심리학적, 영적, 경제적, 정치적, 인종적 등 여러 가지 차원에서 사람과 사람interdividual이 연결되어 있다는 시각을 강조하고 있다. 공동적 개인에서는[2.2, 6.1], 하나가 다수모두를 나타낼 수 있다. 제임스 윌리엄스James Williams는 특히 히브리 백성들의 왕과 관련하여 이런 현상의 모방적 가치를 우리에게 보여준다. 만일 왕이 선하면 모든 백성들이 축복을 받았으며, 만일 왕이 악하면 백성들은 저주를 받았다. 한 명이 많은 사람들을 나타냈다. 공동적 개인성은 중재하는 기능이나 역할을 보인다. 대제사장은 분명 공동적 개인성의 인물인 것이다.[43]

공동적 개인성의 인물들은 그들이 대체적인 인물이 될 수 있다는 점에서 희생적 메커니즘을 강조한다. 그들은 모든 백성을 대신한다. 우리 모두가 욕구의 모델인 한 그들은 대표적이며 대표성은 모방 이론에서 전략적 역할을 수행한다. 이것에 대한 우리의 현대적 맹목성은 우리가 낭만적인 거짓말, 자율적 자아의 신화, 구분되지 않은 개인의 속임수에 의해 굴복되거나 유혹받아 온 정도에 비례하고 있다.[5.1]

예수는 고난 받는 종으로서 진정한 아담을 나타낸다. 한 명이 다수/모든 사람을 대신하는 것이다. 이것이 빌립보서 찬가 속에서 만들어지는 긍정적인 모방에 관한 핵심이다.

하지만 이 찬가에 대한 더욱 폭넓은 배경이 논의되어 왔다. 데이빗 실리 David Seeley는 다음과 같이 제시하고 있다. "이 구절들은 이사야서 45장에 기초되어 있지만, 그들은 또한 통치자에 대한 예배를 떠올리게 하며 그런 관점으로 분석할 가치가 있다."[44] 나는 실리가 초기 그리스도인들이 자연스럽게 당시 자신들의 정치적인 '대표자들'을 생각했을 것이라는 정당성을 잘 입증했다고 생각한다. 나는 초대교회가 부정적인 모방뿐 만아니라 긍정적인 모방을 반영하면서 우리가 모방적 현실주의라고 지금 부르는 것에 대하여 생각했다는 것과 그들이 이것을 연결된 개인성interdividuality의 상황에서 했다고 상정하기 때문에, 실리가 제안한 배경은 창세기와 이사야 모두의 측면을 강조하고 있다. 예수는 히브리 왕들에 대한 반대 모델인 것처럼 그레꼬-로만의 왕들에 대해서도 반대의 모델이다. 왜냐하면 초대교회에게 있어서는 영적인 권세와 정치적인 권세 사이에서는 구별이 없었기 때문이다.[3.3, 8.3] 예수는 그들이 어디에 거주하든 "모든 이름 위에 뛰어난 이름"이다.

그렇다면 교회의 생활 속에서 예수의 성육신에 대해서 무엇을 말할 수 있는가? 바울은 교회를 '그리스도의 몸'고전12장이라고 하지 않았나? 또한 바울은 신자들 속에 거하시는 성령은 예수의 영이라고 고린도교회 교인들에게 말하지 않았나?고후3장 예수는 어떤 방식으로 생명을 지닌 육체, 신앙하는 교회의 육신이 되지 않았나? 바울은 고린도전서 6장에 나오는 음란*porneia*의 문제를 다룰 때 이런 논리에 의존하지 않았는가?

나는 빌립보서의 찬가를 '공동체의 생활을 위한 십자가의 도덕적 중요성'의 사례로 보는 로버트 해머튼–켈리와 생각을 같이 한다.[45] 이것은 예수의 삶 즉, 구전과 본문으로 전해진 예수의 이야기들이 어느 정도 노예같이 모방되었다는 것을 의미하는가? 그렇지 않다. 오히려 해머튼–켈리가 언급하는 것처럼, "예수의 삶의 기억으로부터 끌어 온 어떤 구체적인 윤리적 패턴보다는 자기희생을 하는 그의 행위 속에 있는 십자가의 핵심적 행위, 즉 못 박힌 그리스도"는 모방의 핵심이다.[46]

신뢰와 복종 모두가 여기서의 열쇠가 된다.2.4 및 요14:1ff를 참고할 것 그들은 동전의 양면이다. 진정한 구원의 중요성의 찬가, 즉 변화되는 인간을 실현하는 약속, 예수 안에 기초하는 인간, 하늘 아바의 의지만을 바라는 인자를 벗겨내면서 나는 구원으로부터 윤리를 구분하고 있지 않다. 그 찬가 속에 있는 순전히 다른 세상적인 구원에 대한 해석은 추상 속에서 행복하게 사는 사람들은 만족시킬지 몰라도 그런 구원의 실제적 육신은 부여하고 있지 않다. 구원으로부터 윤리를 구분하는 사람들에게는 객관적인 과정에 대한 주관적인 연관성이 없다. 하지만, 우리가 *harpagmos*와 '자기 비움'에서 본 것처럼, 그 찬가 자체는 성육신 과정을 묘사한 것이다. 이것은 빌립보서 3:17의 '전형type'으로서, 바울이 자신의 회심자들에게 준 "패턴, 사례"이다. 그는 우리가 탐욕스럽지 않고 자기를 비우는 이런 형태의 "동료 모방자들"이 되기를 권고한다. 바울이 "내가 바라는 것은 그리스도를 알고, 그분의 부활의 능력을 깨닫고, 그분의 고난에 동참하여 그분의 죽으심을 본받는 것입니다"라고 말할 때, 이런 선택, 이런 영성은 자서전적으로 반영된다.[47]

그리하여 나는 그 본문의 윤리적 해석 및 이런 방식으로 주님과 함께 하는 교회의 삶은 실제로 가능하지 않다고 주장하는 사람들과 결별해야만 한다. 그란데Per Grande는 그들의 결합을 잘 요약하고 있다.

"그리스도를 닮는 것은 폭력과 희생을 해결하는 과정에 대한 각 개인의 반응이다. 이런 관점에서 그리스도를 닮는 것은 그리스도의 사역이 개인적으로 지속되는 것이다. 고난은 분명히 희생적인 현상인 반면, 그리스도를 닮는 것은 그 고난의 윤리적 함축으로 볼 수 있다. 이것은 또한 그리스도를 닮는 것은 실천적인 발걸음을 내딛는 것이며, 그리스도에 대한 반영에서 나온 것이다. 이런 의미에서 모방은 기독론에 대한 응답이자, 동시에 윤리적으로 말하자면, 아마도 기독론의 가장 중요한 부분일 것이다."[48]

톰 라이트는 빌립보서 찬가의 의미를 요약하는 자신의 광범위한 연구를 다음과 같이 언급함으로 마무리한다.

"그 구절 자체의 요지는, 동등한 신성을 가졌던 이가 인간이 되기 전에 그런 지위를 이용하고 활용할 것으로 여기지 않고, 대신 그것을 순종적인 겸손과 죽음으로의 부르심으로 해석했다는 것이다. 그리고 성부 하나님께서는 자신이 가진 신성한 영광을 나누기 위해 그를 높임으로 이런 해석의 진리를 인정했다는 것이다. 이것은 그 구절이 그 역할을 수행할 수 있다는 것을 의미하며, 바울이 발전시키는 주장 속에서 그것은 그리스도인이 닮아야 할 사례인 것이다. 하나님께서는 그리스도의 자기 비움을 신성한 동등성의 진정한 표현으로 인정하셨다. 하나님께서는 같은 방식으로 그리스도인의 자기 비움을 인정하실 것이다."[49]

바울은 로마의 그리스도인들에게, 이런 자기희생은 하나님의 뜻을 발견하는 유일한 길이며 선한 것, 하나님께서 원하시는 것, 해야 할 완전한 일이 무엇인지를 아는 유일한 길이라고 쓰고 있다.롬12:2 그것은 새로운 사고방식과 함께 한다. 그것은 우리가 연민을 가지며 다른 이의 고통에 열려 있고, 경쟁자가 아니라 동료 인간인 다른 이에 대한 경험으로 들어갈 수 있는 긍정적인 모방의 방식이다. 왜냐하면 우리는 합법적으로 따를 수 있는 예수를 모델을 가지고 있기 때문이다. 바울은 우리의 실제적 자아는 "그리스도와 함께 하나님 안에 감추어져 있다"는 심오한 진리의 표현을 제공하고 있다.골3:3 우리의 진정한 정체성은 다른 사람에 맞서서 판단되는 것이 아니다. 그것은 이룰 수도 없고, 강압적으로 취할 수도 없으며, 획득되거나 탐욕으로 움켜쥘 수도 없는 것이다. 그것은 주어지는 것이다. 이것이 성령 안에서의 삶, 그리스도 안에서의 삶이다.

8장 ◆ 요한복음

8.1 비폭력적 로고스

마지막으로 우리는 내가 좋아하는 신약성서의 책, 요한복음과 만나게 되었다. 난 요한복음을 제4복음서라고 부르기를 좋아한다. 요한복음은 가장 읽기 쉬운 복음서이지만 모든 복음서들 가운데서 가장 미묘하다. 요한복음이 기록된 날 이래로요20:31, 이중적 의미를 담은 저자의 말재간, 역설, 단어들, 유대교 성서와 다른 유대교 전통들이 모두 놀라운 융단, 즉 기독교 신앙을 양육하는 예수의 이야기를 말하는 방식에 기여하고 있다. 2백년이 넘도록 제4복음서는 예수의 삶에 대한 연구로부터 배제되어 왔다. 이런 관점에서 나는 대다수의 신약성서학자들의 견해와 같지 않다는 것을 말해 둔다. 다드C.H. Dodd와 로빈슨J.A.T. Robinson의 연구는 제4복음서의 저자가 분명히 자신의 공동체의 필요를 충족시키기 위해, 공관복음서 저자들이 그러한 것처럼 예수의 이야기들과 가르침을 수용했을지라도 제4복음서에 대한 역사적 실체가 존재하고 있다는 것을 나에게 확신시켰다.

나의 목적은 '역사적 예수'를 위해 제4복음서를 파는 것이 아니다. 오히려 모방적 현실주의에 비추어서 그것을 읽음으로, 바울과 공관복음서처럼 예수가 지향한 것과 같은 공기로 우리가 숨을 쉬고 있다는 것을 보여주는 것이다. 확실히 제4복음서의 언어와 강조점과 문체는 공관복음서들과는 매우 다른 것이 사실이다. 그럼에도 불구하고, 기독론적 연속성, 즉 네 복음서에서 모두 공통적으로 예수를 보는 방식이 존재한다.

이 섹션에서는 서문을 볼 것이다.요1:1-18 많은 학자들은 수년 동안이나 서문이 찬가에 근거하고 있다고 주장해왔다. 초대교회는 예수에 대해서 충분히 노래할 수 없었던 것으로 보인다![1] 만일 6-9절과 15절을 끄집어낸다면, 가능성 있는 원래의 노래라는 느낌을 가질 수 있다. 이 절들과 19절을 함께 읽는다면 다른 복음서들이 그러한 것처럼 침례 요한으로 시작하는 서사적 도입부 형태를 이룰 것이다. 빌립보서 2:5-11이나 골로새서 1:15-20의 찬가처럼, 그 찬가는 창세기의 이야기, 세상과 인간의 창조로 거슬러 올라간다. 초대교회는 예수가 행했던 것이 오래된 이야기를 새로운 열쇠를 가지고 다시 이야기한 것이라는 것을 이해했다.

로고스The Logos

제4복음서의 시작에서[1:1-18] 우리는 저자가 로고스를 이야기함으로 시작할 때 새로운 세상으로 눈 깜짝할 사이에 이동한다. 이 용어는 우리에게 "말씀"으로 알려져 있다. 그렇지만 그것은 말 이상의 것을 의미한다. 로고스는 유대교와 헬라 사상 속에서 사용된 용어이며 우리는 그것을 양쪽 세상을 염두에 두고 고려할 것이다. 로고스에 대해서 많은 것들이 언급될 수 있고 언급되어 왔음에도, 우리는 이 책 곳곳에서 내가 말하고 있는 것을 계속하여 드러내는 그런 측면들을 고수할 것이다.

헬라적인 배경으로 먼저 시작해보자. 소크라테스 이전의 철학에서는 로고스가 먼저 나타난 것이 헤라클레이토스 때였다.[주전 535-475] 헤라클레이토스가 그를 둘러싼 세상을 보고 그것의 의미를 찾고자 했을 때, 그는 우리가 '실재를 구성하는 원리'라고 부를 수도 있는 것을 찾으려 했다. 세계를 유지하고 있는 것은 무엇이었나? 헤라클레이토스는 이런 원리를 로고스라고 불렀다. 그렇지만 로고스는 무엇이었나? 로고스는 다음과 같은 원리이다. "전체와 전체 아닌 것, 합치와 불합치, 조화와 부조화는 결합하여 있는 것이다. 그리하여 만물에서 일이 생하고 일에서 만물이 생긴다."[단편 10] 인간은 이런 구성적 원리를 인식하지 못한다.

"이 법칙은 그것이 영원히 존재하는 것이나 사람들은 그것에 대하여 듣기 전에나 들은 뒤에나 아무 이해를 얻지 못하고 있다. 모든 것이 이 법칙에 의하여 생긴다 하더라도 그들은 그러나 결코 그 법칙을 찾아보려고 하지 않는 것 같다. 설사 내가 개개의 것을 그것의 본성에 따라 분석하고 또 그 개개의 것이 여전히 그 physis 본성과 관계하고 있는가를 설명하면서 그들에게 하는 그러한 말과 행위를 만약 그들이 알아보려고 한다 해도 다른 사람들은 마치 그들이 잠을 잘 때 한 바를 잊어버리고 있는 것과 같이 그들은 깨어 있을 때에 한 바도 알지 못하고 있다."단편 1

헤라클레이토스에 따르면 구성적 원리는 갈등이나 전쟁이었다.

"한편으로 전쟁은 모든 것의 아버지이며 다른 한편으로는 모든 것의 왕이다. 한편으로 전쟁은 신들을 명시하고, 다른 한편으로 전쟁은 누가 인간임을 보여준다. 한편으로 전쟁은 사람을 노예로 만들고 다른 한편으로 전쟁은 그들을 자유롭게 한다."단편 53 1

아울러 단편 80에서는 다음과 같이 말한다.

"전쟁은 흔한 일이고, 갈등은 관습적이라는 것을 이해하는 것이 불가피하며, 모든 것들은 갈등과 필요로 인해서 발생한다."

이런 인용들은 명쾌하게 구성하는 원리, 로고스혹은 후기 아리스토텔레스 철학에서는 아르케*Arche*는 폭력전쟁의 신 *polemos* 혹은 불화의 여신 *eris*이라는 것을 역설하고 있다. 폭력, 전쟁 혹은 갈등이 모든 실재의 중심에 있다는 것은 무엇을 의미하는가?

먼저, 그것은 우주의 이중적인 시각에 신빙성을 부여한다. 이것은 선과 악이 지속적으로 싸우는 원리, 존재에 있어 필수적인, 양쪽을 오가는 음양의 관계로 보인다. 이런 이원론은 서구 헬라 사상에서 찾을 수 있을 뿐만 아니라 포로기 이후 동안 페르시아의 조로아스터교의 영향을 통해 유대교에도 영향을 미쳤다.[2]

두 번째로, 갈등polemos이나 전쟁을 실재를 이루는 원칙으로 만들며, 전쟁은 도덕적이고 윤리적으로 받아들일 수 있도록 불가피하게 수용되고 정당화된다. 만일 갈등이 우주에 혹은 하나님의 교리에 들어가 있다면, 갈등은 문제이자 해결이 된다. 파르마콘pharmakon, 독, 골칫거리과 파르마코스pharmakos, 치료, 축복은 하나이며 동일한 것으로, 동전의 양면이다. 오래전 헤라클레이토스가 지적했듯이, 갈등, 보복, 앙갚음, 거부는 모두 이런 형태의 존재에 필수적이다.

세 번째로 만일 갈등이 신들에게 있어서 자연스러운 것이라면, 가장 크고, 최고이며 가장 강하고 가장 위대한 신이 모든 신들의 신이다. 그 신이 제우스Zeus나 크로노스Chronos이든, 엘El, 바알Ba'al, 알라Allah, 발음하기 어려운 이름이든 혹은 심지어 어떤 현대의 무리들 속에서는 예수이든, 그것은 중요하지 않다. 중요한 것은 갈등을 필수적으로 만들고 군사적인 용맹함을 불가피하게 만드는 범주들 속에서 그런 신성이 인식된다는 것이다.

네 번째로, 만일 갈등이 '사물의 본성'이라면, 신성은 갈등을 겪고 있다고 인간이 인식하는 방식으로 와야 한다는 것이 놀랍지 않다. 우리는 서로 전쟁을 하고 있는 우리의 다른 신들과 함께 있을 뿐만 아니라 우리의 신들도 그들 스스로 전쟁을 하고 있다. 다신론에서는 이것이 그 신들 가운데에서 다툼의 형태를 갖는다. 하지만 유일신론에서는 이 모든 전쟁은 내면화되어서 이제 정의와 자비, 사랑과 진노, 용서와 보복이 신의 중심에서 함께 싸운다. 우리는 이 문제를 앞서 이 책에서 야누스의 얼굴을 가진 신이라고 칭한 바 있다.[1.2, 2.1, 3.2]

이것이 제4복음서의 로고스에 대한 배경인가? 대답은 예와 아니오이다.

헬라철학과 요한복음의 저자 모두 우주를 구성하는 원리가 있다는 것을 알았다는 점에서는 예이다. 그들이 그 원리를 다르게 이해했다는 점에서는 아니오이다. 지라르는 이 점을 최초로 보여준 사람이었다.

> "요한복음의 로고스는 어떤 형태의 폭력과도 관련이 없다. 그러므로 그것은 인간의 문화에 끼친 어떤 직접적이고 결정적인 영향을 결코 갖지 않는, 영원히 추방되고 부재하는 로고스이다. 이런 문화들은 헤라클레이토스적인 로고스, 추방의 로고스, 폭력의 로고스에 기반을 두고 있다. 만일 이런 로고스가 인식되지 않는다면, 이런 로고스는 문화의 기초를 마련할 수 있다. 요한의 로고스는 스스로를 추방시킴으로써 폭력의 진리를 드러낸다. 다른 무엇보다도, 요한의 서문은 의문의 여지가 없이 수난을 가리킨다. 하지만 더 일반적인 방식으로, 로고스의 잘못된 인식과 인류가 축출한 로고스는 인간 문화의 근본적인 원리들 가운데 하나를 폭로하고 있다."[3]

지라르는 비폭력의 원리가 폭력의 세상으로 들어올 때, 그것은 용인될 수 없다고 말하고 있다. 진정한 로고스는 우리의 종교의 논리가 아니라 하나님으로부터 나온다. 갈등으로 세워지고 유지되는 인간의 문화는 용서하고 화해하며 동정어린 원칙과는 무관할 것이다. 예수는 그의 아바가 비폭력적이고 비보복적이며 희생양을 삼지 않으신다는 사실을 계시하였지만 거부당했다. 그는 "자기 땅에 오셨으나 그의 백성은 그를 맞아들이지 않았다."[요1:9] 인간의 문화에서는, 전쟁과 죽음의 로고스를 생명이자 빛이신 진정한 로고스보다 더 선호한다.

로고스의 개념은 순교자 저스틴과 더불어 2세기 중순에서 시작된 예수에 대한 기독교적 논의 속에서 두드러지게 중요한 것이 되기 시작했다.[4.4] 저스틴은 같은 것을 하고자 하는 몇몇 아주 유명한 유대교 주석가들(예를 들면 알렉산드리아의 필로)의 발걸음을 따라 성서적 계시와 헬라 철학 사이의 일치점을 보여주고자 했다. 저스틴이 범한 단순한 '실수'는 헬라 철학의 폭력적인 로고스를 요한 전승의 비폭력적 로고스와 동화시키고자 한 것이었다. 저스틴이 제4복음서를 알고 있었는지는 논란의 여지가 있다. 두 개를 합치고 그들의 공존가능성을 주장함으로, 저스틴은 기독교 계시의 급진적인 비폭력적 성격을 오염시키는 *polemos*갈등의 문을 열어두었으며, 이것이 신은 보복적 폭력성을 가질 수 있으며 그리하여 야누스의 얼굴을 갖는 가능성으로 이어지고 말았다.

유대교 속의 로고스

요한복음의 로고스를 위해서 우리가 탐구하게 될 다른 배경은 유대교 전통이다. 이 전통 속에서 레이먼드 브라운Raymond Brown은 서문의 저자에 영향을 주었을 수도 있는 "말씀"을 이해함에 있어서 가능한 네 가지의 영역을 밝히고 있다.

- "주님의 말씀"
- 의인화된 지혜
- 율법에 대한 유대교적 고찰
- 탈굼에서의 *Memra*의 사용

먼저, 브라운은 선지자들호1:1, 요엘1:1 속에서 빈번하게 찾을 수 있는 용어인 "주님의 말씀"을 주목한다. 하나님의 말씀은 능동적이고 역동적이며 생명을 주는 것이다.신32:46-47 인간의 수단을 통해 자신들의 백성과 의사소통하시는 이는 하나님이다.

두 번째는 의인화된 지혜로서, 살아있고 창조적인 소피아Sophia이다. 우리는 이미 지혜가 의인화되어 하나님의 대리자로서 보일 수 있다는 것을 보았다.6.4 지혜는 우주의 창조에서 하나님과 함께 참여했으며 하나님의 오른 손에 있고, 하나님의 편에서 최고의 장인이자, 아담으로부터 모세에 이르기까지 하나님께서 자신의 위대한 구원행위들을 일으키시는데 사용했던 것이다. 잠언 8:22-31, 솔로몬의 지혜 7:22, 8:4, 10:1-8

세 번째로, 요한복음 1장의 로고스는 율법의 역할에 다시 귀를 기울이는데, 예수 이전 수 세기 전에 후기 랍비문헌 속에서 지혜가 의인화된 것과 동일한 방식이다. 실제로 잠언 8장에서는 지혜=율법이다. 또한 마카비 4 1:16 예수이후 몇 세기가 지난 후 신명기 11:10의 주석에서는, 그 랍비는 잠언 8:22을 율법과 지혜를 동일시하는데 사용했다. "'주께서 자신의 길의 시작으로 나를 지으셨'고 말한 것처럼, 그것이 다른 무엇보다 더 높이 칭송을 받기 때문에, 율법은 모든 것보다 앞서 지음을 받았다."[4]

네 번째로, 브라운은 주님의 *Memra*말씀의 가능한 영향에 주목한다. 포로기 이후 유대교에서는 하나님을 인간처럼 묘사하려는 하나님이 입이나 팔, 다리, 눈 등을 가지셨다는 것처럼성서 본문들을 없애거나 수정하려는 경향이 있었다. 따라서 "하나님이 말씀하시되 빛이 있으라"고 말하는 대신, 유대교 경전의 아람어 의역은*Targums*, 2.1 다음과 같이 적고 있다. "주님의 말씀*Memra*이 '빛이 있으라'고 하셨다." 지혜그리고 율법처럼, 주님의 말씀*Memra*도 구원하실 수 있었다. 브라운은 출애굽기 3:12를 사례로 인용하고 있다.

> "만일 출애굽기 3:12에서 하나님께서 '내가 너희와 함께 할 것이다'라고 말한다면, 동방 탈굼역Targum Onkelos에서는 하나님께서 '나의 말이 너희의 뒷받침이 될 것이다'라고 말씀하신다. 만일 출애굽기 19:17에서 모세가 하나님을 만나기 위해 그 야영지로부터 백성들을 불러냈다고 우리가 듣는다면, 동방 탈굼역에서는 그들이 하나님의 말씀Memra에 따라 불렸다고 이야기한다."[5]

이런 네 가지 대안들을 공동적으로 독점적인 것으로 보는 대신, 우리는 그들을 서로서로에게 교차하는 것으로 볼 수 있다. 율법/지혜/말씀은 우주를 구성하는 원리이다. 실제로 잠언 3:19를 인용하는 어떤 랍비들에 따르면, 세상은 율법을 위해서 지음을 받았다. 율법은 최종적이고 궁극적인 계시인데, 그 이유는 율법이 모든 사물이 창조되었던 상위지도이자 모든 사물을 존재하게 하는 상위지도였기 때문이다.[6]

제4복음서의 로고스에 할당된 다양한 특성들은 모두 율법에 적용될 수 있었다. 즉, 태초에 하나님과 함께 함, 창조의 대리자, 생명과 빛. 다드C.H. Dodd는 다음과 같이 말하면서 이 점을 확인하고 있다. "서문에 있는 로고스를 가리키고 있는 다수의 전치사들이 율법을 가리키는 랍비적 언급들의 대응하는 것들이라는 것을 보는 것은 유익하다."[7] 그렇지만 이런 하나의 속성은 다음의 언급이 될 수 없었다. "로고스가 육신이 되었다."1:14 이것은 비단 물질의 세계가 영원한 이데아의 세계 보다 열등했다고 보는 헬라 철학에서만 용납되지 않는 언급이 되어 온 것은 아니다. 율법은 신성한 것이고, 그 본성과 기원에 있어서 인간의 것이 아니었기에, 이것은 유대교에서도 또한 문제가 되어 왔다.

그렇다면 우리는 이 모든 것을 어떻게 생각해야 할까? 나는 제4복음서의 저자가 양쪽의 배경을 모두 알았으리라 생각하지만, 같은 문제, 즉 폭력의 문제가 헬라 철학의 로고스로서 유대교에서 율법을 위해 존재했다는 점을 고려하면 그 저자가 특별히 유대교적 배경을 다루고 있다고 보고 있다. 우리는 이미 이것을 사도 바울의 서신들 속에서 보았다. 율법이 열심적인 민족주의적폭력적 해석의 틀 속에서 해석될 수 있다는 사실은 아킬레스건이었다. 율법은 "죄의 육신을 통해 약해졌다."롬8:3 즉, 그것은 율법을 통해서 오는 계시에 충실하지 않았던 해석에 쉽게 영향을 받았다. 율법의 폭력적인 해석에 대한 이런 동일한 비판은 다른 방식으로 제4복음서에서도 나타나지만, 그것은 동일한 것에 다다른다. "우리에게는 율법이 있습니다. 그 율법을 따르면, 그는 마땅히 죽어야 합니다." 요19:7 이것이 그 문제다.

서문은 다음과 같이 말한다. "율법은 모세에게서 받았고, 은혜와 진리는 예수 그리스도로 말미암아 생겨났다."[1:17] 우리는 이미 유대교 성서, 공관복음서와 바울서신에서 주어진 계시와 예수의 관계를 탐구했다. 우리는 모든 경우에 있어서 문제는 율법이 해석되는 방식이었다는 것을 보았다. 제4복음서에 귀를 기울일 때 우리는 같은 것을 발견한다. 이것을 이해하기 위해서는 우리는 제4복음서에서 율법을 언급하는 본문을 먼저 살펴보아야 할 것이다.

율법이 합법적이지 않을 때

제4복음서에서는 "율법"*nomos*이라는 용어가 14번 언급된다.[1:17, 45, 7:19, 23, 49, 51, 8:17, 10:34, 12:34, 15:25, 18:31 및 19:7] 7장은 그런 언급들 가운데 세 번째이다. 이것은 안식일에 사람을 고치신 것에 대해서 종교권위자들과 예수가 했던 논쟁적 대화의 일부이다.[요5:9] 안식일의 명령은 유대교, 십계명[출20:9]의 일부이자, 십계명에서 가장 긴 명령이기도 하며 창조이야기와 엮인 유일한 명령이기도 하다. 하나님께서 창조의 7일째에 쉬셨으니 그 백성들도 안식해야만 한다.

예수가 베데스다 연못에서 남자를 고쳤을 때, 그가 '일했을' 때, 예수는 안식일을 어긴 것으로 나타났다. 예수의 맞대응은 다음과 같이 이어진다. 만일 안식일에 어린 아이에게 할례를 행하는 것이 수용되었고 그래서 고통을 초래한다면 병을 고치는 것이 더 받아들일 수 있는 것이 되어야 한다. 바리새인들은, 성전에 있는 군중이 예수에게로 몰려드는 것을 보면서, 그들을 꾸짖고 다음과 같이 반박한다. "이 군중들은 율법을 하나도 모른다 – 그들에게 저주가 있다." 결국 요한복음 3:2에서 밤에 예수에게 찾아왔던 니고데모는 다음과 같이 말한다. "우리 율법은 그가 하고 있는 것이 무엇인지 알아보고자 먼저 그 사람의 말을 들어보지도 않고 누군가를 저주하는 것인가?"

율법은 이 구절에서 생생하게 희생양만들기의 과정을 승인하고 있다.[요5:15도 참고할 것] 권위자들은 예수가 그들이 몸담고 있는 틀을 벗어나서 본문을 해석했기 때문에 예수를 죽이려 했다. 이 틀은 사회적 배타성의 형식에 의존하는 해석방법이었다. 그들은 분명히 바리새인들처럼 충실하게 율법을 따르지 않았으므로 그 군중에게 저주가 있다는 그들의 반박이 이것을 입증하고 있다. 이런 "저주"는 신명기의 축복과 저주에게로 돌아가 귀를 기울이는데, 신명기에서 이스라엘 백성이 하나님의 명령을 지키면 축복이 약속되었으나 그렇지 않다면 저주를 받는 것으로 나타나고 있다. 종교권력자들의 관점에서 보면, 율법을 연구할 시간이 없었던 무지한 사람들은 율법을 제대로 따를 수가 없었으며, 그리하여 하나님의 저주 아래 놓이게 된다.

양의 문에서 그 남자를 치유한 이후, 요한복음 5:39에서, 예수는 이미 자신을 심문하던 자들을 질책했으며, 그들이 성서를 충실하게 성서를 연구하고 있을지라도 성서가 말하고 있는 것을 놓치고 있다는 것을 주시했다. 사용된 동사는 헬라어 *eraunao* 아람어 *deresh*를 번역한 것으로, *midrash*라는 단어에서 나온 것이다. 예수는 바리새인들이 했던 열성적인 성서연구, 어떤 기준에 의한 칭찬할만한 노력을 핵심을 놓치고 있다며 비판한다.

북미기독교는 이와 동일한 폐단에 직면하고 있다. 우리는 매일의 헌신을 하도록, 성경공부반에 들어가도록 권유를 받고 있으며 주일학교 교사들과 설교들을 듣고 성서캠프의 성서컨퍼런스에 참여하고 기독교서점에서 성경공부교재를 산다. 하지만 우리의 열성적인 모든 성경공부에 비하여, 어째서 우리 그리스도인들은 치유 사역를 지향하는 사람들의 비판과 더불어 여전히 사회적 배척, 폭력의 정당화, 전쟁과 공개처형에 참여하고 있는가? 예수 시대의 종교권력자들에 오늘날 상응하는 자들이 바로 우리가 아닌가?

이 논의에서 중요한 것은 하나님의 훈육율법이 치유하는 훈육으로 해석될 것이냐 아니면 우리가 잘 알고 있는 희생적 종교 및 사회적 폭력을 존속시키는데 사용될 것이냐 하는 문제다. 율법 그 자체는 문제가 아니라 유대교와 기독교같은 종교적 공동체에 의해 해석되는 방식이 문제인 것이다. 오늘날조차, 현대 유대교는 이것을 기독교에서 하는 것처럼 경험하고 있다. 그렇지만 성전의 파괴 이후 유대교를 형성했던 대다수의 랍비들은 조금 더-이렇게 말해야 할까?-진보적이고 해방적인 시각으로 율법을 치유적으로 해석하는 경향이 있었다. 다행히도 이런 해석은 오늘날 북미전역의 회당과 교회들 속에서 찾을 수 있다.

계속적으로, 율법을 폭력적으로 해석하는 것은 또한 요한복음 7:53-8:11에 나오는 간음한 여인의 이야기 속에서도 문제가 된다.[8] 바리새인들과 서기관들은 율법이 사회적 폭력을 정당화한다는 인정을 하도록 예수를 함정에 빠뜨리고자 한다. "선생님, 이 여자가 간음을 하다가 현장에서 잡혔습니다. 모세는 율법에 이런 여자를 돌로 쳐서 죽이라고 우리에게 명령하였습니다. 그런데 선생님은 이 일을 놓고 뭐라고 하시겠습니까?" 예수는 그 명령의 정당성을 확인해 줄 수도 있었고 그것을 거부할 수도 있었다. 예수는 둘 다 하지 않았다. 그가 한 것은 율법으로 심판받지 않는 자가 먼저 돌을 던질 자격이 있다고 지적한 것이다. 모든 사람이 자신의 삶을 돌아보고는, 삶의 어느 시점에서 작든 크든, 그들은 그 계명일 지키지 않았다는 것을 깨닫게 되었다. 그리하여 그들은 돌을 내려놓았다.

8:17에서 율법은 소유격으로 주어진다. 예수가 말할 때 그는 "너희의 율법"을 언급한다. 종교권력자들이 말할 때 그들은 "우리의 율법"을 지칭한다.[10:34, 15:25, 19:7] 예외는 12:34에 나오는 군중들로서 "율법"을 언급하고 있으며, 18:31에 나오는 빌라도는 예수처럼 "너희 율법"이라고 말한다. 이런 소유격의 중요성은 무엇인가? 8:17, 10:34 및 15:25에 나타나는 문제는 다시금 사회적 폭력의 정당화의 도구로 율법을 사용하는 것과 관련된 것으로 나타나고 있다. 8:17에서는 예수의 증언이 받아들여져야 하는가의 문제이며, 10:34에서는 신성모독의 죄와 관련이 되어 있고, 15:25에서는 예수가 율법조차도 "그들이 나를 까닭 없이 미워합니다"를 이 경우에서는 시편 35:19, 69:4 알고 있다고 언급하고 있다. *nomos*율법라는 단어가 등장하는 제4복음서의 모든 경우는 전략적으로 폭력의 문제와 전략적으로 이어져있다. 제4복음서, 공관복음서, 예수와 바울은 모두 신성한 성서본문이 폭력을 정당화하여 사용되

었을 때 일어나는 일들을 그들의 주요한 핵심적 관심으로 삼고 있다.

요한복음 7:19는 1:17을 반향한다. "모세가 너희에게 율법을 주지 않았느냐? 그런데 너희 가운데 그 율법을 지키는 사람은 하나도 없다. 어찌하여 너희가 나를 죽이려고 하느냐?" 율법과 관련된 문제는 율법의 소프트웨어가 아니라 율법의 운영체제이다. 그것은 단순히 어떤 본문들을 좋아하고 어떤 본문들을 싫어하는 문제가 아니며, 어떤 본문들을 받아들이고 어떤 본문들은 거부하는 문제도 아니다. 그것은 율법이 스스로를 해석하는 두 가지의 분명한 방식을 포함하고 있다는 인식으로서5.4, 7.1을 보라, 하나는 신성한 폭력을 계속 정당화하고자 하며 다른 하나는 모든 희생적 논리를 하나님께서 거부하셨다는 계시를 지향한다. 율법의 합법성에 대한 '문제'는 그것이 단일 관점으로 보일 때 이런 이중적 측면 속에 놓여 있다. 예수 시대의 대다수가 그리고 오늘날 우리의 대다수가 그랬던 것처럼, 이런 실수를 하는 것은 하나님께서 유대인과 이방인 모두로 시작함으로 하고 계시는 실제적인 구원의 사역을 놓치는 것이다.

이제 우리가 시작한 질문으로 되돌아 가보자. 헬라철학이나 유대교에 비추어서 요한복음 서문의 배경을 보아야 할까? 난 양쪽 모두를 제안하고자 하지만, 유대교에 초점을 맞추고자 한다. 그 이유는 이방 문화들과 예수 시대의 유대교는 폭력 속에 구현되어 있었기 때문이며, 교환경제 속에 있는 희생원리를 사용함으로 그런 폭력을 정당화시켰다. 모든 문화는 희생자들에 의존한다. 성서적 계시, 구약과 신약성서 모두는 하나님의 백성을 그런 구조로부터 벗어나 새로운 방식의 사고와 삶 속으로 들어가고자 했다.

난 다시금 분명하게 그 문제가 기독교 대 유대교라는 것이 아님을 말하고자 한다.[9] 유대교든 기독교든, 분열은 성서를 폭력을 정당화시키는 것으로 해석하거나 예수나 수많은 랍비들, 복음서 저자들과 바울처럼 성서를 하나님의 비폭력적인 속성을 침노하는 계시로 해석하는 사람들 사이에 있다. 하나님과 예수 사이의 관계에 있어서 핵심을 이루는 것은 이런 계시로서, 우리는 다음 섹션에서 보게 될 것이다.

8.2 성자의 생명을 주는 본받음

거의 2천년동안이나 그리스도인들은 헬라 철학의 범주의 틀 속에서 자신들의 신학을 이루어왔다.[4.3] 순교자 저스틴으로부터 지금까지, 우리는 '하나님', '창조', '시간과 영원' 그리고 '존재'라는 단어를 성서적 자기규정이 아니라 지배적 문화 이해와 그들의 영지주의적 토대에서 이해해 왔다. 칼 바르트가 신학이 시작하고 끝내며 신학은 그 정의를 어떤 철학적 체계에도 의존하지 않고 성서의 이야기로부터 가져온다고 주장함으로써 신학적 세계를 요동시켰을 때, 이 모든 것들은 붕괴되었다. 20세기 말에 철학은 쟈크 데리다Jacques Derrida와 해체의 망치 하에 파열되었다.

이런 경험은 '하나님'과 같은 용어가 의미하는 것을 우리가 알고 있다는 환상 아래 여전히 노력을 기울이는 수많은 사람들을 당혹하게 했다. 실제로 이런 해체적 현상은 지금까지, 그리고 너무도 빠르게 확산되어 와서 많은 이들은 우리가 후기 그리스도인 포스트모던 세상에 살고 있다고 말한다. 기독교 신학은 도살장 속에 남겨져 있는 것처럼 보인다. 우리 시대에 기독교 신앙에 관한 어떤 것에 대한 일치는 실제로 거의, 혹은 전혀 없다.

제4복음서는 철학과 기독교의 해체의 싸움 속에서 주요 대상이 되어왔다. 제4복음서의 예수는 공관복음서에서 묘사하고 있는 예수와는 아주 다르다. 특히 예수의 신성을 논할 때에 이 점은 표면화된다. 공관복음서에서 예수가 스스로에 대한 '신성함'을 주장하지 않음에 반하여, 제4복음서는 예수가 꾸준히 그것으로 인해 기소되고 있다. 현대 진보적 기독교는 엄밀하게 오래 전에 제4복음서를 버렸다. 제4복음서는 예수가 어떻게 신성했는지를 볼 수 없기 때문이다. 예수는 "하나님 중의 하나님, 빛 중의 빛, 진정한 하나님 가운데 진정한 하나님"이었다는 오래된 교리적 단언들은 그들의 사고방식을 계몽함에 있어서 설득력을 갖지 못했다.

그렇다면 우리는 어떻게 "로고스가 하나님이었다"는 제4복음서의 선언을 이해해야할까? 만일 형이상학이 더 이상 독자생존이 가능하지 않다면, 만일 우리가 헬라 철학에 대해 이야기할 수 없다면, 우리는 그저 예수의 메시지와 사역에 대한 우리의 이해로부터 제4복음서를 버려야할까? 이것이 삼위일체 교리에 대해 의미하는 바는 무엇인가? 많은 사람들은 이 모든 신조적 이야기들을 뒤로 한 채, "진정한 인간"인 예수를 선호하지만 신성 자체와 관련시키지는 않는다. 그들은 형이상학적 접근에는 너무도 많은 문제들이 있음을 주장한다. 이 접근은 하나님에 대한 경쟁적이고 그릇된 사고에 의존한다. 그들은 언어의 아기를 개념적 목욕물에 버린다! 난 전자의 문제에 동의하지만 후자의 해결책에 동의하는 것은 아니다. 난 예수의 본성존재, 실체에 대해 말하는 대신 우리는 그의 속성을 이야기하자고 제안하고자 한다. 이것은 예수의 신성에 대한 문제로부터 주의를 돌리려는 움직임이 아니라 그의 완전한 인성 속에서 예수가 가져오는 어떤 형태의 계시의 핵심을 잡는 방식으로 그것을 만들어내는 움직임이며, 형이상학에 의존하는 것이 아니다.

이것을 위해서 우리는 로버트 해머튼-켈리가 최근에 했던 언급에서 실마리를 얻어야 한다. 형이상학은, "그것이 무엇인가"를 이해하는 방식으로서, 인간의 뇌를 연구하는 인지과학으로 대체되고 있다. 이로 인해 우리는 "존재"와 "본성"과 같은 추상적 논의로부터 과학적 실험에 의해서 우리가 관측할 수 있거나 형상학적인 것으로 움직이게 한다. 우리의 뇌와 사고하고 조직하고 상상하는 능력은 우리가 하나의 종으로서 진화 사슬의 최상위에 오를 수 있도록 하는 것이다. 우리의 뇌가 어떻게 작용하는가에 대한 과학은 어떤 철학적 정의 보다는 훨씬 더 현실적인 것이다.

앞서 언급한 것처럼[5.1] 신경과학에서의 최근 발견들은 우리 인간이 어떻게 모방적으로 내장되어 있는가를 이해하기 위한 새로운 문을 열어주었다. 우리는 계속적으로 무의식적 차원에서 서로를 모방한다. 제4복음서는 모방mimesis이라는 용어를 쓰지 않는다는 점을 주목하라. 그렇지만 제4복음서의 기독론을 통해서 모방은 예수와 그의 아바와의 관계를 이해하는 열쇠이다. 계시되는 것과 어떻게 그 계시가 우리를 구원하는지에 대한 진정한 속성을 마주하게 하는 것은 성자 예수의 정체성과 하늘 아바의 정체성이다.

바울에서처럼[7.2], 그리고 제4복음서에서처럼, 우리의 구원을 시작하신 이는 하나님이시다. 받기 위해 우리가 종교적으로 주는, *do ut des*[*], 희생의 원리는[3.2] 무시되는데, 그 이유는 값없이 그리고 조건이나 요구 없이 "성자를 주신" 이는 하나님이시기 때문이다.[3:16] 아바는 성자를 보내시며[3:34, 4:34, 5:36, 7:28-29], 성자는 하나님께서 보내신 "하늘로부터의 빵"이다.[6:32, 57] 성자의 메시지가 담고 있는 내용은 하나님으로부터 온다.[7:16] 성자의 행동은 그를 보내신 이를 기쁘게 한다.[8:29] 성자 안에 있는 신앙은 또한 보내시는 아바 안의 신앙이다.[12:44] 제4복음서의 예수는 그의 것이 신성한 보내심이며 그가 하나님의 대리자로서 행동하고 있다는 것을 이해하지만,[13:3] 그는 또한 하나님의 대리자로서 학대를 당하게 될 것이다. 왜냐하면 예수를 핍박하는 사람들은 예수의 속성과 하나님의 속성 및 행동이 하나이며 같다는 것을 보지 못하기 때문이다.[15:21]

복음은 하나님을 보는 우리의 시각을 변화시킨다

만일 성자가 하나님의 대리자이고, 하나님의 사절이며 하나님의 백성들에게 사역을 행하기 위해 하나님께서 보내신 사람이라면, 예수가 선포한 것과 백성들이 보는 하나님이 다를 때 무슨 일이 발생하는가? 하나님의 행동에 상당한 것이라고 주장하는 예수의 행동이 기대한 것과 다를 때 무슨 일이 발생하는가? 이것이 여기서 문제가 되는 것이다. 그렇다면 지금에서조차, 예수 시대의 유대교의 종교지도자들처럼, 그리스도인들이 하나님의 속성에 대한 가정들을 만든다. 예수가 우상의 가정에 다름없는 이런 가정들을 산산이 부서뜨릴 때, 그는 거부될 것이다.[1.9]

---

[*] 당신이 주기 때문에 난 준다

아바의 뜻을 행하는 이는 종교권력자들이나 신학자들이 아니라 성자이다.[4:34, 6:38, 10:25, 37] 성부는 성자의 행동과 속성을 증언하신다.[5:31, 37] 하나님을 진정으로 듣는 이들은 예수에게로 오는데,[6:45] 하나님의 대리자로서 그의 메시지는 하나님의 메시지이기 때문이다. 예수가 어떻게 자신의 메시지를 하나님의 메시지로 아는 것일까? 그는 하나님을 닮기 때문이다. 비록 예수의 하나님이 거부되고 그를 둘러싼 백성들이 그의 메시지를 거부한다고 해도, 예수는 그가 아는 하나님을 증언하며, 우리의 타락되고 폭력적인 세상에 침입하신 하나님이 어떤 분이신지를 증언하고 있다.[3:32]

5:19에서 하나님과 예수의 관계에 대한 이런 모방적인 측면은 노골적이다. 성자는 "혼자서는 아무 것도 할 수 없다. 그는 오직 그의 아버지가 하는 것을 본 것만을 할 수 있을 뿐이다. 왜냐하면 아버지가 하시는 것은 무엇이든 아들도 할 수 있기 때문이다." 어떻게 이렇게 될 수 있을까? "성부는 성자를 사랑하시며 그가 하시는 모든 것을 성자에게 보여주신다." 부모를 따라 하면서 배우는 아이처럼, 예수 역시 자신의 행동과 가르침이 하나님을 따라 하는 결과로서 오는 것이라고 주장한다. 인간의 아이는 형이상학적으로 부모와 같지 않은 것처럼, 마찬가지로 이런 본문들을 헬라 철학의 추상적인 방식으로 해석할 필요도 없다. 그 본문들은 모방이라는 점에서, 우리가 모든 속성의 형성을 이해하는 동일한 방식으로 이해될 수 있다.

성자의 주장 가운데 하나는 그를 듣는 사람들이 "하나님을 알지 못한다"는 것이다.[8:28-29] 결국 이들 교사들과 '신학자들'은 그들의 성서 속에 담겨져 있는 사람들이었기 때문에 이것은 놀라운 일이다. 분명 그들은 유대교 성서 속에 있는 하나님의 말씀과 사역들로부터 하나님을 알았을 것이다. 분명 그들은 그들의 본문들을 주석하고 하나님의 다양한 모든 이름들을 읽고 하나님의 속성을 분별했을 것이다. 그렇지만 모든 것이 언급되고 행해질 때 그들은 실패했다. 왜일까? 그 이유는 예수와는 달리, 그들은 성서 자체 속에서 발견되는 이중의 궤도, 내적인 자기비판을 간과하고 있기 때문이다. 그들은 여전히 야누스의 얼굴을 가진 신에 대한 믿음을 확립시켰기 때문이다. 그들은 예수를 들을 수 없었는데, 왜냐하면 그들은 하나님의 음성보다는 그들의 우상을 더 좋아했기 때문이다.[8:47] 제4복음서는 하나님에 대한 그릇된 개념에 대한 비판으로 가득하다.[1:17-18, 5:37ff, 6:44, 8:31-58, 10:31-39, 참고 요일5:20]

그럼에도 성자는 자신이 이미 하나님께로부터 보고 들었던 어떤 것도 이야기하거나 가르치지 않는다. 하나님은 그가 "무엇을 말해야 하고 또 무엇을 이야기해야" 할지를 명하셨다.[12:49] 그 매체와 그 메시지는 함께 엮여져 있다. 예수가 어떻게 행동하며 그가 무엇을 말하는지는 모두 동일하다. 우리가 이것으로부터 끄집어내야 할 결론은, 우리가 하나님을 안다고 생각하거나 하나님에 대해 말한다고 생각하는 것은 무엇이든 예수에 대해 우리가 알고 말하는 것과는 다를 수 없다는 것이다. 마치 하나가 엄한 율법수여자이지만 다른 하나는 비극적 연극에서의 순종적인 참여자인 양 우리는 그들을 서로 싸움을 붙일 수 없다. 아니다. 하나님께서 "아무도 심판하시지 않는" 것처럼[5:22] 성자 역시 심판하지 않는다.[12:47] 하나님을 심판자, 배심원, 사형집행인으로 이해하는 것은 잘못된 것이다. 왜냐하면 성자는 우리가 생명을 얻게 하기 위해서 오셨기 때문이며[10:10], 하나님께서 생명을 주시듯이 성자도 생명을 주신다.[5:21] 모든 이들을 창조하신 이는 생명을 취하는 자가 아니라 생명을 주시는 자로 알려지기를 바라신다!

이 책 곳곳에서 제시되어 왔듯이, 만일 하나님께서 예수처럼 비폭력적이고 비보복적이시라는 것을 드러내시는 이가 비폭력적이고 비보복적인 예수라면, 이제는 우리가 하나님에 대한 교리를 바꾸어야 할 시간이다. 누군가가 어떤 사람을 죽이면서 하나님 혹은 예수가 자신에게 그렇게 하라고 시켰다고 주장하면 우리는 불편함을 느끼며 그를 감옥에 가두거나 정신치료소에 구금시킨다. 우리는 누군가에게 어떤 이를 죽이라고 명령하는 하나님을 거부한다. 우리는 신성이 죽음을 다루는 사업과는 다르다는 것을 어느 정도 본능적으로 안다.

그렇지만 세계의 지도자가 어떤 나라를 접수하여 전쟁을 일으키고 그것이 신성한 것이라고 정당화할 때, 우리는 보복에 대한 보증서나 정당성을 기꺼이 받고자 한다. 이것이 바로 최근 미국의 지도자가 했던 일이다. 그는 이라크에 전쟁을 일으키기 전, "하늘 아버지"의 조언을 구하는 대신, 전임 대통령이었던 자신의 친아버지에게 묻지 않았다고 선언했다. 분명코 하나님께서는 예수 안에서 자신의 계시를 통해 그의 마음을 돌이키셔서 이 사람으로 하여금 적들을 공격하게 했다. 그렇다면 우리는 왜 그가 몇 년간의 집중적인 치료를 받도록 하자 않았는가? 하나님께서는 예수와는 다르다고 실제로 우리가 생각하기 때문인가? 이 자유세계의 지도자와 그의 행정부는 예수와 사도의 교회가 거부했던 성서적 이야기를 열심적으로 읽음으로서 그 전쟁에 대한 정당성을 찾고자 했다. 이런 의미에서 전쟁에 대한 행정부의 정당성에 참여한 그리스도인들은 예수의 아바가 아니라 그들의 진짜 '아빠'의 말을 들었던 것이다. 그 진짜 아빠는 태초에서부터 거짓말쟁이였으며 살인자였다.8:42-47

성자인 예수의 정체성을 하나님과 함께 보는 것은 엄청난 것이며 패러다임을 전환시키는 것이다. 어떤 이의 속성은 다른 이의 속성이다. 유대인들과 그리스도인들의 성서의 증언 속에서 우리 눈앞에서 변화되고 있는 것은 하나님에 대한 교리이다. 우리가 이것을 보지 못한 것은 이교적인 희생적 사고방식에 사로잡혔기 때문이며, 우리가 희생양을 가진 우리의 종교적이고 사회적 체계들을 지탱하려고 했기 때문이다.

행정부 속에 있던 그 대통령과 다른 그리스도인들이 심사숙고하면서 진실되었는가에 대해서는 의심할 여지가 거의 없다. 또한 그들이 항상 인간 문화를 떠받치고 있는 사고형태에 지지를 보낸 것에도 의심의 여지가 없다. 그들은 예수의 관점에서가 아니라 성자로부터 성부를 떼어낸 기독교의 시각에서 성서를 읽는다. 그들은 하나님의 정의定意를 헬라철학의 전통과 구약의 하나님의 이름에서 가져왔다. 그들은 예수가 그들의 어둠 속으로 가져온 그 빛을 볼 수도 없고 보려고 하지도 않는다. 그들은 회복의 정의의 선택, 변화되는 영성의 선택, 용서의 선택을 거부함으로써 그들이 하나님의 비폭력적 로고스를 거부하고 있다는 것을 보지도, 보려고도 하지 않는다. 그 방침에 따라 9년이 흐른 지금은 여전히 전쟁으로 인한 수렁에 빠져있으며, 우리가 이길 수 있는지도, 승리를 선언할 수 있을 지도, 그리고 영광과 명예를 가지고 집으로 돌아올 수 있을 지도 의심스럽다. 미국의 젊은이들과 무고한 수백만 명의 사람들은 계속 죽어나가고 있다. 그 이유는 어떤 이가 다른 사람들을 죽여도 좋다는 허락을 내린 "하나님"에게 조언을 구했기 때문이다. 이것은 이런 형태의 신앙이 지닌 진정한 비극이다. 이런 형태의 신앙은 오직 죽음과 파멸로 이끌 뿐이다. 그런 신앙은 예수의 신앙도 아니요 기독교의 신앙도 아니다. 그것은 우상숭배이다.

2009년 10월 10일에, 우리의 현직 대통령은 노벨상을 수상하는 자리의 연설에서 유사한 접근을 취했다. 전임자들보다는 덜 '복음적'이고 마니교적이지만, 그는 여전히 같은 이원론적 구조 혹은 두 왕국 이론 속에서 생각한다. 그는 다음과 같이 말했다.

"수십 년 전 마틴 루터 킹이 같은 자리에서 했던 말을 떠올리며 이 말을 하고자 합니다. 폭력은 절대로 영원한 평화를 가져오지 못합니다. 폭력은 어떤 사회문제도 해결하지 못합니다. 오직 새롭고 더 복잡한 폭력을 만들어 낼 뿐입니다." 킹 목사의 삶을 통해서 했던 일의 직접적인 결과로 여기 서 있는 한 사람으로서, 난 비폭력의 도덕적 힘에 대한 산 증인입니다. 난 간디와 킹 목사의 신조와 삶에서 약한 것은 없고, 수동적인 것도 없고, 천진한 것도 없음을 알고 있습니다.

하지만 내 나라를 수호하고 방어할 것이라고 맹세한 나라의 지도자로서, 그들의 사례들만이 나를 이끌 수는 없습니다. 나는 있는 그대로의 세계를 직면하고 있으며 미국인들에 대한 위협 앞에서 태만할 수 없습니다. 정말입니다. 악은 세상에 존재하지 않습니다. 비폭력적 운동은 히틀러의 군대를 중지시킬 수 없습니다. 협상은 알 카에다의 지도자들이 무기를 버리도록 설득하지 못합니다. 폭력이 어떤 경우에는 필수적이라고 말하는 것은 냉소주의로 가는 것이 아닙니다. 그것은 역사의 인정입니다. 사람의 불완정성과 이성의 제한입니다.

그러므로 전쟁의 무기는 평화를 지속시키는 데 있어서 어떤 역할을 수행합니다. 이런 진리는 다른 것과 공존해야만 합니다. 어떻게 정당화되든 간에 전쟁은 인간의 비극을 약속하고 있습니다."[10]

이것은 대통령을 희생양으로 삼아야 한다고 말하는 것이 아니다. 그것은 더 깊은 것이다. 돕슨이 말한 것이든 니버이든, 그들은 자신들이 들었던 것을 믿었다. 이 나라에서 우리는 종교적 우파를 비난할 수도 없다. 그것은 더 깊은 것이다. 그들은 그들이 들어 온 것을 믿는다. 우리는 개신교든 가톨릭이든 비난할 수 없다. 그것은 더 깊은 것이다. 우리는 기독교의 부모가 되는 유대교를 비판할 수 없다. 그것은 더 깊은 것이다. 그런 잘못은 우리의 사회적 유전자 깊숙이 들어가 있으며 우리의 종교성 안에 자리 잡고 있다. 우리가 폭력이 독이자 연고였다는 것을 먼저 발견했을 때[5.3, 6.1], 그것은 하나의 종으로서 우리의 기원으로 거슬러 올라간다. 그것은 하나의 종으로서 우리가 받아들이고 있는 속임수에 자리하고 있다. 우리는 모두 "우리의 아비 마귀의 것"이다. 우리 모두는 다른 이들을 희생시키는데 참여했다.

예수의 이름으로 개인이 살인을 벌이는 것과 하나님의 이름으로 지도자들이 살인을 벌이는 것 사이의 경계는 우리 문화 속에서는 흐릿하다. 하나는 우리가 혐오하고, 다른 하나는 우리가 인정하지만, 그들은 결국 하나이며 동일하다. 만일 우리가 성령이 '주님이시며 생명을 주시는 이'라고 고백한다면, 원인이 얼마나 위대하고 가치 있다고 할지라도 어떤 방식으로는 폭력을 승인해서는 결코 안 된다. 희생양삼기의 희생은 우리 인간이 역사의 원인에 기여한 것이다. 성령이 예수가 가르치는 모든 것을 우리의 기억 속에 가져오시는 것을 우리가 보는 것이 중요한 이유가 바로 이것이다. 성령은 분별력이 없이 '성서'가 가르치는 모든 것을 우리에게 상기시키지 않는다. 이것은 너무도 모호하여, 예수의 십자가에서 비롯된 신학이 아니라 권력을 가진 자들의 관점, 가해자들의 관점에서 나온 모든 종류의 병든 신학을 위해 문을 활짝 열어 놓고 있다. 성령은 우리를 가르치시며 오직 예수를 상기시키시는데, 그 이유는 예수의 이름 속에 있는 아바는 성령을 주시기 때문이다. 만일 우리가 믿는 것은 예수와 일치하는 것이 아니라면, 우리는 다른 영, 즉 마귀, 사탄으로부터 배운 것이다.

사랑하기 위해서는 폭력을 버려야 한다

우리의 종교적 폭력에 대한 대안은, 주님께서 그런 것처럼, 단호하게 우리가 폭력을 버려야 한다는 것을 인정하는 것이다. 그렇게 하는 것은 우리에게 새로운 삶의 방식, 관계 속에서 사는 방식을 가져다준다. 이것이 아가페의 방식이며 사랑의 방식이다. 아가페는 신약성서에 가득 차 있다. 사도 교회는 세상을 위한 하나님의 사랑으로 숨 쉬었으며, 예수의 삶 속에서 살았고 예수의 죽음 속에 보였고 예수의 부활 속에 입증되어 하나님의 오른 편으로 승천하신 예수 안에 자리 잡았다.

그의 어휘가 대부분 그런 것처럼, 요한은 명사보다는 동사를 선호하여, '사랑'이라는 단어는 '사랑한다'라는 동사보다 훨씬 적게 발견되고 있다. 사랑은 사물이 아니라 다른 사람을 위한 누군가의 행동이며, 관계 속에서 존재하는 방식이다. 다른 이를 위한 사랑은, 그가 당신을 어떻게 대했을지라도, 그리스도인의 삶의 본질이다.[1,2] 사랑의 방식은 급진적이면서도 새로운 것이다.

"이제 나는 너희에게 새 계명을 준다. 서로 사랑하여라. 내가 너희를 사랑한 것과 같이, 너희도 서로 사랑하여라. 너희가 서로 사랑하면, 모든 사람이 그 것으로써 너희가 나의 제자인 줄을 알게 될 것이다." 요13:34-35

우리는 이미 심지어 원수조차도 위하는, 이런 사랑의 폭넓음이라는 측면을 다루었다. 제4복음서가 우리에게 주는 것은 고린도전서 13장이 주는 사랑의 속성들의 나열은 아니다. 대신 우리는 사랑의 모델을 부여받는다. 우리는 예수가 우리를 사랑하신 것처럼 서로를 사랑해야 한다. 그는 우리가 닮아야 하는 모델이다. 그는 우리가 따라야 할 사람이자 어떻게 사랑해야 할지를 배워야 할 사람이다. 그것은 어려운 길이다. 베드로조차 오해할 지경이다. 사랑하라는 새로운 계명을 예수가 주자마자 베드로는 예수와 함께 성전 聖戰을 치르겠다는 의지를 보인다. 마가복음 8장에서 우리가 본 것처럼2.2, 베드로는 여전히 "예수가 하는 사랑의 완전한 정도"에 이르지 못하고 있다.13:1 겟세마네에서 검을 빼어 든 사람으로 명시된 베드로는18:10 그것을 이해하지 못했다. 예수의 생애의 마지막 밤에서 조차, 예수를 3년이나 좇았음에도, 베드로는 여전히 태곳적부터 모든 종교적인 사람들을 묶어 놓고 있는 사고의 방식에 갇혀 있었다. 그는 여전히 폭력을 정당화하는 신을 섬기고 있었다.

예수가 진정으로, 그리고 완전히 하나님을 계시하신다고 내가 주장하는 것처럼 느끼는 사람들이 있을 수도 있겠는데, 아마도 나는 그럴 것이다. 겸손함에서든, 정치적인 단정함, 또는 종교적으로 세계교회적ecumenical인 것이 되어야 한다는 진정한 욕망에서 나온 것이든, 예수가 특수한 독특하진 않더라도 하나님의 인간적 계시였다는 신약성서의 주장을 받아들이는 것이 어떤 이들에게는 어려운 일이다. 고대이든 현대이든 다른 종교에서는 그런 주장이 있어 왔다고는 해도, 모세나 마호메트는 신성의 인간적인 성육신이라고 주장하지 않았으며, 그들을 따르는 자들도 그런 주장을 하지 않았다.

복음서는 이런 주장을 오직 무엇보다도 하나의 사실에 비추어서 하고 있다. 바로 하나님께서 예수를 죽은 자 가운데서 살리셨다는 것이다.[11] 우리가 그들이 부활을 이해할 수 있다고 생각하더라도, 그것은 그들의 모든 사고를 바꾸는 중대한 사건이었다. 어떤 기독교 변증가들이 주장하는 것과는 반대로, 부활은 예수가 신성을 가진다는 '증거'가 아니다. 부활은 하나님께서 예수의 인간적인 삶을 하나님의 성령 안에서 인간이 삶을 살아가는 것이 무엇인지를 보여주는 것으로서 인정하셨다는 증거이다. 이것은 빌립보서 2:5-11에 나오는 찬가의 논리로서[7.4], 여기에서는 "이런 이유로" 예수가 스스로를 비보복적 제사로 드리면서 굴욕의 자세를 가진 예수를 돌아보게 된다. 하나님께서 예수에게 그 이름, 함부로 말할 수 없는 이름, 모든 이름 위에 뛰어난 그 이름을 주신 이유가 이것이다. 이것은 초대교회 및 니케아를 따르는 모든 교회들이 어떻게 예수를 '하나님'으로 부를 수 있었는지를 설명해 주고 있다. 성부-성자의 정체성은 형이상학적 고찰에 달려 있는 것이 아니라, 대리자 및 아바의 뜻에 대한 예수의 신실성에 달려 있는 것이다. 만일 그렇다면, 우리가 그를 따르고, 그가 산 것처럼 살며, 따라서 하늘 아바의 자녀가 되는 것이 가능해지는 것이다.[1:12]

제4복음서는 예수를 진정한 증인 혹은 하나님의 대리자, 인간의 형상을 입은 하나님의 진정한 계시로 나타내고 있다. 우리가 예수를 따르고 그의 말씀을 듣고 순종할 때, 그리스도인들로서 우리는 예수를 우리의 모델로 사용하도록 부르심을 입은 것이다. 우리가 예수에 대한 복음서의 이야기를 읽을 때 예수의 의도성을 분별할 수 있는 이유는, 우리가 그의 의도성이 하나님의 것임을 알기 때문이다. 우리가 예수를 우리 욕망의 의도적 대상으로 삼을 때 이것은 가능해질 수 있다. "그리스도를 아는 것은 그를 따르는 것이고, 그리스도를 따르는 것은 그를 아는 것이다"는 아나뱁티스트의 격언은 우리의 타당한 시작점이다. 예수를 따르는 것은 하나님과 같이 되는 것인데, 그 이유는 하나님과 예수는 하나이며 같은 속성을 가지기 때문이다.[8:58, 10:15, 30, 38, 14:6, 9-11, 20, 16:15, 17:10, 21-23, 다음을 참고할 것. 20:28]

만일 우리가 복음서를 둘러싼 우리의 편견들을 버리고 진정으로 예수를 따르며 그와 함께 짐을 지는 위험을 감수할 때, 우리는 그와 같이 하나님의 뜻을 알고 행할 수 있을 것이다. 의도성을 분별하는 것은 이미 인간의 뇌를 가지고 한 실험들 속에서 시험이 되어왔다. 나는 진정한 변화는 예수와의 의도적인 관계를 선택한 사람들을 위한 사례라고 제시하는 것이다.

"다른 사람들의 행동을 관찰하면서 다른 이들의 의도를 이해하는 것은 사회적 행동의 근본적인 구성요소building block이다. 이런 능력 아래 있는 신경과 기능적 메커니즘들은 여전히 잘 이해되고 있지 않다. 이런 메커니즘들을 조사하기 위해서 우리는 기능적인 자기공명화상법magnetic resonance imaging을 사용했다. 23개의 주제들은 3가지 종류의 자극을 관찰했는데, 그것은 컨텍스트가 없이 손의 행동을 쥐는 것, 컨텍스트만 있는 것대상을 포함한 장면, 그리고 두 개의 다른 컨텍스트들 속에서 수행되는 손의 행동을 쥐는 것이다. 후자의 조건에서 그 컨텍스트는 그 의도가 행동을 잡는 것먹는 것이나 씻는 것과 연관되어 있다는 것을 제시했다. 다른 두 가지 조건들과 비교했을 때, 컨텍스트 속에 내장된 행동들은 손의 행동이 나타나고 있는 하전두회the inferior frontal gyrus의 뒷부분과 복부 전운동 피질ventral premotor cortex과 인접한 부분에서 커다란 신호증가를 보였다. 따라서 앞서 행동인식에 있어서만 연관되어 있을 것이라고 생각되던 전운동 거울신경premotor mirror neuron 영역―실행과 행위의 관찰 시에 능동적이 되는 영역―은 실제로 다른 이들의 의도들을 이해함에 실제로 관여되어 있다. 어떤 의도를 원인을 파악하는 것은 다가오는 새로운 목표를 추론하는 것이며, 이것은 운동신경이 자동적으로 하고 있는 작용이다." 비토리 갈레세 Vittori Gallese 12

다른 이들을 모방하는 것뿐만 아니라 그들의 의도까지 분별해 내는 인간의 뇌가 지닌 이런 놀라운 능력은 다락방 담론에요13-16장 나오는 언급의 배후에 있는 것이다. "나를 믿는 사람은 내가 하는 일을 할 것이요, 그보다 더 큰 일도 할 것이다. 그것은 내가 아버지께로 가기 때문이다."14:12 예수를 믿는 것은 이미 우리가 여러 차례에 걸쳐 언급했던 신뢰나 복종이다. 그것은 하나님의 의도를 분별할 수 있는 것이다.롬 12:1-2 그것은, 죽었던 예수는 하나님께서 죽은 자 가운데서 다시 살리시고 이제는 그를 따르는 사람들 가운데에서 함께 하시는 동일한 예수라는 것을 아는 것이다. 그것은 우리가 그를 알기만 하는 것이 아니라 진정한 하나님의 음성인 "그의 목소리를 들"을 수 있다는 것을 믿는 것이다.10:16 우리가 예수의 목소리를 듣고 그를 따르기로 할 때, 우리의 삶은 그의 형상으로 변화되었으며 "그 날에 너희는, 내가 내 아버지 안에 있고, 너희가 내 안에 있고, 또 내가 너희 안에 있음을 알게 될 것이다."14:20-21 예수는 스스로를 우리에게 드러내시기로 약속한다!

제4복음서는 어떻게 신자들과 예수의 현재 관계를 표현하는가? 5.1.에서 우리는 현대 기독교가 "임재하시는 그리스도"*christus praesens*라고 불리는 것을 발견할 필요가 있다는 것을 보았다. 이것은 우리가 지금 성령을 이해함을 통해서 생각하고 있는 것을 수반하고 있는데, 그 이유는 성령은 주님이기 때문이다.

8.3 성령-위로자

누가, 바울 및 제4복음서의 저자는 성령의 정경적인 신학자들이다. 각각은 자신들만의 방식으로 성령을 말하고 있지만, 그들 모두는 적어도 한 가지 공통점을 가진다. 각각의 저자에게 있어서, 성령은 직접적으로 예수와 연결되어 있다. 누가복음에서, 예수는 성령으로 충만하며 그의 사역은 성령의 능력 가운데에 있다.눅3:21-22, 4:18-19, 10:21 사도행전에서 성령은 예수의 이름으로 기독교 공동체에 오신다. 바울에 있어서 성령은 예수를 통해서 부어지는 하나님의 영으로서, 그러므로 다음과 같이 말하고 있다. "주님은 영이시다." 고후3:17-18

제4복음서에서, 성령은 또한 예수와 깊게 관련되어 있다. 이런 의견은 성령의 경험은 풍부하지만 예수는 거의 볼 수가 없는 기독교의 형태들이 존재하고 있는 것을 고려하면 소위 포스트모던 세상 속에서 굉장히 중요한 것이다. 이런 '성령충만한' 회중들이 보수적이냐 진보적이냐 하는 것은 문제되지 않는다. 어떤 교회에서는 성령의 경험이 기독교적 승리주의의 한 종류와 동일시된다. 다른 교회들에서는 성령을 경험하는 것이 신비적이고 알쏭달쏭하며 따뜻하고 추운 날의 완두스프 같은 것이다. 다른 교회들에서는 성령의 나타남은 시끄럽고 화려하고 기적적인 히스테리 속에서 발견된다. 그렇지만 예수는 어디에 있는가?

오늘날 북미 기독교에 출몰하는 또 다른 성령이 있는데, 그것은 예수의 성령이 아니다. 그것은 사랑의 하나님이 아니라 다른 것에 기원을 두고 있다. 그것은 고교 풋볼게임이나 정치 집회에서 볼 수 있는 영이다. 콘서트나 뜨거운 파티에서도 그것을 발견한다. 그것은 스스로를 대성당, 메가처치 및 작은 기독교 분파들 속에서 드러낸다. 그것은 군중의 영으로서, 종종 공포의 영으로 모습을 나타내고 있다.

두려움은 위대한 동기부여자다. 판매원들은 이것을 잘 알고 있다. 손실에 대한 두려움은 이익의 희망보다 크다. 판매원들이 'take away'를 하는 이유가 이것이다. "이것은 한시적 판매상품입니다", "제한수량만 판매하고 있습니다", 혹은 "이 가격에 살 수 있는 마지막 기회입니다." 교회들 역시 이런 두려움에 사로잡힐 수 있다. 사회적으로 다른, 즉 인종, 성지향 혹은 정치적 소속이 다른 사람들을 두려워 할 수도 있다. 교리가 다른 사람들을 두려워 할 수도 있다. 공포는 민족적 혹은 인종적 자부심에 근거하기도 한다. 현상유지나 도덕성에 대한 누군가의 이해를 잃어버리는 것에 대한 두려움이 있다. 이런 두려움은 하나님으로부터 온 것이 아니다. 왜냐하면 하나님 안에서 "완전한 사랑은 두려움을 내쫓는 것"요일4:18이기 때문이다. "주님을 경외두려워"하는 것을 도덕성을 강조하는 것데 사용하거나 영원한 아부 그라이브Abu

Ghraib*로부터 '영혼을 구원'하는데 사용하는 기독교 설교에 관한 한, 이것은 특히 사실이다. 두려움은 징벌과 관련이 있으며, 그리하여 징벌하시는 하나님을 말하는 설교는 은혜롭고 자기를 내어 주시는 하나님의 속성을 잃어버린 설교이다.

두려움의 영은 희생원리로부터 나온다. 이것은 어떤 공동체가 자신들을 외집단과 대조되는 내집단으로 인식할 때 발생한다. 외집단은 내집단을 단결시키기 위한 희생양의 기능을 한다. 내집단 속에 있는 사람들은 외집단 속에 들어가는 것을 두려워하며 산다. 3세기의 키프리안Cyprian은 다음과 같이 말했다. "교회 밖에서는 구원이 없다." 슬프게도 오늘날, 이런 격언은 구원하는 것은 내 그룹, 내 교회, 그리고 내 전통이라는 기독교 사상을 지키는데 사용되는데 이르렀다. 이 영역의 외부에 있는 이들은 저주받았다.

희생양이 되고 싶어 하는 사람은 없다. 그것은 공직에 출마하는 것이 아니다. 하지만 내가 이 책을 통해 주장하는 것처럼, 종교적이든 '세속적'이든 인간의 문화가 공동체로서 기능하기 위해서는 희생양들을 필요로 한다. 희생양이 없는 인간의 공동체는 없다. 우리는 스스로를 우리가 누구인가가 아니라 우리가 누가 아닌가로 정의한다. 일요일마다 북미에 걸쳐 있는 많은 교회들 속에서 만들어지고 있는 것이 이런 영이다.

마귀는 누구, 혹은 무엇인가?

예수는 이런 영을 잘 알고 있었고 그의 사역에서 언제나 그 영을 몰아냈다.[13] 두려움의 영은 사탄의 영이다. '사탄'이라는 용어는 고소하는 자를 의미한다. 우리가 보았듯이[6.2] 사탄은 욥의 서문에서 이런 역할을 한다. 이것은 또한 사탄이 대제사장 여호수아를 고발하고 있는 스가랴 3:1에서 사탄의 역할이기도 하다. 요한계시록에서는 "마귀 혹은 사탄이라고 불리는 옛 뱀"은 "우리의 동료들을 참소하는 자"로 불린다.[계12:9-10] 사탄적인 것은 고소하는

---

* 이라크 바그다드에 있는 감옥으로 미군이 이라크 포로들을 고문하고 학대한 사건이 발생했던 곳.

것이며 누군가를 손가락으로 가리키는 비난자이다. '사탄'은 독립적으로 병들어 왜곡된 인간이며, 그 증오와 적대감을 다른 이에게 전가시킴으로서 생존을 확보한다.[6.1]

여기서 사탄에 대한 아주 간결한 개요가 필요할 듯하다.[14] 사탄에 대해서 그리스도인들이 믿고 있는 많은 부분은 성서보다는 중세의 설화와 할리우드의 상상에 더 관련되어 있다. 아마도 다른 곳에서보다 기독교의 사상 속에서 마귀에 대한 오해가 더 많을 것이며, 더 많은 주제들이 잘못 알려졌을 것이다. 이런 주제들에 대해서 자세하게 다룰 수는 없다. 그러므로 이 간단한 논의의 초점은 사탄의 고발하는 역할에 관심을 기울이고자 한다.

초기 유대교 전통에서는, 앞서 말한 것처럼, 사탄은 '천상회의'의 한 부분이다.[욥1-2] 그는 천상의 법무장관으로, 하나님의 뜻을 행하지 않는 자들을 폭로시키는 일을 한다. 포로기 이후 페르시아 이원론의 영향 하에서 사탄은 하나님으로부터 떨어져 나와 독립적인 악의 원리가 되었다. 에녹1서와 같은 후기 유대교 문헌에서 사탄의 전설은 발전된다. 여기서, 사탄은 여러 이름으로 불리며 천상에서 반역을 이끌었으며 자신을 따르는 군대와 더불어 천국에서 쫓겨났다. 사탄이 자신의 성격을 가지는 때는 오직 이 시점이다. 사탄은 악으로 돌아선 가장 높은 존재가 된다. 에덴동산에서 인간을 유혹하는 창세기의 이야기에는, 사탄을 언급하고 있지 않으며 간교한 뱀만을 언급한다, 이런 후기의 발전에 비추어서 해석된다. 앞서 요한계시록 12장을 인용하는 것은 이런 고대 전승을 반영하고 있는 것이다.

문제는 사탄의 개념이 아니다. 사탄은 아주 실제적이기 때문이다. 주된 문제는 사탄이 내세적으로 만들어질 때, 하나님과 같지는 않지만 거의 하나님만큼 되는 힘으로 만들어질 때 발생한다. 그리하여 악은 인간 역사의 외부에 기원하는 어떤 것이다. 이것은 모든 형태의 신학적 문제들을 발생시킨다. 전문 용어로는 '신정론theodicy'이라 한다. 우리는 이미 이것을 이사야에서 볼 수 있다. 하나님은 다음과 같이 말씀하신다. "나는 빛도 만들고 어둠도 창조하며, 평안도 주고 재앙도 일으킨다. 나 주가 이 모든 일을 한다."사45:7 이런 관점에서 '하나님'은 궁극적으로 악에 책임이 있다. 천상에서 창조된 두 개의 측면, 선과 악은 이 땅에서도 그와 상응한 선한 백성과 악한 백성을 가진다. 하나님께서 사탄과의 싸움에 나서는 것처럼, 그 아래에서 선한 백성들 역시 악한 백성들과의 싸움에 나선다. 고대의 유대교 분파주의와 그들의 성서에 대한 열심적인 해석을 형성한 것이 바로 이 논리이며, 중세 기독교의 미신과 십자군, 그리고 현대 인종이나 국가의 적에 대한 폭력과 전쟁을 정당화하기 위한 성서 사용을 만들어 낸 것이 이 논리이다.

우리가 사탄의 이런 내세적인 개인화를 거부할 때, 우리가 그것을 만들어 낸 이원론을 거부하는 것과 같이, 우리는 그럼에도 성서의 저자들에게 있어서 악은 아주 실제적이라는 것을 단언한다. 유대 랍비 전승도 또한 악의 실재를 인식했으며 모든 유대교 스승들이 악마를 내세적으로 가르친 것은 아니었다. 훌륭한 통찰력을 가진 몇몇 랍비들은 악이 인간 내부에서부터 생겨난다는 것을 이해했다. 그들이 선악의 이원론을 하나님과 사탄 사이의 천상의 싸움이 아니라 인간의 영혼 내부에서 전쟁을 벌이는 두 가지 원리로 형성했다는 것도 그러하다. 이런 두 가지 원리들은 *yetzer-ha-ra*와 *yetzer-ha-tov*로서, 전자는 악을 향한 충동이며 후자는 선을 향한 충동이다. 사도 바울은 이런 두 가지 *yetzer* 사고를 로마서 7장과 갈라디아서 5장에서 반영하고 있다. 이것이 야고보서 1:13-15 배후에 놓여 있다는 것도 가능하다.[15]

악을 신적인 현상보다는 인류학으로 만드는 것, 혹은 악을 인간으로 이해하는 것은 그 랍비들에 만들어 낸 중요한 공헌이다. 르네 지라르는 우리가 성서, 특히 신약성서를 읽는 방식을 위해 우리의 시대에서 이런 통찰력을 잘 활용한다. 어떤 이들은 우리가 그것을 탈신비화함으로 악으로부터 그런 "매력*oomph*"을 빼어 버리고 있다고 느낄 지도 모른다. 그렇지만 나는 그 랍비들, 예수, 바울, 야고보 그리고 이제는 모방적 현실주의와 더불어, 악의 급진적인 속성이 인간의 어깨 위에 정면으로 놓여야만 한다는 것에 맞서고자 한다.

하나님, 고발하는 자에 맞서는 변호인

만일 사탄이 고소자, 검찰관이라면, 우리는 변호를 받지 못한 채 남겨지는 것인가? 절대로 그렇지 않다. 예수는 우리에게 변호사이신 보혜사*Paraclete*를 보내시겠다고 약속하셨기 때문이다. 요한복음 14:15-18은 다음과 같이 말한다.

"너희가 나를 사랑하면, 내 계명을 지킬 것이다. 내가 아버지께 구하겠다. 그러면 아버지께서 다른 보혜사를 너희에게 보내셔서, 영원히 너희와 함께 있게 하실 것이다. 그분은 진리의 영이시다. 세상은 그분을 보지도 못하고 알지도 못하므로, 그분을 맞아들일 수가 없다. 그러나 너희는 그분을 안다. 그것은 그분이 너희와 함께 계시고 또 너희 안에 계시기 때문이다. 나는 너희를 고아처럼 버려 두지 않고, 너희에게 다시 오겠다."

요한복음 16:7-15는 다음과 같이 말한다.

"내가 떠나가지 않으면, 보혜사가 너희에게 오시지 않을 것이다. 그러나 내가 가면, 보혜사를 너희에게 보내 주겠다. 그가 오시면, 죄와 의와 심판에 관한 세상의 그릇된 생각을 꾸짖어 바로잡아 주실 것이다. 나를 믿지 않는 것이 바로 죄라는 것을 말씀해 주실 것이며, 내가 아버지께로 돌아가므로 너희가 나를 더 보지 못하게 되는 것이 하나님의 의를 나타내는 것임을 가르쳐 주실 것이며, 세상 통치자가 심판을 받았기 때문에 심판 받을 자가 누구인지를 말씀해 주실 것이다. 아직도, 내가 너희에게 할 말이 많으나, 너희가 지금은 감당하지 못한다. 그러나 그분 곧 진리의 영이 오시면, 그가 너희를 모든 진리 가운데로 인도하실 것이다. 그는 자기 마음대로 말씀하지 않으시고, 듣는 것만 일러주실 것이요, 앞으로 올 일들을 너희에게 알려 주실 것이다. 또 그는 나를 영광되게 하실 것이다. 그가 나의 것을 받아서, 너희에게 알려 주실 것이기 때문이다. 아버지께서 가지신 것은 다 내 것이다. 그렇기 때문에 내가, 성령이 나의 것을 받아서 너희에게 알려 주실 것이라고 말하였다."

흠정역KJV은 *Paraclete*를 '위안자Comforter'로 번역했지만 NIV는 이것을 '상담자Counselor'라고 번역한다. 변호인이 있다는 것은 위안임에는 틀림이 없으나 그 용어가 성령의 변호적이고 법적인 역할을 반영한다는 점에서 '상담자'라는 표현이 더 적합한 번역이다. 고발하는 사탄의 영과는 반대로, 하나님의 영은 우리를 변호하신다.

5장에서 설명한 것처럼, 만일 사탄적인 것이 폭력을 몰아내기 위한 폭력을 사용하여, 희생양을 향한 인간의 종교적 충동이라면, 성령의 사역은 부당한 고발로부터 희생자를 변호하며 희생양을 만드는 사람들의 거짓을 폭로하고 희생자의 무죄를 입증한다. 제4복음서에서 *Paraclete*에 대한 언급이 예수를 따르는 이들에 대한 박해와 밀접하게 연결되어 있는 것은 틀린 것이 아니다.

변호인으로서 성령은 우리를 위하여 탄원하신다.롬8:26-27을 참고 이스라엘은 탄원하는 사람들에 익숙하지 않았다. 게리 버지Gary Burge는 이스라엘 역사 속에서 탄원자의 발전하는 역할을 유용하게 요약하고 있다. 율법서에서는 아브라함과창18:22-23 모세가출32:11-14 탄원자들이었다. 나중에는 "사무엘삼상 7:8-9과 아모스암7:2, 5:6 및 예레미야렘14:7-9, 19:22와 같은 선지자들이 이스라엘을 위한 특유한 변호자로 언급될 수 있다."[16] 버지는 또한 유대교 성서에서 이스라엘의 탄원자들은 고소인의 역할도 했다고 언급한다. 이것은 야누스의 얼굴을 가진 신의 대리자들이 스스로 반대되는 역할도 했다는 면에서 이해가 된다. 제4복음서에서 성령은 이런 이중적 성격을 갖지 않으신다.

성령은 예수와 같다. "다른 상담자"를 보내신다는 예수의 언급은 헬라어 *allos*를 사용하는데 그 뜻은 그와 같은 동일한 유형을 가진 다른 이라는 것이다. 제임스 앨리슨James Alison은 고대 도시의 성문 앞에 앉은 고소자가 상벌을 행하는 것처럼, 또 다른 *go'el* 즉 구원자, 탄원자 혹은 변호자 역시 존재했다는 점을 주장한다. 만일 사탄이 전자라면 성령은 마치 예수와 같은 후자이다.

버지는 이것을 다음과 같이 잘 표현하고 있다.

> "그리스도라는 사람과 그의 사역은 *Paraclete*의 이미지와 그가 하는 모든 것을 이루고 있다. 그리스도가 그의 제자들과 있었던 것처럼, *Paraclete*도 그들과 함께 계실 것이다. 실로 *Paraclete*는 그리스도로부터의 자율성은 없다. *Paraclete*는 그리스도를 대신하는 인물은 아니었는데, 그 이유는 그리스도는 여전히 실제로 함께 계시기 때문이다. *Paraclete*를 통해 말씀하시고 그의 계시하는 행동을 인도하시는 것은 바로 임재하시는 그리스도이다. 누군가 요한의 공동체 속에서 성령이신 *Paraclete*를 만날 때, 그는 부활하신 그리스도를 만난 것이다. 그러므로 우리는 요한의 *Paraclete*의 한 가지 가장 중요한 특징이 그것이 가진 기독론적 중심이라고 결론 지을 수 있다. 그리스도는 성령에 형상과 의미를 부여하는 제4복음서기자의 사고 속에 있는 본보기이다." [17]

아바도, 성자도 심판하시지 않으므로 5:22, 12:47 성령도 인간에 대한 심판의 영이 아니라는 것에 주목하는 것이 중요하다. 성령은 세상에 "유죄판결을 내리"*elegko*지만 그런 선고는 심판*krino*과는 다르다. 선고를 하는 것은 누군가에게 자신의 잘못이나 오류를 보여주는 것이다. 이것은 태초부터 성서를 통해서 성령이 행하여 온 것이다. 우리는 이런 선고를 법이나 금기와 관련된 도덕성이나 개인적 범죄로 자주 이해하고 있지만, 성령의 사역은 희생양을 만들려는 우리의 성향을 둘러싼 거짓을 폭로하는 것이다. "하나님이 아들을 세상에 보내신 것은, 세상을 심판하시려는 것이 아니라, 아들로 세상을 구원하시려는 것이다."요3:17 금기가 사람들을 해롭게 할 때 예수는 안식일에 일하는 것과 같은 금기들을 심판했다. 사람들이 금기를 '해롭게 할' 때 그릇된 선고는 사람들을 심판한다.

성령과 예수의 죽음

*Paraclete*에 대한 언급들은 박해와 연결되어 있는데, 이러한 박해는 모두가 한 명을 대적하여 벌이는 폭력 혹은 희생양 메커니즘으로 논의되고 있다. 제4복음서 역시 성령과 예수의 죽음을 7:37-39에서 연결시키고 있지만 이 점은 쉽게 간과되고 있다.

> "명절의 가장 중요한 날인 마지막 날에, 예수께서 일어서서 큰소리로 말씀하셨다. '목마른 사람은 다 내게로 와서 마셔라. 나를 믿는 사람은, 성경에 이른 것과 같이, 그의 배에서 생수가 강처럼 흘러 나올 것이다.' 이것은 예수를 믿은 사람들이 받게 될 성령을 가리켜서 하신 말씀이다. 예수께서 아직 영광을 받지 않으셨으므로, 성령이 아직 사람들에게 와 계시지 않았다."

이 구절의 컨텍스트는 성전, 특히 장막절혹은 초막절 의식이다. 더 구체적으로는 첫 7일 동안 물을 봉헌하는 것을 가리키는데, 여덟째 날마지막, 위대한 날에는 이것이 제공되지 않았다.[18] 이것은 마치 미국독립기념일 이전의 주에는 불꽃놀이를 벌이다가 정작 독립기념일에는 불꽃놀이 행사가 없다면, 누군가가 독립기념일의 불꽃놀이 시간에 링컨 기념관에서 진정한 자유를 선언하는 것과 같다.

예수가 물을 주는 것은 광야에서 바위로부터 물을 가져오는 모세를 연상시킨다. 그 이야기는 오경에 두 번 나오는데, 출애굽기 17:1-7과 민수기 20:1-13이다.[19] 랍비들이 인식했던 두 개의 이야기 속에는 차이점들이 있다. 출애굽기에서 모세는 바위를 치라는 명령을 받지만 민수기에는 바위에게 말하도록 명령을 받는다. 지금 민수기 본문은 하나님께서 모세에게 그 바위를 치라고 명령하실 때 모세가 그 바위를 두 번 쳤다는 것에 관심을 가지고 있다. 왜일까? 그 랍비들은 자신들의 주석에서 이것을 다음과 같이 설명했다. "모세는 그 바위를 두 번 쳤는데, 첫 번째는 피가 콸콸 흘러나왔으며 그 다음에는 물이 나왔다."시편 78:20을 언급하면서20 그들은 어떻게 그 바위가 피를 뿜어냈다는 생각을 하게 된 것일까? 왜냐하면 "흘러나왔다"는 히브리 단어는 바위에서 물이 나왔다는 것과 관련하여서 시편 78:20에서, 그리고 여성의 생리혈과 관련하여 레위기 15:19-20에서도 발견되고 있기 때문이다. 따라서 그들은 먼저는 피가, 그 다음에는 물이 콸콸 나왔다고 결론을 내렸다. 민수기 20:11에 대한 팔레스타인 탈굼*Palestinian Targum*도 이런 전통을 반영하여 다금과 같이 말하고 있다. "모세가 손을 들어 지팡이를 쥔 채 그 바위를 두 번 때렸다. 처음에는 피가 떨어졌으나 다음에는 많은 물이 나왔다."

우리는 곧바로 요한복음 19:34에 나오는 로마 군병의 긴 창으로 예수가 찔렸다는 것을 생각할 수도 있다. "[예수의 다리를 꺾는] 대신, 병사 하나가 창으로 그 옆구리를 찌르니, 곧 피와 물이 흘러 나왔다." 요한복음 7:37-39의 이야기는 어떻게 19:34와 연관이 되는가? 그 연관성은 민수기 20장에서 발견되는 바위 이야기에 대한 랍비적 해석에서 찾을 수 있다. 그렇지만 요한복음 7:37-39는 예수의 죽음이나 피를 말하지 않고 있지 않은가?

우리는 먼저 이렇게 물어야 한다. 그 본문은 생명의 물이 누구로부터 흘러나온다고 말하고 있는가? 신자인가 예수인가? NIV 번역은 그 물이 신자로부터 나온다고 나타내는 것 같다. 헬라어 신약성서의 초기 사본에는 구두점이 없었다는 것을 염두에 둘 때, 몇몇 초기 교회의 권위자들과 몇몇 현대 학자들은 그 본문에 구두점을 다르게 찍는 것을 제안하는데, 그렇게 되면 아래와 같다.

"만일 누구든지 목마르면, 그들을 내게 오게 하라.
나를 믿는 자는, 내가 마시게 하리라."
이 본문이 말하는 것처럼, 생명수의 흐름은 예수 안에서부터 흘러나올 것이다.

이것은 예수를 생명수의 근원으로 삼고 있다. 이것은 요한복음 4:13-14
에서 사마리아 우물가에서 예수가 여인에게 했던 말과 일치하고 있다.

> "예수께서 말씀하셨다. '이 물을 마시는 사람은 다시 목마를 것이다. 그러나
> 내가 주는 물을 마시는 사람은, 영원히 목마르지 않을 것이다. 내가 주는 물
> 은 그 사람 속에서, 영생에 이르게 하는 샘물이 될 것이다.'"

마치 예수가 요한복음 6장에서 생명의 빵의 근원인 것처럼, 신자가 아니
라 예수가 생명수의 근원이다. 이런 기독론적 초점은 완전히 예수를 하나님
의 계시와 하나님의 진정한 생명의 근원으로 보는 제4복음서의 강조점과 일
치하고 있다. 예수는 그리하여 성령의 샘이며 성령을 주신 이로부터 나온 사
람이다. 하지만 우리는 여전히 그 피가 어디에 언급되어 있는지를 물어야만
한다. 우리는 요한복음 7:37-39로부터 19:34에 이르기까지 어떻게 찾을 것
인가?

그 해답은 '영화롭게 됨'이라는 용어에 있다. 저자는 "예수께서 아직 영광
을 받지 않으셨으므로, 성령이 아직 사람들에게 와 계시지 않았다"고 적고
있다. 우리는 영화를 고귀한 어떤 것, 유명인사의 신분을 이룬 것으로 생각
하는 경향이 있다. 어떤 이들은 사도행전 1:9에서 말하듯이 예수가 아직 하
늘로 승천하지 않았기에 물론 성령이 아직 오지 않았다고 말할 것이다. 영광
은 최고의, 가장 높은 업적을 위한 용어이다. 우리는 제4복음서가 예수는 생
명수의 근원이 될 것이며 그가 하늘로 오른 이후 성령이 온다고 말하는 것으
로 이해해야 하는가? 그렇지 않다.

'영광'이라는 용어가 열쇠를 쥐고 있다. 이 복음서에는 이중적인 의미
를 지닌 단어들로 가득하다. 요한복음 3:1-15에는 *Nukos*밤, *Semeia*표시,

*Anothem*다시/위에, *Pneuma*영/바람/숨, *Hupso*찬양하다/높이 들다와 같은 예가 많다. '*Nukos*'는 달이 졌을 때, 혹은 영적인 어둠이 임할 때13:30을 참고할 것를 의미할 수 있다. *Pneuma*는 인간의 숨과 하나님의 숨, 세상적인 바람과 세계를 통하시는 하나님의 움직임 모두를 가리키는데 사용된다. 니고데모는 자신이 순차적으로 '다시' 태어나야 한다고 예수가 말하는 것으로 이해한다. 예수는 '위로부터', 하늘로부터 태어나는 것을 말하고 있다. 신약성서의 대부분의 경우에서 *Hupsao*는, 베드로전서 4:6에서 "그러므로 여러분은 하나님의 능력의 손 아래에서 스스로 겸손하십시오. 때가 되면, 그분께서 여러분을 높이 실*hupsao* 것입니다"라고 말하는 것처럼, 높임을 받는 것을 의미한다. 제4복음서에서 그 동사는 예수가 높임을 받을 때, 비참한 십자가의 굴욕 속에서 땅으로부터 6피트 들리는 것에 사용되고 있다! '영화롭게 하다'는 *doksazo*도 같다. 제4복음서에서의 영광은, 격상과 같이 가장 깊은 굴욕 속에서 일어난다. 이렇듯 이중적 의미를 지닌 단어를 사용하는 것은 저자가 사물에 대한 우리의 일반적인 사고를 뒤집는 방식이며, 하나님께서 예수를 영화롭게 하시는 순간, 그의 가장 영광의 순간으로 우리가 그것을 이해할 때까지 우리는 예수의 죽음을 이해하지 못한다는 것을 드러내는 방식이다.[21] 예수는 죽음과 영광을 요한복음 12:23-25에서 연결하고 있다.

요한복음 7:37-39에서 성령에 대한 우리의 해석으로 돌아가면, 우리는 그것이 예수의 죽음을 가리키는 '영광'에 대한 언급이며, 그리하여 그의 옆구리에서 물과 함께 나오게 되는 피라는 것을 본다. 하나님께서 성령을 부어주시는 곳은 예수의 죽음 속에서이다. 하나님의 계시의 근원, 성령의 샘은 바로 그 죄없는 희생자이다! 이것이 새로운 논리 혹은 *Logos*이며, 제임스 앨리슨James Alison이 '그 희생자의 지성'이라고 올바르게 명명한 것이다. 그것은 문자적으로 새로운 사고방식을 창조한다. 그것은 그 자신의 인식론을 생성한다. 그 공동체가 '신성모독자를 없앰으로 하나님을 기쁘시게 한다고 생각하지만, 하나님은 하나님의 내적인 생명을 십자가에 못박힌 자 안에 부어주셨다. 성령 초월적인 영광 속에서가 아니라 희생이라는 처절한 굴욕 속에서 우리에게 오신다. 우리는 우리의 교회 공동체들이 소외시키고 심판 혹은 저주하는 자들을 어떻게 이해하는지 다시 생각하기 시작할 지도 모른다.

성령은 '죄에 대해, 의에 대해, 그리고 심판에 대해 세상에 선고'할 수 있다. 왜냐하면 성령은 불의하게 재판을 받고 죄를 뒤집어 쓴, 그 죽어가는 희생자에게 주어지기 때문이다. 더 나아가 성령은 우리의 의로운 법질서 유지의 결과로서 배제되고 희생양으로 만들어 버린 사람들에 대한 현대 교회의 그릇된 심판에 유죄를 선고하신다. 우리는 폭력이나 보복, 내집단/외집단의 구분으로부터 성령이 오는 공동체를 결코 의도해서는 안 된다. 우리가 의도하는 공동체는 어떤 형태의 것인가? 이것이 다음 섹션을 위한 질문이다.

8.4 사랑받는 공동체

모방적 현실주의의 렌즈를 통해서 읽으면, 제4복음서는 공관복음서나 바울과 차이점이 없는 것으로 입증된다. 폭력의 문제는 여전히 서문에 나오는 로고스 안에서 두드러지게 나타난다. 성자가 성부를 닮는 것은 우리가 모방과 의도의 가치를 유익하게 탐험할 수 있는 핵심 장소를 부여한다. 성령-상담자*Spirit-Paraclete* 언급과 성령을 예수의 죽음과 연결시키는 것은 우리로 하여금 요한복음의 저자가 택한 주제로서 희생자의 변호 및 무죄입증을 보게 한다. 이 주제는 창세기에서 계시록까지에 걸쳐 발견된다.

제4복음서가 주장하는 것처럼, 만일 우리가 예수를 탁월하신*par excellence* 하나님에 대한 인간 모방자로 말할 수 있다면'말씀이 육신이 되었다' 1:14, 성부를 성자의 삶 속에서, 그리고 성자의 삶을 통해 '살아계신' 것으로 말할 수 있으며, 그렇게 되면 예수의 신성을 말할 수 있게 된다. 이것은 예수의 부활 속에서 궁극적으로 입증된 주장이다. 요한복음 20:20에서 그는 자신에게 가해진 폭력에 의해 영향을 받지 않은 사람으로 나타나지 않는다. 그는 상처입은 자로 제자들에게 그리고 우리에게 다가오신다. "내 손과 발에 있는 상처를 보

라. 네 손을 내 옆구리 사이로 넣어 보라." 그는 상처입은 희생자로서 죽은 자 가운데에서 살아나셨으나 역사적이고 신화적인 기록에 나오는 수많은 희생자들과는 달리, 평화의 말샬롬을 가져오신다.

겟세마네 동산에서의 기도에서요17장, 예수는 자신의 제자들이 신성한 삶을 공유할 것이라는 것을 예상한다. "아버지, 아버지께서 내 안에 계시고, 내가 아버지 안에 있는 것과 같이, 그들도 하나가 되어서 우리 안에 있게 하여 주십시오." 이런 주관성은 복음서 전승으로부터 우리가 알고 있는 삶의 전유appropriation이며, 이제는 우리의 실존 속에 성육신되었다. 만일 복음서에서 우리가 예수의 객관적인 삶을 이야기한다면'소위' 역사적 예수, 우리는 성령의 은사에 의해서 우리 안에 있는 예수의 주관적인 삶도 말할 수 있다.임재하시는 그리스도 혹은 Christus Praesens 그렇게 되면 우리가 지금 사는 삶은 예수 안에 사는 것이 된다. 그는 포도나무이며 우리는 그 가지들이다.요15:1-9 포도나무가 끝나고 가지가 시작되는 것은 말이 안되는 것이다. 우리에게도 마찬가지다. 이것이 그리스도인의 실존의 비밀이다. 예수가 성부와 결합되지 않아서 자신의 정체성을 잃게 되는 것처럼, 우리도 예수와 결합되지 않으면 우리의 정체성을 그와 혼동하게 된다. 그런 것을 제시하는 것은 형이상학적 냄새와 심리학적 과장으로 끝나는 것이다. 오히려, 사랑하며 삶으로 우리가 예수를 닮아간다는 것을 고려하면, 예수가 그의 아바를 닮고 사랑 안에서 살았던 것처럼, 우리는 그와 같이 되는 것이다.

우리가 사랑 안에서 함께 살 때 우리는 신앙의 공동체가 된다. 제4복음서는 결코 교회ekklesia 혹은 모임라는 단어를 사용하지 않지만 기독교적 공동체의 개념이 아니라는 의미는 아니다. 세속적인 문화의 세상으로부터 에클레시아라는 단어를 조합이나 보험협회와 같은 구체적인 목적으로 모인 집단으로서가져온 바울과는 달리, 제4복음서는 교회가 모일 때 어떤 특정한 용어를 사용하지 않는다. 그렇지만 그 공동체가 모이는 것은 분명하다.요20:19를 참고 우리는 이제 인간의 공동체가 어떻게 모방적 현실주의 속에서 형성되는지를 상기할 순간이다. 공동체는 적대감을 임의의 무고한 희생자에게 선택적으로 전가하는, 모두가 하나를 대적하는 메커니즘 속에서 일어난다. 공동체의 통일성은 폭력의 통일성이다. 지라르는 오직 두 가지 만이 화해와 통일성을 창조할 힘을 갖는다고 말했는데, 그것은 폭력과 사랑이다. 우리가 희생자들을 둘러싸고 단결할 때 우리 집단의 형성에서 사용하는 것은 전자이다. 이것이 폭력의 무시무시한 힘이며 우리가 폭력을 포기하기 어려운 이유이다. 만일 우리가, 그것이 신성한 것이거나 인간의 것이거나 상관없이 폭력이나 폭력을 가하려는 위협을 그만둔다면, 우리는 세상이 쪼개질 것이라는 두려움을 갖는다. 무섭게 들리겠지만, 이것이 바로 그리스도가 세상 속으로 들어오신 전적인 목적이다. 예수는 희생자에 의존하여 공동체를 세우고 유지시키는 치명적인 감염으로부터 우리를 구원하러 오신 것이다. 다른 말로 하면, 예수는 우리 인간이 창조한 세상으로부터 우리를 구원하시기 위해서 오셨다.

유일한 대안이 있다면 우리가 사랑 안에서 사는 것이다. 우리는 하나님이 이 사랑을 우리에게 먼저 보이셨다는 것을 안다. "사랑은 여기에 있으니, 곧 우리가 하나님을 사랑한 것이 아니라, 하나님께서 우리를 사랑하셨습니다." 요일4:10 사랑 안에서 그 자신을 발생시키고 유지시키는 공동체는 희생양을 필요로 하지 않는다. 그 이유는 그것이 궁극적으로 소외된 희생자, 그리스도 안의 하나님 한 가운데 자리하기 때문이다. 그것은 더 이상 외집단을 필요로 하는 내집단이 아니다. 예수를 따르는 자들로서 우리는 무죄가 입증된 희생자를 둘러싸고 모이며 그리하여 희생자들을 만들어 내고 그런 희생자들을 마치 하나님이 그들을 원하신 것처럼 성스럽게 만드는 우리의 성향이 얼마나 현실적인지를 뉘우치면서 인식한다.

'부활하신 무고한 희생자, 예수 그리스도를 둘러싸고 모인 집단'으로서 이런 존재를 우리는 교회라 부른다. 그렇지만 내가 서론에서 언급한 것처럼,

수많은 오늘날의 기독교가 지닌 예수는 성공, 권력, 영광 그리고 명예를 이루고 있는 우리의 투영된 비전의 암호 혹은 상징이다. 이런 사고방식에서는, 상처 입으신 그리스도는 오직 우리에 대한 하나님의 진노를 달래기 위한 희생제물일 뿐이다. 그렇지 않으면, 그들이 주장하듯이, 예수의 상처는 우리에게 아무런 의미도 없다. 그렇지만 예수의 상처는 예수 안에서 우리가 우리의 상처입음을 남들에 의해서 상처를 받은 자로서, 그리고 우리가 상처 입힌 사람들로 볼 때, 우리를 위한 가장 깊은 중요성을 가질 수 있다.

따라서 예수를 둘러싸고 모인 신실한 공동체는 '사랑의 법'의 완성으로서 다른 사람을 돌본다. 어떤 의미로, '교회가 되는 것' 혹은 예수의 이름으로 모이는 어떤 집단은 우리가 우리의 제자도의 기술을 발휘하는 곳이다. 우리는 완벽을 기대할 수도 없고 남들이 완벽할 것을 기대해서도 안된다. 이것이 형제와 자매 사이에서 용서가 그리도 중요한 규율이 되는 곳이다. 우리는 용서를 연습한다.[3,2] 다른 기술처럼 그것은 처음에는 어렵다. 그렇지만 당신이 더욱 용서를 많이 할수록, 용서에 더 익숙해지고 쉬워질 것이다.

교회는 예수의 환대hospitality를 따라함으로 놀라운 병원hospital처럼 느껴질 수 있다. 상처를 입은 자는, 상처를 받은 자와 남들에게 상처를 입힌 자는 더 이상 심판되고 저주받지 않는다. 우리의 문화와는 달리, 우리는 우리 스스로를 조직할 '사랑의 법'을 적용하며, 그리하여 아주 중요한 한 가지 자비의 모델을 만들어 낸다.[3,2] 스스로 자신에게 죄를 짓고 남들에게 죄를 지은 사람들은, 그들은 사회적 금기들을 위반했으므로 용서를 받으며 변화의 삶으로 초대된다. 상처를 받은 사람들은 풀어야 할 문제로 인식되는 것이 아니라 안아야 할 사람으로 인식된다. 심판을 내리는 대신에 우리는 하나님이 우리를 구원하시고save, 건지시고redeem, 변화시키시러 오셨다는 것을 기억한다. 우리는 모든 종류의 문제들, 즉 도덕적이고 교리적인 것에 대한 결정권이 우리에게 없다는 것을 깨달으며 우리 스스로로부터 상처받은 자들을 멀리할 잣대도 만들지 않는다는 것을 깨닫는다. '상처 입은 치유자'헨리 나우엔의 것과 같은 열린 팔 대신에, 우리는 상처 입은 자, 죄인, 그리고 잃어버린 자들을 공동체 안에서 하나님의 사랑을 경험하고 우리의 사랑을 받으며 우리와 더불어 변화될 수 있도록 환영한다. 우리가 피해를 입었을 때 우리는 친구들과 우리 스스로를 위한 십자군을 만들지 않고, 예수의 공동체 속으로 우리를 데려다 주는 것은 하나님의 용서의 말씀이었다는 것을 기억한다. 이 모든 것은 우리가 우리의 중심이 되는 도덕성이나 '율법규례'를 '예수'로 대신할 때 일어난다.

요한복음의 저자는 예수와 바울이 본 것처럼 율법은 해결의 일부가 아니라 문제의 일부라는 것을 인식했다. 그것이 문제인 이유는 율법, 규칙, 금기들이 우리의 성향을 더욱 더 파괴적이고 자기파멸적으로 악화시키기 때문이다. 율법에 맞춰 어떤 공동체를 조직하는 것은 불가피하게 우리가 스스로를 다른 사람에 맞서도록 하는 경계들을 만들게 하고 만다. 내가 이전에 말했지만 다음과 같이 반복하고자 한다. 율법금기들은 우리와는 다른 사람들을 희생자로 만드는 우리의 죄의 경향으로부터 발생한다. 율법은 하나님께서 버리시거나 심판하신다고 우리가 생각하는 자들에게 자비를 표현하지 못하도록 한다. 만일 우리가 따라야 할 유일한 법이 사랑의 법이라면, 그것이 가져다 주는 것은 장벽을 세우는 것이 아니라 장벽을 허물도록 하는 교회의 소명이다.

이것은 기독교 공동체 안의 도덕성이나 윤리에 대한 논의의 여지가 없다는 뜻인가? 전혀 그렇지 않다. '죄가 되는 것'으로 알려진 어떤 행동들을 명명하는 이런 모든 대화들은 다른 이들에게 해가 되는 행동에서 오거나 혹은 그 행동을 저주하는 성서의 어떤 구절들로부터 온 것이 아니다. 어떤 행동들은 성서에서 용인되기도 하고 저주되기도 한다.

예를 들면, 현재 교회에서 논의하고 있는 동성애관계는 그런 관계들을 '저주'하는 몇 개의 구절들실제로는 겨우 다섯 구절에만 빈번하게 초점을 맞추고 있다. 나로서는 6개의 구절을 기초로 한 동성애관계를 저주하는 기독교의 형태가 문자적으로는 가난에 대한 수천 가지의 언급을 무시하고 있다는 것이 흥미롭다. 또한 나로서는 관용적이고 평등주의자라고 주장하는 어떤 기독교 공동체가 그들이 선호하는 것보다 더 보수적이 되고자 하는 사람들을 맹비난하는 것이 기이하다. 예수를 제외하고는 우리 가운데 누구도 하나님에 대한 독점적인 주장을 할 수 없다. 만일 우리가 순종이 도덕적인 것이지 자식의 도리혹은 관계적가 아닌 기독교 전통이 만들어 낸 미로에서 벗어날 길을 찾고자 한다면, 예수만이 우리의 출발점이 되어야 한다.

예수를 따르는 것은 순종이 사랑이고 사랑이 순종이라는 것을 발견하는 것이다. 우리는 더 이상 하나님에 대한 우리의 사랑을 서로에 대한 우리의 사랑과 구별하지 않는다. 요한일서 4:7-12는 하나님에 대한 우리의 사랑과 우리가 서로를 사랑하도록 부르심을 받았다는 구체적인 방식을 결합하고 있다. "사랑하는 여러분, 하나님께서 이렇게까지 우리를 사랑하셨으니, 우리도 서로 사랑해야 합니다." 이것은 또한 야고보서의 핵심 주장이기도 하다. 야고보서 2:1-13은 "자비는 심판을 이깁니다"라는 언급이 있다. 신앙과 실천에는 구별이 없으며 윤리와 신학에도 구별이 없다. 그들은 동전의 양면으로, 다른 쪽이 없이는 한쪽이 존재할 수 없다.[1,2,3,4]

하나님이 사랑하신 것처럼 사랑하는 것은 하나님 안에 거하는 것이며, 하나님으로 가득 차는 것이며 거룩한 삶 그 자체 속에 참여하는 것이다. 니케아의 위대한 신경을 만들 때에 초대교회는 이것을 이해했다. 삼위일체의 세 신조인 성부, 성자, 성령은 교회의 신조로 이어졌다. 교회에서 함께 묶이는 네 가지 신조들은 관계적이고 자기헌신적이신 이런 한 하나님의 이름으로 모이는 공동체이다. 초대교회는 이런 삼위일체적 자기헌신을 가리키는 단어가 있었는데, 그것은 *perichoresis*라는 것으로, 이 단어는 함께 춤추는 것을 내포한다. 그것은 자기헌신적인 하나님의 속성이다. 이것은 신약성서 저자들의 강조점이다. 아바는 성자를 주시고 성령을 보내시며, 성자는 아바를 증언하시고 아바를 닮으며, 하나님께서 주시는 성자를 통한 인간의 삶이 되신다. 성령은 성자를 증언하며 그리하여 아바에게 영광을 가져다주신다. 하나님께서는 아름다운 댄서이신 것이다!

개인적인 관계를 만들기

내가 얘기해 왔던 모든 것을 담아내고 있는 개인적인 이야기로 이 책을 마무리 짓는 것이 내 바람이다. 나는 지금 여기 캔자스에 앉아서 이틀 동안의 모임을 마무리하고 있다. 거의 모든 사람들이 공항으로 갔다. 난 이 원고를 화요일까지 마무리하고 싶다. 지금은 토요일이고, 난 원고를 어떻게 끝낼지 고민하고 있다. 모임은 잘 이루어졌으며, 내가 씨름하고 있던 많은 개인적인 중요한 문제들을 합치게 된, 특별한 아하! 하는 순간들도 있었다. 내가 이 책을 쓸 때조차도 이 회의는 나로 하여금 결정적인 연결점들을 깨닫도록 어떻게 도움을 주었는지에 대해 이 이야기를 들려주고자 한다. 서론의 끝에서 언급했듯이, 나는 이 책을 나 자신에게 쓰고 있다고 느끼고 있으며 여러분들이 이 대화에 온 것을 환영한다. 이곳 식당에서 조용히 앉아서 난 우리 모임의 리더인 빌 하트넷Bill Hartnett에게 다가가 지난 며칠 동안의 경험을 그에게 말해도 될지를 물었다. 모든 것을 두고 보면, 이번 주말은 아주 개인적이고 구체적인 방식으로 퍼즐들이 합쳐지는, 생활을 변화시키는 시간이었다는 생각이 든다.

나로서는 특히 세 가지의 것들이 하나로 합쳐졌는데, 아내와의 관계에 대한 새로운 이해, 이번 주말의 모임 동안의 내 경험에 대한 이해, 그리고 이 책의 몇 가지 신학적 사고가 그것이다. 이들은 우연히도 제 시간에 합쳐졌다. 그렇지만 그것은 하나님께서 역사하시는 방식이 아닌가?

내 결혼은 여정이 되어 왔다. 내가 성장해 왔다는 점에서 결혼은 험난한 여정이었다. 나는 성장하는 것을 싫어했다. 차라리 나는 나를 둘러싸고 도는 세상을 생각하는 이기적인 인간으로 남아 있으면서 나의 길을 가고자 했다. 내 결혼이 험난한 것은 함께 살기 힘든 배우자가 있었기 때문이 아니라 내가 힘든 배우자가 되어 왔기 때문이다. 시간이 지날수록 나는 남들과 항상 싸우는 나의 기질을 그대로 두는 법을 배웠다. 비록 내가 진정으로 우호적인 분위기에서 칼날 같은 대화와 논쟁을 즐긴다 해도, 예전에 내가 그런 것 같이 논쟁을 즐기지 않는 것처럼, 난 어느 정도 이것에 성공했다고 생각한다.

　자라면서 나는 중독적인 행동들을 함으로 고통에 대처하는 법을 배웠다. 그것은 내 가족 체계의 패턴이었다. 이런 행동들을 다루는 것을 배우고 고통을 대처하는 새로운 방식을 찾는 것은 내 성인의 시기 동안 나로서는 진정한 도전이었다. 내 아내는 오랜 시간동안 잘 참아주었고 나와 더불어 하는 일들을 통해 기꺼이 씨름하고자 하여 나의 존경과 경의를 얻었다. 아내는 때때로 내가 건강하게 먹고 운동을 하며 통전적인 라이프스타일을 사는 법을 배우는 것과 같은 긍정적인 걸음을 내딛는 것을 바라고 있다. 이런 일들은 그녀의 총체와 우리의 총체에도 함께 중요하지만, 난 그녀의 격려를 율법처럼 느낄 때가 많다. '이것은 하고, 저것은 하지 마세요.' 약간의 반항기가 있어, 어떤 일을 "하라"는 소리를 들으면 난 정반대로 하는 경향이 있다. 로마서 7장은 8장보다 더 나의 실존적인 경험이 되어 왔다.

　다시 내 이야기로 돌아가, 나는 지난 며칠 동안 '예술, 신앙 및 정의'에 대한 축제를 준비하는 약 20명의 사람들로 이루어진 그룹에 참여했다. 그 축제는 기독교 축제로 불리기보다는, 참석하는 사람들이 예수를 경험할 수 있는 환대와 같은 것이어야 한다는 공감이 있었다. 익명의 기독교가 우드스탁*을 만난다. 이 책을 읽으면서, 여러분은 예수가 나에게 얼마나 중요한 사람인지 말할 수 있을 것이다. 내가 아는 한, 기독교에서는 모두 예수이지 않으면 아무것도 아니다. 그래서 난 왜 예수가 왜 이 축제의 선두이자 중심에 있어선 안 되는지에 대해서 최선을 다해 신중하게 들었다. 나는 그 그룹에게 이번 주말 우리의 예배 시간동안 예수가 우리의 중심이지만, 우리의 축제를 기획하는 동안에는 예수라고 이름을 짓는 것을 피하는 듯 했다고 지적했다.

---

* 우드스탁(Woodstock)은 미국 뉴욕시 외곽에서 열리는 록페스티벌의 이름이다.

내 평소의 성향은 그 그룹을 그냥 '진보적'이라고 이름을 짓고 그 그룹과 결별했을 것이다. 그렇지만 그 대화는 예수를 중심에 두는 것을 폄하하는 것은 아니라는 것을 난 알 수 있었다. 그 대화는 그냥 예수에 대해서 이야기하는 것이라기보다는 그리스도의 삶을 우리가 어떻게 살아 낼 것인지에 대한 인식에 관한 것이었다. 이것으로부터 나는 내 안건을 그대로 두고 더욱 깊이 듣기 시작했다. 새로 알게 된 영국에서 온 스티브 포스터Steve Foster는 우리가 계획하고 있던 그 축제는 진정한 대화, 담화 및 솔직한 논쟁이 일어날 수 있는 장소이자, 그분이 바라던 대로 사람들이 와서 예수를 경험할 수 있는 장소가 되어야 한다는 점을 지적했다. 계획이 진행됨에 따라서 점차 알게 되던 것은 우리는 어떤 부류의 공동체가 되어가고 있다는 것이다. 대화들, 식사 및 함께 예배하게 되면 공동체를 형성하는 경향이 있다. 난 그 공동체가 내 말을 듣고 있다는 것을 알았지만, 더 중요한 것은 내가 그 공동체를 듣고 신뢰하고 있다는 것을 알았다는 것이다.

이 책을 통틀어 난 긍정적인 모방에 대한 열쇠로서 예수를 '신뢰하'거나 예수에게 복종하는 원칙을 논해 왔다. 나는 이것이 거룩한 삶 속에, 아바, 성자 및 성령으로 우리가 이름 지은 훌륭한 삼위일체의 하나님의 춤에 우리가 참여하는 것을 논의하는 장소가 되는 마지막 장이 되기를 원했다. 지난 수백 페이지 속에서 진행된 해체와 재건축의 모든 작업을 한 이후에, 이 책은 큰 희망을 지닌 상태로 끝을 내어야 할 것 같았다. 그리고 그것이 나에게 큰 충격을 주었다. 내가 구해왔고 기도해왔던 그 시각은, 즉, 교회가 에베소서 5장에서 헌신된 관계로 비유되는 것처럼 그리스도 안에서 하나님을 경험하는 것에는 이유가 있다는 것이다. 그것은 다른 수단들에 대한 욕구를 욕망하는 것과 관련이 있다. 욕망은 불가피하다. 그렇지만 무엇을, 누구를, 그리고 어떻게 우리가 욕망하는가 하는 것은 가장 중요한 것이다.

모방적 현실주의 속에서의 내 작업에서부터, 욕망이 문제라는 것은 오랜 기간 동안 분명했다. 우리가 앞서 보았던 것처럼[5.2], 우리의 모든 욕망은 모방되어 우리를 경쟁과 희생양삼기로 이끌어 간다. 그렇지만 제임스 앨리슨 James Alison, 레베카 아담스Rebecca Adams, 토니 바틀렛Tony Bartlett과 다른 사람들은 욕망이 변화될 수 있음을 지적하고 있다. 예수가 다른 사람들에게 묶여 있던 모방적 욕구를 풀어 주고 대신 오직 하나님만을 욕망하도록 했을 때, 그는 이런 변화를 가져왔다. 그렇지만 신약성서는 예수의 욕망을 오직 하나님께로 제한하지 않는다. 특히 바울과 제4복음서에서, 예수의 욕망은 우리를 위한 것이다. 그의 욕망이 이런 우리를 위한 속성이 있다는 것, 다시 말해 선하고 이롭고 구원적salvific이고 구원적redemptive *인 행동을 하는 예수의 삶은 주의 만찬혹은 성만찬을 우리가 기념함 속에서 하나님의 행동의 중심에 있다. 그리스도는 스스로를 우리를 위한 빵으로 주신다. 그리스도는 자신의 피를 우리를 위해, 우리의 용서를 위해 주신다.

예수와 우리의 관계에서 우리는 예수가 하나님을 바라시는 것처럼 하나님을 욕망하는 것을 배울 뿐만 아니라 또한 삼위일체의 실존의 비밀을 배우게 된다. 그것은 우리를 위해 다른 사람의 욕망을 욕망하는 것이다. 이것은 양쪽의 파트너들이 예수의 욕망을 모방하고자 하는 그들의 욕구에 초점을 맞추는 것처럼 가지는 헌신된 관계 속에서 우리가 배우는 것과 유사하다. 우리는 우리를 위한 다른 사람의 욕망을 욕망한다. 우리는 그런 욕망을 율법으로 경험할 필요는 없다. 우리는 객체 지향적인 욕망으로서 다른 이들을 욕망하지 않으며 다른 이들의 추상적인 욕망을 욕망하지도 않는다. 진정한 사랑의 관계에서는 양쪽 당사자가 다른 이들을 위해 치유하고 유익한 것을 욕망한다. 우리에게 잘 알려진 말로 하면, 그들은 자신들의 욕망을 포기하고 남들을 섬기는 것을 배우게 된다.

이런 섬김은 수동적인, 즉 "나는 당신의 노예이며 당신의 뜻대로 하기 위해 존재한다"라는 존재의 유형이 아니다. 그것은 오직 공동의 자기희생이

---

* 한국어로는 salvation과 redemption이 똑같이 구원으로 표기되지만 redemption은 값을 지불하고 되찾는다는 뉘앙스가 있다.

있을 때만, 관계를 맺은 양쪽 당사자들이 다른 이들을 위해서 존재하는 것을 갈망할 때만 일어난다. 객체지향적 욕망은 삼각형을 형성하는데, 당신, 나 그리고 우리 가운데 하나가 원하는 것이 있으며, 객체를 욕망하는 모델이 된다. 사랑은 두 사람이 공동적으로 다른 사람을 위하여 다른 이의 한 가지 욕망을 서로 관통할 때 일어나는 자기희생이다. 다른 이들에게 유익한 것만이 유일하게 갈망된다.

내 아내에게 가장 좋은 것을 내가 갈망할 때, 그것은 내 욕망이 이루어지는 것이 아니라, 예수가 하나님을 갈망한 것처럼, 하나님을 따르고자 하는 그녀의 갈망 속에 그녀 자신을 내어주는 그녀가 하는 최고의 갈망인 것이다. 내 아내가 나에게 가장 좋은 것을 갈망할 때, 그녀가 원하는 어떤 것이 아니라 내가 예수를 따르는 것처럼 그 갈망이 내 갈망이 되어, 나는 그녀의 갈망을 장애물이나 율법으로 경험하는 것이 아니라 오히려 나를 위한 그녀의 사랑이 그녀의 동기라는 것을 믿게 되는 것이다. 따라서 내가 나를 위한 그녀의 갈망을 갈망할 때, 내가 내 스스로를 위한 욕망을 버리고 그녀를 '내 안에' 거하도록 하는 것을 배우는 것처럼, 나는 그녀의 갈망을 모방하고 있지 않다, 이런 경험은 예수와 교회의 관계에 대한 비유이다.

모인 공동체로서 우리는 우리의 안건, 계획, 꿈과 희망을 가지고 모일 수 있다. 즉, 우리는 모든 우리의 욕망의 대상을 가지고 오는 것이다. 우리가 우리의 '욕망의 대상들'을 하나님의 욕망과 혼동할 때, 그리고 그들이 하나라고 생각할 때, 똑같이 우리는 하나님의 욕망을 분별하고 경험하는 것을 놓치는 것이다. 우리는 우리의 성공, 성장, 명성과 부에 대한 환상을 하나님의 자비, 평화, 정의와 사랑과 혼동한다. 하나님의 욕망은 우리의 모든 안건들을 내려 두고 예수가 살았던 것처럼 사는 법을 배우는 것이다. 팔을 벌려 우리는 우리의 욕망이 변화되도록 하여 하나님의 욕망은 항상 우리를 위한 것임을 경험할 수 있다. 이것이 바로 우리가 지속적으로 무고한 희생자를 둘러싸고 모이는 이유이며, 그의 상처를 알아서 이것이 "우리를 위해 부서진 그의 몸"이며 "우리를 위해 흘리신 피"라고 선언하는 이유이다.

어떤 관점에서는 우리가 예수를 죽였고 우리가 그를 죽인 살인자라고 말할 수도 있다. 그렇지만 속죄에 대한 연구 속에서 어느 정도 파악된, 그리스도의 죽음에 대한 또 다른 관점도 있다. 그 관점은 어떻게 우리가 사랑에 기초한 새로운 공동체로서 용서 속에서 진정으로 살아 갈 수 있는지를 보여 주는 마지막 조각을 우리에게 마련해 준다. 요한복음 10:18에서 예수는 다음과 같이 말한다. "아무도 내게서 내 목숨을 빼앗아 가지 못한다. 내가 스스로 원해서 내 목숨을 버린다. 나는 목숨을 버릴 권세도 있고, 다시 얻을 권세도 있다. 이것은 내가 아버지께로부터 받은 명령이다." 이런 언급에 비추어 보면 우리는 예수의 죽음을 살인으로 이해하지 않는다. 그렇다. 예수는 죽을 것이고 그를 죽일 사람은 우리들이다. 예수의 죽음은 희생으로 이해되고 있지는 않다. 예수의 죽음을 하나님이 바라신 어떤 것으로 우리가 이해할 곳은 없다.22 예수가 "세상 죄를 지고 가시는 하나님의 어린양"1:29, 다음을 참고할 것. 1:36으로 지칭된 것이 사실이다. 그렇지만 여기에서조차 속죄일의 염소와 유월절의 양의 결합이 존재한다. 예수는 효과적으로 죽음으로 하여금 결정적 진술을 하도록 허락하지 않음으로 세상의 죄를 진다.

만일 살인도 희생도 아니라면, 예수의 죽음은 다른 질서임에 틀림없다. 그것은 이 새로운 범주이자 사도들의 증언이 나타내고자 하는 새로운 사고방식이다. 이런 새로운 방식은 스스로를 내어 놓는 예수의 방식이다. 모든 것을 빨아들이는 블랙홀처럼, 예수의 죽음은 우리의 모든 폭력과 죽음을 다루는 패러다임을 삼킨다. 그렇지만 그 이상으로, 예수의 죽음은 창조를 완성한다. 요한복음 19:30에서 "완성되었다"tetelestai는 것은 창조의 시작 이래로 계속되어 온 사역을 암시하고 있다. "내 아버지께서 이제까지 일하시니, 나도 일한다." 하나님께서 쉬신 사역은 창세기 이야기의 일곱 번째 날이 아니라 그리스도의 십자가에서이다. 예수의 죽음은 이 세상의 창조의 마지막 순간이자, 정점, 인류진화의 완성점the Omega Point이다. 세상은 끝이 나고 새로운 창조가 곧 "사흘이 지나" 드러나게 될 것이다. 인자the True Human는 이제 성취되었다. 인간의 변화의 가능성은 이제 현실이다.

이것은 사랑하는 모인 공동체로, 사랑의 공동적인 해석으로 경험하도록 부르심을 받은 우리의 삶의 형태이다. 하나님의 내적인 삼위일체적 자아 속의 하나님은 원래 사랑하시는 공동체이지만, 하나님의 관계적inter-personal 사랑으로부터 흘러나오는 것은 우리가 경험하고 서로를 통해 경험하도록 마련된 우리를 위한 하나님의 사랑이다. 이것은 "내가 너희를 사랑한 것같이 너희도 서로 사랑하라"는 명령의 완성이 된다. 이것은 예수의 지상에서의 삶과 부활하신 삶, 하나님의 사랑의 성령 속에서 예수에게 생기를 불어 넣으시는 동일한 성령에 의해 움직여져야 하는 것이다. 이것은 내가 『예수가 이끄는 삶』 속에서 소통하고자 했던 것이다. 하나님과 예수의 관계, 그리고 우리와 예수의 관계 사이에는 실질적으로 아무런 차이가 없다는 것을 아는 것, 그리고 그 안에서 그리고 그를 통하여 우리는 '영광에서 영광에 이르도록' 우리 스스로가 변화될 수 있다는 것을 아는 것은 더욱 진정한 인간이 되어 가는 것이고, 그리하여 더욱 진정하게 하나님과 관계되는 것이다. 그것은 그 안에 우리가, 우리 안에 그가 있어 상호적으로 관통하는 것이 되어야 한다. 그렇게 함으로써 우리는 파멸되지 않고 높여지게 된다. 왜냐하면 우리가 그 안에서 보는 것이 우리 자신이며 하나님의 진정하고 진실한 형상 속에서 다시 만들어 지는 것이 우리 자신이며, 인간의 실존의 충만함 속에 있는 것이 우리 자신이기 때문이다.

그러므로 마음을 열고 생각을 열고 손을 열어, 함께 와서 우리를 가로막고 있는 것이 무엇이든 떨쳐버리고 회개하여 예수께로 함께 가자. 그의 성령으로 우리를 채우고 우리의 욕망을 변화시켜 달라고 그에게 간구하고눅11:13, 그리하여 그가 자신을 우리와 세상을 위해서 주셨던 것처럼, 예수를 닮는 자들로서 우리가 사랑 안에서 우리 스스로를 내어 줄 수 있도록 우리는 매일 앞으로 갈 수 있을 것이다.

우리는 노력으로 이것을 이룰 수 없다. 그것은 구원하시는 은혜로, 사랑하시는 선물로서 우리에게 온다. 우리는 하나님께 그것을 달라고 명령하거나 의무화할 수 없다. 우리는 오직 간구할 뿐이다. 이것은 창조를 위하여 사랑하시는 창조자의 대담한 자기희생으로서만 묘사될 수 있다. 만일 그것이 폭력, 증오되는 희생양삼기, 폭력과 차별을 포기할 때, 이것은 복음, 즉 세상이 듣고 필요로 하는 좋은 소식이 된다. 이것은 희생양만들기를 지향하는 죽음에서 삶을 주고 스스로를 나누는 사람들로 우리를 변화시키는 메시지이다. 이것은 우리의 희망이다. 그 이유는 다음과 같다. "이제 우리는 하나님의 자녀입니다. 앞으로 우리가 어떻게 될지는 아직 밝혀지지 않았습니다만, 그리스도께서 나타나시면, 우리도 그와 같이 될 것임을 압니다. 그 때에 우리가 그를 참 모습 그대로 뵙게 될 것이기 때문입니다. 그에게 이런 소망을 두는 사람은, 그가 깨끗하신 것과 같이, 누구나 자기를 깨끗하게 합니다."요일 3:2-3

"빛을 붙들라, 빛을 붙들라
마침내 우리는 길고 긴 영광에 다다르리니
하루의 시작에서
아이는 놀며
우리가 알아야 할 모든 것은
미래는 당신과 나의 친구라는 것을."[23]

히브리서의 희생의 언어
: 르네 지라르를 재평가하기

최근 몇 년간 우리는 성서 본문 속에서의 종교의 구조와 기능을 설명하기 위해 성서 학자들이 사용한 르네 지라르의 연구를 보아 왔다.[1] 지라르의 가설은 언제나 비평이 따랐다. 그럼에도 불구하고 성서 본문을 조명하기 위한 탐구적인 잠재력은 상당하다. 성서 연구는 지라르를 우회할 수 없다. 이 글은 히브리서에 대한 학문을 인식하고 사용하지만, 우리의 관심은 히브리서에 대한 역사-비평적 주석은 아니다. 오히려 우리의 관심은 지라르의 가설이 그 본문 자체를 지라르식으로 읽어서 얻을 수 있는지 하는 것이다.[2]

지라르는 다른 것보다 더욱, 성서 본문은 종교와 문화 사이의 관계를 해체시키며 종교와 문화 모두를 구성함에 있어서 폭력의 역할을 표면화한다고 주장한다. 이런 관점에서, 폭력을 비판하는 본문과 신성하다고 주장된 지시대상들은 전략적 성서해석학을 가리킨다. 성서의 자기비판적인 본성은 아마도 가장 중요한 자산일 것이다. 그 이유는 폭력을 정당화하기 위한 저작들을 만들어 낸 종교적 문화 역시 폭력을 비판하는 저작들을 정경화한다는 점에서 그렇다.

지라르는 성서 저작들이 히브리 성서들 속에서 이런 탈신비화를 시작했으며, 더욱 온전하게는 신약 성서 속에서 폭력을 탈신비화하기 시작했다고 주장한다. 그렇지만 지라르와 수많은 그의 추종자들에 따르면, 히브리서는 "희생적 해석학sacrificial hermeneutic"을 벗어나지 못했다. "희생적 해석학"이란 모방적 폭력을 정당화하며 희생적인 방식으로 예수의 죽음을 해석하는 것이다. 이와는 대조적으로, 우리의 논의는 히브리서가 희생적 언어로 위장을 하고는 있지만, 실제로는 희생적 과정을 전복시킨다는 것이다. 나는 지라르의 가설을 요약하여 보여줄 것이고 그리고 나서는 히브리서의 속죄 이론을 검토함으로 지라르의 가설이 지닌 힘을 논증할 것이다.

지라르의 모방 이론

지라르는 문학적 비평가다. 현대 저자들의 작품 속에서, 특히 프로스트Proust, 스텐달Stendhal, 그리고 도스토예프스키Dostoyevsky의 작품에서, 지라르는 인간이 모방적 욕구의 메커니즘을 통해서 서로에게 관계하고 있다는 것을 발견했다. Mimesis, 혹은 모방적 욕구는 우리가 서로의 욕망들을 모방하는 근본적인 방식인 것이다.[3] 우리의 자기이해는 그러므로 모방의 메커니즘 속에 갇혀 있다. 갈등은 모방으로부터 발생되는데, 여기서 두 당사자는 그들이 다른 사람의 욕망을 모방함으로 서로를 구분할 수 없게 된다. 동일한 것이 되는 이런 과정은 열망하는 대상에 대한 폭력에 이른다.

이런 모방의 메커니즘으로부터, 지라르는 인류학과 심리학의 분야로 자신의 시야를 넓혀 나간다. 그는 공동체 속의 상호적인 모방경쟁은 공동체의 와해에 이르게 되어 모방적 적대감을 공동으로 발산시킬 수 있는 수단이 필수적이라고 주장한다. 그는 모방적 적대감을 받아들이는 공동의 희생양이 그 공동체를 지탱한다고 주장한다. 집단적 폭력이 주된 통합적 행위인 이유가 이것이다.

지라르는 차례차례 인간의 공동체 혹은 문화 자체가 희생양 혹은 희생 메커니즘 속에 기반하고 있다고 역설한다. 이를 통해 그런 희생적인 희생양삼기를 지속적으로 반복하는 것은 그 공동체를 계속하여 재생시킨다. 따라서 종교는 희생적 행위를 정당화하며 희생양 메커니즘을 뒷받침하면서 문화에 참여한다. 희생적 위기 속에 있는 모방적 갈등을 완화시키는 것은 증가하는 모방적 갈등을 끝내고자 하는 금지들을 만들어 낸다. 희생적 메커니즘을 만들어 내는 제의는 공동체에게 모방적 적대감을 배출할 수 있도록 하며, 신화는 그 공동체의 희생행위를 정당화시키는 것을 발전시킨다.

지라르의 논제의 핵심은 신성화의 과정이다. 그와 같이 희생자는 최초의 다원적 상징이다.[4] 희생자는 공동체에 의해 유죄판정을 먼저 받고, 그 적대감을 종결시키기 위해 희생된다. 그런 뒤 공동체의 "화해"의 결과로서, 희생자는 구원하는 힘의 근원으로 가치가 매겨진다. 왜냐하면 공동의 평화와 응집력은 희생된 희생자로부터 나오는 것으로 나타나기 때문이다.

지라르는 대부분의 고대 신화들은 이런 신성화의 과정을 은폐한다고 지적했다. 거짓은 공동체가 유지되기 위해 필수적인 것이다. 그렇지만 에우리피데스Euripides와 아리스토파네스Aristophanes 같은 그리스 시인들과 특히 성서 저자들은 성스러운 폭력의 메커니즘을 폭로하기 시작한다.[5] 신약성서 저자들은 예수의 무고함을 드러내고 예수에 대한 폭력은 그 공동체의 모방적 적대감의 결과이지, 진노하시는 하나님을 달래는 것이 아니라는 것을 보여줌으로 이 계획을 완성한다.[6]

하나님이 자신의 진노를 달래기 위해서 희생을 요구하셨다는 것처럼 성서 본문을 읽는 교회나 회당은 "희생적 해석"에 참여하는 것이다. 그 본문 속에 있는 함축된 해석을 분별하는 것은 가해자가 아니라 희생자의 관점에서 그 본문을 읽는 것이며, 그리하여 "비희생적으로" 읽게 되는 것이다.[7]

지라르와 몇몇 그를 해석하는 사람들은 히브리서가 그 본문의 희생적 묘사에 참여했다고 보았다. 지라르는 1978년에 다음과 같이 언급했다.

"히브리서에 따르면, 그리스도의 수난과 이전에 존재해 온 희생 사이에는 차이점이 있다. 그렇지만 이런 차이점은 여전히 희생적 용어로 정의되고 있다. 결과적으로 희생의 진정한 본질은 결코 검토되지 않았다. 뒤이어 따라오는 모든 변종들처럼, 희생 신학에서 이 최초의 히브리서의 시도는 그리스도의 수난과 다른 모든 희생들의 형태 사이의 비유에 기초한 것이지만, 그것에서 벗어날 본질적인 특징을 허용하고 있다."[8]

히브리서의 이런 희생적 신학에 대한 주된 반론은 그 저자가 무죄한 희생자에 대한 부당한 군중들에 의한 핍박을 언급하지 않는다는 점에서 찾아 볼 수 있다. 따라서 히브리서는 그리스도의 죽음에 대한 책임을 인간에게서 찾지 않는다. 지라르가 언급한 것처럼 "그 살인자들은 단순히 신의 뜻의 수단이었을 뿐이다." 즉, 그리스도의 죽음에 대한 책임이 하나님의 것이라고 간주할 때, 우리는 희생 신학을 다루고 있는 것이다. 예수의 죽음에 대한 이야기가 똑바로 인간에게 놓일 때, 우리는 비희생적 신학이 시작되는 것을 보게 된다.

나는 폭력과 신성함의 비신비화가 성서 신학의 중요한 신학사상을 이룬다는 지라르의 의견에 근본적으로 동의한다. 그렇지만 지라르의 주장과는 달리, 히브리서는 개인주의적 범주를 통해서 실제로 폭력을 비신비화하고 있다는 것을 볼 수 있다.

그리스도의 재림과 더불어, 폭력은 비신비화된다. 그것에 대한 어떤 긍정적인 기능도 더 이상 존재하지 않는다. 예수의 이야기 속에서, 지라르에 따르면, 비신비화된 것은 오직 폭력 그 자체뿐만이 아니라 신성한 징벌의 개념이다. 지라르는 폭력이 오직 다음의 이유로만 지속적으로 공포감을 심어준다고 주장한다.

"희생양 메커니즘의 방법을 통해 폭력은 자신만의 해결책이 되며 희생 메커니즘은 모방적 위기의 부산한 발작으로만 촉진될 수 있다...인간 전체가 화해와 희생의 덕을 회복시키는 노력을 헛수고로 만드는 것처럼, 이런 폭력은 선지자들의 시대에 일어났던 것처럼 의심할 여지없이 그 희생자들을 크게 증가시킬 것이다."[9]

폭력은 독이자 약이다. 그 약으로서, 폭력은 점점 늘어나는 증가 속에 참여한다. 더 많은 희생자들이 공동체의 모방적 적대감을 안정시키기 위해 요구되고 있거나 혹은 위대한 몇몇 희생자들이면 충분하다.

그렇지만 기독교적 성서 석의는 신의 진노를 달래기 위해 희생자들이 필요하다는 것을 지칭하는 "하나님의 진노"의 언급에 대한 오랜 이해를 가지고 있다. 이런 관점에 따르면, 예수는 하나님이 자신의 진노를 쏟아 부을 수 있는 희생적 대체자가 되었다. 레이먼드 슈바거Raymund Schwager는 신약성서에 나타나는 "하나님의 진노"라는 구문이 함축하는 것에 맞서 강한 주장을 펴고 있다. 슈바거는 "하나님의 진노"에 대한 언급들은 전형적으로 하나님께서 인간을 펄펄 끓는 모방적 위기에 넘기셨다는 것을 내포한다고 주장한다.[10]

우리는 지라르가 어떻게 히브리서를 읽었는지를 볼 수 있으며 히브리서의 저자가 희생적 해석에 다시 빠졌다고 말할 수 있다. 예수는 최고의 희생적 제도, 예수살렘 성전의 대제사장과 비교된다. 이것은 히브리서의 저자가 복음서와 바울 속에서 찾을 수 있는 초대 기독교 신학들의 희생적인 폭로를 알지 못했다는 말인가?

히브리서의 비희생적 신학

히브리서에는, 희생이 어떻게 폭로되는지를 저자로 하여금 드러내도록 하는 것은 개성주의적personalism 범주들이다. 희생적 언어를 사용하고 희생의 체계를 받아들이는 것은 별개의 일이기 때문에, 이것을 하는 것은 굉장한 기술을 필요로 한다. 계시자로서 예수는 하나님의 말씀을 전해 주는 사람들과 유사하다. 예수는 자신의 인성을 공유한다.[2:14] 그는 모든 면에서 그의 형제들과 닮게 만들어졌다.homoithenei, 2:17 예수는 형제들이 그랬던 것처럼 유혹을 받았다.[4:15] 그는 그들의 구원의 선구자이며[2:10] 그들의 신앙의 완성자이다.[12:2] 모든 인간들과 예수의 이런 유사점은 이중적 기능을 가진다. 한편으로는 예수로 하여금 연민을 가진 중재자가 되도록 한다. 다른 한편으로는 예수를 잠재적인 이중성으로 바꿔 놓는다. 인간과 예수의 유사성은 예수의 신적인 속성이 인류에 대한 그의 절대적인 비구별성을 빼고서는 알려질 수 없다.

지라르는 희생적 위기가 모든 구별이 폐지될 때, 모방적 갈등과 중재된 욕망이 공동체 안에 있는 각 개인이 다른 사람을 표현할 때 발생한다고 지적했다. 차별화의 요구는 다르게 될 운명에 놓인 사람, 즉 희생자를 찾을 때까지 증가한다. 히브리서의 저자가 예수를 희생적 체계에 비유한 것보다 선행하는 논의 속에서 인식한 것은 이것이다. 하나님의 계시 그 자체는 희생적 위기의 한가운데에서 정확히 발생한다. 나중에 마틴 루터의 말로 한다면, "하나님은 자신을 그의 대적자들 아래에서 드러내신다."[11] 즉, 하나님께서는 감춰진 폭력과 희생의 속성을 드러내시므로 두 가지 선택이 존재한다. 계시에 아무것도 가져다주지 못하고 희생양을 만들어 내는 자에게 합류하거나 아니면 희생자가 되어라.

복음서 전승에서는, 하나님을 계시한다는 예수의 주장과 함께 예수와 다른 인간들의 유사점은 또한 모방적 위기가 되고 있다. 예수의 "알려짐"은 스캔들이자 걸림돌이다. 히브리서의 저자에게 있어서 인간과 예수의 유사점은 예수를 중재자로 여기고 있다는 점이다. 중요한 것은 예수의 중재하는 기능이 희생되는 양의 기능이 아니라 대제사장의 기능과 비교된다는 것이다. 예수는 제물이라기보다는 제물을 드리는 자이다. 이런 구분은 중요하다. 히브리서의 저자가 예수를 수동적인 양과 비교하였다면 예수는 희생을 외치는 광적인 합창에 합류했을 것이다. 그렇지만 예수를 대제사장으로 비교함으로서 그는 완전히 새로운 요소를 소개한다. 군중이 예수의 생명을 앗아간 것도 아니며, 예수가 자신의 죽음에 있어 군중과 야합한 것도 아니다. 무엇인가 다른 것이 일어나고 있다.

예수에게 있어서 인간과 공통점을 갖는다는 것은 구체적으로 예수는 희생의 체계를 종식시킨다는 것을 의미하고 있다. 그는 "단 한번 죽는다."9:26, 28 예수와 다른 모든 이들 사이의 차이점은 예수의 무죄함에 있다. 예수는 죄가 없다.4:15 12 예수의 성육신과 죽음은 반복되지 않는다. 반복은 희생적 메커니즘에 있어 고유한 것으로, 제의적 희생의 반복은 원래 그 공동체에 기반을 둔 원래적 살인을 상기시키고 있다. 예수의 삶과 죽음은 'hapax', 즉 한 번뿐이다. 그것은 바로 주된 문제 가운데 하나로 여겨지고 있는 히브리서의 제의 속에 나타나는 반복적인 희생의 속성이다.7:27; 9:25

그렇지만 히브리서에 나타난 예수의 죽음의 속성은 저자가 어떻게 그 죽음을 희생으로 이해했는가에 대한 질문을 야기한다. 만일 예수살렘성전에 있는 제사장들이 매년마다 반복적으로 희생제물을 드렸다면, 예수의 희생이 지닌 독특성은 무엇인가? 지라르식의 용어로 하면, 그리스도의 죽음과 유대-기독교 전통 속에 있는 창시적 살인이 되는 아벨의 죽음 사이의 관계는 무엇인가?

히브리서 저자가 처음으로 'hapax'란 용어를 쓸 때, 그것은 "그리스도는 자기를 바치셔서, 단 한 번에 결정적으로 인간의 죄를 위한 희생이 되셨다"7:27는 것을 상기시킨다. 이 본문이 지닌 핵심적인 가치는 그리스도가 그 동사의 주어이자 목적어가 된다는 것으로, 다시 말해 "그는 스스로를 제물로 드렸다"는 것이다. 희생 메커니즘이 논의될 때는, 항상 다른 이의 생명을 취하는 것을 말하고 있다. 예를 들면 우리는 이것을 로물루스Romulus와 레무스Remus의 창시적 살인신화 속에서 볼 수 있다. 그 신화 속에서 희생자가 자신에 대한 폭력에 동의할 때, 이것이 그런 기능을 하는 메커니즘을 필요로 하는 만장일치를 가져온다는 것에 우리는 이의를 제기할 수 있을 것이다. 희생자들이 또한 그 공동체에 의해서 그들에게 부여된 심판에 참여한다고 신화가 기록할 때, 그 희생자는 희생적 신화를 공유한다.13 이것이 히브리서가 제시하고 있는 것인가?

이 편지에서 우리는 그리스도의 자기희생self-offering과 관련된 동사들, 즉 그리스도의 죽음과 특별히 관련이 있는 동사들의 주어와 목적어가 그리스도라는 것을 볼 수 있다. 헬라어을 말하는 초기 유대 그리스도인들은 또한 이것을 축소시킨 최초의 사람들일 수도 있다. 우리는 그런 주장의 사례를 빌립보서 2:5-11에 나오는, 소위 *carmen christi* 속에서 찾을 수 있다.[14] 실제로 마틴 헹겔Martin Hengel은 예수의 죽음과 예수의 자기희생 사이의 연결은 이 공동체 속에서 이루어졌을 수 있다고 주장한다.[15] 주의 만찬의 전승에 나오는 *hyper humon*"너희를 위하여"은 이런 연결점을 지배하고 있는데, 그 이유는 그것을 신약성서의 모든 주요 저자들 속에서도 찾을 수 있기 때문이다. 사도 바울이 말하는 것처럼, 만일 그리스도의 죽음이 우리를 위한 것이라면, 예수도, 하나님도 우리를 적대하시지 않는다.롬8:31ff

그렇지만 히브리 성서 속에서는, 희생적 폭력이 하나님의 진노를 달래거나 죄의 값을 치루는 것을 필요로 하는 폭력과 하나님 사이에는 유전적 연결성이 있는 것으로 나타난다. 레이먼드 슈바거Raymund Schwager는 지라르가 제시한 주장을 따라서, 히브리 경전들 속에서 전승이 발전되었듯이 하나님도 시간이 지남에 따라 폭력, 죽음 및 살인과 점점 덜 동일시된다고 주장한다.[16] 탈신비화의 과정은 히브리 경전으로 시작한다. 지라르는 제2이사야의 종의 노래, 즉 예수와 초대 교회에 크게 영향을 준 본문 속에서 이것을 보았다. 그는 다음과 같이 언급한다.

> "내 가설에 따르면, 이 본문은 제의적인 속성이 아니라 의식들과 종교가 파생된 모든 측면에서 나온 사건의 속성을 가진다. 여기서 가장 중요한 측면은, 확실히 독특한 특징으로서, 그 종의 무고함이다. 즉 그에게는 폭력 및 폭력과의 어떤 친화성과도 관련이 없다는 사실이다. 모든 구절들이 그 종의 구원하는 죽음에 대한 주된 책임을 인간에게 부여한다."[17]

이 본문 속에서 야웨의 역할은 모호하고 히브리 성서의 초기 전승 곳곳에서 발견되는 일반적인 신성의 개념에 상응한다는 점에서 해석학적 문제가 여기서 수면 위로 떠오른다. 그것은 야웨의 혼합된 초상으로, 신화와 복음의 구조를 공유하고 있는 것이다. 그렇지만 희생적 제의와 야웨의 관련성은 확실히 많은 예언서들 속에서 도전을 받고 있다. 슈바거에 따르면, 희생적 제의에 대한 비판은 최초로 쓰인 예언서들만큼이나 암5:21-25; 호10:1-5; 미6:16-17 오래전부터 시작된다. 하지만 그것은 하나님께서 그의 종의 죽음 속에 어떤 과오가 있다는 혐의를 마침내 풀어 주시는 복음서 전통 속에서만 존재한다.[18]

예루살렘 속의 초기 공동체들과 그들 각각의 설교를 살펴보면, 우리에게 지라르식의 해석이 필요하다는 것을 지적하게 한다. 아람어를 말하는 공동체 속에서 그리스도의 죽음은 대부분 수동적이다. 행2:23; 3:15; 4:10; 28; 5:30; 10:39 그리스도의 죽음은 창시적 살인을 연상시킨다는 측면으로 의사소통된다. 예수는 잘못 기소되었으며 임의로 재판과 선고를 받았다. 예수를 처형하는 군중은 "무리들"을 포함하는데, 빌라도, 헤롯, 그리고 사도의 선언을 들었던 사람들이다. 최초의 케리그마는 모든 살인을 종결시키는 살인의 설교이다. 그것은 폭력과 거룩함의 융합으로 인해 모호하게 되어 버린 분명한 영역을 폭로하는 것이다. 예수는 최종적인 희생자이며 그의 죽음은 가장 분명하게 희생 메커니즘을 드러낸다.

그리스도의 죽음에 대해 말할 때, 히브리서의 저자는 이런 사고의 패턴이 지닌 어떤 측면만을 반영하고 있다. 만일 하나님께서 예수의 죽음에 책임이 없다면-만일 하나님께서 자신의 아들의 희생을 요구하시지 않는다면-책임은 누구에게 있는가? 앞서 본 것처럼, 초대 사도의 선언이 그러한 것처럼 히브리서의 저자는 그 군중의 과오를 드러내지 못했기에 지라르는 이런 면에서 히브리서는 실패했다고 주장한다.[19]

만일 아무도 연루되지 않았다면 누구에게 책임이 있는 것인가? 히브리서는 약간, 그렇지만 강한 언어적 뉘앙스로 책임을 그 군중으로부터 다른 곳으로 옮기고 있다. 예수는 스스로를 제물로 드린다.*anaphero* 그렇지만 이런 언어는 어디서 나왔을까? 헹겔은 그것이 "우리를 위한"*hyper humon* 예수의 죽음의 중요성을 지적하는 초기 헬라어를 사용한 유대교 그리스도인들이라고 주장한다. 그것은 "그리스도가 우리를 위해 죽었다"에서 "그리스도가 우리를 위해 자신의 생명을 주었다"로 변하는 작은 발걸음이다.

헬라어를 사용하는 유대인 기독교 공동체들의 독특한 언어적 기여, 예를 들면 *euangellion, koinonia, ecclesia*복음, 친교, 교회뿐만 아니라, 창시적 살인의 암시를 확실히 보았던 이 공동체 속에서는, "바치다"를 의미하는 단어, 여기서는 *proshero*와 *anaphero*가 예수의 죽음을 가리키는 데에 사용되었다고 말할 수 있다. 여기서 강조된 것은 자기희생의 언어이다. 자신의 생명을 내어주는 것은 의도성을 시사한 것으로, 수동적인 희생과는 대조적으로 희생을 인식하는 완전히 다른 방식이다. 비록 우리가 예루살렘에 있던 초기의 헬라어 사용공동체로부터 히브리서의 편지에 이르는 직선을 말하고 있는 것은 아닐지라도, 그것이 초대교회의 초기 수십 년 동안 발전되어 왔다면, 통상적인 상투어휘가 신학에 분명 영향을 주었을 것이다.

신약성서는 희생과 관련된 언어, 즉 *thusia*와 그 동족어들을 피하고 있다. 오히려, *phero*드림와 관련된 언어와 그 관련어들이 정기적으로 나타난다. 신약성서는 고린도전서 5:7에 오직 한 번 더 제의적인 용어를 사용한다. 오스카 쿨만Oscar Cullmann은 여기서조차 희생적 용어는 분명히 "야웨의 종"이 능동적으로 자기를 드린 것과 연관되어 있다고 주장한다.[20] 그 이유는 *thusia*가 속죄의 과정, 즉 하나님께서 의도하신 창조물의 행위에 속해있기 때문이다. *phero*와 그 동족어들, 특히 *anaphero*와 *prosphero*는 선물을 가져오는 의미가 더 강하다.[21] 그렇지만 이런 선물을 드리는 것은 *Do ut des*받기 위해서 준다가 아니다. 선물을 바치는 것은, 히브리서의 저자가 나중에 주장하듯이, 바로 자기 자신의 확장으로서 그것을 드리는 것이다. 간단히 말하면, 우리는 하나님께 뇌물을 바치거나 하나님과의 문제를 처리할 수 없다. 히브리서의 저자는 어떻게 예수의 자기희생을 이해하고 있는가?

시편 110편은 히브리서에서 핵심적인 역할을 한다고 일반적으로 알려져 있다. 조지 뷰캐넌George Buchanan은 자신의 주석에서 히브리서는 시편 110편의 설교적인 미드라쉬라고 주장한다.[22] 예수와 멜기세덱의 비교는 신약성서 정경 속에서 히브리서가 지닌 독특성이다. 오스카 쿨만은 히브리서 이곳에서 서술되고 있는 이 땅에서의 그리스도의 대제사장적 역할은 예수의 전승과 시편 110:1에 대한 예수의 석의에서 나왔다고 주장한다.[23] 만일 저자가 5:7-8으로 암시되고 있듯이, 예수에 대한 구전을 가지고 있었다면, 우리는 시편 110:1에 대한 예수의 석의가 또한 가까이에 있어 왔다고 주장할 수 있다. 그러나 히브리서는 독특하게 시편 110:1과 4를 연결시킨다. "너는 멜기세덱의 서열을 따라서 영원히 제사장이다."

예수의 제사장직은 창세기 14장과 시편 110:4에 관한 미드라쉬 속에서 멜기세덱의 제사장직과 비교된다. 쿰란에서의 발견 이후로 연구를 하고 있는 대부분의 주석가들은 유대교에서 대 제사장적인 인물이 가지고 있는 메시아적 해석을 언급한다. 쿰란의 저작들에서는, 멜기세덱은 "충직의 왕"이나 "평화의 왕"을 모두 의미한다고 해석된다.[24]

11Q 멜기세덱으로 알려진 쿰란의 단편들의 출간은 비교를 위한 결정적인 본문을 마련해 준다. 이 단편들 속에서 멜기세덱은 희년을 선포하게 될 인물로, 마지막 때에 포로된 [이스라엘]을 회복시킬 인물로 묘사된다. 그의 역할은 이스라엘을 왕의 나라로 회복시키는 것이다.

11Q 멜기세덱은 다음과 같이 언급한다.

"멜기세덱은 하나님의 심판의 복수를 할 것이다…그리고 그는 그들을 사탄의 손과 사탄의 영들로부터 끌어 올 것이다. 그리고 모든 정의의 신들은 사탄의 멸망에 참여하는데 도움을 주게 될 것이다. 그리고 그 절정은…하나님의 모든 아들들…이것…이것은 이사야 선지자를 통해서 하나님께서 말씀하셨던 것과 관련된 샬롬의 날이다."[25]

이런 대제사장적 인물에 의해 선포될 희년의 해는 샬롬, 평화 혹은 구원의 날로 불리며, 이사야 52:7에 나오는 평화를 가져다줄 메신저에 대한 분명한 언급이 뒤따르고 있다. 쿰란에서는 이 인물이 보복을 가해야만 한다. 리처드 롱네커Richard Longecker는 전사의 특성이 11Q 멜기세덱 속에서 강조되고 있다고 언급한다.[26]

히브리서에서는 예수가 가하는 보복에 대한 어떠한 언급도 없다. 예수는 자신이 받은 폭력으로 인간에게 앙갚음하지 않는다. 폭력에 참여하지 않음으로 예수는 폭력의 메커니즘을 깨고 새로운 순종을 위한 길을 연다. 보복은 그리스도의 대제사장의 사역이 아니다.[27] 9:28에서는 신약성서 속의 그리스도의 재림에 대한 유일하고 분명한 언급, 즉 그리스도의 두 번째 출현*ek deuterou*은 인내로 그를 기다리는 사람들에게 구원을 가져다주는 것이다. 기독교 공동체의 메시지는 하나님께서 회개로 초대하시며 희생과는 구별된 무조건적인 용서를 제공하신다는 것이다.

예수는 자신이 재림할 때 보복을 가하지 않는다. 왜냐하면 그의 피, 무고하게 살해된 희생의 피가 "아벨의 피보다 더 훌륭하게 말하"기 때문이다.12:24 여기서 성서적 전통에 있는 창시적 살인에 대한 분명한 언급은 우리가 예수의 죽음이 지닌 속성을 반영하도록 해 준다. 살인에 대한 아벨의 반응은 보복에 대한 요구, 즉 그가 하나님이 행하실 것이라고 기대한 보복이다. 그것은 아무런 이유도 없이 무고하게 흘려진 피의 외침이다. 그것은 "눈에는 눈, 이에는 이"를 요구하는 옛 법률조항의 외침이다. 예수의 피는 더 나은 말, 자비와 용서의 말을 하고 있다.

'평화의 왕'으로 예수를 주석하는 것은 그것이 예수의 삶을 자발적으로 내어 놓은 사람의 성품을 반영한다는 점에서 중요성을 갖는다. 유대교 속에서는 대제사장의 희생에 대한 어떠한 개념도 나타나지 않는다.[28] 예수는 희생으로서의 제물이면서 더 나아가서 "자신의 생명을 많은 이들을 위한 몸값으로 내어주"러 온 사람이었다. 그리스도가 자신을 드렸다고 말할 때9:27, 히브리서의 저자는 70인역 이사야 53장의 능동적인 캐릭터를 반영하고 있다.29 강조되고 있는 것은 고난 받는exo tes pules, 13:12 희생자가 되고자 하는 능동적인 의지이다.30

히브리서 저자가 초기 그리스도인들과 공통된 본문에 의지했으며, 그 본문들을 예루살렘에 있는 헬라어를 사용하는 유대인 공동체, 즉 바울에 대해서 적지 않은 영향을 갖고 있던 공동체의 사고와 긴밀하게 연결되도록 주석했다는 주장이 있어 왔다. 또한 예수의 대제사장적 사역의 속성은 그리스도의 죽음에 대한 희생적 해석과 속죄적 이해로부터 빠져나오기 위한 극적인 결과를 가지고 이 공동체 속에서 설명이 되었다고도 주장되어 왔다. 이것은 히브리서 10:1-18과 시편 40편의 사용 속에서 가장 분명하게 진술되었다.

지라르를 따라 슈바거도 창설적 살인과 그리스도의 죽음의 관계를 지적했다. 윌리엄스James G. Williams가 이것을 따른다.31 인간의 집단적 살인의 희생으로서 인간의 손에서 그리스도가 죽은 것은 이제 무고한 피가 흐르는 행위와 보복이 요구되는 행위로 보이지 않는다. 오히려, 그것은 분노 속에 있는 희생양 메커니즘을 양산하고 드러내는, 자기를 드리는 행위로 해석된다.

저자는 이전 세대의 율법은 다가 올 선한 것들의 그림자라는 것을 주장함으로 시작한다. 그는 율법은 실재가 아니었다며 이것을 강조한다. 이 본문을 플라톤적으로 뒷받침하는 것은 널리 논의되어 왔다. 그렇지만 우리는 저자의 배경을 이해한다. 이전의 것을 초월하는 것이 일어난 것은 분명하다. 이전 것은 그림자이고skia, 그것은 약하고 무용하며7:18, 그것이 열등하다는 암시로8:6, 그것은 뭔가 잘못되어 있고8:7, 쓸모가 없고 임시적인 것이다.8:13

예전 언약에 대한 저자의 비판은 저자의 시편 40편 석의에 근거하고 있다. 시편 40편은 희생을 정당화하고 빈번하게 폭력을 야웨의 것으로 돌리는 히브리서 성서 속에서 찾을 수 있는 신명기적 해석에 대한 비판일 공산이 크다. 이 시편은 이제 성육신 이전의 그리스도의 입에서 찾을 수 있다. 저자는 시편에 나타나는 하나님의 욕망을 성육신 속의 예수의 의도와 분명히 연결시킨다. 이런 개인주의적 범주는 희생적 체계를 비판하는 칼날을 더욱 날카롭게 한다. 성부의 의지와 성자의 의지 사이에는 차이가 없다. 이것은 속죄를 달래는propitiatory 것으로 이해하는 사람들과 히브리서가 희생적 해석을 의도했다고 주장하는 사람들에게 있어서 아주 중대한 것이다.

희생적 체계는 완전히 다음과 같이 명명된다: 희생 제물, 번제 제물, 속죄 제물. 시편 40편의 인용은 하나님께서 희생을 요구하시지도 않으며 그런 것들은 하나님께서 원해본 적도 없는 것이라는 점을 분명히 한다. 편집자의 언급에서 저자는 하나님께서 그런 것들을 기뻐하신 적이 없었다고 덧붙인다. 신성은 희생적 체계와 결코 연결되지 않는 것으로 나타난다.

히브리서 10:8-10에 나오는 시편 40편의 석의는 신약성서에서 가장 중요한 석의들 가운데 하나이지만 자주 간과되었다.[32] 히브리서의 저자가 이전의 희생적 체계 속에 있는 위기를 파악했다는 의미에서, 그는 희생적 체계가 지닌 약점과 한계를 노출하고 있으며 새 것으로 옛 것을 초월하고 있다. 지라르 역시 이런 작업을 했다. 그는 오직 제의, 신화 그리고 금기의 언어만을 사용했다. 다시 말하여 이전에 간과되고 있던 종교의 폭력적인 뒷받침들은 이제 성서 저작 속에서 일어나고 있는 희생의 계시 가설을 통해서 그릇된 것으로 드러나고 있는 것이다.

희생체계 및 신성함과 폭력의 관계를 드러내고 있는 그런 본문들은 우리가 계시적 중요성을 말하고 있는 것과 관련된 본문들이다. 이런 본문들은 다른 본문들과 본문 그 자체를 해체시킬 힘이 있다. 아마도 이런 의미에서 우리는 내적인 성서 해석학을 말할 수 있을 것이다.

히브리서의 저자가 하나님께서는 결코 희생을 원하시지도 않았으며 희생으로 기뻐하시지도 않았다고 주장할 때, 그는 계시와 종교 사이의 차이를 본 것이다. 그렇지만 율법은 희생을 필요로 했다. 만일 신학적 가정들에 의해서 편견에 사로잡히지 않는다면, 이것은 마르시온이 문에 숨어 있다는 것을 인정해야만 하는, 그렇지만 정당한 이유가 있는, 그 주석가를 직면하는 난제이다. 나는 다른 곳에서 신구약의 관계가 구별이나 평등함이 적절한 해석은 아니라는 사실 속에 놓여 있다고 주장했다. 즉, 성서에 대한 어거스틴의 시각은 마르시온의 시각처럼 그릇된 것이다.[33]

그렇지만 만일 율법이 희생을 요구하지만 하나님께서는 그것을 요구하지도 그것에 기뻐하시지도 않는다면, 이것이 율법의 비희생적인 비판에 대해 말하고 있는 것은 무엇인가? 오직 이런 것이다: 어떤 본문이 하나님께서 말씀하고 계신다고 주장하는 것은 하나님이 말씀하고 계신다는 것을 의미하지는 않기 때문이다. 오히려, 하나님의 "말씀"의 개념 혹은 하나님의 계시는 반드시 폭력에 기초하고 있는 종교와 비희생적인 계시 사이의 구별에 대한 진정하게 결정적인 통제 하에서만 와야 한다. 희생과 폭력은 신성한 경제의 일부였던 적이 없다. 초기 기독교 서신이 언급한 것처럼, "폭력은 하나님의 속성이 아니다."[34] 아마도 이전에 발생했던 "수단과 방법"을 말할 때는, 1:1-4에 나타나는 기독교적 찬양 서문은 이런 결정적인 해석을 시작하는 것을 의미했을 것이다. 그렇지만 지금 하나님께서는 자신의 중재자인 성자, 예수를 통해서 말씀하고 계신다.

특히, 『폭력과 성스러움』에서 지라르가 보여준 것처럼, 모방적 욕망이 과열된 절정에 다다르고 차별화에 대한 필요성이 무고한 생명의 고난으로 끝이 날 때, 희생은 일어난다. 공동체가 경험하는 평화는 그의 희생이 "신들"을 만족시켜야 하는 희생자의 덕분이다. 기만 혹은 거짓은 모든 공동체가 그 판결에 반드시 참여해야만 한다는 것, 다시 말하여 공동체 모두가 죄의 신화를 창조한다는 것이다. 희생자는 신성화된다. 창시적 살인은 구원에 상응하는 자기 보존이라는 인류학적 메커니즘의 기초가 된다.

히브리서의 저자는 종교와 희생의 비판을 더욱 날카롭게 가하기 위해서 시편 40편의 70인역을 사용할 것이다. 레온하르트 고펠트Leonhard Goppelt가

"대담한 해석bold interpretation" 35이라고 부른 것 속에서, 히브리서의 저자는 하나님의 뜻을 행하는 것과 성육신으로 몸을 갖는 것을 동일시한다. 여기서, 예수는 스스로 인간의 육체를 입고 모든 면에 있어서 다른 인간들과 같이 되어, 하나님의 뜻을 이룬다. 예수가 구원의 저자가 되고 그들을 거룩하게 하는2:10-11 것은 바로 그런 "뜻"에 의한 것이다. 즉, 히브리서의 저자가 말한 것처럼, 폭력에 기반한 종교에 대한 하나님의 태곳적 거부는 성육신의 과정 속에서 그만이 할 수 있는 유일한 역할을 수행하는 성자가 내린 선택에 영향을 준 것으로 보인다. 그는 최종적인 희생이 된다.

그 인용이 긴 기독론적 부분인 7:1-10:18의 끝에 오기 때문에, 저자의 마지막 주장은 그가 말한 모든 것을 요약하는 것이 분명해 보인다. 우리는 앞서 9:22에서 저자가 "피흘림이 없이는 죄사함도 없습니다"라고 지적하여 희생적 해석이라고 주장하는 것에 이의를 제기할 수도 있다. 그렇지만 우리가 본 것처럼, 그 본문이 특히 율법이 피흘림이 없이는 죄사함도 없다는 것을 요구하고 있다는 것을 지적하면서, 그 율법은 종교적 폭력과 희생을 분명히 정당화하고 있어 강하게 비판을 받고 있다는 점에서, 희생적 체계의 내적인 비판은 또한 여기에도 존재하고 있다.36 히브리서의 저자는 또한 율법이 피흘림을 요구하는 반면, 황소와 염소의 피가 죄를 씻을 수 없는 것처럼9:9, 12-13; 10:4; 11 율법은 아직 유효하지 않은 것이었다고 지적한다. 히브리서에서는 새 성전의 주제가 없다는 것은 분명하다.37

새 언약에서, 죄와 무법 행위는 희생과는 상관없이 용서된다.10:18 희생이 전에, 그리고 희생과는 상관없이, 용서가 존재한다. 따라서 다른 형태, 즉 회개와 용서 아래 일지라도, 예수와 선지자들의 주된 두 가지 모티브가 여기에 나타나고 있다. 로버트 데일리Robert Daly는 성서가 발전됨에 따라 발생하는 희생의 체계의 윤리화가 있다는 것을 보여준다. 그는 자기를 드림과 같은 기독교적 삶을 말하는 신학적 논의를 따르는 이 편지의 권고적인 부분을 논증하고 있다.10:19-25; 12:18-28; 13:10-16 3 38

간단히 말하면, 그리스도인의 삶은 세상을 위해 자신의 생명을 내어 준 예수를 모델로 삼아야 한다. "모든 사람과 더불어 화평하게 지내"라는 명령 12:14, "선한 일을 하도록 서로 격려"하라는 명령10:2, 서로 사랑하고 나그네를 환대하라는 명령13:1-2, 부당하게 감옥에 갇힌 자들을 기억하라는 명령 13:3은 모두 다른 사람의 생명을 빼앗는 것이 아니라 자기를 내어 주는 희생을 하는 공동체를 반영한다. 이런 내어줌은 찬양, 나눔, 그리고 다른 사람들을 이롭게 하는 행동으로 이루어진다.13:15-16 우리가 희생의 지식과 하나님의 아들의 자기를 내어주심을 알게 될 때에는 근본적인 방향의 재설정이 이루어진다. 39

이것은 우리에게 풀어야 할 마지막 문제 본문, 소위 두 번째 회개라고 불리는 본문을 맡기고 있다. 10:26에서, 저자는 희생, 폭력 및 종교의 구조를 깨닫게 된 후에도 계속 죄를 짓는 사람들에게는 희망이 없음을 지적하고 있다. 왜 이런 것일까? 대답은 히브리서 속에 앞서 이미 제시되었다. 2:1에 이미 저자는 떠나갈 수 있다는 것을 암시하며 3:12에서는 불신앙의 마음은 하나님을 외면할 수 있다고 제시한다. 더 나아가 4:1은 하나님의 음성을 듣는 사람들을 위해 약속된 안식일의 휴식에 사람이 이르지 못할 수 있다고 말한다. 따라서 6:1-8은 해석의 열쇠이다. 우리는 마틴 루터가 이 구절로 인해서 히브리서를 거부했다는 것을 상기한다.

철저한 검토를 요구하는 구절은 *apo nekron ergon*, 즉 "죽음에 이르는 행실들"이다.6:1,40 저자는 죄를 짓는 행위들이 영적인 죽음을 가져온다는 것을 의미했을 수 있지만, 윤리적 부분들은 그것이 부당하게 고난을 받은 이들, 다시 말해 사회의 희생자가 되어 온 이들에 대한 구체적인 돌봄이라는 것을 제시한다. 희생양이 되어 온 사람들을 돌보지 않는 것, 그들을 더욱 심한 희생에 노출시키는 것은 "[다른 사람의] 죽음에 이르는 행위"를 저지르는 것이다. 게다가, 배교는 분명히 희생으로 정의되었는데, "그런 사람들은 자기들 때문에 하나님의 아들을 다시금 십자가에 못박고, 욕되게 하는 것이기 때문

입니다."6:6

회개할 수 없는 사람들의 자격은 분명하다. 그들은 빛을 받았다. 그들은 하늘의 선물을 맛보았으며 성령의 삶을 나누었고 하나님의 말씀을 들었다. 그 본문은 하나님의 통치 속에 참여하고 폭력의 통치를 빠져나가서 "죽음에 이르는 행위들"을 저버린 자들을 말하고 있다. 만일 자신의 이야기를 통해서 희생 메커니즘을 계시하는 그들의 주님과 주인을 아는 이들이, 그리고 그가 하신 것처럼 그들의 생명을 주도록 그들을 부르신 분을 아는 이들이 돌아서서 다른 이들을 희생시키는데 참여한다면, 그들은 예수를 다시 한 번 십자가에 못박고 있는 것이다. 중요한 차이점은 인간이 예수를 십자가에 못박을 때, 그때는 그들이 모르고 그랬다면,[41] 이제 그들은 "다른 사람들의 죽음에 이르는 행동"이 악하다는 것을 완전히 알면서도 저지른다는 것이다.

그러므로 인내하도록 부르시는 것은 이 서신의 수신자들이 공유하는 자기를 내어줌을 계속하라는 초대이다.10:23. 32ff, 12:1, 4 그리스도인의 삶은 희생자들을 돌보도록 의도적으로 부르며, 만일 필요하다면 희생자가 된다. 이것은 그리스도인이 가해자의 신화와 유죄판결을 받아들인다는 것이 아니다. 오히려, 그리스도인은 그들의 무고함을 주장하고 정의를 구해야 한다.

우리는 지라르와 그의 해석자 가운데 몇몇이 성서가 폭력과 성스러움의 관계를 드러내고 있다는 것을 주장하고 있다는 것을 보았다. 우리는 지라르와 다른 사람들이 루터가 그런 것처럼 히브리서를 거부했다는 것을 고찰했는데, 그 이유는 히브리서가 다시금 희생적 해석의 여지를 주는 것처럼 보이기 때문이었다. 우리의 고찰은 지라르의 시각이 히브리서에까지 확장될 수 있다는 것을 보여주려 하는 것이며, 희생의 언어를 사용하고는 있지만, 이 서신서가 폭력과 신성함 사이의 모든 연결을 거부한다는 것을 보여주려 하는 것이다. 대신 히브리서는 진정한 자기를 내어 줌인간의 것과 신적인 것이 무엇인지에 대한 새로운 패러다임을 제공하고 있다.[42]

브래드 저삭^{Brad Jersak}의 "어린양을 보았노라"

요한계시록의 "종말로서의 그리스도"를 해석하며

"주는 용사이시니 그 이름 주님이시다."출15:3

"유다 지파에서 난 사자를 보라…나는 어린 양이 서 있는 것을
보았는데, 그 어린 양은 죽임을 당한 것 같았습니다."계5:6

묵시적 복음?

"간단합니다." 그가 나에게 확실한 듯 말했다. "처음에 그는 양으로 왔습니다. 다음 번에는 그가 사자로 옵니다!" 지금 눈빛이 초롱초롱한 채 목에서 약간 으르렁거리는 소리를 내면서 그가 말한다. "…그래서 난 기다릴 수 없어요!" 아드레날린이 가득한 짧은 스포츠형 머리를 가진 이런 자칭 '중재자'는 화평케 하는 것에 대한 나의 넌센스 설교에 금방 결정적인 한 방^{coup de grâce}을 먹였다고 생각한다.

그래요, 진정한 명연기입니다. 내가 이런 결실 없는 대본을 얼마나 많이 상연했었던가? "당신은 계시록 5장을 인용하고 있습니다." 나는 한숨을 쉬며 털썩 주저앉아 성서를 열어 그 페이지를 편다.…거기 있는 제본은 수년 전부터 해져있다. "장로들 가운데 한 명이 요한에게 '보라 유다 지파에서 난 사자, 다윗의 자손이 이기었다'고 말한다. 그리고 나는 어린 양이 서 있는 것을 보았는데 죽임을 당한 것 같았다." 나는 사자라는 형상이 사탄, 죄 그리고 죽음에 대한 그리스도의 승리를 어떻게 선언하고 있는지 설명하려 한다.

요한이 보았을 때, 그는 어떻게 사자를 본 것이 아니라 오히려 죽임을 당했던 어린 양을 보았는지, 즉 그의 십자가 승리가 어떻게 그리스도의 자기희생과 철저한 용서를 통해 이루어졌는지를 상징화하고 있는지를 말이다.

그렇지만 스포츠머리를 한 내 친구에게는, 모든 것이 아주 간단하다. 그리스도는 초라한 구유에 왔을 수도 있으며 치욕적인 죽음을 겪었을 수도 있다.… 그렇지만 그가 돌아올 때에는 적의 피를 강처럼 흐르게 하는, 칼을 휘두르는 전사가 될 것이다. 내 토론상대는 하나님의 병사가 된다는 생각과 그런 행동을 할 준비가 되었으며, 그 행동에 참여할 가치가 있다는 생각으로 흥분하고 있다. 내가 분명히 동의하지 않자 그의 거친 눈은 연민으로 부드러워지더니 내가 히피 같은 망상에 젖도록 내버려 둔 채 떠나가 버렸다.

그렇게 되어버린다. 많은 이들에게 요한계시록은 묵시적 복음이자 예수의 복음의 최종적이고 폭력적인 창으로서, 예수의 위대한 무죄입증은 그의 부활의 힘이나 모든 사물의 회복이 아니라, 단순히 그가 마지막으로 한번 쳐부수는 것이 되고 만다. 나는 『예수가 이끄는 삶』의 독자는 계시록에 그렇게 둔감하게 접근하지 않으리라 보지만, 요한의 환상이 얼마나 상징적이든 간에, 분명코 우리 가운데 많은 이들은 요한의 환상이 문제가 되어 그것이 가진 명백한 폭력과 승리주의로 인해 여전히 머리를 쥐어짜고 있을 것이다.

전면 폭로: 나는 그리스도의 비폭력적 순교 증인martyr-witness을 믿으며 나에게 있어서 어린양의 십자가는 하나님의 자기공개의 정점에 서있다. 그러므로 죽임을 당한 어린양의 복음은 계시록에 대한 나의 이해를 포함하여, 나를 안내하는 해석이 된다. 따라서 나는 그림스러드Grimsrud의 『어린양의 승리』*Triumph of the Lamb*, 골드워디Goldworthy의 『어린양과 사자』*The Lamb and the Lion*, 그리고 클라센Klaasen의 『아마게돈과 평화로운 나라』*Armageddon and the Peaceable Kingdom*와 같은 저서에 이끌렸다.[1] 그런 저서들은 '마지막 날'의 신학이 갖는 터무니없는 문자주의로부터 나를 해방시켰다.

여전히… 공정히 말하자면, 사람들은 내게 이의를 제기한다. 우리는 요한의 무서운 형상이 평화의 복음으로 바꾸어지기를 바라면서 솔직하게 비폭력의 이데올로기를 통해 압박감을 주는 계시록으로 돌아갈 수 있을까? 포스트모던의 세계인들이 어떻게 그들의 폭력을 그 본문에 주입시키지 않으며 묵시문학을 제대로 읽어낼 수 있을까?

다음의 구절들을 상징적으로, 다시금 고려해 보라. 솔직해지자. 어린양은 어떻게 이런 계시록이 되는가?

> 그러니 회개하여라. 만일 회개하지 않으면, 내가 속히 너에게로 가서, 내 입에서 나오는 칼을 가지고 그들과 싸우겠다. 계2:16

> 그들이 어린 양에게 싸움을 걸 터인데, 어린 양이 그들을 이길 것이다. 그것은, 어린 양이 만주의 주요 만왕의 왕이기 때문이며, 어린 양과 함께 있는 사람들이 부르심을 받고 택하심을 받은 신실한 사람들이기 때문이다. 계17:14

> 나는 또 하늘이 열려 있는 것을 보았습니다. 거기에 흰 말이 있었는데 '신실하신 분', '참되신 분'이라는 이름을 가지신 분이 그 위에 타고 계셨습니다. 그분은 의로 심판하시고 싸우시는 분입니다. 그분의 눈은 불꽃과 같고, 머리에는 많은 관을 썼는데, 그분 밖에는 아무도 알지 못하는 이름이 그의 몸에 적혀 있었습니다. 그분은 피로 물든 옷을 입으셨고, 그분의 이름은 '하나님의 말씀'이라고 하였습니다. 그리고 하늘의 군대가 희고 깨끗한 고운 모시 옷을 입고, 흰 말을 타고 그분을 따르고 있었습니다. 그분의 입에서 날카로운 칼이 나오는데 그분은 그것으로 모든 민족을 치실 것입니다. 그는 친히 쇠지팡이를 가지고 모든 민족을 다스리실 것이요, 전능하신 하나님의 맹렬하신 진노의 포도주 틀을 밟으실 것입니다. 그분의 옷과 넓적다리에는 '왕들의 왕', '군주들의 군주'라는 이름이 적혀 있었습니다. 나는 또 태양 안에 한 천사가 서 있는 것을 보았습니다. 그는 공중에 나는 모든 새들에게 큰소리로 외치기

를 '하나님의 큰 잔치에 모여라. 왕들의 살과, 장군들의 살과, 힘센 자들의 살과, 말들과 그 위에 탄 자들의 살과, 모든 자유인이나 종이나 작은 자나 큰 자의 살을 먹어라' 하였습니다. 또 나는 짐승과 세상의 왕들과 그 군대들이, 흰 말을 타신 분과 그분의 군대에 대항해서 싸우려고 모여 있는 것을 보았습니다. 그러나 그 짐승은 붙잡혔고, 또 그 앞에서 이적들을 행하던 그 거짓 예언자도 그와 함께 붙잡혔습니다. 그는 짐승의 표를 받은 자들과 그 짐승 우상에게 절하는 자들을 이런 이적으로 미혹시킨 자입니다. 그 둘은 산 채로, 유황이 타오르는 불바다로 던져졌습니다. 그리고 남은 자들은 말 타신 분의 입에서 나오는 칼에 맞아 죽었고, 모든 새가 그들의 살점을 배부르게 먹었습니다.

계19:11-21

이런 진퇴양난들을 전면적으로 풀어내는 대신, 나는 요한계시록을 더욱 문제화함으로 시작할 것이며 그런 다음에는 비로소 우리를 희망으로 안내하는 그리스도완결적Christotelic[2] 읽기로 우리를 부를 것이다.

내가 '문제화한다'고 말하는 것은 이런 신비스러운 작품을 해독함에 있어서 어떤 완고한 교조주의dogmatism를 조심하라는 겸허한 사실들을 독자들에게 환기시키기 위함이다. 지난 세대 동안 세대주의적 확신은 바바라 로싱Barbara Rossing,[3] 톰 라이트,[4] 클라런스 보쿰Clarence Bauckham[5] 등과 같은 학자들이 쓴 무수한 학적인 작업들에 직면하여 더욱 더 몰락해야만 했다. 우리의 최고의 교사들은 철저히 '낙오된'left behind* 신학을 폭로했다. 하지만 라헤이LaHaye와 젠킨스Jenkins의 유명한 소설들을 75백만 부가 넘도록 집어 삼킨 대중들을 만류하기란 힘든 싸움이다. 그렇지만 비록 우리가 위대한 교부적 교사들을 포함하여 대화의 수준을 높인다 할지라도, 고질적인 문제는 남는다. 2세기에서 오늘날에 이르기까지, 교회는 결코 계시록을 해석함에 있어서 합의를 이룬 적이 없었다.

---

* 성서의 종말예언을 소재로 라헤이가 쓴 베스트셀러 소설 『낙오』 Left behind를 빗댐

동시에, 만일 우리가 '이건 이런 뜻이야'로 가는 쉬운 지름길을 거부하며 열린 귀를 가지고 계속 듣는다면, 아주 유익한 몇 가지 실마리들이 계시록의 영감받은 기능으로 가는 문을 여는 길을 따라서 밝혀질 것이라고 본다. 이런 문제화하는 패턴을 '교회 교부들'로 알려진 초대교회의 감독들과 교사들로부터 시작해 보자.[6]

교부들, 정경, 예식과 신학

아주 간결하게, 계시록의 기능을 보기 위해 우리가 준비해야 할 초대교회 역사의 세 가지 사실들을 검토해 보도록 하자.

계시록에 대한 초대교회 교부들의 입장

먼저, 누가, 그리고 언제 계시록을 썼든,[7] 그 시작으로부터 처음 네 세기 동안, 교회 교부들은 그 의미에 대하여 날카롭게 대립각을 세웠다. 예를 들면 순교자 저스틴[100-165]은 많은 신실한 신자들이 '천년왕국'의 본질에 대해 반대를 했다고 우리에게 말하고 있다.[8] 아주 일반적으로 우리는 2세기의 미래주의에 대한 공통된 강조를, 특히 위기와 박해의 파도 속에서 적그리스도와 임박한 재림과 같은 주제들을 볼 수 있다.[9] 그렇지만 더욱 우화적인이상주의적 접근은 다음과 같을 때 일어난다. a) 교회가 평화로울 때마다, b) 지연된 재림의 현실을 인식할 때, c) 지역에 따라 예를 들면 클레멘트와 오리겐 아래 알렉산드리아적 해석학[10] 게다가 교회가 국가의 축복을 받는 콘스탄틴 치하에서는 묵시적 재림에 대한 심리학적 필요가 크게 쇠퇴하게 되어 요한계시록은 크게 관심일 기울일 주제가 아니게 된다. 유세비우스Eusebius는 콘스탄틴 제국을 그리스도의 승리의 억제할 수 없는 확장이며 이 땅에 하나님의 하늘나라의 현실로 추켜세웠다.[11] 한편 과거주의적 시각에서는-계시록은 예루살렘의 멸망에 초점을 두고 있다는 시각[70년 혹은 135년]-그들이 이사야, 다니엘, 혹은 복음서의 일부 묵시적 환상을 해석할 때, 굉장히 얕고도 의외로 두드러진다.[12]

어떤 경우에서든, 해석에 있어서 실제적 합의는 없었다.

요한계시록과 정경 수록

두 번째로, 교부적 교회는 또한 아주 늦을 때까지―아마도 정경의 나머지 부분이 합의된 이후 전 세기 동안―신약 성서 속에 무엇이 포함되어야 할 것인지에 대해 씨름했다. 유세비우스가 324년에 『교회사』를 쓸 때, 그는 "대부분의 사람들의 의견이 아직도 분분했다"고 증언했다.[13] 한편으로는 이레니우스, 순교자 저스틴, 터툴리안 및 오리겐과 같은 위대한 교사들은 내내 계시록을 인용했다. 그렇지만 다른 명망 있는 감독들은 계속해서 계시록을 무시하거나크리소스톰, 생략하거나예루살렘의 시릴, 혹은 정경이 되는 것을 거부했다.나지안주스의 그레고리오스[14]

왜 머뭇거렸을까? 저자와 해석의 문제는 차치하고서라도, 교회의 몇몇 사람들은 계시록이 지닌 신학에 실제로 의심을 품었다. 2세기에서부터, 시리아 교회의 몇몇 사람들은 몬타누스파Montanism라는 혐의를 두고 계시록을 거부했다. 또 다른 예를 들면, 우리는 계시록을 이단 케린투스Cerinthus의 것이라고 생각한 히포리투스Hippolytus와 가이우스Gaius 사이의 불화를 보게 된다.[15] 아마도 오늘날과 유사하게 계시록의 진본성과 권위에도 불구하고, 계시록의 기이한 상징주의는 항상 최근 이단들의 만만한 놀잇감이 되었다.

4세기에는 정착이 되기 시작했다. 367년에 아타나시우스는 요한계시록을 자신의 정경목록에 기재하는데, 이것이 우리가 지닌 신약성서의 목록이다.[16] 그렇지만 제2차 세계교회 공의회콘스탄티노플, 381의 의장이었던 나지안조스의 그레고리Gregory of Nazianzus는 여전히 계시록의 정경화를 뒤로 미루었다. 계시록을 제외한 채 "진정으로 영감 받은 성서의 책들"이라는 목록을 만든 후에, 그는 다음과 같이 언급한다. "여러분들은 모든 책을 가지게 되었습니다. 만일 이 책들 외의 어떤 것이 있다면, 그것은 진정한 책이 아닙니다."[17] 그럼에도 계시록은 카르타고 공의회397/419년에서 최종적이자 공식적으로

받아들여졌다.[18]

생각해보라! 교회가 요한계시록을 '하나님의 말씀'으로 인정하기까지는 꼬박 3세기가 걸렸다. 게다가 사도신경과 니케아신경은 계시록이 성서로 인정받기 이전에 이미 자리를 잡았다. 따라서 더 일찍 쓰였음에도, 요한의 환상들은 스스로 진짜임을 증명하지 못하고 정경이나 예배에 포함되기 이전에 정통의 시험을 거쳐야만 했다.

계시록과 신성한 예식

세 번째로, 예배에 대해 말하자면, 우리는 계시록과 '신성한 예식'의 관계를 생각할 필요가 있다. 정통적인 예배는 계시록이 보편적으로 받아들여지기 이전에 만들어진 성 야고보St James, 성 바실St Basil 및 성 크리소스톰St Chrysostom의 고대 예식을 반영하고 있다. 대다수의 시각에서는 성 야고보의 예식이 370년경 아마도 예루살렘의 시릴에 의해 만들어졌을 것이라고 보고 있다. 그렇지만 전승은 계시록을 일찍이 60년에 예수의 형제 야고보에 의해, 유대교 성전으로부터 그리스도중심적인 천상의 예배로 신자들을 전환시키고자 하는 의도로 만들어졌을 것이라고 본다.[19] 따라서 우리는 예식이 계시록의 정경화보다 선행한다는 것을 알지만 계시록의 창작을 예상하고 자극할 수도 있다. 로버트 그레이Robert Gray는 다음과 같이 언급한다.

요한계시록의 신학자는 예식의 언어적 아이콘이다. 계시록은 과거, 현재, 그리고 미래, 이 땅과 천상의 거의 변화무쌍한 이미지를 동시에 나타낸다. 그 본문은 계시록 그 자체가 주님의 날예를 들면, 일요일-계시록 1:10에 받았다고 언급한다. 사실 계시록 전체는 천상의 예식이라는 컨텍스트 속에서 기록되었다. 전승에 따르면 계시록은 핍박받던 그리스도인 집단이 밧모섬에서 일요일 성찬예식을 기념하는 동안 요한이 경험했던 환상을 기록한 것이라고 한다.

요한계시록은 유대교 성전의 희생적 제의가 지니고 있는 풍부한 상징주의를 극적으로 사용하고 있다. 계시록의 언어와 형상화를 정통교회의 신성한 예식과 비교하는 것은 계시록에서 우리가 기독교 예식의 발전 속에 있는 초기 단계를 보고 있다는 것을 말해준다.[20]

어떤 시각에서 보면 신성한 예식은 항상 제단에서 신중하게 기억되고 제사장이 회중에게 읽어 주는 화려한 한 권으로 복음서를 읽는 것을 내포하고 있다. 서신서들은 이차적인 권위의 어떤 기준을 표시해주는 성역으로부터 나와 독자들에게 인용된다. 구약에서 나온 구절들과 구약을 가리키는 언급들은 제사장들과 백성들이 번갈아 하는 기도들을 담고 있다. 그렇지만 계시록에 귀를 기울여 보라. 계시록을 찾아보라. 요한계시록은 교회 속 어디에서도 찾아 볼 수 없다. 계시록은 예식에서 결코 인용되지 않는다.

그렇지만 다시 한 번 보자. 그 상징들을 보고 그 향기를 들여 마시며 조명에 불을 붙이고 제단 앞에 절을 해 보라. 계시록의 환상들이 암시하는 것은 우리의 오감을 통해서 씻으며 우리를 요한의 환상이 가지는 천상의 예배 속에 참여케 한다. 그 예식이 계시록에서 나왔는가? 아니면 그 반대인가? 각각은 다른 것들에 의해 윤곽이 나타나게 되며 '불멸의 샘을 맛보기' 위한 위대한 잔치를 향해 나아간다! 요한계시록 곳곳에서 우리는 자비의 복음을 들을 수 있으며, '죽음으로 짓밟히셨고' 하나님의 종말론적 잔치로 가는 길을 열어 주시는 '인간과 친구가 되는 하나님'의 복음을 듣는다!

요한계시록의 기능의 척도parameters

요한계시록의 척도와 기능에 대한 올바른 이해를 하는데 꼭 필요한 다음의 요점들을 짚어 내기 위해 나는 이런 외견상의 2차적인 고대의 관심들 속에 주의를 기울이고 있다.

1. 처음 네 세기의 교부들이 계시록의 내용이나 계시록을 성서로서 포함하는 것에 대해 동의하지 않았으므로, 그들은 엄격한 척도들과 특정한 기능에 따라 계시록을 채택하기에 이르렀다. 이것들은 다음의 것을 포함하고 있다.

2. 초대 교회는 계시록의 내용에 대한 해석을 기꺼이 실험하고자 한 반면, 어떠한 교리나 신조도 요한계시록에서 나오지는 않았다. 교회는 다음의 언급으로 '마지막 때'의 교리를 제한하는 것에 동의했다. "우리는 죽은 자들의 부활과 다가 올 세상의 삶을 바란다"381년의 니케아신경에 추가됨 여전히 논란 중에 있던 계시록에 의존한 신조가 아니었다. 달리 말하면,

   a. 만일 당신이 미래주의, 과거주의, 역사주의 혹은 이상주의를 좋아한다면, 이것들 가운데 어떤 것도 본질적인 기독교 교리나 공식적인 이단이 아님을 생각하라.

   b. 만일 당신이 의식을 가진 채 영원히 받는 고통, 허무주의 혹은 궁극적 화해를 주장한다면, 이것들 중에서 어떤 것도 본질적인 기독교 교리나 공식적인 이단이 아님을 생각하라.[21]

3. "한번 전해 진 그 믿음"-삼위일체, 그리스도의 성육신과 하나님나라의 복음의 본질에 대한 우리의 교리-은 계시록에 대한 어떠한 언급도 없이 십자가와 부활에 대한 사도들의 가르침을 통해 마련되었다. 계시록에 대한 우리의 해석은 어떤 방식으로든 이러한 교리들을 바꾸거나 왜곡해서는 안 된다. 이것은 교회가 하나님을 심판자로 인식하지 않는다거나 성서에 나타난 진노와 형벌의 주제를 무시한다고 말하는 것이 아니다. 그렇지만 교회는 어떤 방식으로든 계시록을 복음서에 나타나는 그리스도가 계시하는 아바에 대하여 권위적으로 대조하는 것으로 읽어서는 안 된다. 교부 저자들은 하나님이 누구시며 하나님이 무엇을 하시는지를 이해하기 위해서

계시록을 보지 않았다. 오히려 그들은 나사렛 예수의 삶, 죽음 및 부활을 절대적으로 최종적인 것으로 보았다.

4. 교회가 그들의 신학에 있어 독특한 계시록을 그들의 예배나 교리와 포함시켜서 읽지 않으려고 하지만, 사실상 교회의 예식은 계시록 4-5장에 나타난 어린양을 중심으로 하는 하늘의 예배를 반영한다. 계시록이 원래 신성한 예식에서 나왔든 아니면 그 반대이든, 양쪽의 근원은 왕이신 그리스도를 예배하는 보좌 앞에 모인 신자들과 천사들의 웅장한 느낌의 드라마를 일깨우고 있다. 이런 왕국의 예배는 모두 우리에게 생명을 주시기 위해서 죽으심으로 죽음을 이기신 어린양의 자비를 중심으로 돌고 있다. 예식에서 매주 선언되는 승리는 죽음에 대한 것이고 마귀에 대한 것죽음 속에서 그리스도의 신실함과 부활에서의 무죄입증을 통한이자 죄에 대한 것이다. 인간과 친구가 되고자 하는 하나님의 자비를 통해 다른 말로 하면, 예식상의 승리는 어린양의 자비를 강조하는 것이지 사자의 폭력을 강조하는 것이 아니다.

5. 마지막으로, 미래주의적 암호로서 계시록의 유용성에 대한 솔직한 불가지론을 고수하는 동안, 계시록의 기능적 가치는 항상 세상/제국의 공격이나 유혹에 직면하여 신자들이 그리스도에게 신실할 것을 요구해 왔다. 어떤 이의 종말론적 선호와는 상관없이, 윤리적 도전은 분명하다. 보쿰은 다음과 같이 설명한다.

> 그것은 어린양을 따르라고 그리스도인들을 부르는 것으로, 어린양은 계시록이 예상하는 어떤 형태의 환경 속에서 강력한 고난을 받는 증인이 될 것이며, 예수의 고난증언의 힘 속에 따라오는 것이다. … 그들은 실제로 짐승의 힘이 절대적이라고 표현하지 않는데, 그 이유는 그가 그들로 하여금 진리를 부인하게 할 수 없기 때문이다. 그들은 고난 받는 증인에 의해 그 진리의 힘을 말

하고 있으며, …열방의 회개로 이어진다. … 완전한 암울함의 요소가 있기는 하지만, 단순히 열방의 파멸을 통해서가 아니라 열방의 회개를 통해서 도래하는 하나님 나라의 희망찬 기대의 요소가 더 크게 존재한다. … 계시록은 복음서의 이야기에 깊게 뿌리박혀 있다. 계시록은 그리스도를 닮는 것에 관한 책이며 승리를 향해 가는 어린양을 따르는 것이다−그 승리는 바로 고난 받는 증인을 통해서 오는 역설적인 승리이다.[22]

예수 그리스도의 계시

보컴의 결론은 교회가 삼백년간의 심각한 혼란 이후에 마침내 다다랐다는 것을 반향한다. 약간 머뭇거림은 있었지만 계시록은 거룩하게 영감된 성서로서 정경으로 승인되었으며 받아들여졌다. 환언하면, 교회는 다음의 구절들계1:1-3이 진리의 '하나님의 말씀'이라고 믿게 된 것이다.

이 책은 예수 그리스도께서 계시하신 일들을 기록한 책입니다. 이 계시는 곧 일어나야 할 일들을 그 종들에게 보이시려고, 하나님께서 그리스도에게 주신 것입니다. 그런데 그리스도께서는 자기의 천사를 보내셔서, 자기의 종 요한에게 이것들을 알려 주셨습니다. 요한은, 하나님의 말씀과 예수 그리스도의 증거, 곧 자기가 본 것을 다 증언하였습니다. 이 예언의 말씀을 읽는 사람과 듣는 사람들과 그 안에 기록되어 있는 것을 지키는 사람들은 복이 있습니다. 그 때가 가까웠기 때문입니다.

이 책이 무엇인가? 이 책은 어떻게 존재하게 되었나? 그 주장은 하나님성부께서 그것을 예수 그리스도에게 계시하셨다는 것이다. 그리고 예수는 그 메시지를상징들로 바꾸어서? 천사를 통해 요한에게 보냈으며 나타내셨다. 요한은 그가 본 것을 곧 다가올1, 3 전 세계적10:11 위기를 통해 신실한 증인으로 사는 법을 증언하기 위해 써내려갔다.

우리는 여기서 계시록이 a 하나님의 말씀에 대한 증언, b 예수 그리스도의 증언, c 곧 다가 올 일들에 대한 증언이라고 읽는다. 그렇지만 무엇보다도 계시록은 예수 그리스도예수 그리스도를 말하는, 예수 그리스도에서 나온, 그리고 예수 그리스도에 대한의 계시이다. 이 예수는 죽음과 부활을 통해서 승리하시고 영원한 나라를 마련하신 어린양-왕이다. 즉, 연속되는 비애 동안 내내 요한의 묵시는 반복적으로 우리의 관심을 그 어린양, 즉 못 박히고 부활하고 승천하신 그리스도에게 집중시키고 있다. 요한은 우리가 어떤 시험이 다가오더라도 어린양을 따를 때 그 복음을 신실함으로의 부르심으로 사용하고 있다.

계시록에 대한 우리의 석의에 대한 이런 함축은 결정적인 것이다. 우리는 현대의 비폭력적 이데올로기들을 때때로 불편하게 폭력적인 본문에게 소급하여 적용해서는 안 된다. 오히려 우리는 계시록 자체 속에서 해석학적 렌즈들을 발견한다. 어린양은 죽임을 당했었고 이제는 보좌에 앉았다.빌립보서 2장에 나오는 예수가 자기를 낮추시는 찬가 예수 그리스도의 계시는 그리하여 상징적 선포이며 죽임당한 어린양의 한 가지 복음의 적용이다-아울러 '평화의 복음'에 맞지 않는 대조가 아니다.엡6:15, 다음을 참고할 것. 이사야 9:1-8; 11:1-10

그리스도완결적Christotelic **해석학: 모든 것을 해석하는 종말로서의 그리스도**

이것을 다시 생각하는 한 가지 방식은 피터 엔Peter Enn의 '그리스도완결적 해석'을 뽑아내는 것이며-보통 구약 해석에 적용되고 있다-아울러 요한의 묵시에 대한 그의 접근을 고치는 것이다. 아래에 나오는 강조점들과 첨가된 부분들은 나의 것이다.

그들로 하여금 그들의 성서가 어디서 어떻게 그를 말하고 있는지를 보도록 하는 그리스도 안에서 종말은 왔다는 것이 사도들의 신념이다. 아울러 이것은 문법적이고 역사적 석의의 문제가 아니라 그리스도가 이끄는 해석의 문제였다. … 교회로서는, 구약성서와 계시록는 그리스도의 죽음과 부활 속에 있는 구약의 이야기의 완성과 떨어져서는 홀로 존재할 수 없다. … 구약성서와 계시록는 그리스도 안에서 그 종말telos과 완성을 찾는다. 이것은 구약의 증언의 공명이 이제 끝에 다다랐다는 것이 아니라 사도적 권위의 토대에서- 그것이 올바른 목표, 목적, 종말을 하나님 스스로가 자신의 언약을 강조하시기로 결심하신 그 사건, 그리스도 속에서 찾는다는 것이다.23

그리스도의 오심은, 교회가 주장하는 것처럼, 모든 인간의 이야기 속의 중심적 사건이다. … 새 세상은 성령이 창조하신 하나님의 백성이 새로운 인간으로 변모되는 곳에서 시작된다. 이 인간은 하나처럼 살고 예배하며 그와 같이 에덴동산에서 잃어버렸던 이상을 적어도 예기적으로 성취한다.24

그러므로, 마치 계시록이 "미안해요, 하나님은 십자가에서 자비와 좋은 소식을 시도하셨지만 효과가 없었습니다. 결국 그 사역을 마치시기 위해 하나님은 막강한 승리자로서의 예전 역할로 되돌아가야만 할 겁니다!"라고 말하는 것이 아니다. 만일 구약의 이야기를 '처음으로 읽어서' 하나님을 "폭력을 재생시키는 자"25로 생각한다면, 요한의 환상을 문자적으로 읽는 것은 우리의 구원을 위해 피에 목마른 자로 악화시켜 하나님을 계시하는 것이 될 것이다.

오히려, 그리스도완결적 읽기는, 요한이 반복적으로 어린양의 형상을 사용함으로 제시한 것처럼, 결코 자기희생적인 사랑과 수난이야기의 철저한 용서를 잊지 않는다. 만일 계시록이 요한복음과 같은 동일한 공동체 속에서 나온 것이라면, 십자가는 종말론적 심판을 하기 위한 심판자로서 그리스도가 들리어 앉은 보좌임을 기억하라.

"지금은 이 세상이 심판받을 때이다. 이제는 이 세상의 통치자가 쫓겨날 것이다. 내가 땅에서 들려 올라갈 때에, 나는 모든 사람을 나에게로 끌어올 것이다." 이것은 예수께서 자기가 당하실 죽음이 어떠한 것인지를 암시하려고 하신 말씀이다. 요12:31-33, 요 15:11 참고

따라서 그리스도완결적 해석은 오직 계시록 12장의 기이한 상징들을 요한복음 12장에 나오는 예수의 수난과 관련한 그리스도의 분명한 증언에 비추어서만 해석한다.

> 그래서 그 큰 용, 곧 그 옛 뱀은 땅으로 내쫓겼습니다. 그 큰 용은 악마라고도 하고, 사탄이라고도 하는데, 온 세계를 미혹하던 자입니다. 그 용의 부하들도 그와 함께 땅으로 내쫓겼습니다. 그 때에 내가 들으니, 하늘에서 큰 음성이 이렇게 울려 나왔습니다. '이제 우리 하나님의 구원과 권능과 통치와 그분이 세우신 그리스도의 권세가 나타났다. 우리의 동료들을 참소하는 자, 밤낮으로 그들을 우리 하나님 앞에 참소하는 자가 내쫓겼다.' 우리의 동료들은 어린양이 흘린 피와 자기들이 증언한 말씀을 힘입어서 그 악마를 이겨 냈다. 그들은 죽기까지 목숨을 아끼지 않았다. 계12:9-11

그 복음서의 렌즈를 통해서 보면, 계시록 12장은 어린양과 그의 '군사들'의 승리를 람보같은 예수와 그의 특수부대에 의한 폭력을 향한 새로운 열성적인 회귀가 아니라, 그들의 순교자의 증언을 과거와 미래- 통해 승리로 이해하고 있다. 어떤 형태를 취하게 되든, 재림은 어린양의 방식산상수훈을 생각하라과 같을 것이며 그리스도의 구원하시고 용서하시는 피의 새로운 언약의 완성과 같을 것이다.[26]

어린양의 진노

그렇다면, 계시록 곳곳에 만연하는 '진노'의 언어특히 6장의 '어린양의 진노'를 우리는 어떻게 이해할 것인가?

> 그러자 땅의 왕들과 고관들과 장군들과 부자들과 세도가들과 노예와 자유인과, 모두가 동굴과 산의 바위들 틈에 숨어서, 산과 바위를 바라보고 말하였습니다. '우리 위에 무너져 내려서, 보좌에 앉으신 분의 얼굴과 어린 양의 진노에서 우리를 숨겨다오. 그들의 큰 진노의 날이 이르렀다. 누가 이것을 버티어낼 수 있겠느냐? 계6:15-17

간단한 대답은 '어린양의 진노'가 인류의 반역이 가져오는 본질적인 자기 파괴적 결과자연적이고 초자연적인에 대한 하나님의 인가하심'내버려 두심'을 말하고 있는 은유라는 것이다. 그것이 진노인 이유는 우리가 마치 하나님께서 진노하신 것처럼, 극도로 폭력적인 방식으로 이런 결과들을 경험하기 때문이지만, 어린양은 오직 간접적으로만 연루되어 있다. 왜냐하면 그는 강압적인 개입 보다는 어린양 같은 허락으로 역사하시기 때문이다.

신성한 허락으로서의 진노

나는 이런 생각을 다른 곳에서 다음과 같이 펼친 적이 있다.[27]

> 하나님은 선하시다.
> 하나님은 사랑이시다. 사랑은 좋든 싫든 진정한 다름을 허락한다.
> 하나님은 폭력적이지 않으시다. 왜냐하면 그는 결코 직접적으로 폭력을 행사하시지 않기 때문이다.
> 자신의 사랑 속에서, 하나님은 직접적으로 폭력적인 수단을 통해서 종말을 가져오지 않으실 것이다.

그렇지만 그런 폭력을 행사하는 것을 거절하시며, 하나님은 우리의 폭력을 묵인하신다.

자신의 사랑 속에서, 하나님은 우리 서로에 대한 폭력을 허락하신다. 아울러 하나님을 향한 폭력도 허락하신다.

하나님의 허락은 공모가 아니다. 그렇지만 하나님은 그것을 허락하시기 때문에 우리의 폭력 속에서 공모로 보인다. 즉, 하나님께서 힘과 무력과 폭력을 쓰는 것을 거부하실 때, 그렇지만 대신, 우리의 자유로운 반역과 그것이 가진 쓰고 폭력적인 열매에 동의하실 때, 하나님은 자신의 허락하심 속에서 폭력적인 분으로 보이신다.

사랑 안에서, 하나님은 십자가 위에서 그를 향한 우리의 분노를 허락하신다. 하나님은 우리의 분노가 '로마'를 향하는 것을 허락하신다. 그는 로마의 진노가 우리에게 오는 것도 허락하신다.

그의 허락은 진노이다. 그의 허락은 사랑이다.

이사야 64:5-7을 가져온 로마서 1장에서 바울은 다음을 분명히 한다. 구약성서의 이야기 속에서 하나님께서 [겉으로는] 능동적으로 진노하시는 것으로 묘사된 것은 은유적으로 사실상 그들의 자기 파괴적인 궤도 속에 반역적인 백성들을 '내버려 두심'하나님의 허락이다. 심지어 우리의 행동의 파편들이 무고한 사람들에 대한 부수적 피해를 쌓을 때에도![28] 로마서 5장에서 우리가 그리스도 안의 하나님께서 우리를 '그 진노'로부터 구하시는 것을 읽을 때, 우리는 예수가 하나님으로부터 우리를 구하시고 있다고 믿는 것이 아니라, 우주의 질서 속에 박혀있는 죄악로마서 6:23에 따르면 죽음의 결과로부터 구하시고 있다고 믿어야 한다.

그리고 우리는 하나님께 도전한다. "어떻게 하나님은 이것을 허락하실 수 있는가? 하나님의 허락내버려 두심은 공모에 버금가는 것이 아닌가?"

아마도 공모가 아니라 적어도 궁극적인 왕으로서, 즉 제1원인first cause*으로서의 책임일 것이다. 그러므로 몇몇 성서 저자들은 '하나님의 진노'라는 구문을 기술적으로 2차적인 결과인 것을 묘사하기 위해 사용한다. 궁극적으로, 이것은 하나님의 선한 질서이며 하나님은 최종적으로 모든 것들에 대한 책임이 있다. 이것은 사랑을 통해서 세상을 구원하시고자 위대하고 무시무시한 값을 치르신 것이다.

요한계시록 6장의 어린양의 진노

계시록 6장은 '허락으로서의 진노'라는 신학에 대한 좋은 시범사례이다. 우리는 이것을 진행으로 본다.

> 어린양이 봉인을 연다;
> a. 한 생물이 '오라!'고 말한다.
> b. 말을 탄 이가 등장하고 그에게 몇몇 파멸의 형태가 '주어진다.'
> c. 모든 지옥이 지상으로 나온다.

이런 폭력은 어린양과 직접적으로 연관되어 있지 않다. 어린양은 상징적으로 대혼란을 선언하고 경고하고 심지어 허락하기 위해 봉인을 열지만, 실제로 누가 그들의 무기를 말을 탄 이에게 '주고' 있는가? 이것은 미쳐버린 인간이 초래한 황폐함이다: 칼, 기근, 전염병, 그리고 들짐승에 의한 것이다.[8]절 만일 우리가 여기서 어린양의 진노를 본다면, 그것은 오직 천사seraphim가 어린양의 허락을 전달할 때 '내버려 두는' 은유적 의미 속에서이다. 능동적 파멸은 인류학적이다—영적인 권세조차 오로지 그들을 제어할 수 없는 사람들의 사악함에 의해 무장된다.

그런 뒤에 순교자들이 어린양에게 탄원한다. "거룩하고 참되신 통치자

---

* 아리스토텔레스의 철학에서 말하는 신.

님, 우리가 얼마나 더 오래 기다려야 땅 위에 사는 자들을 심판하시고 또 우리가 흘린 피의 원수를 갚아 주시겠습니까?"10절-히브리서 12:24와 대조 그들은 올바르게 그 폭력을 사람에게 돌리고 있지만, 심판과 보복을 가지고 똑같이 개입해달라고 어린양에게 재촉한다.

그들은 분명한 것을 보지 못한다. 그리스도가 우리의 폭력적인 '자유'를 허락하는 것은 그 심판이다. 그가 보복보다는 순교를 선택한 것은 그리 많은 피흘림이 있기 때문이며… 그리고 엄청나게 더 많은 피가 없는 이유이다.

6번째 봉인과 함께, 전 세계적인 인간의 폭력은 우주적인 어떤 것으로 악화된다. 태양, 달, 그리고 별들이 가려지고 폭풍이 농작물을 황폐하게 하며 하늘은 사라지고 표층은 흔들거리고 있다.12-14 왕들과 우두머리들은 공포에 떤다. 확실히 이것은 심판의 무서운 날이나 어린양의 진노이다.15-17

예이면서 아니오이다. 여기에서의 묵시적 언어는 시아야 13장, 34장 및 마태복음 24장에서 직접적으로 차용되었다. 이사야 13장은 우주적 붕괴를 진노하시는 하나님께서 바빌론 제국을 파멸시키시는 주의 날로 돌리고 있다. 유사한 언어로, 이사야 34장은 에돔이라는 나라를 완전히 쓸어버리는 보복적 앙갚음을 말하고 있다. 아울러 마태복음 24장에서 예수는 이런 본문들을 한 세대가 지나기 전에 예수살렘이 소멸된다고 선언하기 위한 본문으로 인용한다. 모든 경우에 있어서, 우주적 형상화는 이방 군대로부터 온 군사적 포위로 인해 도시, 나라 혹은 제국의 파멸을 통해서 역사 속에서 이미 성취된 일시적인 지상의 사건들을 가리킨다. 톰 라이트에 따르면, 묵시적 언어는 "신학적 중요성을 가진 역사적 사건들을 위한 정교한 은유체계"이다.29 "격변하는 사회정치적 사건들의 모든 신학적 중요성을 가져오기 위해서 하나의, 사용된 우주적 형상을 보았을 때" 유대인들은 좋은 은유를 알았다.30

따라서 순교자들이 진노를 간구하고 왕들이 그것에서 벗어나고자 하지만, 진리는 우리가 실제로 예수께 다음과 같이 울부짖는다는 것이다. "우리들과 우리가 자아낸 지옥으로부터 우리를 구하소서!" 어린양은 십자가로부터 나와 다음과 같이 대답한다. "다 이루었다.^{요한복음 19:30} 이제는 너희의 칼을 내려놓고 너희 십자가를 지고 나를 따르라." 그러면 우리는 반응을 보인다. "글쎄요, 만일 당신이 폭력의 방식을 버리는 것을 의미하는 것이라면, 아마도 우리는 우리의 칼을 보습으로 만들기 전에 조금만 더 진노를 참고 견딜 수 있을 것 같네요." 우리는 우리의 헌법수정 제2조*를 사랑한다. 슬프게도, 예수는 한숨 섞인 말로 "그래"라고 대답한다. 그러면 우리는 산을 오르기 보다는 다시금 산을 돈다.

다행히도 계시록은 그리스도의 패배에 대한 것이 아니다. 그리스도는 결국 이길 것이다. 왜냐하면 하나님의 자비는 영원하며 심판을 이기기 때문이다. 사랑의 동의는 무궁하며 폭력적인 강압을 이겨낸다 … 인간의 진노는 죽음으로 끝이 나지만, 신성한 사랑은 죽음을 정복하기 때문이다. 사도들의 그리스도완결적 해석학은 그리스도의 부활을 모든 것들을 회복시키는 첫 열매로 나타낸다.^{사도행전 3:21}-*apokatastasis* 그리하여 우리는 이제 '최종적인 발언'으로 간다.

<h3 style="text-align:center">"그 성문들은 결코 닫히지 않으리라"
계시록 21-22에 나오는 종말론적 희망³¹</h3>

요한의 마지막 환상과 종말론에 대한 기독교 성경의 마지막 언급을 조사할 때, 우리는 *apokatastasis*, 즉 우주적 구원의 가능성이 아니라 실제적 가능성에 대한 진정한 희망에 대한 강한 힌트를 찾는다. 이런 힌트들을 탐구하기 전에 우리는 계시록 21-22에 대한 접근을 평가할 필요가 있다. 간략하게 말하면, 이 장들은 현재의 현실에 관한 것들인가 아니면 하나님의 다가오는 영원한 나라를 가리키는 것인가?

---

* 1791년의 미국수정헌법 제2조를 빗대어 말하는 것으로, 무기를 소장하고 휴대하는 것을 시민의 권리로 인정하고 있다.

현실의 분기점

한편으로 우리는 그 환상을 '이미'에 속하는 것, 즉 제국음녀 바빌론의 선전과 대조되는 지금의 그리스도의 신부/하나님의 나라에 대한 메시지로 볼 수 있다. 다시 말하면, 그 환상은 그 당시와 오늘날이라는 현실의 분기점, 곧 세상의 시각 대 하늘의 시각이라는 두 가지 시각으로 보는 역사와 관련되어 있다. 혹은 다른 방식으로 말하자면 오즈의 마법사에서 등장하는 강아지 토토처럼, 요한은 세상의 구원자 전능한 로마를 폭력적인 짐승 로마, 음녀 로마, 곧 패배할 바빌론과 같은 로마로 드러내기 위해 제국의 커튼을 걷어 낸다.

계시록은 모든 시간과 장소에서 '일상적인' 삶과 '거룩한' 삶이 공존하고 있는 갈라진 우주를 드러낸다. 묵시적 저작들에 대한 전통적인 해석은 현재와 미래 사이의 절대적인 구별이라는 면에서 이런 갈라진 세계관을 잘못 이해해 왔다. 즉, 그들은 요한계시록을 두 개의 연속적인 시대, 즉 현재의 악한 시대와 미래의 축복된 시대로 시간이 나뉘는 것으로 보았다. 다른 이들은 계시록을 천국과 지상 사이의 이원론을 표현하는 것으로 이해했다. 아래에 있는 지상은 사악한 곳이지만 위에 있는 천상은 선한 장소이다… 요한이 이 베일을 회고하는 것은 현실이 나뉘어졌다는 의미를 그에게 주었다. 갈라진 말씀은 두 가지로 나뉜다는 것을 의미한다. 묵시적 담론을 사회적 힘을 가진 사람들이 만든 세상이 존재한다는 것뿐만 아니라 제국의 환상이 숨긴 또 다른 세상이 있다고 주장함으로 이것을 펼치고 있다. 힘을 가진 사람들이 규정하는 세상은 하나의 줄기이다. 이것은 많은 사람들이 생각하는 '현실'이며, 우리의 존재를 규정하려는 시도이다. 하나님이 사시고 통치하시는 세상은 또 다른 줄기이다. 묵시적 세계관에 따르면, 이 후자의 세상은 '현실적'인 세상이고, 다른 세상은 이런 현실에 대한 패러디 혹은 모조품 같은 환상이다.

『제국을 폭로하며』*Unveiling Empire*의 저자는 이렇게 말하는 것 같다. 지금

대vs 나중연속적인 시대라는 면에서 세상 대 천국으로 생각하지 말고, 여기 대 그곳이중적 차원으로도 생각하지 말라. 오히려, 바빌론세상의 체계과 새 예루살렘천상의 체계은 무엇보다도 공존하는 두 개의 실재, 즉 여기와 지금이며, 우리의 충성을 놓고 다투고 있다. 두 번째로, 묵시는 동일한 현실의 두 가지 경쟁적인 환상을 드러낸다. 시저/대통령/제국이 주인인 세상적 시각 대 주님이신 그리스도가 이미 물리치고 그 폭력이 최후의 발악을 하고 있는 제국이 사악한 짐승이라는 천상의 시각인 것이다.

우리가 아는 세상과 역사를 녹색의 화면으로 투영시킨다고 생각해 보라. 그 화면의 앞면에서는, 황제와 그의 수행단이 신과 같고 영광스러운 평화와 번영의 세상의 사절단으로 나타난다. 그렇지만 그 스크린의 뒷면에서는, 똑같은 특징들이 집어삼킬 것처럼 이를 가는 송곳니와 파쇄하고 짓밟는 발톱이 있는 발을 가진 괴물로 나타난다. 앞면에서는 그리스도와 그를 따르는 이들이 약하고 얻어맞으며 얼토당토아니한 것으로 나타난다. 화면의 뒷면에서는 그는 사탄, 죄 그리고 죽음을 자신의 죽음, 부활, 그리고 왕으로서의 승천을 통해 이미 물리치신 주님이다. 그분의 백성들은, 무능하고 미미한 존재가 아니라, 이 땅의 왕들이며 하나님의 제사장들로서, 열방들을 그와 더불어 통치한다.

시대의 완성

그렇지 않으면 이 본문들은 옛 하늘과 옛 땅이 지나가 버린 후에 다가 오는 시대의 완성에 관한 것이다. 최후의 심판과 불의 바다가 지나간 후, 새 하늘과 새 땅이 마침내 자리를 잡으며 하나님이 모든 이들의 왕이 되시는가?

옛 것이 지나가고 새 것이 올 때 22:1 *και ειδον ουρανον καινον και γην καινην ο γαρ πρωτος ουρανος και η πρωτη γη απηλθαν*

요한계시록 21:1: "또 내가 새 하늘과 새 땅을 보니 처음 하늘과 처음 땅이 없어졌고 바다도 다시 있지 않더라*apélthan...*"

요한계시록의 마지막 장은 새로운 시대를 표시한다. 비록 우리가 그들의 진리를 이미 어느 정도는 "말세를 만나는 사람들"고전 10로 경험했다고 해도, 계시록 21에서 우리는 하나님께서 마침내 우주의 재시작 버튼을 누르실 것이라는 것을 발견한다. 옛것은 갔으며지나감 새 것이 온다. 모든 것들의 구원은 보이게 그리고 보이지 않게, 세속적으로 그리고 천상적으로 그리스도의 피를 통해 마침내 그 *telos*종말/성취에 이른다.골로새서 1장

전통적인 종말론은 새 하늘과 땅을 하나님이 선택하신 영원한 나라, 하나님의 임재하심으로 스며들고 어떤 고통이나 사악함도 없는 것으로 이해한다. 최후의 심판이 사탄, 죄, 죽음, 그리고 저주받은 사람들을 최종적으로 없애기 때문에, 하나님과 그의 영광스러운 천사들, 그리고 선택된 사람들이 새 예루살렘의 고정적인 축복을 즐기는 것처럼 영원한 기쁨이 시작될 수 있다. 적어도 나는 그렇게 배웠다.

그렇지만 만일 우리가 주의 깊게 본다면, 이것은 본문 속에서 말하고 있는 것이 아니다. 쉬운 대답에 맞서서 여러 가지 질문들과 어려움들이 일어나고 있다. 사람들과 과정들은 그것이 무질서한 것처럼 나타난다. 만일 하나님께서 자신의 알파 목표를 계속 불변의 오메가로 이끄시지 않는다면 말이다. 골칫거리 변칙들이 표면화되지만, 우리에게 가능성을 가져다준다. 끝은 그저 시작일 뿐인가? 아마도 진정으로 명료성을 가져다줄 수 있는 유일한 것은 희망일 것이다.

계 21:5 "보좌에 앉으신 이가 이르시되 보라 '내가 만물을 새롭게 하노라.'"

왜 '새롭게 하고 있노라'현재 능동 직설법인가? 예측I will도 아니요, 회고I have도 아닌 이유가 무엇인가? 새 예루살렘에서 붐비는 그의 백성들의 한가운

데에서 보좌에 앉으신 이는 다음과 같이 말한다. "보라. 새 창조의 능동적인 과정을 지켜보라." 그리고 우리는 그럴 것이다.

악한 자들을 위치시킴

첫 번째의 분명한 변칙은 사악한 자들의 완강한 재등장이다! 그들은 어디에 위치하고 있나?

1. 악한 자들은 불의 호수 속에 있다

처음에, 우리는 그들을 그들이 "있어야 할" 곳에서 발견한다. 불타버리든지 아니면 고통 속에 있든지, 불의 호수로 넘겨지는 것이다.

계 21:8 "그러나 두려워하는 자들과 믿지 아니하는 자들과 흉악한 자들과 살인자들과 음행하는 자들과 점술가들과 우상 숭배자들과 거짓말하는 모든 자들은 불과 유황으로 타는 못에 던져지리니 이것이 둘째 사망이라"

우리는 아마도 철학적으로 고통과 죽음이 이미 사라져버린 새로운 질서 속에서 지옥이 어디에 그리고 어떻게 존재할지 의문을 품을 지도 모른다. 시대에 대한 질문이지만, 우리가 보게 될 것처럼, 그것은 절반도 안 되는 문제이다.

2. 악한 자들은 그 도시에서 배제된다

여기에서는 조금만 더 드러나고 있다.

계 21:27 "무엇이든지 속된 것이나 가증한 일 또는 거짓말하는 자는 결코 그리로 들어가지 못하되 오직 어린 양의 생명책에 기록된 자들만 들어가리라."

수치스러운 자들과 속이는 자들은 새 예루살렘에 들어갈 수 없다. 물론 안 되지만, 이것은 말할 필요도 없다. 이미 불타는 호수에 넣어 그들을 없앰으로 그들을 배제시키는 것이 이루어졌다면 그것을 말하는 것이 불필요한 것으로 보인다. 왜 그것을 언급하고 있을까? 그것은 그들이 흡사 그 도시의 문밖에서 기다리는 것처럼 보이는 것이 아니다. 그게 아니라면 그들이 기다리고 있는 것인가?

3. 악한 자들은 성문밖에 있다

계 22:14-15 "자기 두루마기를 빠는 자들은 복이 있으니 이는 그들이 생명나무에 나아가며 문들을 통하여 성에 들어갈 권세를 받으려 함이로다. 개들과 점술가들과 음행하는 자들과 살인자들과 우상 숭배자들과 및 거짓말을 좋아하며 지어내는 자는 다 성 밖에[exo] 있으리라"

이것은 어떤가? 악한 자들이 어떻게 화염을 빠져나와서 성 밖에 와 있을 수 있는가? 그들은 우리가 앞서서 보았던 악한 자들과 동일한 사람들인가? 아니면 최후의 심판과 불의 호수가 지난 후에 새로운 사악한 무리가 어떻게 든 부화되었을까? 아니면 불의 호수는 새 예루살렘 바로 바깥에 위치하고 있는 것인가? 그렇지만 만일 새로운 창조 속에는 고통도, 죽음도, 슬픔도 없다면 어떻게 이런 일이 있을 수 있는가? 그것도 아니라면 불의 호수와 새 예루살렘의 바깥 장소는 동일한 실재를 다르게 표현한 것인가? 본문은 문제가 아니다. 본문은 단순히 서사적인 발전을 위한 명제적 체계를 거스른다. 요한이 한결같은, 공동적 상호참조를 필요로 하지 않는 일련의 환상들을 가지고 있다는 점을 기억하면, 우리는 계시록이 진정으로 충돌되지 않는다는 것을 깨닫게 될 것이다.

여기서 악한 자들이 여전히 악하고 여전히 그 도시의 외곽에 존재한다고 보면, 우리는 그들의 궁극적인 멸망이나 구원을 추정할 수 없다. 요한은 그들의 상태가 굳건한지에 대해서 우리로 하여금 진지하게 의문을 품게 하는 아주 이상한 언급을 한다.

계 22:11 "불의를 행하는 자는 그대로 불의를 행하고 더러운 자는 그대로 더럽고 의로운 자는 그대로 의를 행하고 거룩한 자는 그대로 거룩하게 하라."

죽음의 시간에 이르기까지 우리는 항상 회개하고 돌아오도록 권면 받고 초대된다는 점에서 이 구절은 아주 기이하다. 한번 죽으면, 마치 무엇인가 변했다는 것처럼 들린다. 만일 그것이 그 도시의 바깥에 있는 사람들이 듣는 마지막이라면, 우리는 그들의 영구적인 죽음을 추측할 필요가 있다. 그렇지만 우리가 계속 읽어 감에 따라, 우리는 이런 추방에 대한 커지는 한 줄기 희망 이상의 것을 본다. 초대는 창조의 나머지 부분과 더불어 새로워진다.

열린 초대

조건적 불멸에 대한 한 가지 주장은 생명수의 강으로서, 인간이 아마도 영원한 생명을 유지하고 누리기 위해 문자적으로 혹은 상징적으로 반드시 마셔야 하는 것이다. 내가 흐르는 투명한 물줄기에서 물을 떠는 것을 상상할 때, 예수는 이런 샘이 영원한 생명_{요한복음 4장 참고}을 나타내며, 그를 나타내고 _{요한복음 7장 참고}, 우리 안에 마련되어 있음_{요한복음 4:13; 7:38}을 우리에게 상기시킨다.

1. 생명의 강은 보좌에서 나온다

생명의 강은 하나님의 보좌에서 흘러나오는데, 그 분은 이제 새 예루살렘 속에 잇는 그의 백성들 한 가운데 계신다._{계21:3-5} 거기에서 하나님은 통치하시며 새로운 창조를 생성하신다. 그리스도의 생명샘은 순수한 물로 도시 전체를 대기 위한 영양가 풍부한 강과 같이 흐른다.

계 22:1 "또 그가 수정 같이 맑은 생명수의 강을 내게 보이니 하나님과 및 어린 양의 보좌로부터 나와서."

하나님께서는 이 강을 이전에 선지자들을 통해서 꿈꾸셨다. 에스겔은 그 강이 성전에서부터 샘솟아서 넓고 깊은 생명의 근원이 되는 것을 보았다.

에스겔 46:6-9, 12 "그런 다음에, 그가 나를 강가로 다시 올라오게 하였다. 내가 돌아올 때에는, 보니, 이미 강의 양쪽 언덕에 많은 나무가 있었다. 그가 나에게 일러주었다. "이 물은 동쪽 지역으로 흘러 나가서, 아라바로 내려갔다가, 바다로 들어갈 것이다. 이 물이 바다로 흘러들어 가면, 죽은 물이 살아날 것이다. 이 강물이 흘러가는 모든 곳에서는, 온갖 생물이 번성하며 살게 될 것이다. 이 물이 사해로 흘러 들어가면, 그 물도 깨끗하게 고쳐질 것이므로, 그 곳에도 아주 많은 물고기가 살게 될 것이다. 강물이 흘러가는 곳이면 어디에서나, 모든 것이 살 것이다. … 그 강가에는 이쪽이나 저쪽 언덕에 똑같이 온갖 종류의 먹을 과일 나무가 자라고, 그 모든 잎도 시들지 않고, 그 열매도 끊이지 않을 것이다. 나무들은 달마다 새로운 열매를 맺을 것인데, 그것은 그 강물이 성소에서부터 흘러나오기 때문이다. 그 과일은 사람들이 먹고, 그 잎은 약재로 쓸 것이다."스가랴 14장 참고

이사야는 새 예루살렘을 자주, 때때로 산의 도시 혹은 매력적인 골짜기 혹은 거대한 천막으로 보았다. 도시와 강의 결합을 다시금 주목하라.

이사야 33:20-21"우리가 마음껏 절기를 지킬 수 있는 우리의 도성 시온을 보아라. 옮겨지지 않을 장막, 예루살렘을 보아라. 우리가 살기에 얼마나 안락한 곳인가? 절대로 옮겨지지 않을 장막과도 같다. 그 말뚝이 절대로 뽑히지 않을 것이며, 그 줄이 하나도 끊어지지 않을 것이다. 거기에서는 주께서 우리의 능력이 되시니, 그 곳은 마치 드넓은 강과 시내가 흐르는 곳과 같겠지만, 대적의 배가 그리로 오지 못하고, 적군의 군함이 들어올 엄두도 못 낼 것이다."

2. 새 예루살렘에 있는 사람들은 자유로이 먹으리라

우리의 원형적 부모가 자유로이 생명의 나무를 먹었던 에덴동산에서처럼, 새 예루살렘의 거주자들은 그 도시 속에 있는 거리의 한가운데를 흐르는 영원한 생명을 주는 강에 자유로이 다가갈 수 있다.제22:2

계 21:6 "또 그가 나에게 말하였다. '다 이루었다. 나는 알파와 오메가이

며 처음과 마지막*telos, 성취*이다. 나는 목마른 사람들에게*ego tō dipsōnti…dōrean* 생명수의 샘으로부터 거저 마시게 한다." [저자의 번역]

환상적인 컨텍스트에서는, 하나님께서 강으로부터 물을 떠먹는 사람들을 이야기하고 계시지 않다. 그것은 예수의 영원한 생명의 책정에 관한 것이지, 우리가 이런 생명 속에 있는 복음을 마시는 것은 아니다. 우리는 새 예루살렘 속에서 다가 올 시대에 그리스도의 생명과 계속해서 함께 해야 한다. 우리는 그 강에서 물을 먹도록 부르심을 받았으며, 그 강은 우리의 영원한 원천인 그리스도로부터 흘러나오는 생명수에 대한 상징이다. 예수가 우물가의 여인에게 약속했던[요4:10-14] 그 영원한 생명의 샘*zoe aionion*은 생명수로 *hudatos zontos* 뿜어져 나와 목마른 누구에게나 아낌없고 영원하게 제공된다.

3. 성령과 신부는 이렇게 말한다. "물이 있는 곳으로 오라"

이제는 핵심부분이다. 성령과 신부가 초대장을 발급한다.

계 22:17 "성령과 신부가 "오십시오!" 하고 말씀하십니다. 이 말을 듣는 사람도 또한 "오십시오!" 하고 외치십시오. 목이 마른 사람도 오십시오. 생명의 물을 원하는 사람은 거저 마시십시오."

이제는 주의를 기울여, 그 초대는 무엇인가? 영원한 생명수이다. 어디에 있는가? 새 예루살렘의 시내 중심가에 있는 보좌로부터 흘러나오는 강이다. 누구에게인가? 먼저 우리는 그것이 오직 이기는 자들에게만 주어지는 것이라고 들었다.[21:7] 그렇지만 계 22:17에서는, 그 초대가 열린 보좌이다. 성령과 신부가 "목마른 자는 누구나" 그리고 "마시고자 하는 자는 누구나" 부르신다. 하지만 만일 신부가 그 도시로서[21:2], 초대를 위해 남은 자라면?

한편 추방된 사람들은 먼저 불의 호수 속에[21:8] 보이며 이후 도시의 외곽에서 보인다.[22:15] 그 저주받은 자들이 옮겨졌는가? 아니면 좀 더 가능성 있게는, 두 이미지가 같은 것인가? 이제는 우리가 우리의 연구에서 앞선 세 가지 요점들을 기억할 때다.

변형된 게헨나Gehenna

1. 게헨나의 위치를 기억하라시66:24: 게헨나는 저주받은 자들의 시체가 불
   태워지는, 도시 외곽의 골짜기 속에 있는 불과 파멸의 혐오스러운 장소
   이다. 불의 호수저주는 그 도시 성벽에 인접해 있다.

2. 예레미야의 새 언약의 약속을 기억하라예 31:40: "죽은 시체들과 재들이
   던져진 골짜기 전체가… 주님께 거룩해 질 것이다."

3. 눈물Baca 골짜기에 대한 시편저자의 예언을 기억하라.시84:5-7: 시온에
   있는 하나님 앞에 출두할 여행을 하는 심령이 목마른 순례자들은 열린
   문 앞에서 영접을 받는다. 순례자들이 여전히 그 골짜기1세기 랍비들에게는
   게헨나에 있을 때에, 눈물은 샘의 장소가 된다! 그것은 마치 그 문들이 열
   려져 있으며 새롭게 하시는 하나님의 사랑의 강이 게헨나로 쏟아져 들
   어가는 것 같다. 예수의 위대한 비유는 그 절정에 이른다. "그가 아직도
   먼 거리에 있는데, 그의 아버지가 그를 보고 측은히 여겨서, 달려가 그
   의 목을 껴안고, 입을 맞추었다."눅 15:20 문은 열려있다.

그 도시로 들어가다

1. 그 도시의 문은 결코 닫히지 않으리라

새 예루살렘의 복음이 갖는 간단한 수학은 아름답고 강력하며 심지어 놀
랍기까지 하다. 악한 자들은 도시 바깥에 있다 + 그 도시의 문은 결코 닫히
지 않는다 + 성령과 신부가 "들어오라"고 말하신다 = 희망! 하지만 난 앞서
나가고 있다. 그러지 않기는 힘들다.

계 21:25 "그 도시에는 밤이 없으므로, 온종일 대문을 닫지 않을 것입니
다." 32

이 절은 이사야 60장에 등장하는 새 하늘과 새 땅을 연상시킨다.

"너의 성문들은 계속 열려있을 것이다. 그 문들은 밤낮으로 닫히지 않아

서 사람들이 열방의 재물을 너에게로 가져올 것이며 이방 왕들이 잡혀 너에게로 끌려올 것이다."이사야 60:11 NASB

한때 바깥에 있었던 사람들이 이제는 안으로 들어온다. 그 사람들은 신부의 환영을 받으며 그 거룩한 도시로 들어오는데, 그 도시의 일부가 된다! 어떻게 그렇게 된단 말인가?

2. 유일한 입구: 어린양의 피로 씻은 옷

계 22:14 "생명나무에 이르는 권리를 차지하고 성문으로 해서 성에 들어가려고, 자기 겉옷을 깨끗이 빠는 사람은, 복이 있다."

만일 우리가 복음서에 나오는 그리스도의 피로 우리의 옷을 씻어 이 본문 속의 새 예루살렘의문으로 들어올 수 있다면, 우리가 축복받은 것으로 읽는 맥락에서 이 구절을 인용할 생각이 들 것이다. 사실 어떤 사후의 구원 가능성을 피하기 위해서, 우리는 반드시 그렇게 읽어야 한다. 그렇지만 만일 우리가 열렬히 성서적이라면이제는 애매한 말을 할 시간은 아니다, 그 본문은 그것보다 훨씬 더 큰 것을 말하고 있다.

먼저, 이 생명 속의 복음에 예라고 말한 사람들은 이미 신부의 일부로서, 의로운 옷으로 치장하고, 새 예루살렘처럼 내려와서 다른 이들에게 들어오라는 초대장을 발급한다. 즉, 씻은 사람들은 이미 "들어와" 있는 것이다. 보편적인 초대는 그 도시의 바깥에 있는 사람들을 위한 것이며, 새 창조가 마련된 이후 들어온다.

그 초대가 무엇이든 허용되는 다원주의적 만인구원론universalism으로 잘못 이해되지 않기 위해, 오랜 휴지(休止)가 있다. 누구나 올 수 있지만, 오직 어린양의 피로 옷을 씻은 사람들만 이다. 오직 구체적으로 기독교적인 구원만이 그 문에 들어올 수 있으며, 그 도시에서 자라는 생명나무를 먹을 수 있다.예수에 대한 또 다른 그림 이런 환상은 다음 시대에서 조차, 결국 어린양에게 예라고 말하게 될 목마른 사람들이 있으며, 무덤에 있어 그렇게 못하는 사람들도 있다는 가능성과 희망을 선언하고 있다.

결국 새 예루살렘에 들어가는 사람들은 누구인가? 이사야 60장과 계시록 21장은 그들을 "모든 열방"이라 부른다. 복음주의적 만인구원론에서는, 그 레고리 맥도날드Gregory MacDonald가 요한계시록 전체를 통해 우리로 하여금 왕들과 열방들의 점진적인 운명을 추적하도록 한다.[33] 우리가 그렇게 하면 서, 특별히 사건들의 연대기를 주목하라.

계시록에 나타난 왕들과 열방들의 역사

1. 기만, 불멸 그리고 지배: 왕들과 모든 열방들은 바빌론의 마법사에 속고 있다. 그녀는 그들에게 통치할 권세를 주지만, 그녀야 말로 그 왕들을 통치하고 있다. 왕들과 모든 열방들은 바빌론과 결탁하여 하나님과 그의 나라에 맞서고 있으며, 하나님의 백성들, 도시, 성전과 증인들을 핍박한다. 계11:2, 9, 18; 14:8; 17:2, 1012, 15, 18; 18:3, 9, 23

2. 반역과 패배: 왕들과 열방들은 하나님에 맞선 전쟁을 위해 모인다. 그들은 전쟁을 하러 모이지만 불이 내려와 그들을 집어 삼키어 새들이 그들의 육체를 먹어 치운다. 잠시 동안 열방들은 그 용의 기만으로부터 자유롭게 된다. 계20:3 그들이 어린양을 두 번째로 대적하게 되지만 그들은 완전히 패배할 뿐이다. 계 6:15; 16:1214; 17:14,19; 19:1819; 20:8; 사 34:12; 60:12, 20

3. 항복과 복종: 그리스도가 왕들 중의 왕이 되며 철의 지팡이로 모든 열방들을 통치한다. 계12:5; 15:3; 17:14; 19:1516; 시 2:8

4. 충성과 회복: 왕들과 모든 열방들은 어린양을 예배하게 되며계15:4, 하나님의 빛 안에서 걷고사 60:3, 그들의 영광과 부를사60:5-9, 11 그 도시로 가져온다. 계21:24, 26 그들이 들어올 때, 생명나무의 잎사귀들이 그 열방들을 치유하기 위해 주어진다. 계22:2

5. 영광과 노예: 왕들과 열방들은 그 도시의 성벽을 다시 지으며 하나님

의 백성들을 섬기고 그 성소를 치장한다.사60:10, 13 하나님의 백성은 그 왕들에게 행사할 권위를 부여받으며 그 열방들은 백성을 영화롭게 하고자 경배한다.계1:5; 2:26; 사 60:14, 16 이것은 우리의 영원한 부르심에 대한 희망을 나타내고 있다.엡1:18; 4:4 34

열방의 운명

1. 이사야의 환상 사60: 65:17-25; 66

나는 요한이 진정한 신비주의자이자 문학적 천재였다는 것을 의심하지 않는다. 난 예언적 전통에 그가 빠져있다는 것을 믿는다. 그가 성령에 의해서 영으로 보았던 것은 형언할 수 없는 언어로 표현한 기억의 본문으로 이끈다. 그는 이사야 60-66을 진보적으로 사용하였는데, 특히 왕들과 열방들의 축제에 온다는 것이 그렇다. 동방박사들the magi은 이사야가 상상한 것에 대한 전채요리에 불과했다. 우리는 이국적인 귀중한 선물들과 기꺼이 노예가 되고자 하는 마음을 가지고 모인 그 왕들과 열방들이 어떻게 그리스도를 예배하고 따르는 이방인들의 모임을 상징할 수 있는지 볼 수 있을 것이다. 분명 이것은 세상의 끝까지 세계 선교를 통해 기독교의 전 세계적 확산을 통해 이루어진다. 아니라면 그것이 이루어질까? 이사야와 요한에게 있어서, 이것은 새 하늘과 새 땅의 실체이다.

단숨에 이사야의 마지막 확장을 통해 읽는 것은 압도적이다. 나는 요약하는 것을 생략한 채 생각해 볼 본문 하나로 여러분의 주의를 집중시킬 것이다. "이리와 어린 양이 함께 풀을 먹으며, 사자가 소처럼 여물을 먹으며, 뱀이 흙을 먹이로 삼을 것이다. 나의 거룩한 산에서는 서로 해치거나 상하게 하는 일이 전혀 없을 것이다" 주님의 말씀이시다.사65:25 병행 구절은 이사야 앞부분에서 발견된다. "이리가 어린 양과 함께 살며, 표범이 새끼 염소와 함께 누우며, 송아지와 새끼 사자와 살진 짐승이 함께 풀을 뜯고, 어린 아이가 그것들을 이끌고 다닌다. 암소와 곰이 서로 벗이 되며, 그것들의 새끼가 함께 누우며, 사자가 소처럼 풀을 먹는다." 사 11:5-7

문자적으로 보면 사자나 늑대가 채식주의자가 될 지도 모르는 일이다.[35] 물론 우리는 이것이 반드시 그럴 것이라는 것을 알았지만, 죽음이 어떻게 다가올 시대에 존재할 여지가 있겠는가?비록 이사야 65:20이 진정한 문제이지만 여기에 대한 답으로, 나는 이 절들이 동물의 왕국 속에 있는 먹이선호dietary preference와는 별로 관계가 없다고 제시한다. 대신 그들은 하나님의 나라에 있는 지금과 나중 평화와 화해의 상징이지는 않을까? 포식자와 희생자가 회개와 용서를 교환하며 함께 조화를 이루고 있다. 이것은 단순히 하나님의 털난 짐승들 사이에서만 일어나는 것이 아니라 모인 열방들 가운데에서도 일어난다. 그리스도의 식탁에서는, 이전 정부의 살인전담반 단원들과 테러리스트 반란군들이 서로 포옹을 한다. 행방불명된 자들이 다시 나타나서 부활하여 그들을 고문했던 자들을 풀어달라고 한다. 점령군들이 난민촌에서 그들이 격리시킨 사람들 앞에서 무릎을 꿇는다. 도살하는 사람에게 양처럼 끌려갔던 홀로코스트 희생자들이 자신들에게 가스를 뿜었던 늑대들과 자비롭게 눈을 맞춘다. 하나님의 거룩한 산에서, 모든 피해가 사라진다. 석회갱lime pits에서 자살폭탄 용의자 인도에 이르기까지, 인간의 악몽은 햇빛 속의 카메라 필름처럼 노출되고 사라져 버린다.

이것이 이사야가 본 것이다. 평화의 왕자는 언젠가 그것을 보증할 것이다. 창조는 오늘날 그것을 위해 신음하고 있다. 하나님의 백성은 어제까지 그것을 본보기로 삼았다.

2. 왕들과 열방들은 자신들의 영광을 가지고 빛을 통해 그 문으로 들어온다

지나온 우리의 역사에서는, 왕들과 열방들이 어린양과 신부에 관하여 굉장한 여행을 한다. 계시록의 처음 20개 장 곳곳에서는 오직 두 부류의 사람들이 존재한다. 사악한 왕들과 열방들 및 "열방에서 나온" 신부"망명에서 벗어남"과 동의어. 겔36:24; 37:21 참고 그래서 열방들은 기만하고 우상숭배하고 폭력을 벌이기 시작하여 전쟁에서 파멸하고, 불에 삼키우고 새에 먹히고 불의 호수에 던져진다. 하지만, 계시록 21-22장과 이사야 60장에서는 그들이 그 도시에 들어올 때 궁극적으로 복종하고, 노예가 되며 구원에 이르는 것을 본다!

이것은 단순히 이전에는 악했으나 이후로는 선해진 열방 나라들을 가리키는 것이 아니다. 왜냐하면 최후의 싸움과 최후의 심판에서, 모든 열방들이 패배하고 처리되어 오직 신부만 남기 때문이다. 거기에서부터 우리는 신부가 새로이 통합된 하늘과 땅에 내려앉아서 모든 열방들 속에서 초대하기 시작한다는 것을 본다. 이런 열방들은 어디에서 왔을까? 새로 태어난 왕들과 열방들이 심판 이후에 자발적으로 발생되었을까? 아니면 우리는 지옥에서 옛 무리를 데려다가 그들을 도시 바깥에 두었을까? 아니면 "그 도시 바깥"은 불의 호수와 병행되는 이미지인가? 혹은 아마도 양과 염소로 나뉜 후 회개하는 열방들이 남았을 수도 있다.마25 그렇지만 심판 전후로 "모든 열방들"이라는 꼬리표는 상식적이지 않은 것 같다.

다시금, 충돌하는 환상이 매끄러운 조화를 갖는다는 난제는 아마도 불가능하고 불필요할 것이다. 요한은 우주적인 심판과 우주적인 회개를 말함에 틀림없는데-지상의 포도수확의 이미지계 14:17-20와 지상의 수확기의 이미지계14:14-16를 결합하고 있다-왜냐하면 심판에 이르기까지 어떤 점에서도, 어느 쪽이든 진정으로 가능성이 있기 때문이다. "만일 우리가 한쪽이 다른 쪽의 자격을 따지도록 한다면, 우리는 그 이미지들을 진지하게 취하지 않은 것이다. 우주적 심판의 그림은 하나님에 대한 우주적 예배의 그림이 완전히 진지하게 그려지지 않았다는 것도 아니고 하나님에 대한 우주적 예배의 그림이 우주적 심판의 그림을 완전히 진지하게 그리고 있지 않다는 것도 아니다. 계시록이 이미지들을 다루기 있기 때문에, 계시록은 타당한 것이 되기 위해서 논리적으로 적합해야만 하는 언급을 하지는 않는다. 각각의 그림은 진리의 타당한 측면을 그려내고 있다. 두 개의 그림은 열방에게 나타난 선택과 부합하고 있다…순교자들의 증인이 가져야 할 성공의 정도를 예측함으로 이런 선택을 먼저 하는 것은 요한의 예언의 한 부분이 아니다. 한 가지는 확실하다. 하나님의 나라는 올 것이다."[36]

이 주석은 열방에 관한 두 가지 중요한 계시들을 강조하고 있다. 먼저, 이 시대에서는, 하나님의 백성의 원수이며 핍박자였던 우리가 이제는 그 언약의 온전한 상속자로 참여할 수 있고, 하나님의 빛 속에서 예배할 수 있으며 구원자-왕에게 재물과 영광을 선물로 드릴 수 있다는 절실한 희망의 메시지이다. 두 번째로, 다가올 시대에서는-그것이 어떻게 오든 간에-모든 열방들이 이런 운명 속으로 들어갈 것이다. 여기에 하나님의 최종 단계가 있다.

계 21:24, 26: "민족들이 그 빛 가운데로 다닐 것이요, 땅의 왕들이 그들의 영광을 그 도시로 들여올 것입니다…그리고 사람들은 민족들의 영광과 명예를 그 도시로 들여올 것입니다."

3. 열방을 치유하기 위한 생명나무의 잎사귀: 저주가 높이 들리다

계 22:2b-3a: "그 나뭇잎은 민족들을 치료하는 데 쓰입니다. 다시 저주를 받을 일이라고는 아무것도 없을 것입니다."

보컴은 저주의 종말을 이방 나라들에게 적용되는 것으로 설명한다.

계시록 22:3a는 짐승을 숭배하고 하나님 나라를 거부한 열방들을 상기시키지만, 도래하는 하나님 나라와 더불어, 하나님을 예배하도록 회심한[37] 열방들과 그의 통치를 아는 것이 결코 다시는 그의 심판을 두려워할 필요가 없다고 선언한다. 이런 방식으로 새 예루살렘의 환상은 1:13; 14:14-16; 15:4에 나타난 모든 심판의 환상을 대체하며 열방들의 회심이라는 주제를 완성시킨다.[38]

심판의 모든 환상들을 대체시킨다고? 그는 이전의 심판 환상들이 단순히 이런 화해의 장면으로 이어지는 것이 아니라, 하나님께서 실제로 그 심판들을 완전히 능가하고 대체하거나 혹은 축소시키는 구원하시는 대안을 마련하신다고 말하고 있는가? 이것은 바로 요나 시대에 니느웨의 경험이 아닌가? 나는 그들이 가능성의 갈림길에 설 때 그 의지가 대체로 그 열방들에게 달려있을 것이라고 본다.

일단 새 예루살렘에 들어오면, 열방들은 생명나무로부터 치유를 위한 잎사귀들을 받는다. 이 나무는 보좌에 근원을 둔 물의 양쪽에서 자란다. 다른 질문들이 나온다. 고통과 슬픔이 없어진 새 우주 속이라면, 그들은 치유를 무엇으로부터 받아야 하는가? 이것은 죽음과 부활을 통해, 혹은 안으로 들어오는 길에 어린양의 피로 옷을 씻음으로 이미 해결되지 않았는가? 특정한 종말론적 체계 속으로 대답들을 강요하지 말고, 어린양 자신이 우리를 물로 인도하며 지금의 악한 시대가 남긴 마지막 눈물을 씻겨주실 다음 세상의 치유의 과정의 가능성을 다시 한 번 받아들여 보자.계 7:17; 21:4

그 약속이란 *katathema*가 없으리라는 것이다. 다시 말하면, 여기서 보캄은 스가랴 14:11과 파멸의 성스러운 금지에 대한 암시를 보고 있다. 이 파멸은 야웨가 그의 원수들에게 선언했던 것이며, 그들의 완전한 파괴를 필요로 하고 있다.[39]

요한은 [스가랴 14]를 가지고, 생명나무의 잎사귀들로 우상숭배와 다른 죄들을 치유 받을 수 있는 새 예루살렘에 살고 있는 모든 열방들이 결코 다시는 하나님의 통치에 맞서는 열방들에게 하나님께서 내리신 파멸에 속하지 않을 것이라고 말하고 있다.[40]

한 가지 질문: 떠오르는 환상

우리가 새 하늘과 새 땅에 대해 아는 것은 완전히 꿈속에서 왔다. 그렇지만 그들은 단순히 이사야와 에스겔의 꿈이나 다니엘과 요한의 꿈이 아니다. 그들은 하나님의 꿈으로, 노인들과 젊은이들, 여성과 남성의 가슴, 심지어 그 나라의 종들 속에 성령으로 부어주신 것이다. 그리고 하나님께서는 여전히 다가 올 세상을 꿈꾸고 계시며, 우리를 더욱 목마르게 하는 화려한 환상들을 나누고 계신다.

내 아내 이든Eden은 이런 꿈들을 꾼다. 밤의 환상 속에서, 그녀는 산꼭대기에 있는 집을 본다. 마룻장에서 샘이 솟아오르고 바닥에서 샘이 콸콸 솟는다. 그 물이 문을 나와서 데크deck를 가로지르는 그때까지는, 그것은 2피트 깊이이다. 데크를 흘러넘쳐 절벽에 이르면, 물줄기는 강한 강이 된다. 그리고 강은 우렁찬 폭포가 되어 떨어지고, 그 아래 있는 무성한 계곡으로 내려가면서 규모가 커진다. 나는 그런 꿈들이 익숙한 고대의 상징들로 영적인 진리들을 말하고 다가 올 것을 미리 맛보게 하는 요한의 꿈을, 더 생동감 있게 하시는 동일한 성령으로부터 나온 것이라고 믿는다.

그것은 맛보기 이상의 것이다-초대하는 질문은 이것이다: 당신은 목마릅니까?사 55:1-5를 참고할 것 그것은 그 도시의 문을 열고 강의 근원에 이르기까지의 길을 인도하는 질문이다. 그것은 바깥에 있는 열방에게 성령과 신부가 초대하는 질문이다. 그것은 계시록 21-22가 그때와 지금 묻고 있는 질문이다. 당신은 목이 마른가? 내가 지난 2년 동안 계시록의 그 장들 속에서 오랫동안 생각하고 있을 때, 이 환상은 나에게 드러났다….

잃어버린 영혼들은 그 위대한 도시의 문 밖에서 머물고, 그들의 목마름은 게헨나의 불타는 골짜기 속에서 그들이 악화된 것처럼 깊어진다. 시간은 이런 무존재non-being의 무생명non-life 속에서 모든 의미를 잃었다. 입술과 마음은 구워진 점토처럼 희망이 없이 부서진다. 그들이 선택할 시간은 지나갔고, 그들의 심판 . 그들은 스스로를 돌볼 수조차 없다.

아울러 그들의 마음속에서 한 가지 거슬리는 질문이 형성된다. 당신은 목마른가? 터무니없음을 넘어서-그 질문은 그들의 고통으로 추방하는 것을 다시 일깨우며 그들의 목마름을 더하게 한다. 당신은 목마른가? 그들은 무의미한 탄원을 상기시킨다. "나를 불쌍히 여기어 내 혀가 시원하도록 손가락에 물을 묻혀 떨어뜨려 줄 누군가를 보내주소서. 나는 이 불 속에서 고통하고 있습니다." 희망이 없다.

하지만 그 질문은 효과가 있다. 마음은 애타게 도시의 벽을 바라본다. 질문은 간청을 북돋아 준다. 만일 우리가 그 왕과 함께 하는 청중들을 찾기 위해 시온의 문에 이르기까지 순례의 길을 터벅터벅 걷는다면 어떻게 될까? 만일―희망을 버리지 않고―누군가가 그 문을 열어준다면 어떻게 될까? 희망이나 용기가 없이도, 목마름 자체가 그들을 이끈다. 당신은 목마른가? 이제는 선택의 여지가 없다. 그들은 시도해야만 한다.

저주받은 사람들이 그들의 마음을 그 여행에 둘 때조차도, 여전히 꽤 먼 거리에 있음에도, 하나님의 마음은 이미 그들에게 있다. 그 질문은 그의 보좌에서 나와서, 신부와 성령의 목소리에 의해서 도시의 벽을 넘어 증폭되기 때문이다. 그 질문과 답은 액체로 된 생명을 주는 강과 더불어 콸콸 쏟아져 나온다. 생명수의 강이신 그리스도는 열린 문과 죽음의 골짜기에 쏟아져 나온다. 물줄기는 게헨나로 흘러 들어가는데, 그곳에서는 새싹이 넓은 강둑 위에 움트고 습기가 골짜기를 적신다.

생명과 사랑에 목마른, 내쫓긴 사람들이 그 강으로 밀려와서, 자신들의 얼굴을 그 반짝거리는 물을 마시기 위해 내려뜨린다. 선함을 맛보게 되면 그들은 더욱 목이 마르다. 그들은 자유롭지만 저항할 수 없이 그 강의 줄기를 따르게 된다. 그 길은 문을 통해 그들을 맞아들이고, 그들에게 길 위로 오라고 손짓을 하는데, 그 길은 산의 근원, 하나님 자신께로 가는 분명한 길이다. 그리스도의 사랑의 급류가 그 도시에서 흘러내림에 따라, 열방들도 그 도시로 흘러가서, 신부에게 동참하고 신부를 찬양하며, 신부가 되어 왕의 사랑을 맞을 채비를 한다.

나의 환상…이사야의 환상…요한의 환상…하나님의 환상.

이 환상은 어느 정도까지 순수한 가능성을 나타내는가―우리가 추구하거나 거부할 수 있는 선택인가? 그것은 어디까지 영원히 계획된 하나님의 선택인가? 우리의 선택과 하나님의 계획은 어떻게 만나게 되는가? 그리고 얼마나 하나님께서 그 계획을 추구하실까?

나는 모른다. 그렇지만 믿는다. 그리고 내가 믿는 것은 하나님께서 선하시며, 그의 인자하심이 영원하다는 것이다. 내가 죽을 때까지가 아니다. 최후의 심판 때까지가 아니다. 그렇지 않다. 하나님은 선하시며 그의 인자하심은 영원하다.

그리하여 시편 136편은 말한다.

1 오, 주께 감사하라. 그는 선하시다!
　　그 인자하심이 영원하시다.
2 오, 모든 신들 가운데 가장 크신 하나님께 감사하라!
　　그 인자하심이 영원하시다.
3 오, 모든 주 가운데 가장 크신 주님께 감사하라!
　　그 인자하심이 영원하시다.

23 우리가 낮아졌을 때 우리를 기억하신 분,
　　그 인자하심이 영원하시다
24 우리를 원수들에게서 건져 주신 분,
　　그 인자하심이 영원하시다
25 육신을 가진 모든 이에게 먹을거리를 주시는 분,
　　그 인자하심이 영원하시다
26 오, 하늘에 계시는 하나님께 감사하라!
　　그 인자하심이 영원하다.
　　그 문은 결코 절대로 닫히지 않을 것이다.
　　그의 인자하심은 영원하다.
　　셀라.

월터 윙크의 후기

　이 훌륭한 연구를 제대로 평가할 말을 어떻게 찾아내야 할지 잘 모르겠다. 『예수가 이끄는 삶』은 예수와 기독교의 처음 몇 세기들 및 오늘날에도 계속되고 있는 그들의 관련성에 대해서 알려주는, 권위 있는 통괄에 다름없다. 나는 오랫동안 예수가 기독교의 중심으로 대체되어 왔다고 믿는다. 이것은 성서가 기독교 전승의 역사를 통틀어 해석되어 온 방식에 부정적인 영향을 미쳤다. 때로는 딱딱하고 급속한 교리들이 지배했는데, 그 교리들은 사람과 예수의 가르침과는 별로 관련이 없었다. 내 첫 번째 책『인간 변화 속의 성서』*The Bible in Human Transformation*는 성서에 대한 후기 계몽주의 비평적 접근 속에서 예수가 성서의 해석학적 중심으로 대체되었던 방식을 고려하기 위한 시도였다.

　그리스도인들은 '상자 속'으로부터 성서를 읽는 방식에 익숙해져있다. 이 상자는, 마이클이 지적했듯이 이미 초대 교회에서부터 시작되었으며, 그 당시의 중요한 교회 지도자들이 물었던 질문들은, 그것이 고대, 중세, 혹은 현대, 가톨릭, 개신교 혹은 아나뱁티스트, 전기 혹은 후기 비평이든, 우리의 대답을 지배하고 있다. 마이클은 보수적이고 진보적인 관점에서 성서를 읽는 수많은 방식들이 예수와 별로 관련이 없는 공통적으로 공유되는 가정들로부터 나왔다고 주장한다. 이런 성서읽기 방식과 변화를 위한 시간은 오래 전에 행해졌어야 할 일이다.

　예수를 해석학적 작업의 전면과 중심에 두고, 『예수가 이끄는 삶』은 대담하고 획기적이면서도 도전적인 성서해석방식을 제시한다. 더 나아가 마이클은 유대교의 문화 속에 예수를 정황화시키는contextualizing 중요성과, 그것이 예수가 자신의 거룩한 성서들에 관여한 창조적인 방식들을 볼 수 있도록 도움을 준다는 것을 이해해고 있다.

성서는 힘을 지닌 책이다. 그 이야기들이 수집되고 쓰이기 시작되는 순간부터, 성서는 들을 귀 있는 자들을 위한 해방적 지혜의 근원이 되어왔다. 그렇지만 성서의 페이지 속에서조차 엘리트들과 권세를 가진 자들의 관점에서 하나님의 구속적 역사하심의 이야기를 펼쳐내고자 하는 사람들이 있다. 이렇게 세상 속에서 하나님의 사역을 이야기하는 방식은 이미 유대교의 고대 선지자들 속에서도 강하게 비판받은 것이다.

『권세들』The Powers이라는 내 저서도 이런 고대 예언적 전통의 발걸음을 따르고자 했으며, 성서를 자기들의 이익으로 바꾸려는 이런 권세들의 모든 시도들에도 불구하고 기독교와 유대교 속에서 계속 연구를 진행해 오고 있다. 평화와 비폭력을 일생동안 지지한 사람으로서, 나는 성서가 이미 탄압을 당하는 사람들을 압제하기 위해 사용되는 것에 항상 염려하고 있다. 때때로 나는 완전히 분노하기도 한다. 그럼에도 나는 세상을 덮고 있는 것 같은 어둠이 내 영혼 속에도 있다는 것을 깨닫게 된다. 그래서 나는 교묘한 권력의 덩굴들이 또한 성서 본문을 읽는 나의 방식에도 영향을 주었다는 것을 자주 회개하고 있다.

비폭력과 평화수립의 관점에서 성서를 읽는 것은 불가능한 일로 보일 수 있다. 하나님과 하나님의 백성의 폭력에 관한 수많은 이야기가 있는 듯하다. 그렇지만 내가 언급했듯이, 사랑, 평화 그리고 화해를 그 중심에 두고 성서를 읽는 또 다른 방식이 있다. 『예수가 이끄는 삶』은 이 길을 따르고 있다.

나는 마이클 하딘의 지적인 발전을 거의 20년 동안이나 따랐다. 나는 여전히 어떤 학문 포럼에서 함께 논문들을 발표했던 뉴올리언스의 만남을 떠올릴 수 있다. 마침내 그런 머뭇거리는 시도가 맺은 열매가 여기에 있다. 내가 마이클을 만났을 때 그는 이미 르네 지라르의 연구에 대한 열광적인 사람이었다. 나 역시 지라르의 모방이론이 설득력 있다는 것을 발견했다. 그 이론은 내가 '구원적 폭력의 신화'라고 부르는 것의 틀을 잡는데 도움을 주었다. 나처럼, 마이클도 폴 리쾨르의 연구, 특히 리쾨르가 성서를 해석하는 방식에 영향을 받았다. 지라르와 리쾨르는 성서의 예언자들처럼 성서가 말하는 다원적인 방식을 인식한다.

이런 선택의 다원성은 계시적인 해방의 말이 진전될 수 없도록 막는 게 아니라, 오히려 우리로 하여금 우리가 성서를 잘못 읽을 수 있으며 잘못 읽어 온 방식을 볼 수 있게 해준다. 성서를 읽는 것이 다시금 회개의 이유가 되고, 폭력을 저지르는 성향에 묶여있는 우리를 풀어주며 우리의 친구와 원수들 모두에 관한 희망을 가져다주는 새로운 길로 우리는 돌아간다.

『예수가 이끄는 삶』은 살아있는 그리스도, 교회와 세상의 주님, "우리의 어둠 속에서 빛나는 빛"을 다루고 있는 역사–비평적 학문의 결론을 넘어선다. 그 연구를 따라, 예수처럼 우리도 계시, 사랑, 그리고 용서의 통로가 될 수 있다고 마이클이 보여주고 있는 인간*The Human Being*에서 나는 시작했다. 그는 예수, 진정한 인간the True Human, 나는 '인자'로 번역한다이 하나님과 진정한 관계를 갖는다는 것이 무엇과 같은지를 우리에게 어떻게 본을 보이고 있는지를 보여준다. 예수처럼 우리도 하나님의 선한 통치를 선언하며 아픈 자를 치유하고 평화와 화해로부터 우리를 외면하게 하는 그런 구조들에서 나온 악을 몰아낼 수 있다. 복음서들 속에서 제자들에게 주어진 이런 선교적 권위는 또한 우리가 예수를 따를 때 우리에게도 주어진다.

마침내 마이클은 우리가 예수를 생각할 때, 만일 우리가 그를 안다면 우리는 그를 따라야 한다는 것이 본질적이라는 것을 강조한다. 예수에 대한 순전히 객관적인 지식은 불가능하다. 우리 인간들에게는 객관적이고 주관적인 차원들이 서로 혼합되어 있다. 다른 한쪽이 없는 한쪽은 역사적 불임 혹은 사유화된 공상으로 이어진다. 양쪽은 해석학적 작업에 있어서 필수적이다. 만일 그리스도인들이 예수를 따르는 위험을 감수하지 않는다면, 어떻게 그들이 예수에 대해서 진정하게 말할 수 있겠는가?

　나는 『예수가 이끄는 삶』이 폭넓게 읽혀지기를 바란다. 나는 하나님과 세상의 평화로운 환상이 기독교를 움켜잡게 되도록 기도한다. 만일 그리스도인이 오직 예수만을 따른다면, 교회는 다르게 보게 될 것이고 미래는 더욱 희망적일 것이다. 이제는 예수가 성서를 읽는 것처럼 우리가 성서를 읽을 때이다. 내가 『권력을 폭로하기』*Unmasking the Powers*의 서문에서 말한 것처럼, "성서 정경에 대한 진정한 시험은, 각각의 새로운 시대에서, 성서가 생명을 일깨우고 감명을 주며 알려져야 할 하나님의 갈망의 황량한 현실을 전할 수 있는 힘을 가졌는지의 여부다." 마이클의 『예수가 이끄는 삶』은 우리를 이런 방향으로 이끈다. 우리가 세상을 다르게 상상할 수 있을까? 그렇다!

　　　　　　　　　　　　　　　　　　　　－ 매사추세츠 샌디스필드에서

도서목록

Complete bibliographical information can be found by entering the book title into www. amazon.com. It is not exhaustive but suggestive; it is meant as a resource for those who wish to pursue further study.

일차자료
The Holy Bible (New International Version)
The Apocrypha (Revised Standard Version)
Josephus (Loeb Classical Library)
James A. Charlesworth, T*he Old Testament Pseudepigrapha* (2 vol)
Herbert Danby, *The Mishnah*
Jacob Neusner, T*he Tosefta*
Jacob Lauterbach, *Mekilta de-Rabbi Ishmael* (3 vol)
C.D. Yonge, *The Works of Philo*
Wise, Abegg & Cook ed,., *The Dead Sea Scrolls*
Cathcart, Maher, McNamara Eds,. *The Aramaic Bible: The Targums*
The Talmud (Soncino Edition)

참고문헌:
Emil Shurer, *The History of the Jewish People in the Age of Jesus Christ* (rev. ed. Matthew Black, Geza Vermes, & Fergus Millar 4 vol)
S. Safrai & M. Stern ed,. *The Jewish People in the First Century* (2 vol)
S. Safrai, et al, *The Literature of the Sages* (2 vol)
Claude Montefiore and Hebert Lowe, *A Rabbinic Anthology*
Martin Jan Mulder, *Mikra*
E.P. Sanders, *Judaism: Practice and Belief*
G.F. Moore, *Judaism* (2 vol)
Martin Hengel, *Judaism and Hellenism* (2 vol)
James A. Charlesworth, *Jesus and the Dead Sea Scrolls*
Jacob Neusner, *Understanding Rabbinic Judaism*
Solomon Schecter, *Aspects of Rabbinic Theology*
Gabriele Boccaccini, *Roots of Rabbinic Judaism*
Joachim Jeremias, *Jerusalem in the Time of Jesus*
David Flusser, *Judaism of the Second Temple Period* (2 vol)
Ephraim E. Urbach, *The Sages: The World and Wisdom of the Rabbis of the Talmud*
Gustaf Dalman, *Jesus-Jeshua* & *The Words of Jesus*
Matthew Black, *An Aramaic Approach to the Gospels and Acts*

후주

서론

1) '열심당 예수' 가설에 대해 가장 소개는 잘하고 있는 책은 다음과 같다. Ernst Bammel "The Revolution Theory from Reimarus to Brandon" in *Jesus and the Politics of His Day*(Cambridge: Cambridge University Press, 1984), 11-68.

2) (San Francisco: Harper & Row, 1987). 조직신학과 성서연구 및 신학을 아우르고자 했던 그의 후기 저작은 마치 나에게 있어서는 기본토대와 같았다. 그의 주요 저작들을 연대순으로 짚어 보면 아래와 같다. *Must There Be Capegoats?*(German Edition 1978); Der wunderbare Tausch(Munchen: Kosel, 1986); *Jesus in the Drama of Salvation*(New York: Crossroad, 1999) [German Edition 1990]; *Jesus of Nazareth: How He Understood His Life*(New York: Crossroad, 1998) [Germand Edition 1991]; *Banised from Eden* (Herefordshire: Gracewing, 2006) [German edition 1997].

3) 나에게 큰 영향을 끼친 또 하나의 책은 디트리히 릿츨(Dietrich Ritschl)의 *Memory and Hope: An Inquiry Concerning the Presence of Christ*(New York: Macmillan, 1967)이다.

4) Richard A. Burridge, *Imitating Jesus: An Inclusive Approach to New Testament Ethics* (Grand Rapids: Eerdmans, 2007), 25.

5) 난 이것을 데일 앨리슨 주니어(Dale allison Jr.)의 "역사적 그리스도와 신학적 예수(*The Historical Christ and the Theological Jesus)*" (Grand Rapids: Eerdmans. 2009)의 부담이라고 이해하고 있다. 다음을 또한 참고하라. Timothy Johnson, *The Real Jesus* (San Francisco: Harper, 1996). 이것을 언급함에 있어 난 역사적 예수를 분별하려는 시도를 결코 폄하하는 것이 아니다. 하지만 나는 다음의 내용을 인식하고 있다. "예수의 삶을 기록함에 따라 사람의 진정한 자아를 보여주는 역사적 과제는 없다... 각 개인은 그를 자신의 캐릭터와 일치시켜 만들어 내고 있다" Albert Schweitzer, *The Quest of the Historical Jesus* (New York: Macmillan, 1968), 4. 또한 다음을 보라. Robert Hmerton-Kelly, *The Gospel and the Sacred* (Minneapolis: Fortress, 1994), 14. "[복음서] 본문은 인간의 실존의 심층구조 위에서 예수의 영향으로 이루어져 있으며, 이것은 어떤 단일 사건을 증명하거나 역사적 예수 자신이 말하는 것이 없이도 분별될 수 있다." 그럼에도, "역사적 예수는 복음서 속의 복음이다." 나는 또한 "부활 이후 성서적 저서들은 역사적 예수에 대해서가 아니라 부활에 대해서 쓴 주석이며, 부활하신 예수는 교회에서만 오직 인식될 수 있다. 이런 단언들은 그리 새로울 것은 없지만 우리는 서구 신학이 이 두 가지를 결합함에 있어 어려움을 겪고 있음을 지켜봐 왔다"는 디트리히 릿츨(Dietrich Ritschl)의 논지를 확언한다. *Memory and Hope*, op.cit., 202-203. sks 이런 두 가지 주장이 기독교적 실천이나 제자도를 형성했다고 제안하고자 한다. 교회의 주이시자 십자가에 못박히시고 부활하신 예수는 교회의 모든 발걸음에 동행하시며 심지어 교회가 그의 길을 걷지 않을 때조차 함께 하신다. 신학적으로 이것은 그리스도의 임재하심(Christus praesens)이 지닌 중요성이다.

6) 이 구절이 지닌 모순적 특성에 대해서는 다음을 보라. Marcus Bockmuehl "God's Life as a Jew: Remembering the Son of God as Son of David" in Beverly Roberts Gaventa and Richard B. Hays eds., *Seeking the Identity of Jesus* (Grand Rapids: Eerdmans, 2008), 60-78.

7) "지라르는 단순히 연구(research)가 아니라, 다시 말해 연구 계획(programme)을 조언하고 있다...인문학과 과학 속에서 뽑아 낸 사상가들을 가진 인문학 속에서 또 다른 20세기 사상가의 이름을 밝히는 것은 정말 어려운 일이다." Chris Fleming, *René Girard: Violence and Mimesis* (Malden: Polity Press, 2004), 153.

8) *Memory and Hope*, op. cit., 61.

9) 제임스 앨리슨(James Alison)은 "우리가 새로이 상상되는 창조를 시작할 자유의 몸이 되었"으며

이런 새로운 상상의 일부는 "바빌론에 포로로 붙잡힌 복음의 일부를 구할 초대"라고 지적했다. "Spluttering Up the Beach to Nineveh" *Contagion* Volume 7 (Spring) 2000,120. 난 앨리슨이 루터의 『교회의 바빌론 포로』를 말하고 있다고 본다. 오늘날조차도 복음은 생경한 인식론에 의해 포로로 붙잡혀 잇는 실정이다.

10) "무조건적으로 예수의 법으로 돌아가자는 선언은 오늘날 서구인들을 위한 근본적인 자유의 신학이 되었을 수도 있다." Ulrich Luz, *MatthewinHistory: Interpretation, Influence, and Effects* (Minneapolis: Fortress,1994), 32.

11) 토니는 현대 미국기독교문화에서 가장 통찰력 있고 비평적인 학식을 갖춘 해석자들 가운데 한 명이다. 지난 몇 년간 난 토니로부터 많은 것을 배웠다. 그의 책, *Virtually Christian* (Washington: O−Books, 2011)은 '시간의 신호'에 대한 강력한 분별이다. 토니의 웹사이트는 다음과 같다. www.woodhathhope.com

1장 • 그리스도인의 삶

1) 울리히 루츠(Ulrich luz)는 다음의 책에서 역시비평의 세 가지 주된 해석학적 문제들을 짚어 내고 있다: *Matthew In History*, 37. "과거와 현재 사이의 장벽, 본문과 개인적 해석의 객관적 의미 그리고 성서 그 자체 속의 다양성의 문제 사이의 장벽."

2) 윌리엄 스와틀리(William Swartley)의 *Israel's Scripture Traditions and the Synoptic Gospels* (Peabody: Hendrickson Publishers, 1994)의 부제를 인용하면, 이것은 "이야기를 만드는 이야기(Story Shaping Story)"이다. 마르시온주의의 주장은 신구약의 관계에 대한 내 시각을 올바로 비판하지 못한다. 나는 여기서 유대교 경전들이 진정한 기독교 신학의 핵심적인 요소들이라는 점을 분명히 한다.

3) 난 '학적으로 된 합의'를 믿는 사람이 아니다. 그 대다수는 종종 옳지 않다. 난 결코 'Q' 자료가 존재한다거나 마가 비밀(Secret Mark)이 실재했다고 보지 않는다. 하지만 난 학자들의 연구를 읽을 때 어떤 패턴을 찾는다. 사고의 패턴 속의 변화들은 보통 돌파되고 있는 장벽을 보여준다. 우리는 이런 방식으로 예수가 묵시를 이용했는지 여부의 문제를 추적할 수 있고, 폭력의 기하급수적 성장을 인식하면서 동시에 지난 150년이 지나도록 있어왔던 중요하고 수많은 전환들을 추적할 수도 있다. 이들이 무관하지는 않다. 묵시적 사고의 발흥(그리고 쇠퇴, 이후 발흥)은 20세기의 믿을 수 없는 도덕적 잔혹행위에 대해 서구 기독교가 무의식적으로 말하는 방식이며, 묵시는 우리가 사고를 바꾸지 않는 한 21세기의 유산이 될 수도 있다.

4) David Dungan, *A History of the Synoptic Problem* (New York: Doubleday,1999), 364는 이런 사람들의 문제점을 지적한다. "자율적 이성의 계몽원리와 보편적 회의론에 대한 과학자들의 무조건적인 권리는 오직 성서로(sola scriptura)라는 개신교의 원리와 정면으로 충돌했으며 그것을 부숴버리고 말았다." Luz, *Matthewin History*, op.cit.,76은 오직 성서로가 신학적 허구라고 주장한다. "성서는 결코 '혼자'일 수가 없으며 그 나뭇가지에 따라오는 나무의 줄기처럼 그 풍부한 영향의 역사에 속해 있는 것이다."

5) 찬가(Doxology)는 인식론적 범주이다. "기독론에 대한 동방찬가적 접근을 서구에서 무시한 것은, 그리스도 안의 하나님과 함께 라기 보다는 하나님과 함께 주로 연관된 중세적 신학의 형태에 기인하고 있다." Ritschl, *Memory and Hope*, op.cit.,115. 기독교 예배 속의 예수의 종속에 관해서는 다음을 보라. *The Place of Christ in Liturgical Prayer* (Staten Island: Alba House, 1965). 반면, 찬가로 시작하는 개신교 신학의 좋은 사례는 다음의 책이다. Geoffrey Wainwright's *Doxology* (Oxford: Oxford University Press,1984).

6) 초대 기독교 찬양에 대해서는 월터 윙크(Walter Wink)의 기민한 논평을 참고하라. "이 찬양(골 1:15−20)은 노래였다. 이것은 기본적으로 알리기 위해 만들어진 것이 아니라, 권력의 성채에 그들의 메시지를 전달하기 위해 스스로 무장하기 위한 것이었다. 초대 교회는 로마제국을 통해, 박해와 멸시, 그리고 폭력적 죽음을 통해 그들의 길을 노래했다. 그들의 노래는 우리의 노래만큼이나 중심을 잃은 세상이었다. 그들이 직면한 악은 벅찬 것이었다. 하지만 죽음의 힘조차 그들의 노래를 막지 못할 만큼, 그들은 광대하고 실재적이며 궁극적인 초월의 관점을 상기시키는 노래를 불렀다." "The Hymn of the Cosmic Christ" in *The Conversation Continues: Studiesin Paul and John*, ed., Robert T. Fortna and Beverly R. Gaventa (Nashville: Abingdon,1990), 242−243. 어떤 신약본문의 제의적/찬양적 특성에 대해서는 다음을 보라. C.F.D. Moule, *The Birth of the New Testament* (London: A & C Black:

London,1966), 23ff.

7) *The Table Talk of Martin Luther*, edited and with an Introduction by Thomas S. Kepler (Grand Rapids: Baker, 1979 reprint) # 164, page 106.

8) 다음을 참고하라. George Hunsinger, *How To Read Karl Barth* (New York: Oxford,1991),32ff; James Wm. McClendon,Jr., *Doctrine: Systematic Theology* Vol 2 (Nashville: Abingdon,1994), 280ff. 맥클렌든 주니어(James Wm. McClendon, Jr)의 전략은 그리스도 안에 있는 하나님의 통치의 측정한 계시로 시작하는 것이다. "하나님은... 천국에 있는 절대적 추상이 아니며 누군가의 철학으로 제시되는 제일원리도 아니다. 하나님은 대중적인 문화의 노보대디(Noboddady, 윌리엄 브레이크가 기독교의 의인화된 하나님을 조소적으로 일컫는 단어, 역자 주)이거나 후기계몽주의 무신론의 실재하지 않는 신(theos)이 아니다. 오히려, 여기서의 '하나님'은 그리스도인들이 복음이라고 불리는 이야기–완전한 깊이와 길이와 높이 속의 예수 이야기–에서 알려진 하나님이다."

9) (Grand Rapids: Zondervan, 2002). 난 내 웹사이트에서 이 책의 서평을 남겼다. http://preachingpeace. org/documents/Analysis_of_Rick_Warren.pdf.

10) 성서영감론을 지지하며 주장될 수 있는 증거는 실제로 겨우 3가지이며, 이 가운데 가장 중요하게 사용되는 것은 딤후 3:16이다. 하지만 이 본문조차도 다음과 같이 번역될 수 있다. "하나님의 영감으로 된 모든(every) 성서는 ...에 유익하다." 이 구절은 모든(All) 성서가 영감을 받았다는 것을 필수적으로 단언하고 있지는 않다. 또한 이것은 정경을 정하는 문제를 야기하기도 하는데, 개신교로서는 구약과 신약을 정경화했던 같은 교회가 또한 외경을 정경화했기 때문이었다. 아울러 이것은 히브리서 본문이 영감을 받았는지의 문제를 불러일으키기도 했는데, 70인역을 포함하여 모든 개신교판이나 헬라어판 본문 속에서 볼 수 있는 것처럼, 정통주의는 70인역이 영감 받은 본문이라고 주장했으며 신약성서기자들 대다수도 70인역을 사용하기도 했다. 이것은 나아가 다른 성서 본문들이 얼마나 영감을 받을 수 있는지에 관한 문제를 제기한다. 탈굼(Talgum)역과 같은 본문들은 목회적 저자가 모세와 얀네스(Jannes), 그리고 얌브레(Jambres)의 두 반대자의 이름을 이미 사용하고 있다. 딤후 3:16을 둘러싸고 단순히 이 구절이 "모든 성서는 영감을 받았다"고 말하여 모든(ALL) 히브리어 구약성서와 헬라어 신약성서의 원래 사본들을 의미한다고 주장하는 것에는 많은 문제가 따른다. 비록 이 본문이 그렇다고 할지라도, 성서가 무오하거나 결코 틀림이 없다는 것과는 관련이 없으며, 이런 (그릇된) 가정들은 개신교 스콜라주의와 현대 근본주의자들 및 보수적 복음주의가 도출해 낸 것이다.

11) 크레이그 카터는 다음의 책에서 "자유주의는 새로운 콘스탄틴주의"라고 언급한다. *Peace Be With You: Christ's Benediction amid Violent Empires* (Telford: Cascadia 2010), edited by Sharon Baker and Michael Hardin, 30. 자유주의 혹은 진보주의 그리스도인들은, 보수주의 그리스도인들처럼, 그들이 그것을 깨닫지 않으면서 제국신학으로 들어 온 그 미묘한 방식을 자각함으로 도움을 얻으려 한다. 하지만 난 다음과 같은 카터(Carter)의 결론을 수용한다. "서구문화—우리 문명의 미래—를 위한 어떤 실제적인 희망이 있다면, 그런 희망은 오직 법으로 돌아가며 법을 받아들임을 통해서만 올 수 있을 것이다. 자유 문화에 있어서, 복음이 창조 속에 구현되고 성서에 기록된 하나님의 법이 주는 메시지라는 것은 아마도 다소 역설적일 수 있다. 우리 시대에 있어서, 법은 복음이다 (52)." 이런 주장은 샌더스(E. P. Sanders)의 주장과 대치된다. "이스라엘의 회복을 구하면서, 그[예수]는 대다수를 따르지 않았으며 그런 종말에 대한 전통적인 방법을 촉구하지도 않았다. 그것은 회개와 율법의 준수로 돌아가는 것이다" *Jesus and Judaism* (Philadelphia: Fortress, 1985), 119. 카터의 결론은 예수, 바울, 혹은 제4복음서와 완벽하게 반대되는 것이다.

12) Jacob Neusner, *First Century Judaism in Exile* (Nashville: Abingdon,1975), 67에서는 갈릴리에서 랍비 요하난 벤 자카이(Yohanan ben Zakkai)의 주장을 다음과 같이 언급한다. 갈릴리 사람들은 "신앙을 지키기 위해서 해야만 하는 것들을 떠돌이 설교자들뿐만 아니라 서로에게 열심히 물었는데, 왜냐하면 그들이 그런 식으로 수많은 세대를 거치는 동안 했었던 그들의 조상들을 돌아볼 수 없었기 때문이다." 그 이유는 이전 약 150년 동안 강제로 개종되었던 지역이었기 때문이다. 갈릴리인들에게는 남부인들(고대 유대인)이 가졌던 장구한 역사가 없었다.

13) 독자에게 알림: 야누스의 얼굴을 가진 신의 비유를 가져오는 것은 중요하다. 그것이 바빌론, 페르시아, 그리스, 이집트, 로마, 이스라엘 혹은 미국의 이중적 신이건 간에, 난 이러한 두 얼굴의 신의 비유를 상술하고자 한다. 야누스는 비유일 뿐이지만, 그것은 몇몇 신학자들이 어떻게 그리고 왜 하나님의 다양한 특성들이 '긴장 속에' 있다고 주장하는지를 이해하는 방식을 표현하고 있다. Dietrich Ritschl, *The Logic of Theology* (Philadelphia: Fortress,1987), 63은 '교회 역사의 야누스적 얼

굴'을 말하고 있다. 기독교의 이야기를 오직 좋은 쪽으로만 말하는 것은 불가능하며, 어두운, 매우 어두운 면이 또한 존재하고 있다. 이것은 그리스도인들이 야누스 얼굴을 가진 하나님을 예수 그리스도의 하나님으로 받아들인다는 사실 때문이다. 리츨(Ritschl)은 다음과 같이 주장한다. "교회 역사가 지닌 비극과 심도의 양면성은 세속적 과학의 사학으로는 헤아릴 수가 없다. 기만적인 세 가지 잘못된 발자취들—기독교 교회가 유대교로부터 떨어져 나온 것, 정치적 힘의 구조에 교회가 동화된 것, 그리고 경제적으로 교육적으로 가난한 자들의 마음의 지적인 능력—의 결과들과 자비, 용서, 그리고 치유적 도움의 헤아릴 수 없는 행위들 사이의 대조는 이스라엘의 이야기 '속에 서 있는' 사람들만 볼 수 있는 것이다. 그리고 단일 역사의 이중적 얼굴을 지닌 교회와 적절한 결과들은.."

14) R.T. Kendall, *Calvin and English Calvinism to 1649* (Oxford: Oxford University Press,1979).

15) 예수가 율법이나 율법의 해석을 비판했는지에 대해서는 논란이 있다. 후자를 실천함으로 예수는 전자를 실행했으며, 그런 비판은 막 10:2–12에서 예수 자신이 반영하듯이, 비단 율법에 대한 예언자적 비판뿐만이 아니라 율법 자체 속에서 이미 구현된 것이다. 이것에 관해서는 다음을 보라. Sandor Goodhart, *Sacrificing Commentary* (Baltimore: Johns Hopkins University Press,1996). 이것은 특히, '반우상숭배법'에 대한 본문적 특성에 대한 그의 논지이다. Ben. F. Meyer, *The Aims of Jesus* (London: SCM Press,1979),142는 예수의 실현된 종말론이 율법의 수정을 암시했다며, 다음과 같이 언급하고 있다. "교사의 권위, 예수는 그의 선언으로 자신의 선언이 가져온 사건들의 종말론적 상태를 구현함과 동시에 그것에 응답한다." 바멜(Ernst Bammel)은 이런 의견을 공유한다. "비록 이런 신성한 계율을 해석함에 있어서 차이점이 나타난다고 해도, 율법이 하나님의 마지막 제도였다는 것은 모든 유대인들에게 있어서 변치 않는 이치였다. 예수는 이런 시각을 공유했다는 것이 폭넓게 받아들여지고 있지만, 예수와 율법간의 갈등이 있었다는 것을 몇몇 본문들이 알리고 있음에도, 오직 억지스러운 주해만이 이런 갈등이 있었다는 것을 부인하고 있다." 아울러 "예수에게는, 율법이 '더 이상 핵심과 궁극적 기준을 만들어 내지 못한다...예수는–당시 유대교 전체와는 달리–시내 산에서 모세가 받았던 율법의 아래가 아니라 율법의 위에 서 있었다.' ... 예수가 율법을 공격한 것은 우리로 하여금 전례가 없던 예수의 주장을 가지고 궁극적으로 권위에 맞서게 하는데, 이것은 점점 더 많은 학자들이 인식하기 시작한 사실이다"라고 다음의 책에서 말하고 있다. Ernst Bammel and C.F.D. Moule ed., *Jesus and the Politics of His Day* (Cambridge: Cambridge University Press,1984),138,142. 이 내부 인용은 다음에서 나왔다. Martin Hengel, *The Charismatic Leader and His Followers* (New York: Crossroads,1981),70. 헹겔은 계속하여 다음과 같이 지적한다. "하나님의 통치의 도래를 깊이 인식하면서, 유대교 속의 예수는 처음으로 모세의 율법을 뒤돌아서 하나님의 원래 의도를 본다."

16) 스메일(Tom Smail)의 조언에 귀를 기울이는 것이 좋다. *Like Father, Like Son* (Grand Rapids: Eerdmans, 2005), 35–36. 그는 다음과 같이 주장한다. "하나님께 우리의 아버지 경험을 부여하는 대신, 우리는 예수와 하나님의 관계 속에 계시된 유형의 부성(父性)을 보며, 그것이 그의 자녀된 우리와 더불어 그가 갖고자 하는 관계, 그리고 다른 사람과 더불어 가져야 하는 관계의 유형임을 우리가 알아야 한다. 이 관계는 그 중심에 가부장적 지배가 아니라 자유롭게 하는 사랑이 있는 것이다."

17) 이 주제를 가장 잘 다룬 것은 다음의 저서이다. Alister E. McGrath, *Luther's Theology of the Cross* (Oxford: Blackwell,1985). 또한 다음을 참고할 것. Walther von Loewenich, *Luther's Theology of the Cross* (Minneapolis: Augsburg,1976) and Regin Prenter, *Luther's Theology of the Cross* (Philadelphia: Fortress,1971).

18) 예수가 아바를 사용한 것에 대해서는 다음을 보라. Joachim Jeremias, *The Prayers of Jesus* (Philadelphia: Fortress,1967),11–65.

19) '아바' 언어와 관련하여 예수가 가부장제를 전복시키는 것에 대해서는 다음을 참고하라. Robert Hamerton-Kelly, *God the Father: Theology and Patriarchy in the Teaching of Jesus* (Philadelphia: Fortress,1979).

20) 내가 '희생양(scapegoat)'이란 용어를 쓴 것은 이번이 처음이다. 르네 지라르(Rene Girard)가 이 용어를 사용한 것에 덧붙여 난 데이빗 더슨(David Dawson)의 위대한 연구에 매료되었다. David Dawson's brilliant study of the term in *Flesh Becomes Word: A Lexicography of the Scapegoater,The History of an Idea* (East Lansing: Michigan State University Press, 2013). 나로서는, 더슨의 책이 지라르의 이 용어의 심리사회적 사용을 옹호해줄 뿐 아니라 희생양 용어에 대한 존 칼빈(John Cal-

vin)의 [그리 유익하지는 않은] 영향을 논증하는 것이기도 하다.

21) 난 이 점에서 헹겔과 갈라서야만 한다. Martin Hengel, *The Atonement* (Philadelphia: Fortress,1981), 41. 그는 시편 22편의 사용이 다음을 반영하지 않는다고 보았다. "모욕과 칭찬의 패턴은 마가가 아주 기술적으로, 그리고 깊은 신학적 정확성을 가지고 이야기를 하는 그 사건을 해석하기에는 너무도 일반적이고 불명확하다. 그는[마가] 고난과 못 박힘이라는 전적으로 독특한 사건과 관련 이 된다." 6.4에서 보여주겠지만, 예수의 죽음은 '의로운 자'를 희생양삼는 인간의 일반적 성향의 한 사례로 정확히 해석될 수 있다.

22) 십자가에서의 신체적 제한에 대해서는 다음을 보라. Martin Hengel, *Crucifixion* (Philadelphia: Fortress,1977),22ff.

23) 데이빗 네빌(David Neville)은 마태복음서에 나오는 보복의 주제에 대해 언급하고 있다. *A Peaceable Hope* (Grand Rapids: Baker2013),1-44. 그는 다음과 같이 주장한다. "마태가 들려주는 이야기는 자신만의 종말론적 전망을 해체하는데 필요한 수단을 내포하고 있다." 네빌과 비슷하게, 난 마태를 예수의 비폭력적 윤리를 희생의 문제와 결부시키고자 몸부림 치고 있는 문서로 읽는다. 이런 관점에서 두 개의 중요한 책은 다음과 같다. Douglas R. A. Hare, *The Theme of Jewish Persecution of Christians in the Gospel according to St Matthew* (Cambridge: Cambridge University Press,1967) 및 Blaine Charette, *The Theme of Recompense in Matthew Gospel* (Sheffield: JSOT Press,1992).

24) 이것은 슈바거(Raymund Schwager)가 달란트 비유(마 25:14-30)를 해석하는 방식이다. *Jesus of Nazareth*, op. cit., 94. 이 소설에서, 예수는 다음과 같이 말한다. "당신은 비유에서 주님을 이해하는 것이 어려운 것을 안다. 하지만 복음과 하나님의 심판을 어떻게 움켜칠 것인가? 당신은 왜 모든 것이 명백하고 하나님의 얼굴이 반영된 그 마음이 아니라 돈에만 초점을 맞추고 있는가...자애로운 주인을 본 처음 두 명의 종들의 신실함과 신뢰 때문이다. 엄한 심판에 직면한 염려하고 믿을 수 없는 그 세 번째 종 때문이다. 그들의 마음은 그 주인이 자신을 그들에게 나타낼 것인지를 결정했다. 가지고 믿는 자는 제한 없이 받을 준비가 될 것이다. 그 마음에 의심과 불신을 품은 자는 그가 이미 가진 것을 약화시킨다."

25) 다음을 보라. Raymund Schwager "Suffering, Victims and Poetic Inspiration" *Contagion* Volume1 (Spring) 1994, 66 note 3. "이스라엘의 종교적 전통 속에서는, 예수 이전에서 조차 지옥의 개념은 없었다. 하지만 이런 지옥은 오직 이교도와 배교자들을 위한 것이었다. 따라서 지옥은 오직 '외부에' 있는 사람들과만 관련을 가졌기에 종교적 공동체 속에서는 핵심적인 문제는 아니었다. 그와는 대조적으로, 지옥에 대한 예수의 설교는 특별히 이스라엘의 지도자들을 향했는데, 이것이 신앙의 중심 속에 있는 깊은 문제들을 일으켰다."

26) 라이트(N. T. Wright)는 이런 심판을 서기관들과 바리새인들에게 부여하고 있다. *Jesus and the Victory of God*, op. cit., 330. 아울러 이 구절을 다음과 같이 해석한다. "큰 불 속으로 뛰어드는 것보다는 가장 아끼는 것을 버리는 것이 나을 것이다." 이런 해석이 가능하긴 하지만, 만약 이런 말이 원래 제사장들을 향한 것이라면, 희생체제와 예수의 관계를 재해석할 필요가 있다.

27) 레위기 22장. 또한 다음을 보라. Mishnah Hullin 1.6 and Bekhoroth 7:1ff.

28) 기독교의 교리에 있어서 '지옥'과 그 자리에 의문을 갖는 복음주의자들은 다음의 두 가지 출간들로부터 유익을 얻을 수 있을 것이다. Brad Jersak, *Her Gates Will Never Be Shut* (Eugene: Wipf & Stock,2009) 및 Sharon Baker, *Razing Hell* (Louisville: WJKP, 2010).

29) 이 비유들에 대해서 가장 창조적으로 해석한 저서는 다음과 같다. Kenneth Bailey, *Poet and Peasant & Through Peasant Eyes* (Grand Rapids: Eerdmans,1996).

30) 초대 기독교 속에서 플라톤 철학의 영향에 대해 난 종종 비판적이며, 교회가 하나님과 구원을 인식하는 방법을 형성하는 방법에 대해서도 비판적이다. 그리스인들이 교회의 아버지가 플라톤이었다고 말한다면, 그것은 네오플라톤주의자 어거스틴과 같은 서구의 것과는 다른 관점이다. 그 그리스의 아버지들은 어떤 플라톤의 패턴을 뒤집는 것에 별 어려움이 없었다. 따라서 코우델(Scott Cowdell)을 예로 들면, 다음과 같이 말하고 있다. "아타나시우스(c, 298-373)와 더불어, 니케아 정통의 위대한 챔피언, 즉 성육신 속으로 그리스도가 내려오셨다고 하는 것은 영혼이 플라톤적으로 하나님께로 올라간다기 보다는 하나님의 형상이 그리스도인들 속에서 회복되는 방법이 된다." Scott Cowdell, Abiding Faith (Eugene: Cascade, 2009),123.

31) 이것은 샌렐(Lena Sandell)의 찬송가 제목이다.

32) 다음의 저서들이 가장 유익하다. J. Duncan M. Derrett, *The Sermon on the Mount* (Northampton:

Pilkington Press,1994); Charles H. Talbert, *Reading the Sermon on the Mount* (Grand Rapids: Baker, 2004); Robert A. Guelich, *The Sermon on the Mount* (Waco: Word,1982);W.D.Davies,*The Setting of the Sermon on the Mount* (London: Cambridge University Press,1964); Hans Dieter Betz, *The Sermon on the Mount* (Minneapolis: Fortress,1995).

33) Luz, *Matthew in History*, 52–53, "교회에 대한 종교개혁적 이해는 이상주의에 대해 위험한 경향이 있으며 실제로 교회의 실재를 정의할 수가 없다. 그런 교회는 실천을 변화시키고 개혁시킬 아무 런 다급한 필요를 느끼지 못하는데, 그 이유는 실천이 그리 중요하지 않으며 모든 교회는 죄인들 의 교회이기 때문이다... 교회에 대한 마태의 개념은 아주 다른 것이다. 그의 기본적인 생각은 예 수를 따르는 제자들의 것이다."

34) 디다케 및 다른 중요한 초기 기독교 문서들은 다음에서 찾을 수 있다. *The Apostolic Fathers* translated by Michael W. Holmes (Grand Rapids: Baker,2007). 이 책은 라이트풋(J.B. Lightfoot)과 하머 (J.R. Harmer)의 저서에 기반을 두고 있다. 커소프 레이크(Kirsopp Lake)는 또한 로에브 고전도서 관(Loeb Classical Library)에서 그 책들을 번역했다. *The Apostolic Fathers* 2 volumes (Cambridge: Harvard University Press, 1919. 사도적 교부인 순교자 저스틴(Justin Martyr), 아데노그라스(Athenogoras)와 이레니우스(Irenaeus)의 선집에 대해서는 다음을 보라. *Early Christian Fathers*, Cyril C. Richardson ed.(Philadelphia: Westminster,1958). 나는 다음의 책에 상당히 동의하고 있다. Aaron Milevec, *The Didache* (Mahwah: The Newman Press, 2003). 밀레벡(Milevec)에 대해 내가 유일하게 비판한 점은 그가 기독교 형성 속에서의 비폭력의 역할을 잘못 이해한 것이다. 난 또 다음의 책에 서도 얻은 바가 있다. Kurt Niederwimmer, *The Didache* (Minneapolis: Fortress, 1998).

35) William V. Harris, *Ancient Literacy* (Cambridge: Harvard University Press,1989).

36) 헹겔(Martin Hengel)은 자신의 책 *The Four Gospels and the One Gospel of Jesus Christ* (Harrisburg: Trinity International, 2000)에서 70인역을 사용하는 교회 안의 초기 기독교교리문답서의 역할 및 마가와 마태의 형성을 폄하하고 있다. "마가처럼, 그의 [마태의] 복음은 예배에서 읽혀질 것을 많 이 염두에 두었지만 적어도 초기 기독교 공동체들 속에서 교리문답과 윤리적 가르침 속에서 집 중적으로 많이 사용되었다(99)." "초기 기독교 예배에 있어서 구약의 글들은 중요하게 여겨지지 는 않았으며, 그들을 집중적으로 논의에서 사용하는 것은 불가능했다. 그것은 교리문답교육에 서도 마찬가지였다"(117). 초대교회에서의 선집에 대해 말하면서, 헹겔은 다음과 같이 언급한다. "아마도 로마 공동체는 책장 속에 있는 교리문답적 방향을 가지고 주님이 말씀하신 기록들의 모 음(혹은 여러 가지 모음들)을 가지고 있었을 것이다. 이것은 나중에 주요 복음서들로 인해 생략 이 될 수 있었다.(128)" 또한 미셸 슬리(Michelle Slee)는 다음과 같이 주장한다. 디다케의 "1–6장 은 교회에 들어오는 이방인들을 위한 세례 전 교리문답적 교육으로 기능한다." Michelle Slee, *The Church at Antioch in the First Century C.E.: Communion and Conflict* (London: Sheffield Academic Press, 2003) 60.

37) Huub Van de Sandt ed., *Matthew and the Didache*(Philadelphia: Fortress, 2005). 슬리(Slee)는 디다케 (The Didache)와 마태복음이 모두 아마도 한 세대 간격이 있는 안디옥 교회에서 왔다고 주장한다. Slee, *The Church at Antioch*,op.cit.

38) 이혼에 대한 예수의 시각과 여성에 대한 그의 관심이 가진 사회학적 암시에 대해서는 많은 시각 이 있을 수 있고 있어야만 한다. 여성이 소지품이고 재산 이상의 것이 될 수 없었던 문화에서, 이 혼에 대한 예수의 가르침은 아주 중요한 의미를 가진다. 예수의 가르침은 가부장적 기독교 문화 를 위한 심오한 의미를 갖기도 한다.

39) *Self Deception and Wholeness in Paul and Matthew* (Minneapolis: Fortress, 1990), 94.

40) 예수의 수많은 언급에는 랍비적인 유사성들이 있다. 예를 들어 Gustaf Dalman, *Jesus-Jeshua* (London: SPCK,1929), 224에서는 다음과 같이 말한다. "누군가가 판단하는 판단이 그에게도 내려질 것이다" (M. Sotah i.7; Tos. Sot. Iii. 1,2, Sifre 28b). 예수가 그런 전승에서 얻은 생각을 사용했는지 의 문제가 아니다. 진정한 문제는 예수가 자신의 종교적 환경의 어떤 요소를 왜, 무슨 까닭으로 반영했느냐는 것이다. 다시 말해, 성서를 읽을 때 예수의 환경 속에서의 '선별작업'이 같은 해석 을 따르고 있는가? 난 그렇다고 본다.

41) 해체적인 측면과 재건적인 측면을 모두 붙잡는 '나라'의 묘사는 다음에서 나온다. Robert Hamerton-Kelly, *The Gospel and the Sacred*,op.cit.,12. "나라는 희생자에 대한 연민의 힘으로서, 그리스 도를 닮음, 특히 십자가에서의 자기희생 속에서 이루어진다." 이런 모든 것들이 예수가 가져다주 는 새로운 시각에서 나온다.

2장 • 성서를 읽는 예수의 방식

1) David H. Kelsey, *The Uses of Scripture in Recent Theology* (Philadelphia: Fortress,1975).

2) 니켈스버그(George W.E. Nickelsburg)는 다음의 책에서 이렇게 말하고 있다. "유대교 경전(히브리성서 39권)에 대해 우리가 지금 생각하고 있는 것은 1세기 유대인들 모두에게 있어 어디서든 권위적인 성서로서 굳어져 있지 않았다는 것이다. 이런 성서의 글 중 몇몇은 아마도 어떤 사람들에게는 높은 권위로 여겨지지 않았다. 에녹1서와 희년서(Jubilees) 및 쿰란 성전 두루마리 같은 저작들은 다른 이들에게 있어 권위적이었다." George W.E. Nickelsburg, *Ancient Judaism and Christian Origins* (Minneapolis: Fortress, 2003),20-21.

3) 하지만 에드워드(James R. Edwards)는 이 본문 속에서 찾을 수 있는 히브리어 특유의 숫자를 언급한다. *The Hebrew Gospel & the Development of the Synoptic Tradition* (Grand Rapids: Eerdmans, 2009), 300-301. 누가복음의 서문(1:1-4)은 누가의 자료사용을 보여주는데, 그 가운데 하나는 히브리어 복음이 되었다. 누가복음 1:1-4에 대해서는 또한 다음을 보라. Richard Bauckham, *Jesus and the Eyewitnesses*(Grand Rapids: Eerdmans, 2006),114-124.

4) Martin Hengel, *The Charismatic Leader and His Followers* (New York: Crossroad,1981),45n.19는 스트랙 빌러벡(Strack-Billerbeck)을 인용한다. "회당에서 성서를 읽는 것은 몇몇의 예외를 제외하고는, 원칙상 누구나 할 수 있는 것이었다"(4.156). 헹겔은 이것이 또한 탈굼주의자들에게도 적용된다고 계속해서 관찰하고 있다.

5) 어떤 학자들은 히브리어가 예수 당시에 사어(死語)였다는 가정을 가지고 연구를 한다. 하지만 최근의 증거는 마카비혁명에 이어진 부흥이 있었던 것을 보여주며, 적어도 유대에서는 히브리어가 신성한 본문을 위해 사용되는 언어로서 구사되고 있었던 것 같다. 갈릴리 농부들은 구어로서의 히브리어와 그리 친숙하지 않았으며(난 그렇게 의심하고 있다), 나아가 예배에서 유대교 경전을 읽을 때 탈굼(아람어역)을 사용할 필요가 있었다.

6) 칠튼(Bruce Chilton)은 다음의 책에서 '하나님 나라'에 대한 예수의 가르침이 탈굼역 이사야서의 영향이란 것을 보여 준다. *A Galilean Rabbi and His Bible* (Wilmington: Michael Glazier, 1984). 매시(Isabel An Massey)는 산상수훈과 아람어 탈굼 사이의 병렬을 상세히 설명하고 있다. *Interpreting the Sermon on the Mount in the Light of Jewish Tradition as Evidenced in the Palestinian Targums of the Pentateuch* (Lewiston: Edwin Mellen, 1991). 탈굼에 대해서는 일반적으로 다음의 책이 유용하다. Martin McNamara, *Targum and Testament Revisited: Aramaic Paraphrases of the Hebrew Bible* (Grand Rapids:E erdmans, 2010).

7) Joachim Jeremias, *New Testament Theology* (New York: Scribner's,1971), 206. 그는 또한 "마 11:15에서, 비록 예수가 가진 세 개의 구약 본문들(사 35:5, 29:18f; 61:1) 모두에서 선언되었지만, 그는 [예수] 이방인들에 대한 종말론적 보복을 건너뛰고 있다. 이렇게 보복을 생략하는 것은 예수가 경고를 하고 있는 것과 맞서는 메시지의 공격의 일부이다." 약점의 여격으로서의 marturein(증언하다)의 또 다른 사례는 마태복음 23:31을 보라. 바일리(Kenneth Bailey)는 또한 다음의 책에서 그 여격의 사용에 대해 언급하고 있다. *Jesus Through Middle Eastern Eyes* (Grand Rapids: Eerdmans, 2008),151.

8) 칼빈주의자들이 주장하는 것처럼, 이것은 '일반은총(common grace)'를 지칭하는 것이 아니라, 복종이 축복을 얻고 불순종이 저주를 가져오는 신명기적 해석을 뒤집는 것이다. 환언하면, 이 언급의 배경은 유대교 경전이지 어거스틴이 아니다!

9) 데일리(Robert Daly)는 다음과 같이 말한다. "성서 속에서 폭력의 범람은 그리스도인들과 유대인들에게 있어 중요한 문제이자 도전이다. 어떤 주요한 기독교 성서신학도 아직 이것을 해명하지 못하고 있다." "Violence and Institution in Christianity" *Contagion* Volume 9(Spring) 2002,6. 난 『예수가 이끄는 삶』이 그런 공백을 채웠으면 하고 바란다. 유사하게 윙크(Wink)는 다음과 같이 말한다. "십자가의 조명 속에서 하나님의 형상을 온전하게 비판하려는 마르시온의 도전에 응답하는 그리스도인들은 얼마 되지 않는다." *Cracking the Gnostic Code: The Powers in Gnosticism* (Atlanta: Scholars Press, 1993), 29. 난 마르시온의 도전을 받아들인다.

10) 다음을 참고할 것. Honi the Circle Drawer in Geza Vermes, *Jesus the Jew* (London: Collins,1973),69; David Flusser, *The Sage from Galilee*, op.cit.,98. A more negative assessment is given by John P. Meier, *A Marginal Jew*, Vol 2 (New York: Doubleday,1994),581ff.

11) 여기에는 사해사본(4Q521, 구원과 부활) 속의 이사야서 본문의 사용에 있어 흥미로운 병행이 있다. 이 단편은 누가에서처럼, '메시아'라는 용어와 '심판 언급들'이 없는 이사야서 본문의 주석집을 결합하여 사용하고 있다. 어떤 관점에서처럼, 만약 침례 요한이 쿰란과의 어떤 연계성이 있었

다면, 예수가 이런 가르침을 잘 알았을 수도 있으며, 거의 반어적인 논조로 요한에게 다시 인용하고 있다고 보는 것이 가능하지 않을까?

12) 리처드 보캄(Richard Bauckham)은 제2성전 유대교 속에서 신성한 구원적 인물이나 중개자의 범주가 나타나고 있다는 것을 보여준다. *Jesus and the God of Israel* (Grand Rapids: Eerdmans, 2008). 에녹 학자들도 에녹1서에 등장하는 신성한 인자가 기독교 전통보다 앞선 것을 알고 있으며 (그들의 시각으로) 초대 기독교의 기독론에 영향을 주었으리라 추정한다. 다음을 보라. Gabriele Boccaccini ed., *Enoch and the Messiah Son of Man* (Grand Rapids: Eerdmans, 2007). 유다서신(vss. 14-15)조차도 에녹1서 1:9를 인용한다.

13) 이 문헌은 구약위경 속에서 발견되고 있다.

14) 맥크라켄(David McCracken)은 다음의 연구에서 이 본문을 논의할 때 다른 형태의 모델로서 스캔들(scandal)과 예수의 아주 중요한 연결점을 찾아내고 있다. "Scandal and Imitation in Matthew, Kierkegaard and Girard" *Contagion* Volume 4 (Spring) 1997, 149ff. 스캔들(scandal)은 오해를 탐구하는 모방적 현실주의 속의 핵심적 개념이다. 왜 사람들은 그것을 잘못 받아들였을까(걸려 넘어졌을까)? 난 이 중요한 핵심의 뉘앙스적인 논의를 위해 지라르와 그의 해석자들을 독자들에게 추천하는 바이다.

15) James H. Charlesworth "From Messianology to Christology: Problems and Prospects" in James H. Charlesworth ed., *The Messiah* (Minneapolis: Fortress, 1992), 5.

16) 다음을 보라. Ben Witherington, *The Christology of Jesus* (Minneapolis: Fortress, 1990), 246. '인자'와 예수의 가족관계가 가진 다면적인 배경은 그것을 모두 최선의 자기참조수단으로 만든다. 유사하게 플러서(David Flusser)는 '인자'를 드러나는 연관성의 방식을 거쳐야 하는 것으로 이해하는데, 먼저는 인류학적이며 이후에는 종말론적이고 전형적인 것이다. 플러서는 예수가 '인자'를 이해하는 것이 다음의 세 가지 방식을 의미한다고 언급한다. 1) 단순히 인간을 지칭하는 용어, 2) 자기를 가리키는 '완곡한 우회' 그리고 3) 인자의 종말론적 강림. 플러서는 다음과 같이 단언한다. "내가 옳다면, 예수의 입에서 나오는 '인자'를 지정하는 세 가지의 의미는 예수의 언급 배후에 있는 어떤 네 번째 측면을 만들어 내는 수단을 종종 저버리곤 한다(110-111)." David Flusser, The Sage from Galilee, op.cit. 기독교 학자들은 이런 현명한 유대인의 조언에 귀를 기울이는 것이 좋을 것이며 다른 이들도 마찬가지일 것이다.

17) *The Human Being* (Minneapolis: Fortress, 2002).

18) *The Sage of Galilee*, op. cit. 79.

19) 나는 '거룩함의 수칙'과 예수의 '자비 수칙'의 개념을 다음의 책에서 가져오고 있다. Marcus Borg, *Conflict, Holiness and Politics in the Teaching of Jesus* (Lewiston: Edwin Mellen Press, 1984). 또한 다음을 보라. John Bowker, *Jesus and the Pharisees* (Cambridge: Cambridge University Press, 1973), 15-16. 보커(Bowker)는 다음과 같이 말하고 있다. "하카믹(현자) 운동 속의 근본주의는 거룩함의 비전이었다. 이것은 만약 그들이 하나님의 백성이라면, 하나님께서 그 백성에게 요구하시는 것을 수행하는 것이었다. 그 비전 자체 속에서는 놀랄 만한 것이 없다. 그것은 다른 많은 유대인들이 공유하는 것이었다. 진짜 문제는 그것을 어떻게 성취하는가 하는 것이다. 다음과 같은 명령을 어떻게 지켜야 하는가? '내가 거룩함 같이 너희도 거룩하여, 그것을 이루라.' 제2연방국의 시기에 유대인들이 많이 나뉘어졌다는 것은 사실상 그런 심오한 기본적인 문제에 주어져야 할 대답들이 서로 달랐다는 결과가 된다." 예수가 그 거룩함의 문제를 재구성한 것은 따라서 동시대사람들 사이에서 독창적인 것(sui generis)은 아니었다.

20) 요세푸스의 저서들을 보라.

21) 예수의 서자됨에 대해서는 다음을 보라. Andries van Aarde, *Father less in Galilee: Jesus as a Child of God* (Harrisburg: Trinity Press, 2001); Bruce Chilton, *Rabbi Jesus: An Intimate Biography* (New York: Doubleday, 2000); Jane Schaberg, *The Illegitimacy of Jesus* (New York: Harper and Row, 1987); Joachim Jeremias, *Jerusalem in the Time of Jesus* (London: SCM, 1969), 337-341.

22) 딕슨(Bruce Dickson)은 구석기시대의 종교를 남서유럽 속에서 나타난 것으로 해석하고 있다. *The Dawn of Belief* (Tucson: University of Arizona Press, 1990). 난 특별히 피부색을 차별화 표시로 사용하는 것에 대한 그의 주장(42ff)에 주목하고자 한다. 공동체는 스스로를 훼손한다. 시원적(originary) 살인을 이해하는 지라르와 병치되면서, 그것은 발생적인 모방의 희생양만들기 체계에 대한 해석을 외치고 있다.

23) 몇몇 학자들은 종말론적 시각에 의해 영향을 받은 그룹들이 토라 속에서 발견되는 계시와 찬양

받는 개인적 시각들을 경시했다고 주장하고 있다. 다음을 보라. Gabrielle Boccaccini and Giovanni Ibba, ed., *Enoch and the Mosaic Torah* (Grand Rapids: Eerdmans, 2009).

24) 다음의 단락들은 묘사라기보다는 넓은 일반화들이다. 이 그룹들과 그들의 하위 그룹들(그리고 다른 관련된 그룹들)에 대한 정확한 역사적 묘사들 및 그들의 발전은 그 자체만으로도 책 한권이 될 것이다.

25) *First Century Judaism in Exile*, op. cit., 36.

26) James C. Vander Kam, *The Dead Sea Scrolls Today* (Eerdmans: Grand Rapids,1994); James H.Charlesworth, ed. *Jesus and the Dead Sea Scrolls* (New York: Doubleday,1992); Gabriele Boccaccini, ed. *Enoch and Qumran Origins* (Grand Rapids: Eerdmans,2005).

27) 에녹 세미나의 저서들은 Eerdmans 출판사에 의해 발행되고 있다. Gabriele Boccaccini, ed. *Enoch and Qumran Origins* (2005), *Enoch and the Messiah Son of Man* (2007), *Enoch and the Mosaic Torah* (2009).

28) 서기관들에 대해서는 다음을 보라. Anthony J. Saldarini, *Pharisees, Scribes and Sadducees* (Wilmington: Michael Glazier,1988).

29) 아슬란(Reza Aslan)의 최근 연구는 *Zealot* (New York: Random House, 2013)로서, 그는 이 책에서 예수가 혁명단원이었다는 오래된 라이마루스-브랜든(Reimarus-Brandon)의 가설을 되살리려는 시도를 한다. 하지만 아슬란은 예수의 가르침 속에서 폭력을 문제화하고 있다는 점을 고려하지 못했고 제자도에 대한 예수의 이해 속의 비폭력적 모방의 역할도 인식하지 못했다.

30) "유대인에게 있어 율법은 단순히 수행의 규례가 아니라, 각기 다른 행동의 장단점을 고려하는, 그리고 최고 다수의 최대 행복을 조심스럽게 수행하는 진화된 인간의 지혜였다. 그것은 하나님의 뜻의 계시였으며 그리하여 하나님 자신의 계시였다. 예수는 이런 전통 속에 서 있었으며, 그 속에서 현존했던 율법을 비판하거나 수정했다. 그것은 예수에게 있어 하나님의 뜻을 더 적합하게 표현하기 위한 것이었다." T.W. Manson, *The Sayings of Jesus* (London: SCM, 1949), 36. 필연적인 결론은 예수가 하나님 자신을 표현했으며, 율법에 대한 예수의 지향은 율법에 대한 하나님의 지향점이다.

31) 플러셔(Flusser)는 이렇게 말하고 있다. "이것은 오래된 랍비적 언급이기도 하다." David Flusser, *The Sage from Galilee* (Grand Rapids: Eerdmans, 2007), 57. 그는 출애굽기 15:2에 대한 메킬타 드 랍비 이스마엘(Mekhilta de-Rabbi Ishmael)을 인용한다. 여기서 그 랍비는 시편 22:1의 '나의 하나님'의 이중적 문구를 주석했다. "나의 하나님. 나와 함께 그는 자비의 법칙에 따라 대하셨으며, 내 아버지들과 함께 였을 때 그는 정의의 법칙에 따라 대하셨다. 어떻게 우리는 '나의 하나님'(Eli)이 자비의 법칙을 뜻한다는 것을 알까? '나의 하나님, 나의 하나님 (Eli Eli) 어찌하여 나를 버리셨나이까?' (시 22:2)라고 언급되었다. 또한 '하나님(Eli), 비옵니다. 제발 미리암을 고쳐 주십시오.' (민 12:13)라고 언급되었다. 또한 '주님은 하나님(Eli)이시니, 우리에게 빛을 비추어 주셨다'(시 118:27)고 언급되었다." 그 랍비는 엘(Eli)이라는 단어가 하나님을 지칭할 때는 엘(Eli)을 자비로운 것으로 해석해야만 한다고 주장하고 있다. 실제로 그럴 수 있지만 예수는 하나님의 사회학적 행동의 모델로 분명히 만듦으로 이것을 더 심화시키고 있다. *Mekhiltade-RabbiIshmael* (Philadelphia: Jewish Publication Society, 1933), Vol.2,28. 22:28에서 레위기에 관한 탈굼역 위경 요나단 (Targum Pseudo-Jonathan, 율법의 서방 탈굼역, 역자 주)은 다음과 같이 읽는다. "우리의 아버지가 하늘에서 자비로우신 것과 같이 너희도 지상에서 자비로워야 한다."

32) 오크맨(David Oakman)은 *Jesus and the Economic Questions of His Day*, op. cit (xiii)에서 다음과 같이 묻는다. "만약 예수가 농민들에게 주로 말했다면, 왜 청중들은 그의 메시지에 단호하게 반응하지 않았나? 왜 그들은 결국 예수의 길을 거부했나? 그리고 왜 예수의 부활 이후의 제자들 대다수가 그와 같은 장인들이었을까? 난 사회학적 고려들 통해 이에 대한 해답을 해야 한다고 본다. 예수는 성전과 1세기 자급자족적인 정신을 공격했다. 이것은 적어도 고대 유대교 농민 가치체계의 기본적인 '밑받침' 가운데 두 개였다." 또한 다음을 보라. Sean Freyne, *Galilee, Jesus and the Gospels* (Philadelphia: Fortress, 1988), 251. 프레인(Freyne)은 다음과 같이 언급한다. "성전과 땅에 대한 예수의 태도는...알려진 몇몇 그룹들과 불가피하게 그저 세부사항에서 충돌한 것이 아니라 기본적인 시각에 충돌한 것이다." 예수의 사회적 세계에 대한 권장할 만한 책은 다음과 같다. K.C. Hanson and Douglas Oakman, *Palestine in the Time of Jesus* (Minneapolis: Fortress,1998).

33) Sean Freyne, *Galilee, Jesus and the Gospels*, op.cit.,225. 그는 E.P. Sanders, *Jesus and Judaism* (Philadelphia: Fortress,1985),63ff를 따라 '성전정화'를 주장하는 사람들 가운데에서 시대착오적인 문제

를 지적한다. 그들은 "하나님에 의해 임명된 성전을-예수는 이것을 공격하지는 않았고-신성한 기관으로서 유대인들이 잘못 사용하는 것으로부터 구분하고자 했다-예수는 이것을 공격했다... 이것은 1세기 유대인들의 시각보다는 외부적인 것이 무엇인지에 대한 19세기에 더욱 의존하는 것처럼 보인다."

34) 작은 사례를 들자면, 정함과 부정함에 대한 논쟁(tevel-yom)에 관하여 속에서, 요한난 벤 자카이(Yohanan ben Zakkai)와 바리새인들은 사두개인들의 엄중한 규정에 반대하는 판단을 내렸다는 것이 큰 암시를 가져다준다. 작은 논쟁으로 보이지만 심오한 암시들을 내포하고 있다. "요한난 벤 자카이가 이끄는 바리새인들은 단순히 성전을 지배하고자 한 것이 아니라 그 성전에서 자신들의 통치를 받아들이지 않았던 모두를 배제시키고자 했다. 그 랍비들의 뻔뻔스러움에 감사하면서, 우리는 사두개인들이 아마도 자신들을 사독의 직접적인 후계자로 여겼을 것이라는 것을 떠올려야 한다." Jacob Neusner, *First Century Judaism in Exile*, op. cit., 86-87. 따라서 바리새인들은 "그저 단순히 1세기의 사두개인들만이 아니라 거의 천년동안이나 성전에서 말하고 행한 모든 것들을 부정하고 세속적인 것으로 표현하고자 했다." 물론 지나고 나서 보면, 우리는 제사장직을 지배했던 사람들이 바리새인들, 에세네파, 침례자 요한이나 예수도 듣지 않으려 했다는 것을 안다.

35) 예레미야 7:21-23을 NIV로 번역된 것을 보면 다음과 같다. "이것은 나 만군의 주, 이스라엘의 하나님이 말하는 것이다. 너희의 번제물을 너희의 다른 제사에 더하여 그 고기는 너희가 먹어라! 내가 너희의 조상들을 이집트에서 데리고 나왔을 때 그들에게 말하기를, 나는 딱히 그들에게 번제물이나 희생제물에 대해 명령하지 않았다. 하지만 나는 이런 명령을 그들에게 주었다. 나에게 순종하면 나는 너희의 하나님이 되고 너희는 나의 백성이 될 것이다." 이 번역에 따르면, 하나님은 이집트에서 출애굽 이후에 많은 명령들을 내리셨다. 그들 가운데는 희생제사에 관한 명령도 있었다. 이제는 RSV의 번역과 비교해 보자. "내가 너희의 조상들을 이집트의 땅에서 데려 나오던 날에, 나는 그들에게 번제나 희생제사에 대한 것을 말하지도 명하지도 않았다."

NIV에서는 '딱히'라는 작은 단어가 추가되어 있다. 이 단어가 추가된 것은 시내산에서 주어진 모든 계명들 가운데서 희생제사의 계명들은 율법에 분명히 있는 것들이었음을 보여주게 된다. 하지만 RSV와 거의 모든 다른 번역본들에는 이런 추가 단어가 없다. 예레미야는 희생제사는 원래 토라의 일부가 아니었다고 말한다. NIV 역자들(주로 보수적인 복음주의자들)은 예레미야가 율법과 상충될 수 있다는 가능성을 처리할 수 없었으며 그리하여 토라에 있던 것에 따라 그의 말을 가져왔다. 하지만, 그런 컨텍스트로부터 예레미야는 희생제사와 성전에 대해 신랄하게 비판했다는 것은 분명하다.

36) *Discipleship* (Minneapolis: Fortress, 2001) 43.

37) 이것은 확실히 울리히 루즈(Ulrich Luz)가 마태전승과 마태공동체를 보는 방식이다. 그는 다음의 것을 언급하고 있다. "마태의 교회학의 핵심: 제자도는 그리스도의 패턴 속의 삶을 의미한다." *Matthew in History*, op. cit., 48.

38) T.W. Manson, *The Teaching of Jesus* (Cambridge: Cambridge University Press,1935),239-240. 또한 다음을 보라. Witherington, *The Christology of Jesus*, op.cit.,16.

39) Warren Carter, *Matthew and Empire: Initial Explorations* (Harrisburg: Trinity Press, 2001),108ff.

40) *The Sage of Galilee* (Grand Rapids: Eerdmans,2007),75.

41) 이것은 예수가 하나님의 창조에 대해 신경 쓰지 않았다는 의미가 아니다. 우리가 성스러운 장소를 사용할 때는, 암시적으로 희생을 위해 마련된 장소를 사용하는 것이다. 진정한 예배는 희생에 관한 것이 아니라 희생의 종말에 관한 것이다. 예수가 땅에 대해 말할 때는, '성스러움'을 지배하는 사람들, 힘을 가진 사람들의 관점에서 벗어나서 이야기한다(지라르 및 윙크와 같은 의미에서, 7.3). 예수는 대중들이 경험하는 것보다는 백합과 참새에 대한 더 은혜로운 관계에서 말한다. 이런 '다른' 유형의 사고는 창조 속에서 사람의 길을 편안하게 할 능력을 요구하고 있다. 이것은 예수의 샤머니즘이라고 불릴 수도 있는 측면이다. 예수를 이해하기 위한 범주로서의 샤먼에 관해서는 다음을 보라. Pieter Craffert, *The Life of a Galilean Shaman: Jesus of Nazareth in Anthropological-Historical Perspective* (Eugene: Wipf&Stock,2008).

42) 이 주제에 대한 온전한 연구를 위해서는 다음을 보라. W.D. Davies, *The Gospel and the Land: Early Christianity and Jewish Territorial Doctrine* (Berkeley: University of California Press,1974)

43) 왕국은 장소도 아니고 가부장적인 것도 아니며, 하나님의 자녀로서 우리가 갖는 관계와 특성을 가리키는 것이라고 페미니스트 성서학자들이 제시하고 있다. 왕국은 바로 그 '왕국'이라는 문구의 표현이다. 나는 이것이 굉장히 결정적이고 중요한 시각이며, 하나님의 통치를 말하기 위해 이

단어를 사용해야 한다고 믿는다.

3장 • 예수의 사역과 메시지

1) 같은 책, 104. "... 하나님의 다양한 이름들을 나열하고 그 이름들에 초점을 맞추라. 하나님의 이름들은 독단적이지 않다. 그 이름들은 우리에게 하나님의 성품의 다양한 측면들에 대해 이야기해 주고 있다. 구약에서 하나님은 스스로 새로운 이름들을 소개함으로써 이스라엘에 자신을 점진적으로 계시하셨다..."

2) 신학적 억견에 대한 중요한 논의에 대해서는 다음을 보라. Dietrich Ritschl, *The Logic of Theology* (Philadelphia: Fortress,1986); 또한 Eberhard Jungel, *God as the Mystery of the World* (Grand Rapids: Eerdmans,1983).

3) (New York: Schocken, 1974), 581–582.

4) G. Kittel in *Theological Dictionary of the New Testament* (Grand Rapids: Eerd mans,1964),Vol.1:213에서는 다음과 같이 언급한다. "독특한 통계자료는 akolouthein의 특별한 사용이 그리스도에 대한 제자들만 엄격히 제한되어 있다는 것을 보여준다. 요한계시록에서의 단일 지칭을 제외하고, 그것은 [이런 의미에서] 4복음서 속에서만 독점적으로 발견되고 있다." 괄호는 나의 것이다. 또한 다음을 보라. Hengel, *The Charismatic Leader*, op.cit.,86,n.9.

5) 몇몇 그리스도인들은 정의를 말하지 않고 용서를 말한다. 다른 이들은 정의를 강조하고 용서를 건너뛴다. 이 두 가지는 구별할 수 없는 것이다. 용서와 정의를 구분하는 것은 신학과 윤리학 사이의 균열을 보여주는 증상이다. 이것을 언급하는 바울의 방식은 '하나님의 의'(dikaiosune theou)로써, 다음의 질문에 대한 대답이 된다. 모두와 하나를 똑같이 값없이 용서하시는 하나님을 당신은 어떻게 정당화하는가?

6) 크리스토퍼 마샬(Christopher Marshall)은 용서와 용서가 아닌 것의 다섯 가지 핵심 요소를 드러내고 있다. 용서는 1) 희생의 반응, 2) 가해자에게 값없이 주어진 어떤 것 3) 희생을 위한 해방, 4) 똑같이 되갚지 않음, 그리고 5) 화해 속에서 성취됨이다. 용서가 아닌 것은 1) 연약함, 2) 잘못을 변명함, 3) 거부, 4) 망각, 혹은 5) 자동적인 것이다. Christopher Marshall, *Beyond Retribution* (Grand Rapids: Eerdmans, 2001), 263–275

7) 용서로서의 사랑은 보복적 폭력의 정반대이다. 메르켈(Helmut Merkel)은 다음과 같이 주장한다. "만약 누군가의 친구를 향한 행위가 멀리해야 할 행위와 생각뿐만 아니라 심지어 그의 적에게 요구되는 중재까지도 옹호하는 사랑에 의해 완전히 결정되어야 한다면, 인간에 대한 폭력의 열성행위를 정당화할 수는 없을 것이다. 하지만 그것이 위대하든 성스러운 것이든, 모든 이상들은 누군가의 이웃을 위한 사랑에 종속되어야만 한다. 이런 수칙을 가지고, 예수는 스스로를 자신의 시대의 모든 당파와 그룹들 외부에 위치시켰다." Bammel and Moule ed., *Jesus and the Politics of His Day*, op.cit.,144.

8) 안셀름의 책 *Cur Deus Homo?*와 십자군 전장에 대해서는 다음을 보라. Anthony Bartlett, *Cross Purposes* (Harrisburg: Trinity Press,2001),95ff. 그의 저서는 속죄의 만족이론의 해체에 있어서 논리적 걸작이다.

9) *Institutes of the Christian Religion* (Philadelphia: Westminster, 1960), 2.XII.4.

10) *The Promises of God* (Grand Rapids: Baker, 2009).

11) "추상적 속죄신학의 작업과 같이, 만약 예수의 사역의 주된 목적이 십자가에서 죽는 것이었다면, 그가 단순히 자신을 십자가에서 죽기 위해 그 체제를 취한 것인 양 보이기 시작하게 되고 그리하여 추상적 희생신학이 실행될 수 있다. 이것은 사역과 죽음 모두 순전한 부자연스러움과 같이 만들어 버린다." Tom Wright, *Jesus and the Victory of God* (Minneapolis: Fortress, 1996),14

12) Gustaf Dalman, *Jesus-Jeshua*, op.cit.,12는 마가복음 3:17의 Boanerges가 "아마도 아람어 bene regesh, 즉 '격노의 아들들'에서 온 것이며, (일반적으로 알려진) '우뢰의 아들들'을 의미한 것은 아니다"라고 언급한다.

13) *Jesus and His Death: Historiography, the Historical Jesus and Atonement Theory* (Waco: Baylor University Press, 2005), 357. 또한 다음을 보라. Witherington, *The Christology of Jesus*, op.cit.,255.

14) *Covenant of Peace* (Grand Rapids: Eerdmans, 2006),193.

15) 이것에 대해서는 다음을 보라. Klaus Wengst, *Pax Romana and the Peace of Jesus Christ* (Philadelphia: Fortress,1987).

16) (Grand Rapids: Eerdmans, 2007),309.

17) 비유들의 결론은 이렇게 지속적이다. "비유는 다른 초자연적 세계를 가리키는 것이 아니라 우리의 이런 세상 속에 있는 새로운 가능성을 가리키는 것이다. 우리가 익숙해져 있는 것과는 완전히 다른 방식으로 삶과 세상을 보러 올 실제적 가능성을 가리키고, 그들을 경험하러 올 가능성을 가리킨다." Edward Schillebeeckx, *Jesus: An Experiment in Christology* (New York: Random House,1979),157.

18) *The Teaching of Jesus* (Cambridge: Cambridge University Press, 1935), 73.

19) 사역이 성공이냐 실패냐를 이해함에 관해서 씨/청중들의 유형을 분별하는 농부로서 맥클렌던 (James Wm. Mclendon Jr.)은 설교자에게 강조점을 두었음에도 내 해석과 근접해 있다. James Wm. McClendon Jr., *Witness: Systematic Theology* Vol.3 (Nashville: Abingdon, 2000), 60. 그럼에도 불구하고 그 해석에 있어서 강조되는 것은 씨 뿌리는 자가 아니라 밭이다. 난 우리가 더 이상 이 비유를 '씨 뿌리는 자의 비유'라고 하지 말고 '밭의 비유'라고 불러야 한다고 생각한다. 비유들은 왜, 그리고 어떻게 사람들이 하나님 나라의 메시지를 받아들이는가 혹은 거부하는가에 대한 것이다.

20) *The Teaching of Jesus*, op. cit., 66ff.

21) 예를 들면 Charles E. Carlston, *The Parables of the Triple Tradition* (Philadelphia: Fortress,1975), 3–9. 슈바거(Raymund Schwager)는 마가의 그 본문이 알려진 어떤 본문 형태(마소라, 70인역, 탈굼)와도 부합하지 않으며, "그가 그들의 눈을 멀게 했다"에서의 "그"는 하나님을 지칭하는 것이 아니라(몇몇 주석과는 정반대이다) "다른 인간들의 두려움 혹은 마음을 완고하게 하는 대리자로서의 사탄을 지칭하며 그리스도는 치유자이다."

4장 • 콘스탄틴적 기독교

1) 신약 정경의 최종 결과는 축복과 골칫거리 양쪽 모두이다. 그 골칫거리란 책들을 받아들임에 있어서 콘스탄틴적 정치학과 그 영향이며, 나중에는 '에스라 이후에는 계시가 없다'라는 그릇된 가정이다. 전자에 대해서는 다음을 보라. David L. Dungan, *Constantine's Bible: Politics and the Making of the New Testament* (Minneapolis: Fortress,2007).

2) *Engaging the Powers* (Minneapolis: Fortress, 1992), 175–77.

3) Hans von Campenhausen, "Christians and Military Service in the Early Church," in *Tradition and Life in the Church* (Philadelphia: Fortress, 1968), 161.

4) Lisa Cahill, "Nonresistance, Defense, Violence, and the Kingdom in Christian Tradition" *Interpretation* (October 1984): 382.

5) 히포린투스와 터튤리안, 그리고 조금 더 내려와서 희생적 기독교를 세속화시키는 홉스(Hobbes)와 같은 초기 기독교 사상가들은 데살로니가 후서 2:7에 나오는 katechon('막는 것')처럼 연합된 교회/제국의 역할에 대해 굉장히 중요한 논의를 했다. 다음을 보라. Wolfgang Palaver "Hobbes and the Katechon: The Secularization of Sacrificial Christianity" *Contagion* Volume 2 (Spring) 1995.

6) 흥미롭게도, 내가 발견한 '후기-콘스탄틴주의'의 최초 언급가운데 하나는 1960년 중반에 쉐퍼드 (Massaey Shepherd Jr.)가 쓴 글이었다! 그는 다음의 책에서 이렇게 말했다. "Before and After Constantine", *The Impact of the Church Upon Its Culture* (Chicago: University of Chicago Press,1968). "역사적 시각에서 보면, 현대 기독교의 위기를 '후기 콘스탄틴 시대'의 출현으로 묘사하는 것이 더욱 정확할 것이다...일반적인 그들의 파경의 신호는 명백한 것이었다." 이것은 하나님의 죽음운동, 페미니스트 신학, 자유신학, 본회퍼 연구와 존 하워드 요더의 르네상스 이전이었다!

7) Robert M Grant, *Eusebius as Church Historian* (Oxford: Clarendon Press,1980); Glenn F.Chestnut, *The First Christian Histories* (Macon: Mercer University Press,1986); Timothy Barnes, *Constantine and Eusebius* (Cambridge: Harvard University Press,1981); G.W.Trompf, *Early Christian Historiography* (London: Equinox, 2000).

8) Peter Brown, *Augustine of Hippo* (Berkeley: University of California Press, 1967), 235.

9) 리츨(Ritschl), *Memory and Hope*,op.cit.,115–121은 어거스틴의 선택이론을 검토하여 다음과 같이 결론을 내린다. "그리스도를 조금도 언급함이 없이 어거스틴의 이론의 거대한 부분을 다시 만들어 내는 것은 가능할 것이다."

10) 리츨처럼, 난 그의 시대에 어거스틴이 했던 위대한 저작으로 인해 어거스틴을 비판하는 것이 아니라, 마치 어거스틴이 놓은 기초가 예수와 바울에게로 거슬러 올라갈 수 있는 것처럼 어거스틴

이 도용되어 온 방식을 비판하는 것이다. 어거스틴의 개인적 인류학과 '하나님의 축복된 시각'의 경건함에 대해서, 리츨은 다음과 같이 언급하고 있다. "그 모든 아름다움에도 불구하고, 이런 어거스틴적인 신조는 오늘날 겸손한 자들에 의해 대신하게 되지만 그럼에도 불구하고 오늘날 우리 그리스도인들이 가진 고백은 그런 하나님의 시각을 결코 가진 적이 없으며 우리는 그런 시각들을 가지려고도 하지 않는다. 우리는 하나님 때문에 인간의 시각을 소망하지, 인간임에도 불구하고 하나님의 시각을 열망하는 것은 아니다. 하지만 그런 신조는 하나님을 아는 지식의 기독론적인 이해의 기초 위에서만 가능할 뿐이다. 왜냐하면 그리스도는 '보이지 않는 하나님의 상징'이기 때문이다(골 1:15)." *Memory and Hope*, op. cit., 129.

11) *Augustine of Hippo*, op. cit., 240. 또한 다음을 보라. Ritschl, *Memory and Hope*,op.cit.,123에서 다음의 글을 인용한다. Altaner, *Patrology* (New York: Herder andHerder,1961) 532. "어거스틴은 토마스 아퀴나스의 길을 마련했는데, 아퀴나스는 중세의 종교재판에 신학적 기초를 마련하고자 했다."

12) 몇몇 최근의 저서들이 이 중요성을 강조하고 있으며 그것을 수정하고 있다. Hayim Goren Perelmuter, *Siblings: Rabbinic Judaism and Early Christianity at Their Beginnings* (New York: Paulist Press,1989); Tikva Frymer-Kensky et.al., *Christianity in Jewish Terms* (Boulder: Westview Press, 2000); John Howard Yoder, *The Jewish-Christian Schism Revisited* (Grand Rapids: Eerdmans, 2003); Adam Becker and Annette Yoshiko Reed, *The Ways That Never Parted* (Minneapolis: Fortress, 2007); MattJackson-McCabeed., *Jewish Christianity Reconsidered* (Minneapolis: Fortress, 2007).

13) 히브리서 경전의 저작과 '정경화'에 대한 가장 통찰력있는 글은 다음과 같다. Martin Jan Mulder, ed., *Mikra* (Philadelphia: Fortress,1988).

14) 다른 사람들과는 달리, 마르시온은 신약 저작들의 '정경'을 고안하지 않았다. 헹겔(Martin Hengel)은 네 개의 정경복음서들이 인정되었으며 마르시온의 절단보다 선행되었다고 논증한다. *The Four Gospels and the One Gospel of Jesus Christ* (Harrisburg: Trinity Press International, 2000).

15) "[초대 기독교 교부들]의 가장 큰 결함은 기독론의 영역에 있지 않고 오히려 해석학과 같은 구약을 다루는 가장 불행한 방식에 있었다는 것이다. 그들은 여기서 스토아적 관념들에 문을 열어 두었는데, 이 스토아적 관념들은 터툴리안에게 부정적인 영향을 미쳤으며 그를 통해서 서구신학에도 좋지 않은 영향을 주었다."Dietrich Ritschl, *Memory and Hope*, opcit.,81.

16) "The Biblical Origins and Patristic Development of Typology" in *Essays on Typology* (London: SCM,1957) ed.,by G.W.H.Lampe and K.J.Woolcombe,69.

17) *Things Hidden from the Foundation of the World* (Stanford: Stanford University Press, 1987), 233.

18) David M. Hay, Glory at the Right Hand: Psalm110 in Early Christianity (Nashville: Abingdon,1973),24.

19) 히브리복음서는 신약성서에서나 초대교회 학자들 사이에서도 그리 선호되지는 않았다. 하지만 제임스 에드워즈(James Edwards)는 이 복음서가 누가복음의 형성에 있어서 굉장히 중요한 역할을 했다는 흥미로운 의견을 펴고 있다. 다음을 보라. See his *The Hebrew Gospel and the Development of the Synoptic Tradition*, op.cit.

20) 인식론을 논의할 때 순종은 대개 범주가 되지 않는다. 하지만 복음서는 그만의 인식론을 가지고 있으며, 닮음을 통해 알게 되고(akolouthein 혹은 imitatio), 찬가 속에서 경험되는 것이다. 이것은 항상 종교개혁의 해석학이 지닌 문제가 되어왔다. 아나뱁티스트들은 제자됨이 예수를 급진적으로 따르는 것이었다고 생각했던 사람들이다. 종교개혁을 따르는 개신교가 어쩔 수 없이 순종을 도덕적 범주 속에 포함시키는 이유는, 개신교가 그 인식론에서부터 거부되었기 때문이다. 메노나이트 신자인 요더(John Howard Yoder)는 진정한 성서해석이 오직 예수를 주의깊게 듣고자 하며 그들이 들었던 것을 행동에 옮기던 지역적 기독교 공동체(회중, 가정교회)의 컨텍스트 속에서만 일어날 수 있다는 시각에 대한 활발한 주장자였다. 아쉽게도 아나뱁티스트들은 역사적 기독교의 커다란 의식적 전통에 대한 연결고리를 결여하고 있으며 그리하여 찬가에서는 타협을 했다.

5장 • 인간문화를 이해하기

1) (Grand Rapids: Eerdmans, 1982), viii.

2) Tom Smail, *Like Father, Like Son*, op.cit.,78.

3) 리츨은 이런 단언에 대한 대선율을 가지고 있다. "어거스틴의 신학은 개인적 인격의 서구적 발견의 시작이며...신구약과의 조화 속으로 인위적으로만 가져올 수 있는 기독교 인류학의 기초이기

도 하다." *Memory and Hope*, op. cit. 107.

4) "René Girard in Contemporary Philosophy" in *Contagion* Volume 10 (Spring) 2003, 99.

5) 이것은 앨리슨의 논문이다. James Alison, *The Joy of Being Wrong* (New York: Crossroad,1998).

6) 다음의 책은 지라르와 모방이론에 가장 쉽게 접근할 수 있는 소개서이다. James Warren, *Compas-sion or Apocalypse?* (Washington: Christian Alternative, 2012). 이 책에서 워렌(Warren)은 영화, 문헌, 일상의 사례들을 가지고 연구를 하면서 문화와 성서를 모두 바라본다. 이 책은 읽고 이해하기 쉬우며, 특히 모방이론을 처음 대하는 이에게 유익하다. 최근 출판된 지라르에 대한 다음의 두 가지 학적인 연구서들은 주목할 만한 소중한 소개서이기도 하다. Scott Cowdell, *René Girard and Secular Modernity* (Notre Dame: University of Notre Dame Press, 2013) 및 Wolfgang Palaver, *René Girard's Mimetic Theory* (East Lansing: Michigan State University Press, 2013).

7) "지라르가 성서적 일신론이 제시했다고 했던 것은 단순히 '윤리학'이나 '도덕'이 아니라 – 이런 전통을 현대적으로 읽는 것은 적어도 칸트 이후로는 결론내리기 쉽다 – 실질적인 인식론으로서, '계시'란 이름 아래 가라앉아 있는 것이 지닌 가장 깊은 (인류학적) 의미들 가운데 하나의 지식 상관관계의 형태이다. 이 계시는 그것이 끊임없이 반복하는 폭력적인 구조로부터 인간의 '구원'의 가능성을 제시하는 인식적 통찰이다." Chris Fleming, *René Girard: Violence and Mimesis*, op. cit., 114.

8) *Battling to the End* (East Lansing: Michigan State University Press, 2010). 지라르는 다음과 같이 말한다. "종말은 근본주의자들의 손에서 벗어나야만 한다" 그리고 "세계의 미래는 우리의 통제에서 벗어난 것이며, 그렇지만 여전히 우리의 손에 있다"(48-49).

9) 이 문제와 하나님의 교리에 관한 영향력에 대해서는 다음을 보라. Regina M. Schwartz, *The Curse of Cain: The Violent Legacy of Monotheism* (Chicago: University of Chicago Press,1997).

10) 다음의 책은 '자연적 선택'의 과정이 어떻게 사회적 컨텍스트 속에서 작용하는지를 보여주는 유용한 글을 포함하고 있다. Gudmundur Ingi Markusson "Violent Memes and Suspicious Minds: Girard's Scapegoat Mechanism in the Light of Evolution and Memetics" in *Contagion* Volume11 (Spring) 2004. 나에게 있어 핵심적 식견은 마쿠슨(Markusson)의 재생체계의 상호관계와 '의식화된 처벌(ritualized penalizing)'이었다. 그는 다음과 같이 언급한다. "(사회적) 체계는 희생자의 공적인 처벌에 대한 교육을 포함함으로 그 재생산을 보장한다. 그룹의 구성원들이 활발하게 참여하는 그런 의식화된 과정은 그 원칙들과 그 체계의 기준을 재확인한다. 어떤 의미에서, 의식화된 처벌과정은, 그것을 수행하기 위한 교육과 더불어, 어떤 유기체의 재생산적 체계로서 기능하게 된다." 나는 이것을 희생적 해석(the sacrificial hermeneutic)이라고 명명했다.

11) http://www.hamertonkelly.com/talks/Theory_of_Religion_and_Violence.html

12) 다음을 보라. Gregory Boyd, *The Myth of a Christian Nation* (Grand Rapids: Zondervan, 2005). 미국 역사를 승리적으로(애국적으로) 표현하는 것을 다시 생각하는 것은 다수의 사람들에게 있어서 아주 불쾌한 것이 된다. 난 이것을 이해한다. 하지만 나는 변화의 가능성이 있다고 믿으며, 미국이 진정으로 자애로운 나라로 알려지는 순간을 여전히 바라고 있다. 또한 나는 우리가 회개하지 않는다면 미국인들로서 진정한 우리의 모습을 찾을 수는 없다고 믿는다. 여기에 관한 아주 유용한 책은 다음과 같다. Jon Pahl, *Empire of Sacrifice* (New York: New York University Press, 2009). 팔(Pahl)은 폭력은 미국 사람들이 된다는 것이 무엇을 의미하는지에 대한 구조적인 중심 가운데 자리한다는 것을 보여준다.

13) 조나단 사우더(Jonathan Sauder)는 요한일서가 이 문제를 명백히 다루고 있다고 본다. "요한일서의 저자는 우상숭배에 대한 경고로 편지를 맺는다. 그는 여기서 이교도적 우상숭배만을 염두에 두고 있지 않다. 바로 앞선 그의 주장 내내 그는 하나님이 밝은 면과 어두운 면을 가지고 있다는 이른바 기독교 신학에 맞서 경고를 하고 있는 것이 분명하다. 이 기독교 신학은 사랑과 치명적인 죽음이 도덕적으로 양립될 수 있는 것으로 보는 것이다. 이 신약성서 저자에 따르면, 지상의 예수 주위에서 완전히 개혁되지 않은 어떤 신학도 '진정한 하나님'에 대한 것이 아니며, 따라서 그런 신학은 우상을 만드는 것과 같다." "Must There Be Shunning? Tradition, Mimesis, and Resacral-ization in HistoricPeaceChurchOrthopraxy" in *Peace Be With You: Christ's Benediction amid Violent Empires* edited by Sharon Baker and Michael Hardin,op. cit., 288n45.

14) Alister McGrath, *A Life of Calvin* (Oxford: Blackwell,1990),152(칼빈의 기독교강요 1.3.1과 1.5.1을 인용하면서). 이것은 오래된 헬라 철학과 순교자 저스틴의 로고스-정자 이론(Logos-as-sperm theory)의 기독교판이다. 칼빈은 다음과 같이 말한다. "인간의 마음 속에는, 자연적인 본능으로 신

성에 대한 자각이 존재한다. 이것은 논란의 여지가 없는 것이다." 사실 그것은 더 이상 논란의 여지가 없는 것은 아니다. 그것은 후기기본론자들의 사상뿐만 아니라 자연신학의 문제 속에 선두와 중심에 있는 것이다. 게다가, 기독교 강요의 편집자인 맥닐(John T. McNeill)은 칼빈이 자신의 이론에 로마의 연설가 키케로(Cicero)에 의존하고 있다고 언급한다. 기독교강요 1.3.1의 모든 부분에서는 성서 인용이 오직 한 곳, 레위기 26:36뿐이다. 이런 점에서 칼빈의 교리는 성서적 뒷받침이 없다.

15) *I See Satan Fall Like Lightning* (Maryknoll: Orbis, 2001) 142−143.

16) 다음을 보라. Tony Bartlett, "The Party's Over (Almost): Terminal Celebration in Contemporary Film" *Contagion* Volume 5(Spring 1998) 1−13.

17) 같은 책, 144. 지라르는 희생자의 죄를 분명히 하면서 신구약의 통일성을 "실제적이고 기본적"으로 보는 대신 마르시온을 따르는 것을 거부하고 있다. 그는 다음의 책에서 이렇게 말하고 있다. "'예언적'으로 보면서 가해적인 환영을 비난하는 모든 본문들의 상호관계성은 히브리 성서와 복음서들 사이의 연속성이 가지는 깊은 직관에 근거하고 있다." René Girard, *I See Satan*, op. cit.,123과 129.

18) Robert Hamerton−Kelly ed., *Violent Origins* (Stanford: Stanford University Press, 1987),141.

19) 같은 책. 117.

20) 내부 인용은 다음에서 온 것이다. René Girard, *I See Satan*, op.cit.,28.

21) 같은 책, 106.

22) "Rejecting Violent Judgment: Luke 9:52−56 And Its Relatives" in *Journal of Biblical Literature* 121 no 3 Fall 2002, 459−478.

23) René Girard, "The Evangelical Subversion of Myth" in *Politics and Apocalypse* (East Lansing: Michigan State University Press, 2007),36.

24) 같은 책, 118−119.

25) René Girard, *I See Satan Fall Like Lightning*,130.

26) 권세들에 대해서는 그가 쓴 다수의 책들을 참고할 것. *Naming the Powers: The Language of Power in the New Testament* (1984), *Unmasking the Powers: The Invisible Forces that Determine Human Existence* (1986), *Engaging the Powers: Discernment and Resistance in a World of Domination* (1992), 그리고 *When the Powers Fall: Reconciliation in the Healing of Nations* (1998), 또한 *Cracking the Gnostic Code: The Powers in Gnosticism* (Atlanta: Scholars Press,1993), 그리고 *The Powers That Be: Theology for a New Millennium* (New York: Doubleday, 1999). 또한 다음을 보라. *Transforming the Powers: Peace, Justice and the Domination System* edited by Ray Gingerichand Ted Grimsrud (Minneapolis: Fortress Press, 2006).

27) 지라르가 사탄의 탈신비화를 완성하는 핵심적인 본문은 다음과 같다. *I See Satan Fall Like Lightning* (Maryknoll: Orbis, 2001), esp. 96f.

28) "Mimetic Theory and Christian Theology in the Twenty−First Century" *Essays in Friendship and Truth* (East Lansing: Michigan State University Press, 2008).

29) *Christ in Postmodern Philosophy* (New York: Continuum, 2008), 56.

30) Brian McLaren, *A New Kind of Christianity* (New York: Harper, 2010).

31) "The Evangelical Subversion of Myth" in *Politics and Apocalypse* (East Lansing: Michigan State University Press, 2007),48.

32) Bartlett, *Virtually Christian*, op cit.105.

33) Philip Lee, *Against the Protestant Gnostics* (Oxford: Oxford University Press,1987).

34) New York Daily News, May 14, 2011. 폭력의 인류학적 측면을 이해함에 있어서 아주 유용한 책은 다음과 같다. Charles K. Bellinger, *The Trinitarian Self: The Key to the Puzzle of Violence* (Eugene: Pickwick Press, 2008).

35) George Lindbeck, *The Nature of Doctrine* (Philadelphia: Westminster,1984). 또한 다음의 책에서는 이 입장에 대해서 린드벡의 비평에 대한 앨리스터 맥그래스의 긍정적인 언급들을 볼 수 있다. *The Genesis of Doctrine: A Study in the Foundation of Christian Doctrine* (Grand Rapids: Eerdmans,1990), 20ff. 모방적 관점에서 심리학을 새로 형성하는 것에 대해서는 다음을 보라. Jean Michel Oughourlian, *The Puppet of Desire* (Stanford: Stanford University Press,1991); Eugene Webb, *The Self Between* (Seattle: University of Washingt on Press,1993); 또한 다음을 보라. Frank C. Richardson, Blaine

J.Fowers and Charles B. Guignon, *Re-Envisioning Psychology: Moral Dimensions of Theory and Practice* (San Francisco: Jossey−Bass,1999).

36) Jean−Pierre Dupuy and Paul Dumochel, *L'Enfer de Choses*. 또한 다음을 보라. Petra Steinmair−Posel "Economy and Mimetic Theory" in Wolfgang Palaver and Petra Steinmair−Posel, Eds. *Passions in Economy, Politics and the Media* (Wein: LITVerlag, 2005), 67−84; Andre Orlean,"Money and Mimetic Speculation" in Paul Dumocheled. *Violence and Truth: On the Work of René Girard* (Stanford: Stanford University Press, 1985), 101−112.

37) *Evolution and Conversion*, (New York: T&T Clark, 2007), 248.

38) "The Evangelical Subversion of Myth" in *Politics and Apocalypse*, op cit.42.

39) 다음의 책 역시 예수를 아는 것과 성서를 해석하는 것 사이의 연관성을 지적하고 있으며, 그리고 여기에 뒤따르는 부활하신 주님과 우리와의 만남 속에서 우리의 인식론을 재건하는 것을 언급하고 있다. McClendon, *Doctrine: Systematic Theology* Vol. 2 (Nashville: Abingdon,1994) 240ff.

40) *The Joy of Being Wrong* (New York: Crossroad Publishing, 1998), 67.

41) 같은 책, 68.

42) John Calvin, *Institutes of the Christian Religion*, op. cit.,35.

43) *The Joy of Being Wrong*, op. cit., 77.

44) Hans Denck, cited by C.J. Dyck in "Hermeneutics and Discipleship" in *Essays on Biblical Interpretation: Anabaptist-Mennonite Perspectives*, ed. Willard Swartley(Elkhart: Institute of Mennonite Studies,1984), 30. 또한 다음을 보라. Stuart Murray, *Biblical Interpretation in the Anabaptist Tradition* (Kitchener: Pandora Press, 2000),186−205, 여기서 그는 다음과 같은 덴크(Denck)의 언급 가운데서 중요한 후반부를 지적하고 있다. "그리스도가 먼저 그를 알지 않으면 아무도 그리스도를 따를 수 없다." 나는 이것이 또한 키에르케고르와 본회퍼가 내린 진정한 제자도의 정의라고 본다.

45) "The Violence of God and the Hermeneutics of Paul" in *The Work of Jesus Christinan Anabaptist Perspective* (Telford: Cascadia Publishing, 2008), 89.

46) *The Joy of Being Wrong*, op. cit., 79.

47) 같은 책, 80.

48) 같은 책, 81.

49) 같은 책, 83.

50) 이런 해석방식은 르네 지라르, 샌돌 굿하트(Sandor Goodhart), 폴 리쿠르(Paul Ricoeur), 존 하워드 요더(John Howard Yoder)와 장뤽 매리옹(Jean−luc Marion)의 저서 속에 분명히 옹호되고 있다.

51) "Mimetic Theory & Christian Theology in the 21stCentury" op. cit. 이 라틴문구는 1944년 7월 16일 본회퍼의 편지를 넌지시 암시한 것이다. *Letters and Papers from Prison* (New York: Macmillan, 1972), 360.

6장 · 구약을 해석하기

1) 현대 비평이론을 따라, 나는 창세기 1−11의 두 기자들을 각각 제사장과 야웨기자로 부를 것이다.

2) 모방적 현실주의가 알려주는 창세기 2−3 읽기를 위해서는 다음을 보라. 장미셸 우구를리앙(Jean−Michel Oughourlian) *The Genesis of Desire* (EastLansing: Michigan State University Press, 2010), 43−80 및 폴 더프(Paul Duff)와 조셉 홀맨(Joseph Hallman) "Murder in the Garden? The Envy of the Gods in Genesis 2 and 3" *Contagion* Volume 3 (Spring)1996.

3) 이 본문을 창의적으로 읽는 것에 대해서는 다음을 보라. Sandor Goodhart "The End of Sacrifice: Reading René Girard and the Hebrew Bible" *Contagion* Volume 14 (Spring) 2007, 59−78.

4) 제사장과 야웨스트 기자의 이야기들은 하나의 인접한 설화로 융합된다. P는 제사장적 기자를, W는 야웨스트를 나타낸다. Genesis 6:9−22 P; 7:1−5 Y; 7:6 P; 7:7 Y; 7:8−9 P; 7:10 Y; 7:11 P; 7:12 Y; 7:13−21 P; 7:22−23 Y; 7:24−8:2a P; 8:2b−3a Y; 8:3b−5 P; 8:6−12 Y; 8:13a Y; 8:13b−19 P; 8:20−22 Y Conclusion; 9:1−12 P Conclusion.

5) *Revelations: Personal Responses to Books of the Bible* (Edinburgh: Canongate, 2005),138,140.

6) Walter Brueggemann, *David's Truth in Israel's Imagination and Memory* (Philadelphia: Fortress,1985).

7) *The Conversion of the Imagination: Paul as Interpreter of Israel's Scripture* (Grand Rapids: Eerd-

mans, 2005),107.

8) 로버트 해머튼-켈리(Robert Hamerton-Kelly)는 다음과 같이 언급한다. "핍박자들에 둘러싸인 희생자는 분명히 시편의 주요 범주로서, 시편전집 가운데 2/3을 차지하고 있다. 150개 가운데 100개가 분명히 드러나 있거나 원수들에 의해 포위된 희생을 함축적으로 가리키고 있다." "The Mob and the Victim in the Psalms and Job" *Contagion* Volume 8(Spring) 2001, 152.

9) *Messianic Exegesis* (Philadelphia: Fortress, 1988), 89.

10) (설교) John Piper, "Do I Not Hate Those Who Hate You O Lord" Oct3,2000.

11) *Job: The Victim of His People* (Stanford: Stanford University Press, 1987), 5.

12) 윌리엄스(James G. Williams)는 욥에 대한 자신의 글에서 날카로운 통찰력으로 다음과 같이 말하고 있다. "난 열심히 본문이 아니라, 하나님과 친구들을 향해 울부짖는 그 본문의 욥을 구해야 한다고 주장했다. 내 생각에 욥은 이제 옹호자들이 필요하다. 무고한 희생을 폭로하는 성서적 전통에 몸담고 있는 해석자의 첫 번째 의무는 그런 본문이 아니라, 희생자 및 사랑과 정의의 하나님이다. 지라르가 주장한 것처럼, 이런 의무는 실제로는 의도적으로 잘못 해석하는 '변형적 읽기(transformative reading)'를 요구하는 도덕적 명령인 것이다. 어떤 선택에 직면했을 때 '우리는 그 본문에 폭력을 행사하거나 아니면 그 본문이 무고한 희생자들에게 폭력을 희생하는 것을 내버려 두어야만 한다.'" *The Bible, Violence and the Sacred* (New York: Harper/Collins, 1991), 172. 다음을 인용함. Girard, *The Scapegoat* (Baltimore: Johns Hopkins University Press,1986), 8.

13) *Isaiah 40-66. (Interpretation) A Bible Commentary for Teaching and Preaching* (Louisville: WJKP, 1995).

14) *The Isaiah Targum* translated and edited by Bruce D. Chilton (Wilmington: Michael Glazier, 1987), 102-105.

15) 신약성서 저자들이 칠십인역(LXX)을 사용했다는 것을 고려하면 히브리이 본문으로부터 이사야 53장의 번역에 변화를 주었다는 것에 주목하는 것이 중요하다. 에크블라트(E. Robert Ekblad)는 다음의 책에서 "칠십인역의 역자들이 이사야 53:3-7의 마소라 본문과 많은 차이를 보이는 것은 신학적인 의도로 해석되어야 한다. 그들은 마소라 본문이 종종 그래온 것처럼 (난 잘못 해석했다고 믿는다) 대리적 처벌을 통해 속죄의 개념을 뒷받침하는 것으로 이해하는 구절들 속에서 그 종의 (이스라엘의) 고난과 하나님을 구분해서 생각하고자 했다." E. Robert Ekblad, "God is not to Blame: The Servant's Atoning Suffering According to the LXX of Isaiah 53" in Brad Jersak and Michael Hardin, *Stricken by God: Nonviolent Identification and the Victory of Christ* (Grand Rapids: Eerdmans,2007),204. 이것은 유대교 내에서 비희생적인 설명을 담아내고 있는 이사야 본문의 한 사례이다.

16) *Jesus And The Suffering Servant: Isaiah 53 and Christian Origins* (Eugene: Wipf & Stock,2009) edited by William H. Bellinger and William R. Farmer,97.

17) 니켈스버그(George W.E. Nickelsburg)는 지혜서 2장이 "창세기 37-45의 요셉 이야기와 다니엘서 3장 및 6장의 이야기들 같은 본문으로부터 알려진 핍박 받는 자들과 고귀한 자들의 이야기들에 의지하고 있는 문학적 형식으로 이사야서 52-23을 부분적으로 달리 표현하고 있다"고 본다. George W.E. Nickelsburg, *Ancient Judaism and Christian Origins* op.cit.,18-19.

18) *Jesus the Sage: The Pilgrimage of Wisdom* (Minneapolis: Fortress,1994).

19) 뉴스너는 1세기 유대교에서의 다양한 권위의 장소들을(loci) 대해서 말하고 있다. Jacob Neusner, *First Century Judaismin Crisis*, op.cit.,74. 첫 번째는 요한난 벤 자카이(like Yohanan ben Zakkai)의 제자 하나나 벤 도사(Hanina ben Dosa) 같은 카리스마적 현자(혹은 랍비)의 권위이다. 다음을 보라. Martin Hengel, *The Charismatic Leader and His Followers*, op. cit. 두 번째로, 뉴스너에게 있어 그것은 "성전 제의의 합법적인 장소라는 이유로" 제사장직의 사제적 권위이다. 마지막으로 "그의 가르침과 그의 메시지가 주는 부담의 전형"에만 의지할 수 있었던 그 현자의 권위가 있다. 플루서는 예수가 뉴스너의 범주의 첫 번째와 세 번째 측면을 설명했다는 것을 보여주고 있다. David Flusser, *The Sage from Galilee*. 그 군중들 역시 예수의 권위의 근원을 헤아리는데 어려움을 겪고 있었다는 것도 놀라운 일이 아니다(막 1:27).

20) *Jesus the Sage*, op. cit., 161.

7장 • 바울

1) Richard I. Pervo, *Profit with Delight: The Literary Genre of the Acts of the Apostles* (Philadelphia: Fortress, 1987).

2) In *Paul Among Jews and Gentiles* (Philadelphia: Fortress,1976) 78-96.

3) 존 스토너(John Stoner)에 따르면, 쉽게 간과될 수 있는 사도행전에서의 바울의 회심 이야기에는 또 다른 아주 중요한 측면이 있다. 스토너는 불과 어제까지 철천지원수로서 인식되는 누군가의 집에 (소위 말하는) 눈먼 '포로'로 바울이 잡혀 있었다는 것을 지적한다. 바울을 어떤 취급을 예상했을까? 아나니아의 입에서 나온 첫 번째 말은 "형제 사울"이다. 이런 단어로 인해 연대감이 확인되고 유대감은 강화되었으며 우정은 시작되었다. 우리는 그를 화해조정자 아나니아라고 불러야 할 것이다. 어떤 그룹은 바울을 죽이고 그의 시신을 썩도록 사막에 남겨두었다. 그리스도인들은 다르다. 그들은 용서하고 있었다!

4) Peter J. Tomson, *Paul and the Jewish Law:Halakah in the Letters of the Apostle to the Gentiles* (Minneapolis: Fortress,1990),173 (Shammaites killing Hillelites),175(anti-Gentile Zealot sentiment).

5) *The Pre-Christian Paul* (London: SCM Press, 1991), 70.

6) Jerome Murphy-O'Connor, *Becoming Human Together* (Wilmington: Michael Glazier,1982), 34-35.

7) 마틴이 쓴 갈라디아서 주석은 예수 그리스도의 사건과 관련하여 바울과 그의 율법이해에 관한 획기적인 연구이다. J. Louis Martyn, *Galatians* (New York: Doubleday, 1997).

8) 앞의 책, 502.

9) 같은 책, 502-512.

10) *The Deliverance of God* (Grand Rapids: Eerdmans, 2009). 이 책은 신학적인 역작(tour de force)이다. 캠벨의 로마서 이해와 마틴의 갈라디아서 이해는 여기서 제공된 그 관점을 위한 확고한 기초를 수립한다. 다음의 책 또한 유사한 바울의 이해를 사용한다. Douglas Harink's *Paul among the Post liberals* (Grand Rapids: Brazos, 2003).

11) 캠벨의 이해는 '새로운' 것이 아니다. 동방(헬라) 교회의 바울 이해로 거슬러 올라가서, 그것은 오랜 시간 동안 교회 속에 존재해 왔다. 리츨(Ritschl)은 바울 신학의 핵심으로서 칭의에 대한 서구의 주장은 바울에 대해 유일하게 가능한 역사적 접근이라고 지적한다. "동방의 전통은 바울이 이야기하는 칭의를 따르지는 않았지만, 이레니우스로 시작하여, 성령의 구절들에 비추어 바울 서신들을 해석해 왔다." *Memory and Hope*, op. cit., 98.

12) 바울이 자신의 편지에서 대적자들을 인용한다는 것은 놀랄 일이 아니다. 그는 고린도전서에서 그들이 고린도교회 교인들에게 쓴 편지를 인용한다. 로마서에서 그는 의인법(prospopoeia)으로 알려진 작법을 사용하고 있다. 의인법은 "수사적 표현의 부류에 들어가는 수사학적 기술이며, 종종 묘사하거나 신중한 수사학의 한 부분을 생생하게 만들기 위해 사용되었다(Quintilian *Inst.*3.8.49, cf. Theon, *Progymnasta* 8). 이런 수사학적 기술은 어떤 역할을 가정하고 있으며, 때때로 그 역할은 어조나 억양, 강조나 전달형식, 또는 목소리에 있어서 도입적인 공식이 신호하는 어떤 변화에 의해서 그것을 둘러싼 담론으로 표시된다." Ben Witherington III, *The Problem of Evangelical Theology* (Waco: Word, 2005),21-22. 캠벨은 로마서 곳곳에 바울이 이런 기술을 사용하여서, 예를 들어 우리가 로마서 1:1-17에서 바울의 목소리를 들을 때, 그 거짓교사의 목소리가 로마서 1:18-32에서도 찾을 수 있다고 주장한다. 로마서 2-3장은 바울과 '거짓교사의 목소리' 사이의 치고받는 비판이다. 이것은 왜 바울이 항상 그의 가까운 추종자들 가운데 하나에게 자신의 편지를 보냈는지를 가장 그럴 듯하게 설명해 주고 있는데, 왜냐하면 그 추종자들은 그 편지들을 소리 내어 읽을 때, 그 목소리에 변화를 줄 때 알기 때문이다. 위더링튼(Witherington)은 다음과 같이 말한다. "그렇기에 바울이 쓴 말들만이 우리에게 남겨져 있어서, 많은 이들이 의인화가 일어나고 있다는 신호를 알아채지 못하고 있다는 것은 놀랄 일이 아니다..."

13) 수사비평을 사용하면서 우리는 바울이 갈라디아서에서 거짓 교사들의 가르침을 지칭하고 있다는 것을 알 수 있으며, 바울이 받았던 편지로부터 고린도 교회의 문제점을 그가 인용한다는 것까지 알 수 있게 된다. 학자들이 바울이 그의 편지에서 어떤 적대자들을 표현하고 있다고 제시할 때, 학자들은 바울이 비난(diatribe)이라는 문학적 장르를 사용하거나 의인법(prosopopoia)을 사용하고 있다고 거론한다. 이런 간단한 사실은 바울서신들 속에 있는 모든 것이 바울의 사고를 나타내지는 않는다고 우리에게 알려주어야 한다.

14) 같은 책, 706. 괄호는 나의 것이다. 더글러스(Douglas)는 바울을 관습적으로 읽는 것은 그 교사의 신학을 바울에게 다시 심는 것이라는 것을 보여주며, 따라서 바울을 그가 반대했던 소위 '복음'과 동화시키고 있는 것이다. 그러므로 "우리는 그 교사의 신학적 결점들, 현재 칭의이론 속에서

의 엄연한 것과 약간 더 기독교적이고 이교적 핵심으로 바꿔진 것들과 결별한다(707)." "이런 분석은 결과적으로 그 복음에 대한 공격이 아니라 그 복음의 판(version)을 공격하는 것이라는 것을 인정하는 것이 중요하며, 나는 바울 자신이 그릇된 것으로 보았을 것이라고 주장한다(934, 원문은 이탤릭체로 표기함)."

15) 헤이스(Hays)는 다음의 책에서 고린도후서 3:13-18은 유대교 경전을 영적으로 읽는 것 대(vs) 문자적으로 읽는 것에 관한 것이 아니라 그 읽기의 성육신을 필요로 하는 것이라고 본다. 즉, 교회는 해석되는 그 본문의 가시적인 공동체인 것이다. Richard Hays, *Echoes of Scripture in the Letters of Paul* (New Haven: Yale, 1989),131. 그는 다음과 같이 언급한다. "고린도후서 3:7-18에 따르면, 하나님의 성령에 감동을 받은 사람들이 성서를 만났을 때, 특성상 근본적으로 해석학적인 변화가 일어난다." 우리는 이 점을 7.4에서 더욱 자세히 보게 될 것이다.

16) 이것은 다음의 책과 같은 시각을 갖고 있다. Alan F. Segal, *Paul the Convert* (New Haven: Yale University Press,1990), 202. 이 책에 따르면, "유대교의 다양한 분파들에게 있어서, 이방인들은 완전히 저주를 받았으며 개종으로 구원을 얻을 수 있거나 혹은 그들의 공동체의 일부가 됨으로 구원을 얻을 수 있었다. 하지만 만일 그들이 이방인들처럼 구원을 얻었다면, 바리새적 유대인들은 그들과 친밀한 교제를 나눔으로 유대교의 제의적 정결과 타협하고자 하지 않았을 것이다. 비록 일반적인 유대교의 실천이 바리새인들보다는 조금 더 느슨하긴 했지만, 특히 디아스포라와 유대의 헬라 도시들 속에서는, 정결법이 이론상으로는 유대교에 큰 영향력을 가지고 있었다. 느슨한 유대인들이 자동적으로 배교자들이라고 생각하지 않고도 우리는 꽤 높은 느슨함을 허용할 수 있다. 바울의 설교와 새롭고 통일된 기독교 공동체에 대한 그의 시각은 기독교 분파 속에서 유대인과 이방인 사이의 제의적 구분의 해체였다."

17) 미셸 슬리(Michelle Slee)는 율법 없는 복음이 먼저 안디옥의 교회에서 성취되었다고 강력하게 주장한다. *The Church at Antioch*, op. cit. 유대인과 이방인들이 함께 나누는 성만찬으로부터 제기된 이 질문은 이방인들이 유대인과 함께 먹기 위해 유대인이 되어야만 하는가의 문제였다. 예루살렘교회는 안디옥에 거룩함의 규정들을 가져왔는가? 그들은 이런 규정들에 대해 예수가 비판했다는 것을 이해하지 못했는가? 예수의 형제인 야고보도 이런 오해 속에 있었는가? 안디옥 사건 이후로 다다케가 만들어졌다는 슬리의 주장은 왜 그것이 가장 큰 계명과 자비조항으로 시작하는지 설명을 해준다. 바울은 갈라디아서 2:11-21에서의 안디옥 사건을 논의한다. 갈라디아의 문제? 거룩함의 규례!

18) *The New Perspective on Paul* (Grand Rapids: Eerdmans, 2008),150.

19) *Sacred Violence: Paul's Hermeneutic of the Cross* (Minneapolis: Fortress, 1992), 160.

20) *2 Corinthians* (Waco: Word, 1986), 140.

21) *II Corinthians* (New York: Doubleday, 1984), 340.

22) 사도행전의 처음 몇 장에서도 '설교들'로 같은 것이 언급될 수 있다.

23) 수난설화의 시기에 대해서는 다음을 보라. Gert Theissen, *The Gospels in Context* (Minneapolis: Fortress,1991),166-202.

24) 사실 어거스틴의 교리는 다른 방식으로 주장한다. 알타너(Altaner)는 다음과 같이 결론을 내린다. "처음부터 무서운 하나님 개념을 기반으로 어거스틴의 은혜의 교리는 교회 속에서 반발을 일으켰으며 결과적으로 중대한 오류를 초래했다." Altaner, *Patrology*, op.cit.,526.

25) *The Logic of Theology* (Philadelphia: Fortress, 1987), 128.

26) 같은 책, 128-129.

27) *The Climax of the Covenant* (Minneapolis: Fortress, 1992), 261.

28) *Reconciliation: A Study of Paul's Theology* (Atlanta: John Knox, 1981), 40.

29) 마귀가 인류학적(신학적이 아니다) 개념인 것처럼, '진노' 혹은 '하나님의 진노'도 마찬가지다. 향후 어느 시점에서 나는 이것에 대한 연구를 펴낼 계획이다. 지금으로서는 다음의 웹사이트에 있는 폴 넥터린(Paul Nuechterlein)의 언급을 추천한다. www.girardianlectionary.net

30) 역자 주) 한국어로는 '속죄'라는 한 단어로 표현되고 있지만 저자는 여기서 서로 다른 두 가지 뉘앙스의 속죄를 소개하고 있다. 먼저 expiation의 경우, 접두어 ex(out of, from)를 통해서 무엇을 제거하거나 어떤 것을 없애는 것과 관련되어 있는 것을 유추할 수 있다. 성서적 의미에서는 속죄제를 드리거나 죄값을 치름으로써 죄가 없어지는 것을 뜻한다. 반면 propitiation의 경우에는 속죄의 대상과 관련되어 하나님의 태도의 변화를 가져오게 됨을 의미한다. 접두어 pro(for)를 통해서 보듯, 이 과정에서 하나님은 우리에 대한 적대감에서 우리를 위하심으로 태도를 전환하신다.

31) *Sacred Violence*, op. cit., 80. 또한 이 구절에 대한 (사실상의) 철저한 주석은 다음을 보라. Campbell, op. cit., 601−714.

32) Rita Nakashima Brock and Rebecca Ann Parker, *Saving Paradise* (New York: Beacon, 2009)가 주는 난점 가운데 하나는 십자가를 희생적인 사건으로만 좁게 초점을 맞춘다는 것이다. 초기 기독교의 예배에 대한 빌헬름 부세(Bilhelm Bousset)의 해석을 떠올릴 수 있을 것이다. 다음의 책은 초대 교회 속에서 대속 이미지를 발견 할 수 있으며, 그들이 십자가에서 부활한 그리스도가 아니라 희생양으로서의 그리스도와 연결하고 있다는 것을 보여준다. Mark Heim "Missing the Cross?: Types of the Passion in Early Christian Art" *Contagion* Volume 13 (Spring) 2006. 브레시아의 관에 새겨진 글을 이용해서(대략 350년경) 하임(Heim)은 거기에 쓰인 설화들의 구조가 (요나, 수산나와 다니엘) 수난설화의 구조와 연관되어 있다고 지적한다. 대속에 대한 지라르의 이해는 고고학의 이런 점에서부터 신임을 받았다. 하임은 다음과 같이 언급한다. "브레시아 관의 장인은 신성한 폭력을 극복하는 하나님의 행위라는 컨텍스트 속에서 수난 설화를 위치시키는 인물의 어휘를 사용했다. 그리스도는 그 세 가지 형태 모두이다. 그릇된 고발을 당했지만 하나님께로부터 무죄를 입증 받았다."

33) 어떤 이들은 바울의 시대에 이교도의 성전에 있는 창녀들이 머리가 흘러내리도록 하고 아무것도 머리에 쓰지 않은 것은 그 신분의 표시이며 '제의적 성관계'가 가능하다는 것을 보여주는 것이었다고 주장한다. 이것이 고린도교회에서의 문제였다는 증거가 되기는 부족해 보이며, 그런 증거가 고전 11장의 실제 컨텍스트였다는 것은 논란의 여지가 있다. 다른 이들은 머리를 가리는 것은 희생자(자신의 머리를 가리는)의 역할과 관계가 있다고 본다. 어느 쪽이든 고전 11장은 이해하기 어려운 난제이며 리트머스 테스트처럼 사용되어서는 안 된다.

34) 그렇지만, 이런 언급으로 인해 내가 율법을 무효화하고 있다고 생각하지 않도록 하기 위해, 나는 지라르의 책 I See Satan, op. cit. 7−18이 십계명의 믿기 힘든 지혜, 특별히 경쟁적인 욕망의 문제에 대한 십계명의 시각을 훌륭하게 설명해주고 있다고 보고 있음을 말하고자 한다. 십계명은 하나의 종으로서 우리의 종교적 발전에 있어서 계몽의 핵심이다. 그리고 십계명은 단순히 법적인 조항 이상의 것이다.

35) *Naming the Powers* (1984), *Unmasking the Powers* (1986), *Engaging the Powers* (1992), *When the Powers Fall* (1998) all published by Fortress Pressand, *Cracking the Gnostic Code: The Power sin Gnosticism* (Atlanta: Scholar's Press,1993), and *The Powers That Be* (New York: Doubleday,1999). 아울러 이 시리즈에 참여한 다음의 책을 보라. *Transforming the Powers: Peace, Justice and the Domination System* edited by Ray Gingerich and Ted Grimsrud(Minneapolis: Fortress, 2006). 권세들에 대한 사탄적인 해결은 폭력을 멈추게 하기 위해서 또 다른 폭력을 사용하는 것이다. 이런 점에서 사이먼 테일러(Simon Taylor)는 다음과 같이 언급한다. "사탄적 구원방법은 그런 구원으로부터의 구원을 가져올 수 없다. 사탄에 대한 예수의 승리는 사탄을 축출하는 것이 아니라 사탄에 의해서 축출되어 십자가에서 처형됨에 있다. 이런 축출 속에서는 사탄적 구원에 기초한 살인적인 거짓이 노출된다. 사탄은 전쟁에서 이기지만 살인적인 비밀로서 이기는 패배는 대중적 시선에 노출된다." Simon Taylor, "Save Us From Being Saved: Girard's Critical Soteriology" *Contagion* Volume 12 (Spring), 2006, 26.

36) 권세에 대한 어떤 논의를 하더라도 쟈크 엘룰(Jacques Ellul)을 반드시 짚고 넘어가야 한다. 그는 윙크와 동시대 사람으로, 브로듀(Bordeaux) 대학의 법학교수였다. 엘룰이 하는 성서의 신학적 주석은 문화에 대한 자신의 사회학적 접근의 당연한 결과였다. 한편으로 그의 기술적 사회에 대한 묘사들과 다른 한편으로 그 사회에 대한 신학적/성서학적 비판은 윙크의 권세들에 대한 이중적 실재와 일치하고 있다. 윙크처럼, 엘룰은 자신의 초기 저작에서 제도화는 창조된 질서의 한 부분이라고 주장했다. 확실히 바르트(Barth)처럼, 이런 개념들은 창조교리보다는 '그리스도의 주되심' 속에 들어가는 것이다. 엘룰에게 있어서 성서적 율법은 제도, 인간의 권리와 정의라는 세 가지 독점적인 양상을 띤다. 하지만 그는 다음과 같이 말하고 있다. "모든 연구에도 불구하고, 대부분의 경우 어떤 제도의 정확한 시작시기와 이성적 기원을 결정하는 것은 불가능하다" *The Theological Foundation of Law* (New York: Seabury, 1960) 76. 전자는 절대로 알려지거나 아마도 앞으로도 결코 알려지지 않을 것으로, 신화론적 사건으로 존재한다. 하지만 지라르는 사실상 우리에게 제의화된 희생의 결과로서 제도들의 증가에 대한 합리적인 이해를 부여한다. 만일 그렇다면, '창조질서' 이론에 기댈 필요는 없을 것이다. 엘룰에 대해서는 다음을 보라. Matthew Pattillo "Violence, Anarchy and Scripture: Jacques Ellul and René Girard" *Contagion* Volume 11, (Spring) 2004.

37) Karl Barth, *Church Dogmatics IV/1* (London: T&T Clark: 1956), 253-254.

38) *Images of the Church in the New Testament* (Philadelphia: Westminster, 1960).

39) 월터 윙크(Walter Wink)와 나는 이 언급에 대해서 오랜 대화를 나누었다. 내 관점은 예수의 제자들이 권세들의 '신학적/영적' 측면을 언급한다는 것이었다. 왜일까? 제도들은 희생에 의존하고 있다. 그런 메커니즘을 빼앗길 때, 어떤 일이 희생과 피해자를 지향하는 구조적 권력에 일어나는가? 예수가 대중적인 항거에 가장 가까이 간 것은 성전에서의 사회적, 예언적 행동이지만, 그것은 단지 그것이었지 조직화된 운동은 아니었다. 그것은 선동으로 보여 왔으며 폭동을 시작했고 안토니아 요새(Fortress Antonia)로부터 로마 주둔군을 불러 내렸다(눅 13:1ff 참고). 나는 예수의 성전점령이 '비폭력적 시민행동'으로 불릴 수도 있지만 그 구절조차 그 당시에 존재하지 않던 조직을 함축하고 있다는 체드 마이어(Ched Myer)의 핵심을 다음의 책에서 보고 있다. *Binding the Strong Man* (New York: Orbis, 1990). 반면 현대의 항거운동들은 굉장히 잘 조직되어 있다. 난 예수가 그 당시에 누군가에게 어떤 것을 하도록 이끌었다고 보지는 않는다. 오히려 예수는 비유를 만들고 있었다.

40) 신비주의는 종교적 경험에 있어서 없어서는 안될 양상이다. 하워드(Evan B. Howard)가 쓴 다음의 훌륭한 책을 보라. *Brazos Introduction to Christian Spirituality* (Grand Rapids: Brazos, 2008). '객관적으로' 지향되고 있는 신학적 패러다임을 갖고 있는 어떤 독자들은, 예를 들면 믿음으로 의롭게 되는 법의학적인 교리를 주장하고 있는 사람들은, 루터도, 칼빈도 그리스도인의 삶에 대한 '신비적인' 양상을 피하고 있지 않다는 사실을 명심해야 한다. 루터와 칼빈에 대해서는 다음을 보라. Bengt Hoffmann, *Luther and the Mystics* (Minneapolis: Augsburg,1976), Lucien Joseph Richard, *The Spirituality of John Calvin* (Atlanta: John Knox,1974). 호프만은 다음과 같이 날카롭게 지적한다. "시대에 뒤떨어지지 않기 위해서 수많은 신학적 조직가들은 과학적 유물론에서 실증가능성의 규칙을 차용했다. 그들은 복음서의 신비적이고 초자연적인 요소들을 자신들의 신학적 영역으로 가져오지 못했다." 다행히도 이것은 모든 기독교 신학에 해당되지는 않는다.

41) *Blessed are the Persecuted* (Maryknoll: Orbis, 1987).

42) *The Son of Man in Myth and History* (Philadelphia: Fortress, 1967).

43) James G. Williams, *The Bible, Violence and the Sacred* (San Francisco: Harper,1991),129-162.

44) David Seeley, "The Background of the Philippians Hymn (2:6-11)" *JHC*1(Fall 1994), 49-72.

45) *Sacred Violence*, op. cit., 85.

46) The "fact of the divine self-emptying is paradigmatic." Ibid, 176.

47) 난 항상 긍정적인 모방의 역동성에 관심을 두어 왔는데, 특히 모델로서의 예수에게 적용될 때 그러하다. 내 초기 출판작들 가운데 하나는 부정적이고 긍정적인 모방에 비추어서 막시무스 콘페소르(Maximus Confessor)를 보았다. "Mimesis and Dominion: The Dynamics of Violence and the Imitation of Christ in Maximus Confessor" *St. Vladimir's Theological Quarterly* Volume 36,No.4,1992.

48) "Girard's Christology" at http://preachingpeace.org/documents/Girard_Christology.pdf, page 23.

49) *The Climax of the Covenant* (Minneapolis: Fortress, 1992), 97.

8장 • 요한복음

1) 이것은 해머튼-켈리(Robert Hamerton-Kelly)의 번역이다(미출판됨).

2) 조로아스터(Zoroaster)는 주전 10-8세기 사이에 살았던 페르시아 종교개혁가였다. 종교 속의 이원론에 대한 가장 좋은 입문서는 다음과 같다. Yuri Stoyanov, *The Other God: Dualist Religion from Antiquity to the Cathar Heresy* (New Haven: Yale University Press, 2000).

3) *Things Hidden from the Foundation of the World* (Stanford: Stanford University Press, 1987), 271.

4) Sifre Deut. 37, cited in G.F. Moore, *Judaism* Vol.1 (New York: Schocken,1971), 266.

5) 같은 책, 524.

6) 이런 관점에서 다음의 책은 제사장적 창조설화, 에스겔의 전차 및 예루살렘 성전의 고고학적 구조 사이의 몇몇 흥미로운 연결점을 만들어 내고 있다. Margaret Barker, *Temple Theology* (London: SPCK, 2004).

7) *The Interpretation of the Fourth Gospel* (Cambridge: Cambridge University Press, 1960), 85.

8) 이 이야기는 본문상으로는 의심스럽지만 그럼에도 불구하고 나는 이 이야기가 원본적인 예수전승이라고 본다.

9) 지라르는 로고스, 헤겔, 하이데거와 성서의 통일성에 대한 다음과 같은 흥미로운 언급을 하고 있다. "난 그리스도인들이 신구약이라고 부르는 것을 통일시키고 구별시키는 특별한 관계를 헤겔이 보지 못했다는 것에 특히 놀라고 있다. 그것을 고려하는 것은 필수적이다. 요한복음의 로고스에 나오는 '질서'와 '계명'을 봄으로, 하이데거는 헤겔로 거슬러 올라가는 현대 사상의 전통에 합류했다. 헤겔은 율법의 하나님으로부터 부수시는 하나님, 제국적 지배의 하나님으로 전향했다. 그렇게 하는 것은 성서를 잘못 이해하는 것이며 그런 오해는 신구약이 하나라는 것을 그리스도인들이 스스로 볼 능력이 없음에 기초하는 것으로, 그 뿌리는 너무도 자주 사도 바울의 가르침이라고 생각되고 있는 무능력이다." *Battling to the End*, op. cit.,49. 그들이 하나이기 때문에, 대체론자(supersessionist)였던 그 관계의 어떤 이론은 실패하게 될 것이며, 개신교의 성서적 영감설도 그렇다.

10) 오바마 대통령의 노벨상 연설에서 발췌함. 2010년 1월 28일 탬파(Tampa)에서 그는 전날 저녁 자신의 첫 번째 연두교서(State of the Union) 후에 군중에게 연설을 하고 있었다. 그는 2009년의 선거 2주전에 그들에게 "변화는 싸움 없이 오지 않는다"고 역설했었다. 이것은 오바마가 예수에 사로잡힌 것이 아니라 희생적인 미국진보기독교의 그리스도에게 사로잡혀 있다는 결정적인 증거가 된다. 여기서 우리는 니버(Niebuhr)가 오바마에게 끼친 영향을 실제로 볼 수 있다.

11) 이런 주장의 철저한 타당성에 대해서는 다음을 보라. See N.T. Wright, *The Resurrection of the Son of God* (Minneapolis: Fortress, 2003).

12) 갈레세는 거울신경세포 분야의 중요한 연구가들 가운데 한 명이다. 그는 이탈리아의 파르마(Parma) 대학의 인체생리학 전임교수이다. 그의 중요한 논문들은 다음에서 볼 수 있다. www.unipr.it/arpa/mirror/english/staff/gallese.htm. 또한 다음을 참고할 것. Marco Iacoboni Mirroring People (New York: Farrar, Strauss, Giroux, 2008); Scott Garrels "Imitation, Mirror Neurons, and Mimetic Desire" *Contagion* Volume 12 Spring 2006.

13) 마가복음 5:1-20에 나오는 거라사의 광인의 이야기는 한 공동체의 고전적인 희생양의 이야기이다. 그는 두려움의 영에 사로잡혀서 공동체의 심판을 받아들이며 또한 스스로를 희생양으로 만든다 "그는 밤낮 무덤 사이나 산 속에서 살면서, 소리를 질러 대고, 돌로 제 몸에 상처를 내곤 하였다." 르네 지라르는 다음의 책에서 이 본문에 대한 심오한 통찰력을 가져다준다. *The Scapegoat* (Baltimore: Johns Hopkins University Press, 1986),165-183. 귀신들린 사람은 '레기온(Legion)'에 사로잡혀 있었는데, 이것이 그가 자신을 소외시켰던 여러 가지 이구동성의 목소리들을 내면화시켰다는 분명한 증거가 된다(그리고 심지어는 아마도 그를 정치적 논쟁거리로 삼기도 했다. '레기온'이라는 로마군대의 명칭을 사용한 것을 주목하라).

14) 이 부분에 대해 더 공부하고자 하는 사람들은 4권으로 구성된 다음의 책들을 참고해야 한다. Jeffrey Burton Russell, *The Devil* (1977), *Satan* (1981), *Lucifer* (1984) 및 *Mephistopheles* (1986) 아울러 이 책을 요약한 다음의 책을 참고할 것. *The Prince of Darkness* (1988) Cornell University Press. 다른 유용한 네 개의 책들은 다음과 같다. Henry Ansgar Kelly, *Satan: A Biography* (New York: Cambridge University Press, 2006); Elaine Pagels, *The Origin of Satan* (New York: Random House,1995); T.J.Wray and Gregory Mobley, *The Birth of Satan* (New York: Palgrave Macmillan, 2005) 및 Gerald Messadie, *A History of the Devil* (New York: Kodansha International, 1996). 다음의 책은 유용한 정보를 담고 있다. Alan E. Bernstein, *The Formation of Hell: Death and Retribution in the Ancient and Early Christian Worlds* (Ithaca: Cornell University Press, 1993). 슈바거(Raymund Schwager)는 악마를 인류학적으로 해석하지만 부분적으로는 윙크와 엘룰의 구조적 죄의 분석에 동의하고 있다. *Banished from Eden*, op. cit., 143-165.

15) NIV역은 "악한 욕망"으로 되어 있다는 것을 주목하라. 헬라어 본문에는 '악한' 이란 단어가 없다.

16) Gary M. Burge, *The Anointed Community: The Holy Spirit in the Johannine Tradition* (Grand Rapids: Eerdmans,1987),13ff.

17) 같은 책, 41.

18) *Mishnah Sukkah* 4.9: '물을 붓기, 7일' - 이런 관습은 무엇이었나? 그들은 실로암에서 뜬 물을 3로그(약 1.5 핀트)의 물을 담을 수 있는 금으로 된 물병에 채웠다. 그들이 수문(the Water Gate)에 다다르면 길고 떨리는 기적을 울렸으며 (염소뿔 피리 shofar) 또 한 번의 긴 기적을 울렸다. (자기 차례가 된 제사장은) 제단의 경사로에 올라서서 두 개의 은색 그릇이 있는 오른쪽으로 몸을 틀었다. 유다(R. Judah)는 다음과 같이 언급한다. "그 그릇들은 회반죽으로 만들어졌지만 겉모양은 포도주 때문에 검게 보였다. 각각의 그릇은 좁은 주둥이같은 구멍이 있었는데, 하나는 넓고 다른 쪽은 좁아서 두 그릇이 함께 쏟아 낼 수 있었다. 서쪽의 그릇은 물을 담기 위한 것이며 동쪽의 그릇은

포도주를 담는 것이었다. 하지만 만약 포도주를 담을 그릇에 물을 쏟거나 혹은 물을 담을 그릇에 포도주를 쏟게 된다면, 그것으로 충분했다." 유다는 다음과 같이 말한다. "1 로그로 그들은 8일 동안 물을 붓는 의식을 수행했다. 물을 붓는 의식을 수행한 제사장에게 그들은 다음과 같이 말한다. '손을 들라!' 한번 누군가 그 물을 자신의 발에 쏟으면 모든 백성은 그에게 시트론(citron, 레몬과의 과일. 역자 주)을 던졌다." 미쉬나에 대해서 Tosephta Sukkah은 다음과 같이 말하고 있다.

A. 언제 그들이 물을 붓는가?
B. 매일의 봉헌에 있어서 세부적인 봉헌에 따른다.
C. 그 물을 자신의 발에 부었던 보이투스(Boethus)의 사례가 있었기 때문에 모든 백성들은 그에게 레몬을 던졌다.
D. 제단의 뿔이 손상을 입어서 신성한 의식이 그 날에 취소가 되었다. 그들이 소금 덩어리를 가져다가 그 위에 놓고 나서야 제단은 손상을 입지 않은 것처럼 보이게 되었다.

이 이야기는 다음의 책에 기록되어 있다. Josephus *Antiquities* XIII.5. "알렌산더에 대해 말하자면 (Jannaeus, 107–76 BC), 자신의 백성이 그에게 선동적이었다. 기념식이 열리던 축제에서 그가 제단에 서서 희생제사를 할 때 국가가 그에 맞서 일어나서는 시트론를 던졌다(이것이 법이 요구하던 것이었다). 초막절에 모든 이들은 종려나무와 시트론 나무 가지를 가지고 있어야만 했다. 그들도 역시 그를 포로로부터 나와서 존엄과 희생의 가치가 없다고 매도했다. 이것으로 그는 격분하여 약 6천명을 학살했다. 그는 또한 그 제단과 성전 주위에 나무로 된 칸막이 벽을 지었는데, 그것은 제사장들이 안으로 들어오는 유일한 격벽이었다. 이로써 그는 군중들이 그에게 오지 못하는 것을 막게 했다." 바빌론의 탈무드(bSukkah48b)에서 그 이야기는 장막절에 제단이 아니라 자신의 발에 물을 부어서 백성들이 그에게 레몬을 던졌던 사두개인의 이야기를 전하고 있다.

19) 이야기를 두 번 하는 이런 현상은 이중어(doublet)으로 알려져 있다. 그것은 흡사 두 개의 다른 이야기처럼 보이지만 실제로는 같은 이야기를 서로 다른 두 가지 방식으로 하는 것이다. 오경은 이중어들로 가득하다. 이중어들은 또한 유대교 경전과 심지어 복음서들에서도 나타나고 있다(예를 들면 5천명을 먹이신 것과 4천명을 먹이신 것).
20) Exodus Rabbah 122a.
21) 예수의 죽음/부활은 제4복음서에서 적어도 8번에 걸쳐서 잘못 이해되고 있으며 주요한 주제가 되고 있다. 2:19–21, 6:51–53, 7:33–36, 8:21–22, 12:32–34, 13:36–38, 14:4–6, 16:16–19. 이것은 1세기 그리스도인들의 문제였을 뿐만 아니라 또한 21세기 그리스도인들의 문제이기도 하다. 요한의 '이중적 단어들'의 해석은 두 가지 차원에서 그 본문을 읽을 수 있도록 우리에게 도움을 주고 있다. 요한의 공동체에게 있어서, 이런 이중적 단어들은 커다란 변증법의 표시들이다. 폭력적인 Logos 위에 세워진 kosmos와, 하나님 자신의 로고스와 함께 그 kosmos 속에 있는 하나님의 계시, 즉 비보복적인 예수 그리스도이다.
22) 때때로 복음서들은 예수의 죽음일 가리킬 때 헬라어 dei("그것이 필수적이거나 불가피하다")를 사용하기도 한다. 징벌적인 속죄의 시각을 주장하는 사람들은 하나님이 예수의 죽음을 바라셨거나 혹은 신성한 진노를 달래기 위해 필요했던 것처럼 하나님이 책임이 있다는 불가피성을 고려한다. 난 그 불가피성이 희생자들을 밀어내는 우리 인간의 성향에 있다고 주장한다. 이런 선택은 석의적인 결정이 아니라 폭력/희생과 신성/하나님의 관계의 선험적인 가정으로 만들어 진 것이다.
23) "거룩한 어린양"이라는 노래에서 인용함. Jon Anderson, performed by Yes (from Big Generator).

부록A

1) 예를 들면 다음을 보라. Robert North, "Violence and the Bible: The Girard Connection" CBQ 47 (1985), 1–27; Norbert Lohfink, ed., *Gewalt und Gewaltlosigkeit im Alten Testament* (Freiberg: Herder, 1983); Raymund Schwager, *Must There Be Scapegoats?* (New York: Harper,1987); James G. Williams,The Bible, *Violence, and the Sacred* (New York: Harper,1992); Robert Hamerton-Kelly, *Sacred Violence: Paul's Hermeneutic of the Cross* (Philadelphia: Fortress,1992);Walter Wink, *Engaging the Powers* (Philadelphia: Fortress,1992); Garland Knott, "The God of Victims: René Girard and the Future of Religious Education", *Religious Education* 86 (1991): 399–412.

2) 윌리엄스(James G. Williams)는 그것을 다음과 같이 보고 있다. "지라르의 이론이 역사적이고 문학적 석의의 현대적 전통을 고려하기 위해 적절하게 적응이 될 때까지 지라르가 성서 학자들로부터 온전한 공청의 기회를 얻을 수 있을 것 같지는 않다." James G. Williams "The Innocent Victim: René Girard on Violence, Sacrifice, and the Sacred" *RSR* 14 [1988], 325. 이것은 다음의 책에서 이루어 졌다. Raymund Schwager, *Jesusim Heilsdrama* (Innsbruck: Tyrolia,1990)//*Jesus in the Drama of Salvation* (New York: Crossroad,1999). 여기서 슈바거(Schwager)는 다음과 같이 주장한다. "이런 문제제기의 방법은[역사비평적] 그 자체로 신약성서의 내적인 문제이면서 동시에 '낭만적인 거짓말'라는 표제로 지라르가 논의한 자율적 도덕주체의 계몽사상에 대한 지속적인 비판이기도 하다" (이것은 내가 한 번역이다).

3) 모방에 대한 지라르의 새로운 접근은 고대(플라톤)와 현대 철학(헤겔) 속에서 무시되었던 모방의 근본적이고 소유적인 본성을 관찰하는 것이다. 일반적인 모방에 대해서는, 지라르에 대한 언급은 없지만 다음의 글을 참고할 것. William Schweiker, "Beyond Imitation: Mimetic Praxis in Gadamer, Ricoeur, and Derrida," *JR* 68 (1988): 21–38.

4) 희생자는 언어가 파생된 원시적 상징이다. 예를 들면 다음을 보라. Eric Gans, *The Origin of Language* (Berkeley: University of California Press,1981); Andrew McKenna, *Violence and Difference: Girard, Derrida, and Deconstruction* (Chicago: University of Illinois Press,1992).

5) 지라르의 성서중심주의는 다음에 의해 도전을 받고 있다. by Lucien Scubla, "The Christianity of René Girard" in *Violence and Truth*, ed. Paul Dumouchel(Stanford: Stanford University Press,1985),160–178.

6) 초대교회의 속죄이론에 있어서의 변화에 대해서는 다음을 보라. Raymund Schwager, *Der Wunderbare Tausch* (Munich: Kosel,1986); Michael Hardin,"Violence: René Girard and the Recovery of Early Christian Perspectives," Brethren Life and Thought 37:2 (1992), 107–120.

7) 이것에 대해서는 다음을 보라. René Girard, *The Scapegoat* (Baltimore: Johns Hopkins,1986). 원래는 다음의 책으로 출판되었다. *Le bouc émissare* (Paris: Grasset,1982).

8) René Girard, *Things Hidden Since the Foundation of the World* (Stanford, Calif.: Stanford University Press,1978),228. 원래는 다음의 책으로 출판됨. *Des choses cachées depuis la fondation du monde* (Paris: Grasset, 1978), 330.

9) Girard, *Things Hidden*, 195–196; Deschoses, 287.

10) Schwager, *Must There Be Scapegoats?* 202–203.

11) Martin Luther, *Luther's Works* (Philadelphia: Fortress Press,1975), 31.39ff.

12) Oscar Cullmann, *Christology in the New Testament* (Philadelphia: Westminster, 1963), 93ff. 4:15를 석의함에 있어서, 칼 바르트는 예수의 성육신과 종교 역사 속의 다른 인물들의 성육신 사이의 차이점은 예수는 우리를 위해 죄가 되어 저주를 받았다고 지적하면서 지라르에 근접하고 있다. 지라르가 바르트보다 진전한 것은 종교의 역사와 성서 속에 있는 희생적 거짓에 대한 해석학적 폭로이다. Karl Barth, *Church Dogmatics* 1/2 (London: T&T Clark,1959),152.

13) 오이디푸스가 그러한 것처럼. 다름을 참고하라. Girard, *Violence and the Sacred* (Baltimore: Johns Hopkins,1972),68ff; 원래는 다음의 책으로 출판됨. *La violence et le sacré* (Paris: Grasset,1972),105ff.

14) Ralph Martin, *Carmen Christi* (London: Cambridge University Press,1967); 다음을 또한 참고할 것. Michael E. Hardin and Steven E. Berry, "Grasping God: Philippians 2: 1–11 in the Light of Mimetic Theory" 이 글은 다음의 웹사이트에서 찾을 수 있다. http://www.preachingpeace.org/documents/Phil_2_COVR_2005.pdf.

15) Martin Hengel, *The Atonement* (Philadelphia: Fortress,1981).

16) Schwager, *Must There Be Scapegoats?* 43–135; Norbert Lohfink, "Altes Testament–Die Entlarvung der Gewalt," Herder Korrespondenz 32 (April 1987), 187–193. 다음의 책엣서 나타나는 지라르의 언급을 보라. "히브리 성서에서는, 희생자들의 복권 속으로 접근하는 분명한 역동성이 있지만 분명하지는 않거나 생명력이 없다. 오히려, 그것은 진행 속에 있는 과정이자 산통 가운데 있는 본문이다. 그것은 연대기적으로 진보하는 과정은 아니지만 전진과 후퇴를 하는 씨름이다." Robert Hamerton-Kelly, ed., *Violent Origins* (Stanford: Stanford University Press,1987),141.

17) Girard, *Things Hidden*,157; Deschoses,235.

18) Schwager, *Scapegoats*, 196–200. 또한 다음을 보라. R.G.Hamerton-Kelly "Sacred Violence and the Messiah: The Markan Passion Narrative as a Redefinition of Messianology" in *The Messiah*, ed. James

Charlesworth(Philadelphia: Fortress,1992),461-493. 그는 한 본문 속에 있는 두 개의 차원을 말하고 있다. 하나는 생성적인 것이며 다른 하나는 의미적인 것이다. 의미적인 차원에서, 본문들은 스펙트럼이 있는 신화-복음 속에서 "기능을 한다". 해머튼-켈리(Hamerton-Kelly)는 본문들 속에 있는 신화(생성적인 희생양만들기)를 간파하는 것은 이 본문들의 "회개적 읽기"를 필요로 한다고 주장한다.

19) Girard, *Things Hidden*, 227-231.
20) Cullmann, *Christology*, 71ff.
21) anaphero와 prosphero가 동의어라고 주장하는 견해도 있다. Harold W. Attridge, *Hebrews* (Philadelphia: Fortress,1989),213 n 102.
22) George Buchanan, *To The Hebrews* (Garden City: Doubleday,1972). 다드(C.H. Dodd)는 시편 110:1이] 신약성서의 모든 근본적인 본문들의 토대가 된다고 한 세대 전에 주장했다. *The Scriptures* (London: Collins, 1952), 35.
23) 마가복음 12:35-37. 그 인용구가 진본인지 아닌지는 우리의 목표에 그다지 문제가 되지 않지만, 그것이 히브리서가 사용하는 시편 110편에 기초가 되는 것은 가능한 얘기다. R. Bultmann, *History of the Synoptic Tradition* (New York: Harper&Row,1963),136ff은 이런 언급을 모호한 "헬레니즘 교회"라고 간주하고 있다. Jeremias, *New Testament Theology* (New York: Scribners,1969),259은 석의적 도구들은 진본성을 결정하기 위해 존재하는 것은 아니라고 주장한다. Vincent Taylor, *The Gospel according to Mark* (New York: Macmillan,1957)은 다음과 같이 주장한다. "그 이야기의 내용과 언어적 특징은 그것이 팔레스타인 유대교에서 나왔다는 것을 보여준다" (490). Martin Hengel, *Between Jesus and Paul* (Philadelphia: Fortress,1983),180 및 Ragnar Leivestad, *Jesus in His Own Perspective* (Minneapolis: Augsburg,1987)는 모두 그 언급의 진본성을 받아들인다. 또한 다음을 보라. David M. Hay, *Glory at the Right Hand: Psalm 110 in Early Christianity* (Nashville: Abingdon,1973),159. 헤이(Hay)는 그 기원이 역사적 예수 속에 있다고 받아들인다.
24) Joseph Fitzmeyer, *Essays on the Semitic Background of the New Testament* (Missoula: Scholars Press,1974),231f. L.H. Schiffman,"Messianic Figures and Ideas in the Qumran Scrolls" in TheMessiah, ed. James Charlesworth,126는 11Q 멜기세덱은 메시아를 말하는 것이 아니라 오히려 "역사의 단계들"을 말하는 것이라고 언급한다.
25) Geza Vermes, *The Dead Sea Scrolls in English* (London: Penguin 1975), 265-68; Wise, Abegg Jr.and Cook,op cit. *The Dead Sea Scrolls*, 456.
26) Richard Longenecker, "The Melchizedek Argument of Hebrews," in *Unity and Diversity in the New Testament* (Grand Rapids: Eerdmans,1978), 166ff.
27) 다음의 연구는 "히브리서에는 11Q 멜기세덱이 보복자와 심판자로서의 멜기세덱에 대한 관심이 없다"고 고찰하고 있다. James W. Thompson, "The Conceptual Background and Purpose of the Midrash in Hebrews 7," NovT 19/fasc. 3 (July 1977, 209-223).
28) Cullmann, *Christology*, 91. 다음을 보라. Käsemann, *The Wandering People of God* (Nashville: Augsburg, 1984), 212ff. 케제만은 영지주의적 영향을 받은 미드라쉬의 주장은 설득력이 없다고 주장한다.
29) Contra Attridge, *Hebrews*, 102.
30) Buchanan, *To The Hebrews*, 130. "예수가 자신을 희생으로 바친 것은 저자가 속죄를 이해하는데 있어 아주 중요하다(8.3, 9.14, 26, 10.10-12)."
31) James G. Williams, *The Bible, Violence and the Sacred*, 185-211.
32) Attridge, Hebrews, 275가 시편 40편이 희생적 제의에 대한 예언자적 비판과는 아무런 관계가 없다고 주장한 것은 잘못된 것이다. 그 시편이 우상숭배와 희생을 병치하는 것이 특히 예언서들 속에서 나타나고 있다는 점을 주목하라. 그는 내적인 순종과 외적인 순종 사이의 차이점도 주장하는데 이런 사고는 유대교에게는 이질적인 것이었다. 다음을 보라. E. P. Sanders, *Jesus and Judaism* (Philadelphia: Fortress,1985), 63. 자신의 히브리서 주석에서 칼빈은 히브리서 10:8-9에 나타난 이런 석의에 대한 문제를 완전히 간과하고 있다.
33) Michael Hardin, "The Biblical Testaments as a Marriage of Convenience: René Girard and Biblical Studies" presented to the Colloquium on Violence and Religion, AAR/SBL Annual Meeting, November 1990, ⟨ http://www.preachingpeace.org/2010/04/06/biblicaltestaments/ ⟩. 또한 다음을 볼 것. "Violence...Recovery," 107-20.

34) The Epistle to Diognetus, 7.4 in Kirsopp Lake, ed. *The Apostolic Fathers* (Cambridge: Harvard University Press,1970), 364.

35) Leonhard Goppelt, *Typos* (Grand Rapids: Eerdmans,1982),169.

36) Contra Frances Young, *Sacrifice and the Death of Christ* (London: SCM, 1975), 70ff는 율법의 내적인 비판에 대한 주장을 간과하고 있다.

37) Robert Daly, *The Origins of the Christian Doctrine of Sacrifice* (Philadelphia: Fortress,1978), 69.

38) 같은 책, 75.

39) 긍정적인 모방에 대해서는 다음을 보라. Michael Hardin, "The Dynamics of Violence and the Imitation of Christ in Maximus Confessor," St *Vladimir's Theological Quarterly* 36 (1992): 373–385.

40) 만일 6:1에 대한 우리의 비희생적 이해가 맞다면, 이 'nekron ergon'이라는 구절은 또한 정결한(침례의?) suneidesis(양심)과 대조를 이루고 있는 9:14에서도 찾을 수 있으며 희생자들의 죽음으로 이어지는 행위를 가리킬 수도 있다. 권고적인 13장의 큰 부분은 희생자들에 대한 돌봄을 말하고 있다.

41) Girard, *The Scapegoat*,111(*Le bouc émissaire*,165–66)는 "아버지여 저들을 용서하소서. 저들은 자신들이 무엇을 하는지 모릅니다"라는 누가의 언급이 "무의식적"인 것에 대한 최초의 문학적 암시라고 지적했다(지라르는 프랑스어 meconnaisannce를 사용했는데, 이것은 "무의식적"으로 번역되어야 한다고 주장할 수 있는 것이었다. 따라서 이전의 용어가 암시하고 있는 후기 프로이드의 모든 앙금을 피하고 있다).

42) 모든 설명은 다음의 책에서 찾을 수 있다. Arthur C. McGill, *Suffering: A Test Case for Theological Method* (Philadelphia: Westminster, 1982).

부록B

1) Ted Grimsrud, *Triumph of the Lamb* (Scottsdale, PA: Herald Press,1987); Graeme Goldsworthy, *The Lamb & the Lion: The Gospel in Revelation* (Nashville: Thomas Nelson,1984); Walter Klaassen, *Armageddon and the Peaceable Kingdom* (Scottsdale, PA: Herald Press,1998).

2) 나는 Christotelic이라는 용어를 피터 엔(Peter Enn)의 저서에서 차용했다. 이 용어는 구약의 폭력적인 본문들에 참여하기 위한 사도적 해석학을 지칭하는 용어이다. Peter Enns, "Apostolic Hermeneutics and an Evangelical Doctrine of Scripture: Moving Beyond a Modernist Impasse," WTJ 65 (2003): 263–87.

3) Barbara Rossing, *The Rapture Exposed: The Message of Hope in the Book of Revelation* (Boulder, CO: Westview Press, 2004).

4) N. T. Wright, *Revelation for Everyone* (London: Society for Promoting Christian Knowledge, 2011).

5) Clarence Bauckham, *The Theology of the Book of Revelation* (Cambridge: Cambridge University Press, 1993).

6) 내가 당혹케 하는 것은 교부 바실와 니사의 그레고리와 같은 사람들 뒤에는 성녀 마크리나(St Macrina)와 그녀만큼의 다른 교회 어머니들과 같은 그들의 뛰어난 조언가와 자매가 서 있다는 것이다.

7) Eusebius, *Church History* 3.18; W. G. Kummel, *Introduction to the New Testament* (Nashville: Abingdon Press, 1997), 466–8.

8) Justin Martyr, *Dialogue with Trypho* 80.

9) E.g. Irenaeus, *Against Heresies* 5.30–36; Hippolytus, *Treatise on Christ and Antichrist*.

10) Origen, *Commentary on John, book 1*.1–4.

11) Eusebius, *Oration in Praise of Constantine*3.3–5.

12) Including Justin Martyr, First Apology 47; Origin, *Contra Celsum*, 198–9; Chrysostom, Homily 74.3; Athanasius, Festal Letters 8; Tertullian, *An Answer to the Jews* 8.

13) Eusebius, *Church History* 3.24.18; 3.25.

14) 다음의 책에서 요약 및 발췌함. James Orr, "Revelation of John," *ISBE* Vol. 9. 가장 먼저 계시록을 언급한 사람은 순교자 저스틴으로서(주후 약 140년), 그는 계시록을 "그리스도의 사도들 가운데 하나인 요한이라는 사람"의 저작이라고 했다(Dial., 81). 이레니우스는(주후 약 180년) 반복적으로 그리고 단호히 계시록은 주님의 제자인 요한이 썼다고 선언하며(Adv. Haer., iv.20, 11; 30, 4; v.26, 1; 35, 2, 등) 666이라는 숫자에 대해 언급한다(v.30, 1). 그의 경우에는 사도 요한을 의미하고 있다

는 것에는 의심의 여지가 없다. 요한계시록에 대한 주석에서 카파도키아의 안드레(5세기)는 파피아스(주후 약 130년)가 계시록의 신뢰성을 증언했다고 언급하며, 계시록 12:7-9에 대해서 그가 했던 언급을 인용하고 있다. 계시록은 순교자 비엔나(Vienne)와 리용(Lyons, 주후 177년)을 언급하는 서신서에서 인용된다. 계시록의 교회들 가운데 하나인 사디스의 멜리토(주후 170년경)가 계시록에 대한 주석을 썼다. 안디옥의 테오빌루스(168년 경)와 아폴로니우스(약 210년; HE, V, 25)가 사용했다-이 경우에는 요한의 묵시록으로 인용되었다. 그것은 또한 무라토리의 정경(약 200년) 속에 요한의 것으로 포함된다. 요한의 저작(사도적)은 터툴리안에 의해 충분히 증언되고 있다(약 200년: Adv. Mar., iii.14, 24 등). 히폴리투스(약 240년경)도 계시록에 관해 저술했다. 알렉산드리아의 클레멘트(약 200년경), 오리겐(약 230년경) 및 다른 저작자들도 증언하고 있다. 계시록의 저자에 대한 의문은 알로기 종파(2세기 말) 속에서 처음 나왔으며, 로마의 장로인 카이우스(약 205년경)와 더불어 케린투스에 기인한다. 더욱 심각한 것은 알렉산드리아의 디오니시우스(약 250년경)의 비판으로, 그는 내적인 근거로 제4복음서와 요한계시록이 같은 저자에서 나온 것이 아닐 수 있다고 주장했다(Euseb., HE, VII, 25). 하지만 그는 또 다른 요한이라는 거룩하고 영감받은 사람의 저작이라는 것은 인정했다. "서구 교회"에서 부세(Bousset)가 인정했듯 "계시록은 처음부터 만장일치로 받아들여졌"(EB, I, 193)음에도, 그 결과는 헬라 및 시리아 교회들 속에서 잠시 동안 계시록에 대한 의문이 생겨났다는 것이다. 그것은 페시타(시리아 역 성서 개정판, 역자주) 속에서는 찾을 수 없으며, 시리아 에브라임(Ephraim the Syrian, 약 373년 경) 속에서 그것을 인용한 것은 진짜가 아닌 듯 하다. 예루살렘의 시릴(약 386년경)은 자신의 목록에서 계시록을 생략했으며 안디옥의 저자들도 (크리소스톰, 데오도, 테오도레트) 계시록을 언급하지 않았다. 라오디게아 공의회(약 360년경)에 귀속된 정경에서 계시록을 찾아볼 수는 없지만 이 문서가 후대의 것이 아니라는 것에는 의심의 여지가 있다(다음을 비교할 것. Westcott 및 Bousset, DieOffenb. Joh., 28). 반면, 메소디우스, 팜필리우스, 아타나시우스, 니사의 그레고리, 시릴 알렉스, 에피파니우스 등이 계시록을 인정했다.

15) John Chapman, "Montanists," *Catholic Encyclopedia* (1911). ⟨http://www.newadvent.org/cathen/10521a.htm⟩.

16) Athanasius, Letter 34, 5.

17) 정경화에 대한 자격에 대해서는 다음을 참고할 것. Frank Thielman, "The Place of Apocalypse in the Canon of Gregory Nazianzen," *Tyndale Bulletin* 49.1 (1998) 155-7.

18) Lee M. McDonald, James A. Sanders, eds. *The Canon Debate* (Peabody,MA: Hendrickson, 2002), Appendix D-2, n.19.

19) Matta Moosa, History of the Saint James Liturgy. 다음의 책으로 출판됨. *Bishop Athanasius Samuel, Anaphora: The Divine Liturgy of Saint James the First Bishop of Jerusalem According to the Rite of the Syrian Orthodox Church of Antioch* (Syrian Orthodox Church, 1967), 87-91. ⟨http://rbedrosian.com/Ref/Moosa/mmhsjl.htm⟩.

20) Robert Gray, "*Worship in the Book of Revelation and Eastern Orthodox Liturgy*," J Gospel Net (2006-13).

21) 만인구원론(universalism)의 원래적 형태는 잘 알려진 대로 제5회 세계교회 공의회가 열린 553년에 파문되었지만, 니사의 그레고리(Gregory of Nyssa)는 아니었다. 그 이유는 공의회가 영혼선재설, 애니미즘(animism)과 같은 기이한 것들에 초점을 두고자 했기 때문이다. Medieval Sourcebook: Fifth Ecumenical Council: Constantinople II, 553. ⟨http://www.fordham.edu/halsall/basis/const2.asp⟩. 다음을 참고할 것. Ferdinand Prat, "Origen and Origenism," *Catholic Encyclopedia* (New York: Robert Appleton, 1911).

22) Clarence Bauckham, Interview with Ben Witherington (Feb. 2013). ⟨http://www.youtube.com/watch?v=1cH3H14AL90⟩.

23) Peter Enns, "*Apostolic Hermeneutics And An Evangelical Doctrine Of Scripture: Moving Beyond A Modernist Impasse*," WTJ 65 (2003): 277.

24) Peter Enns, "*Apostolic Hermeneutics*," 278.

25) 다음에서 인용함. Walter Brueggemann, "*Emerging Theological Conversation*" Conference, All Souls PCA Church, Decatur, 2004.

26) 아주 중요한 다음의 책을 보라. Adrio König, *The Eclipse of Christ in Eschatology: Toward A Christ-Centered Approach* (Grand Rapids: Eerdmans, 1989). 그는 종말론의 현대적 문제를 중요한 기독론

적 초점이 부족한 것으로 표현하고 있다.

27) Brad Jersak, "Wrath and Love as Divine Consent," Clarion Journal, July 23, 2012. 〈http://www.clari-on-journal.com/clarion_journal_of_spirit/2012/07/wrath-and-love-as-divine-consent-by-brad-jersak.html〉.

28) 나는 Campbell, *The Deliverance of God*을 따른다는 점에서 이것에 대해서는 브래드와 다른 의견을 갖고 있다. 아울러 바울이 싸우고 있는 거짓 교사의 '목소리'로서 로마서 1:18-32를 보라.

29) N.T. Wright, *Jesus and the Victory of God* (Minneapolis: Fortress, 1996), 96.

30) N.T. Wright, *The New Testament and the People of God* (Minneapolis: Fortress, 1992), 333.

31) 이 장의 나머지는 다음의 책에 나타난다. Brad Jersak, "Eschatological Hope in Revelation 21-22," *Her Gates Will Never Be Shut: Hell, Hope and the New Jerusalem* (Eugene: Wipfand Stock, 2009), 165-179.

32) ou mē- 강조를 위한 이중 부정으로, "결코 다시는"이라는 의미가 된다. 도시의 바깥에 있는 사람들은 결코 잠긴 문을 찾을 수 없을 것이다. 그 문은 그들의 kolasin aionion이 지속되는 동안 열려 있으며 그 이후에도 그럴 것이다.

33) Gregory MacDonald, *The Evangelical Universalist* (Eugene: Cascade,2012), 93, 123-27.

34) 질문들: 이런 영원한 부르심은 어떻게 우리의 삶에 대한 하나님의 부르심의 본질과 관련될 수 있으며, 그것이 언제 시작되거나 혹은 어떻게 성취되는가? 그것은 얼마나 구체적인가? 이 땅에서 80여년간의 세월은 그런 부르심에 대해서 어떤 영향을 갖게 되는가? 언제 그 과정이 끝나는가? 혹은 그것이 끝나는가? 오늘날 우리는 하나님께서 우리로 하여금 영생을 위해 하라고 부르신 것을 하는가? 우리는 그 부르심의 영원한 본성을 어떻게 준비해야 하는가? 우리가 어떻게 일반적으로 생명을 추구하는지에 이것이 어떻게 영향을 주는가? (Patrick J. White가 2009년 2월에 나에게 이메일한 내용).

35) 안셀(Ansell): "야생과 가축짐승 사이의 계속되는 대조이다. 가축동물은 이스라엘의 생활 속에 있으며 야생동물은 바깥에 산다. 따라서 이방인-폭력적인 원수-을 함축한다. 그런데 바닷물/민물은 병행된 함축을 가진 유사한 대조라는 인상을 준다." (Nik Ansell이 나에게 2009년 5월 29일에 이메일한 내용).

36) Richard Bauckham, *The Climax of Prophecy*, 309.

37) Bauckham, *Climax of Prophecy*, 318에도 불구하고, 어쩌면 모든 열방들은 통보에 빠를 것이다. "물론 이것은 계시록이 각각, 그리고 모든 인간의 구원을 기대하지는 않는다는 것을 의미한다. 21:8, 27; 27, 27:15에서, 회개하지 않은 죄인들은 예루살렘에 들어갈 수 없다는 것은 아주 분명하다. 계시록을 전 세계적인 구원이라고 예측하는 것으로 보려는 시도는 (예를 들면 Maurice [1861] 400-405; Rissi [1972]) 그 본문을 참을 수 없을 만큼 압박하는 것이다."

38) Bauckham, 318.

39) Bauckham, 316.

40) Bauckham, 317.

"예수의 평화의 비전으로 교회를 교육하기"
www.PreachingPeace.org

- 성구집 복음서 주석
- 그룹스터디를 위한 DVD
- 컨퍼런스, 세미나와 강의
- 예수가 이끄는 삶
- 소논문, 성경공부, 설교
- 최첨단의 평화 신학

프리칭피스는 설교를 준비할 때 본문, 역사, 그리고 주석적 정보를
더욱 필요로 하는 설교자들을 위한 훌륭한 도구라고 본다._르네 지라르

만일 우리가 복음의 비폭력성을 잃고 싶지 않다면,
프리칭피스는 우리가 아주 절실하게 필요로 하는 형태의 논의를 위한
자료를 잘 제공해 주고 있다._스탠리 하우워어스

프리칭피스는 사회변화를 위한 예언적 갈망으로 살아 숨쉬며,
기독교적 증언을 해방시키기 위한 깊은 헌신으로 채워진 새로움이다.
마치 사막의 오아시스와 같다._ 마크 월레스(Mark Wallace)

www.TheologyandPeace.org

신학과 평화는 진실 되고 효과적인 평화의 신학을 만들기 위해
모방이론의 통찰력을 적용하고자 하는 신학자들, 목회자들,
기독교 활동가들 등을 모으고 있다.

- 북미 기독교의 변화
- 제국과 폭력의 구조와 우리의 역사적 결탁을 넘어서는 성장
- 예수의 사역과 인성 속에 나타난 평화, 비폭력, 진정한 인간됨을
진실로 구현하고자 하는 신자들을 양육